Personalmanagement in Unternehmensclustern

Viola Hellge

Personalmanagement in Unternehmensclustern

Empirische Analyse zur Konzeption eines Anforderungskataloges

Mit einem Geleitwort von Prof. Dr. Klaus J. Zink

Springer Gabler

Viola Hellge
Kaiserslautern, Deutschland

Dissertation Technische Universität Kaiserslautern, 2019

ISBN 978-3-658-26689-9 ISBN 978-3-658-26690-5 (eBook)
https://doi.org/10.1007/978-3-658-26690-5

Die Deutsche Nationalbibliothek verzeichnet diese Publikation in der Deutschen Nationalbibliografie; detaillierte bibliografische Daten sind im Internet über http://dnb.d-nb.de abrufbar.

Springer Gabler

Springer Gabler ist ein Imprint der eingetragenen Gesellschaft Springer Fachmedien Wiesbaden GmbH und ist ein Teil von Springer Nature
Die Anschrift der Gesellschaft ist: Abraham-Lincoln-Str. 46, 65189 Wiesbaden, Germany

Geleitwort

Die Dissertation von Viola Hellge erweitert bestehende Forschungsarbeiten zum Thema Unternehmenscluster um den bisher vernachlässigten Themenkomplex Personalmanagement und führt diese unter Ableitung neuartiger Erkenntnisse für Clustermanagements sowie Clusterakteure und politische Fördermittelgeber zusammen.

Im Kontext der Wirtschaftspolitik genießt das Clusterkonzept nach Porter zwar eine hohe Popularität und Attraktivität und findet insbesondere in der Wirtschafts- und Regionalförderung aufgrund seines unterstellten Beitrags zur Steigerung regionaler Wettbewerbsfähigkeit vielfältigen Einsatz. Dennoch sind sowohl in der Clustertheorie als auch der Clusterpolitik bisher kaum die Möglichkeiten betrachtet worden, die sich in einem Cluster durch Personalmanagement (PM)-Maßnahmen für die Weiterentwicklung der wirtschaftlichen Strukturen und Innovationsprozesse ergeben können. Es fehlt an einem einheitlichen Verständnis dafür, welche Personalmanagementmaßnahmen in einem Cluster allgemein als sinnvoll angesehen werden können. Weitere Lücken zeigen sich in den spezifischen Aufgabenfeldern des Personalmanagements wie z. B. der Personalentwicklung oder der Mitarbeitergewinnung und -bindung. Im Rahmen der Netzwerktheorie werden u. a. Netzwerke zur Personalentwicklung bzw. zur Zusammenarbeit im Personalmanagement betrachtet, allerdings fehlt es an einer entsprechenden Anpassung auf den Clusterkontext. Dieser Erklärungslücke widmet sich die Autorin im Rahmen ihrer Dissertation, indem sie Aspekte der Cluster- und Netzwerktheorie sowie des strategischen und nachhaltigen Personalmanagements miteinander verknüpft. Das Konzept nachhaltiger Cluster wird dabei ebenso einbezogen wie Ergebnisse der Trendforschung. Zur Analyse der Bedeutung von Personalmanagementkonzepten wird auch auf Bewertungsansätze für Cluster und Netzwerke zurückgegriffen. Zentraler Analysegegenstand sind in diesem Zusammenhang immer die Aktivitäten eines Clustermanagements im Hinblick auf Personalmanagementmaßnahmen, wie bspw. Personalmarketing, Personalentwicklung oder -auswahl.

Frau Hellge untersuchte u.a. folgende Forschungsfragen:

1. Welche Relevanz hat ein Personalmanagement in Clustern?
2. Was sind die zentralen Personalmanagementprozesse bzw. -funktionen eines Clusters bzw. Clustermanagements?
3. Welche Ebenen bzw. Akteure sind an Personalmanagementaktivitäten im Cluster beteiligt?
4. Welche Ansätze für ein Personalmanagement im Cluster existieren in der Praxis?
5. Wie hängen Personalmanagementprozesse mit der Cluster-Lebenszyklusphase zusammen?

Die Forschungsfragen werden zunächst in einer Sekundäranalyse untersucht und daran anschließend im Rahmen der explorativ angelegten Primäranalyse weiter konkretisiert.

Die Dissertation hatte das übergeordnete Ziel, sowohl wissenschaftliche als auch anwendungsorientierte Ergebnisse zu generieren. Aus wissenschaftlicher Sicht sind folgende Teilaspekte relevant:

- Personalmanagement in Clustern wurde als bisher kaum betrachtetes Themenfeld im Kontext der Clustertheorie im Rahmen der Dissertation explorativ aufgearbeitet.
- Die Ergebnisse weisen darauf hin, dass die Relevanz des Themenfeldes in Zusammenhang mit der Lebenszyklusphase eines Clusters steht.
- Im Rahmen der Arbeit werden Einschätzungen zur Beurteilung von PM-Themen und eine Beurteilung der Strategie- und Nachhaltigkeitsorientierung eines Clusters sowie weiterer Kern-Aufgabenfelder eines Clustermanagements vorgenommen.
- Die Dissertation kann bisherige Forschungsergebnisse für Cluster, insbesondere in Deutschland und Europa, weiter bestätigen und bzgl. des Themas Personalmanagement konkretisieren. Erkenntnisse zu Personalmanagement in Netzwerken konnten auf den Kontext lokaler Unternehmenscluster übertragen und konkretisiert werden.
- Neben diesen Erkenntnissen konnte eine Systematik zur Einordnung von Clustern in ein Vier-Phasen-Lebenszyklusmodell entwickelt werden, die für den Einsatz in qualitativen Forschungsvorhaben geeignet ist und zur Beurteilung von Clusterfallstudien eingesetzt werden kann.

Aus anwendungsorientierter Perspektive sind für Clustermanager, Clusterakteure sowie Akteure der Wirtschaftspolitik folgende Aspekte für eine Weiterentwicklung von Unternehmensclustern durch eine systematische Ausgestaltung von personalmanagementbezogenen Themenbereichen und Prozessen von Interesse:

- Clustermanager erhalten Hinweise für die systematische und strategieorientierte Auswahl sowie für die anforderungsorientierte Ausgestaltung von Personalmanagementaktivitäten sowohl auf Ebene des Clustermanagements als auch auf Ebene der Clusterakteure (z.B. in Form einer Dienstleistung des Clustermanagements).
- Für clusterpolitische Akteure werden Empfehlungen formuliert, wie Anreize zur Umsetzung von personalmanagement-bezogenen Maßnahmen in Clustern geschaffen werden können und wie die Verbreitung von Best-Practice-Beispielen aussehen kann. Zudem werden Handlungsbereiche aufgezeigt, in denen durch clusterpolitische Unterstützung im Themenfeld Personalmanagement in Clustern verstärkt Synergien - auch clusterübergreifend – erzeugt werden können.

Prof. Dr. Klaus J. Zink

Vorwort

Die vorliegende Dissertationsschrift „Personalmanagement in Unternehmensclustern" ist während meiner Tätigkeit als wissenschaftliche Mitarbeiterin am Institut für Technologie und Arbeit e.V. (ITA), eines An-Instituts der Technischen Universität Kaiserslautern, unter der Leitung meines Doktorvaters Herrn Prof. Dr. Klaus J. Zink entstanden.

Seine professionelle und kompetente Betreuung sowie die immer konstruktiven, wenn auch durchaus kritischen, Anregungen ermöglichten es mir, die Fragestellungen und Analysen der Arbeit weiter zu konkretisieren und gleichzeitig praxisorientierte Handlungsempfehlungen abzuleiten.

Das Thema Unternehmenscluster beschäftigte mich zudem in meiner wissenschaftlich- und anwendungsorientierten Projektarbeit. Die Tätigkeit am ITA erlaubte es mir, das Thema sowohl aus wissenschaftlicher als auch aus Praxissicht kennenzulernen. Zudem konnte ich im Rahmen mehrerer Forschungsprojekte unterschiedliche Blickwinkel auf des Thema Unternehmenscluster in Deutschland gewinnen, bspw. aus Sicht eines Clustermanagements, aus innovationsorientierter Perspektive, aus Sicht der Kompetenzbedarfe und der Kompetenzentwicklung von Clustermanagern, aber auch aus förderpolitischer Sichtweise.

Hiermit möchte ich mich bei Prof. Dr. Zink für die Vielzahl an hilfreichen und motivierenden Impulsen und die Übernahme meiner Betreuung sowie die konstruktiven Hinweise zu den Fragestellungen meiner Arbeit bedanken. Ebenfalls möchte ich mich bei Prof. Zink für die Möglichkeit der Arbeit am ITA, die mir immer Gelegenheit geboten hat, mich in interessanten und innovativen Projekten zu verwirklichen, und die immer positive Zusammenarbeit bedanken. Mein Dank gilt ebenfalls meinem Zweitgutachter Herrn Prof. Dr. Matthias Baum für die bereitwillige Übernahme der Rolle als Zweitkorrektor sowie die konstruktive Kritik insbesondere bzgl. des quantitativen Methodenteils der Arbeit.

Mein Dank gilt weiterhin Dr. Martin Thul für die Gelegenheit, mich in das Thema Unternehmenscluster einzuarbeiten, sowie für den immer äußerst fruchtbaren Austausch zu clusterbezogenen Fragestellungen und Herausforderungen. Ebenfalls gilt mein Dank den Teilnehmern meiner Onlinebefragung, ohne deren freiwilligen Beitrag die quantitative Auswertung und Interpretation nicht möglich gewesen wäre.

Ich bedanke mich ebenfalls bei allen meinen Kolleginnen und Kollegen am ITA für ihre Hilfsbereitschaft und immer sehr freundschaftliche Zusammenarbeit. Insbesondere möchte ich Judith Hoffmann, Christian Bosse sowie Dr. Frank Eierdanz und Ellen Sieling für die Unterstützung, Denkanstöße und Diskussionen zur verschiedenen methodischen Vorgehensweisen und die interessanten und inspirierenden Gespräche - nicht nur aber häufig - in der gemeinsamen Mittagspause danken. Mein weiterer Dank gilt Delia Schröder sowie Dr. Harald Weber, die mir als Institutsleitung insbesondere während der Abgabephase Verständnis entgegengebracht und Freiräume neben der Projektarbeit eingeräumt haben. Dr. Regina Osranek, Dr. Tino Baudach sowie Andreas Weßner waren äußerst hilfsbereite Ansprechpartner für den Austausch bzgl. der Erstellung und formalen Abgabe der Arbeit und haben mir einiges an Kopfzerbrechen mit ihren Tipps und Hinweisen erspart. Zudem möchte ich mich bei Petra Malek für ihre Unterstützung bei der finalen Korrektur der Arbeit und vor allem auch für ihr „offenes Ohr" und ihre „moralische" Unterstützung bedanken. Weiterer Dank gilt Alisa Dorscheid sowie Anna Riquartz, Jonas Reckel und Mark Wahlert, die mich bzgl. ergänzender Literaturrecherchen unterstützt haben.

Neben meinen Kollegen darf außerdem mein enger Freundeskreis nicht vergessen werden, insbesondere Nadine Laske, die mir sowohl teilweise als „Lektorin" bei der Finalisierung der Arbeit geholfen hat, und Oliver Kowalewski, der bereitwillig und zu jeder Tages- und Nachtzeit für moralischen „Telefon-Support" zur Stelle war. Gleiches gilt zudem für Astrid Fueting, die zeitlich mit mir an ihrer Dissertation gearbeitet hat, sodass wir hier „Leidensgenossen" waren, wenn auch fachfremde.

Der größte Dank gilt nicht zuletzt selbstverständlich meinen Eltern Vera Hellge und Hans-Dieter Hellge, die immer ihr vollstes Vertrauen in mich gesetzt haben, und mich dies immer wissen und spüren ließen. Sie haben es immer wieder geschafft, mir im Kreis meiner Familie eine „Verschnaufpause" zu ermöglichen und mir so die Kraft gegeben, die Hürden, die während der Erstellung einer derartigen Arbeit zu überwinden sind, zu meistern. Diese uneingeschränkte Unterstützung war und ist ein unglaublich wichtiger Rückhalt für mich.

Viola Hellge

Inhaltsverzeichnis

Abbildungsverzeichnis

Tabellenverzeichnis

Abkürzungsverzeichnis

Abkürzung	**Erklärung**
aktual.	aktualisiert, -e
bspw.	beispielsweise
bzw.	beziehungsweise
bzgl.	bezüglich
CA	Clusterakteure
CM	Clustermanagement
CSR	Corporate Social Responsibility
d.h.	das heißt
ECEI	European Cluster Excellence Initiative
erw.	erweitert, -e
ESCA	European Secretariat for Cluster Analysis
et al.	et alii; und andere
etc.	et cetera; und die übrigen Dinge
EU	Europäische Union
e. V.	eingetragener Verein
evtl.	eventuell
f., ff.	Folgend, fort folgende
FuE	Forschung und Entwicklung
ggf.	gegebenenfalls
ggü.	gegenüber
HRM	Human Resource Management
HR	Human Resource
internat.	international, -e
inkl.	inklusive
KMU	kleine und mittelständische Unternehmen
nat.	national, -e/-r
o. ä.	oder ähnliche/-m
o. g.	oben genannte/-r/-n
öffentl.	öffentlich
P.-	Personal-
PM	Personalmanagement
polit.	politisch, -e
PS	Personalstrategie
R&D	Research und Development, siehe FuE
RBV	Resource-Based-View
S.	Seite
s. , s. o.	siehe, siehe oben
sog.	sogenannte, -r
techn.	technisch, -e
u.	und
u. a.	unter anderem; und andere
UN	United Nations; Vereinte Nationen
USA	Vereinigte Staaten von Amerika (engl.: United States of America)
v.	von
v. a.	vor allem
wiss.	wissenschaftlich, -e
z. B.	zum Beispiel
z. T.	zum Teil

1 Forschungsbedarf und -ansatz der Arbeit

1.1 Problemstellung

In den letzten 25 Jahren hat in Wissenschaft, Wirtschaft und Politik der Begriff „Unternehmenscluster“ zunehmend an Bedeutung gewonnen.[1] Der Begriff wurde primär durch Michael E. Porter geprägt. Porter definiert Unternehmenscluster wie folgt: *„Clusters are geographically proximate groups of interconnected companies and associated institutions in a particular field, linked by commonalities and complementarities. Clusters are normally contained within a geographic area where ease of communication, logistics and personal interaction is possible…"*[2] Das Clusterkonzept wurde im Rahmen der Clustertheorie aufgegriffen und ausführlich in Wissenschaft und Forschung betrachtet. Neben den Wirtschaftswissenschaften beschäftigen sich v. a. die Sozial- und Politikwissenschaft sowie die Wirtschaftsgeographie mit dem Konzept.[3] Die Clustertheorie wird aufgrund der zahlreichen Einflüsse, die sie miteinander verbindet, u. a. Aspekte der Transaktionskosten-, Evolutionstheorie, Regionalökonomie und Neuer Institutionenökonomik, auch als ein eklektisches Konzept bezeichnet.[4] Die Kernleistung der Clustertheorie liegt zu einem großen Teil darin, dass sie diese unterschiedlichen und teilweise widersprüchlichen Herangehensweisen zur Erklärung des Phänomens lokaler Unternehmenszusammenschlüsse miteinander vereinbart.[5] Aufgrund der primär makroökonomischen Ausrichtung sowie der Beschreibung standortbezogener ökonomischer Entwicklung, v. a. auf regionaler Ebene, hat das Cluster-Konzept insbesondere Eingang in die Wirtschaftspolitik gefunden. Als Maßnahmen der sog. Clusterpolitik sind heute viele regionale, nationale und internationale Förderprogramme auf EU-Ebene zur Unterstützung von Unternehmensclustern vorhanden. Der Fokus der Clustertheorie liegt dabei auf dem Beitrag, den Unternehmenscluster zur wirtschaftlichen Entwicklung einer Region leisten können.[6] Zentraler Betrachtungsgegenstand der Untersuchungen zur Clusterpolitik ist die Entwicklung von konkreten förderpolitischen Maßnahmen, die geeignet sind, eine optimale Clusterentwicklung und damit auch eine optimale Entwicklung der regionalen Wirtschaft zu unterstützen. Hinzu kommt die Auseinandersetzung mit geeigneten Methoden der Erfolgsmessung sowie Evaluation der initiierten Maßnahmen und Förder-

---

[1] Vgl. Brenner (2017): Identification of Clusters - An Actor-based Approach, S. 1.

[2] Porter (2001a): Clusters of innovation - Regional Foundations of U.S. Competitiveness, Washington, S. 53.

[3] Vgl. Kiese (2008a): Clusterkonzepte zwischen Theorie und Praxis. In: Floeting (Hrsg.): Cluster in der kommunalen und regionalen Wirtschaftspolitik - Vom Marketingbegriff zum Prozessmanagement. Berlin, 2008, S. 55-81, S. 59.

[4] Vgl. Kiese (2008a), S. 59 u. Dybe, Kujath (2000): Hoffnungsträger Wirtschaftscluster. Berlin, 15, 23 u. 36.

[5] Vgl. Thomi, Sternberg (2008): Cluster - Zur Dynamik von Begrifflichkeiten und Konzeptionen. In: *Zeitschrift für Wirtschaftsgeographie*, Jg. 52(2-3), 2008, S. 73-78, S. 75 u. Henn (2006): Evolution of regional clusters in nanotechnology, Empirical findings from Germany, H. 2816, 2006, S. 1-23, S. 49.

[6] Vgl. Motoyama (2008): What was new about the Cluster theory? What could it answer and what could it not answer? In: *Economic Development Quarterly*, Jg. 22, 2008, S. 353-363, S. 356; Beer, Terstriep (2010): Clusterinitiativen unter Druck? - Finanzierungsmodelle helfen Nachhaltigkeit sichern. Forschung Aktuelle, Nr. 07/2010, S. 2; Rehfeld (2004): Zur Steuerbarkeit der regionalen und lokalen Ökonomie - Überlegungen am Beispiel von Clustermanagement. In: Hanesch, Krüger-Conrad (Hrsg.): Lokale Beschäftigung und Ökonomie - Herausforderung für die "Soziale Stadt". Wiesbaden, 2004, S. 118-133, S. 120; Sydow (2010b): Management von Netzwerkorganisationen - Zum Stand der Forschung. In: Sydow (Hrsg.): Management von Netzwerkorganisationen. Wiesbaden, 2010, S. 373-470, S. 383; Floeting, Zwicker-Schwarm (2008): Clusterinitiativen und Netzwerke - Handlungsfelder lokaler und regionaler Wirtschaftspolitik. In: Floeting (Hrsg.): Cluster in der kommunalen und regionalen Wirtschaftspolitik. Berlin, 2008, S. 15-40, S. 16.

V. Hellge, *Personalmanagement in Unternehmensclustern*,
https://doi.org/10.1007/978-3-658-26690-5_1

programme, um die Wirkungen und Erfolge der clusterpolitischen Maßnahmen zu erfassen und so den Einsatz öffentlicher Mittel zu rechtfertigen.[7] Einschränkend muss erwähnt werden, dass clusterpolitische Maßnahmen und Cluster selbst nur bereits auftretende ökonomische Trends unterstützen und vorantreiben können. Da Clusterpolitik und Cluster im Rahmen makroökonomischer Gegebenheiten wirken, können sie bestehenden Trends nur z. T. entgegenarbeiten. Es ist aber als unwahrscheinlich zu sehen, dass clusterpolitische Maßnahmen ökonomischen Trends dauerhaft erfolgreich entgegenstehen können.[8]

In der Clusterpolitik werden folgende Vorteile von Unternehmensclustern als entscheidend angesehen: Zum einen werden durch eine Zusammenarbeit von Unternehmen in Clustern Spill-over-, Skalen- und Lerneffekte sowie Spezialisierungsvorteile für die beteiligten Unternehmen erwartet.[9] Zum anderen sollen Cluster die Attraktivität der Region für Fachkräfte sowie die regionale Wettbewerbsfähigkeit generell steigern. Weiterhin wird von einem Zusammenschluss einer Branche in Form eines Unternehmensclusters die Erhöhung der internationalen Sichtbarkeit der Region und der beteiligten Firmen erwartet.[10] Nach Porter ermöglichen Cluster zudem einen einfacheren Zugang zu öffentlichen Einrichtungen und Gütern und bieten Transaktionskosten-Vorteile.[11] Buhl und Meier zu Köcker nennen als weitere Vorteile von Unternehmensclustern u. a.[12]:

- verbesserte Möglichkeiten für Markteintritte bzw. Ansprache neuer Kundensegmente,
- einen erhöhten Informationsaustausch innerhalb einer Branche bzw. der Unternehmen einer Region,
- optimierte Informationszyklen sowie kostengünstigere Entwicklung und Fertigung.

Als weiterer zentraler Vorteil von Clustern werden die geringeren Kooperationskosten genannt, die dadurch entstehen, dass sich Kooperationspartner schneller und einfacher zusammenfinden und ihrer Kooperationen einfacher koordinieren können.[13] Weiterhin lassen sich ein erleichterter Zugang

[7] Vgl. PWC (2011): Uncovering excellence in cluster management, S. 17; Meier zu Köcker, Rosted (2010): Promoting Cluster Excellence - Measuring and Benchmarking the Quality of Cluster Organisations and Performance of Clusters, S. 9; Sydow, Windeler (2008): Netzwerke im Cluster – Innovation und Evaluation. In: Kaddatz (Hrsg.): Netzwerke - Businessinnovationen u. Kooperationskultur im Spannungsbogen zwischen Forschung u. Praxis. Bielefeld, 2008, S. 95-103, S. 102.

[8] Vgl. Rehfeld (2004), S. 120.

[9] Vgl. Alecke, Alsleben, Scharr u. a. (2006): Are there really high-tech clusters? The geographic concentration of German manufacturing industries and its determinants. In: *Annals of Regional Science*, Jg. 40(1), 2006, S. 19-42, S. 31; Martin, Sunley (2003): Deconstructing Clusters: chaotic concept or policy panacea. In: *Journal of Economic Geography*, Jg. 3(1), 2003, S. 5-35, S. 32; Gordon, McCann (2000): Industrial Clusters: Complexes, Agglomeration and/or Social Networks? In: *Urban Studies*, Jg. 37(3), 2000, S. 513-532, S. 513; Dybe, Kujath (2000), S. 16; Meier zu Köcker, Buhl (2008): Kompetenznetze initiieren und weiterentwickeln, S. 33f.; Beck (2005): Die Cluster-Organisation: Willkommen in der Realität! In: Stahl, Friedrich von den Eichen (Hrsg.): Vernetzte Unternehmen - Wirkungsvolles Agieren in Zeiten des Wandels. Berlin, 2005, S. 159-180, S. 163f.

[10] Vgl. Meier zu Köcker, Buhl (2008), S. 80.

[11] Vgl. Porter (2000c): Location, Competition, and Economic Development - Local Clusters in a Global Economy, *Economic Development Quarterly*, Jg. 14(1), 2000, S. 15-34, S. 22f u. 25.

[12] Vgl. Meier zu Köcker, Buhl (2008), S. 33f.

[13] Vgl. Steinle, Schiele, H. (2003): Die räumliche Dimension im Strategischen Management von Wertschöpfungsketten: Operationalisierung des Cluster-Ansatzes für die strategische Analyse. In: Bach, Buchholz, Eichler (Hrsg.): Geschäftsmodelle für Wertschöpfungsnetzwerke, Wiesbaden, 2003, S. 21-39, S. 27; van der Linde (2005): Cluster und regionale

zu spezifischen Inputs und lokalen Ressourcen als Vorteile von Clustern nennen. Zusätzlich bieten Cluster häufig optimale Rahmenbedingungen für Unternehmensgründungen bedingt durch eine hohe Sichtbarkeit für Investitionen und Gelegenheiten für neue Geschäftstätigkeiten über verschiedene Branchen hinweg.[14] Allerdings lassen sich die o. g. Vorteile, die durch einen Unternehmenscluster entstehen können, nicht direkt nachweisen. Die Evaluation der Wirkungen und Erfolge clusterpolitischer Maßnahmen und von Clustern ist daher generell auf die Analyse von indirekten Variablen wie Löhne, Beschäftigungszahlen oder produzierte Güter angewiesen.[15] Die Attraktivität des Clusterkonzeptes liegt zusammenfassend darin, dass eine Erklärung des Clusterphänomens mit klassischen ökonomischen Ansätzen möglich ist. Gleichzeitig kann das Clusterkonzept aber auch als Gegenentwurf zu klassischen Ansätzen interpretiert werden.[16] Diese Dualität sowie die generelle Leistung des Konzeptes, z. T. widersprüchliche Konzepte zu einer konsistenten Theorie der Unternehmensagglomeration zu vereinbaren, haben entscheidend zu seiner Popularität beigetragen.[17]

Sowohl Clustertheorie als auch Clusterpolitik beschäftigen sich in ihren Betrachtungen bisher kaum damit, welche Möglichkeiten sich in einem Cluster durch Personalmanagement(PM)-Maßnahmen für die Weiterentwicklung der wirtschaftlichen Strukturen und Innovationsprozesse bieten.[18] Clusterpolitik und bestehende Bewertungskonzepte erfassen meist nur die Auswirkungen eines Clusters im Allgemeinen auf die Beschäftigungsverhältnisse einer Clusterregion. In Ansätzen wird das Thema Personalentwicklung (PE) in Clustern durch die Bildungswissenschaften thematisiert. Diese beschäftigen sich in diesem Kontext insbesondere mit der Entwicklung von geeigneten Maßnahmen und Methoden, die Cluster in Zusammenarbeit mit regionalen Hochschul- und Bildungseinrichtungen ergreifen können. Hier wird der Fokus oftmals auf die Entwicklung von Studiengängen und Weiterbildungsmöglichkeiten gelegt, um den Fachkräfte- und Kompetenzbedarf des jeweiligen Clusters zu sichern.[19] Es fällt auf, dass die Maßnahmen entsprechend des jeweiligen Clusterbedarfs individualisiert sind. Gleichzeitig liegt aber kein einheitliches Verständnis davon vor, welche PE-Maßnahmen in einem Cluster allgemein als sinnvoll angesehen werden. Weitere Lücken zeigen sich in den übrigen Aufgabenfeldern des Personalmanagements wie z. B. Mitarbeitergewinnung und -bindung. Im Rahmen der Netzwerktheorie werden u. a. Netzwerke zur Personalentwicklung bzw.

Wettbewerbsfähigkeit. Wie Cluster entstehen, wirken und aufgewertet werden. In: Cernavin et al. (Hrsg.): Cluster und Wettbewerbsfähigkeit von Regionen - Erfolgsfaktoren regionaler Wirtschaftsentwicklung. Berlin, 2005, S. 15-34, S. 21.

[14] Vgl. van der Linde (2005), S. 21.

[15] Vgl. Martin, Sunley (2003), S. 32.

[16] Vgl. Rehfeld (2009): Was kann Clustermanagement leisten? Erwartungen, Zwischenergebnisse und offene Fragen. In: Schmid (Hrsg.): Strategische Wirtschaftsförderung und die Gestaltung von High-Tech-Clustern. Baden-Baden. 2009, S. 173-194, S. 178.

[17] Vgl. Thomi, Sternberg (2008), S. 75; Henn (2006), S. 49.

[18] Vgl. Buhl (2010b): Netzwerke und Cluster: Kontinuierlich erfolgreich und nachhaltig!, S. 10.

[19] Vgl. Globisch, Hartmann, Loroff u. a. (2012): Innovative und durchlässige Bildungsformate in Clustern - ein vorläufiges Fazit. In: Globisch, Hartmann, Loroff u. a. (Hrsg.): Bildung für Innovationen - Innovationen in der Bildung - Die Rolle durchlässiger Bildungsangebote in Clusterstrukturen. Münster, 2012, S. 156-163, S. 157.

Zusammenarbeit im Personalmanagement betrachtet, allerdings fehlt auch hier eine entsprechende Anpassung auf Cluster als eine Sonderform des Unternehmensnetzwerkes.[20]

Im Rahmen der Betrachtung des langfristigen Bestandes von Unternehmensclustern spielen PM-Aspekte ebenfalls nur eine untergeordnete Rolle. Folgt man einer Argumentation von Buhl bezüglich der Ziele sog. „nachhaltiger", d. h. langfristig bestehender Cluster, lässt sich feststellen, dass Personalmanagement bisher nicht als relevanter Bestandteil einer langfristigen Ausrichtung von Unternehmensclustern betrachtet wird. Nur einzelne personalbezogene Aspekte, wie z. B. Mitarbeiterbindung und -zufriedenheit, werden berücksichtigt. Diese beziehen sich demnach primär auf die soziale Dimension nachhaltiger Cluster.[21] In diesem Zusammenhang gilt es daher zu klären, wie ein umfassendes PM eines Clustermanagements[22] die nachhaltige Ausrichtung eines Clusters beeinflussen kann, bspw. in der ökonomischen und sozialen Dimension der Nachhaltigkeit. Weitere Fragestellungen, die sich in diesem Kontext ergeben, werden im folgenden Kapitel 1.2 vorgestellt.

Personalmanagement in Clustern findet zudem in Konzepten zur Beurteilung der Leistungsfähigkeit von Clustern nur eine geringe Berücksichtigung. Derartige Konzepte wurden im Rahmen von Clusterevaluationen und Benchmarking-Ansätzen sowie Cluster-Labels entwickelt. Es liegen hier u. a. Konzepte zur Beurteilung des Erfolges bzw. der Exzellenz von Clustern vor. Es kann in diesem Zusammenhang v. a. zwischen Konzepten zur Bewertung von Clustern und von Cluster-Förderprogrammen unterschieden werden.[23] Als relevante Konzepte sind z. B. das Cluster Excellence Label der European Cluster Excellence Initiative (ECEI), das World Class Cluster Konzept von Meier zu Köcker u. a. oder die Scoreboard Methodology des European Cluster Observatory zu nennen.[24] Das Cluster Excellence Label der ECEI als Konzept zur Beurteilung von Clustern stellt bspw. nur rudimentäre Anforderungen an das Personalmanagement bzw. die Personalentwicklung und -auswahl in Clustern. Es findet eine Einschränkung dahingehend statt, dass das Label nur Anforderungen an das Personalmanagement im Clustermanagement (CM) stellt, also der Organisation, die die Clusterführung innehat.[25] Diese Betrachtung greift allerdings zu kurz. Für ein CM kön-

[20] Vgl. Becker, Janz (2010): Personalmanagement in Netzwerken. In: Bach, Buchholz, Eichler (Hrsg.): Geschäftsmodelle für Wertschöpfungsnetzwerke. 2. Aufl. Wiesbaden, 2010, S. 225-238, S. 229; Kiese (2008d): Stand und Perspektiven der regionalen Clusterforschung. In: Schätzl, Kiese (Hrsg.): Cluster und Regionalentwicklung - Theorie, Beratung und praktische Umsetzung. Dortmund, 2008, S. 9-50, S. 11f.

[21] Vgl. Buhl (2010a): Nachhaltigkeit von Netzwerken zwischen Theorie und Praxis, S. 16-18.

[22] Anmerkung: bzw. umfassende Unterstützung eines CM für CA im Bereich Personalmanagement.

[23] Konzepte zur Beurteilung von Clusterförderprogrammen sind beispielsweise die Kriterien zur Evaluation regionaler Clusterinitiativen des Fraunhofer ISI oder der Ansatz des National Research Councils in Kanada. Vgl. Davis, Arthurs, Cassidy u. a. (2006): What Indicators for Cluster Policies in the 21st century?; Cassidy, Davis, Arthurs u. a. (2005): Measuring Technology Clusters - The National Research Council's Approach. In: *Journal of New Business Ideas and Trends*, Jg. 3(2), 2005, S. 30-39; Jappe-Heinze, Baier, Kroll (2008): Clusterpolitik: Kriterien für die Evaluation von regionalen Clusterinitiativen. Arbeitspapiere Unternehmen und Region, Nr. 3/2008. Karlsruhe.

[24] Vgl. European Cluster Excellence Initiative (ECEI) (2012): The quality label for cluster organisations - criteria, processes, framework of implementation; Meier zu Köcker, Svensson, Szechenyi (o.J.): World Class Clusters - An Attempt to Formulate the Main Criteria of World Class Clusters; European Cluster Observatory (ECO) (2012): Scoreboard Methodology - Version 1.3

[25] Vgl. ECEI (2012), S. 10.

nen weitgehend gleiche Anforderungen wie für Unternehmen gelten, was das interne PM betrifft. Wesentlich relevanter für die Entwicklung eines Unternehmensclusters und der entsprechenden Clusterregion ist dagegen der Beitrag, den die strategische Ausrichtung des Personalmanagements des Clusters zu einer exzellenten Leistung des Clusters liefern kann. Die strategische Ausrichtung des PM eines Clusters wird primär durch das CM in Abstimmung mit den Clustermitgliedern definiert. In diesem Zusammenhang gilt es zu analysieren, wie ein Clustermanagement dafür sorgen kann, dass das strategische PM des Clusters zukünftige Entwicklungen und Trends in Gesellschaft und Technologieentwicklung zu berücksichtigen und zu integrieren weiß. Nur so kann die Leistungs- und Wettbewerbsfähigkeit des Clusters und der Clustermitgliedsunternehmen aufrechterhalten und optimiert werden. Hauptziel der vorliegenden Arbeit war es daher, relevante Personalprozesse in Clustern herauszuarbeiten und darauf aufbauend Anforderungen an ihre Ausgestaltung zu definieren. Dazu wurden die Anforderungen, die die o. g. Konzepte sowie ausgewählte Konzepte zur Bewertung von Netzwerken, wie das Netzwerk Excellence Modell nach Voß,[26] an das PM stellen, verglichen und hinsichtlich ihrer Eignung für Cluster geprüft. Ebenfalls wurden relevante Abläufe des Personalmanagements wie Personalgewinnung, -bindung, -entwicklung berücksichtigt. Hier galt es, wie bereits erläutert, zwischen der Ebene des Clusters und des Clustermanagements zu unterscheiden. Daher wurden die relevanten Personalmanagementprozesse für ein Clustermanagement definiert und Anforderungen an ihre exzellente Ausgestaltung entwickelt. Ein detailliertes Zielsystem findet sich in Kapitel 1.4 in Verbindung mit dem Aufbau der Arbeit. Es erläutert die Zuordnung der Abschnitte der Arbeit zu Teilzielen und deren Zusammenwirken zur Erreichung des Hauptziels der Arbeit, der Erarbeitung von Anforderungen an ein systematisches Personalmanagement in Clustern.

Weiterhin wurde im Rahmen der Arbeit eine Einordung von PM-Aktivitäten in Cluster-Lebenszyklusmodelle vorgenommen. Darauf aufbauend wurden Empfehlungen abgeleitet, wann und unter welchen Voraussetzungen derartige Maßnahmen einen entscheidenden Beitrag zur Weiterentwicklung und langfristigen Absicherung eines Clusters leisten können. Der Versuch einer Einordnung potenzieller PM-Aktivitäten eines Clustermanagements in ein Cluster-Lebenszyklusmodell machte deutlich, dass derartige Aktivitäten v. a. in der Reifephase eines Clusters an Bedeutung gewinnen. In dieser Phase stehen der Cluster und insbesondere das CM vor der Herausforderung, den Zerfall des Clusters zu verhindern und dessen Stabilität und das dauerhafte Bestehen des Clusters zu sichern.[27] Personalmanagement in Clustern kann in dieser Phase potenziell zur Optimierung der Arbeitssituation im Cluster und zur Verbesserung der Arbeitsmarktsituation der Clusterregion beitragen. Dies kann dadurch erreichet werden, dass PM-Aktivitäten umgesetzt

[26] Vgl. Voß (2001): Ganzheitliche Bewertung von Unternehmensnetzwerken - Konzeption eines Bewertungsmodells. Dissertation. Kaiserslautern.

[27] Vgl. Menzel, Fornahl (2007): Cluster life cycles - dimensions and rationales of cluster development. In: *Jena Economic Research Papers*, Nr. 2007-076, S. 1-46, S. 3 u. 18f.; Sölvell (2009): Clusters - Balancing evolutionary and constructive forces. Stockholm, S. 11; Press (2006): A Life Cycle for Clusters? S. 6.

werden, die bspw. für Clusterakteure neue Zugänge zu Fachkräften schaffen oder die Kompetenzentwicklung der Mitarbeiter der Clusterakteure unterstützen. Neben der Berücksichtigung der Cluster-Lebenszyklusphase als Rahmenbedingung des Personalmanagements in Clustern sollte weiterhin geklärt werden, wie ein Clustermanagement Informationen aus der Trendforschung bzgl. zukünftiger PM-Anforderungen und Entwicklungen in seine Personalstrategie integrieren kann. Hierbei sollten gleichzeitig die generellen Excellence-Anforderungen an Cluster, die die vorliegende Arbeit zusätzlich herausarbeitet, weiter berücksichtigt werden. Ebenfalls war zur Beantwortung der zentralen Fragestellungen zu klären, inwiefern PM-Aktivitäten die Nachhaltigkeit eines Clusters beeinflussen können und welchen Anforderungen sie dazu genügen müssen. Auch hier kann die Arbeit damit einen Beitrag zur detaillierten Ausgestaltung des Konzeptes nachhaltiger Unternehmenscluster leisten. Mit Hilfe der angestrebten Erkenntnisse der Arbeit wurde die bestehende Clustertheorie dahingehend erweitert, dass konkrete Anforderungen an Prozesse und Maßnahmen des Personalmanagements eines Clusters beschrieben werden. Diese ermöglichen es beteiligten Unternehmen, Clustermanagern und Fördermittelgebern, einen Cluster genauer zu beurteilen und entsprechende Empfehlungen zur Verbesserung der Situation des Personalmanagements im Cluster und im CM auszusprechen. Hierzu wird einer dualen Vorgehensweise gefolgt. Die zentralen Forschungsfragen und Anforderungen an Personalstrategie und -prozesse eines Clusters wurden zunächst theoretisch analysiert und im Kontext des Cluster-Lebenszyklus sowie des Ansatzes nachhaltiger Cluster betrachtet. In einem zweiten Schritt fokussierte die Arbeit auf eine Anwendungsorientierung. Einerseits wurde die Bedeutung, die Clustermanager dem PM beimessen, analysiert. Andererseits wurde eine Validierung der entwickelten Anforderungen an Personalstrategie und -prozesse im Cluster durch Experten aus der Clusterpraxis angestrebt. Im Folgenden werden zunächst die zentralen Forschungsfragen erläutert, die dem Konzept der Arbeit zu Grunde liegen und mit Hilfe der Forschungsmethodik beantwortet werden sollen. Auf die hierzu gewählte Vorgehensweise und Forschungsmethodik wird im Anschluss eingegangen. Abschließend werden der Aufbau der Arbeit und die Kapitelstruktur erläutert.

1.2 Zentrale Forschungsfragen

Die übergeordnete Forschungsfrage, die es zu beantworten gilt, ist, wie Anforderungen an ein PM in Clustern ausgestaltet sein müssen, damit dieses zu einer erfolgreichen Clusterentwicklung bzw. einer langfristigen Stabilisierung des Clusters beitragen kann. Um das Ziel der Arbeit, die Definition von Anforderungen an systematische Personalprozesse in Clustern zu erreichen, müssen mehrere zentrale Fragen geklärt werden. Aspekte, die grundlegende Fragen betreffen, die zur Ausgestaltung der Anforderungen an ein PM in Clustern benötigt werden, sind in der folgenden Tabelle gezeigt.

Tabelle 1 Überblick über Forschungsfragen

Eingangsforschungsfragen
Frage 1: Welche Relevanz hat Personalmanagement in Clustern?
Frage 2: Wie sind die Personalmanagementprozesse eines Clusters in die Clusterstrategie zu integrieren?
Frage 3: Welche Personalmanagementprozesse haben eine Bedeutung für den langfristigen Clustererfolg?
Frage 5: Welche Ebenen bzw. Akteure sind an Personalmanagementaktivitäten im Cluster beteiligt? Frage 6: Welche Ansätze für ein Personalmanagement im Cluster existieren in der Praxis?
Frage 7: Welche Anforderungen werden an ein systematisches Personalmanagement in Clustern gestellt?
Frage 8a: Was sind die zentralen Personalmanagementprozesse bzw. -funktionen eines Clusters bzw. Clustermanagements? Frage 8b: Welches sind die zentralen Personalmanagementprozesse bzw. -funktionen eines Clustermanagements aus Sicht von Clusterexperten?
Frage 9: Wie werden in diesem Zusammenhang Ergebnisse der Trendforschung mit Relevanz für den Cluster in die Personalstrategie integriert?
Frage 10: In welcher Phase des Cluster-Lebenszyklus sind Personalmanagementprozesse am wirkungsvollsten für die Weiterentwicklung und Sicherung des Clusters?

1.3 Forschungsdesign: Vorgehensweise und Methodik

Zur Klärung der Forschungsfragen wurde eine zweistufige Vorgehensweise gewählt, bestehend aus einer theoretischen Aufarbeitung sowie einer empirischen Studie. In einem ersten Schritt werden zunächst die relevanten theoretischen Grundlagen aufgearbeitet. Dies betrifft einerseits den Clusterkontext, der durch eine detaillierte Betrachtung der Entwicklung der Clustertheorie ausgehend von netzwerktheoretischen Ursprüngen erläutert wird. Andererseits werden die Grundlagen des Personalmanagements betrachtet. Die Erläuterungen werden um Betrachtungen zum Thema Nachhaltigkeit und dessen Bedeutung für Unternehmenscluster und PM ergänzt. Auf die Erläuterung der theoretischen Grundlagen folgt die Analyse mehrerer Bewertungsmodelle für Cluster und Netzwerke. Diese wurden im Hinblick auf ihre Aussagen zu Personalmanagement und -strategien verglichen.

Für die Definition des Anforderungskataloges sind mehrere Entwicklungsschritte zu durchlaufen (siehe Abbildung 1). Es wurden parallel zwei Themenbereiche analysiert. Zunächst wurden die für Cluster relevanten Aufgaben des Personalmanagements definiert. Im Weiteren wurden zentrale Aspekte des Vergleichs der Cluster-Bewertungsansätze in die Formulierung der Anforderungen für ein Cluster-PM integriert. In die Anforderungsentwicklung flossen in einem dritten Schritt Anforderungen ein, die sich aus den Rahmenbedingungen eines systematischen Personalmanagements in Clustern ergaben, wie z. B. die Berücksichtigung des Cluster-Lebenszyklus, clusterpolitischer Ziele sowie nachhaltiger Clusterentwicklung und PM. Als vierter Schritt folgt die Vorstellung der konkretisierten Forschungsfragen. Der zweite Teil der Arbeit widmet sich einer empirischen Analyse dieser Forschungsfragen. Diese folgte dem Ansatz der Methodentriangulation und setzte sich aus zwei Teilstudien zusammen. Anhand einer Sekundäranalyse, die auf der Analyse von Cluster-Bewertungsansätzen und -Berichten basiert, wurden zunächst die Inhalte und Relevanz eines Personalmanagements in Clustern explorativ untersucht.

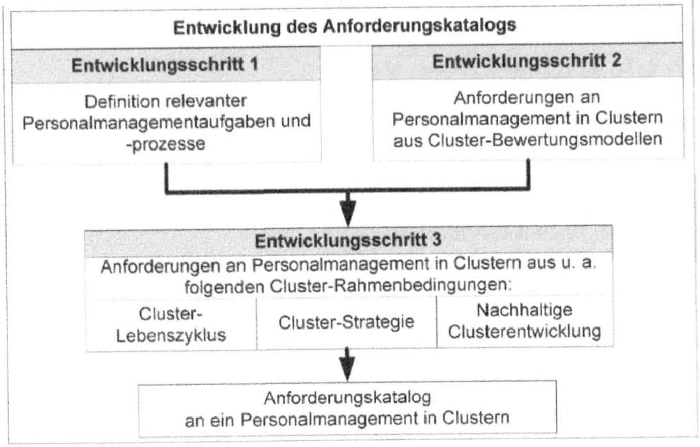

Abbildung 1 Methodik der theoretischen Entwicklung des Anforderungskataloges

Die Sekundäranalyse wurde orientiert an den Ansätzen von Stake (1995), Yin (2009) und Eisenhardt durchgeführt.[28] Die Auswertung der in den Analyse der Clusterberichte gesammelten Daten wird mit Hilfe einer qualitativen Inhaltsanalyse nach Gläser und Laudel (2010) sowie Mayring (2008) und der Grounded Theory und Situationsanalyse nach Strauss/ Corbin und Clarke umgesetzt.[29] Die Ergebnisse der Sekundäranalyse werden genutzt, um aus empirischer Sicht Hinweise für einen Anforderungskatalog an ein PM in Cluster zu gewinnen. Die Konkretisierung des Anforderungskataloges wurde im weiteren Verlauf der Arbeit über eine Befragung von Clustermanagern und Experten (Primäranalyse) realisiert. Diese Erhebung diente u. a. dazu, den PM-Bedarf in Clustern zu ermitteln und eine Einschätzung aus der Sicht von Clustermanagern im Hinblick auf zentrale Anforderungen an ein PM in Clustern zu erhalten. Dazu wurden die Themen der Primäranalyse anhand der theoretischen Aufarbeitung und den Ergebnissen der Sekundäranalyse definiert und das quantitative Befragungsinstrument konzipiert, das eine geeignete Auswahl an offenen und geschlossenen Fragen beinhalten sollte. Die Befragung wurde an den Konzepten der psychologischen Diagnostik und Test- bzw. Fragebogenkonstruktion von Bühner (2011), Bernd und Bühner (2012) sowie Ziegler & Bühner (2012) ausgerichtet.[30] Die Auswertung der quantitativen Ergebnisse wurde mit

[28] Vgl. Stake (1995): The art of case study research. Thousand Oaks; Yin (2014): Case study research - Design and methods. 5th edition; Eisenhardt, Graebner (2007): Theory Building From Cases: Opportunities And Challenges. In: *Academy of Management Journal*, Jg. 50(1), 2007, S. 25-32; Corbin, Strauss (2014): Basics of qualitative research - Techniques and procedures for developing grounded theory. 4th edition. Thousand Oaks; Clarke, (Hrsg.) (2012): Situationsanalyse - Grounded Theory nach dem Postmodern Turn. Wiesbaden

[29] Vgl. Gläser, Laudel (2010): Experteninterviews und qualitative Inhaltsanalyse - Als Instrumente rekonstruierender Untersuchungen. 4. Aufl. Wiesbaden; Mayring (2015b): Qualitative Inhaltsanalyse - Grundlagen und Techniken. 12., actual. u. überarb. Aufl. Weinheim u. a.

[30] Vgl. Bühner (2011): Einführung in die Test- und Fragebogenkonstruktion. 3., aktual. u. erw. Aufl., München, u. a.; Bühner, Bernd (2012): Grundlagen der Testkonstruktion, Hagen; Ziegler, Bühner (2012): Grundlagen der Psychologischen Diagnostik. Wiesbaden.

Hilfe statistischer Methoden durchgeführt, u. a. wurden Methoden der deskriptiven Statistik und Regressionsanalysen zur Exploration von Zusammenhängen zu Personalmanagement in Clustern genutzt. Unter Berücksichtigung der Ergebnisse der Sekundär- und Primäranalyse konnten die theoretischen Anforderungen ergänzt werden. Auf Basis der Ergebnisse der theoretischen Aufarbeitung und der empirischen Studien und den Anforderungen an systematische PM-Prozesse in Clustern ließen sich daraufhin zentrale Handlungs- und Umsetzungsempfehlungen für Clustermanager, Clusterpolitik und Clusterunternehmen in Bezug auf das PM in Clustern ableiten. Diese liefern Hinweise für Vorgehensweisen, die eine erfolgreiche Implementierung der erarbeiteten Anforderungen ermöglichen. Kapitel 1.4 erläutert im Folgenden den konkreten Aufbau der Arbeit und geht auf das Zusammenwirken der Themenbereiche bzw. Kapitel zur Zielerreichung und Beantwortung der zentralen Forschungsfragen ein. Dazu wird die Struktur der Arbeit visualisiert und um eine Beschreibung des detaillierten Zielsystems der Arbeit ergänzt.

1.4 Aufbau und Zielsystem der Arbeit

Die Arbeit folgt einem Aufbau, der die Struktur der Forschungsmethodik widerspiegelt. Sie ist in vier Teilabschnitte (A-D) unterteilt, die z. T. aus mehreren Unterkapiteln bestehen. Einen Überblick über die Schwerpunkte der Teilabschnitte liefert Tabelle 2.

Tabelle 2 Abschnitte der Arbeit und jeweilige Themenschwerpunkte

Abschnitt	Themenschwerpunkt
A	**Problemstellung:** Aktuelle Situation, Forschungsbedarf, Aufbau der Arbeit
B	**Hauptteil I:** Theoretische Grundlagen und Anforderungsentwicklung
C	**Hauptteil II**: Empirische Studie
D	**Fazit:** Zusammenfassung, Schlussfolgerungen und Ausblick

Zunächst wird in Abschnitt A bzw. Kapitel 1 die aktuelle Situation von Clustern allgemein und im Besonderen im Hinblick auf die eingesetzten Personalmanagementmethoden erläutert. Dies wird durch die Beschreibung der Problemstellung, des Forschungsbedarfes und der zentralen Forschungsfragen ergänzt. Abschnitt A schließt mit einer Erläuterung der gewählten Vorgehensweise und Forschungsmethodik wie auch einem Überblick über den Aufbau der Arbeit. Abschnitt B der Arbeit setzt sich aus den Kapiteln 2 bis 3 zusammen und arbeitet die theoretischen Grundlagen auf, die für die Beantwortung der Forschungsfragen relevant sind. Dazu werden in Kapitel 2 zunächst die Grundlagen und Entwicklung der Clustertheorie und der aktuelle Stand der Clusterforschung erläutert. Hier ist es v. a. notwendig, die Begriffe Unternehmenscluster und -netzwerke voneinander abzugrenzen. Weiterhin wird mit Kapitel 2 auf die Grundlagen und Entwicklung der Clustertheorie, insbesondere in den letzten zwanzig Jahren, eingegangen und das Verständnis des Clusterbegriffes als eklektisches Konzept erläutert. Es werden weitere Themenbereiche im Rahmen der Clustertheorie erläutert, die für die Entwicklung eines Anforderungskataloges an ein systematisches PM in Clustern relevant sind. Dazu gehören Theorien zur Clusterentwicklung (u. a. Lebenszyklus-Modelle), Formen von Clustern, zur Institution des Clustermanagements und seiner Dienstleistungen sowie ein Überblick über die aktuelle Situation der Clusterförderung in Deutschland. Das Kapitel beinhaltet eine Betrachtung der Erfolgsfaktoren von Clustern, eine Übersicht zentraler Kritiken an der Clustertheorie und schließt mit einer Diskussion von Ansätzen zu nachhaltigen Clustern/ Netzwerken. Kapitel 3 setzt sich mit den Grundlagen und der Bedeutung des Personalmanagements auseinander und liefert so den zweiten theoretischen Baustein, der für die Aufarbeitung der Forschungsfragen der Arbeit benötigt wird. Hierzu werden die Aufgabenschwerpunkte des Personalmanagements erläutert und insbesondere zentrale Personalprozesse in Unternehmen und Netzwerken herausgearbeitet. Dies dient als Grundlage zur Klärung, welche relevanten Personalprozesse in Clustern vorliegen können und welche Prozessverantwortlichen bzw. -stakeholder in Clustern von Bedeutung sind. Ergänzend dazu werden zentrale Aspekte aufgearbeitet, auf die bei der Definition einer Personalstrategie unter Berücksichtigung von Ergebnissen der Trendforschung geachtet werden muss. Zudem werden in diesem Kapitel bestehende Ansätze für ein PM in Netzwerken untersucht. Das Kapitel schließt einen Überblick über Ansätze eines nachhaltigen Personalmanagements mit ein.[31]

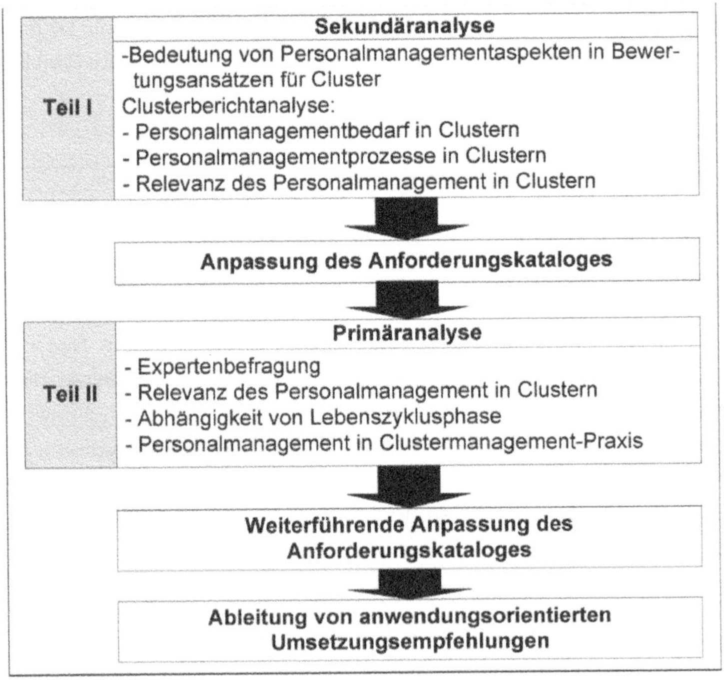

Abbildung 2 Aufbau der empirischen Studie

[31] Vgl. Deutsches Institut für Normung (DIN) e.V (Hrsg.) (2002): DIN 33430 - Anforderungen an Verfahren und deren Einsatz bei berufsbezogenen Eignungsbeurteilungen, Berlin und International Standardization Organization (ISO) (Hrsg.) (2010a u. 2010b): ISO/DIS 10667 - Assessment service delivery - Procedures and methods to assess people in work and organizational settings, Part I and II.

Abschnitt C der Arbeit bildet mit den Kapiteln 4 und 5 die zentralen Schritte der Anforderungsentwicklung auf empirischer Ebene ab, um die Praxissicht in die Bildung des Anforderungsmodells einfließen zu lassen. In Kapitel 4 werden Vorgehensweise und Ergebnisse der Sekundäranalyse vorgestellt. Es werden zudem bestehende Bewertungsansätze für Cluster im Hinblick auf PM-Prozesse aufgearbeitet. U. a. werden das Netzwerk Excellence Modell nach Voß, bestehende Excellence-Labels und Bewertungsansätze von Unternehmensclustern vorgestellt und hinsichtlich ihrer Berücksichtigung von Personalmanagement (bzw. -prozessen) untersucht. In Kapitel 5 wird mit Hilfe der Primäranalyse die Expertensicht zu PM in Clustern ergänzt. In diesem Kapitel wird dazu zunächst auf die Konzeption der Studie eingegangen und deren Zielsetzung, Vorgehensweise und die Entwicklung des Befragungsinstrumentes erörtert. Daraufhin werden der Ablauf sowie die Zusammensetzung der Stichprobe der Befragung beschrieben. Das Kapitel wird mit der Vorstellung und Interpretation der Befragungsergebnisse abgeschlossen. Auf den Abschnitt zur empirischen Studie folgt in Abschnitt D die Zusammenfassung und Interpretation der empirischen Ergebnisse, die Vorstellung des Anforderungskataloges und die Ableitung von zentralen Handlungsempfehlungen sowie eine kritische Betrachtung der Arbeit. Der Abschnitt wird mit einem umfassenden Ausblick abgerundet. Die Ergebnisse der empirischen Studie werden genutzt, um in Kapitel 6 zentrale Handlungsempfehlungen im Clusterkontext bezüglich der Umsetzung der Anforderungen an PM-Prozesse in Clustern herauszuarbeiten. Diese Handlungsempfehlungen richten sich primär an relevante Akteure im Clusterkontext, wie bspw. Clustermanager, an Clustern beteiligte Unternehmen (Clusterakteure, CA) und politische Fördermittelgeber. Eine kritische Betrachtung der Umsetzbarkeit der Anforderungen und ihrer möglichen Probleme ergänzt die Handlungsempfehlungen. Das Kapitel schließt diese mit einer Zusammenfassung und kritischen Betrachtung der Vorgehensweise sowie der Ergebnisse ab. Zudem wird der weitere Forschungsbedarf diskutiert, der sich im Rahmen der Arbeit gezeigt hat, und es werden auch hier Empfehlungen für eine Fortsetzung der Forschungsarbeit formuliert. Struktur und Vorgehensweise des Vorhabens werden in Abbildung 4 im Überblick gezeigt. Das Diagramm trägt dazu bei, die Zusammenhänge zwischen den Kapiteln der Arbeit aufzuzeigen und die Schritte der Analyse und Anforderungsentwicklung zu verdeutlichen. Abbildung 3 gibt das Zielsystem der Arbeit wieder.

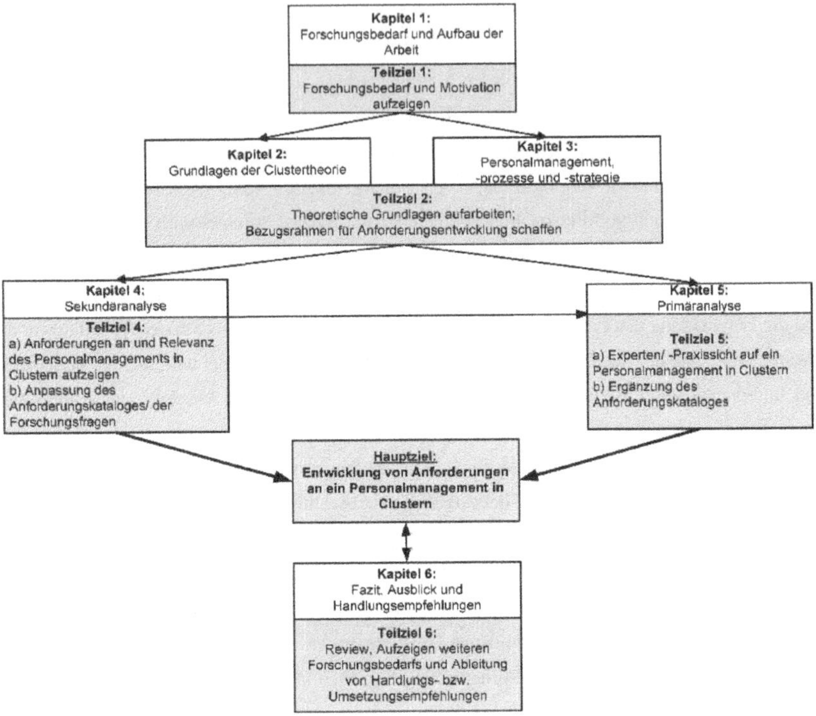

Abbildung 3 Zielsystem der Arbeit

Mit Hilfe des Zielsystems soll verdeutlich werden, wie die Teilziele, die in den einzelnen Abschnitten und Kapiteln verfolgt werden, zur Erreichung des Hauptziels der Arbeit beitragen. Dazu werden den Kapiteln der Arbeit Teilziele zugeordnet, die anhand des Vorgehens und der Ausarbeitung in den jeweiligen Kapiteln erreicht werden sollen. Anhand der Abbildung wird das Zusammenwirken der Teilkapitel zur Erreichung des Kernziels verdeutlicht. Es ist ersichtlich, dass die Kapitel 1 bis 3 mit ihren jeweiligen Teilzielen dazu beitragen, die Grundlage für die Anforderungsentwicklung an ein exzellentes Personalmanagement in Clustern aus theoretischer Sicht zu schaffen. Mit Hilfe der Kapitel 4 und 5, dem empirischen Teil der Arbeit, werden diese Anforderungen um eine Anwendungsorientierung ergänzt. Damit tragen die Kapitel 1 bis 5 mittel- bzw. unmittelbar zum Hauptziel der Arbeit bei. Kapitel 6 ergänzt den Anforderungskatalog um Handlungs- und Umsetzungsempfehlungen für eine praktische Umsetzung und greift damit erneut die anwendungsorientierte Sichtweise auf.

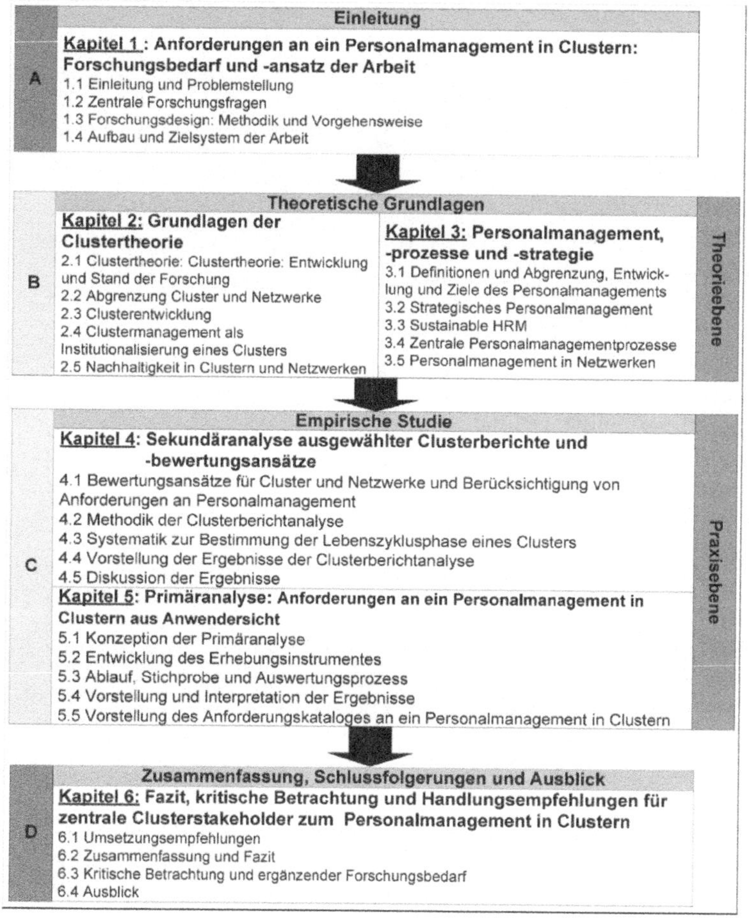

Abbildung 4 Visualisierung der Struktur und Vorgehensweise der Arbeit

2 Grundlagen der Clustertheorie

Seit Porter in den 1990er Jahren das Clusterkonzept vorgestellt hat, ist dieses sowohl in Wirtschaft und Wissenschaft äußerst populär geworden. Dies hängt u. a. damit zusammen, dass das Konzept vor dem Hintergrund der sich steigernden Globalisierung, Innovationspotenziale und Wettbewerbsfähigkeit von Unternehmen innerhalb von Regionen betont. Cluster (dt. Schwarm, Traube) sind in diesem Zusammenhang regionale Netzwerke, die Unternehmen und weitere Organisationen (z. B. Forschungseinrichtungen, Verbände, Behörden, Dienstleister) einer Wertschöpfungskette miteinander verbinden und Wettbewerbsvorteile und Innovationen für diese Unternehmen fördern.[32] Regionen sind gekennzeichnet durch gewachsene und identitätsstiftende Strukturen und „... *einen aufgrund bestimmter Merkmale abgrenzbaren, zusammenhängenden Teilraum mittlerer Größenordnung in einem Gesamtraum. In der Alltagssprache wird der Begriff ‚Region' oder das Attribut ‚regional' meist dann verwendet, wenn Gegebenheiten oder Vorgänge bezeichnet werden sollen, die mehr als den örtlichen Zusammenhang betreffen, aber unterhalb der staatlichen Ebene angesiedelt sind.*"[33] Im folgenden Kapitel werden zunächst die theoretischen Grundlagen des Clusterkonzepts von Porter erläutert, die verschiedenen theoretischen Komponenten und Ebenen des Ansatzes diskutiert sowie mehrere Clusterdefinitionen miteinander verglichen. Das Konzept wird von dem des Netzwerks abgegrenzt (siehe Kapitel 2.2). In den folgenden Abschnitten wird auf Erkenntnisse zur Entwicklung von Clustern, insbesondere Lebenszyklusmodelle und die Bedeutung und Aufgaben des Clustermanagements eingegangen (Kapitel 2.3 und 2.4). Zudem wird die Relevanz des Konzepts für die Wirtschaftspolitik erläutert. Mit Abschnitt 2.5 wird das Kapitel mit der Betrachtung von Nachhaltigkeitsaspekten für Unternehmenscluster abgeschlossen.

2.1 Clustertheorie: Entwicklung und Stand der Forschung

Die Grundlagen des Clusterbegriffes, der primär durch Porter in den 1990er Jahren geprägt wurde[34], liegen in Vorarbeiten weiterer Forscher aus unterschiedlichen Forschungsfeldern (siehe Abbildung 5). Theoretische Grundlagen des Clusterkonzepts finden sich in Arbeiten der Agglomerationstheorie von von Thunen und Launhardt bzw. Weber, die Unternehmen und ihre räumliche Ansiedlung im Kontext von Ressourcenzugängen und Märkten untersucht haben.[35] Das Clusterkonzept beinhaltet insbesondere Einflüsse der Arbeiten von Marshall zu „*localized industries*" bzw. „*industrial dis-*

---

[32] Vgl. Hauser (2017a): Debatte rund um Cluster. In: Hauser (Hrsg.): Clustermanagement - Wie Cluster die Innovation und die Wettbewerbsfähigkeit unterstützen. Wiesbaden, 2017, S. 1-10, S. 1; Maskell, Kebir (2009): What qualifies as a cluster theory? Danish Research Unit for Industrial Dynamics, S. 1.

[33] Sinz (2005): Region. In: Akademie für Raumforschung und Landesplanung (Hrsg.): Handwörterbuch der Raumordnung. Hannover, 2005, S. 919-923, S. 919f. Vgl. auch Stierl, Lüth (2014): Nachhaltige Regionalentwicklung: Unternehmen als Verantwortungspartner, S. 2.

[34] Vgl. Porter (1991): Nationale Wettbewerbsvorteile - Erfolgreich konkurrieren auf dem Weltmarkt. München; Porter (1998a): Clusters and the New Economics of Competition. In: *Harvard Business Review*, Jg. 76(6), 1998, S. 76-90.

[35] Vgl. von Thunen (1826): Der isolierte Staat in Beziehung auf Landwirtschaft und Nationalokonomie. Teil 1. Hamburg; Wartenburg (1966): Von Thunen's Isolated State. Oxford; Weber (1909): Uber den Standort der Industrien. Tübingen; Launhardt (1882): Die Bestimmung des Zweckmässigsten Standortes einer Gewerblichen Anlage. Berlin; Babkin, Vertakova, Plotnikov u. a. (2017): Study and assessment of clusters activity effect on regional economy. In: *SHS Web of Conferences*, Jg. 35, 2017, S. 1; Brosnan, Doyle, O'Connor (2016): From Marshall's Triad to Porter's Diamond: Added Value? In: *Competitiveness Review*, Jg. 26(5), 2016, S. 500-516, S. 501.

V. Hellge, *Personalmanagement in Unternehmensclustern*,
https://doi.org/10.1007/978-3-658-26690-5_2

tricts".[36] Marshall beschreibt mit diesen Begriffen regional fokussierte Ballungen von Industriesektoren kleiner bis mittelgroßer Unternehmen (KMU) und führt deren Entstehung auf Faktoren wie das Vorliegen von qualifizierten Fachkräften (Arbeitsmarktvorteile, „*labour market pooling*"), spezialisierten Zulieferern (Input-/ Output-Vorteile bzw. Wettbewerbsvorteile durch intensive Zulieferer-Kooperationen) und technologische Externalitäten wie Wissensspillover-Effekte und die schnelle Adoption von Innovationen zurück.[37]

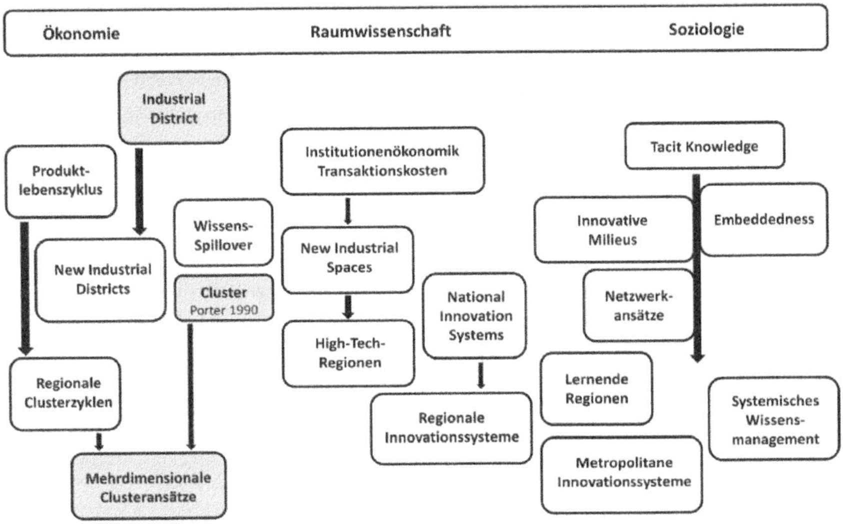

Abbildung 5 Konzeptionsvielfalt des Themenfeldes[38]

Mit Porters Ansatz hat das Konzept von Marshall gemeinsam, dass sich beide Betrachtungsweisen mit den wirtschaftlichen Realitäten auseinandersetzen, die die beiden Forscher beobachten konnten:

---

[36] Vgl. Marshall (1890): The Principles of Economics. London; Marshall (1927): Industry and Trade - A study of industrial technique and business organization and of their influences on the condition of various classes and nations. 5th edition. London; Marshall (1920): Principles of economics. London; Trippl, Grillitsch, Isaksen u. a. (2015a): Perspectives on Cluster Evolution: Critical Review and Future Research Issues. In: *European Planning Studies*, Jg. 23(10), 2015, S. 2028-2044, S. 2028; Pohl (2015): Eco-Clusters as Driving Force for Greening Regional Economic Policy, S. 16.

[37] Vgl. Marshall (1890), S. 271; Marshall (1920); Benner (2012): Clusterpolitik - Wege zur Verknüpfung von Theorie und politischer Umsetzung. Berlin u. a., S. 11; Ingstrup (2013): Facilitating different types of clusters. In: *Management Review*, Jg. 24(2), 2013, S. 133-150, S. 135f; Rammer, Gassler (1999): Alles Cluster? Über den Boom einer neuen wirtschaftspolitischen Strategie. Wien, S. 3f.; Garcia-Vicente, Garcia-Swartz, Campbell-Kelly (2017): Information technology clusters and regional growth in America, 1970-1980. In: *Small Business Economics*, Jg. 48(4), 2017, S. 1021-1046, S. 1021.

[38] Abbildung nach Thomi, Sternberg (2008), S. 74. Vgl. auch Marshall (1920); Vernon (1966); Scott (1988); Aydalot (1986); Camagni (1991); Grabher (1993); Brusco (1990): The idea of the Industrial District: Its genesis. In: Pyke, Becattini, Sengenberger (Hrsg.): Industrial Districts and interfirm co-operation in Italy. Genf: International Institute for Labour Studies: S. 10-19; Porter (1990): The Competitive Advantage of Nations. In: Harvard Business Review, Jg. 68, H. 2, S. 73-93; Williamson (1975): Markets and hierarchies: Analysis and antitrust implications. New York: Free Press; Hassink (1997): Die Bedeutung der Lernenden Region für die regionale Innovationsförderung. In: Geographische Zeitschrift, H. 85, S. 159-173.

Marshall in Bezug auf groß ausgelegte Produktionsstrukturen und die Interaktion zwischen Klein- und Großunternehmen, Porter in Bezug auf Standorte, Industrien und Unternehmen.[39] In den 1950er Jahren stellte Dahmén den Ansatz der Entwicklungsblocks vor, der diese als Innovationskerne in Regionen ähnlicher wirtschaftlicher Aktivitäten definiert, die unternehmerisches Handeln fördern. Dieser Ansatz wurde in Porters Clusterkonzept insofern aufgegriffen, dass die Förderung von Innovationen zwischen industriellen Sektoren bzw. Branchen möglich ist.[40] Zur gleichen Zeit erarbeitete Perroux die Theorie der Wachstumspole und fokussierte dabei auf Investitionen und Innovation als Faktoren industrieller Entwicklung und die Bedeutung abgegrenzter geographischer Räume ähnlich wie auch Porters Diamantenmodell.[41] Auch Isard lieferte einen Beitrag zur Agglomerationstheorie mit seinem Konzept des *„industriellen Komplex"*, in dem er Verbindungen zwischen Industrien (v. a. Chemie- und Metallindustrie) und räumlicher Nähe verknüpfte.[42]

Forschungsarbeiten aus den 1970er bis 1980er Jahren zu Industriedistrikten im sog. „Dritten Italien" bauen auf den Arbeiten Marshalls auf, um den Erfolg von vertikalen Unternehmenskooperationen zu erklären, ergänzen das Konzept des *„industrial districts"* aber um die Faktoren Vertrauen und Kooperation zwischen den Akteuren. Diese Autoren prägten eine Kombination aus Kooperation und Wettbewerb, die sich positiv auf die Innovationsfähigkeit auswirken kann anstelle eines Wettbewerbs orientiert am Preis.[43] Interesse am Ansatz industrieller Distrikte bezog sich außerdem auf die räumliche Organisation in einigen Kernindustrien wie z. B. der Elektronikindustrie in Kalifornien.[44] Diese Ansätze werden als eine Weiterentwicklung von Clustern gesehen und fokussieren auf aktive Externalitäten, die durch die intensive Zusammenarbeit bzw. *„coopetition"* der Unternehmen entstehen (z. B. eine gemeinsame Beschaffung oder Forschung und Entwicklung).[45] Mit Porters Ansatz haben diese Ansätze gemein, dass sie geographische Lage und Wirtschaftswachstum be-

[39] Vgl. Jacobsen (2015): On Robinson, Robertson, and the industrial organization view. In: *History of Political Economy*, Jg. 47(1), 2015, S. 41-89; Brosnan, Doyle, O'Connor (2016), S. 502.
[40] Vgl. Dahmén (1950): Entrepreneurial Activity and the Development of Swedish Industry 1919-1939. Homewood; Porter (1991), S. 790; Brosnan, Doyle, O'Connor (2016), S. 503.
[41] Vgl. Perroux (1950): Economic space: theory and applications. In: *Quarterly Journal of Economics*, Jg. 64(1), 1950, S. 89-104; Brosnan, Doyle, O'Connor (2016), S. 503.
[42] Vgl. Isard (1956): Location and Space-Economy. Cambridge; Isard (1960): Methods of Regional Science. Cambridge, S. 377.; Brosnan, Doyle, O'Connor (2016), S. 504.
[43] Vgl. Bathelt (2004): Vom „Rauschen" und „Pfeifen" in Clustern: reflexive Informations- und Kommunikationsstrukturen im Unternehmensumfeld. In: *Geographica Helvetica*, Jg. 59(2), 2004, S. 93-105, S. 93; Bathelt, Glückler (2002): Wirtschaftsgeographie: Ökonomische Beziehungen in räumlicher Perspektive. 2. Aufl. Stuttgart, S. 182-184 u. 187f.; Scott (1988): New Industrial Spaces: Flexible Production Organization and regional Development in North America and Western Europe. London; Becattini (1989): Sectors and/or districts: some remarks on the conceptual foundations of industrial economics. In: Goodman, Bamford (Hrsg.): Small Firms and Industrial Districts in Italy. London (1989), S. 123-135; Becattini (1990): The Marshallian industrial district as a socio-economic notion. In: Pyke, Becattini, Sengenberger (Hrsg.): Industrial Districts and Inter-Firm Co-operation in Italy. Geneva, 1990, S. 37-51; Bellandi (1989): The industrial district in Marshall. In: Goodman, Bamford (Hrsg.): Small Firms and Industrial Districts in Italy. London, 1989, S. 136-152; Scott. (1986): High technology and territorial development: the rise of the Orange County complex. In: *Urban Geography*, Jg. 7(1), 1986, S. 3-45; Benner (2012), S. 11; Brosnan, Doyle, O'Connor (2016), S. 505.
[44] Vgl. Gordon, McCann (2000), S. 514.
[45] Vgl. Barjak (2004): Analyse der Innovations- und Wettbewerbsfähigkeit von Branchenclustern in der Schweiz - State of the Art. Olten, S. 7.

trachten und erklären wollen, warum einige Regionen im Gegensatz zu anderen wirtschaftlich erfolgreich sind.[46]

Laut Porter unterscheiden sich Cluster und Industrielle Distrikte u. a. dadurch, dass Cluster nicht nur auf KMU-Netzwerke in produzierenden Sektoren fokussiert sind, sondern eine breite Vielfalt an Konfigurationen zwischen Unternehmen und weiteren Organisationen umfassen. Zum anderen betrachtet die Clustertheorie eine umfassendere Reihe von Externalitäten wie Spillover und Effizienzsteigerungen während sich *„industrial districts“* nach Marshall v. a. auf die flexible Spezialisierung der Produktionsprozesse und lokale Outsourcingmöglichkeiten fokussieren. Porter betont zudem, dass sein Clusterkonzept auf einer Betrachtung der Wettbewerbsfähigkeit vor dem Hintergrund von Unternehmensstrategien, räumlicher Anordnung sowie Wertschöpfungsketten beruht und damit einen breiteren Rahmen für das Verständnis des Einflusses von räumlicher Lokalisation auf die Innovations- und Leistungsfähigkeit von Unternehmen bildet.[47] In den 1980er Jahren zeigten sich zwei weitere theoretische Denkrichtungen, die Einfluss auf die Clustertheorie ausgeübt haben: zum einen die sog. Kalifornische Schule, die ein Paradigma einer flexiblen industriellen Produktion vor dem Hintergrund einer vertikalen Desintegration an Beispielen in Südkalifornien herausgearbeitet hat.[48] Zum anderen das Konzept des „innovativen Milieus“, das u. a. durch Maillat anhand von Beispielen aus Frankreich geprägt wurde. Hierbei werden v. a. die regionalen und sozio-institutionellen Rahmenbedingungen als Faktoren für die Innovationsfähigkeit sowie die Kooperation und Interaktion der unternehmerischen Akteure einer Region hervorgehoben.[49] Implizite Beziehungen im innovativen Milieu (*„gemeinsame Technikkultur“*[50]) ergänzen die formellen Beziehungen der Unternehmen. Positive Auswirkungen des Milieus sind insbesondere interorganisationales, kollektives

---

[46] Vgl. Brosnan, Doyle, O'Connor (2016), S. 504.

[47] Vgl. Porter, Ketels (2009): Clusters and Industrial Districts - Common Roots, Different Perspectives. In: Becattini, Propris, Bellandi (Hrsg.): A handbook of industrial districts. Cheltenham, 2009, S. 172-183, S. 181f; Steinle, Schiele (2002): When do industries cluster? A proposal on how to assess an industry's propensity to concentrate at a single region or nation. In: *Research Policy*, Jg. 31(6), 2002, S. 849-858, S. 850; Becattini (1991): Italian Industrial Districts: Problems and Perspectives. In: *International Studies of Management & Organization,* Jg. 21(1), 1991, S. 83-90; Brusco (1982): The Emilian model: productive decentralisation and social integration. In: *Cambridge Journal of Economics*, Jg. 6(2), 1982, S. 167-184.

[48] Vgl. Scott (1983): Industrial Organization and the Logic of Intra-Metropolitan Location: I. theoretical Considerations. In: *Economic Geography*, Jg. 59(3), 1983, S. 233-250; Scott (1990): Regions and the World Economy - The Coming Shape of Global Production, Competition, and Political Order. New York; Storper, Walker (1989): The capitalist imperative - Territory, technology, and industrial growth. New York, Oxford; Benner (2012), S. 11; Bathelt, Glückler (2002), S. 207-209.

[49] Vgl. Maillat (1991): Local dynamism, millieu and innovative enterprises. In: Brotchie, Batty, Hall, u. a. (Hrsg.): Cities of the 21st century - New technologies and spatial systems. Melbourne, 1991, S. 265-274; Maillat (1995): Territorial dynamic, innovative milieus and regional policy. In: *Entrepreneurship and Regional Development*, Jg. 7(2), 1995, S. 157-165; Nerré (2001): Die Bedeutung regionaler Netzwerkstrukturen in High-Tech Industrien - Eine einführende Studie am Beispiel der Biotechnologie. Aachen, S. 105; Aydalot (Hrsg.) (1986): Millieux innovateurs en Europe. Paris; Aydalot, Keeble (1988): High-technology and innovative environments in Europe: an overview. In: Aydalot, Keeble (Hrsg.): High Technology Industry and Innovative Environments - The European Experience. London, New York, 1988, S. 1-21; Benner (2012), S. 11; Lahner (2017): Modul Regionalökonomik und Entwicklung. In: Lahner (Hrsg.): Entwicklung und Regionalökonomie in der Wirtschaftsförderung. Wiesbaden, 2017, S. 7-94, S. 57-59 und GREMI (Groupe de Recherche Européen sur les Milieux Innovateurs).

[50] Schuler (2008): Clustermanagement - Aufbau u. Gestaltung von regionalen Netzwerken. Sternenfels, S. 23.

Lernen und die Verringerung von Unsicherheiten im Innovationsprozess sowie Koordinations- und Transaktionskosten bzw. -risiken.[51] Diese Orientierung wird auch unter dem Begriff „Lernende Regionen" weiterentwickelt.[52] In den 1990er Jahren betrachtete Porter aus ökonomischer Perspektive räumliche Agglomerationen, die basierend auf seinem Diamantenmodell (siehe Abbildung 9) einen entscheidenden Beitrag zur Wettbewerbsfähigkeit von Nationen liefern können.[53] Unternehmen in Clustern profitieren von Komplementaritäten u. a. im Bereich Marketing, durch eine Abstimmung von Aktivitäten zwischen Clustermitgliedern sowie ergänzenden Produkten für Kunden. Sie bieten zudem Transaktionskostenvorteile und Vorteile in der Ausgestaltung von Marktbeziehungen und tragen dazu bei, Vertrauen und offene Kommunikation zu fördern und wirken förderlich auf Unternehmensgründungen.[54]

Das Konzept von Porter wurde, ebenfalls in den 1990er Jahren, durch Krugman erweitert, der die Grundlagen für die Theorie der „*geographical economics*" bzw. Neuen Ökonomischen Geographie legte, in dem er Agglomerationen als einen Effekt des Zusammenwirkens von Transportkosten und wachsenden Skalenerträgen definierte.[55] Die Neue Ökonomische Geographie geht von unvollständiger Konkurrenz aus und sieht den Wissensstand der Region als einen zusätzlichen Einfluss- bzw. Produktionsfaktor.[56] Eine weitere Fortführung des Ansatzes von Porter findet sich im neueren Ansatz der regionalen Innovationssysteme, der auf drei Bausteine zurückgreift: eine regionale Ansammlung von Unternehmen mit interaktiven Beziehungen in innovations- und wettbewerbsrelevanten Bereichen und der Finanzierung von Innovation. Diese Faktoren ermöglichen externe Lern-

---

[51] Vgl. Camagni, Capello (2002): Milieux innovateurs and Collective learning: From concepts to measurement. In: Acs, de Groot, Nijkamp (Hrsg.): The Emergence of the Knowledge Economy. Berlin, 2002, S. 15-46, S. 18-20; Camagni, Maillat (1995): Milieux innovateurs - Théorie et politiques. Paris; Schuler (2008), S. 23; Nerré (2001), S. 105; Trippl, Grillitsch, Isaksen u. a. (2015b): Understanding Cluster Evolution. Papers in Innovation Studies, Nr. 2015/46, Lund, S. 12f; Barjak (2004), S. 8; Steinle, Schiele (2002), S. 850.

[52] Vgl. Barjak (2004), S. 8; Nuissl, Dobischat, Hagen u. a. (Hrsg.) (2006): Regionale Bildungsnetze. Ergebnisse zur Halbzeit des Programms "Lernende Regionen - Förderung von Netzwerken". Bielefeld, S. 7f; Brenner, Fornahl (2003): Theoretische Erkenntnisse zur Entstehung und Erzeugung branchenspezifischer Cluster. In: Dopfer, (Hrsg.): Studien zur evolutorischen Ökonomik VII. Berlin, 2003, S. 133-162, S. 133; Bieger, Scherer (2003): Clustering und integratives Standortmanagement - von einem theoretischen Konzept zu konkreten Handlungsstrategien. In: Scherer, Bieger (Hrsg.): Clustering - das Zauberwort der Wirtschaftsförderung. Bern, 2003, S. 9-26, S. 19; Florida (1995): Toward the learning region. In: *Futures - the journal of policy, planning and futures studies*, Jg. 27(5), 1995, S. 527-536, S. 527; Morgan (1997): The learning region: institutions, innovation and regional renewal. In: *Regional Studies*, Jg. 31(5), 1997, S. 491-503; Longhi (2015): Clusters and collective learning networks - The case of the competitiveness cluster "Secure Communicating Solutions" in the french Provence-Alpes-Cote D'Azur region.

[53] Vgl. Porter (1991); Porter (1998a).

[54] Vgl. Porter (2000c), S. 22-25; Preissl, Solimene (2003): The dynamics of clusters and innovation - Beyond systems and networks. Heidelberg, New York, S. 70.

[55] Vgl. Krugman (1991): Geography and Trade. London; Krugman (1993): First Nature, Second Nature, and Metropolitan Location. In: *Journal of Regional Science*, Jg. 33, 1993, S. 129-144; Martin, Sunley (1996): Paul Krugman's Geographical Economics and Its Implications for Regional Development Theory: A Critical Assessment. In: *Economic Geography*, Jg. 72(2), 1996, S. 201-227; Benner (2012), S. 11; Barjak (2004), S. 6.

[56] Vgl. Tichy (2001): Regionale Kompetenzzyklen - Zur Bedeutung von Produktlebenszykus- und Clusteransätzen im regionalen Kontext. In: *Zeitschrift für Wirtschaftsgeographie*, Jg. 45(3-4), 2001, S. 181-201, S. 181.

und Innovationsprozesse. Cluster können als Bestandteile regionaler Innovationssysteme (RIS) gesehen werden bzw. diese als Summe regionaler Branchencluster.[57]

Tabelle 3 gibt einen zusammenfassenden Überblick über die theoretischen Einflüsse der Clustertheorie aus dem Bereich regionaler Entwicklungstheorien und Agglomerationstheorien. Agglomeration entsteht primär aus finanziellen Vorteilen, die sich aus Einsparungen von Transport- und Transaktionskosten, gemeinsam genutztem Arbeitskräftepool und öffentlichen Gütern sowie Wissensexternalitäten ergeben. Ein entscheidender Aspekt der Agglomerationstheorien liegt darin, dass regionale Unterschiede bzgl. der Agglomerationsfaktoren regional differenzierte Wirtschaftsstrukturen und Wettbewerbsfähigkeit nach sich ziehen.[58] Diesen Ansätzen ist auch gemeinsamen, dass sie die Bedeutung von interorganisationalen Lernprozessen in den Vordergrund stellen.[59] Die Clustertheorie bedient sich zudem der Kompetenztheorie der Unternehmung („*capabilites*") aus der Industrieökonomie und entwickelt diese zu Clusterkompetenzen weiter. Ebenfalls aus der Industrieökonomie kommen Beiträge zur Erklärung steigender Skalenerträge, die Spezialisierung nur teilweise erklären können, und industrieller Dynamik: Marktimpulse von Zulieferern oder Kunden bewirken, dass Unternehmen ihre Produkte weiterentwickeln, um ihre erschlossenen Märkte zu bedienen, während jüngere Firmen eher mit innovativen Produkten neue Märkte erschließen. Aus der neuen Wachstumstheorie heraus war es möglich, unvollständige Konkurrenz, steigende Skalenerträge und Externalitäten sowie die Relevanz von Humankapital zu modellieren. Dieser Rahmen konnte mit Hilfe der Informations- und Innovationstheorie ergänzt werden, die die Entstehung und Innovationsfähigkeit von Clustern erklärt. Zudem wurden Konzepte der Informationstheorie z. B. bzgl. „*tacit knowledge*" verwendet, um Prozesse der Wissensübertragung in Clustern aufzuzeigen.[60]

---

[57] Vgl. Bergmann, Charles, den Hertog (2001): In pursuit of innovative clusters, S. 7-9; Trippl, Grillitsch, Isaksen u. a. (2015b), S. 15; Asheim, Boschma, Cooke (2011): Constructing Regional Advantage: Platform Policies Based on Related Variety and Differentiated Knowledge Bases. In: *Regional Studies*, Jg. 45(7), 2011, S. 893-904; Asheim, Coenen (2004): The Role of Regional Innovation System in a Globalising Economy: Comparing Knowledge Bases and Institutional Frameworks of Nordic Clusters; Barjak, (2004), S. 8.

[58] Vgl. Glaeser, Kallal, Scheinkman u. a. (1992): Growth in Cities. In: *Journal of Political Economy*, Jg. 100(6), 1992, S. 1126-1152; Ciccone, Hall (1996): Productivity and the density of economic activity. In: *American Economic Review*, Jg. 86(1), 1996, S. 54-70; Duranton, Puga (2005): From sectoral to functional urban specialization. In: *Journal of Urban Economics*, Jg. 57(2), 2005, S. 343-370; Rosenthal, Strange (2003): Geography, industrial agglomeration, and agglomeration. In: *The review of economics and statistics*, Jg. 85(2), 2003, S. 377-393; Falck, Heblich, Kipar (2010): Industrial innovation: Direct evidence from a cluster-oriented policy. In: *Regional Science and Urban Economics*, Jg. 40(6), 2010, S. 574-582 S. 574.

[59] Vgl. Barjak (2004), S. 8f.

[60] Vgl. Tichy (2001), S. 185-188.

Tabelle 3 Theoretische Einflüsse der Clustertheorie[61]

Theorie	**Eigenschaften eines Clusters**	**Vertreter/ Autoren**
Agglomerationstheorie	Geographische Nähe von Firmen und Einfluss von Skalenerträgen, Arbeitskräfteverfügbarkeit, unterstützende Industrien, Spezialisierung von Unternehmen im Produktionsprozess und Berücksichtigung von Transportkosten	Marshall (1920), Hoover (1937), Ohlin (1933)
Neue ökonomische Geographie	"Neue industrielle Distrikte": geographische Nähe von Firmen und Einfluss von Skalenerträgen, Informationen und Wissensspillover, Berücksichtigung von Transportkosten	Krugman (1991), Krugman (2009), Fujita/Krugman (2003), Saxenian (1994)
Industrielle Komplexe	Interaktion zwischen Unternehmen einer Industrie in Form von Abnehmer-Lieferanten-Beziehungen	Hoover (1948), Isard (1956), Isard (1960)
Industrielle Cluster	Interaktion zwischen Unternehmen aus verbundenen Industrien sowohl im Bereich Produktionsprozesse, Dienstleistungen und Wissensaustausch	Gordon/McCann (2000)
Wettbewerbstheorie	Erfolg eines Clusters abhängig von Verbindungen der Faktoren des Diamantenmodells: Strategie, Struktur, Wettbewerbsfähigkeit, Nachfrage- und Faktorbedingungen, verbundene Industrien, staatliche Eingriffe	Porter (1991)
Neue Wettbewerbstheorie nach Porter	Betrachtung des Cluster-Lebenszyklus, Globalisierungseinflüssen, transnationalen Unternehmen, ausländischen Investitionen, spezialisierten kooperativen und kompetitiven Wechselbeziehungen	Porter (1998a, 1998b), Enright (1999), Malmberg, Sölvell/Zander (1996), Lindqvist/Sölvell (2011)
Theorie der Innovationssysteme	Berücksichtigung des Einflusses der Infrastruktur auf Innovationen (Zentren für Wissenstransfer und Vermarktung von Innovationen)	Lundvall (1992), Cooke (2009), Cooke/Morgan (2002), Edquist (1997)
Netzwerktheorie	Flexibilität der Organisationsstrukturen des Clusters; Rolle des Sozialkapitals (Vertrauen) und Institutionen, die Verbindungen zwischen Unternehmen sicherstellen und kontinuierliches Lernen ermöglichen	Feser/Bergman (2000), Harrison (1992)
Theorie der innovativen Cluster	Innovationsfähigkeit durch Interaktionen zwischen Clustermitgliedern, externen Wissensquellen und formellen und informellen Kooperationsprozessen	Audretsch; Feldmann (1996a), Audretsch/Feld-mann (1996b), Bergman/ Charles/Hertog (2001), Malmberg/Maskell (2002)

2.1.1 Cluster als eklektisches Konzept

Die ausgeprägte Heterogenität der unterschiedlichen wissenschaftlichen Einflüsse (z. B. Einflüsse der Wirtschaftswissenschaften und Volkwirtschaftslehre, der Wirtschaftsgeographie, der Sozial- und Politikwissenschaften) der Clustertheorie führt dazu, dass je nach Sichtweise unterschiedliche Schwerpunkte bei der Analyse und Betrachtung von Clustern gesetzt werden.[62] Es ist daher nur schwer möglich von „einer" Clustertheorie zu sprechen. Vielmehr kann das Clusterkonzept als „eklektisches", auf verschiedenen Perspektiven basierendes und auch interdisziplinäres Konzept ver-

[61] Eigene Darstellung nach Babkin, Vertakova, Plotnikov u. a. (2017), S. 1f.;

[62] Vgl. Nestle (2011): Open Innovation im Cluster - Eine Wirkungsanalyse zu Clusterinitiativen in forschungsintensiven Industrien. Wiesbaden, S. 12f.; Lahner (2017), S. 63.

standen werden.[63] Abbildung 6 zeigt die verschiedenen Einflüsse des Clusterkonzepts aus den Feldern Ökonomie, Innovationsökonomie, Wirtschaftsgeographie und Organisationsökonomie auf.[64]

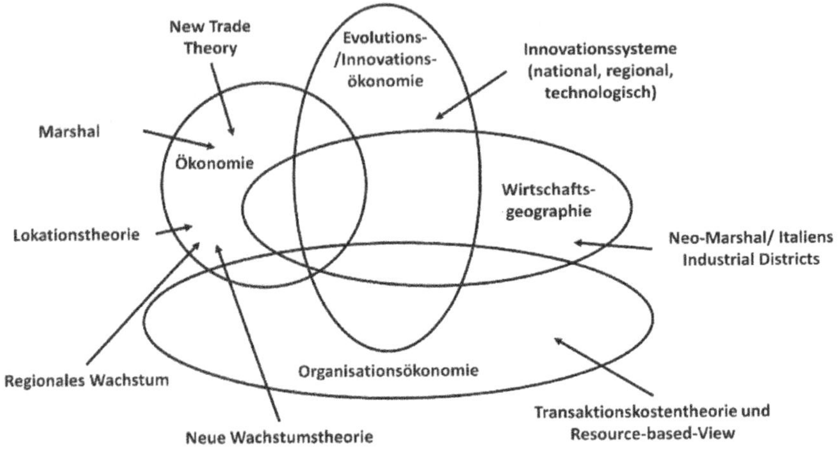

Abbildung 6 Wissenschaftliche Einflüsse des Clusterkonzepts[65]

2.1.2 Vergleich der Clusterdefinitionen

Aufgrund der Vielfalt der theoretischen Ursprünge sowie der Popularität des Clusterkonzepts ist es kaum verwunderlich, dass neben Porters ursprünglicher Definition heute eine Vielzahl weiterer Begriffsdefinitionen vorliegt, die in unterschiedlichen Kontexten genutzt werden und zu denen es kaum ein einheitliches Verständnis gibt.[66] Aufgrund dieser verschiedenen Definitionen können Missverständnisse bzgl. Clustern und ihren Vorteilen auftreten und Erfolgsfaktoren können nur schwer bestimmt werden.[67] Die bestehenden Definitionen weisen Lücken bzgl. der räumlichen Einheit bzw. Grenzen eines Clusters, der Maßstabsebene (u. a. regionale, nationale, internationale Ausdehnung des Clusters), relevanter wirtschaftlicher Aktivitäten, Intensität an Agglomeration und

[63] Vgl. Benner (2012), S. 9; Kiese (2008a), S. 59; Ingstrup (2013), S. 134.

[64] Vgl. Dahl (2001): What is the essence of geographic clustering. Dänemark, S. 14; Trippl, Grillitsch, Isaksen u. a. (2015a), S. 2029.

[65] Abbildung nach Dahl (2001), S. 14. Vgl. auch Asheim, Cooke, Martin (Hrsg.) (2006): Clusters and regional development. London, S. 5; Rehfeld (2009), S. 178.

[66] Vgl. Rohde (2016): Industry clusters across national borders - Literature review and research deficits. In: *International Journal of Entrepreneurship and Small Business*, Jg. 29(2), 2016, S. 338-358, S. 339; Brown, Burgess, Festing u. a. (Hrsg.) (2010): Value adding webs and clusters - Concepts and cases. München, Mering, S. 11; Rosenfeld (1997): Bringing business clusters into the mainstream of economic development. In: *European Planning Studies*, Jg. 5(1), 1997, S. 3-23, S. 8.

[67] Vgl. Sternberg (2005): Clusterbasierte Regionalentwicklung der Zukunft - Kriterien für die Gestaltung. In: Cernavin et al. (Hrsg.): Cluster und Wettbewerbsfähigkeit von Regionen - Erfolgsfaktoren regionaler Wirtschaftsentwicklung. Berlin, 2005, S. 119-138, 119f.; Bühnemann (2013): Transparenz von Clustern -nötig oder unmöglich? Working Paper, Nr. No. 15/2013, S. 4; Sternberg (2005), S. 119.

Konnektivität zwischen den Clusterakteuren sowie in funktionaler Hinsicht auf.[68] Dies hat der Popularität und positiven Konnotation des Clusterkonzepts in der Wirtschaftspolitik nicht geschadet. Im Gegenteil, die Ungenauigkeit der meisten Clusterdefinitionen trägt dazu bei, dass das Konzept sehr flexibel eingesetzt werden kann bzw. offene Interpretationen möglich sind. Perry spricht davon, dass „*the prominence of clusters is helped by definitional vagueness*" während Steiner das Phänomen der Popularität trotz ungenauer Konzeptabgrenzungen als „*discreet charm of obscure objects of desire*" bezeichnet.[69] Die Clusterpolitik geht von einem angenommenen Hebel der Clusterexistenz für regionales Wachstum aus, der in Porters ursprünglichem Konzept nicht explizit vorkommt. Porter geht vielmehr von einzigartigen, nicht-imitierbaren Ressourcen der Region als Grundlage für die Wettbewerbsfähigkeit aus. Festing findet in einer Fallstudie eines Uhrenclusters einen ähnlichen Zusammenhang zwischen netzwerk- und kontextspezifischen Ressourcen und Vorteilen von Cluster-Unternehmen.[70] Die meisten Definitionen weisen die Gemeinsamkeit auf, dass sie sich auf räumliche Ansammlungen von Unternehmen einer Wertschöpfungskette bzw. Branche beziehen.[71] Weitere gemeinsame Charakteristika der meisten Clusterdefinitionen liegen in der Betonung einer kritischen Masse bzw. Konzentration an Unternehmen in räumlicher Nähe, der wirtschaftlichen Betätigung der Unternehmen in verwandten Bereichen, der Produktion sich ergänzender Produkte oder Dienstleistungen und Beziehungen zu ähnlichen oder in der Wertschöpfungskette nachgelagerten Branchen, die Interaktion und Synergien, wie bspw. Wachstumsdynamiken, bewirken. Es wird häufig davon ausgegangen, dass die Wachstumsdynamiken eine Bindung an regionale, nicht-imitierbare Ressourcenkonstellationen, bspw. im Bereich des sozialen Kapitals, und ein gesamtwirtschaftliches, regionales Wachstum bedingen.[72]

Weiterhin lassen sich zwei Dimensionen an Definitionen unterscheiden. Solche, die die funktionalen Beziehungsmerkmale im Cluster berücksichtigen und solche, die der räumlichen Agglomeration unterschiedliche Bedeutung zumessen. Benner hält dabei insbesondere Definitionen ohne eine konkrete räumliche Abgrenzung für wenig sinnvoll (wie z. B. „*business networks*"). Auch andere Begriffe werden in der Literatur verwendet und können unter dem Begriff Cluster zusammengefasst werden, wie bspw. innovatives Milieu, regionales Innovationssystem.[73] Die verschiedenen genutzten Clusterdefinitionen und verwandten Begriffe werden in der folgenden Tabelle 4 einander ge-

---

[68] Vgl. Farhauer, Kröll (2014a): Das Cluster- und Netzwerkkonzept. In: Farhauer, Kröll (Hrsg.): Standorttheorien - Regional- und Stadtökonomik in Theorie und Praxis. 2. Aufl. Wiesbaden, 2014, S. 145-190, S. 159; Brenner (2017), S. 4; Benner (2012), S. 9; Martin, Sunley (2003), S. 11.

[69] Steiner (1998): The discrete charm of clusters: An introduction. In: Steiner (Hrsg.): Clusters and regional specialisation - On geography, technology and networks. London, 1998, S. 1-17, S. 1; Perry (1999): Clusters' last stand. In: *Planning Practice & Research*, Jg. 14(2), 1999, S. 149-152, S. 150. Vgl. Bühnemann (2013), S. 4.

[70] Vgl. Bühnemann (2013), S. 4; Porter (1998a), S. 80f.; Sternberg (2005), S. 119, 122; Festing, Royer, Steffen (2010): Können Unternehmen durch Cluster Wettbewerbsvorteile realisieren? In: *Zeitschrift für Management*, Jg. 5(2), 2010, S. 165-185, S. 174f.

[71] Vgl. Farhauer, Kröll (2014a), S. 159.

[72] Vgl. van der Linde (2005), S. 20; Rehfeld (2009), S. 177.

[73] Vgl. Benner (2012), S. 8f.; Brenner, Fornahl (2003), S. 133; Brenner (2004): Local industrial clusters - Existence, emergence, and evolution. London, New York, S. 2 u. 186.

genübergestellt. Porters Definition zeichnet sich dadurch aus, dass die Aspekte Wirtschaftswachstum, Beschäftigung einer Region, Innovation und Wettbewerb durch Synergien basierend auf geographischer Nähe miteinander verbunden werden und die Wertschöpfungskette mit diesen Aspekten in Verbindung gestellt wird.[74] Neben der geographischen Nähe fokussiert Porter dabei auf die Verbindungen zwischen den CA (siehe auch Abbildung 7), spezifiziert aber nicht die Art dieser Verbindungen oder macht einen Cluster von der Präsenz von (selbst-) organisierten Zusammenschlüssen der Unternehmen abhängig.[75] Cluster werden zudem als eine wirtschaftliche und geographische Einheit verstanden, die Teil eines Systems von Beziehungen der Akteure ist, und deren erfolgreiches Zusammenwirken bestimmt.[76] Die neuere Definition von Delgado, Porter und Stern betrachtet Cluster primär als Zusammenschluss von Industrien und ermöglicht auf diese Weise einen einfacheren Vergleich zwischen Regionen und eine Analyse regionaler Clusterstrukturen.[77]

Tabelle 4 Gegenüberstellung verschiedener Clusterdefinitionen

Begriff	**Definition**	**Urheber**
Cluster	*„Clusters are geographic concentrations of interconnected companies and institutions in a particular field. Clusters encompass an array of linked industries and other entities important to competition. This includes supplies of specialized inputs such as components, machinery, and services and providers of specialized infrastructure. Clusters also often extend downstream to channels and customers and laterally to manufacturer of complementary products and to companies in industries related by skills, technologies or common inputs. ..., many clusters include governmental and other institutions - such as universities, standard-setting agencies, think tanks, vocational training providers and trade associations ...“* *„A cluster's boundaries are defined by linkages and complementarities across industries and institutions that are most important to competition. Although clusters often fit within political boundaries, they may cross state or even national borders.“*	Porter (1998a), S. 76, 79.
Business Cluster	*„...a geographic concentration of interconnected companies, specialized suppliers, service providers, firms in related industries, and associated institutions.“*	Porter (2000c), S. 15.
Cluster	*„A natural manifestation of the role of specialized knowledge, skills, infrastructure and supporting industries in enhancing productivity...not defined by a specific channel.“* *„A combination of supplier relationships, common labour markets, rivalry, knowledge spillovers and learning effects drive clusters.“* *„The definition of clusters builds on three key dimensions: ... geographic dimension ... activity dimension (... activities involving companies in different industries that are interconnected with each other) ... business environment dimension (They [clusters] are affected by cluster-specific conditions that are often the result of actions*	Porter; Ketels (2009), S. 173f.

[74] Vgl. Brown, Burgess, Festing u. a. (Hrsg.) (2010), S. 6; Benner (2012), S. 8; Sydow, Lerch (2007), S. 34.
[75] Vgl. Ketels (2009): Clusters, Cluster Policy and Swedish Competitiveness in the Global economy - Expert report no. 30 to Sweden's Globalisation Council. Expert Report, Nr. 30. Stockholm, S. 6; Felzensztein, Brodt, Gimmon (2014): Do strategic marketing and social capital really matter in regional clusters? - Lessons from an emerging economy of Latin America. In: *Journal of business research*, Jg. 67(4), 2014, S. 498-507, S. 499.
[76] Vgl. Babkin, Vertakova, Plotnikov u. a. (2017), S. 2.
[77] Vgl. Delgado, Porter, Stern (2016): Defining clusters of related industries. In: *Journal of Economic Geography*, Jg. 16(1), 2016, S. 1-38, S. 5.

	taken by the private sector acting individually and collectively.)"	
Cluster	*„Cluster sind Gruppen von Produzenten, Dienstleistern, Lieferanten, Forschungs- u. Ausbildungsstätten sowie anderen Institutionen, die sich durch zwei Eigenschaften auszeichnen: inhaltliche Nähe durch Aktivitäten in einem bestimmten Wirtschaftsbereich u. geografische Nähe durch die Präsenz in einer bestimmten Region"*	Ketels (2007), S. 20; Ketels (2015), S. 2.
Regional cluster	*„structural properties of regional clusters:* – *sophisticated local customers and downstream-industries* – *competitive related industry* – *suppliers of complementary goods and services* – *capable locally-based specialized suppliers of goods and services* – *accessible financial services* – *innovative core companies and original equipment manufacturer (OEM)* – *localy-based competitors* – *sophisticated local labour market* – *involvement of the local education system* – *research and development and knowledge transfer infrastructure* – *(trade and labour) associations* – *state actors and regional economic development* – *critical mass of organizations* – *intensive inter-organisational interaction* – *shared visions and inter-organisational trust."*	Porter (1998b), Enright (1999); Pfähler; Lublinski (2003); Sydow; Lerch (2007), S. 6.
Cluster	*„... are groups of industries related by skill, technology, supply, demand and/or other linkages. Inter-industry linkages are identified through the colocation patterns of industries across regions, ... These linkages are used to group industries into a set of defined clusters..... Thus, these cluster definitions are not explicitly regional, but instead group industries in ways that capture geographically bounded inter-industry linkages."*	Delgado; Porter; Stern (2016), S. 2.
Cluster	*„A cluster can be broadly defined as a group of firms, related economic actors, and institutions that are located near each other and have reached a sufficient scale to develop specialized expertise, services, resources, suppliers and skills."*	Commission of the European Communities (2008), S. 2.
Cluster	*"Clusters can be characterized as networks of production of strongly interdependent firms (including specialized suppliers) linked to each other in a value-adding production chain. In some cases, clusters also encompass strategic alliances with universities, research institutes, knowledge-intensive business services, bridging institutions (brokers, consultants) and customers."* *"The cluster concept goes beyond "simple" horizontal networks in which firms, operating on the same end-product market and belonging to the same industry group, co-operate on aspects such as R&D, demonstration programmes, collective marketing or purchasing policy). Clusters are often cross-sectoral (vertical and/or lateral) networks, made up of dissimilar and complementary firms specialising around a specific link or knowledge base in the value chain."*	Roeland; den Hertog (1999), S. 9, 12. (OECD)
Cluster	*„Cluster definiert als geografische Konzentration von miteinander verbundenen Unternehmen und Institutionen in verwandten Branchen, die sich durch gemeinsame Austauschbeziehungen und Aktivitäten entlang einer (mehrerer) Wertschöpfungskette(n) ergänzen. Gut funktionierende Clusterstrukturen erstrecken sich dabei in einem dreidimensionalen Raum. Das bedeutet, dass sie sich horizontal bis zu den Herstellern komplementärer Produkte sowie Dienstleistungen*	Buhl; Meier zu Köcker (2009b), S. 13.

	verteilen und vertikal über die Vertriebskanäle abwärts bis zu den Kunden.“	
Cluster	*„Die regionale Konzentration innovativer Akteure ist ein wesentliches Merkmal von Clustern. Der englische Begriff steht u. a. für „Bündel“ und wird in unterschiedlichsten Zusammenhängen verwendet. In der Wirtschaft versteht man darunter die Ballung von Unternehmen, Forschungseinrichtungen und anderen Organisationen, die ein gemeinsames Tätigkeitsfeld verbindet. Gerade diese räumliche und inhaltliche Nähe schafft Vertrauen - eine wesentliche Voraussetzung für die erfolgreiche Nutzung vorhandener Potenziale. Es werden Ideen geboren, weiterentwickelt und gemeinsam umgesetzt. So entstehen nicht nur neue Partnerschaften und ein schnellerer Wissensaustausch, sondern auch eine Wettbewerbssituation, die ein positives Gründungsklima schafft.“*	BMBF (2012), S. 4.
Cluster association	*„Cluster associations are seen as a platform for support of a specific cluster and are coordinated from either a local/regional/national private and/or public side. Beyond this, cluster associations are also recognized as being a form of mediator between government and business.“*	Konstantynova; Lehmann (2017), S. 2.
Cluster	*„Mit Cluster wird die räumliche Konzentration miteinander verbundener Unternehmen und Institutionen innerhalb eines bestimmten Wirtschaftszweiges bzw. einer Wertschöpfungskette beschrieben. ... Agglomeration als räumlich konzentriertes Auftreten ökonomischer Aktivitäten definiert. Somit wird deutlich, dass ein Cluster als ein Spezialfall einer Agglomeration zu verstehen ist.“*	Lahner (2017), S. 65.
Cluster	*„Cluster als sich überlappende Wertschöpfungsnetzwerke einzelner Clusterakteure ...“*	Festing; Royer.; Stef-fen (2010), S. 166.
Cluster	*„A cluster is a set of interdependent organisations that contribute to the realization of innovations in an economic sector or industry.“ „... clusters: critical masses - in one place - of unusual competitive success in particular fields.“ „... two distinguishing features set clusters apart from mere locational concentrations of industries: the role of specific mechanisms of interaction between cluster members and the complementary nature of actors. In addition, clusters are usually believed to enhance the performance of their members or participants.“*	Preissl; Solimene (2003), S. 43, 53 61.
Cluster	*„A geographically bounded concentration of interdependent businesses with active channels for business transactions, dialogue, and communications, and that collectively shares common opportunities and threats.“*	Rosenfeld (1997), S. 10.
Cluster	*“major defining characteristics of clusters: proximity, linkages, interactions, and critical mass.”*	Ingstrup (2013), S. 135.
Cluster	*“... it is an industrially limited group of economic agents, innovative formations, state administrative and scientific-educational institutions which combine formal independence and internal competitiveness with cooperation and a shared control center, the purpose of which lies in reprocessing high-tech products and industries and achieving a general synergy effect.”*	Babkin; Vertakova; Plotnikov u. a. (2017), S. 2.
Cluster	1) regionalökonomisches Verständnis: *„regionaler Knoten innerhalb einer Produktions- und Wertschöpfungskette. Hier haben wir es mit vorhandenen Kompetenzen und Strukturen zu tun, die unterstützt, ergänzt und verdichtet werden können. Es geht nicht in erster Linie um Kooperationen, sondern um eine regionale Eigendynamik, die durch Innovationskonkurrenz geprägt wird, von einem kompetenten*	Rehfeld (2004), S. 121-122.

	und spezialisierten Umfeld lebt und ein bevorzugter Standort für Aus- und Neugründungen wie auch für Ansiedlungen ist.“ 2) Binnenperspektive: *„[Cluster] ... sind dann kleiner und anders von den Prozessen her. Bei lokalen Clustern von um die 30 Unternehmen ist die Dichte für die genannte Innovationskonkurrenz und damit die verbundenen Prozesse nicht gegeben. Hier geht es zunächst darum, durch Kooperationen die Unternehmen an den Standort zu binden, das Umfeld für die Unternehmen zu optimieren und vorausschauend die notwendigen Kompetenzen zu entwickeln.“*	
Cluster	*„Statt als Wertschöpfungsketten lassen sich Cluster daher besser als lokalisierter Teil eines unternehmensübergreifenden Wertschöpfungssystems mit Elementen und Verflechtungen in vertikaler, horizontaler und diagonaler Dimension verstehen.“*	Kiese (2008d), S. 11.
Industry cluster	*„An industry cluster may be defined very generally as a group of business enterprises and non-business organisations for whom membership within the group is an important element of each member firm's individual competitiveness.”*	Bergman; Feser (1999), S. 55.
Local industrial cluster	*“A local industrial cluster is an industrial agglomeration that is caused by local self-augmenting processes.”*	Brenner (2004), S. 15.
regionale Cluster	*„Unternehmensnetzwerke mit einer hohen räumlichen Nähe“*	Morschett (2005), S. 398.
Regional innovation system	*„... the wider setting of organizations and institutions affecting and supporting learning and innovation in a region.”* *„The regional production structure or knowledge exploitation subsystem often displays clustering tendencies.”*	Asheim (2009), Seger (2016), S. 139.
Spitzencluster	*„Sie verfügen über eine gemeinsame Clusterstrategie, in die sich die Clusterpartner mit vielfach überdurchschnittlichem Engagement einbringen, und ihre Sichtbarkeit ist vergleichsweise hoch. Der Fokus liegt ... zudem auf der Technologieentwicklung, und zwar mit Hilfe einer gezielten finanziellen Förderung von FuE-Projekten. Darüber hinaus haben sich die Spitzencluster in der Regel entsprechend eines Bottom-up-Ansatzes formiert, wodurch ein hoher Grad der Mitwirkung regionaler Akteure bei der Initiierung der Clusterinitiativen und der Weiterentwicklung ihrer Strategien sichergestellt wurde.“*	Rothgang; Catner; Dehio u. a. (2014), S. 16.
Clusterinitiative =Cluster	*„Erfolgreiche Clusterinitiativen verstehen sich als bedarfsorientierte Dienstleistungen für Wirtschaft und Wissenschaft, für die es noch keinen Markt gibt. Sie sollten jedoch nach einer gewissen Reifephase eine kostendeckende Finanzierung und ein Sponsoring von Seiten der Netzwerkteilnehmer anstreben.“*	Prognos (2009), S. 80.
cluster initiative	*“An organized effort to increase the growth and competitiveness of a cluster within a region, involving cluster firms, government and/ or the research community”*	Sölvell; Lindqvist; Ketels (2003), S. 31.
cluster initiative	*„Cluster initiatives are generally self-identified clusters which in many cases participate in national schemes, whereas clusters are industrial agglomerations identified by standardized statistical information. Access to data and qualitative information for cluster initiatives is generally much higher than that of clusters.”*	Andersen; Bjerre; Hannson (2006), S. 34.
Clusterinitiative =Cluster	*„Clusterinitiativen sind gemeinschaftliche Organisationen von Unternehmen, Forschungseinrichtungen und sonstigen Institutionen, die sich zum Ziel gesetzt haben, die von ihnen repräsentierten Akteure durch koordinierte Aktivitäten in einem Innovationscluster zu fördern.“*	Rothgang; Catner; Dehio u. a. (2014), S. 16.
cluster initiative	*„A cluster initiative offers a comprehensive assessment of a cluster's markets, products, linkages, externalities, and synergies to help identify regulatory and business constraints, tap new and wider market opportunities, and develop sound business strategies to tackle its*	World Bank (2009), S. 3f.

	main competitors. Strategic initiatives vary by country and cluster, but often focus on improving market information, workforce development, supply chain improvements, quality standards, branding, forward integration, and process improvements."	
cluster initiative	*"[cluster initiatives]… are an institutionalized form of cluster policy for the practical implementation of defined objectives and measures to promote the cluster. The cluster initiative represents an organized unit within the economic conglomerate, whose objectives are the implementation, control, and coordination of the defined measures. It is at the heart of the organizational structure of a cluster. In addition to implementing a vision and specific objectives that are coordinated and synchronized between the different actors, the central tasks of the initiative are profile building and strategic positioning in the market"*	Pohl (2015), S. 19.
cluster initiative	"… *cluster initiatives as a particular way to organize a cluster-based economic development strategy are as a tool most effective when the underlying cluster has already reached critical mass.*"	Ketels (2015), S. 6.

Zur OECD-Clusterdefinition muss festgehalten werden, dass die Bedeutung der Wertschöpfungskette und des Netzwerkaspekts zwischen Unternehmen sehr betont wird, wohingegen die Relevanz der räumlichen Nähe und des Clusters als Befähiger eines kontinuierlichen Lernens der Clustermitglieder nicht berücksichtigt wird.[78] Ein weiterer Versuch, die Kernelemente des Clusterbegriffs zusammenzufassen, findet sich bei Rehfeld (siehe Abbildung 8),[79] bei dem die Interaktionen im Cluster als Grundlage für optimierte Rahmenbedingungen für die CA zur Erreichung von Innovations- und Wettbewerbsfähigkeit in den Mittelpunkt gestellt werden. Andere Definitionen fokussieren nur auf einen Kernaspekt zur Charakterisierung von Clustern, bspw. sich selbstverstärkende Agglomerationen.[80] Definitionen, die Cluster mit Netzwerken gleichsetzen oder als einen Spezialfall eines Netzwerks definieren, vernachlässigen dabei oft die sozialen Beziehungsaspekte im Hinblick auf die Bedeutung sozialen Kapitals für die Entwicklung einer Region (z. B. die Definition von van Dennerg u. a.).[81] Neuere Definitionen betonen v. a. die Bedeutung des zielgerichteten Austauschs von Wissen, der Wissensgenerierung sowie des Erfahrungsaustausches als Bestandsteile eines Clusters, der Wachstumsdynamiken auslösen kann (z. B. die Definition von Freytag).[82]

[78] Vgl. Tichy (2001), S. 184; Benner (2012), S. 8.
[79] Vgl. Rehfeld (2009), S. 177.
[80] Vgl. Brenner (2004), S. 15 u. 21.
[81] Vgl. van Dennerg, Braun, van Winden (2001): Growth clusters in European cities: An integral approach. In: *Urabn Studies*, Jg. 38(1), 2001, S. 186-206; Felzensztein, Brodt, Gimmon (2014), S. 499.
[82] Vgl. Freytag (2017), S. 81-96; Farhauer, Kröll (2014a), S. 160.

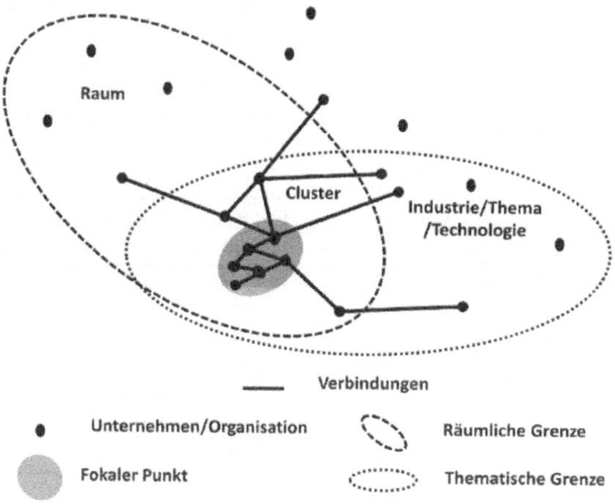

Abbildung 7 Elemente eines Clusters[83]

Die Definition nach Ketels sieht, ähnlich wie die ursprüngliche Definition nach Porter, kein Vorhandensein eines organisierten Zusammenschlusses der Akteure des Clusters oder einer Managementeinrichtung vor, die die Clusterentwicklung steuert.[84] Dieses Verständnis findet sich eher in den Definitionen, die unter den Begriff Clusterinitiative fallen.[85] Dieser wird ebenfalls auf zwei Arten eingesetzt: Zum einen werden Clusterinitiativen mit institutionalisierten Clustern gleichgesetzt,[86] zum anderem wird der Begriff genutzt, um strategische Clusterförderinitiativen zu beschreiben.[87] Die vorliegende Arbeit folgt der Definition von Porter, fokussiert dabei aber auf Cluster, die aktiv durch eine institutionalisierte Managementorganisation gesteuert werden (vgl. z. B. die Definition von Babkin, Vertakova, Plotnikov u. a. (2017)).[88] Auf diese Weise kann die Bedeutung des Personalmanagements sowohl für die Institution des Clustermanagements als auch für den Cluster insgesamt und damit auf mehreren Ebenen untersucht werden. Die Institutionalisierung vereinfacht weiterhin die Definition von Clustern als Fallstudien und macht die Einordnung der Cluster in bestimmte Entwicklungsphasen einfacher, da bei institutionalisierten Clustern, die häufig eine wirtschaftspolitische Förderung erfahren, über einen längeren Zeitraum Berichte zur Dokumentation vorliegen und weitere Informationen in vielen Fällen öffentlich zugänglich sind. Zudem lassen sich Handlungsempfehlungen bzgl. PM-Aktivitäten für Clustermanagements als auch Clusterpolitik ableiten.

[83] Eigene Darstellung nach Menzel, Fornahl (2007), S. 13.
[84] Vgl. Ketels (2007), S. 20.
[85] Vgl. Schramm-Klein (2005): Wettbewerb und Kooperation in regionalen Branchenclustern. In: Zentes, J.; Swoboda, Morschett u. a. (Hrsg.): Kooperationen, Allianzen und Netzwerke. 2. Aufl. Wiesbaden, 2005, S. 531-556, S. 537.
[86] Vgl. die Definitionen von Prognos (2009), S. 80 oder von Rothgang, Catner, Dehio u. a. (2014), S. 16.
[87] Vgl. die Definitionen von Ketels (2015), S. 6 und Pohl (2015), S. 19.
[88] Vgl. Jircikova, Pavelkova, Bialic Davendra u. a. (2013): The age of clusters and its influence on their activity preferences. In: *Technological and Economic Development of Economy*, Jg. 19(4), 2013, S. 621-637, S. 626.

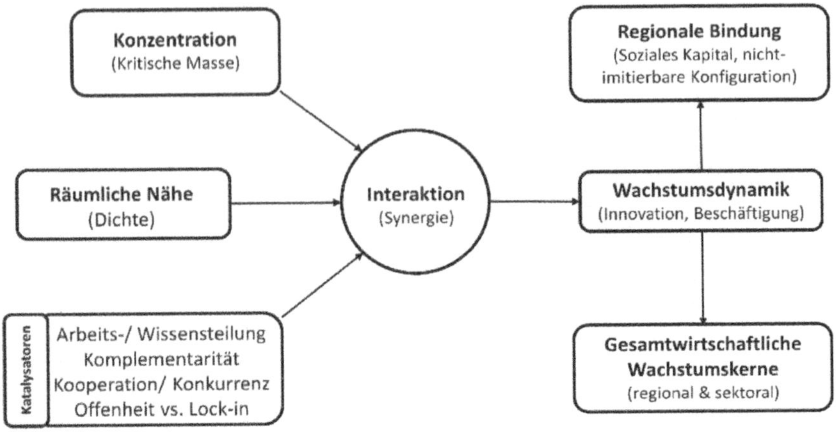

Abbildung 8 Gemeinsame Kernelemente des Clusterbegriffs[89]

2.1.3 Clusterbegriff nach Porter

Porter führt in seinem Clusterkonzept mehrere theoretische Ansätze zu einer Theorie zusammen, die u. a. für die Wirtschaftsförderung höchst einflussreich ist, nicht zuletzt, weil das Konzept sich durch eine hohe Verständlichkeit und Nachvollziehbarkeit, v. a. für Praktiker, auszeichnet.[90] Porter setzt den Clusterbegriff ein, um die Struktur und Effektivität von wirtschaftlichen Beziehungen in Industrien und Unternehmen zu betrachten und fokussiert dabei auf das wirtschaftliche Umfeld. Inzwischen werden Cluster selbst als eigenständige Wirtschaftssysteme betrachtet.[91] Zwischen Clustern und Unternehmen bestehen dabei Beziehungen, die diesen zum wechselseitigen Vorteil gereichen. Unternehmen profitieren davon, andere Unternehmen aus derselben Branchen in räumlicher Nähe zu finden, trotz häufig überwiegender Konkurrenzaspekte.[92] Cluster wirken sich positiv auf die Wettbewerbsfähigkeit von Unternehmen und Regionen aus, indem sie die Produktivität von Unternehmen steigern, Innovationen Richtung und Geschwindigkeit vorgeben und die Gründung neuer Unternehmen fördern, was wiederum zum Wachstum des Clusters beiträgt.[93] Die Clustertheorie nach Porter betrachtet zudem sog. intermediäre Organisationen als zentrale Faktoren der Wettbewerbsfähigkeit, die durch die Übernahme gemeinsamer Aufgaben Spillover-Effekte und Verbindungen zwischen Unternehmen ermöglichen. Zudem bietet die Clustertheorie eine neue Perspektive auf die Herausforderungen der Globalisierung, da sie Cluster als eine Alternative zu Outsourcing in Regionen mit geringen Lohnkosten sieht. Cluster bieten für Unternehmen eine Alternative zum Outsourcing, da sie Unternehmen effiziente Infrastrukturen, Beziehungen zu Lieferanten und weite-

---

[89] Eigene Darstellung nach Rehfeld (2009), S. 177.
[90] Vgl. Lahner (2017), S. 63.
[91] Vgl. Babkin, Vertakova, Plotnikov u. a. (2017), S. 1.
[92] Vgl. Porter (1998c): The Adam Smith Address: Location, Clusters, & the New Microeconomics of Competition, S. 12.
[93] Vgl. Porter (1998a), S. 80.

re Rahmenbedingungen bereitstellen, die in Outsourcing-Regionen häufig nicht anzutreffen sind.[94] Dieser Effekt der Fokussierung auf regionale Wettbewerbsvorteile in den Bereichen Wissen, Beziehungen und Motivation zur Sicherstellung dauerhafter Wettbewerbsvorteile im Kontext zunehmend globaler Märkte wird auch als „*Paradoxon der Globalisierung*" bezeichnet.[95] Der aktuelle Megatrend der zunehmenden Digitalisierung in allen Gesellschaftsbereichen und der Wirtschaft, auch bezeichnet als Internet der Dinge und Dienste oder als vierte industrielle Revolution (oder „*Industrie 4.0*"), trägt zusätzlich dazu bei, dass regionale Produktion wieder in das Zentrum des Interesses rückt, auch um Innovationsfähigkeit im Kontext zunehmender Wettbewerbsdynamiken („*hypercompetition*") aufrecht zu erhalten.[96] Dies ist darauf zurückzuführen, dass Kunden - durch digitale Lösungen ermöglicht - vermehrt individualisierte Produkte mit äußerst kurzen Lieferzeiten fordern, die nur in lokalen Produktionsnetzwerken und -lieferketten erreicht werden können.[97] Im Rahmen einer lokalen Produktion können zudem faire und nachhaltige Produktionsbedingungen sichergestellt werden und Kunden eine transparente Sicht auf die Bedingungen und Sicherheit der Fertigung ermöglicht werden.[98]

Das Diamantenmodell von Porter (benannt nach der grafischen Darstellung, siehe Abbildung 9) bildet die Basis des Clusterkonzepts und bezieht sich primär auf die Wettbewerbsfähigkeit von Nationen, lässt sich allerdings ohne Probleme auf Regionen übertragen.[99] Das Modell, bei dem der Aspekt Wettbewerbsfähigkeit im Zentrum steht, umfasst vier zentrale Elemente, die als mikroökonomische Faktoren die Wettbewerbsfähigkeit einer Nation oder Region beeinflussen. Diese sind Faktorbedingungen, Unternehmensstrategien, -strukturen und Wettbewerbssituation, Nachfragebe-

[94] Vgl. Porter (1998c), S. 12.

[95] Vgl. Porter (1998b); Porter (1998a), S. 77. Anmerkung: Trinczek nennt diesen Zusammenhang eine „Renaissance des Regionalen als ökonomisch relevante Größe" Trinczek (1999): „Es gibt sie, es gibt sie nicht, es gibt sie, es ..."- Die Globalisierung der Wirtschaft im aktuellen sozialwissenschaftlichen Diskurs. In: Schmid, G.; Trinczek, R. (Hrsg.): Globalisierung. Ökonomische und soziale Herausforderungen am Ende des zwanzigsten Jahrhunderts. Baden-Baden, 1999, S. 55-75, S. 68. Vgl. Stierl, Lüth (2014), S. 2f.

[96] Der Begriff „Internet der Dinge und Dienste" beschreibt die Integration von physikalischen Gegenständen in das Internet (z. B. im Bereich Smart Factory oder Smart Home). Auf diese Weise entsteht eine enge Verbindung zwischen digitaler und physikalischer Welt und eine Vernetzung von Dingen, Menschen und Systemen wird realisiert. Vgl. acatech-Deutsche Akademie der Technikwissenschaften; Forschungsunion Wirtschaft und Wissenschaft (2013): Umsetzungsempfehlungen für das Zukunftsprojekt Industrie 4.0 - Abschlussbericht des Arbeitskreises Industrie 4.0. Frankfurt a. M., S. 18. Unter dem Begriff Industrie 4.0 werden Entwicklungen zusammengefasst, die die Produktionstechnik und -steuerung umfassend umgestalten, indem intelligente, sich selbst steuernde Objekte genutzt werden. Dazu zählen u. a. die technische Integration von Cyber-Physical-Systems (CPS) in Produktions- und Logistiksysteme sowie das Internet der Dinge und Dienste, angewendet in Produktionsprozessen. Vgl. Spath, Schlund, Gerlach u. a. (2012): Produktionsprozesse im Jahr 2030. In: *IM: die Fachzeitschrift für Information Management und Consulting*, Jg. 27(3), 2012, S. 50-56; Spath, Ganschar, Gerlach u. a. (2013): Produktionsarbeit der Zukunft - Industrie 4.0. Stuttgart, S. 22f.; acatech (2013), S. 5; Hildebrandt, Landhäußer (Hrsg.) (2017): CSR und Digitalisierung - Der digitale Wandel als Chance und Herausforderung für Wirtschaft und Gesellschaft. Berlin, Heidelberg; Ulrich, Walker (2016): Die Digitalisierung bringt die lokale Produktion zurück.

[97] Vgl. acatech (2013), S. 68; Ulrich, Walker (2016). Siehe z. B. die sog. Speedfactory von Adidas in Franken, die Schuhe innerhalb von fünf Stunden produzieren kann. Vgl. Ulrich, Walker (2016).

[98] Vgl. Hirschhausen (2017): Einfluss der Digitalisierung auf die Mode und warum daraus eine Frage der Verantwortung entsteht. In: Hildebrandt, Landhäußer (Hrsg.): CSR und Digitalisierung - Der digitale Wandel als Chance und Herausforderung für Wirtschaft und Gesellschaft. Berlin, Heidelberg, 2017, S. 537-554, S. 547f.

[99] Vgl. Porter (1991); Porter (1998b), S. 197; Porter (1998a), S. 86; Porter (2000c), S. 19; Tichy (2001), S. 185.

dingungen sowie unterstützende Branchen. Die Elemente müssen herausragend ausgeprägt sein, um einen wettbewerbsfähigen Cluster zu bilden, der Wachstum und Wohlstand unterstützt.[100] Bei Faktorbedingungen handelt es sich um greifbare Aspekte wie die Infrastruktur, Informationen, das Rechtssystem und Forschungsinstitutionen, aber auch das Human- und Finanzkapital sowie natürliche Ressourcen. Um einen Einfluss auf die Produktivität auszuüben, müssen diese die Effizienz und Spezialisierung im Cluster verbessern. Das Element der Strategie bezieht sich auf Normen und Anreize, die Investitionen und eine Optimierung der Produktion und generell den lokalen Wettbewerb beeinflussen.[101]

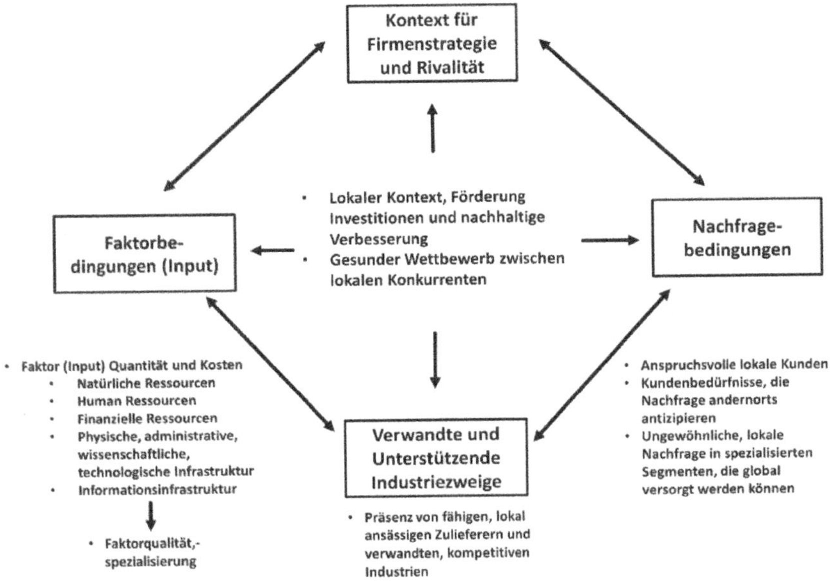

Abbildung 9 Porters Diamantenmodell[102]

Ein weiteres Element des Modells, die lokalen Nachfragebedingungen, übt Einfluss dahingehend aus, dass die Anforderungen und Bedürfnisse der Kunden den produzierenden Unternehmen vermittelt und auf diese Weise Innovationen angestoßen werden, um die Anforderungen möglichst schnell und zur Zufriedenheit der Kunden zu erfüllen. Wenn lokale Anforderungen globalen vorausgreifen, lassen sich so internationale Wettbewerbsvorteile erzielen.[103] Das vierte Element des „Diamanten" definiert Porter als verwandte bzw. unterstützende Branchen, die zuverlässige Zulieferer in vorgelagerten Schritten der Wertschöpfungskette beinhalten. Enge Kontakte zu diesen Bran-

---

[100] Vgl. Porter (2000c), S. 19f.; Lahner (2017), S. 68.
[101] Vgl. Porter (2000c), S. 20.
[102] Eigene Darstellung nach Porter (2000c), S. 20; vgl. auch Porter. (2001b), S. x.
[103] Vgl. Porter (1998a), S. 83; Lahner (2017), S. 71.

chen erlauben einen regen Informationsaustausch und gegenseitigen Lernprozess.[104] Die vier Komponenten beeinflussen einander und können eine wechselseitige Verstärkung bewirken.[105] Porter hat das Modell zudem um zwei externe Einflussfaktoren erweitert, den Zufall sowie staatliche Eingriffe. Staatliche Eingriffe, wie bspw. spezielle Weiterbildungsprogramme oder die Förderung von Transport- oder Kommunikationssystemen, dienen dazu, die Wettbewerbsfähigkeit einer Nation oder Region zu stärken bzw. deren internationalen Marktanteil in einer Branche zu erhöhen.[106] Van der Linde findet im Rahmen einer Metastudie unter 773 Clustern weltweit, dass die Elemente Faktorbedingungen, Nachfragebedingungen sowie verwandte Industrien die zentralen Ursachen für die Entstehung eines Clusters bilden.[107] Porter ermittelt empirische Hinweise auf den Einfluss von Clustern auf die Leistungsfähigkeit von Regionen und Unternehmen.[108] Dies wird z. T. so interpretiert, dass Cluster regionale Beschäftigung quasi sicherstellen.[109] Weitere empirische Studien zeigen, dass Unternehmen in Clustern ein stärkeres Wachstum und eine stärkere Innovationsfähigkeit aufweisen als solche, die sich nicht in einem Cluster befinden sowie, dass Cluster mehr Unternehmensneugründungen bewirken als dies in Regionen ohne einen Cluster der Fall ist.[110] In der Literatur werden diese Vorteile dennoch teilweise angezweifelt bzw. es werden z. T. auch nur schwache Vorteile für Industrien durch Cluster gefunden.[111] Duranton findet in einer Metaanalyse von Clusterstudien, dass eine verdoppelte Spezialisierung in einer Region durch Cluster in den meisten Fällen mit dem Anstieg der Produktivität von ca. 4 % verbunden ist.[112] Insbesondere im Hinblick auf Cluster als ein Instrument der Wirtschaftsförderung werden die Vorteile kritisch betrachtet.[113] Porters Diamantenmodell betont die Bedeutung des Wettbewerbs, der dem System Dynamik verleiht und führt die Kooperationsintensität auf die räumliche Konzentration der Akteure zurück.[114] Basierend auf Porters Clustermodell werden Cluster als eine Lösung zur Bewältigung der Herausforderungen der

---

[104] Vgl. Porter (2000c), S. 20; Lahner (2017), S. 71.
[105] Vgl. Porter (2001b): Clusters of Innovation Initiative - Research Triangle. Washington, D.C., S. xi.
[106] Vgl. Lahner (2017), S. 72; Porter (2000c), S. 27; Garcia-Vicente, Garcia-Swartz, Campbell-Kelly (2017), S. 1022.
[107] Vgl. van der Linde, C. (2003): The Demography of Clusters - Findings from the Cluster Meta Study. In: Bröcker, Dohse, Soltwedel (Hrsg.): Innovation clusters and interregional competition. Berlin, New York (2003), S. 130-149, S. 147f.
[108] Vgl. Porter (2000c), S. 21; Porter (1998d): The microeconomic foundations of economic development. In: Schwab, Sachs (Hrsg.): The global competitiveness report 1998. Geneva, 1998, S. 38-63; Porter, Ketels (2009), S. 173.
[109] Vgl. Buhl, Meier zu Köcker (2009a): Cluster Management Excellence - Vol. 1: Network Services, Competence Networks Germany. Berlin, S. 13.
[110] Vgl. Elola, Valdaliso, Lopez u. a. (2012): Cluster Life Cycles, Path Dependency and Regional Economic Development: Insights from a Meta-Study on Basque Clusters. In: *European Planning Studies*, Jg. 20(2), 2012, S. 257-279, S. 258; Audretsch, Feldmann (1996b); Baptista, Swann (1998): Do firms in clusters innovate more. In: *Research Policy*(27), 1998, S. 525-540, S. 526; Baptista (2000): Do innovations diffuse faster within geographical clusters? In: *International Journal of Industrial Organization*, Jg. 18(3), 2000, S. 515-535; Swann (1998): Towards a model of clustering in high technology industries. In: Swann, Prevezer, Stout (Hrsg.): The Dynamics of Industrial Clustering. Oxford, 1998, S. 52-76.
[111] Vgl. Garcia-Vicente, Garcia-Swartz, Campbell-Kelly (2017), S. 1022.
[112] Vgl. Duranton (2011): California Dreamin': The feeble case for cluster policies. In: *Review of Economic Analysis*, Jg. 3(1), 2011, S. 3-45, S. 30.
[113] Vgl. Duranton (2011); Kiese (2008c): Mind the Gap: Regionale Clusterpolitik im Spannungsfeld von Wissenschaft, Politik und Praxis aus der Perspektive der Neuen Politischen Ökonomie. In: *Zeitschrift für Wirtschaftsgeographie*, Jg. 52(2-3), 2008, S. 129-145.
[114] Vgl. Tichy (2001), S. 185.

Globalisierung gesehen, die dazu beitragen, Innovationsprozesse weiterhin leistungsfähig zu halten.[115]

Cluster, nach Porters Verständnis, lassen sich demnach anhand der Elemente des Diamanten charakterisieren sowie anhand des Vorhandenseins einer gemeinsamen Lokalisation sowie Kooperation und Konkurrenzverhalten. Hinzukommt, dass Cluster einer Entwicklung unterliegen, von ihrem Entstehen bis hin zu einem Zusammenbruch.[116] Derartige Cluster sind bspw. die IT- und Softwareindustrie im Silicon Valley, die Modebranche in Mailand, die Autoindustrie in Detroit oder die mechanische Industrie in der Schweiz.[117] Die Gründe, warum Porters Clustertheorie so großen Anklang findet, liegen neben der leichten Verständlichkeit des Konzepts darin, dass es dazu genutzt werden kann, politische bzw. finanzielle Unterstützung für die Entwicklung von Regionen vorzusehen. Insgesamt ist die Orientierung an Clustern eine Ausprägung eines stärkeren Interesses von Forschung und Politik an mikroökonomischen Grundlagen von Wachstum und Wohlstand.[118] Zudem erklärt das Konzept Wettbewerbsfähigkeit über zwei Wege, zum einen über die Erreichung geringerer Produktionskosten und zum anderen über eine Differenzierungsstrategie.[119]

Popularität der Clustertheorie

In Cluster-Analysen werden häufig empirische Ansätze eingesetzt, die Erkenntnisse über qualitative Fallstudien, Netzwerkanalysen oder die Analyse der Beschäftigtenzahlen einer Region ermitteln.[120] Zunehmend wird auch quantitative Forschung verfolgt, indem bspw. mit Hilfe von Datensätzen des sog. „*cluster mapping*" in Europa und den USA die qualitativen Thesen quantitativ nachvollzogen werden.[121] Kiese stellt eine Diskrepanz zwischen der Clusterforschung und der Clusterpraxis in Deutschland fest („*cluster theory plays little more than a minuscule role in clusterbased economic development policy and practice*"[122]), insofern, dass die Anwendung des Clusterkonzepts in der Politik in Deutschland sowie der Clustermanagementpraxis von der wissenschaftlichen Betrachtung deutlich losgelöst ist und ohne theoretische Fundierung realisiert wird. Dies trägt wiederum zum eher inflationären Gebrauch des Clusterbegriffes bei. Dabei werden Cluster in der Praxis häufig mit

---

115 Vgl. Buhl, Meier zu Köcker (2009a), S. 13.
116 Vgl. van der Linde (2003), S. 133; Porter (1998a), S. 84.
117 Vgl. Steiner (2003): Warum Cluster? Motive, Voraussetzungen und Erfolgsbedingungen von Netzwerk-bildung. In: Scherer, Bieger (Hrsg.): Clustering - das Zauberwort der Wirtschaftsförderung. Bern (2003), S. 27-40, S. 31; Bathelt (2004), S. 93.
118 Vgl. Porter (2003): Building the Microeconomic Foundations of Competitiveness. In: Cornelius, Schwab, Porter (Hrsg.): The Global Competitiveness Report 2002-2003. New York, 2003, S. 23-46; Ketels (2003): The development of the cluster concept - Present experiences and further developments, S. 2; Motoyama (2008), S. 356.
119 Vgl. Motoyama (2008), S. 356.
120 Vgl. Barjak (2004), S. 10; Brenner, Fornahl (2003), S. 133; Kiese (2008c), S. 130; Ketels (2013): Recent research on competitiveness and clusters: What are the implications for regional policy? In: *Cambridge Journal of Regions, Economy and Society*(6), 2013, S. 269-284, S. 273; Ketels (2003), S. 3.
121 Vgl. Ketels (2013), S. 273; Ketels (2003), S. 3; Delgado, Porter, Stern (2010): Clusters, Convergence, and Economic Performance; Delgado, Porter, Stern (2016); Delgado, Ketels, Porter, Stern (2012): The Determinations of National Competitiveness. In: *NBER Working Paper* (Nr. 18249), 2012.
122 Kiese (2017): Regional cluster policies in Germany: challenges, impacts and evaluation practices. In: The journal of technology transfer, 2017, S. 1-22, S.10.

Netzwerken gleichgesetzt, mit dem Ziel, die Kooperation von Unternehmen und Forschungseinrichtungen sowie den Technologie- und Wissenstransfer von Forschung in die Industrie zu beschleunigen.[123] Die begriffliche Vereinheitlichung von Cluster- und Netzwerkförderung im Rahmen der regionalen Wirtschaftspolitik führt dazu, dass der Kern des Clusterkonzepts, die *„Kooperation bei gleichzeitiger Konkurrenz bzw. Wettbewerb“* („*coopetition*“)[124] sowie die erforderlichen Rahmenbedingungen des Porterschen Diamantenmodells an Bedeutung verlieren und sowohl in der theoretischen wie praktischen Diskussion nur noch eine geringe Rolle spielen.[125] Nach der Vorstellung des Clusterkonzepts durch Porter herrschte zunächst auch in der Praxis und der Wirtschaftspolitik sehr wohl ein marktgetriebenes Verständnis von Clustern, die sich organisch entwickeln, vor.[126] Cluster-Praxis und -Politik gehen in diesem Zusammenhang inzwischen davon aus, dass Cluster durch politische Fördermaßnahmen initiiert werden können (*„technokratisches Clusterverständnis“*[127], politikgetriebenes „Top-down-Modell“[128]). Sie weichen damit von der wissenschaftlichen Erkenntnis ab, dass Cluster primär evolutionär aufgrund günstiger Rahmenbedingungen (siehe Porters Diamantenmodell) entstehen, ausgelöst durch Zufall oder bestimmte historische Ereignisse und, dass Clustermanagements bzw. -initiativen (siehe Kapitel 2.4) diesen Prozess nur unterstützen, aber nicht auslösen, können.[129] Nach diesem Verständnis sind clusterpolitische Maßnahmen und Cluster selbst nur in der Lage, bereits auftretende ökonomische Trends voranzutreiben. Da Clusterpolitik und Cluster im Rahmen makro-ökonomischer Gegebenheiten wirken, ist es aber als unwahrscheinlich zu sehen, dass clusterpolitische Maßnahmen ökonomische Trends dauerhaft erfolgreich verändern können.[130]

Wird dagegen dem in der Praxis und Politik derzeit häufig vorherrschenden Verständnis gefolgt, ergeben sich insofern Risikopotenziale für die Wirtschaftspolitik, dass wissenschaftliche Erkenntnisse bei der Clusterförderung und damit auch Potenziale von Clustern unberücksichtigt bleiben und stattdessen Maßnahmen der praktischen Ausgestaltung losgelöst von der ökonomischen Realität der

---

[123] Vgl. Kiese (2008c), S. 129f. u. 137, 141; Jappe-Heinze, Baier, Kroll (2008), S. 5.

[124] Vgl. Porter (1998a), S. 79.

[125] Vgl. Jappe-Heinze, Baier, Kroll (2008), S. 5.

[126] Vgl. Kiese (2008c), S. 137; Jappe-Heinze, Baier, Kroll (2008), S. 4; OECD (1999): Boosting Innovation: The Cluster Approach. Paris, S. 328; Fromhold-Eisebith, Eisebith (2005), S. 1256; Lagendijk (1999): Innovative forms of regional structural policy in Europe: The role of dominant concepts and knowledge flows. In: Fischer, Suarez-Villa, Steiner (Hrsg.): Innovation, Networks and Localities. Berlin, 1999, S. 272-299; Sölvell, Lindqvist, Ketels (2003): The Cluster Initiative Greenbook. Stockholm.

[127] Kiese (2008c), S. 137.

[128] Fromhold-Eisebith, Eisebith (2005): How to institutionalize innovative clusters? Comparing explicit top-down and implicit bottom-up approaches. In: *Research Policy*, Jg. 34(1), 2005, S. 1250-1268, S. 1256.

[129] Vgl. Kiese (2008c), S. 137 u. 141; Buhl, Meier zu Köcker (2009b), S. 13; Elola, Valdaliso, Lopez u. a. (2012), S. 264; Valdaliso Gago, Elola, Franco-Rodriguez (2016): Do clusters follow the industry life cycle? diversity of cluster evolution in old industrial regions. In: *Journal of global competitiveness*, Jg. 26(1), 2016, S. 66-86, S. 69; Ingstrup, Damgaard (2013): Cluster Facilitation from a Cluster Life Cycle Perspective. In: *European Planning Studies*, Jg. 21(4), 2013, S. 556-574, S. 559; Sölvell, Ketels, Lindqvist (2009): EU Cluster Mapping and Strengthening Clusters in Europe, S. 8; Trippl, Grillitsch, Isaksen u. a. (2015a), S. 2030; Maskell, Malmberg (2007): Myopia, knowledge development and cluster evolution. In: *Journal of Economic Geography*, Jg.7(5), 2007, S. 603-618, S. 612; Brenner (2004), S. 195f.; Benner (2012), S. 15; OECD (1999), S. 328.

[130] Vgl. Rehfeld (2004), S. 120.

Vorrang eingeräumt wird. Und dass ggf. „Cluster" gefördert werden, die keine ausreichenden Potenziale oder kritische Masse für die Unterstützung einer dynamischen, wirtschaftlichen Entwicklung mit sich bringen (siehe Kapitel 2.3.3).[131] Inzwischen gehen daher auch Orientierungen der Clusterpolitik auf diese Risiken ein und es wurden Ansätze entwickelt, die sowohl eine Unterstützung von Bottom-up-gewachsenen Clustern als auch den Einsatz von Top-down-Maßnahmen, die die Gründung eines Clusters unterstützen sollen, miteinander verbinden. Auch hier zeigt sich unterdessen, dass Clusterpolitik häufig erfolgreicher ist, wenn sie bestehende Cluster weiterfördert und unterstützt, statt neue kreieren zu wollen, da häufig Wissen und Evaluationsmethoden fehlen, um beurteilen zu können, wann und wo neue Cluster entstehen werden.[132]

Weitere jüngere Arbeiten der Clusterforschung und -praxis befassen sich mit der Internationalisierung von Clustern sowie internationalen bzw. regionalen Kooperationen zwischen Clustern (sog. „Cross-Cluster"), die als eine Option gesehen werden, Wirtschaftswachstum in Grenzregionen zu fördern.[133] Zudem wird der Beitrag untersucht, den Cluster bei der Ausgestaltung der digitalen Transformation im Kontext von Digitalisierung und Industrie 4.0 leisten können. Gotz kommt in einer aktuellen Studie zu dem Schluss, dass Cluster, die eine angemessene Wissensbasis im Bereich von Informationstechnologie, Robotik und Automatisierung aufweisen, eine optimale Begleitung für Unternehmen bei der Weiterentwicklung hin zu Industrie 4.0 bieten können. Gleichzeitig bedeutet der digitale Wandel laut Gotz für das Clusterkonzept, dass Cluster zu einem Werkzeug für die Implementierung von Technologieförderprogrammen werden und als diversifizierte Kooperationen in einer Region zu verstehen sind.[134]

2.1.4 Kritik am Clusterkonzept

Die Vielfalt der Ansätze und Verständnisse zu Clustern führt dazu, dass die Ideen, Einsatzszenarien und Vorgehensweisen, die mit dem Clusterkonzept verbunden werden, sehr unübersichtlich und komplex sind.[135] Die ungenauen Definitionen eines Clusters (auch durch Porter selbst, siehe Abschnitt 2.3) bedingen weitere Unklarheiten bzgl. der Abgrenzung unterschiedlicher Clustertypen und bzgl. der Beurteilung der (Nicht-) Existenz eines Clusters.[136] Einige Autoren betrachten die Verschiebung der Clusterdefinitionen - von funktional ausgerichteten Definitionen hin zu Konzep-

---

[131] Vgl. Kiese (2008c), S. 137 u. 140.

[132] Vgl. Lindqvist, Ketels, Sölvell (2013): The Cluster Initiative Greenbook 2.0. Stockholm, S. 44f.

[133] Vgl. Rohde (2016), S. 338 u. 340; Go-Cluster: Exzellent vernetzt!; BMWi (2016): Cross-Cluster-Erfolge - Servicekonzepte für clusterübergreifende Kooperationen; Lämmer-Gamp (2014): Creative Industries - Policy Recommendations - Promotion of cross-innovation from creative industries; European Cluster Collaboration Platform; inno TSD (2014): Research paper on cluster manager internationalisation skills and keys for success in managing and promoting pan-European Strategic Cluster Partnerships - Final Report; Meier zu Köcker, Buhl (2007): Internationalization of Networks - Barriers and Enablers. Berlin.

[134] Vgl. Gotz, Jankowska (2017): Clusters and Industry 4.0 - do they fit together? In: *European Planning Studies*, Jg. 25(9), 2017, S. 1633-1653, S. 1633 u. 1649.

[135] Vgl. Martin, Sunley (2003), S. 11; Rehfeld (2005): Alles Cluster. In: *RAUM*, Jg. 59, 2005, S. 24-26, S. 24.

[136] Vgl. Barjak (2004), S. 6; Martin, Sunley (2003), S. 10f.; Farhauer, Kröll (2014b): Kritik am Clusterkonzept und Clusterpolitik. In: Farhauer, Kröll (Hrsg.): Standorttheorien - Regional- und Stadtökonomik in Theorie und Praxis. 2. Aufl. Wiesbaden, 2014, S. 191-208, S. 192.

ten, die auf räumliche Nähe fokussieren - als eine Ursache für die unklare Begriffslage.[137] Kritiker des Clusterkonzepts sprechen daher auch von einem „*chaotic concept*“ oder „*fuzzy concept*“ („*fuzzy*“ im Hinblick auf die ungenau definierten Begriffe des Konzepts).[138] Neben dieser Vielfalt und der daraus resultierenden Ungenauigkeit finden sich einige weitere zentrale Kritikpunkte in der wissenschaftlichen Diskussion. Gleichzeitig liegt in der einfachen Interpretierbarkeit des Clusterkonzepts auch ein Vorteil, da der Ansatz sich auf diese Weise auf sehr viele Einsatzbereiche anwenden lässt.[139] Zentrale Kritikpunkte liegen in der konzeptionellen Ungenauigkeit, den mangelnden empirischen Belegen sowie in einer Kritik an den wirtschafts- und regionalpolitischen Maßnahmen, die mit Hilfe des Clusterkonzepts nach Porter implementiert und gerechtfertigt werden. Die konzeptionelle Ungenauigkeit wird überwiegend durch Forscher aus den Feldern Wirtschaftsgeographie und Soziologie geäußert, während die wirtschaftspolitische Kritik durch Ökonomen hervorgehoben wird.[140] Da die Clustertheorie eine derart große Anzahl an bereits bestehenden Theorien miteinander verbindet, wird sie z. T. nur als neuer, sehr einschlägiger Begriff für „*old wine in new bottles*“ gesehen.[141]

Ein Kritikpunkt an der Konzeption des Clusters nach Porter liegt in der Subjektivität des Ansatzes. Die ungenaue Definition der Clustergrenzen im Ansatz von Porter lässt eine sehr subjektive Interpretation eines Clusters zu. Auch die weiterhin bestehende Uneinigkeit über eine Clusterdefinition (siehe Abschnitt 2.3) trägt dazu bei.[142] Der zentrale Kritikpunkt von Martin und Sunley, den prominentesten Kritikern der Clustertheorie, bezieht sich auf die fehlenden inhärenten Begründungen des Konzepts für die Bedeutung räumlicher Nähe oder Grenzen für wirtschaftliche Aktivität oder Wettbewerbsfähigkeit.[143] Zudem wird die Clustertheorie vor die Herausforderung gestellt, dass die Reichweite von Clustervorteilen auf eine räumliche Ausdehnung bezogen werden muss. Porter definiert allerdings keinen räumlichen Maßstab, an dem sich die Effekte beurteilen lassen.[144] Vielmehr findet sich nur eine unkonkrete Abgrenzung der räumlichen Bezugsebenen eines Clusters und ein Verschwimmen zwischen räumlichen und nicht-geographischen Rahmenbedingungen (Sektorbezug und Unternehmensbezug).[145] In der Clusterförderung kann es daher zu sog. „Over- oder Under-

[137] Vgl. Malmberg, Power (2006): True clusters. A severe case of conceptual headache. In: Asheim, Cooke, Martin (Hrsg.): Clusters and regional development. London, 2006, S. 50-68, S. 54f.; Brosnan, Doyle, O'Connor (2016), S. 507.
[138] Vgl. Martin, Sunley (2003), S. 11; Rehfeld (2005), S. 24; Jappe-Heinze, Baier, Kroll (2008), S. 3.
[139] Vgl. Rehfeld (2005), S. 24; Kiese (2013): Regional Cluster Policies in Germany - A Multi-Level Governance Perspective on Policy Learning. In: *European Review of Industrial Economics and Policy* Jg. 5, (2013), S. 2.
[140] Vgl. Farhauer, Kröll (2014b), S. 191; Kiese (2013), S. 2; Martin, Sunley (2003); Markusen (1999): Fuzzy Concepts, Scanty Evidence, Policy Distance: The Case for Rigour and Policy Relevance in Critical Regional Studies. In: *Regional Studies*, Jg. 33(9), 1999, S. 869-884.
[141] Harrison (1992): Industrial Districts: Old Wine in New Bottles? In: *Regional Studies*, Jg. 26(5), 1992, S. 469-483. Vgl. Martin, Sunley (2003), S. 10f.; Brosnan, Doyle, O'Connor (2016), S. 501.
[142] Vgl. Farhauer, Kröll (2014b), S. 191; Martin, Sunley (2003), S. 15 u. 37.
[143] Vgl. Martin, Sunley (2003), S. 16 u. 37; Barjak (2004), S. 6.
[144] Vgl. Benner (2012), S. 8; Martin, Sunley (2003), S. 15f.
[145] Vgl. Bathelt (2004), S. 96.

bounding“ kommen, wenn die räumliche Ausdehnung eines Clusters über- bzw. unterschätzt wird, was zu einer Fehlbewertung der Clusterbeziehungen und Wertschöpfungsketten beitragen kann.[146]

Martin und Sunley kritisieren zudem, dass in empirischen Studien aus den USA und Großbritannien zu Wirkungen von Clustern in verschiedenen Branchen, wie bspw. des Biotechnologiesektors, widersprüchliche Ergebnisse bzgl. der Beschäftigung in den Clusterregionen und dem Auftreten von Wissensspillovereffekten gefunden wurden. Erkenntnisse einiger Studien zeigen, dass eine hohe Beschäftigung im Clustersektor zu dessen Wachstum und Innovationsfähigkeit beiträgt und Einflüsse der Beschäftigung in clusterexternen Sektoren nicht deutlich werden.[147] Andere Studien finden, dass sich die Beschäftigung in diesen externen Sektoren negativ auf die Bildung bzw. das Wachstum von Clustern auswirken kann.[148] In neueren Beiträgen ergänzen Martin und Sunley ihre Kritikpunkte insofern, dass Cluster auch negative Auswirkungen auf die Leistung einzelner Unternehmen haben können, v. a. wenn der Fokus der Innovationsfähigkeit auf der Optimierung der Produktionsprozesse und -effizienz liegt und nicht mehr auf der Gestaltung neuer Produkte.[149] Auch Cook und Pandit zeigen in ihrer Studie zu den Vorteilen von Clustern, dass in einigen Fällen Unternehmen, die zu internationalen Konzernen gehören, mehr von Clustern profitieren als lokale Unternehmen. Zudem kann ein Überlastungsproblem in Clustern auftreten, wenn eine Vielzahl an Aktivitäten den Aufwand und damit die Kosten der Auswahl und Wissensgewinnung erhöht.[150] Bzgl. der Entwicklungsprozesse von Clustern kann der universelle Verlauf der Entwicklung, wie er im Clusterkonzept häufig vorgesehen wird, kritisiert werden, da Entwicklungsprozesse auch von sektor- bzw. branchenspezifischen, regionalen Faktoren und Verbindungen abhängen können. Motoyama legt den Fokus der Kritik an der Clustertheorie auf den rein beschreibenden und statischen Charakter der Theorie, die hauptsächlich erklärt, warum bestimmte Regionen wachsen, während andere dieses Wachstum nicht aufzeigen. Die Theorie erklärt nur unzureichend, wie dieses Wachstum ausgelöst wird.[151]

Weitere konzeptionelle Kritik am Kooperationsaspekt der Porterschen Clustertheorie findet sich bei Sydow, der eine differenziertere Berücksichtigung der dynamischen, sozialen Beziehungen zwischen den Clusterakteuren fordert.[152] Bathelt weist dagegen auf Lücken der Clustertheorie hin, die sich bzgl. der geringen Bedeutung von Institutionen zeigen. Diese werden nicht als Einflussfaktor

---

[146] Vgl. Lahner (2017), S. 74f.
[147] Vgl. Baptista, Swann (1998), S. 525; Martin, Sunley (2003), S. 36f.
[148] Vgl. Martin, Sunley (2003), S. 36f.; Pandit, Cook, Swann (1999): The Dynamics of Industrial Clustering in UK Financial Services, Working Paper Nr. 399.
[149] Vgl. Martin, Sunley (2011): Conceptualizing Cluster Evolution: Beyond the Life Cycle Model? In: *Regional Studies*, Jg. 45(10), 2011, S. 1299-1318, S. 1301.
[150] Vgl. Cook, Pandit, Lööf u. a. (2013): Clustering, MNEs, and Innovation: Who Benefits and How? In: *International Journal of the Economics of Business*, Jg. 20(2), 2013, S. 203-227, S. 203f u. 223f.; Enright (1998): Regional Clusters and Firm Strategy. In: Chandler, Hagström, Sölvell (Hrsg.): The Dynamic Firm - The Role of Technology, Strategy, Organizations and Regions. Oxford, 1998.
[151] Vgl. Motoyama (2008), S. 357-360.
[152] Vgl. Sydow, Lerch (2007), S. 34.

im Diamantenmodell berücksichtigt.[153] Ebenfalls kritisch zu sehen ist die fehlende Diskussion von Problemen, die durch die Elemente des Diamantenmodells entstehen können, wie bspw. negative Effekte einer Agglomeration wie steigende Löhne oder Mietpreise, die die Produktionskosten erhöhen können.[154] Wenig diskutiert werden in Porters ursprünglichem Konzept Gefahren der Abschottung des Clusters gegenüber neuen, innovativen Ideen und Einflüssen von außen. Cluster agieren als selbstreferentielle, geschlossene Systeme, die Komplexität reduzieren und Lernen zwischen den Mitgliedern fördern können. Dies kann allerdings aufgrund von kognitiver Voreingenommenheit, nachahmendem Verhalten und institutionellem Isomorphismus unter den Clusterunternehmen zu einer „Kristallisierung" oder Verhärtung (auch als „*lock-in*" bezeichnet) führen, wenn der Cluster und seine Mitglieder zunehmend an alten, bewährten Methoden und Prozessen festhalten und darüber innovative Ansätze vernachlässigen (siehe auch Kapitel 2.3).[155] In anderen Beiträgen zur Clusterliteratur (u. a. von Bathelt und Malmberg) wird daher v. a. die Bedeutung der Koexistenz von gegenseitigen Lernprozessen und Wissensaustausch ("*local buzz*") sowie Kommunikationskanälen über die Clustergrenzen hinaus („*global pipelines*") betont, die es ermöglichen, Clustervorteile und -dynamiken für Mitglieder aufrecht zu erhalten (siehe Abbildung 10).[156]
Andere Streitpunkte der Clustertheorie sind u. a. [157]:

- das Durchlaufen eines Cluster-Lebenszyklus (siehe auch Kapitel 2.3),
- die nur indirekte Erfassung der Clustervorteile als fixe Rahmenbedingung für Faktoren wie Beschäftigung und Output,
- ökonomischer Fokus und mangelnde Berücksichtigung von kulturellen, historischen und politischen Faktoren,
- Bedeutung regionaler, sozialer Netzwerkbeziehungen,
- mangelnde Definition und Klärung der Bedeutung von implizitem Wissen,

[153] Vgl. Bathelt (2004), S. 96.
[154] Vgl. Farhauer, Kröll (2014b), S. 193; Duranton (2011), S. 7.
[155] Vgl. Kern (1996): Vertrauensverlust und blindes Vertrauen: Integrationsprobleme im ökonomischen Handeln. In: *SOFI-Mittelungen*, 24, 1996, S. 7-14; Uzzi (1997): Social structure and competition in interfirm networks: the paradox of embeddedness. In: *Administrative Science Quarterly*, Jg. 42(1), 1997, S. 35-67; Farhauer, Kröll (2014a), S. 183; Tichy (2001), S. 187; Suire, Vicente (2014): Clusters for life or life cycles of clusters: in search of the critical factors of clusters' resilience. In: *Entrepreneurship & Regional Development*, Jg. 26(1/2), 2014, S. 142-164, S. 160; Trippl, Grillitsch, Isaksen u. a. (2015a), S. 2031; Pouder, St. John (1996): Hot spots and blind spots: Geographical clusters of firms and innovation. In: *Academy of Management Review*, Jg. 21(4), 1996, S. 1192-1225, S. 1209.
[156] Vgl. Bathelt, Malmberg, Maskell (2004): Clusters and knowledge: Local Buzz, Global Pipelines and the process of knowledge creation. In: *Progress in Human Gepgraphy*, Jg. 28(1), 2004, S. 31-56, S. 32f u. 40; Bathelt, Malmberg, Maskell (2002): Clusters and knowledge - Local buzz, global pipelines and the process of knowledge creation. Aalborg, Göttingen. DRUID Working Paper, Nr. 2002, S. 12, 41f.; Owen-Smith, Powell (2002): Knowledge networks in the Boston biotechnology community - Paper presented at the Conference on 'Science as an Institution and the Institutions of Science'. Siena; Maillat (1998): Vom 'Industrial District' zum innovativen Milieu - Ein Beitrag zur Analyse der lokalen Produktionssysteme. In: *Geographische Zeitschrift*, Jg. 86(1), 1998, S. 1-15; Camagni (1991): Innovation networks: spatial perspectives. London, New York.
[157] Vgl. Martin, Sunley (2011), S. 1300 u. 1315.; Martin, Sunley (2003), S. 16f, 32; Fromhold-Eisebith, Eisebith, (2005), S. 1253; Sydow, Lerch (2007), S. 34; Rosenfeld (2003): Expanding Opportunities - Cluster Strategies that reach more people and more places. In: *European Planning Studies*, Jg. 11(4), 2003, S. 360-377; Raines (2000): Developing cluster policies in seven European regions. Regional and industrial policy research paper, No. 42, S. 9; Ketels, Lindquist, Sölvell (2007): Clusters and Cluster Organisations. Center for Strategy and Competitiveness. Stockholm; Ketels (2013), S. 273; Barjak (2004), S. 6; Farhauer, Kröll (2014b), S. 192; Jappe-Heinze, Baier, Kroll (2008), S. 4.

- Prozesse der Konkurrenz zwischen Unternehmen,
- gemeinsame Produktionsstrukturen im Cluster,
- Verwechslung von ursächlichen Faktoren und Wirkungen zur Erklärung von wirtschaftlicher Dynamik und Wachstum im Diamantenmodell,
- fehlende Hinweise zur Bedeutung und Ausgestaltung der Außenbeziehungen eines Clusters,
- das Vorhandensein folgender Charakteristika als Voraussetzung für einen Cluster:
    - innovativer Kooperationsbeziehungen,
    - vollständiger Wertschöpfungsketten,
    - von Wettbewerbsfähigkeit oder
    - einer kritischen Masse an Unternehmen oder
    - einer clusterübergreifenden, gemeinsamen Vision.

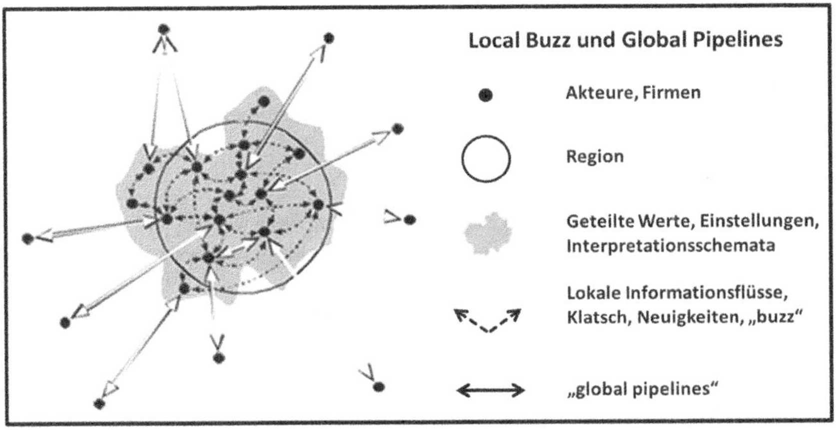

Abbildung 10 Wissensaustausch in Clustern über "local buzz" und "global pipelines"[158]

Kritiker an der wirtschaftspolitischen Sinnhaftigkeit der Förderung von Clustern stellen insbesondere die Gestaltbarkeit und Einflussmöglichkeiten auf die Clusterentwicklung und -gründung in Frage.[159] Aus wirtschaftspolitischer Sicht ist das Clusterkonzept aufgrund seiner Komplexität und Oberflächlichkeit, der fehlenden Berücksichtigung kritischer Elemente wie bspw. der Arbeitsmobilität und des Versäumnisses, Szenarien zu bestimmen, die bei Fehlentscheidungen im Rahmen des Konzepts auftreten können, in der Kritik.[160] Motoyama sieht bspw. die mangelnden praktischen Handlungsempfehlungen, um die Vernetzung innerhalb des Clusters zu stärken, kritisch sowie die Maßnahmen, die zur Gründung neuer Cluster beitragen sollen.[161] Diese werden weithin als wirkungslos beurteilt, da sich soziale Beziehungen, die für den Aufbau von vertrauensvollen Koopera-

[158] Eigene Darstellung nach Bathelt, Malmberg, Maskell (2002), S. 15.
[159] Vgl. Barjak (2004), S. 6; Martin, Sunley (2003), S. 37.
[160] Vgl. Duranton (2011), S. 5-8.
[161] Vgl. Motoyama (2008), S. 357-360.

tionsbeziehungen entscheidend sind, nur über einen längeren Zeitraum entwickeln und nicht durch politische Maßnahmen erzwungen werden können.[162] Durch eine übermäßige Fokussierung auf ausgewählte Industrien durch eine Clusterförderung in einer Region kann es zu einer Monopolisierung kommen und so die nachhaltige Entwicklung der Region im Kontext der wirtschaftlichen Entwicklung gefährdet werden, u. a. dadurch, dass alternative Entwicklungspotenziale der Region nicht unterstützt werden.[163]

2.1.5 Mehrdimensionalität des Clusterkonzepts

Eine weitere Eigenschaft des Clusterkonzepts ist darin zu sehen, dass es als multi-dimensionales Phänomen verstanden werden muss. Mehrere Autoren definieren die zentralen Dimensionen des Clusterkonzepts. Kiese kritisiert diesbezüglich an Porters Diamantenmodell, dass die unterschiedlichen, relevanten Dimensionen eine zu geringe ganzheitliche Integration im Rahmen des Clusterkonzepts erfahren.[164] Dabei unterscheidet er fünf zentrale Dimensionen von Clustern und versteht Cluster als „... *lokalisierter Teil eines unternehmens-übergreifenden Wertschöpfungssystems mit Elementen und Verflechtungen in vertikaler, horizontaler und diagonaler Dimension.*“[165] Neben diesen drei Dimensionen ergänzt Kiese eine institutionelle sowie externe Dimension (siehe Abbildung 11).[166]

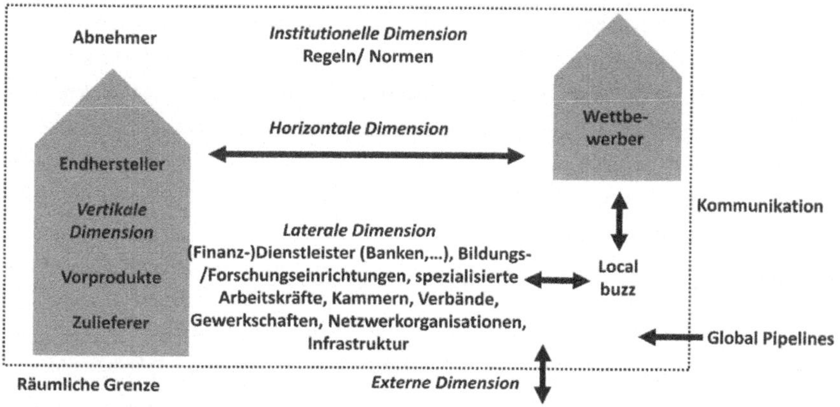

Abbildung 11 Cluster als lokalisiertes Wertschöpfungssystem[167]

Die vertikale Dimension bezieht sich dabei auf Beziehungen entlang einer Wertschöpfungskette zwischen Zulieferern und Herstellern bis hin zum Kunden.[168] Sie nimmt eine zentrale Bedeutung

[162] Vgl. Farhauer, Kröll (2014b), S. 193; Schmitz, Nadvi (1999): Clustering and Industrialization: Introduction, World Development. In: *World Development*, Jg. 27(9), 1999, S. 1503-1514.
[163] Vgl. Lahner (2017), S. 75.
[164] Vgl. Steinle, Schiele (2002), S. 849; Nestle (2011), S. 82-86.; Kiese (2008d), S.10f.
[165] Kiese (2008d), S. 11.
[166] Vgl. Kiese (2008d), S. 11f.; Bathelt, Malmberg, Maskell (2004), S. 36f. u. 40-42.
[167] Abbildung aus Kiese (2008e); Kiese (2008a), S. 58. Vgl. auch Kiese (2008d), S. 12.; Bathelt, Malmberg, Maskell (2004), S. 36f. u. 40-42.

für die Wachstumsdynamik in Clustern ein, da sich Agglomerationsvorteile, wie Effizienz- und Skaleneffekte, durch die räumliche Ansiedlung innerhalb des Clusters für Zulieferer, Hersteller und Abnehmer sowie auch Dienstleister ergeben können und Mitglieder des Clusters einen spezialisierten Bedarf nach Produktionsmitteln und Dienstleistungen entwickeln.[169] Ebenfalls werden Potenziale für Arbeitsteilung zwischen den Clusterakteuren mit dieser Dimension erfasst.[170] Die vertikale Dimension kann auch als Bindeglied zwischen den übrigen vier Dimensionen gesehen werden, da Cluster nur unter Berücksichtigung der Interaktionen und Kooperationsbeziehungen zwischen den Akteuren als vollständiges System verstanden werden können.[171] Die horizontale Clusterdimension bezieht sich dagegen auf Beziehungen innerhalb der Wertschöpfungskette oder zwischen sich überlappenden Wertschöpfungsstufen, d. h. zwischen Unternehmen, die ähnliche oder gleiche Produkte herstellen, und deren Wettbewerb bzw. Rivalität sowie die Innovationsfähigkeit, die durch gegenseitige Vergleiche (z. B. von Produkten oder Produktionsbedingungen) und Lernen voneinander entsteht.[172] Diese Effekte treten auch auf, wenn Unternehmen keine direkten intensiven Input-Output-Beziehungen untereinander aufweisen.[173]

Im Rahmen der institutionellen Dimension von Clustern werden die Regeln und Normen, die sich im Cluster entwickeln, betrachtet. Diese bilden eine gemeinsame Grundlage für Interaktionen und Kooperationen der Clusterakteure. Neben formellen Normen und Werten können zudem informelle Regelungen und Gewohnheiten des Umgangs im Cluster berücksichtigt werden.[174] Die Dimension bezieht sich nicht auf Organisationen, da diese als Akteure des Clusters aufgefasst werden.[175] Die laterale bzw. diagonale Dimension, die Kiese ergänzt, berücksichtigt dafür die Kooperation mit Verbänden und ähnlichen intermediären Organisationen sowie Forschungs- und Bildungsorganisationen.[176] Das multidimensionale Konzept wird durch die externe Dimension vervollständigt. Diese bezieht sich auf die Verbindungen des Clusters und seiner Akteure nach außen. Für einen Cluster ist es insbesondere erforderlich, Zugang zu externem Wissen zuzulassen, um seine Innovationsfähig-

[168] Vgl. Bathelt, Malmberg, Maskell (2004), S. 36f. u. 40.; Bathelt, Malmberg, Maskell (2002), S. 8; Malmberg, Maskell (2002); Maskell (2001): Towards a Knowledge-based Theory of the Geographical Cluster. In: *Industrial and Corporate Change*, Jg. 10(4), 2001, S. 921-943, S. 924; Malmberg, Maskell (2006): Localized learning revisited. In: *Growth and Change*, Jg. 37(1), 2006, S. 1-18; Kiese (2008d), S. 11f.
[169] Vgl. Lahner (2017), S. 66; Bathelt, Malmberg, Maskell (2004), S. 40.
[170] Vgl. Malmberg, Maskell (2002), S. 438.
[171] Vgl. Kiese (2008d), S. 11f.; Lahner (2017), S. 65.
[172] Vgl. Porter (1991), S. 140; Porter (1998a), S. 83f.; Porter (2000a), S. 253-274; Bathelt (2004), S. 97; Bathelt, Malmberg, Maskell (2004), S. 39; Maskell (2001), S. 921f.; Benner (2012), S. 12f.; Lahner (2017), S. 66.
[173] Vgl. Bathelt, Malmberg, Maskell (2004), S. 39.
[174] Vgl. Bathelt, Malmberg, Maskell (2004), S. 38f.; Lahner (2017), S. 66; Bathelt, Taylor (2002): Clusters, power and place: inequality and local growth in time-space. In: *Geografiska Annaler Series B*, Jg. 84(2), 2002, S. 93-109, S. 100; Edquist, Johnson (1997): Institutions and organizations in systems of innovation. In: Edquist (Hrsg.): Systems of Innovation - Technologies, Institutions and Organization. London, 1997, S. 41-63, S. 46; Grabher (2002): The project ecology of advertising: tasks, talents and teams. In: *Regional Studies*, Jg. 36(3), 2002, S. 245-262.
[175] Vgl. Edquist, Johnson (1997), S. 47; Kiese (2008b): Clusterpolitik in Deutschland: Ein wirtschaftsgeographischer Vergleich aus institutioneller und politisch-ökonomischer Perspektive. Hannover, S. 64; Cooke, P.; Morgan (2002), S. 9.
[176] Vgl. Kiese (2008d), S. 11.

keit aufrecht zu erhalten und einen Abschottungseffekt zu vermeiden.[177] Zur Vermeidung solcher „*lock-ins*“ gilt es einen dynamischen Wissensaustausch aufrecht zu erhalten und dies nicht nur auf regionaler Ebene („*local buzz*“) sondern auch in gleichem Maße über die Clustergrenzen hinaus auf nationaler und internationaler Ebene („*global pipelines*“, siehe auch Abbildung 10).[178] Menzel und Fornahl unterscheiden dagegen zwischen der qualitativen und quantitativen sowie der direkten und systemischen Dimension von Clustern (siehe Tabelle 5) und betonen die Abgrenzung eines Clusters nach außen sowie die Möglichkeiten zur Zusammenarbeit und Verwertung von Synergien im Cluster.[179]

Einen weiteren Ansatz zu Clusterdimensionen liefert Ketels und unterscheidet dabei zwischen der geographischen Dimension (räumliche Nähe der CA zueinander als Grundlage für Informationsaustausch), der Aktivitätsdimension (Interaktion der CA innerhalb von Wertschöpfungsketten und über die Grenzen von Branchen und Industrien hinaus) und der Akteursdimension (Clustereffekte mit positiven Wirkungen basieren auf der aktiven Interaktion zwischen den Clusterakteuren).[180] Zudem lassen sich Makro-, Meso- und Mikro-Ebenen unterscheiden: die nationale Ebene von Branchengruppen, die Branchenebene mit Verbindungen in Wertschöpfungsketten sowie die Unternehmensebene mit Zulieferern und Originalherstellern.[181] Sölvell unterscheidet Cluster anhand von vier Kerndimensionen: der Art der Agglomeration, dem Grad der Dynamik im Cluster, der Lebenszyklusphase sowie dem Ausmaß der politischen Eingriffe in den Cluster.[182]

Tabelle 5 Dimensionen von Clustern nach Menzel und Fornahl[183]

Dimensionen	**Quantitative Dimension**	**Qualitative Dimension**
Direkte Dimension	Größe (Anzahl an Mitgliederorganisationen, Akteuren und Mitarbeitern)	Diversität (Wissen, Kompetenzen, organisationale Formen)
Systemische Dimension	Einsatz der Größe (Wahrnehmung des Clusters, Kapazität für kollektive Handlungen)	Einsatz der Diversität (Verwertung von Synergien, Netzwerken und Wertschöpfungsketten)

2.2 Abgrenzung zwischen Clustern und Netzwerken

Ebenso wie in der Clustertheorie finden sich viele Begriffsdefinitionen und Einflüsse auf die Netzwerktheorie (u. a. Transaktionskostenansatz, Spieltheorie, Industrieökonomik, Principal-Agent-Theorie, Arbeitsmarktökonomie, politische und politökonomische Ansätze: Theorie der flexiblen Spezialisierung, der Labour-Process-Ansatz, Neo-Fordismus, Interorganisationstheorien, Kontin-

[177] Vgl. Lahner (2017), S. 66.

[178] Vgl. Grabher (1993): The weakness of Strong Ties: The lock-in of regional development in the Ruhr area. In: Grabher, G. (Hrsg.): The embedded firm: On the socioeconomics of industrial networks. London, 1993, S. 255-277; Saxenian (2006): The new argonauts - Regional advantage in a global economy. Cambridge, S. 95; Scott, (1990).

[179] Vgl. Menzel, Fornahl (2007), S. 23.

[180] Vgl. Ketels (2008): Clusterinitiativen und Netzwerke - Handlungsfelder lokaler und regionaler Wirtschaftspolitik. In: Floeting (Hrsg.): Cluster in der kommunalen und regionalen Wirtschaftspolitik. Berlin, 2008, S. 41-54, S. 42f.

[181] Vgl. Roeland, den Hertog (1999), S. 293; Roelandt, den Hertog (1997): Mapping Innovative Clusters – Research Proposal and Discussion Note; Barjak (2004), S. 10f.

[182] Vgl. Sölvell (2009), S. 11.

[183] Eigene Darstellung nach Menzel, Fornahl (2007), S. 23.

genzansätze sowie interaktions- und entwicklungsorientierter Managementansätze).[184] Zum genaueren Verständnis der Clustertheorie ist zudem eine Abgrenzung von Clustern und Unternehmensnetzwerken erforderlich. Interorganisationale, strategische Netzwerke werden definiert als „... *eine auf die Realisierung von Wettbewerbsvorteilen zielende, polyzentrische ... Organisationsform ökonomischer Aktivitäten zwischen Markt und Hierarchie ..., die sich durch komplex-reziproke, eher kooperative denn kompetitive und relativ stabile Beziehungen zwischen rechtlich selbständigen, wirtschaftlich jedoch zumeist abhängigen Unternehmen auszeichnet*" und das formal aus Knoten (Unternehmen oder Netzwerkakteuren) und Kanten (ein- oder wechselseitige Beziehungen der Netzwerkakteure) als zentralen Elementen besteht (siehe Abbildung 12).[185] Weitere Definitionen sind in Tabelle 6 zusammengestellt.

Cluster können als eine regionale Ausprägung eines Unternehmensnetzwerks unter Einbindung von kleinen und mittleren Unternehmen sowie weiterer Akteure wie Bildungs- sowie Forschungseinrichtungen, Kammern und öffentliche Organisationen verstanden werden. Wenn eine steuernde Organisation im Cluster als zentraler Akteur vorliegt, der unternehmensübergreifende Aktionen koordiniert, können Cluster auch als strategische, regionale Netzwerke verstanden werden.[186]

Tabelle 6 Vergleich von Netzwerkdefinitionen[187]

Begriff	Definition	Quelle
„network"	*"... any collection of actors (n ≥ 2) that pursue repeated, enduring exchange relations with one another and lack a legitimate organizational authority to arbitrate and resolve disputes."*	Podolny, J.M.; Page, K.L. (1998), S. 59.
Netzwerk	*„... koordinierte Zusammenarbeit zwischen mehreren rechtlich selbstständigen und formal unabhängigen Unternehmen."*	Siebert, H. (1991), S. 291.
Netzwerk	*„... eine interorganisationale Verbindung von rechtlich selbstständigen Unternehmen zu einer längerfristig angelegten Wertschöpfungspartnerschaft, in der das Marktgeschehen ... integriert wird."*	Chrobok, R. (1998), S. 242.
Netzwerk	*„... Ansammlung sozialer Beziehungen, die mindestens drei Akteure (Individuen oder Organisationen) einbeziehen und durch redundante, unvollständig spezifizierte Beziehungen gekennzeichnet*	Kiese, M. (2012b), S. 39.

184 Vgl. Ackermann (2011): Netzwerkbasierte Kooperationen - ein neues Rahmenkonzept für das Personalmanagement?, S. 3; Petry (2006): Netzwerkstrategie - Kern eines integrierten Managements von Unternehmungsnetzwerken. S. 15; Morath (1996): Interorganisationale Netzwerke: Dimensions- Determinants- Dynamics. In: Klimecki (Hrsg.): Management Forschung und Praxis. Konstanz, 1996; Nerré (2001), S. 40 u. 71f.

185 Sydow (2005b): Strategische Netzwerke - Evolution und Organisation. 6. Nachdruck. Wiesbaden, S. 82. Vgl. Sydow, Wirth (1999b): Von der Unternehmung zum Unternehmungsnetzwerk – Interessenvertretungsfreie Zonen statt Mitbestimmung? In: Müller-Jentsch (Hrsg.): Konfliktpartnerschaft - Akteure und Institutionen der industriellen Beziehungen. 3. Aufl. München, 1999, S. 157-184, S. 159; Ackermann (2011), S. 3; Morschett (2005), S. 377-403, S. 379; Sydow, Lerch (2013): Netzwerkzeuge – Zum reflexiven Umgang mit Methoden und Instrumenten des Netzwerkmanagements. In: Sydow, Duschek (Hrsg.): Netzwerkzeuge - Tools für das Netzwerkmanagement. Wiesbaden, 2013, S. 9-18, S. 9; Fischer, Zimmermann (o.J.): Netzwerke für Personaler - eine empirische Untersuchung der Netzwerke von HR-Profis in Deutschland, Österreich und der Schweiz. Pforzheim, S. 3f.

186 Vgl. Wirth (1999): Unternehmungsvernetzung, Externalisierung von Arbeit und industrielle Beziehungen. München, Mering, S. 20f.

187 Eigene Darstellung nach Sydow (2010b), S. 383; Kiese (2012b): Regionale Clusterpolitik in Deutschland - Bestandsaufnahme und interregionaler Vergleich im Spannungsfeld von Theorie und Praxis. Marburg, S. 39; Podolny, Page (1998): Network forms of organization. In: *Annual Review of Sociology*, Jg. 24, 1998, S. 57-76, S. 59; Siebert (1991): Ökonomische Analyse von Netzwerken. In: Staehle, Sydow (Hrsg.): Managementsforschung, Berlin, 1991, S. 291-311, S. 291; Chrobok (1998): Netzwerk. In: *Zeitschrift Fürhung und Organisation*, Jg. 67(4), 1998, S. 242-243, S. 242.

	sind.“	
Regionales Netzwerk	*„Regionale Netzwerke sind eher heterarchischer Natur, bestehen aus … [KMU] und zeichnen sich im Gegensatz zu strategischen, oft international orientierten Unternehmungsnetzwerken durch eine räumliche Agglomeration, häufig in sog. Clustern, aus.“*	Sydow, J. (2010b), S. 383.

Regionale Netzwerke zeichnen sich v. a. durch regionale Nähe sowie persönliche Kontakte zwischen den Akteuren aus, die die Grundlage für Vertrauen und damit Verringerung von Transaktionskosten zwischen den Mitgliedern des Netzwerks bilden.[188] Strategische Netzwerke unterscheiden sich von regionalen dadurch, dass einerseits in räumlicher Nähe keine Voraussetzung zu sehen ist und andererseits eine zentrale oder auch fokale Managementorganisation vorhanden ist (asymmetrische Netzwerkausrichtung).[189]

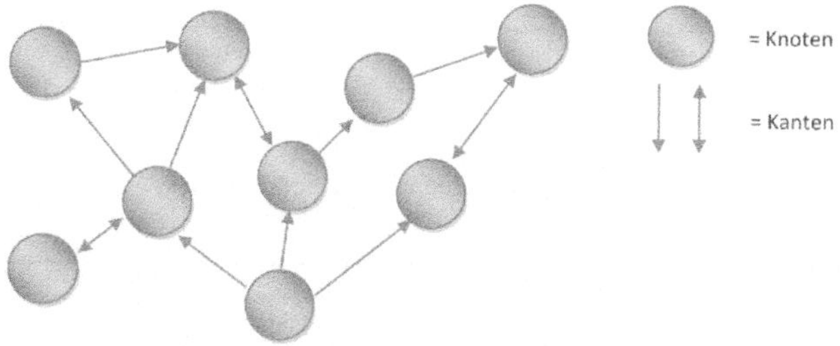

Abbildung 12 Knoten und Kanten eines Netzwerkes[190]

Weiterhin lassen sich Netzwerke anhand ihrer Akteure, ihrer Organisationsform oder ihrer Funktion unterscheiden, z. B. Produktions-Netzwerken, Lieferanten-Netzwerken, Kunden-Netzwerken bzw. fokale Netzwerke mit einem zentralen, steuernden Unternehmen oder Tausch- oder Lernnetzwerke (siehe Abbildung 13).[191] Insbesondere strategische Netzwerke sind häufig durch eine Anordnung um ein fokales Unternehmen geprägt.[192] Diese Unternehmen nehmen nicht nur Koordinationsaufgaben wahr, sondern leisten ebenfalls einen Beitrag zur gemeinsamen Zielerreichung des Netzwerks.[193] Netzwerke werden zudem als Zwischenform zwischen den Ausprägungen Markt und

[188] Vgl. Weyer (2008): Zum Stand der Netzwerkforschung in den Sozialwissenschaften. In: Weyer (Hrsg.): Soziale Netzwerke - Konzepte und Methoden der sozialwissenschaftlichen Netzwerkforschung. 2. Aufl. München, 2008, S. 39-69, S. 57; Heidling (2008): Strategische Netzwerke - Kooperation und Interaktion in asymmetrisch strukturierten Unternehmensnetzwerken. In: Weyer (Hrsg.): Soziale Netzwerke - Konzepte und Methoden der sozialwissenschaftlichen Netzwerkforschung. 2. Aufl. München, 2008, S. 135-165, S. 141.

[189] Vgl. Weyer (2008), S. 57; Wirth (1999), S. 20f.; Heidling (2008), S. 142f.; Jarillo (1988): On Strategic Networks. In: *Strategic Management Journal*, Jg. 9(1), 1988, S. 31-41, S. 39.

[190] Abbildung aus Fischer, Zimmermann (o.J.), S. 3.

[191] Vgl. Ackermann (2011), S. 2; Klein (1995): Die Konfiguration von Unternehmungsnetzwerken - ein Parsons'scher Bezugsrahmen. In: Bühner, Haase, Wilhelm (Hrsg.): Dimensionierung des Unternehmens. Stuttgart, 1995, S. 323-357, S. 346.

[192] Vgl. Morschett (2005), S. 384.

[193] Vgl. Haritz, Haritz (2003): Ansätze für ein Personalmanagement in Unternehmensnetzwerken. In: Holtbrügge, D. (Hrsg.): Management Multinationaler Unternehmungen. Heidelberg, 2003, S. 217-232, S. 218.

Hierarchie verstanden.[194] Voraussetzungen für ein Netzwerk sind, ähnlich wie bei Clustern, eine kritische Masse an Akteuren, die Bereitschaft zur Kooperationen untereinander und informelle, persönliche Beziehungen der Akteure sowie häufig das Vorhandensein eines fokalen Unternehmens.[195] Ausgehend von der Betrachtung sozialer Netzwerke nach Mitchell, die diese als eine spezifische Sammlung von Personen versteht, können in Unternehmensnetzwerken Personen durch Organisationen ersetzt werden, sodass sich ein Verständnis von interorganisationalen Netzwerken ergibt, die Synergien bewirken, wie bspw. Skaleneffekte.[196] Damit ist das soziale Kapital eines der wichtigsten Elemente eines Netzwerks. Es beinhaltet alle potenziellen und vorhandenen sozialen Ressourcen und Gelegenheiten zu sozialem Austausch in einem sozialen Netzwerk. Das soziale Kapital und Investitionen in dieses bewirken eine optimierte Zusammenarbeit im Netzwerk, einen vereinfachten Informationsaustausch und eine höhere Reputation des Netzwerks.[197]

Abbildung 13 Netzwerk-Typen nach Klein[198]

Die folgende Tabelle 7 grenzt Cluster und Netzwerke anhand einiger zentraler Vergleichskriterien voneinander ab. Die Abgrenzung zeigt auf, dass Cluster auf einen größeren Ressourcenpool zugreifen können als bspw. Innovationsnetzwerke. Netzwerke erfordern engere und häufigere Interaktionen der Mitglieder untereinander, um das erforderliche Vertrauen aufzubauen und zu festigen, wäh-

---

194 Vgl. Sydow (2005b), S. 103; Sydow, Wirth (1999b), S. 158; Nuissl, Dobischat, Hagen u. a. (Hrsg.) (2006), S. 28; Ackermann (2011), S. 4f.; Corsten (2001): Grundlagen der Koordination in Unternehmensnetzwerken. In: Corsten (Hrsg.): Unternehmungsnetzwerke - Formen unternehmungsübergreifender Zusammenarbeit. München (2001), S. 1-58, S. 11; Jarillo (1988), S. 39; Kaczmarek, Sonnek, Stüllenberg (2004): Das Management von Unternehmensnetzwerken - Aufgabenfelder und instrumentelle Unterstützung. In: Gericke, Kaczmarek, Neweling u. a. (Hrsg.): Management von Unternehmensnetzwerken. Beiträge aus Forschung und Praxis. Hamburg, 2004, S. 1-24, S. 10.

195 Vgl. Grames, Redlich, Wulfsberg, (2012): Handlungsleitfaden für das Management erfolgreicher Wertschöpfungskooperationen - Quantitative Studie zu den bestimmenden Erfolgsfaktoren von Kooperationen, Netzwerken und Clustern. In: *Zeitschrift für wirtschaftlichen Fabrikbetrieb*, Jg. 107(2), 2012, S. 920-926, S. 921.

196 Vgl. Mitchell (1972): Social networks in urban situations. Manchester, S. 2; Nerré (2001), S. 41.

197 Vgl. Coleman (1988): Social Capital in the creation of human capital. In: *American Journal of Sociology*, Jg. 94(1), 1988, S. 94-120; Portes (1998): Social capital: its origins and applications in modern sociology. In: *Annual Review of Sociology*, Jg. 24(1), 1998, S. 1-24; Fischer, Zimmermann (o.J.), S. 4.

198 Eigene Darstellung nach Klein (1995), S. 346.

rend sich in Clustern auch mit loseren Verbindungen Kooperationen und Erfolge erzielen lassen. Daher sind Cluster mit geringen zeitlichen und finanziellen Aufwänden verbunden und die lockeren Beziehungen bieten mehr Raum für Flexibilität.[199]

Cluster werden als institutionalisierte Netzwerke verstanden, auch wenn dies der Abgrenzung einiger Autoren bzgl. des Kriteriums „Vertrag" (siehe Tabelle 7) widerspricht.[200] Im Rahmen der vorliegenden Arbeit wird der oben zusammengefassten Abgrenzung gefolgt. Diese wird allerdings im Hinblick auf Cluster für eine institutionelle Ausgestaltung offengehalten, weil insbesondere in der Clusterförderung in Deutschland primär institutionalisierte Formen von Clustern betrachtet werden. In diesem Kontext wird allerdings häufig keine differenzierte Unterscheidung zwischen Clustern, Clusterinitiativen und bspw. Kompetenz- oder Innovationsnetzwerken getroffen.[201] Einige Autoren weisen darauf hin, dass Netzwerke zentrale Bestandteile von Clustern sind. In diesem Fall werden diese Netzwerke auch als Sub-Cluster, Sub-Netzwerke oder Cliquen bezeichnet und bestehen aus mindestens drei Akteuren. Diese Sub-Cluster bilden die strukturelle Basis für die Innovationsaktivitäten in Clustern und fördern, auch durch ihre Überlappung untereinander, die Integration des Clusters. Gleichzeitig müssen Cluster auch in überregionale Netzwerke integriert sein, um in der externen Dimension aktiv zu sein und „Lock-in-Effekte" zu vermeiden.[202]

Pfohl definiert zusätzlich sog. „Cluster mit Netzwerkcharakter", die Vorteile beider Ausprägungen miteinander verbinden zu versuchen, wie bspw. Kooperationen zwischen Unternehmen, die in regionaler Nähe zueinanderstehen, mit der Zielsetzung gemeinsame Wettbewerbsvorteile zu erreichen unter Nutzung gemeinsamer Ressourcen und Vermarktungsvorteile. Pfohls „Cluster mit Netzwerkcharakter" benötigt ein unabhängiges Clustermanagement, das den Cluster basierend auf Vertrauen steuert und das Projektmanagement koordiniert.[203] Neben einer kompletten Abgrenzung zwischen Clustern und Netzwerken sowie Definitionen von Clustern als einer Subkategorie von Netzwerken finden sich auch Ansätze (bspw. der OECD), die Cluster als eine Grundlage bzw. Voraussetzung für Netzwerke auffassen. Netzwerke bauen nach diesem Verständnis auf der zielgerichteten, strategischen Zusammenarbeit im Cluster auf. Die informellen Strukturen führen v.a. über Wissensaustausch im Cluster dazu, dass die Netzwerkbildung unterstützt wird.[204]

---

[199] Vgl. Preissl, Solimene (2003), S. 67.
[200] Vgl. Kiese (2008d), S. 11f.
[201] Vgl. Barjak (2004), S. 7; Helfer, Drewello, Kiehlmann u. a. (2015), S. 10; Müller, Riedel (2007): Stabilisierung und Nachhaltigkeit in Netzwerken. In: Initiative für Beschäftigung OWL/Universität Bielefeld/Survey GmbH/Bertelsmann Stiftung (Hrsg.): Netzwerkwelt 2006. Bielefeld, 2007, S. 19-29, S. 22.
[202] Vgl. Kiese (2008d), S. 11f.; Lerch, Sydow, Provan (2006): Cliques within clusters - Multi-dimensional network integration and innovation activities, S. 5f. u. 8.
[203] Vgl. Pfohl, Bode, Alig (2010), S. 534-536.
[204] Vgl. Organisation for Economic Co-operation and Development (OECD) (2007): Competitive regional clusters: national policy approaches. oecd policy brief; Farhauer, Kröll (2014a), S. 160f.

Tabelle 7 Abgrenzung zwischen Clustern und Netzwerken[205]

	Cluster	**Netzwerke**
Geographische Ausdehnung / Region	• Regionale Agglomeration von Unternehmen verwandter oder gleicher Branchen • Entwicklung der Region im Fokus	• Regional und überregional agierend • Fehlende räumliche Dimension • Nutzen des Unternehmens im Fokus
Wettbewerb und Vertrauen	• Gleichzeitig Wettbewerb/ Konkurrenz und Kooperation („Coopetition“) • Gesellschaftliche Institution u. Vertrauen basierend auf gemeinsamem Regel-/ Wertesystem	• Vorwiegend Kooperation, kein direkter Wettbewerb • Vertrauen mit hohem Stellenwert
Intensität der Beziehung	• Schwache/ lockere Verbindungen (können auch „ruhen“)	• Intensive Zusammenarbeit • Kontinuierlicher Kontakt • Starke Verbindungen
Zugang	• Offener Zugang zum Cluster	• Zugang nur durch Mitgliedschaft; eingeschränkter begrenzter Zugang (“Club“)
Involvierung der Unternehmen	• Unternehmen als Stakeholder • Kaum spezifische Investitionen, geringe Sunk Costs	• Unternehmen als Shareholder; • Sunk Costs[206] durch Investitionen ins Netzwerk • Kooperation bei komplexen Themenbereichen (z. B. F&E) bzw. Geschäftsfeldern
Nutzen/ Vorteile	• Attraktion der in der Region nachgefragten Dienstleistungen • Generierung von Nachfrage für Unternehmen mit ähnlichen Fähigkeiten/ Kompetenzen • Zugang zu heterogenem Ressourcenpool für Unternehmen	• Zugang zu komplexen Themen/ Feldern wird für Mitglieder erleichtert • Zugang zu spezialisierten Dienstleistungen mit reduzierten Kosten für Mitglieder
Vision	• Gemeinschaftliche Vision des Clusters	• Gemeinsame, kommerzielle Ziele und Strategie der Mitglieder
Vertrag	• Keine umfangreiche vertragliche Regelung • Gemeinsame soziale Werte, die auf Vertrauen und Gegenseitigkeit aufbauen als Basis	• Häufig vertraglich geregelt/ vertragliche Vereinbarungen liegen vor

205 Eigene Darstellung nach Helfer, Drewello, Kiehlmann u. a. (2015): Qualitätsmanagement in Cluster- und Netzwerkinitiativen - Der Einsatz von Qualitätsstandards in kleinen und jungen Netzwerken in der Praxis, S. 10; Pfohl, Bode, Alig (2010): Netzwerkspezifische Wettbewerbsvorteile durch Cluster - Eine Betrachtung aus der Perspektive des Relational View. In: *Wirtschaftswissenschaftliches Studium*, Jg. 39(11), 2010, S. 531-538, S. 534; Kiese (2008d), S. 11f.; Preissl, Solimene (2003), S. 67; Rosenfeld (1997), S. 9; Nestle (2011), S. 12.

206 Anmerkung: Unter „sunk costs“ (dt. versunkene Kosten) wird der Teil der Stückkosten bezeichnet, der aus den Istkosten vergangener Perioden besteht. Dazu gehören z. B. Kosten aus den Vorjahren für Produktentwicklungen. Sie werden auch als als irreversible Kosten bezeichnet. Vgl. Gabler Wirtschaftslexikon https://wirtschaftslexikon.gabler.de/definition/sunk-costs-48834/version-272081. (zuletzt abgerufen am 16.07.2018).

2.3 Clusterentwicklung

Ein zentrales Untersuchungsfeld der Clustertheorie ist die Betrachtung der Clusterentwicklung.[207] Hier finden sich unterschiedliche Modelle, die die Entwicklung von Clustern von einem Auftauchen des Clusters bis hin zu dessen Verschwinden zu erklären versuchen. Prominenteste Modelle fassen die Clusterentwicklung in Form von Lebenszyklusmodellen oder als evolutionsorientierte Prozesse zusammen, die von Zufallsereignissen und pfadabhängigen Veränderungen beeinflusst werden, wie bspw. das Modell industrieller Entwicklungspfade von Storper und Walker, in dem vier Teilprozesse der Clusterentwicklung definiert werden (siehe Abbildung 14).[208] Im Modell von Storper und Walker ergeben sich während der Lokalisationsphase für urbane Regionen häufig Möglichkeiten zur Lokalisation und unabhängigen Gestaltung der Faktorbedingungen. Die Phase der Clusterung sieht ein Erreichen der kritischen Masse und Stärkung der Wettbewerbsvorteile durch steigende Skalenerträge für die Clusterunternehmen, allerdings verbunden mit einer Einschränkung der Standortwahlmöglichkeiten. In der folgenden Dispersionsphase werden im Cluster neue Wachstumspotenziale in Peripheriebereichen erschlossen, bspw. durch die Eröffnung neuer Produktionsstätten, und diese Marktpotenziale sichern die Clusterentwicklung ab. Während der Verlagerungsphase („*shifting center*“) verschieben sich die lokalen Wachstumspotenziale durch das Auftreten neuer, innovativer Technologien, was eine Verringerung der Agglomerationsvorteile nach sich zieht. In diesem Ansatz werden Standortentwicklungen dynamisch durch Industriezweige beeinflusst und sind nicht statisch vorgegeben.[209]

---

[207] Vgl. Suire, Vicente (2014), S. 159.
[208] Vgl. Storper, Walker (1989), S. 71; Benner (2012), S. 13; Sydow, Lerch (2007), S. 7; Valdaliso Gago, Elola, Franco-Rodriguez (2016), S. 69.
[209] Vgl. Storper, Walker (1989), S. 71; Benner (2012), S. 16f.

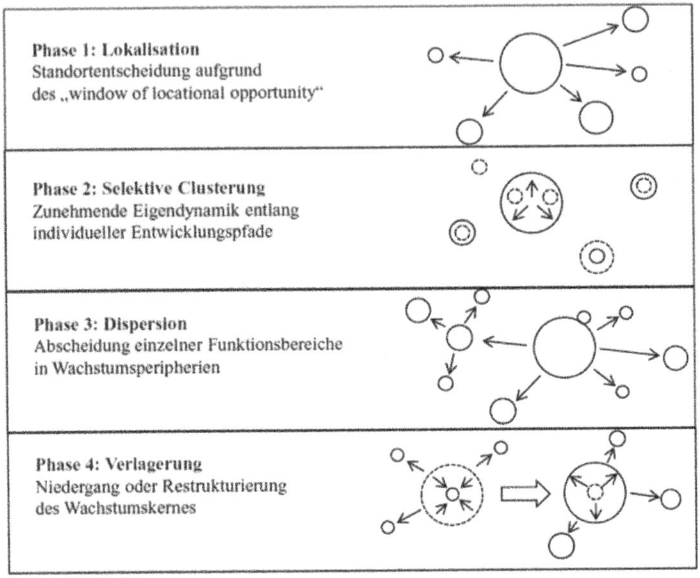

Abbildung 14 Phasen industrieller Wachstumspfade[210]

Pfadabhängige Prozesse tragen im Verlauf der Clusterbildung dazu bei, dass eine irreversible Selektion einiger Standorte stattfindet, die eine Clusterung erfahren, während andere Standorte derartige Entwicklungen nicht durchlaufen. Das Modell kann nicht abschließend erklären, an welchen Standorten sich ein ausreichendes „*window of opportunity*“ zur Clusterung ergibt.[211] Clusterentwicklung kann generell als „*autonomer ökonomischer Prozess ... in Form von Kooperation und Konkurrenz*“ aufgefasst werden (siehe auch Abbildung 15).[212] In einer Metastudie von van der Linde konnte ermittelt werden, dass die meisten Cluster durch ungeplante, willkürliche Ereignisse ausgelöst werden. Weitere 26,5 % der in dieser Studie betrachteten Cluster wurden aufgrund von clusterpolitischen Maßnahmen gegründet.[213] Neben solchen geplanten Clustergründungen entstehen Cluster oftmals in unerkannten Prozessen, die auch die Clusterakteure nicht notwendigerweise sofort erkennen.[214] Im folgenden Abschnitt werden zunächst zentrale Entwicklungsmodelle von Unternehmensclustern einander gegenübergestellt und diskutiert sowie Erfolgs- und Einflussfaktoren für die

---

210 Abbildung aus Nestle (2011), S. 48 nach Storper, Walker (1989), S. 71.

211 Vgl. Benner (2012), S. 17; Markusen (1996): Sticky places in slippery space: A typology of industrial districts. In: *Economic Geography*, Jg. 72(3), 1996, S. 293-313, S. 293.

212 Terstriep (2007): Cluster Management - Status Quo & Perspektiven. In: *Institut Arbeit und Technik Jahrbuch 2007*, S. 60-70, S. 3.

213 Vgl. van der Linde (2003), S. 147f.

214 Vgl. Benner (2012), S. 10.

Weiterentwicklung von Clustern hervorgehoben. Der Abschnitt schließt mit einem Überblick über verschiedene Formen von Clustern.

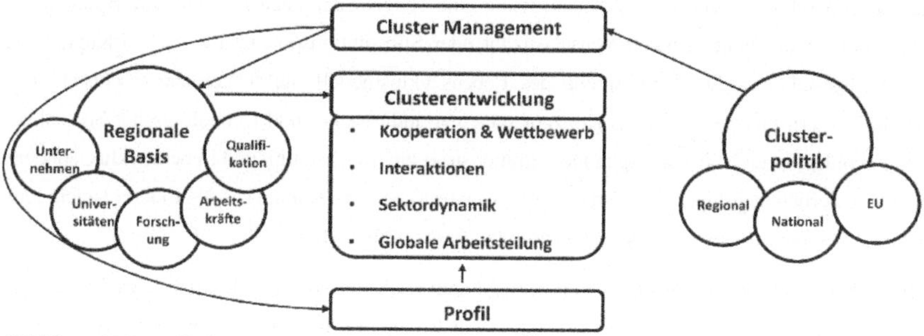

Abbildung 15 Begriffsabgrenzung zur Clusterentwicklung[215]

2.3.1 Lebenszyklusmodelle für Cluster

Eine eher statische Herangehensweise zur Erklärung der Veränderungen in Clustern fokussiert auf exogene Faktoren und ist primär durch deskriptive Forschung geprägt, die die Clusterentwicklung auf Störungen sozialer Institutionen, wie bspw. durch Emigration oder Immigration, zurückführt. Eine weitere Herangehensweise zur Erklärung der Entstehung von Clustern fokussiert auf interorganisationale Beziehungen und die Anwendung von Transaktionskosten.[216] Eine zweite Denkrichtung geht von dynamischen und autonomen Prozessen innerhalb der Cluster selbst aus und entfernt sich damit von branchen- bzw. industrieorientierten Lebenszyklusvorstellungen. Die grundlegende Vorstellung dieser Ausrichtung nimmt an, dass Cluster durch den Ausgleich zwischen Agglomerationsvorteilen und -nachteilen aufrechterhalten werden und dass lokale Externalitäten selbst einem Lebenszyklus unterliegen.[217] In seinem Clusteransatz schlägt Porter ein Modell der Clusterentwicklung vor, in dem die Faktoren des Diamantenmodells die Clusterentwicklung beeinflussen. Diese Entwicklung folgt einem Lebenszyklus und kann als Ansatz der Standorttheorie verstanden werden.[218] Dabei orientiert sich der Lebenszyklusansatz an der traditionellen Produktlebenszyklus-These, einem Ansatz, der in wirtschaftlichen Betrachtungen, insbesondere im Marketing und Controlling, sehr häufig genutzt wird, und der von der Annahme ausgeht, dass Produkte, ähnlich wie Lebewesen, nur eine begrenzte Lebensdauer besitzen.[219] Ein Clusterlebenszyklus folgt demnach

---

[215] Abbildung aus Terstriep (2007), S. 3.

[216] Vgl. Lorenzen (2005): Why do clusters change? In: *European Urban and Regional Studies*, Jg. 12(3), 2005, S. 203-208, S. 204f.

[217] Vgl. Martin, Sunley (2011), S. 1302; Maskell, Malmberg (2007); Neffke, F. (2009): Productive places - The influence of technological change and relatedness on agglomeration externalities. Utrecht; Potter, Watts (2008): Evolutionary agglomeration theory: increasing returns, diminishing returns, and the industry life cycle. In: *Journal of Econmic Geography*, Jg. 8(4), 2008, S. 417-455.

[218] Vgl. Porter (1998b), S. 237f.; Nestle (2011), S. 45; Schramm-Klein (2005), S. 540-542; Barjak (2004).

[219] Vgl. Tichy (2001), S. 182; Suire, Vicente (2014), S. 142; Martin, Sunley (2011), S. 1300; Kuznets (1930): Secular movements in production and prices; their nature and their bearing upon cyclical fluctuations. Boston; Burns (1934): Production Trends in the United States Since 1870. New York; Vernon (1966): International Investment and International Trade in the Product Cycle. In: *The Quarterly Journal of Economics*, Jg. 80(2), 1966, S. 190-207; Matys (2008): Praxis-

dem Lebenszyklus vorherrschender internationaler Industrien und Technologien.[220] Vernon ergänzte den am Produktlebenszyklus orientierten Ansatz um eine räumliche Dimension und konnte v. a. in den frühen Phasen eines Produktlebenszyklus eine Tendenz der Clusterung auf dem Binnenmarkt für Produkte mit hoher Einkommenselastizität oder Substitutionspotenzial zwischen Kapital und Arbeit feststellen.[221] Die Übertragung des Lebenszyklusmodells auf Unternehmenscluster überrascht insofern nicht, da diese als Konzept stark von industrieller und technologischer Spezialisierung geprägt sind.[222] Cluster folgen nicht immer strikt einem vordefinierten Lebenszyklus, sondern, v. a. bei Vorliegen größerer Diversität von Wissen und sozialem Kapital sowie größerer Heterogenität der Unternehmen, einem breiten Spektrum an Entwicklungspfaden.[223]

Der Lebenszyklus eines Clusters verläuft im Modell nach Porter durch drei bzw. vier Phasen von der Entstehungsphase über eine Wachstums- und Reifephase bis hin zu einer Phase des Niedergangs bzw. der Transformation, die u. U. einen neuen Zyklus der Entwicklung starten kann (siehe Abbildung 16), sodass Cluster häufig mehrere dieser Zyklen durchlaufen.[224] Auch bei Tichy sowie bei Belussi und Sedita finden sich ähnliche Modellvorstellungen, die vier Phasen unterscheiden und nur bzgl. der finalen Phasen leicht voneinander abweichen: Tichy bezeichnet diese Phase als Rückgang oder „Versteinerung“ während Belussi und Sedita wie Porter die Möglichkeit einer Erneuerung offen halten.[225] Weiterentwicklungen des Lebenszyklusmodells nach Porter zeichnen u. a. eine quantitative und qualitative Dimension der Clusterentwicklung anhand der Kriterien Anzahl an Clusterunternehmen bzw. Mitarbeiterzahl im Cluster nach und stellen diese der Entwicklung von Unternehmen außerhalb des Clusters entgegen. Diese weisen eher einen Anstieg der Mitarbeiterzahlen in späteren Phasen der Maturität auf als Clusterunternehmen.[226] In der Entstehungsphase sind die Unternehmen der Clusterregion zunächst verteilt, aber die Basis für die weitere Clusterregion wird gelegt, primär durch einige Zusammenschlüsse von Unternehmen, die eine erhöhte Leistungs-

---

handbuch Produktmanagement - Grundlagen und Instrumente. 4. Aufl. Frankfurt a. M., S. 136ff.; Meffert, Burmann, Kirchgeorg (2015): Marketing - Grundlagen marktorientierter Unternehmensführung; Konzepte - Instrumente - Praxisbeispiele. 12. Aufl. Wiesbaden, S. 849; Kotler, Bliemel (2006): Marketing-Management - Analyse, Planung und Verwirklichung. 10. Aufl. München, S. 571f.; Helfer, Drewello, Kiehlmann u. a. (2015), S. 11.

220 Vgl. Valdaliso Gago, Elola, Franco-Rodriguez (2016), S. 67.

221 Vgl. Tichy (2001), S. 182; Vernon (1979): The product cycle hypothesis in a new International Environment. In: *Oxford Bulletin of economics and Statistics*, Jg. 41(4), 1979, S. 255-267, S. 256.

222 Vgl. Martin, Sunley (2011), S. 1300.

223 Vgl. Valdaliso Gago, Elola, Franco-Rodriguez (2016), S. 66; Elola, Valdaliso, Lopez u. a. (2012), S. 257.

224 Vgl. Menzel, Fornahl (2007), S. 10; Porter (1998b), S. 237f.; Dalum, Petersen, Villumsen (2005): Technological life-cycles - Lessons from a cluster facing disruption. In: *European Urban and Regional Studies*, Jg. 12(3), 2005, S. 229-246, S. 229; Brenner, Fornahl (2003), S. 133-162, S. 136.

225 Vgl. Tichy (1998): Clusters: Less dispensable and more risky than ever. In: Steiner (Hrsg.): Clusters and Regional Specialisation: On Geography Technology and Networks. London, 1998, S. 226-237; Belussi, Sedita, (2009): Life cycle vs. multiple path dependency in industrial districts. In: *European Planning Studies*, Jg. 17(4), 2009, S. 505-528, S. 507 u. 514; Ingstrup, Damgaard (2013), S. 559; Hervas-Oliver, JAlbors-Garrigos (2014): Are technology gatekeepers renewing clusters? Understanding gatekeepers and their dynamics across cluster life cycles. In: *Entrepreneurship & Regional Development*, Jg. 26(5/6), 2014, S. 431-452, S. 435; van Klink, de Langen (2001): Cycles in industrial clusters: The case of the shipbuilding industry in the Northern Netherlands. In: *Tijdschrift Voor Economische En Sociale Geografie*, Jg. 92(4), 2001, S. 449-463, S. 454.

226 Vgl. Menzel, Fornahl (2007), S. 10.

fähigkeit aufweisen als andere.[227] Dabei bieten unterschiedliche Wirtschaftssektoren aufgrund ihrer räumlichen Ausdehnung und Kooperationsmöglichkeiten unterschiedliche Möglichkeiten der Clusterbildung.[228] Ausgelöst wird die Entstehungsphase oft durch zufällige Ereignisse, die nur schwer zu planen oder zu reproduzieren sind. Dazu zählen bspw. historische Ereignisse wie politische Veränderungen oder Veränderungen im Bereich der Immigration (z. B. Zuzug von Hugenotten mit Uhrmacher-Fähigkeiten aus u. a. Frankreich in die Schweiz und Beginn einer Kooperation mit lokalen Goldschmieden als Grundlage für die dortige Uhrenindustrie) oder radikale Erfindungen.[229] Andere Cluster sind durch Bottom-up-Prozesse wie bspw. die langjährige Zusammenarbeit in Unternehmens- oder Forschungskooperationen oder als Spin-off aus anderen Clustern entstanden.[230] Weitere Voraussetzungen zur Clusterentstehung sind u. a. flexible Koordinationsmechanismen zwischen Akteuren, Diversität komplementärer Kompetenzen (häufig bilden eher zweitrangige Kompetenzen die Basis, wie z. B. die Umweltwirtschaft im Ruhrgebiet durch Kompetenzen in Wassermanagement und Luftreinigung[231]), Netzwerk-Innovationen als Treiber der Agglomeration sowie Marktvolatilität, wie Änderungen bzgl. Nachfrage oder eingesetzter Technologie, und als notwendige Voraussetzung zudem die Teilbarkeit von Prozessen.[232]

[227] Vgl. Menzel, Fornahl (2007), S. 10; Elola, Valdaliso, Lopezu. a. (2012), S. 258.
[228] Vgl. Rehfeld (2009), S. 179f.
[229] Vgl. Bumbacher (1995): The Swiss watch industry. In: Enright, Weder (Hrsg.): Studies in Swiss Competitive Advantage. Bern u. a., 1995, S. 113-151, S. 127 u. 148f.; Rehfeld (2006): Wirtschaftsförderung - Steuerungsinstrument, Dienstleistung und immer wieder: Die Hoffnung auf den Jackpot. Überlegungen am Beispiel des Clustermanagements. In: Gärtner, Terstriep, Widmaier (Hrsg.): Wirtschaftsförderung im Umbruch. München, 2006, S. 53-76, S. 60; Maskell, Malmberg (2007), S. 612; Sölvell, Ketels, Lindqvist (2009), S. 8; Rammer, Gassler (1999), S. 5; Benner (2012), S. 13 u. 15.
[230] Vgl. Buhl, Meier zu Köcker (2009b), S. 13; Enright (2003): Regional Clusters: What We Know and What We Should Know. In: Bröcker, Dohse, Soltwedel (Hrsg.): Innovation clusters and interregional competition. Berlin, New York, 2003, S. 99-129, S. 109.
[231] Vgl. Rehfeld (2004), S. 121.
[232] Vgl. Steinle, Schiele (2002), S. 851-854; Brenner (2004), 189f.

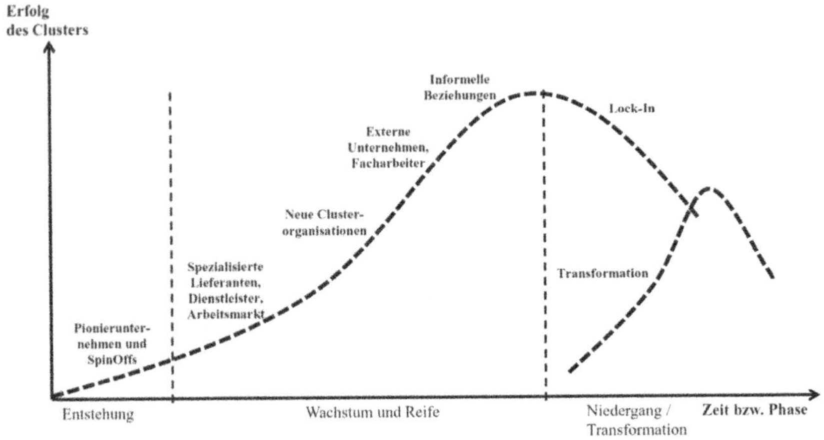

Abbildung 16 Cluster-Lebenszyklusmodell nach Porter[233]

In jüngerer Zeit betonen Veröffentlichungen aus dem Bereich der Wirtschaftsgeographie v. a. Wege, die Clusterentwicklungen anhand endogener Prozesse zu erklären versuchen, wie bspw., dass institutionelle Faktoren wie Wirtschaftsverbände oder andere regionsspezifische Organisationen die Clusterentstehung und -entwicklung beeinflussen.[234] Eine historische Orientierung dieses Fokus schreibt die Veränderungsfähigkeit von Clustern der Bereitschaft zur Veränderung von Traditionen und dem sozialen Kapital zu, das Cluster über ihre institutionelle Struktur aufgebaut haben.[235] In der Wachstumsphase entwickelt sich ein Cluster, häufig im Verlauf mehrerer Jahre, der sich durch eben diese Leistungsfähigkeit der Unternehmen im Cluster sowie Allianzen der CA auszeichnet und eine weitere Konzentration der Clusterbranche bzw. -industrie bewirkt. Limitierend wirken in dieser Phase die begrenzte Anzahl an Arbeitsplätzen im Cluster sowie eine eingeschränkte Nachfrage.[236] Das Wachstum kann durch spezifische Clusterfaktoren weiter unterstützt werden, wie bspw. über die Förderung einer lokalen Trainings- und Weiterbildungseinrichtung durch regionale Fördermittelgeber.[237] In der Reifephase der Entwicklung fallen die CA in ihrer Leistungsfähigkeit hinter andere Unternehmen außerhalb des Clusters zurück und die wirtschaftliche Aktivität ist zwar hoch, verteilt sich aber wieder. In der folgenden Rückgangsphase wirken Clusterdynamiken nicht mehr posi-

233 Vgl. Porter (1998b), S. 237f.
234 Vgl. Konstantynova, Lehmann (2017), S. 4; Martin, Coenen (2015): Institutional context and cluster emergence: The biogas industry in Southern Sweden. In: *European Planning Studies*, Jg. 23(10), 2015, S. 2009-2027, S. 2023; Maskell, Malmberg (2007); Elola, Valdaliso, Lopez u. a. (2012), S. 264; Lorenzen (2005), S. 205; Ingstrup, Jensen, Christensen (2017): Cluster evolution and the change of knowledge bases: The development of a design cluster. In: *European Planning Studies*, Jg. 25(2), 2017, S. 202-220; Isaksen (2016): Cluster emergence - Combining pre-existing conditions and triggering factors. In: *Entrepreneurship & Regional Development*, Jg. 28(9-10), 2016, S. 704-723
235 Vgl. Lorenzen (2005), S. 205.
236 Vgl. Menzel, Fornahl (2007), S. 10; Brenner, Fornahl (2003), S. 139; Hervas-Oliver, Albors-Garrigos (2014), S. 439.
237 Vgl. Elola, Valdaliso, Lopez u. a. (2012), S. 265.

tiv auf die Unternehmen im Cluster und lokale Faktoren liefern keine Wettbewerbsvorteile mehr. Die Heterogenität der Clusterunternehmen steigt, die Nachfrage sinkt ggf. oder eine neue technologische Entwicklung wird durch den Cluster verpasst und dieser bildet sich zurück. Alternativ können sich Cluster erneuern und sich mit Hilfe neuer Technologien und Wissen sowie strategischen Fähigkeiten der CA aus „Lock-in-Situationen" lösen und in eine erneute Wachstumsphase eintreten.[238]

Tichy hebt hervor, dass Cluster, die auf Urbanisationsvorteilen beruhen, die Lebenszyklusphasen langsamer durchlaufen und ein geringeres Risiko der Überalterung mit sich führen, da sie häufig über eine höhere Anpassungsfähigkeit und Informationsdichte verfügen.[239] Die hohe Spezialisierung innerhalb des Clusters sowie dessen selbstreferentielles Systems tragen einerseits dazu bei, dass technologische Synergien genutzt werden können, Komplexität reduziert wird und Lernprozesse im Cluster gefördert werden. Andererseits führen die hohe Ähnlichkeit und die spezifische Interessenlage sowie institutioneller Isomorphismus im Cluster dazu, dass die Gefahr negativer „Lock-in-Effekte" steigt und zur Überalterung des Clusters und dessen Niedergang führt, weil radikale Innovationen unwahrscheinlicher werden und die Fähigkeit der Clusterunternehmen, sich auf externe Veränderungen anzupassen, sinkt.[240] Weitere Gründe für den Verfall eines Clusters liegen u. a. in sinkender Nachfrage nach den im Cluster angebotenen Produkten oder Dienstleistungen ausgelöst durch veränderte Kundenanforderungen, technologische Disruptionen, Konkurrenz durch andere Cluster, Dominanz einzelner Großunternehmen (funktionale Blockierung) oder zu hoher Symbiose zwischen Institutionen des Clusters und politischen Akteuren, was Innovationen verhindert (politische Blockierung). Aber auch das Versagen der Koordination gemeinsamer Aktivitäten, sinkende interne Dynamik und Verhinderung der Aufnahme externer Einflüsse („Versteinerung" oder kognitive Blockierung), eine ungenügende finanzielle und personelle Ressourcenausstattung sowie inflexible Reaktionen auf externe Veränderungen können zum Niedergang eines Clusters beitragen.[241] Cluster können gegenüber diesen Gefahren und Veränderungen als resilient gelten, wenn sie die Fähigkeit besitzen, ihre interne Organisation und endogenen Kräfte an die exogenen Veränderungen anzupassen und diese sogar zu beeinflussen und neue Marktentwicklungen zu fördern.[242] Eine alternative Erklärung zur Erneuerung von Clustern findet sich bei Swann. Hier wird darauf hingewiesen, dass wenn neue Technologien komplementär zu bestehenden Technologien eines rückläufigen

---

[238] Vgl. Menzel, Fornahl (2007), S. 18f.; Brenner, Fornahl (2003), S. 139; Elola, Valdaliso, Lopez u. a. (2012), S. 276; Ter Wal, Boschma (2009): Co-evolution of firms, industries and networks in space. In: *Regional Studies*, Jg. 43(7), 2009, S. 1-15.

[239] Vgl. Tichy (2001), S. 181.

[240] Vgl. Tichy (2001), S. 187; Trippl, Grillitsch, Isaksenu. a. (2015a), S. 2031; Pouder, St. John (1996), S. 1214; Menzel, Fornahl (2007), S. 17.

[241] Vgl. Enright (2003), S. 116-117; Bieger, Scherer (2003), S. 22; Competitiveness (o.J.): Scooters clustering efforts in Europe, S. 22; Beck (2005), S. 166f.; Terstriep (2008): Clustermanagement: Standards einer neuen Profession. In: *Forschung Aktuell*(3), 2008, S. 2; Ketels, Lindquist, Sölvell (2007); Steiner (2003), S. 27.

[242] Vgl. Suire, Vicente (2014), S. 143.

Clusters sind, der Eintritt neuer Unternehmen den Cluster wieder verjüngen kann.[243] Die Clusterlebenszyklusphasen bedingen dabei unterschiedliche Zielsetzungen des Clusters. Die Entstehungsphase ist primär technologisch orientiert, während in der Wachstums- oder Expansionsphase Markterschließung und Anstieg der Beschäftigung im Vordergrund stehen. Während der Reifephase stehen Diversifizierung der Unternehmen sowie die Sicherstellung der Beschäftigung im Fokus.[244]

Bei Enright finden sich drei Phasen der Clusterentwicklung, die sich ebenfalls an einer evolutionsorientierten Sichtweise ausrichten lassen und zudem noch den Einfluss clusterpolitischer Maßnahmen berücksichtigen. Er unterscheidet sog. „*working cluster*", die über eine kritische Masse an Wissen, Erfahrung und Personal verfügen und sich der Interdependenzen zwischen den Akteuren der Wertschöpfungskette bewusst sind, sowie sog. „*latent cluster*", die zwar eine kritische Masse aufweisen, aber denen es an einem ausreichenden Niveau an Interaktionen und Informationsflüssen sowie einer gemeinsamen Vision und Vertrauen mangelt, um Kollokationsvorteile zu erzielen.[245] Eine weitere Phase nach Enright sind sog. „*potential cluster*", die alle entscheidenden Grundlagen für einen erfolgreichen Cluster aufweisen. Diese Voraussetzungen müssen ausgebaut werden, um Vorteile für den Cluster und seine Mitglieder zu erreichen. Zusätzlich unterscheidet Enright eine separate Clusterform, sog. „*policy driven cluster*", die durch die öffentliche Hand für eine Förderung ausgewählt wurden und denen es häufig noch an einer kritischen Masse sowie geeigneten Rahmenbedingungen für eine selbstständige, organische Entwicklung und zum Erreichen von Clusteragglomerationsvorteilen fehlt.[246] Auch Pouder und St. John unterscheiden drei Entwicklungsphasen für Cluster: die Entstehungs-, die Konvergenz- sowie die Reorientierungsphase, die einen Rückgang der Leistungsfähigkeit beinhaltet[247]Eine Kombination aus dem Modell von Enright sowie Vier-Phasen-modellen in Anlehnung an Porter (Unterscheidung von latenten, sich entwickelnden, etablierten und transformationalen Clustern) nutzt das National Research Council Kanada als Grundlage für die Evaluation von Clusterfördermaßnahmen und die Entwicklung der geförderten Cluster.[248]

Die Entwicklung eines Clusters kann sich über mehrere Jahre oder Jahrzehnte erstrecken und sowohl mit als auch ohne gezielte Unterstützungsmaßnahmen von statten gehen. Ketels betont allerdings, dass eine Clusterentwicklung v. a. durch die gezielte Hilfe von regionalen Kernunternehmen oder Führungspersönlichkeiten, die das Potenzial des Clusters erkannt haben, schneller ablaufen

---

[243] Vgl. Swann (1998), 54f.; Martin, Sunley (2011), S. 1302; de Langen (2003): The Performance of Seaport Clusters - A Framework to Analyze Cluster Performance and an Application to the Seaport Clusters in Durban, Rotterdam and the Lower Mississippi. Rotterdam, S. 131.

[244] Vgl. Rehfeld (2009), S. 179-180.

[245] Vgl. Enright (2003), S. 104; Köhler, Otto (2006): The role of new firms for the development of clusters in Germany. Saarbrücken, S. 3; Ingstrup, Damgaard (2013), S. 559f.

[246] Vgl. Enright (2003), S. 104; Ingstrup, Damgaard (2013), S. 559f.; Kiese (2008d), S. 13; Schuler (2008), S. 63f.; Kiese (2012a): Corporate regional responsibility; Lahner (2017), S. 75f.

[247] Vgl. Pouder, St. John (1996), S. 1193.

[248] Vgl. Cassidy, Davis, Arthurs u. a. (2005), S. 32.

kann.[249] Im Rahmen einer empirischen Studie, die die drei Stufen nach Enright unterscheidet, konnte gezeigt werden, dass die verschiedenen Phasen unterschiedliche Anforderungen an die Fähigkeiten und Kompetenzen des Clustermanagements stellen, aber einige Kompetenzen auch phasenübergreifend erforderlich sind, wie bspw. Kommunikationsfähigkeit, Problemlösungskompetenz und die Fähigkeit Vertrauen zwischen den Clusterunternehmen aufzubauen.[250] Demnach sind die Anforderungen an ein CM an der Entwicklungsphase des Clusters auszurichten und die Clusterentwicklung ist ein evolutionärer Prozess, der durch Akteure aus dem privatwirtschaftlichen und öffentlichen Sektor sowie durch das CM unterstützt wird.[251] Terstriep betont, dass ein professionelles CM von zentraler Bedeutung für den kontinuierlichen Erfolg eines Clusters ist.[252] Die folgende Tabelle 8 fasst die unterschiedlichen Aufgaben eines Clustermanagers für ein Drei-Phasen-Lebenszyklusmodell für Cluster zusammen (siehe auch Kapitel 2.4).

Tabelle 8 Rollen und Aufgaben eines Clustermanagers in Clusterlebenszyklusphasen[253]

	Potenzieller Cluster	**Latenter Cluster**	**„Working Cluster"**
Rolle des Moderators/ Clustermanagers	Rahmensetzung; Netzwerker	Entrepreneur; Beziehungsaufbau	Suche nach Geschäftspotenzialen; Integrator
Fokus des Moderators/ Clustermanagers	Bindungen zwischen sozialen Akteuren aufbauen; Neue Akteure finden; Vertrauensbildung	Bindungen zwischen professionellen Akteuren aufbauen; Kooperation; Bedürfnisse der Akteure bestimmen; Vertrauen erweitern	Bindungen zwischen unternehmerischen Akteuren aufbauen; Aktivitäten zum Aufbau von Geschäften; Potenziale und Gelegenheiten für Akteure identifizieren; Vertrauen ausnutzen
Kompetenzen des Moderators/ Clustermanagers	Kommunikation; Netzwerkaufbau; Originator; Politisches Verständnis/ Flair; Verkäufer	Kommunikation; unternehmerischer Netzwerkaufbau; Problemlösung; Analysen	Unternehmerisches Verständnis; Kommunikation; glaubwürdiges Industrieverständnis; Managementkompetenz; Netzwerkaufbau; Problemlösung; Organisator
Aufgaben des Moderators/ Clustermanagers	Marketing (Branding); Finanzierung; Lobbyarbeit; Erwartungen erfüllen; Kooperations- und Networking-Veranstaltungen; Seminare; Soziale Veranstaltungen	Geschäftsmodellworkshops; Wissensteilung; Networking-Veranstaltungen; Seminare; kleine Kooperationsprojekte	Marketing (Branding); Finanzierung; Cross-Cluster-Kooperation; Innovations- und Geschäftsmodellprojekte; Wissensteilung; Marktanalysen; Networking-Veranstaltungen; Management des Projektportfolios; Seminare

[249] Vgl. Ketels (2003), S. 6; Rehfeld (2004), S. 121; Barjak (2004).
[250] Vgl. Ingstrup, Damgaard (2013), S. 570f.
[251] Vgl. Helfer, Drewello, Kiehlmann u. a. (2015), S. 13; Sydow, Lerch (2007), S. 7; Ingstrup, Damgaard (2013), S. 556.
[252] Vgl. Terstriep (2008), S. 2.
[253] Abbildung nach Ingstrup, Damgaard (2013), S. 569; Vgl. auch Mueller, Jungwirth (2016): What drives the effectiveness of industrial clusters? - Exploring the impact of contextual, structural and functioning determinants. In: *Entrepreneurship & Regional Development*, Jg. 28(5-6), 2016, S. 424-447, S. 425.

Andere empirische Ergebnisse zeigen zudem, dass auch die Leistungsfähigkeit von Clustern in den verschiedenen Lebenszyklusphasen deutlich variiert.[254] Neben den Modellen, die drei bis vier Phasen unterscheiden, liefert Schramm-Klein ein differenzierteres, sechsstufiges Entwicklungsmodell für Cluster[255]:

- Phase 1: Gründung von Pionierunternehmen
- Phase 2: Bildung spezialisierter Lieferanten- und Dienstleistungsunternehmen sowie eines clusterinternen Arbeitsmarktes
- Phase 3: Bildung neuer Organisationen zur Unterstützung spezifischer Clusterschwerpunkte
- Phase 4: Anziehung externer Betriebe und Facharbeiter
- Phase 5: Bildung von Beziehungen außerhalb des Marktes
- Phase 6: Rückläufige Entwicklung oder Transformation des Clusters

Auch die Europäische Kommission unterscheidet sechs Phasen der Clusterentwicklung: Pionier- und Initialphase, Agglomerations- und Spezialisierungsphase, institutionelle Phase, Wachstumsphase, Hochphase und Rückgangsphase.[256] Sowohl in den Vier-Phasen-Ansätzen als auch in den differenzierten Unterscheidungen wird die Clusterentwicklung als ein sich selbst verstärkender Prozess verstanden, in dem die positiven Externalitäten die Clustervorteile steigern und zu einer Erhöhung der Standortattraktivität der Clusterregion führen.[257] Obwohl diese Ansätze als idealisierte Entwicklungen von Clustern betrachtet werden müssen und individuelle Clusterentwicklungen häufig von diesen Modellen abweichen, weil derartige Konzepte nie immer alle Cluster abdecken können,[258] lassen sich bei mehreren Autoren empirische Belege für den Vier-Phasen-Cluster-Lebenszyklus finden, bspw. bei van Klink und de Langen, Tappi oder Ingstrup und Damgaard.[259] Van Klink und de Langen nutzen dabei zur Differenzierung der vier Phasen die charakteristische Ausprägung der Wertschöpfungskette, das Niveau der strategisch ausgerichteten Beziehungen im Cluster, die Bereiche der kooperativen Interaktionen im Cluster sowie die Clusterdynamiken (siehe Tabelle 9). Die Autoren spezifizieren dabei allerdings nicht, ob die Entwicklung durch interne Clusterdynamiken ausgelöst wird oder durch die wirtschaftlichen Rahmenbedingungen.[260] Die o. g. Kriterien ergänzen die Charakteristika, die Beckord zur Definition der Lebenszyklusphasen zusammenstellt (siehe Abbildung 17). Der Übergang zwischen den Phasen kann sowohl durch externe Einflüsse, wie Marktveränderungen, als auch durch die interne Dynamik, sich ändernde Struktur der Beziehungen im

[254] Vgl. Staber, Sautter (2011): Who Are We, and Do We Need to Change? Cluster Identity and Life Cycle. In: *Regional Studies*, Jg. 45(10), 2011, S. 1349-1361, S. 1350; Audretsch, Feldmann (1996a)
[255] Vgl. Schramm-Klein (2005), S. 540f.
[256] Vgl. Europäische Kommission (2002): Regionale Cluster in Europa. Beobachtungsnetz der europäischen KMU 2002, Nr.3, Luxemburg, S. 15ff.
[257] Vgl. Schramm-Klein (2005), S. 542; Ketels (2003), S. 6.
[258] Vgl. Brenner (2004), S. 186.
[259] Vgl. Schramm-Klein (2005), S. 542; Helfer, Drewello, Kiehlmann u. a. (2015), S. 13; Ingstrup, Damgaard (2013); van Klink, de Langen (2001), S. 449; de Langen (2003), S. 129-131; Tappi (2005): Clusters, adaption and extroversion - A cognitive and entrepreneurial analysis of the Marche music cluster. In: *European Urban and Regional Studies*, Jg. 12(3), 2005, S. 289-307, S. 291.
[260] Vgl. van Klink, de Langen (2001), S. 454.

Cluster und Diversität im Cluster ausgelöst werden. Die internen Faktoren können durch die Akteure beeinflusst werden und so die Dynamik aufrechterhalten, z. B. durch Unternehmensgründungen oder Zugang zu externem Wissen.[261] Es zeigen sich ebenfalls Einflüsse der Globalisierung auf die Clusterentwicklung bspw. durch die Ausweitung von Exporten, Importen, dem Outsourcing von Produktionsprozessen oder dem Einwerben von ausländischen Investitionen.[262]

Tabelle 9 Charakteristika der Cluster-Lebenszyklusphasen nach van Klink und de Langen[263]

Phase	**Entwicklung**	**Wachstum**	**Reife**	**Transition**
Charakter der Wertschöpfungskette (WSK)	Konstruktion einer WSK mit unterschiedlichen Unternehmen	Spezialisierung von Unternehmen entlang der WSK	Stabile Rolle der Unternehmen in der WSK	Neuorientierung der Unternehmen in der WSK
Strategische Beziehungen	Entwicklung	Stärkung	Strategische Beziehungen unter Druck	Rekonfiguration
Clusterdynamiken	Einige Cluster-Eintritte, keine Austritte	Einige Cluster-Eintritte, keine Austritte	Wenige Eintritte, wenige Austritte	Wenige Eintritte, viele Austritte
Bereich der Kooperation	FuE, Standardisierung, kooperative Routinen	FuE, Aus- und Weiterbildung, Marketing, gemeinsame Infrastruktur	FuE, Weiterbildung, Marketing	FuE, Weiterbildung, neue kooperative Routinen
Erfolgsfaktor	Vorhandensein lokaler Ressourcen, Wissen u. nachfragender Binnenmarkt	Vorhandensein lokaler Ressourcen, Wissen und Risikokapital	Vorhandensein lokalen Wissens und Balance zwischen lokaler u. globaler Orientierung	Vorhandensein (neuer) lokaler Ressourcen, Wissen u. Ordnungskapazität

Martin und Sunley schlagen dagegen ein adaptives Lebenszyklusmodell für Cluster vor, das als Metamodell für die Veränderung in komplexen Systemen gesehen werden kann. Im Rahmen ihres adaptiven Modells definieren die Autoren sechs alternative evolutionäre Entwicklungspfade[264]:

1. Vollständiger adaptiver Clusterlebenszyklus: Verlauf durch die vier Phasen Entstehen, Wachstum, Reife und Rückgang und Ersatz durch einen neuen Cluster.
2. Konstante Clustermutation: Entstehen, Wachstum und konstante technologische und strukturelle Veränderungen.
3. Clusterstabilisierung: Entstehen, Wachstum und Reife, gefolgt von Stabilisierung, allerdings in einer reduzierten und strukturell angepassten Form.
4. Cluster-Reorientierung: Beim Erreichen der Reifephase oder zu Beginn der Rückgangsphase orientieren sich Unternehmen bzgl. ihrer industriellen Spezialisierung um und neue Cluster entstehen.
5. Cluster-Versagen: Der entstehende Cluster schafft nicht den Sprung in die Wachstumsphase.

[261] Vgl. Menzel, Fornahl (2007), S. 3; Menzel, Fornahl (2005): Unternehmensgründungen und regionale Cluster: ein Stufenmodell mit quantitativen, qualitativen und systematischen Faktoren. In: *Zeitschrift für Wirtschaftsgeographie*, Jg. 49(3-4), 2005, S. 131-149, S. 140; Lorenzen (2005), S. 206.
[262] Vgl. Enright (2003), S. 109f.
[263] Eigene Darstellung nach van Klink, de Langen (2001), S. 454.
[264] Vgl. Martin, Sunley (2011), S. 1313; Cumming, Collier (2005): Change and identity in complex systems. In: *Ecology and Society*, Jg. 10(1), 2005, S. 1-13.

6. Cluster-Verschwinden: Entstehen, Wachstum, Reife und Rückgang sowie Verschwinden des Clusters; klassischer Lebenszyklusverlauf

Sowohl Autoren, die statischen Lebenszyklusmodellen folgen (z. B. Menzel und Fornahl; Enright; Schramm-Klein; van Klink und de Langen; Bergmann) oder auch solche, die adaptive, dynamische Ansätze (z. B. Martin und Sunley) vertreten, sind sich dahingehend einig, dass Reife und Rückgang ein möglicher Entwicklungspfad sein können.[265] Alternativ lassen sich die drei Entwicklungsszenarien zusammenfassen[266]:

- Anpassung an neue Rahmenbedingungen oder Technologien während der Reifephase
- Erneuerung und Verfolgung eines neuen Wachstumspfades
- Transformation und neue Entstehungsphase

Als Kernleistung der Cluster-Lebenszyklusorientierung lässt sich der Beitrag zur Aufdeckung entscheidender Entwicklungsfaktoren von Clustern festhalten. Jüngere Betrachtungen überwinden zudem statische Sichtweisen auf die Clusterentwicklung. Gleichzeitig vernachlässigen die meisten Lebenszyklusmodelle die Rolle von Clustern in der Regionalentwicklung und den Einfluss von Clusterakteuren auf die Clusterentwicklung, während Heterogenität der Clusterakteure und Wissensnetzwerke als Einflussfaktoren überbetont werden.[267]

---

[265] Vgl. Fornahl, Menzel, Henn, S. (2010): Emerging clusters - Theoretical, empirical and political perspectives on the initial stage of cluster evolution. Northampton, Mass; Menzel, Fornahl (2010): Cluster life cycles – dimensions and rationales of cluster evolution. In: *Industrial and Corporate Change*, Jg. 19(1), 2010, S. 205-238; Menzel, Fornahl (2007); Bergmann (2008): Cluster life-cycles: An emerging synthesis. In: Karlsson (Hrsg.): Handbook of Research in Cluster Theory. Cheltenham, U.K., 2008, S. 114-132; Schramm-Klein (2005), S. 531-556; van Klink, de Langen (2001); Enright (2003), S. 99-129; Martin, Sunley (2011); Valdaliso Gago, Elola, Franco-Rodriguez (2016), S. 68.

[266] Vgl. Menzel, Fornahl (2010); Valdaliso Gago, Elola, Franco-Rodriguez (2016), S. 68; Tappi (2005), S. 289; van Klink, de Langen (2001), S. 449.

[267] Vgl. Trippl, Grillitsch, Isaksen u. a. (2015a), S. 2029 u. 2034.

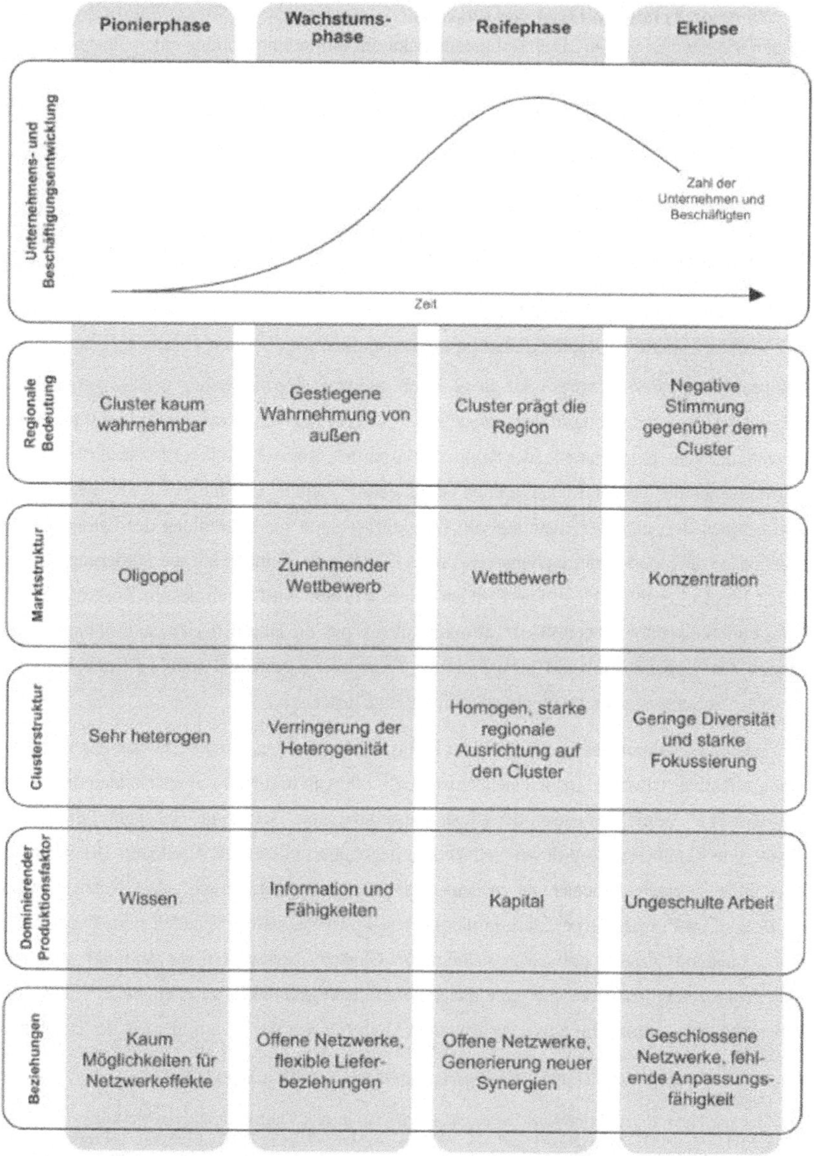

Abbildung 17 Merkmale des Clusterlebenszyklus[268]

[268] Abbildung nach Beckord (2008): Clustermanagement als Instrument der Wirtschaftsförderung - Konzeptionelle Grundlagen, Clusterpolitik und operative Umsetzung clusterorientierter Entwicklungsstrategien in Sachsen. Saarbrücken, S. 103; Helfer, Drewello, Kiehlmann u. a. (2015), S. 12; Menzel, Fornahl (2005), S. 136-138; Tichy (2001).

2.3.2 Zentrale Erfolgsfaktoren von Clustern

Nach dem Verständnis der OECD sind folgende Faktoren für die Entwicklung eines Clusters besonders relevant:[269]

1. Schaffung von Innovationen
2. Wissensakkumulation
3. wettbewerbsbasierte Selektionsprozesse
4. Markt als Impulsgeber
5. Interdependenz zwischen Unternehmen des Clusters
6. intensives Outsourcing
7. innovationsfreundliche Finanzsysteme
8. Weiterbildungs- und Trainingssysteme
9. marktorientierte Technologie- und Innovationspolitik.

Das Entstehen regionaler Cluster wird dabei durch regionale Spezialisierung und Vernetzung mit internationalen Wertschöpfungsketten unterstützt.[270] Der Erfolg von Clustern wird häufig anhand der Anzahl der generierten Patente, der Kooperationspartner oder anhand von Effizienzkriterien wie der Zufriedenheit der Mitgliedsunternehmen beschrieben.[271] Müller und Jungwirth sowie Kenis und Provan betonen die zentrale Bedeutung von Effizienzaspekten zur Beurteilung des Erfolges eines Clusters, also bspw. den Zielerreichungsgrad eines Clusters im Hinblick auf die Förderung technologischer Innovationsfähigkeit.[272] Die Effizienz eines Clusters wird durch dessen Kontext-, Struktur- und Funktionsfaktoren beeinflusst. Darunter fallen bspw. die langfristige Planungsfähigkeit, das Vertrauen der Mitglieder in die Clusterprozesse, formale und dauerhaft stabile Clusterstrukturen sowie klare Zielsetzungen und Aufgabenverteilung im Cluster.

Diese Ziele müssen durch das CM zudem klar kommuniziert werden, um die Entwicklung und Realisierung effektiver Clusterstrategien sicherzustellen.[273] Provan und Kenis unterscheiden drei Arten an Clustern bzw. Vorgehensweisen der Clusterentstehung: sog. Bottom-up-Netzwerke, die sie extern bzw. intern initiierten Top-down-Netzwerken gegenüberstellen (vgl. Abbildung 18). Meier zu Köcker findet in einer Untersuchung zu deutschen „Kompetenznetzwerken", dass Netzwerke, die durch Bottom-up-Prozesse oder extern initiierten Top-down-Prozesse entstanden sind, eine gute bis sehr gute Leistungsfähigkeit aufweisen, während bei Clustern/ Netzwerken, die auf intern initiierten Top-down-Prozessen basieren, eher eine akzeptable Leistungsfähigkeit gesehen wird.[274] Sölvell u. a. stellen mit dem „Cluster Initiative Performance Model" einen Ansatz auf, der auf der Befähiger-

[269] Vgl. Barjak (2004), S. 12; OECD (2002): Dynamising national innovation systems. Paris, S. 27.
[270] Vgl. Barjak (2004), S. 12.
[271] Vgl. McCann, Folta (2011): Performance Differentials within Geographic Clusters. In: *Journal of Business Venturing*, Jg. 26(1), 2011, S. 104-123; Müller, Riedel (2007), S. 19-29, S. 26; Mandell, Keast (2007): Evaluating network arrangements: Towards revised performance measures. In: *Public Performance and Management Review*, Jg. 30(4), 2007, S. 574-597; Mandell, Keast (2008): Evaluating the Effectiveness of Interorganizational relations through networks. In: *Public Management Review*, Jg. 10(6), 2008, S. 715-731.
[272] Vgl. Mueller, Jungwirth (2016), S. 426; Müller, Riedel (2007), S. 19-29, S. 24 u. 26; Kenis, Provan, (2009): Towards an Exogenous Theory of Public network Performance. In: *Public Administration*, Jg. 83(3), 2009, S. 440-456.
[273] Vgl. Mueller, Jungwirth (2016), S. 424 u. 436 u. 438.
[274] Vgl. Meier zu Köcker (2009a): Neue Instrumente zum nachhaltigen Clustermanagement, Berlin, S. 18.

seite aus den drei zentralen Clustererfolgsfaktoren ("drivers") „Ziele", „Rahmenbedingungen" und „Prozess" besteht, die sich auf der Ergebnisseite auf den vierten Baustein des Modells, die Leistungsfähigkeit des Clusters, auswirken. Die vier Bausteine werden jeweils mit weiteren Unteraspekten, wie etwa den Zielen des Clusters bspw. bzgl. Expansion, Innovationskooperationen oder Aus- und Weiterbildung oder den sozialen, politischen und ökonomischen Rahmenbedingungen eines Clusterumfeldes, konkretisiert.[275] Ein Treiber der Clusterentwicklung kann dabei das Human Resource Management (HRM) des Clusters sein. Die strategische Ausrichtung des HRM bietet als eine Dienstleistung für die Mitglieder des Clusters die Abstimmung der HR-Strategien der Unternehmen bspw. entlang der Wertschöpfungskette des Clusters. Diese Aufgabe erfordert vielfältige Anforderungen von Clustermanagern als HR-Akteure im Cluster. Bspw. sind sie gefordert, gemeinsame Aktivitäten zur Bildung einer „*kollektiven HR-Intelligenz*" im Cluster zu verantworten, um in aktuellen Handlungsfeldern des Personalmanagements wie z. B. Fachkräftegewinnung beitragen zu können. Weitere Handlungsfelder für ein PM in Clustern liegen u. a. in der Vorbereitung des Clusters auf Anforderungen neuer Arbeitskulturen, der Unterstützung bei der Auswahl von potenziellen Mitarbeitern sowie der Kommunikation und Aufbereitung von neuen gesetzlichen Anforderungen für die Clusterakteure.[276]

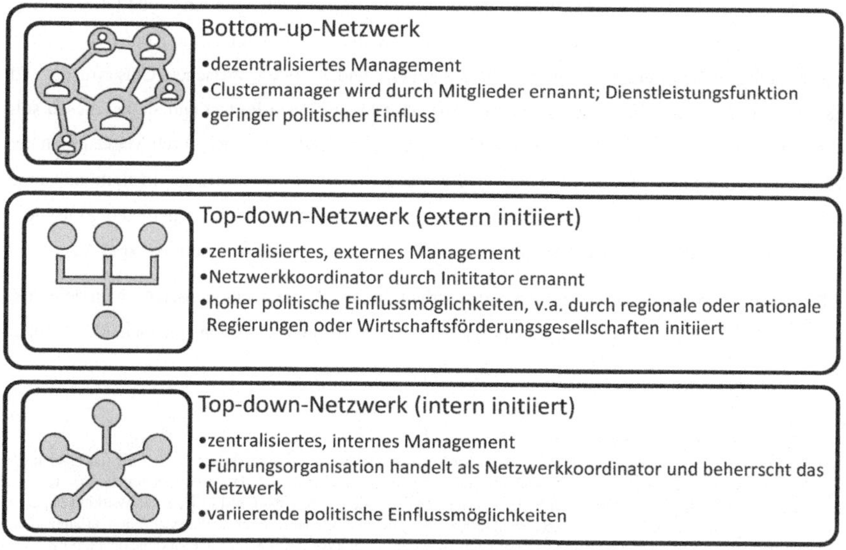

Abbildung 18 Arten der Clusterentstehung nach Kenis und Provan[277]

[275] Vgl. Sölvell, Lindqvist, Ketels (2003), S. 9.
[276] Vgl. Hauser (2017d): Human Resources als Clustertreiber. In: Hauser (Hrsg.): Clustermanagement - Wie Cluster Innovation und Wettbewerbsfähigkeit unterstützen. Wiesbaden, 2017, S. 121-130, S. 122, 124 u. 128.
[277] Eigene Darstellung nach Kenis, Provan (2009); Meier zu Köcker (2009a), S. 17.

2.3.3 Formen von Clustern

Cluster können sehr unterschiedliche Formen annehmen und sich bzgl. Größe, Charakter und Industrie bzw. Branche unterscheiden, z. B. Luftfahrt, Tourismus, Textil- oder Stahlindustrie, Feinmechanik oder kulturelle bzw. kreative Industrien.[278] Häufig werden die Vorteile eines Clusters von dessen Typisierung abhängig gemacht. Markusen definiert unterschiedliche Idealtypen von Clustern anhand der Größe der Clusterunternehmen, der Vernetzung mit Lieferanten und Kunden innerhalb der Wertschöpfungskette und Ausrichtung der Clusterorientierung (interne oder externe Ausrichtung) sowie anhand des Ausmaßes der vorliegenden Agglomerationseffekte (siehe Tabelle 10).[279]

Neben Clustern nach der Definition von Marshall werden dabei sog. Hub-and-Spoke-Cluster unterschieden, in denen der Clustermanager den Cluster weiterentwickelt und um einige Kernunternehmen ("*hub firms*") koordiniert. Weiterhin werden Cluster unterschieden, die die Form einer Satellitenplattform einnehmen. Dieser Clustertyp fokussiert auf den Ausbau bestehender Beziehungen, Projekte und Kooperationen zwischen zentralen Unternehmen sowie KMU. Als vierter Clustertyp werden staatlich-geförderte ("*state-anchored*") Cluster differenziert, die sich durch Kooperation zwischen Hochschulen, Forschungseinrichtungen und Unternehmen und einer Fokussierung auf Innovationen auszeichnen.[280] Das Clustermanagement nimmt in allen vier Clustertypen eine zentrale Rolle ein und ist dafür verantwortlich, die gemeinsamen Aktivitäten auf einer Plattform zu bündeln, eine Grundlage für die Entwicklung sozialen Kapitals zu schaffen und die Kooperationen der Clusterunternehmen fördert.[281] Einige Autoren unterscheiden zudem zwischen Clustern, die auf natürlichem Weg entstehen (siehe auch das Clusterverständnis nach Porter) und stellen diesen solche Cluster gegenüber, die institutionalisiert bzw. organisiert sind, d. h., auch durch Maßnahmen der Clusterpolitik initiiert wurden, und die vorgegebene Ziele erreichen müssen. Institutionalisierte Cluster weisen nach diesem Verständnis organisationale Strukturen, eine Managementorganisation, eine Rechtsform sowie Visionen, Strategien und Zielsetzungen auf, die klar definiert sind.[282]

Alle Cluster, die im Rahmen der vorliegenden Arbeit im Detail untersucht wurden (u. a. in der Clusterberichtanalyse) können diesem Clustertyp zugeordnet werden. Dagegen unterscheidet Küpper

[278] Vgl. Konstantynova, Lehmann (2017), S. 2; Rammer, Gassler (1999), S. 5; Tichy (2001), S. 197; Zarlenga, Ulldemolins, Morató (2016): Cultural clusters and social interaction dynamics. In: *European Urban and Regional Studies*, Jg. 23(3), 2016, S. 422-440, S. 434; Karlsson (2010): Clusters, Networks and Creativity. CESIS Electronic Working Paper Series, Nr. 235. Stockholm; Lorenzen, Frederisken (2008): Why do cultural industries cluster? Localization, urbanization, products and projects. In: Lazzeretti, Cooke (Hrsg.): Creative cities, cultural clusters and local economic development. Cheltenham u. a., 2008, S. 155-179; Mommaas (2004): Cultural Clusters and the Post-industrial City: Towards the Remapping of Urban Cultural Policy. In: *Urban Studies*, Jg. 41(3), 2004, S. 507-532.

[279] Vgl. Markusen (1996), S. 298f.; Pandit, Cook (2003): The benefits of industrial clustering: Insights from the British financial services industry at three locations. In: *Journal of Financial Services Marketing*, Jg. 7(3), 2003, S. 230-245, S. 234f.

[280] Vgl. Markusen (1996), S. 298f.; Ingstrup (2013), S. 134 u. 145f.

[281] Vgl. Ingstrup (2013), S. 146.

[282] Vgl. Jircikova, Pavelkova, Bialic Davendra u. a. (2013), S. 623.

vier Clusterformen nach der Zusammensetzung der Clusterakteure sowie dem Verlauf der regionalen Entwicklung[283]:

- Gewachsene Branchencluster: entstanden durch Agglomeration, Wachstum und Diversifizierung;
- Selbstorganisierte Zusammenarbeit von Unternehmen in einem regionalen Kompetenzfeld: Unternehmen schaffen eigene Managementorganisation und Plattform für gemeinsame Projekte etc.;
- Eine wirtschaftspolitisch geförderte Branche: öffentliche Hand/ Wirtschaftspolitik als Initiator, Moderator sowie Investor;
- Regionalentwicklung verbunden mit Clusterförderung: Unterstützung der regionalen Innovations- und Wettbewerbsfähigkeit; effizienter Einsatz von Subventionen; Förderung einer Managementkompetenz im Cluster für regionale Wachstumspolitik.

Tabelle 10 Vergleich verschiedener Clustertypen[284]

	Neue Industrie Distrikte nach Marshall	**„Hub-and-spoke"**	**Satelliten-Plattformen**	**„State-anchored"**
Anzahl u. Größenverteilung der Mitglieder	Atomisch	Große Hub-Unternehmen u. atomistischer Rand; Mikrocluster treten am Rand auf	Wenige Großunternehmen	Große staatliche Organisation(en) mit atomistischem Rand
Konnektivität	Hochgradige Intravernetzung	Verbindungen von Hub-Unternehmen zum Rand	Geringe Intravernetzung; Verbindungen zwischen Betreiberorganisation und entfernter Konzernmutter	Verbindungen zwischen der staatlichen Organisation u. den Randunternehmen, aber nur auf Unterauftragnehmer-Basis
Clusterorientierung; Agglomerations-Ökonomie	Intern; Ausgeprägte Agglomerationsvorteile: Arbeitsmarktkonzentration, Spezialisierung inkl. Lieferanten und Wissensteilung	Extern; Ausgeprägte Agglomerationsvorteile: aber internalisiert (außer innerhalb der Mikro-Cluster)	Extern; Geringe Agglomerationsvorteile: Hauptvorteil der Ansiedlung in der Region ist die Ausnutzung der Faktorausstattung	Extern; Geringe Agglomerationsvorteile: Nicht relevant außer bei Bildung von Mikro-Clustern
Beschäftigungsmobilität	Hoch innerhalb des Distrikts, gering außerhalb	Gering innerhalb des Hub-Unternehmens; Loyalität eher ggü. dem Hub-Unternehmen als ggü. dem Distrikt	Gering	Typischerweise gering innerhalb der staatl. Organisation aber mit Zufluss v. Arbeitskräften von Universitäten u. Forschungseinrichtungen

[283] Vgl. Küpper, Roellinghoff (2005): Clustermanagement: Anforderungen an Staedte und regionale Netzwerke. In: *Deutsche Zeitschrift fuer Kommunalwissenschaften*, Jg. 44(I), 2005, S.60-93, S.66-68.
[284] Abbildung aus Pandit, Cook (2003), S. 235 nach Markusen (1996), S. 298f.; Ingstrup (2013), S. 135.

Bedeutung von Unterneh-mens-gründun-gen	Bedeutung für Spezialisierungsdynamiken	Gering Präsenz des Hub-Unternehmens dient als Magnet für neue Zugänge	Gering	Universitäre/ wissenschaftliche Ausgründungen können von Bedeutung sein
Institutio-nale Dichte	Hoch: Spezialisierte Weiterbildungsorganisationen; Starke Handelsbeziehungen	Nicht relevant; Präsenz des Hub-Unternehmens und Erfolg fördert Clusterdynamik	Staat finanziert ggf. in Infrastruktur und ermöglicht Subventionen	Nicht relevant

Zudem definiert Enright neben den drei phasenabhängigen Clusterformen (siehe Kapitel 2.3.1) zwei weitere Clusterformen[285]:

- „*policy driven cluster*", die durch die öffentliche Hand für eine Förderung ausgewählt wurden und denen es häufig an einer kritischen Masse sowie geeigneten Rahmenbedingungen für eine selbstständige, organische Entwicklung fehlt. Ein politisch-initiierter Cluster ist bspw. der Bayrische Umwelttechnologiecluster.[286]
- „*wishful thinking cluster*", bei denen es sich um wirtschaftspolitisch geförderte Cluster handelt, die aber kaum Potenziale für die Clusterbildung und dessen Synergieeffekte aufweisen und denen es an kritischer Masse fehlt. Laut Enright fallen u. a. viele geförderte Biotechnologie-Cluster in diese Kategorie.[287]

Im Widerspruch zu den Versuchen der Typisierung von Clustern werden diese häufig auch als individuell und einzigartig bezeichnet, da sie sich aufgrund der spezifischen Kombination von regionalen und wirtschaftlichen Faktoren voneinander abgrenzen lassen.[288] Tichy unterscheidet einmal nach der Verflechtung und nach der Art des Wissenstransfers und Wettbewerbs. Im Hinblick auf Verflechtung der Beziehungen der Akteure im Cluster zueinander werden Netzwerkcluster, Stern- und Pseudocluster differenziert (siehe Abbildung 19).[289] Netzwerkcluster umfassen mehrere miteinander verbundene Unternehmen, die Clustervorteile für sich nutzen können, während Sterncluster um ein vorherrschendes Unternehmen herum gebildet werden. Die übrigen Unternehmen des Clusters können dessen Vorteile nur begrenzt nutzen, da die Anzahl der Querverbindungen häufig zu gering ist. Pseudocluster können nicht als Cluster angesehen werden, sondern vielmehr als Wertschöpfungsketten ohne Querbeziehungen der Mitglieder der Kette untereinander.[290] Ergänzend zu dieser Systematik unterscheiden Gedai u. a. zusätzlich die Clusterstrukturen „Snowflake" und „Haystack". Die Snowflake-Struktur ist als Kombination des Kreis- oder Netzwerkclusters und der Sternform zu verstehen, bei der es eine sehr eng vernetzte Kerngruppe an Clusterakteuren gibt. Die

[285] Vgl. Enright (2003), S.104; Kiese (2008d), S.13; Schuler (2008), S.35f.; Kiese (2012a); Lahner (2017), S.75f.
[286] Vgl. Enright (2003), S. 104; Mueller, Jungwirth (2016), S. 424.
[287] Vgl. Enright (2003), S. 104.
[288] Vgl. Jircikova, Pavelkova, Bialic Davendra u. a. (2013), S. 622.
[289] Vgl. Tichy (2001), S. 185 u. 190f.
[290] Vgl. Tichy (2001), S. 190f.

Haystack-Form weist keine eindeutige Struktur auf und zeichnet sich durch gut vernetzte Teilgruppen aus, die untereinander kaum Beziehungen aufweisen.[291] Nach dem Wissenstransfer bzw. Wettbewerb differenzieren sich Marshall-Arrow-Romer (MAR-)-Cluster mit Wissenstransfer zwischen Clusterunternehmen, die kaum Konkurrenz untereinander aufweisen (Typ Silicon Valley), Porter-Cluster mit Wissenstransfer zwischen Unternehmen, die in intensivem Wettbewerb zueinander stehen (Typ italienische Keramikindustrie), und Jacobs-Cluster, bei denen Urbanisationsvorteile und Wissenstransfer aus anverwandten Branchen sowie Innovationskonkurrenz untereinander im Fokus stehen.[292]

Bergeron et al. differenzieren Cluster anhand der technologischen Reife in einfache, auf eigenen Technologien basierende („*simple dual cluster*“) Cluster (bspw. Nahrungsmittel, Rohstoffe), Mehr-Komponenten-Cluster („*more composite cluster*“), die mehrere Technologien beherrschen, sowie komplexe Cluster (bspw. Pharmazie, Metallurgie), die eine Vielzahl an Technologien einsetzen (bspw. Chemie, Elektronik).[293] In diesem Zusammenhang wird häufig zwischen Clustern aus traditionellen Industrien sowie High-Tech-Clustern unterschieden, deren Grenzen häufig eher verschwimmen, da in diesen Technologiefeldern globale Beziehungen sehr gängig sind und wirtschaftliche Entwicklung wesentlich dynamischer ablaufen.[294] Cluster lassen sich nach ihrem industriellen Sektor in Produktions- oder Dienstleistungscluster unterteilen.[295]

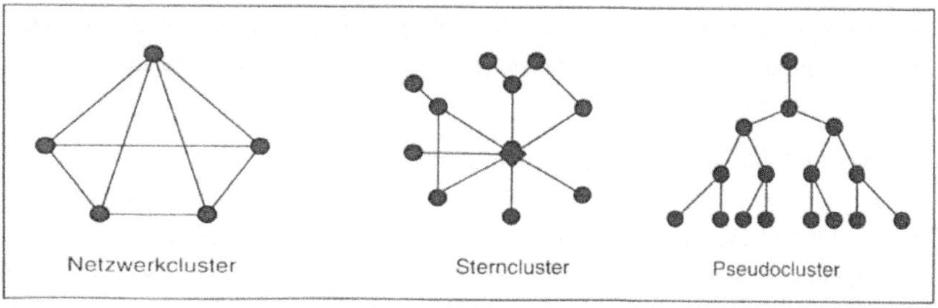

Abbildung 19 Clustertypen unterschieden nach Verflechtungsart[296]

[291] Vgl. Gedai, Koczy, Meier zu Köcker, Zombori (2015): Cluster Games II, iit, Berlin, S. 16f.
[292] Vgl. Tichy (2001), S. 185; Porter (1991); Jacobs, de Man (1996): Clusters, industrial policy and firm strategy - A menu approach. In: *Technology Analysis & Strategic Management*, Jg. 8(4), 1996, S. 425-437, S. 428.
[293] Vgl. Bergeron, Lallich, La Bas (1998): Location of Innovation Activities, Industrial Structure and Techno-Industrial Clusters in the French Economy 1985-1990 - Evidence from US Patenting. In: *Research Policy*, Jg. 26(7-8), 1998, S. 733-752, S. 748; Tichy (2001), S. 190.
[294] Vgl. Sydow, Lerch (2007), S. 7.
[295] Vgl. Tichy (2001), S. 191.
[296] Abbildung aus Tichy (2001), S. 191.

Produktionscluster können auch als vertikale Cluster oder Ansammlungen entlang einer Wertschöpfungskette bezeichnet werden. Dagegen sind unter horizontalen Clustern Wissenscluster zu verstehen, deren Mitgliedsunternehmen ähnliche Technologien einsetzen.[297] Orientiert an den verfügbaren Ressourcen der Clusterregion lassen sich zudem Rohstoffcluster, lokale Cluster sowie exportierende Cluster unterscheiden.[298] Gull folgt einem weiten Begriffsverständnis von regionalen Innovationsclustern und versteht diese als *„kooperative Organisation verschiedener Unternehmen und Institutionen, die in technologisch und fachlich verwandten Bereichen gemeinsam FuE betreiben und sich in räumlicher Nähe zueinander befinden.*"[299] Im Spezialfall der regionalen Innovationscluster liegt der Fokus der Kooperationsaktivitäten auf dem Bereich der Forschung und Entwicklung.

2.4 Clustermanagement: Institutionalisierung eines Clusters

Im Folgenden werden Anforderungen an das Management bzw. die Steuerung von Unternehmensclustern sowie regionalen Netzwerken im Überblick zusammengestellt. Im Rahmen des Kapitels werden zunächst häufig genutzte Begriffsdefinitionen wie Clustermanagement, Cluster Governance und Netzwerkmanagement erläutert. Verschiedene Formen von Clustermanagements und ihre Eignung für bestimmte Aufgaben sowie insbesondere Handlungsfelder und Aufgaben von Clustermanagern werden ebenfalls vorgestellt. In diesem Zusammenhang werden Anforderungen an die Kompetenzen und Qualifizierung von Clustermanagern diskutiert. Inwiefern PM und personalbezogene Aufgaben in dieses Aufgabenspektrum fallen, wird ebenfalls in Verlauf des Abschnitts erläutert.

Seit Anfang der 2010er Jahre wird bezogen auf virtuelle Unternehmen und Netzwerke verstärkt die Bedeutung des strategischen Managements durch eine Managementorganisation diskutiert.[300] Bereits in den 1980er Jahren sprechen Miles und Snow von *„brokern"*.[301] Bei Human und Provan findet sich der Begriff *„network administrative organization"*, die die Rolle des *„Netzwerkbrokers"*, Intermediären, Vermittlers von Kooperationen und Überwachers von Regeln übernimmt.[302] Im

[297] Vgl. Farhauer, Kröll (2014a), S. 145.
[298] Vgl. van der Linde (2005), S. 22.
[299] Gull (2015), S. 8.
[300] Vgl. Sydow (2010b), S. 386; Human, Provan (2000): Legitimacy Building in the Evolution of Small-Firm Multilateral Networks: A Comparative Study of Success and Demise. In: *Administrative Science Quarterly*, Jg. 45(2), 2000, S. 327-365, S. 329.
[301] Vgl. Miles, Snow (1986): Organizations: New concepts for new forms. In: *California Management Review*, Jg. 28(3), 1986, S. 62-73.
[302] Vgl. Human, Provan (2000), S. 330; Provan, Fish, Sydow (2016): Interorganizational Networks at the Network Level - A Review of the Empirical Literature on Whole Networks. In: *Journal of Management*, Jg. 33(3), 2016, S. 479-516; Jungwirth, Ruckdäschel (2013): Influence of culture and governance structure on leadership behaviour of cluster managers and implications for cluster management effectiveness. In: *International journal of entrepreneurship and small business*, Jg. 18(4), 2013, S. 470-492, S. 471. Vgl. auch Howels (2006): Intermediation and the role of intermmediaries in innovation. In: *Research Policy*, Jg. 35(5), 2006, S. 715-728; Huxham, Vangen (2005): Managing to collaborate the theory and practice of collaborative advantage. London; Kirkels, Duysters (2010): Brokerage in SME networks. In: *Research Policy*, Jg. 39(3), 2010, S. 375-385.

Rahmen der deutschen Cluster- und Netzwerkförderprogramme, bspw. des BMBF oder des BMWi, taucht verstärkt die Forderung nach einer derartigen administrativen Betreuung des Netzwerks durch die Etablierung einer Geschäftsstelle oder eines professionellen Cluster- bzw. Netzwerkmanagements auf.[303] In diesem Kontext wird häufig von der - auch empirisch gezeigten - Bedeutung eines „exzellenten Clustermanagements" für eine erfolgreiche Clusterentwicklung und Wettbewerbsfähigkeit von Clustern gesprochen.[304] Einige Autoren, die sich im Kontext der deutschen Clusterförderung mit dem Themenfeld Clustermanagement auseinandersetzen, unterscheiden zwei Ausgestaltungsebenen, die ein exzellentes CM adressieren sollte: eine primär organisatorische und eine personenbezogene Ebene. Die organisatorische Ebene betrifft den Aufbau von Organisationsstrukturen, Managementinstrumenten und Kommunikationskanälen, während auf der personenbezogenen Ebene der Clustermanager und seine Rolle als Integrator, Netzwerker und Führungsfigur in den Vordergrund gestellt wird.[305] „Exzellentes CM" zeichnet sich zudem durch Zielsetzungen aus, die durch wirtschaftliche Interessen geprägt sind. Derartige Organisationen weisen ebenfalls eine hohe definitorische Klarheit bzgl. Aufgaben und Rollen auf.[306] Weitere Säulen eines „exzellenten Clustermanagements" sind die aktive Einbeziehung der Clusterakteure in Clusteraktivitäten sowie ein regelmäßiges Monitoring der Zielerreichung der gewählten Maßnahmen und deren Anpassung und Optimierung.[307]

Ein Cluster-Benchmarking-Projekt (s. auch Kapitel 4) fand im Rahmen der Analyse und Vergleichs von 143 Clustern in Europa, dass CM-Organisationen, die hauptsächlich durch private Finanzierungsquellen gefördert sind, eher spezifische Steuerungsmethoden entwickeln und einen höheren Einfluss auf die Forschungs- und Entwicklungsaktivitäten sowie Internationalisierungsmaßnahmen von Clustern ausüben als solche, die primär durch öffentliche Fördermittel finanziert sind, da private Investoren häufig mehr Wert auf einen zeitnahen Return on Investment legen. Privat finanzierte CM-Organisationen sind häufiger als eigenständige Rechtsform organisiert und weisen ein ausgeprägteres Selbstverständnis von Zielen und Rollen des Clusters und Clustermanagements auf und sind generell stärker institutionalisiert.[308] In der Cluster-Benchmarking-Studie zeigte sich ebenfalls ein Zusammenhang zwischen dem Alter, der Größe und dem Grad der Institutionalisierung von Clustern, die eher mit Institutionen wie einer Vollversammlung oder einem Beirat bzw. Aufsichtsrat

[303] Vgl. Sydow (2010b), S. 386; BMBF (2012), S. 36; BMWi (2010): Kontinuität, Stabilität und Effektivität - Wie Netzwerke und Cluster nachhaltig erfolgreich sein können!, S. 26.
[304] Vgl. Lämmer-Gamp, Meier zu Köcker, Christensen (2011): Clusters are Individuals - Creating Economic Growth through Cluster Policies for Cluster Management Excellence, S. 11; Müller, Lämmer-Gamp, Meier zu Köcker u. a. (2012): Clusters are individuals - Updated Report, S. 69; Hantsch, Kergel, Lämmer-Gamp u. a. (2013): Cluster management excellence in Germany - German clusters in comparison with European peers. Berlin, S. 3; Lindqvist, Ketels, Sölvell (2013), S. 49; Sautter (2012): Strategische Clusterentwicklung zur nachhaltigen Sicherung der Wettbewerbsfähigkeit im internationalen Kontext. In: Koschatzky, Stahlecker (Hrsg.): Clusterpolitik quo vadis? - Perspektiven der Clusterförderung. Stuttgart, 2012, S. 149-176, S. 160; Küpper, Roellinghoff (2005), S. 63.
[305] Vgl. Meier zu Köcker, Buhl (2008), S. 46.
[306] Vgl. Müller, Lämmer-Gamp, Meier zu Köcker u. a. (2012), S. 36f.
[307] Vgl. PWC (2011), S. 3.
[308] Vgl. Lämmer-Gamp, Meier zu Köcker, Christensen (2011), S. 24.

ausgestattet sind, je länger sie bestehen und je mehr Mitglieder sie aufweisen. Diese Gremien übernehmen v. a. beratende Funktionen, können aber auch über Entscheidungs- und Kontrollfunktionen verfügen.[309] Müller u. a. fanden einen ähnlichen Zusammenhang zwischen Größe und Alter des Clusters und der Effektivität des Clustermanagements.[310]

Als geeignete Rechtsformen bzw. vertragliche Ausgestaltungen von regionalen Netzwerken unterscheiden Brussig, Böhm-Ott und Drinkuth die lose Organisation ohne definierte Struktur, den eingetragenen Verein und die Poolorganisation, z. B. als eine Einkaufsgemeinschaft.[311] Ebenfalls finden sich häufig eigenständige Gesellschaften (GmbH) oder öffentliche Einrichtungen wie bspw. Abteilungen in Ministerien, Kammern oder etwa Hafenbehörden.[312] Unter den Spitzenclustern in Deutschland agieren bspw. zehn der Clustermanagements als eingetragene Vereine (e. V.), weitere zehn sind als GmbH, d. h. als eigenständige, aber in den Cluster integrierte, Managementorganisationen, eingerichtet.[313] Die deutschen Spitzencluster sind überwiegend durch eine Mischung aus privaten und öffentlichen Mitteln finanziert, allerdings überwiegen bei ca. zwei Dritteln der Spitzencluster die öffentlichen Mittel und nur in Ansätzen wird die Finanzierung über eigene CM-Dienstleistungen gesichert.[314]

Nach Hantsch werden Clustermanagements als Koordinationsstellen der Aktivitäten des Clusters durch die Clusterakteure berufen, auch um den Cluster nach außen zu vertreten und diesen und seine Mitglieder weiterzuentwickeln.[315] Damit ist ein CM seinen Clustermitgliedern ggü. verpflichtet, die ihm übertragenen Aufgaben zu erfüllen.[316] Auch Lindqvist und Sölvell betonen, dass Clustermanagements durch das Zusammenbringen der verschiedenen Clusterakteure die Wettbewerbsfähigkeit und die Weiterentwicklung des Clusters ermöglichen.[317] Ein CM prägt unter Einsatz der

309 Vgl. Lämmer-Gamp, Meier zu Köcker, Christensen (2011), S. 25; Jungwirth, Grundgreif, Müller (2011): How to turn public networks into clubs? the challenge of being a cluster manager. In: *International journal of entrepreneurial venturing*, Jg. 3(2), 2011, S. 262-280, S. 266; Meier zu Köcker, Buhl (2008), S. 52; Müller, Lämmer-Gamp, Meier zu Köcker u. a. (2012), S. 36f.; Scheer, Zallinger (2007): Clustermanagement: a practical guide - Part A: Overview. Eschborn, S. 35; Sydow, Lerch, Huxham u. a. (2011): A silent cry for leadership: Organizing for leading (in) clusters. In: *Leadership Quarterly*, Jg. 22(2), 2011, S. 18f.

310 Vgl. Müller, Lämmer-Gamp, Meier zu Köcker u. a. (2012), S. 25.

311 Vgl. Brussig, Böhm-Ott, Drinkuth u. a. (2001): Leitfaden Regionale Netzwerke erfolgreich gestalten und betreiben. Frankfurt a. M., S. 87.

312 Vgl. Jungwirth, Grundgreif, Müller (2011), S. 272; de Langen (2005): Improving Training and Education in Clusters - Lessons from Three Port Clusters, S. 3.

313 Vgl. Rothgang, Catner, Dehio u. a. (2014), S. 19. Vgl. auch Jungwirth, Grundgreif, Müller (2011), S. 272 für eine Übersicht der Organisationsformen bayrischer Cluster: Unter den 23 betrachteten bayrischen Clustern überwiegen ebenfalls eingetragene Vereine oder GmbHs als Rechtsform.

314 Vgl. Rothgang, Catner, Dehio u. a. (2014), S. 22.

315 Vgl. Hantsch, Kergel, Lämmer-Gamp u. a. (2013), S. 3. Anmerkung: CA sind im Vergleich zum Cluster bzw. dem CM *„Institutionen, die ihr Interesse an einer Mitwirkung im Cluster bekundet haben und mit einer gewissen Regelmäßigkeit an Aktivitäten des Clusters mitwirken (z. B. Teilnahme an mehreren Clusterveranstaltungen, Mitarbeit in Fachgruppen des Clusters).“* Bührer, Kroll, Stahlecker u. a. (2008): Zwischen-Evaluation der Cluster-Offensive Bayern: Abschlussbericht, S. 13. Einzelpersonen werden nicht als CA verstanden. CA werden als institutionalisierte Akteure, die in der Clusterregion tätig, aber kein Mitglied des Clusters sind, unterschieden. Vgl. Rothgang, Catner, Dehio u. a. (2014), S. 16; Bührer, Kroll, Stahlecker u. a. (2008), S. 13.

316 Vgl. PWC (2011), S. 23.

317 Vgl. Lindqvist, Sölvell (2011), S. 16.

regional verfügbaren Rahmenbedingungen und Kooperation mit den regionalen Akteuren die Clusterentwicklung und bildet ein Clusterprofil heraus. Es wird dabei von clusterpolitischen Entscheidungen auf regionaler, nationaler und internationaler Ebene beeinflusst.[318] Im Verständnis nach Terstriep fokussiert CM auf regionale Maßnahmen und Aktivitäten, die die Kooperation der unterschiedlichen Clusterakteure (z. B. Akteure der „Triple Helix" nach Etzkowitz: Unternehmen, Forschungseinrichtungen, Intermediäre wie Kammern, Verbände, Medien und weitere öffentliche Akteure) über einen Bottom-up-Ansatz unterstützen und die in Abstimmung mit der regionalen Clusterpolitik geplant und umgesetzt werden.[319] Alle Maßnahmen sollten auf die Aufrechterhaltung der Wettbewerbsfähigkeit des Clusters und seiner Mitglieder ausgerichtet sein, können diese aber primär indirekt durch die Vermarktung und Positionierung des Clusters und seines regionalen Standortes beeinflussen.[320]

Raschke definiert CM als Vernetzung, Projektbegleitung, Kooperationsförderung und Kontaktvermittlung.[321] Carpinetti u. a. verstehen ein CM als die Steuerungsinstitution und einen zentralen Stakeholder eines Clusters, dessen Rolle darin besteht, Kooperationen zwischen den übrigen Clusterstakeholdern zu fördern.[322] Es wird zudem nicht nur vom CM als Institution sondern auch von den CM-Aktivitäten als interaktiven, non-linearen, zyklisch auftretenden und daher höchst komplexen Abstimmungs-, Kommunikations- und Koordinationsprozessen gesprochen. Nach dieser Auffassung ist auch die Sicherstellung eines „exzellenten Clustermanagements" ein Prozess, der die effektive Zielerreichung des Clusters ermöglichen soll.[323] Aufgrund der komplexen Clusterstrukturen ist die Gewährleistung dieser Effektivität des Clustermanagements allerdings nur schwer nachzuweisen.[324] Außerdem wird auch das - vergleichsweise neue und bisher nur begrenzt untersuchte - Konzept der „Cluster Governance" oder Clustersteuerung als Managementstruktur und „Katalysator" der Agglomeration, Aktivitäten und Beziehungen der Clusterakteure diskutiert.[325] Das Konzept leitet sich aus der „Knowledge-based View" auf Cluster ab, in der die Clustersteuerung und der

[318] Vgl. Terstriep (2007), S. 3. Siehe auch Kapitel 2.3.
[319] Vgl. Terstriep (2007), S. 3 u. 9; Terstriep (2008), S. 3; Hantsch, Kergel, Lämmer-Gamp u. a. (2013), S. 3; Seger (2016), S. 139; Etzkowitz (2008): The triple helix - University-industry-government innovation in action. New York; Etzkowitz, Lydesdorff (2000): The dynamics of innovation: from National Systems and "Mode 2" to a Triple Helix of university-industry-government relations. In: *Research Policy*, Jg. 29(2), 2000, S. 109-123, S. 111; Beck (2005), S. 168f.; Wöllert, Jutzi (2005): Regionale Netzwerke - Zur besonderen Rolle von Intermediären. In: Aderhold, Meyer, Wetzel (Hrsg.): Modernes Netzwerkmanagement. Wiesbaden (2005), S. 53-71, S. 65f.; Stahl-Rolf, Haman, Hausberg (2004): Kompetenz mobilisieren - Ein Leitfaden für Initiatoren und Manager von Kompetenznetzen. Berlin, S. 11; Küpper, Roellinghoff (2005), S. 63; Bühnemann (2013), S. 26f.
[320] Vgl. Terstriep (2008), S. 3.
[321] Vgl. Raschke (2009): Regionale Wettbewerbsvorteile - Identifikation, Analyse und Management von Clustern am Beispiel der Logistik im Rhein-Main-Gebiet. Wiesbaden, S. 209.
[322] Vgl. Carpinetti, Gerolamo, Galdamez (2007): Continuous Innovation and Performance Management of SME Clusters. In: *Creativity and Innovation Management*, Jg. 16(4), 2007, S. 376-385, S. 380.
[323] Vgl. PWC (2011), S. 3.
[324] Vgl. Bell, Tracey, Heide (2009): The Organization of Regional Clusters. In: *Academy of Management Review*, Jg. 34(4), 2009, S. 623-642; Jungwirth, Ruckdäschel (2013), S. 485.
[325] Vgl. Berthinier-Poncet (2013): Cluster governance and institutional dynamics. A comparative analysis of French regional clusters of innovation. Agadir, Morocco; Torre, Gilly (2000): On the Analytical Dimension of Proximity Dynamics. In: *Regional Studies*, Jg. 34(2), 2000, S. 169-180; Provan, Fish, Sydow (2016), S. 505.

Wissensaustausch in Clustern betont werden, sowie der Betrachtung von „Governance“ bzw. internen Machtverhältnissen in Unternehmen.[326] „Netzwerk Governance“ oder „Cluster Governance“ wird parallel zu Unternehmensgovernance herangezogen, um die Komplexität und Heterogenität der Akteure und Akteursbeziehungen zu adressieren.[327] Der Fokus auf „Network Governance“ „... *involves the use of institutions and structures of authority and collaboration to allocate resources and to coordinate and control joint action across the network as a whole.*“[328] Es werden drei Rollen der “Cluster Governance” differenziert, eine Kontrolleurs-, eine Koordinator-/ Dienstleister-Rolle und eine strategische Rolle.[329] Provan und Kenis schlagen drei Netzwerk-Governance-Varianten vor[330]:

- geteilte (“*shared*”; oder auch informelle) Governance, die sich durch gemeinsame strategische und operative Entscheidungen der Netzwerkakteure auszeichnet,
- fokale Organisation (siehe oben) und
- Netzwerkmanagementorganisation, die alle Aktivitäten koordiniert und als eigenständige Organisation eingerichtet wird[331].

Diese Autoren betonen die Bedeutung des Clustermanagements für die effektive Ausgestaltung der verschiedenen Governance-Formen und deren Handhabungen der verschiedenen Schwierigkeiten, z. B. Machtverhältnisse und Wissensaustausch, die die jeweilige Form mit sich bringt.[332] Ihre Meta-Studie zur Betrachtung von Governance-Strukturen in der Netzwerkforschung konnte aufzeigen, dass Netzwerke aus dem industriellen Bereich eher der Variante der geteilten Governance folgen, während Netzwerke aus den Bereichen Gesundheit und Sozialwirtschaft entweder durch ein fokales Unternehmen oder eine eigene Managementorganisation gesteuert werden.[333] Andere Autoren fassen „Cluster Governance“ übergeordneter auf, bspw. als alle kollektiven Aktivitäten der Clusterakteure, die dazu beitragen, einen nachhaltigen Wettbewerbsvorteil für den Gesamtcluster zu realisieren und aufrecht zu erhalten. Insbesondere zählen dazu Maßnahmen zur Optimierung von strategischen Innovationsprozessen und Generierung von Synergien im Cluster. Zudem weist dieser Ansatz

---

[326] Vgl. Berthinier-Poncet (2013); Bahlmann, Huysman (2008): The emergence of a knowledge-based view of clusters and its implications for cluster governance. In: *The Information Society*, Jg. 24(5), 2008, S. 304-318; Jessop (1998): The rise of governance and the risks of failure: the case of economic development. In: *International Social Science Journal*, Jg. 50(155), 1998, S. 29-45, S. 29-31; Maskell (2001).

[327] Vgl. Jones, Hesterly, Borgatti (1997): A General Theory of Network Governance: Exchange Conditions and Social Mechanisms. In: *Academy of Management Review*, Jg. 22(4), 1997, S. 911-945; Propris, Wei (2007): Governance and Competitiveness in the Birmingham Jewellery District. In: *Urban Studies*, Jg. 44(12), 2007, S. 2465-2486; Berthinier-Poncet (2013).

[328] Provan, Kenis (2007): Modes of Network Governance: Structure, Management and effectiveness. In: *Journal of Public Administration Research & Theory*, Jg. 18(2), 2007, S. 229-252, S. 231.

[329] Vgl. Alberti (2001): The governance of industrial districts: a theoretical footing proposal. Serie Piccola e Media Impresa 5, Nr. 82, S. 19; Zahra, Pearce (1989): Board of directors and corporate financial performance: a review and integrative model. In: *Journal of Management*, Jg. 15(2), 1989, S.291-334, S. 291. Vgl. auch die drei Governance- Fokussierungen nach Berthinier-Poncet (2013): Koordination, Kontrolle und Wissensmanagement.

[330] Vgl. Provan, Kenis (2006): Modes of network governance: Structure, management and effectiveness. Working Paper; Provan, Kenis (2007), S.233f.; Human, Provan (2000); Provan, Fish, Sydow (2016), S. 504.

[331] Anmerkung: Vgl. Clustermanagement-Begriff wie zu Beginn des Kapitels 2 erläutert.

[332] Vgl. Provan, Kenis (2007), S. 233 u. 248; Provan, Fish, Sydow (2016).

[333] Vgl. Provan, Fish, Sydow (2016), S. 505.

darauf hin, dass Clustermanager eng mit den Interessengruppen des Clusters, u. a. den Clusterakteuren zusammenarbeiten und deren Anforderungen berücksichtigen müssen.[334] Berthinier-Poncet argumentiert für einen integrativen „Cluster Governance"-Ansatz, der politische, normative und kognitive Aspekte integriert und die Innovationsfähigkeit im Cluster durch den Aufbau von Vertrauen und Legitimität auf der politischen und normativen Ebene sowie den Aufbau eines Wissensmanagements im Cluster auf der kognitiven Ebene unterstützt.[335]

Die Unternehmensberatung PriceWaterhouseCoopers stellt ein „Cluster Governance"-Modell zusammen, das in das Zentrum der Governance-Aufgabe die Sicherstellung der Effektivität des Clusters stellt. Dieses Ziel ist eingebettet in einen Rahmen, der sowohl die Triple-Helix-Akteure des Clusters als auch normative Setzungen wie die Gewährleistung von Transparenz, Effizienz und Verantwortungsübernahme beinhaltet. Ergänzt wird das Modell durch weitere Anforderungen wie die Herbeiführung eines Konsenses zwischen den Clusterakteuren, dem Aufbau von genereller Unterstützungsbereitschaft und Identifikation der CA („*commitment*") für/ mit dem Cluster sowie deren Beteiligung an Aktivitäten („*participation*", „*inclusiveness*") und eine angemessene Reaktionsfähigkeit auf Veränderungen.[336] CM kann in diesem Kontext als die Koordinations- und Kontrolleinrichtung des Clusters gesehen werden, die darauf abzielt, die Wettbewerbsfähigkeit des Clusters und seiner Mitglieder zu steigern und dazu eine Reihe von strategischen Zielen und Maßnahmen definiert und umsetzt. Häufig wird ein effektives CM nicht ausreichend berücksichtigt, um die Ausnutzung der zahlreichen Clusterpotenziale zu ermöglichen. Nach diesem Verständnis sind Clustermanagements ein Teil von Clusterinitiativen und -förderprogrammen.[337] In den deutschen und europäischen Clusterförderprogrammen werden herausragende Leistungen eines professionellen Clustermanagements als zentrale Erfolgsfaktoren bzw. Schlüsselrolle gewertet und als Voraussetzung für eine positive Beeinflussung der technologischen, regionalen und rechtlichen Rahmenbedingungen im Hinblick auf die Anforderungen der Clustermitglieder („*sozialer Kontext*") und die Weiterentwicklung der Clusterregion als Standort angesehen.[338]

---

[334] Vgl. Gilsing (2000): Cluster governance: How Clusters Can Adapt and Renew over Time, Copenhagen, S. 7; PWC (2011), S. 3.

[335] Vgl. Berthinier-Poncet (2013).

[336] Vgl. Vgl. PWC (2011), S. 21.

[337] Vgl. Raschke (2009), S. 206f u. 210; Benner (2012), S. 86f.; Pohl (2015), S. 19; Floeting (2008): Darf's ein bisschen mehr sein? Clusterstrategien und kommunale Wirtschaftsförderung, S. 227; Gull (2015), S. 7.

[338] Vgl. Hantsch, Kergel, Lämmer-Gamp u. a. (2013), S. 1; Rehfeld (2012): Cluster als Standortfaktor. In: *Wirtschaftspolitische Blätter*, Jg. 59(4), 2012, S. 609-621, S. 610; Rehfeld (2009), S. 183; Hervas-Oliver, (2011): When and why companies benefit from collaboration in clusters?; Ketels (2013), S. 269; Lindqvist, Ketels, Sölvell (2013), S. 47 u. 49; European Cluster Alliance (ECA) Secretariat; Pro Inno Europe - InnoNets Tactics; European Commission- Enterprise and Industry (2010): TACTICS and the European Cluster Alliance (ECA) - Final survey results. Anmerkung: In Deutschland existieren sowohl bundesweit als auch regionale Clusterförderprogramme. Auf Bundesebene sind das "Go-Cluster"-Programm des Bundesministeriums für Wirtschaft und Energie sowie der Spitzenclusterwettbewerb und seine Folgeprogramme (z. B. "InterSpIN - Internationalisierung von Spitzenclustern, Zukunftsprojekten und vergleichbaren Netzwerken") des BMBF zu nennen. Vgl. Go-Cluster: Exzellent vernetzt!; BMWi (2016); BMWi; BMBF (o.J.): go-cluster; BMWi (2015): Ausgewählte Clustererfolge - Ergebnisse aus der Förderung innovativer Services. Berlin; Ekert, Schüren, Bode (2016): Abschlussbericht Evaluation des Programms go-cluster des BMWi. Berlin; Meier zu Köcker, Buhl (2008), S. 62; BMBF (2007b): Deutschlands Spitzencluster. Mehr Innovation. Mehr Wachstum. Mehr Beschäfti-

2.4.1 Formen des Clustermanagements

Ein Cluster- oder Netzwerkmanagement kann als eine Institutionalisierung der Interaktionen im Cluster verstanden werden. Es lassen sich mehrere Formen der Institutionalisierung unterscheiden: Wie CM-Organisationen im Verhältnis zu den CA organisiert sind und welche Rolle sie übernehmen. Einerseits kann die Rolle eines Clustermanagements von einem fokalen Netzwerkunternehmen[339] übernommen werden („asymmetrische Netzwerke/ Cluster"), andererseits kann es als eigenständige Organisation institutionalisiert sein und die Koordination für gleichgestellte CA (Clustermanagement als „Primus inter pares" in einem „symmetrischen Cluster/ Netzwerk") übernehmen.[340]

Häufig werden bei der fokalen Version zentrale Geschäftsstellen aufgebaut, die durch dezentrale, regional verteilte Einheiten ergänzt werden („Hub-and-Spoke-System").[341] Fokale Unternehmen, Forschungseinrichtungen oder zentrale „*hubs*" sind in diesem Zusammenhang häufig Akteure, die zentral für die Generierung einer Clusterstruktur („*catalyst*"[342]), neuer Technologien und Wissens sind, sowohl Forscher als auch Investitionen anziehen, die Nachfrage nach Innovationen fördern und auf diese Weise Externalitäten schaffen.[343] Hub-Unternehmen (oder auch Netzwerkorganisatoren, „*network integrators*" oder „*network orchestrators*") können ein Netzwerk von einer zentralen Position aus steuern und beeinflussen zudem die strategische Position (bspw. als Haupt-Kunde, horizontaler Forschungspartner oder Systemlieferant) der übrigen Unternehmen im Netzwerk bzw.

gung. Berlin; BMBF (2007a): Bekanntmachung von Richtlinien für den Spitzencluster-Wettbewerb des BMBF. Berlin; Centre for Regional and Innovation Economics (CRIE); Technopolis Group; Institut für Weltwirtschaft Kiel (IFW): Begleitforschung: Internationalisierung von Spitzenclustern, Zukunftsprojekten und vergleichbaren Netzwerken (InterSpiN).

[339] Anmerkung: Fokale Unternehmen lassen sich definieren als Unternehmen, die zentrale, strategische Positionen einnehmen aufgrund der Vielzahl und Intensität ihrer Beziehungen zu Lieferanten und Kunden. Diese zentrale Position wird häufig durch technologische und organisationale Kompetenzen und Zugang zu Kapital gestärkt. Vgl. Ferretti, Parmentola (2012): Leading Firms in Technology Clusters: The Role of Alenia Aeronautica in the Campania Aircraft Cluster. In: *International Journal of Business & Management*, Jg. 7(21), 2012, S. 65-77, S. 67; Lazerson, Lorenzoni (1999): The firms that feed industrial districts: a return to the Italian source. In: *Industrial and Corporate Change*, Jg. 8(2), 1999, S. 235-266; Lazerson, Lorenzoni (2008): Transforming industrial districts - How leading firms are excaping the manufacturing cage. In: Cropper, Ebers, Huxham (Hrsg.): The Oxford handbook of inter-organizational relations. New York, 2008, S. 31-60.

[340] Vgl. Grames, Redlich, Wulfsberg (2012), S. 921; Klein (1995), S. 323-357, S. 346; Weyer (2008), S. 55f.; Balke, Küpper (2005): Controlling in Netzwerken: Struktur und Systeme. In: Zentes, Swoboda, Morschett u. a. (Hrsg.): Kooperationen, Allianzen und Netzwerke. 2. Aufl. Wiesbaden, 2005, S. 1033-1056, S. 1039 u. 1042; Buhl, Meier zu Köcker (2009b), S. 22; Heidling (2008), S. 142f.; Haritz, Haritz (2003), S. 218.

[341] Vgl. Hellge, Thul (2014): Unterschiede zwischen Unternehmensclustern und Einzelunternehmen. ITA, Kaiserslautern. Internes Arbeitspapier; Stahl-Rolf, Haman, Hausberg (2004), S. 33f.

[342] Lämmer-Gamp, Meier zu Köcker, Christensen (2011), S. 9.

[343] Vgl. Ferretti, Parmentola (2012), S. 66; Jarillo (1988); Gulati (1998): Alliances and Networks. In: *Strategic Management Journal*, Jg. 19(4), 1998, S. 293-317; Doz, Olk, Ring (2000): Formation processes of R&D consortia: which path to take? Where does it lead? In: *Strategic Management Journal*, Jg. 21(3), 2000, S. 239-266; Doz, Baburoglu (2000): From competition to collaboration: the emergence and evolution of R&D cooperatives. In: Faulkner, De Rond (Hrsg.): Cooperative Strategy: Economic, Business and Organizational Issues. New York, 2000, S. 173-192; Lämmer-Gamp, Meier zu Köcker, Christensen (2011), S. 9; Heikkinen, Tahtinen (2006): Managed formation process of R&D networks. In: *International Journal of Innovation Management*, Jg. 10(3), 2006, S. 271-298, S. 273.

Cluster.[344] Sie können als „*technology gatekeeper*" für den Cluster fungieren, indem sie ihr intellektuelles und soziales Kapital dazu einsetzen, die Aufnahme neuer Informationen bzw. neuen Wissens und dessen Verteilung zu unterstützen. In dieser Funktion übernehmen sie Aufgaben wie bspw. Informationsbeschaffung, -interpretation für den Cluster und Wissenstransfer zu den Clustermitgliedern.[345] Fokale Unternehmen oder Personen, zu denen viele Clusterakteure Vertrauen aufgebaut haben, können zudem als Initiator und Förderer von Beziehungen und Synergien im Cluster agieren ("*network webber*").[346] Diese Betonung der Rolle der Person eines Netzwerk- bzw. Clustermanagers wird in Abgrenzung von fokalen Unternehmen intensiv diskutiert und kann ebenfalls auf Konzepte wie „*network broker*" oder Hub-Unternehmen zurückgeführt werden.[347] Wie eingangs erwähnt, betonen v. a. Autoren, die im Umfeld der deutschen Clusterpolitik tätig sind, die zentrale Rolle des Clustermanagers, u. a. für die Entwicklung eines „exzellenten" Clusters.[348] Weitere Begriffe, unter denen diese Rolle diskutiert wird, sind bspw. „*network/ cluster facilitator*", „*cluster leaders*", „*clusterpreneurs*" oder „*cluster drivers*" bzw. Clustermanager.[349] Ingstrup und Damgaard, Ingstrup sowie Sölvell u. a. argumentieren, dass ein „*cluster facilitator*" sowohl auf die Geschwindigkeit als auch den Umfang der Clusterentwicklung entscheidenden Einfluss ausüben kann, da er

---

[344] Vgl. Heikkinen, Tahtinen (2006), S. 273; Sydow (2010b), S. 392; Sydow, Windeler, Loose u. a. (1995): Organisation von Netzwerken. Opladen; Ingstrup (2013), S. 144f.; Galbraith (1998): Designing the networked organization. In: Mohrman, Galbraith, Lawler (Hrsg.): Tomorrow's organization - Crafting winning capabilities in a dynamic world. SF, Cal., 1998, S. 76-102; Alberti (2001), S. 3; Danaraj, Parke (2006): Orchestrating innovation networks. In: *Academy of Management Review*, Jg. 31(3), 2006, S. 659-669, S. 662; Beck (2005), S. 159-180, S. 168f.

[345] Vgl. Munari, Sobrero, Malipiero (2012): Absorptive capacity and localized spillover: focal firms as technological gatekepeers in industrial districts. In: *Industrial and Corporate Change*, Jg. 21(2), 2012, S. 429-462; Morrison (2008): Gatekeepers of knowledge within industrial districts: who they are, how they interact. In: *Regional Studies*, Jg. 42(6), 2008, S. 817-836, S. 820; Ferretti, Parmentola (2012), S. 67.

[346] Vgl. Heikkinen, Tahtinen (2006), S. 282f.; Doz, Baburoglu (2000), S. 173-192; Häusler, Hahn, Lutz (1994): Contingencies of innovative networks: a case study of successful interfirm R&D network. In: *Research Policy*, Jg. 23(1), 1994, S. 47-66; Lorenzoni, Baden-Fuller (1995): Creating a strategic center to manage a web of partners. In: *California Management Review*, Jg. 37(3), 1995, S. 146-163; Dyer, Nobeoka (2000): Creating and managing a high-performance knowledge-sharing network: the Toyota case. In: *Strategic Management Journal*, Jg. 21(3), 2000, S. 345-367.

[347] Vgl. Meier zu Köcker, Buhl (2008), S. 46; Ingstrup (2013), S. 136; Hanna, Walsh (2002): Small firm networks: A successful approach to innovation? In: *R&D management*, Jg. 32(3), 2002, S. 201-207; Jarillo (1988); Miles, Snow (1986); Snow, Miles, Coleman, Jr. (1992): Managing 21st century network organizations. In: *Organizational Dynamics*, Jg. 20(3), 1992, S. 5-20, S. 14f.

[348] Vgl. Meier zu Köcker, Buhl (2008), S. 46; Lämmer-Gamp, Kergel, Nerger (2014): Cluster organisations in Europe - insights from Bronze and Gold Label assessments, Brussels, September 23rd, 2014. Berlin; PWC (2011), S. 3; Provan, Fish, Sydow (2016), S. 505.

[349] Vgl. Ingstrup (2013), S. 136f.; Meier zu Köcker, Buhl (2008), S. 46; Christensen, Stoerring (2012): Facilitating cluster evolution in peripheral regions: The role of clusterpreneurs. In: Asheim, Parrilli (Hrsg.): Interactive learning for innovation - A key driver within clusters and innovation systems. Basingstoke, New York, 2012, S. 137-160, S. 142; Coletti (2010): Technology and industrial clusters: How different are they to manage? In: *Science and Public Policy*, Jg. 37(9), 2010, S. 679-688, S. 681; Ketels, Lindqvist, Sölvell (2006): Cluster Initiatives in Developing and Transition Economies. Stockholm, S. 69; Ingstrup, Damgaard (2013), S. 557; Fromhold-Eisebith, Eisebith (2005), S. 1253; McEvily, Zaheer (2004): Architects of trust: The role of network facilitators in geographical clusters. In: Kramer, Cook (Hrsg.): Trust and distrust in organizations: Dilemmas and approaches. New York, 2004, S. 189-213, S. 190; Casson, (2003): An economic approach to regional business networks. In: Wilson, Popp (Hrsg.): Industrial clusters and regional business networks in England, 1750-1970. Aldershot, 2003, S. 19-43, S. 31f.; Sydow, Lerch, Huxham u. a. (2011), S. 8f.; Sölvell, Lindqvist, Ketels (2003), S. 11; Hallencreutz, Lundequist (2003): Spatial clustering and the potential for policy practice: Experiences from cluster-building processes in Sweden. In: *European Planning Studies*, Jg. 11(5), 2003, S. 72-90, S. 542; Lundequist, Power (2002): Putting porter into practice - Practices of regional cluster building: Evidence from Sweden. In: *European Planning Studies*, Jg. 10(6), 2002, S. 685-704.

dazu beiträgt, eine gemeinsame Vision und Strategie im Cluster zu erarbeiten, zwei zentrale Voraussetzungen für eine erfolgreiche Clusterentwicklung.[350] Ingstrup definiert einen Rahmen für die Abgrenzung der Wirkbereiche und drei generische Rollen bzw. Aufgabenbereiche eines „*cluster facilitators*“: die Abgrenzung der Cluster-Rahmenbedingungen, den Projektinitiator sowie den „Alleskönner“, der die beiden erstgenannten Aspekte gleichermaßen berücksichtigt. Weitere Aufgaben eines Clustermanagers sind laut Ingstrup von der Lebenszyklusphase des Clusters abhängig und beziehen sich auf den Aufbau einer gemeinsamen Clusterplattform mit einheitlichen Rahmenbedingungen und einer kritischen Masse an Akteuren zur Nutzung von Externalitäten, die Organisation von Netzwerkveranstaltungen und Trainings sowie die Förderung von Kooperationen („*match maker*“) zwischen den Mitgliedern zur Stärkung der Wettbewerbsfähigkeit.[351]

Für Cluster ist prinzipiell, dem Ansatz der Neuen Institutionenökonomie folgend, sowohl ein partnerschaftliches („*relational*“) als auch ein hierarchisches Management einsetzbar.[352] Es fehlt jedoch häufig an hierarchischen Anweisungs- bzw. Durchgriffsmöglichkeiten oder an einer Weisungsbefugnis des Cluster- oder Netzwerkmanagements, sodass die Kooperation im Netzwerk eher auf kollektiven Entscheidungsprozessen („*Demokratisierung der Führung*“) und freiwilliger Beteiligung der Mitglieder basiert.[353] In diesem Fall des partnerschaftlichen Vorgehens durch das CM, das den Cluster durch die Einbindung und Stärkung der Clusterakteure, den Aufbau von Vertrauen und die Bereitstellung von Wissen führt, ist der Clustermanager eher Moderator und Koordinator der Clusteraktivitäten.[354] Führung in Clustern kann in diesem Kontext als „*individual and/ or organizational action that is based upon a set of social relationships and 'makes things happen', often through influencing the actions of others via the production and reproduction of structures*“[355] oder auch relationale bzw. transformationale oder partnerschaftliche Führung verstanden werden.[356] Mit Hilfe dieses Führungsstils lässt sich einfacher ein höheres Vertrauen und "*commitment*" der Akteure zum Cluster erreichen, dies wiederum verringert die Gefahr opportunistischen Verhaltens und steigert

---

[350] Vgl. Ingstrup, Damgaard (2013), S. 557; Sölvell, Lindqvist, Ketels (2003), S. 10f u. 51f.; Gagné, Townsend, Bourgeois u. a. (2010); Jungwirth, Grundgreif, Müller (2011), S. 267 u. 270.

[351] Vgl. Ingstrup (2013), S. 138 u. 144f.; Gagné, Townsend, Bourgeois u. a. (2010); Coletti (2010); Molina-Morales (2005): The territorial agglomerations of firms: A social capital perspective from the Spanish tile industry. In: *Growth and Change*, Jg. 36(1), 2005, S. 74-99 Vgl. auch Hellge, Hoffmann (2017): Kompetenzprofile erfolgreicher Clustermanager - Ergebnisse aus einer Studie zu Kompetenzbedarfen von Clustermanagern im Rahmen des Projekts "Die Virtuelle Clusterakademie". ITA, Kaiserslautern, S. 19; PWC (2011), S. 3.

[352] Vgl. Meier zu Köcker, Buhl (2008), S. 51; Bell, Tracey, Heide (2009), S. 623.

[353] Vgl. Sydow (2010b), S. 373-470, S. 392; Sydow, Lerch, Huxham u. a. (2011), S. 2; Casson (2003), S. 21; Bell, Tracey, Heide (2009), S. 626; Berthinier-Poncet (2013); Evers (1998): Strategische Führung Mittelständischer Unternehmensnetzwerke. München und Mering, S. 193 u. 270.

[354] Vgl. Meier zu Köcker, Buhl (2008), S. 51; Jungwirth, Ruckdäschel (2013), S. 484.

[355] Sydow, Lerch, Huxham u. a. (2011), S. 6; Huxham, Vangen (2000): Leadership in the shaping and implementation of collaboration agendas: How things happen in a (not quite) joined up world. In: *Academy of Management Journal*, Jg. 43(6), 2000, S. 1159-1175, S. 1160. Vgl. auch Bass (1990a): Bass and Stogdill's handbook of leadership: theory, research and managerial applications. New York; Bass (1990b): From Transactional to transformational Leadership: Learning to Share the Vision. In: *Organizational Dynamics*, Jg. 18(3), 1990, S. 19-31, S. 21f.

[356] Vgl. Sydow, Lerch, Huxhamu. a. (2011), S. 8f.; Jungwirth, Ruckdäschel (2013), S. 472f.; Meier zu Köcker, Buhl (2008), S. 51; Uhl-Bien (2006): Relational leadership theory: exploring the social processes of leadership and organizing. In: *Leadership Quaterly*, Jg. 17(6), 2006, S. 654-676; Mueller, Jungwirth (2016), S. 428.

auf diese Weise die Erfolgschancen des Clusters.[357] Dieser CM-Führungstyp findet sich häufig in westeuropäischen Clustern aus Deutschland, Österreich oder der Schweiz, während Cluster aus dem anglo-amerikanischen Raum eher hierarchisch geführt sind.[358] Häufig besteht dennoch ein Bedarf nach einer eher „klassischen" Führung, die sich dann oftmals in einer hierarchisch organisierten Cluster- bzw. Netzwerkmanagementorganisation wiederfindet, die auf definierten und zentralisierten Autoritäts- und Entscheidungsstrukturen aufbaut und formelle Interaktionen zwischen den CA steuert.[359] Dies bedeutet, dass soziale Koordinationsmechanismen, wie gegenseitige Abstimmung im Cluster, oft nicht ausreichen, um alle Akteure zur Zusammenarbeit zu bewegen.[360] Berthinier-Poncet unterscheidet in diesem Zusammenhang zwischen drei Arten des Clustermanagements bzw. der „Cluster Governance": einer auf Koordination fokussierten Ausprägung, einer auf Kontrolle ausgerichteten Variante sowie einer dritten Variante, die sich primär auf Wissensmanagement bezieht.[361] In Bezug auf Netzwerkmanagement und dessen Organisation lassen sich vier Ebenen differenzieren[362]:

- Industrien als Netzwerke: Netzwerkmanagement bezieht sich auf die Visionserstellung,
- Unternehmen in Netzwerken: Netzwerkmanagement als Koordination und Integration der Unternehmen,
- Portfolio an Netzwerkbeziehungen: Netzwerkmanagement optimiert das Beziehungs-Portfolio
- Austauschbeziehungen im Netzwerk: Netzwerkmanagement als Beziehungsmanagement.

Brussig u. a. unterscheiden dagegen zwischen internem und externem Netzwerkmanagement.[363] Eine ähnliche Abgrenzung nimmt Meier zu Köcker vor, der zwischen internem CM als Mitglied oder separater Organisation sowie einem vollständig clusterexternen Dienstleister, der die Aufgaben des Clustermanagements wahrnimmt, differenziert.[364] Eine Abgrenzung sowie Vor- und Nachteile der internen und externen Organisationsformen sind in Tabelle 11 zusammengestellt. Terstriep ergänzt die externe (eigenständige Organisation) und interne (“*in-house*” bzw. integriert bei einem

---

[357] Vgl. Podsakoff, MacKenzie, Bommer (1996): Transformational Leader Behaviors and Substitutes for Leadership as Determinants of Employee Satisfaction, Commitment, Trust, and Organizational Citizenship Behaviors. In: *Journal of Management*, Jg. 22(2), 1996, S. 259-298; Ren, Gray, Kim (2009): Performance of International Joint Ventures: What Factors Really Make a Difference and How? In: *Journal of Management*, Jg. 35(3), 2009, S. 805-832; Mueller, Jungwirth (2016), S. 428.

[358] Vgl. Jungwirth, Ruckdäschel (2013), S. 485. Anmerkung: Jungwirth und Ruckdäschel finden in ihrer Untersuchung dagegen keinen Zusammenhang zwischen unterschiedlichen Führungstypen von Clustermanagern im deutschsprachigen Europa und Amerika und der im Cluster vorherrschenden Governance-Form. Vgl. Jungwirth, Ruckdäschel (2013), S. 470.

[359] Vgl. Sydow, Lerch, Huxham u. a. (2011), S. 2; Bell, Tracey, Heide (2009), S. 625; Staber (2000): Steuerung von Unternehmensnetzwerken: Organisationstheoretische perspektiven und soziale Mechanismen. In: Sydow, Windeler (Hrsg.): Steuerung von Netzwerken - Konzepte und Praktiken. Opladen u. a., 2000, S. 58-87, S. 60; Meier zu Köcker, Buhl (2008), S. 51; Liebeskind, Oliver, Zucker u. a. (1996): Social Networks, Learning, and Flexibility: Sourcing Scientific Knowledge in New Biotechnology Firms. In: *Organization Science*, Jg. 7(4), 1996, S. 428-443.

[360] Vgl. Staber (2000), S. 60.

[361] Vgl. Berthinier-Poncet (2013).

[362] Vgl. Heikkinen, Tahtinen (2006), S. 274.

[363] Vgl. Brussig, Böhm-Ott, Drinkuth u. a. (2001), S. 88-90.

[364] Vgl. Meier zu Köcker (2009b): Clusters in Germany - An Empirical Based Insight View on Emergence, Financing, Management and Competitiveness of the Most Innovative Clusters in Germany. Berlin, S. 21.

Clustermitglied) CM-Varianten um jeweils eine informelle (d. h. keine rechtlich selbstständige Organisation) und formelle (d. h. institutionalisierte) Ausprägung, gibt aber keine Aussage darüber ab, welcher Formalisierungsgrad für Cluster am geeignetsten ist.[365] Auch Winkler unterscheidet formelle und informelle Steuerungsmechanismen in Netzwerken und betont, dass formelle Regelungen, die häufig durch die Übertragung institutionalisierter Regelungen entstehen, in Netzwerken oft weniger Einfluss auf die Akteure ausüben können als dies in Unternehmen oder Kunden-Lieferanten-Beziehungen der Fall ist.[366] Sydow u. a. verstehen unter den Begriffen “harte” und “weiche” Clusterstrukturen ähnliche Aspekte, wie z. B. Gremienstrukturen bzw. Vorliegen von Vertrauen oder von Informationsflüssen.[367] Nichtsdestotrotz ist ein CM laut den Analysen von Terstriep am erfolgreichsten, wenn definierte institutionalisierte Strukturen vorliegen, zumindest eine Person in Vollzeit im CM beschäftigt ist und eine Finanzierung durch die Clustermitglieder sichergestellt wird.

Tabelle 11 Vor- und Nachteile des internen und externen Netzwerkmanagements[368]

	Der Netzwerkmanager stammt aus …		
	dem Unternehmensbereich (intern)	**dem Forschungsbereich (intern)**	**der Unternehmensberatung/ Wirtschaftsförderung (extern)**
Vorteile	+ an Marktbedürfnissen orientiert	+ kennt die Forschungslandschaft	+ Unabhängigkeit und Neutralität + Professionalisierungsvorteile + häufig gute Kontakte zu regionalen Entscheidungsträgern
Nachteile	– Konkurrenzsituation möglich – Gefahr zu geringer Neutralität – evtl. fehlende Kontakte zu Forschungseinrichtungen	– ggf. zu wenige Industriekontakte – mangelnde Managementerfahrungen	– keine unmittelbare Unterstützung durch starke Unternehmen oder Forschungseinrichtungen – vergleichsweise größerer Organisationsaufwand, v. a. bei kleinen Netzwerken

Diese Anforderungen werden relativiert dadurch, dass CM-Formen nicht auf jeden Cluster in jeder Region übertragbar sind, sondern an regionale Anforderungen angepasst werden sollten.[369] Eine zentrale Clustermanagement-Geschäftsstelle kann außerdem durch dezentrale Außenstellen im Sinne eines “Hub-and-Spoke”-Systems[370] ergänzt werden, um engere Abstimmungen in regional ausgedehnten Clustern zu ermöglichen.[371] Als zentrale Elemente einer formellen bzw. institutionalisierten CM-Struktur lassen sich die Rechtsform, die Kompetenz- und Kommunikations- bzw. Ent-

---

[365] Vgl. Terstriep (2006): Comparative Cluster Analysis - Five ICT Regions in Europe, S. 44-46 u. 54f.

[366] Vgl. Winkler (2002): Steuerung von Netzwerken kleiner und mittlerer Unternehmen im Spannungsverhältnis individueller und kollektiver Interessen - Sechs kooperative Netzwerke in Sachsen. In: Fischer, Gensior (Hrsg.): Sprungbrett Region? Strukturen und Voraussetzungen vernetzter Geschäftsbeziehungen. Berlin, 2002, S. 253-281, S. 265. Vgl. auch Provan, Fish, Sydow (2016), S. 504; Kogut (2000): The network as knowledge: Generative rules and the emergence of structure. In: *Strategic Management Journal*, Jg. 21(3), 2000, S. 405-425.

[367] Vgl. Sydow, Lerch, Huxham u. a. (2011), S. 6f.

[368] Eigene Darstellung nach Meier zu Köcker, Buhl (2008), S. 50; Brussig, Böhm-Ott, Drinkuth u. a. (2001), S. 88-90.

[369] Vgl. Terstriep, J. (2006), S. 54f.; Ketels, C. (2015), S. 15.

[370] Anmerkung: Vgl. Tabelle 10 in Kapitel 2.3.3 Formen von Clustern.

[371] Vgl. Raschke (2009), S. 260.

scheidungsstrukturen sowie die Systeme, d. h. die Prozesse und Vorgehensweisen des Clusters, nennen.[372] Die Qualität dieser internen Strukturen und Prozesse ist ein zentraler Einflussfaktor für den Erfolg und die Wirkungen, die ein Cluster bzw. ein CM erzielen kann. Clustermanagements in Europa weisen allerdings teilweise sehr unterschiedliche Reifegrade bzw. Professionalisierungsgrade sowie Fähigkeiten und Kompetenzniveaus der Clustermanager auf.[373]

Gerpott und Böhm differenzieren ausgehend von der Rolle des Integrators in virtuellen Organisationen drei Ausprägungen[374]:

- den „Unternehmer": Initiative geht vom Integrator aus und Wertschöpfung wird durch Integration der Leistungen des virtuellen Unternehmens mit wenigen komplementären Partnern geschaffen;
- den „Geschäftsvermittler": Initiative geht vom Kunden aus und Wertschöpfung wird über eine technisch-organisatorische Plattform erreicht;
- und den „Opportunisten": Initiative geht vom Integrator aus und Wertschöpfung wird über marktspezifische Netzwerke und freie Kooperation mit Partnern erreicht.

Unterschiedliche Rollen eines Clustermanagements werden im Rahmen des Kooperationsmanagementmodells nach Theurl beschrieben. In diesem Modell werden fünf unterschiedliche Phasen der Etablierung eines Clustermanagements unterschieden, die von den Phasen der Clusterentwicklung (siehe Kapitel 2.3) differenziert werden müssen. Nach Theurl durchläuft ein CM rekursiv die Phasen strategische Positionierung, die interne Vorbereitung, die Institutionalisierung, die operative Kooperationsführung und die Erfolgskontrolle.[375] Von der strategischen Positionierung bis zur internen Vorbereitung fokussieren sich die Clustermitglieder auf wirtschaftlich relevante Einzelentscheidungen wie die Beteiligung an Kooperationen und/ oder dem Cluster an sich und die Optimierung der internen Prozesse. Ab der Phase der Institutionalisierung tritt das eigentliche CM in Erscheinung.[376] Auch Ketels betont, dass Clusterorganisationen häufig zunächst eine Experimentierphase durchlaufen, in der sie die (sich im Zeitverlauf verändernden) Anforderungen der Clustermitglieder und der öffentlichen Fördermittelgeber in Einklang zu bringen versuchen, um innovative und clusterspezifische Lösungsansätze hervorzubringen.[377] Clustermanagements können sich zu-

[372] Vgl. Scheer, Zallinger (2007), S. 33.
[373] Vgl. Müller, Lämmer-Gamp, Meier zu Köcker u. a. (2012), S. 31f.
[374] Vgl. Gerpott, Böhm (2000): Strategisches Management in virtuellen Unternehmen. In: Albach, Specht, Wil-demann (Hrsg.): Virtuelle Unternehmen. 2000, S. 13-34, S. 26f.; Sydow (2010b), S. 386.
[375] Vgl. Theurl (2005): From Corporate to Cooperative Governance. In: Theurl (Hrsg.): Economics of Interfirm Networks. Tübingen, 2005, S. 149-192, S. 173f.; Gull (2015), S. 9.
[376] Vgl. Iristay (2007): Das Management von Unternehmenskooperationen - eine institutionenökonomische Analyse. Aachen, S. 128f.; Theurl (2010): Die Kooperation von Unternehmen: Facetten und Dynamik. In: Ahlert (Hrsg.): Handbuch Franchising & Cooperation - Das Management kooperativer Unternehmensnetzwerke. Frankfurt a. M., 2010, S. 314-343, S. 325f.; Gull (2015), S. 9.
[377] Vgl. Ketels (2015), S. 18; Küpper, Roellinghoff (2005), S. 87-89.

dem je nach Cluster in Abhängigkeit von den unterschiedlichen regionalen Rahmenbedingungen sehr unterschiedlich entwickeln.[378]

Formica grenzt ein eigenständiges CM („*agency*") ggü. einem Agenten-Modell ab, in dem freie Agenten unabhängig von einem CM auf einem freien Markt agieren und Kundenanforderungen verfolgen.[379] In diesem Modell liegt kein Club-System vor, bei dem die Agenten an das CM gebunden sind. Ein Agency- oder CM-Modell führt aus Sicht von Formica dazu, dass Unternehmen sich an öffentliche Fördermittel gewöhnen. Häufig stellt sich ein Mechanismus ein, in dem die Agency/ das CM primär darauf ausgerichtet ist, neue Fördermöglichkeiten zu erschließen, um die CM-Organisation auszubauen und damit häufig eine umfangreichere Administration/ Bürokratie aufzubauen. Dies steht im Gegensatz zur Unterstützung innovativer Prozesse und der Förderung einer unternehmerischen Kultur im Cluster.[380] Um diesen negativen Effekten entgegenzuwirken, muss ein CM bestimmte Erfolgsanforderungen erfüllen, wie bspw. seine Aktivitäten an ethischen Standards und Anforderungen sozialer Verantwortung orientieren, Diversität im Cluster fördern und eine effektive und offene Kommunikation zwischen Unternehmen, Mitarbeitern und Kunden unterstützen. Bzgl. der organisatorischen Struktur sind unabhängige Akteure, nicht ausschließlich politische Vertreter, in ein Vorstandsgremium zu berufen und es ist sicherzustellen, dass die Rollen und Aufgaben der Vorstandsmitglieder und Leiter des Clustermanagements klar definiert sind. Das Clustermanagement als „agency" sollte seine Steuerungsmechanismen regelmäßig überprüfen und an neue Anforderungen, die die Clustermitglieder und veränderte externe Rahmenbedingungen an den Cluster stellen, anpassen.[381]

Um eine Professionalisierung der Cluster- und Netzwerkmanagements zu erzielen, wurden Qualitätsinitiativen und -Label zur Auszeichnung und zum Vergleich der Organisationen und Cluster etabliert (siehe auch Kapitel 4.1 dieser Arbeit), die insbesondere kleineren bzw. jüngeren Clustermanagements den Zugang zu Fördermitteln erleichtern sollen.[382] Für Cluster, die ausschließlich bzw. primär durch Mitgliedsbeiträge gefördert werden, ist der Aufbau einer separaten Managementorganisation mit eigener Geschäftsstelle häufig nicht realisierbar.[383] Als Erfolgsfaktoren eines exzellenten Clustermanagements identifizieren Hantsch u. a. bspw.[384]:

- Dienstleistungen des CMs für die Clusterakteure,

---

[378] Vgl. Rehfeld (2003): Clusterentwicklung und Clustermanagement im Vergleich. In: Elsner, Biesecker (Hrsg.): Neuartige Netzwerke und nachhaltige Entwicklung - Komplexität und Koordination in Industrie, Stadt und Region. Frankfurt a. M., New York, 2003, S. 177-196, S. 180.
[379] Vgl. Formica (2003): Corporate Governance of Cluster Development Agencies: The Case for Market Orientation. In: Bröcker, Dohse, Soltwedel (Hrsg.): Innovation clusters and interregional competition. Berlin, New York, 2003, S. 241-271, S. 266, 269; Hantsch, Kergel, Lämmer-Gamp u. a. (2013), S. 3.
[380] Vgl. Formica (2003), S. 266, 269.
[381] Vgl. Formica (2003), S. 257-259.
[382] Vgl. Helfer, Drewello, Kiehlmann u. a. (2015), S. 7; ECEI (2012).
[383] Vgl. Helfer, Drewello, Kiehlmann u. a. (2015), S. 27.
[384] Vgl. Hantsch, Kergel, Nerger u. a. (2011): Benchmarking Report, ESCA. Berlin, S. 60f; Sautter (2012), S. 157f u. 160.

- Regelmäßige Evaluation der CM-Aktivitäten (intern u. extern) und Benchmarking,[385]
- Entwicklung und Umsetzung der langfristig orientierten Clusterstrategien,
- Sicherung der Clusterfinanzierung (Entwicklung von öffentlicher Förderung hin zu Eigenständigkeit und unabhängiger Zielstellungen zu Stärkung der regionalen Wettbewerbsfähigkeit),
- Aufbau strategischer Allianzen des Clusters um Zugang zu komplementären Kompetenzen und Ressourcen zu erhalten,
- Reputation des Clusters aufbauen, insbesondere auf internationaler Ebene zur Förderung globaler Kooperationsbeziehungen.

In einer empirischen Analyse aus dem Jahr 2015 findet Gull folgende zentrale Erfolgsfaktoren von Clustern: die Fähigkeit des Clusters zur Innovationsgenerierung und Technologieweiterentwicklung sowie klare Zielsetzungen und eine Strategie zur Unterstützung der Zielerreichung.[386] Auch das CM selbst kann ein Erfolgsfaktor eines Clusters sein, da es entscheidend dazu beiträgt, den Cluster weiterzuentwickeln, bspw. durch die Definition von clusterweiten Zielen oder die Auswahl geeigneter Clusterpartner zur Sicherung struktureller und kultureller Passung, die ebenfalls als ein weiterer Erfolgsaspekt in Clustern gilt.[387] Rothgang und Canter u. a. machen die Effektivität eines Clustermanagements primär abhängig von der Fähigkeit, die CA zu einer regelmäßigen und aktiven Mitwirkung im Cluster anzuregen und unter einer gemeinsamen Strategie zusammenzubringen.[388] Ketels nennt als Faktoren für die Effektivität eines Clusters primär eine starke Clustergrundlage basierend auf gegenseitigem Vertrauen (auch) mit regionalen politischen Einrichtungen sowie eine stabile CM-Organisation.[389] Die Leistung eines Clustermanagements unterteilen Ketels, Lindqvist und Sölvell in externe und interne Faktoren: Die externe Leistungsfähigkeit setzt sich aus dem Wachstum des Clusters, seiner Innovationsfähigkeit und internationalen Wettbewerbsfähigkeit zusammen, während die interne Leistungsfähigkeit sich auf die Fähigkeit des Clustermanagements bezieht, Termine einzuhalten, Ziele zu erreichen, neue Mitglieder zu gewinnen und eine finanzielle Nachhaltigkeit sicherzustellen.[390] In diesen o. g. Erfolgsfaktoren finden sich bereits einige zentrale Funktionen und Aufgabenfelder eines Clustermanagements wieder, die im folgenden Abschnitt nochmals genauer diskutiert werden.

---

[385] Vgl. Sydow (2008): Die Evaluationsperspektive in der Netzwerkforschung. In: Aulinger (Hrsg.): Netzwerkevaluation - Herausforderungen und Praktiken für Verbundnetzwerke, 2008, S. 55-71, S. 56, 58-60 u. 68f.; Christensen, Meier zu Köcker (2011): The NGPExcellence Project Cluster Excellence in the Nordic Countries, Germany and Poland, S. 4; Andersen, Bjerre, Hannson (2006). Anmerkung: Siehe auch Kapitel 4 der vorliegenden Arbeit für einen ausführlichen Überblick zu Cluster-Evaluations- und Benchmarking-Ansätzen und -Kriterien.

[386] Vgl. Gull (2015), S. 31 u. 34.

[387] Vgl. Helfer, Drewello, Kiehlmann u. a. (2015), S. 14f.; Jungwirth, Ruckdäschel (2013), S. 487; Knop (2009): Erfolgsfaktoren strategischer Netzwerke kleiner und mittlerer Unternehmen - Ein IT-gestützter Wegweiser zum Kooperationserfolg. Wiesbaden, S. 110f.

[388] Vgl. Rothgang, Catner, Dehio u. a. (2014), S. 19.

[389] Vgl. Ketels (2013), S. 276.

[390] Vgl. Ketels, Lindqvist, Sölvell (2012): Strengthening Clusters and Competitiveness in Europe - The Role of Cluster Organisations, S. 30.

2.4.2 Funktionen und Aufgaben des Clustermanagements

Diskutiert man die Aufgaben und Funktionen eines Clustermanagements gilt es zunächst festzustellen, dass nicht von einem, allgemeingültigen Aufgabenspektrum oder Aktivitätsniveau für Clustermanagements gesprochen werden kann, das den Erfolg eines Clusters garantiert. Vielmehr müssen Kern-Aufgabenfelder diskutiert und abgegrenzt werden, die für Clustermanager von Relevanz sind, wobei diese immer vor dem Hintergrund der spezifischen und individuellen Rahmenbedingungen des Clusters, dessen strategischer Orientierung und Zielstellung angepasst werden müssen.[391] CM-Aktivitäten sind demnach als aus der Clusterstrategie abgeleitete Maßnahmen des Clustermanagements für die CA zu verstehen, die die Vision und Zielerreichung des Clusters unterstützen.[392] Auch das folgende Kapitel zur Analyse von Clusterberichten wird entsprechend verschiedene, individuelle Schwerpunktsetzungen in unterschiedlichen Clustern aufzeigen (siehe Kapitel 4.2ff).

Allgemein gilt es bzgl. der Steuerung oder Organisation von Netzwerken und Clustern festzuhalten, dass aufgrund der kooperativen Natur immer unterschiedliche individuelle Interessenslagen der verschiedenen Akteure vorliegen und miteinander wie auch mit den gemeinsamen Clusterzielen in Einklang zu bringen sind. Hinzukommt, dass nicht wie in „klassischen" Unternehmen hierarchische Beziehungen vorliegen, sondern dass Machtverhältnisse und Entscheidungskompetenzen im Netzwerk/ Cluster verteilt sind. Demnach verfügt ein CM nicht über die gleichen Durchgriffsmöglichkeiten bzw. formalen Weisungsbefugnisse ggü. den CA wie das Management eines hierarchisch organisierten Unternehmens ggü. seinen Mitarbeitern. Es mangelt zudem an der Befugnis, Ressourcen im Cluster zu verteilen. Mit Hilfe einer zentralen Managementorganisation wird dieses potenzielle Spannungsfeld nie vollständig aufgehoben werden können. Ein zentrales Management kann für einen Cluster aber einen Beitrag leisten, um die interorganisationale Zusammenarbeit im Cluster zu unterstützen und Synergien zwischen den CA aufzuzeigen oder zu generieren.[393] Eine weit verbreitete Systematisierung von Netzwerkmanagement-Aufgabenfeldern definiert Sydow als eine Ergänzung allgemein anerkannter, innenorientierter Managementfunktionen wie Planung, Organisation, Personaleinsatz sowie -führung, Koordination und Kontrolle. Diese Funktionen werden um drei Aufgaben ergänzt, die sich auf die kooperative Natur des Netzwerks bzw. dessen Beziehungen zwischen den Akteuren fokussieren. Sydow unterscheidet hier folgende Funktionen: Anbahnung (im Sinne einer Identifikation von potenziellen Partnern bzw. Mitgliedern des Netzwerks), Austausch (Transfer von technologischem oder personen- bzw. organisationsbezogenem Wissen) und Koordination (Ausgestaltung von (Geschäfts-)Beziehungen und Interessensausgleich bzw. Konfliktma-

---

[391] Vgl. Rheinisch-Westfälisches Institut für Wirtschaftsforschung (RWI) (2014): Begleitende Evaluierung des Förderinstruments „Spitzencluster-Wettbewerb" des BMBF - Abschlussbericht. Essen, S. 210; Terstriep (2008), S. 1; Jircikova, Pavelkova, Bialic Davendra u. a. (2013), S. 623; PWC (2011), S. 3; Sydow (2005a): Management von Unternehmungsnetzwerken: auf dem Weg zu einer reflexiven Netzwerkentwicklung? In: Welter (Hrsg.): Der Mittelstand an der Schwelle zur Informationsgesellschaft. Berlin, 2005, S. 123-145, S. 132.

[392] Vgl. Jircikova, Pavelkova, Bialic Davendrau. a. (2013), S. 623.

[393] Vgl. Winkler (2002), S. 253-281, S. 278f.; Jungwirth, Ruckdäschel (2013), S. 484; Thul, Hellge (2015a): Das Cluster-Excellence-Modell. Modellbroschüre. ITA, Kaiserslautern, S. 10.

nagement zwischen den Netzwerkpartnern).[394] Dabei setzt Sydow diese Funktionen an zentraler struktureller Prinzipien interorganisationaler Netzwerke an, wie z. B. Kooperation, Vertrauen, Verlässlichkeit, Verhandlung und Selbstverpflichtung sowie Vertragsrecht und Beziehungszusammenhang.[395] Aggregiert führen diese Ansatzpunkte für Sydow zu vier Kernfunktionen des Managements interorganisationaler Beziehungen bzw. insbesondere auch von Netzwerken[396]:

1. Selektionsfunktion (Auswahl von Netzwerkpartnern[397])
2. Allokationsfunktion (im Hinblick auf Ressourcen, Rollen, Verantwortlichkeiten, Aufgaben)
3. Regulationsfunktion (im Hinblick auf die Ausgestaltung der Zusammenarbeit im Netzwerk)
4. Evaluationsfunktion (der Netzwerkmitglieder, -beziehungen, -managements, -aktivitäten und des Gesamtnetzwerks im Hinblick auf Aufwand, Kosten und Nutzen[398])

Konkrete Aktivitäten oder Instrumente eines Netzwerkmanagements können sich auf eine dieser Funktionen beziehen oder funktionsübergreifend (z. B. eine Umfeld- oder Marktanalyse) gestaltet sein. Eine Aktivität der Selektionsfunktion kann bspw. die Zusammenstellung von Partnerprofilen sein, die für die Weiterentwicklung der Wertschöpfungskette des Clusters oder zum Abgleich mit Anforderungsprofilen potenzieller Kooperationspartner genutzt werden können.[399] Weitere Beispiele für funktionsbezogene Aktivitäten eines Netzwerkmanagements zeigt Tabelle 12. Als zusätzliche CM-Funktionen lassen sich Repräsentations-, Dienstleistungs-, Koordinations- bzw. Moderator- sowie Kommunikationsfunktion und eine abgeschwächte Führungsfunktion nennen.[400]

---

[394] Vgl. Sydow (2010b), S. 373-470, S. 393f.; Steinmann, Koch, Schreyögg (2013): Management - Grundlagen der Unternehmensführung Konzepte - Funktionen - Fallstudien. 7. Aufl. Wiesbaden, S. 9; Wohlgemuth (2002): Management netzwerkartiger Kooperationen - Institutionalisierung, Aufgaben und Instrumente. Wiesbaden, S. 32; Gull (2015), S. 9.
[395] Vgl. Sydow, Windeler (2000): Steuerung von u. in Netzwerken -Perspektiven, Konzepte, vor allem aber offene Fragen. In: Sydow, Windeler (Hrsg.): Steuerung v. Netzwerken. Konzepte u. Praktiken. Opladen u. a., 2000, S. 1-24, S. 11f.
[396] Vgl. Sydow (2010b), S. 373-470, S. 393f.; Sydow (2005a), S. 123-145, S. 133f.; Sydow, Schüßler, Müller-Seitz (2016): Managing inter-organizational relations. Debates and cases, New York, S. 20.
Buhl, Meier zu Köcker (2009b), S. 27-29.; BMWi (2010), S. 26f.
[397] Vgl. auch Helfer, Drewello, Kiehlmann u. a. (2015), S. 15.
[398] Vgl. auch Sydow (2008), S. 55-71, S. 56ff. für eine detaillierte Ausführung zu Vorgehensweisen und Rahmenbedingungen im Rahmen einer Netzwerk- bzw. Clusterevaluation. Siehe auch Sydow (2004): Network development by means of network evaluation? Explorative insights from a case in the financial services industry. In: *Human Relations*, Jg. 57(2), 2004, S. 201-220; Raines (2002); Provan, Sydow (2008): Evaluating interorganizational relationships. In: Cropper, Ebers, Huxham, Ring (Hrsg.): The Oxford handbook for inter-organizational relations. Oxford, 2008, o. S.; Kind, Meier zu Köcker (2011); Gagné, Townsend, Bourgeois u. a. (2010); Aulinger (Hrsg.) (2008): Netzwerkevaluation - Herausforderungen und Praktiken für Verbundnetzwerke; Ohler (2011): Evaluierung der österreichischen Clusterinitiativen. Wien; Rothgang, Catner, Dehio u. a. (2014); Diez, (2001): The Evaluation of Regional Innovation and Cluster Policies: Towards a Participatory Approach. In: *European Planning Studies*, Jg. 9(7), 2001, S. 907-923.
[399] Vgl. Sydow (2010b), S. 406.
[400] Vgl. Hellge, Thul (2014), S. 4; Meier zu Köcker, Buhl (2008), S. 46, 49, 51 u. 62; Sydow, Zeichhardt (2013): Netzwerkservices als Netzwerkzeuge - Maßgeschneiderte Unterstützung für das Netzwerk- und Clustermanagement. In: Sydow, Duschek (Hrsg.): Netzwerkzeuge - Tools für das Netzwerkmanagement. Wiesbaden, 2013, S. 97-114, S. 99, Prognos AG; ISW Consult (2009), S. 86; Beck (2005), S. 176-178.

Tabelle 12 Funktionsbezogene Beispiel-Aktivitäten eines Netzwerkmanagements[401]

Netzwerkmanagementfunktion	**Funktionsbezogene Aktivität/ Maßnahme (Beispiele)**
Selektion	• Erstellung von Partnerprofilen und Abgleich mit kooperationsbezogenen Anforderungsprofilen • Konzeptwettbewerb für Angebote zu beispielhaften Kundenanforderungen
Allokation	• Wertkettenanalyse • Erlösrechnungen und „Total Cost of Ownership"-Rechnungen • Kompetenzanalysen
Regulation	• Vertragsgestaltung • Implementierung clusterweites Informationssystem • Definition von Kooperationsregeln (anhand von Heuristiken)
Evaluation	• Netzwerkevaluation und -controlling • Benchmarking • Einsatz Balanced Scorecard (BSC) oder „*cooperative scorecard*"/ „Netzwerk-BSC" • Meta-Evaluation (extern) der internen Cluster-Evaluation
Sonstige (z. B. Grenzmanagement, interorganisationales Lernen)	• Durchführung von „Grenzprojekten" • Wissensspeicher/Wissensmanagementsysteme • strategischer Lücken- und Wertsteigerungsanalysen • und die Aufstellung strategischer Bilanzen

Sydow versteht Netzwerkmanagement außerdem als eine reflexive Form der Weiterentwicklung des Netzwerks insgesamt. D. h., dass das Netzwerkmanagement die Strukturen der Zusammenarbeit des Netzwerks beeinflusst und weiterentwickelt und dadurch die Akteure des Netzwerks kontinuierlich in Kontakt miteinander und diesen Strukturen gebracht werden und auf diese Weise diese und auch Regelungen/ Funktionen des Netzwerks/ Clusters wieder beeinflusst werden und sich verändern (lassen).[402] Hinzukommt, dass ein Netzwerkmanagement diese Regulation vor dem Hintergrund mehrerer Spannungsfelder, die das Umfeld eines Netzwerks/ Clusters ausmachen, vornehmen

[401] Eigene Darstellung nach Sydow (2010b), S. 406-408; Porter (1983): Wettbewerbsstrategie. Frankfurt, New York; Fischer (2008): Leistungsgerechte Zuteilung von Erlösen in Netzwerkorganisationen. Baden-Baden; Steinle, Bruch, Nasner (1997): Kernkompetenzen – Konzepte, Ermittlung und Einsatz zur Strategieevaluation. In: *Zeitschrift für Planung*, Jg. 8(1), 1997, S. 1-23, S. 9f.; Ariño, Ragozzino, Reuer (2008): Alliance dynamics for entrepreneurial firms. In: *Journal of Management Studies*, Jg. 45(1), 2008, S. 147-168; Mathews (1992): TCG: Sustainable economic organization through networking. Kensington; Hippe (1997): Interdependenzen von Strategie und Controlling in Unternehmensnetzwerken. Wiesbaden; Hippe (1996): Betrachtungsebenen und Erkenntnisziele in strategischen Unternehmensnetzwerken. In: Bellmann, Hippe (Hrsg.): Management von Unternehmensnetzwerken. Wiesbaden, 1996, S. 21-53; Weber (2005): Netzwerkmonitoring und Evaluation. In: Aderhold, Meyer, Wetzel (Hrsg.): Modernes Netzwerkmanagement - Anforderungen - Methoden - Anwendungsfelder. Wiesbaden, 2005, S. 277-301, S. 295; Neweling, Sonnek (2006): Ansätze des Personalmanagements in Unternehmensnetzwerken, Diskussionsbeitrag Nr. 9. Mai 2006. Dortmund, S. 18f.; Terstriep (2008), S. 8; Lange, Schaefer, Daldrup (2001): Integriertes Controlling in Strategischen Unternehmensnetzwerken. In: *Controlling*, Jg. 13(2), 2001, S. 75-83; Duschek, Ortmann, Sydow (2001): Grenzmanagement in Unternehmungsnetzwerken: Theoretische Zugänge und der Fall eines strategischen Dienstleistungsnetzwerks. In: Ortmann, Sydow (Hrsg.): Strategie und Strukturation - Strategisches Management von Unternehmen, Netzwerken und Konzernen. Wiesbaden, 2001, S. 191-233; Stüllenberg, Schulze im Hove (2004): Die Netzwerk-Balanced-Scorecard als Instrument des Netzwerk-Controlling - Technical Report Nr. 03002, SFB 559 „Modellierung großer Netze in der Logistik". Dortmund, S. 4; Schweier, Stüllenberg (2000): Netzwerk-Controlling. In: *Controlling*, Jg. 12(4/5), 2000, S. 2259; Stüllenberg, Schulze im Hove, Weidt (2004): Inhaltliche Ausgestaltung der Netzwerk-Balanced Scorecard für Beschaffungsketten, S. 57f.; Buhl, Meier zu Köcker (2009b), S. 27-29.; BMWi (2010), S. 29.

[402] Vgl. Sydow (2005a), S. 130f. Vgl. auch PWC (2011), S. 28 zu einem „adaptiven" CM-Vorgehen als Voraussetzung für ein exzellentes Clustermanagement.

und diese berücksichtigen muss. Spannungsfelder zeigen sich bspw. zwischen Autonomie und Abhängigkeit sowie Komplexität, Vertrauen und Kontrolle, Kooperation und Wettbewerb zwischen den Akteuren oder auch Stabilität und Fragilität des Netzwerks, um nur einige zu nennen.[403]

Basierend auf der Systemtheorie nach Luhmann kann ein Cluster als ein soziales System verstanden werden, dass sich primär selbst steuert. Es wird auch von autopoietischer Steuerung gesprochen. Autopoiese ist die selbstreferenzielle Geschlossenheit eines sozialen Systems, die aber auch Umwelteinflüsse und Interdependenzen zwischen verschiedenen Steuerungsebenen eines Netzwerks berücksichtigt. Auf diese Weise soll die zunehmende Komplexität eines sozialen Systems - wie bspw. eines interorganisationalen Unternehmensclusters - erklärt werden.[404] Aufgabe des CMs in diesem Zusammenhang ist auch die Verringerung der Komplexität des Clustersystems durch Integration der Aktivitäten auf kultureller, strategischer und struktureller Ebene.[405]

Ein weiteres Spannungsfeld des Clustermanagements und seiner Aufgaben und Rollen ergibt sich aus der Herausforderung, Mehrwerte für den Cluster zu schaffen,[406] der Anforderung „Vision/ Mission des Clusters", an der sich ein CM zu orientieren hat, und in der Anforderung an die „Qualität der Arbeit" des Clustermanagements (siehe Abbildung 20). Diese bezieht sich sowohl auf dessen ideell geprägte Aufgabenfelder (Tätigkeiten für den Cluster) als auch auf kommerziell ausgerichtete Dienstleistungen, die das CM anbietet. Die Herausforderungen in diesem Spannungsfeld werden durch die geringe Durchgreifbarkeit, über die ein CM ggü. den Clustermitgliedern verfügt noch verstärkt. Bei CM-Organisationen handelt es sich in vielen Fällen um hierarchische Organisationen, die aber in Bezug auf den Cluster keine hierarchische Führungsrolle übernehmen können, da es sich bei Clustern um freiwillige Unternehmenszusammenschlüsse handelt.[407] Aufgrund dieser Freiwilligkeit sind formale Beziehungen in einem Cluster meist nur schwach und es stehen v. a. Partnerschaften und Kooperationen im Mittelpunkt, z. B. als zeitlich begrenzte Projektarbeit.[408] Vor diesem Hintergrund ist es nicht überraschend, dass Sydow auch die Beendigung der (von Natur aus eher temporär angelegten) Netzwerkbeziehungen als eine Aufgabe des Netzwerkmanagements sieht.[409] Rehfeld betont zudem das Spannungsfeld des Clustermanagements, das sich zwischen regionalen

---

403 Vgl. Sydow (2005a), S. 136f.; Sydow (2010b), S. 405; Sydow, Windeler, Loose u. a. (1995), S. 49f.; Stahl-Rolf, Haman, Hausberg (2004), S. 33f.; Gull (2015), S. 9.

404 Vgl. Sydow, Windeler (2000), S. 1-24, S. 6; Luhmann (1984): Soziale Systeme. Grundriss einer allgemeinen Theorie. Frankfurt a. M., S. 15.

405 Vgl. Gull (2015), S. 9.

406 Vgl. Buhl, Meier zu Köcker (2009b), S. 7.

407 Vgl. Hellge, Thul (2014), S. 5; Sydow, Lerch, Huxham u. a. (2011), S. 329.

408 Vgl. Hellge, Thul (2014), S. 8; Buhl, Meier zu Köcker (2009b), S. 14f.

409 Vgl. Sydow (2010b), S. 393f.; Oerlemans, Gössling, Jansen (2007): Tie failure: A literature review. In: Gössling, Oerlemans, Jansen (Hrsg.): Inside networks. Cheltenham, 2007, S. 195-221; Harrison (2004): Is a long-term business relationship an implied contract? Two views of relationship disengagement. In: *Journal of Management Studies*, Jg. 41(1), 2004, S. 107-125.

Anforderungen, dem Angebot von Dienstleistungen für die CA sowie der Orientierung an politischen Förderprogrammen gleichermaßen zurechtfinden muss.[410]

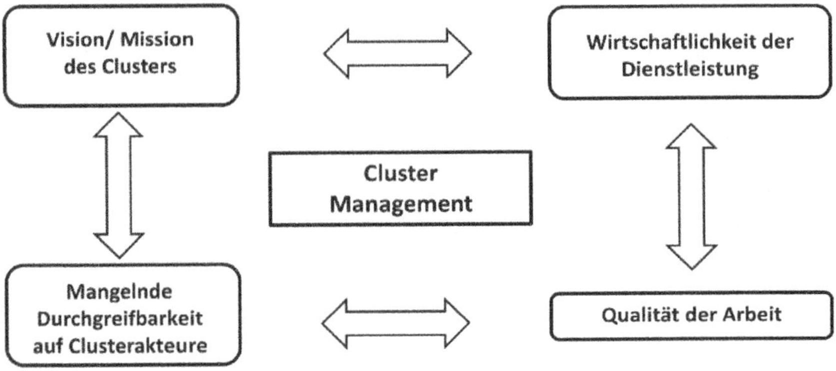

Abbildung 20 Spannungsfeld des Clustermanagements[411]

Einige Autoren argumentieren, dass auch (kostenpflichtige) Dienstleistungsangebote eines Cluster- bzw. Netzwerkmanagements, speziell ausgelegt für die CA und an deren Bedarfen ausgerichtet, auf diesen vier Funktionen aufbauen bzw. abgeleitet werden sollten.[412] Im Unterschied zu privaten Dienstleistungsanbietern muss bei CM-Dienstleistungsangeboten dabei die Entwicklung des Clusters insgesamt und nicht eines einzelnen Unternehmens im Vordergrund stehen.[413] Um dies leisten zu können, benötigt ein CM zum einen Systemintelligenz - im Sinne von Fach- und Netzwerkmanagementkompetenz - und zum anderen ein ausreichendes Maß an Selbstbewusstsein, um Kooperationen innerhalb des Clusters und bspw. eine Gleichberechtigung der CA sicherzustellen. Hier zeigt sich ein weiteres Spannungsfeld eines Clustermanagements: zwischen Dienstleister-Rolle ggü. den CA einerseits und dem Agieren als selbstständigem Akteur, der eigene Ziele verfolgt, andererseits.[414] Wenn eine öffentliche Förderung ausläuft, sehen sich Clustermanagements oft gezwungen, ein Dienstleistungsangebot aufzubauen und ihre Geschäftsmodelle weiterzuentwickeln, um ihr Bestehen zu sichern und ihre operativen Aufgaben im Cluster weiter erfüllen zu können. Dies führt u. U. dazu, dass sich Clustermanagements von ihren eher ideell ausgerichteten Funktionen entfernen und sich hin zu einer Organisation mit einem Fokus auf gewerbliche Dienstleistungen entwi-

[410] Vgl. Rehfeld (2009), S. 173-194, S. 183.
[411] Abbildung aus Hellge, Thul (2014), S. 6 in Anlehnung an Bruhn (2013): Qualitätsmanagement für Nonprofit-Organisationen - Grundlagen - Planung - Umsetzung - Kontrolle. Wiesbaden, S. 11.
[412] Vgl. Buhl, Meier zu Köcker (2009b), S. 27-29; Lämmer-Gamp, Meier zu Köcker, Christensen (2011), S. 27; Meier zu Köcker (2011): Cluster Management Excellence Makes the Difference. VDI/VDE-IT, S. 38; Sydow, Zeichhardt (2013), S. 97-99.; Freytag (2017), S. 92; BMWi (2010), S. 26f.; Hantsch, Kergel, Nerger u. a. (2011), S. 59; Helfer, Drewello, Kiehlmann u. a. (2015), S. 16.
[413] Vgl. Lämmer-Gamp, Meier zu Köcker, Christensen (2011), S. 27; Ohler (2011), S. 89f.; Commission of the European Communities (2008), S. 8; Europa InterCluster (2010): The Emerging of European World-Class Clusters, S. 43.
[414] Vgl. Ohler (2011), S. 89f.

ckeln.[415] Es lässt sich festhalten, dass Clustermanagements vor der Herausforderung stehen, ihre Rollen als Dienstleister für CA und als Management des Clusters miteinander in Einklang zu bringen. Oberste Handlungsleitlinie eines Clustermanagements sollte in diesem Zusammenhang immer der Mehrwert sein, der für Cluster und -akteure geschaffen werden kann.[416]

Insgesamt wird CM mit einer Vielzahl an Managementmethoden in Verbindung gesetzt.[417] Es findet sich zudem eine große Breite an Studien, die sich mit der Frage nach den Aufgaben und Aktivitäten eines Clustermanagements befassen und hierbei diese deutlich stärker differenzieren als bei der Kategorisierung nach Sydow. In der umfassenden Benchmarking-Studie europäischer Cluster konnte gezeigt werden, dass die Cluster eine große Vielfalt an Aktivitäten mit einer hohen Variation umsetzen. Es findet sich allerdings nur ein geringer monokausaler Zusammenhang zwischen einzelnen Aktivitäten und dem Erfolg eines Clusters bzw. dessen Wirkungen auf die CA und sein regionales Umfeld.[418] Beispielhaft herauszugreifen ist die Systematisierung nach Lindqvist, die sieben Kategorien an Clustermanagementaufgabenfeldern unterscheidet:[419]

- gemeinsame Produktion
- Aufwertung des Personals/ Personalmanagements („HR Upgrading")
- Marketing („Branding")
- Unternehmensgründung
- Unternehmensumfeld
- Informations- und Wissenstransfer/ -vermittlung („intelligence")
- gemeinsame Forschung und Entwicklung

Hier zeigt sich der einzige sehr prominente Hinweis in den verschiedenen Differenzierungen von CM-Aufgaben auf ein eindeutig personalbezogenes Aufgabenfeld, bei dem zusätzlich nicht eine eingeschränkte Sicht auf einen Teilbereich des Personalmanagements wie bspw. Personalentwicklung, im Fokus steht, sondern ein umfassender Bereich der personalbezogenen Aufwertung durch ein CM verfolgt werden soll. Weitere Ansätze, die Teilaufgaben des Personalmanagements als Aufgaben des Clustermanagements verstehen, sind bspw. bei folgenden Autoren zu finden: Ritter 1998 (Personaleinsatz und Führung), Rammer 1999 (Personalbeschaffung, -bereitstellung), Scheer und Zallinger 2007 (HR als Suppportprozess), Sölvell und Lindqvist, Ketels und Sölvell („HR Upgrading"), Europäisches Kompetenz- und Forschungszentrum Clustermanagement 2015 (Personalführung), sowie Terstriep 2007/2008, Beer und Terstriep 2010, Lorleberg 2010, Konstantynova und Lehmann 2017 für das Themenfeld Aus- und Weiterbildung/ Qualifizierungsmaßnahmen/ Kompe-

[415] Vgl. Hellge, Thul (2014), S. 5; Beer, Terstriep (2010), S. 2f.; Meier zu Köcker, Buhl (2008), S. 62.
[416] Vgl. Hellge, Thul (2014), S. 5; Buhl, Meier zu Köcker (2009b), S. 7; Thul, Hellge (2015a), S. 53.
[417] Vgl. Buhl, Meier zu Köcker (2009a), S. 20.
[418] Vgl. Müller, Lämmer-Gamp, Meier zu Köcker u. a. (2012), S. 10 u. 37f.
[419] Vgl. Lindqvist (2009): Disentangling Clusters: Agglomeration and Proximity Effects. Published Doctoral Dissertation. Stockholm, S. 62; Lindqvist, Ketels, Sölvell (2013), S. 4-6; Sölvell, Lindqvist, Ketels (2003), S. 9.

tenzentwicklung.[420] Am häufigsten wird demnach die Teilaufgabe der Personalentwicklung in verschiedenen Ausprägungsformen genannt (siehe Kapitel 3).

Rehfeld nennt zudem den Bereich, Fachkräfte in die Clusterregion zu werben und aktiv Maßnahmen zur Fachkräftesicherung als ein strategisches Aufgabenfeld eines Clustermanagements, um die Clusterregion attraktiv zu gestalten und wettbewerbsfähig zu halten.[421] Das Forschungszentrum für CM stellt Personalführungskompetenzen als Teil des Berufsbildes eines Clustermanagers in den Vordergrund. Unter die Aufgabe „Führen von Personal" eines Clustermanagers fallen demnach Tätigkeiten wie die Personalauswahl und -entwicklung (z. B. über Mitarbeitergespräche) für Mitarbeiter des Clustermanagements. Aber auch die Motivation von Mitarbeitern im CM und Teamführung werden als Kompetenzfelder von Clustermanagern gezählt.[422] Auch Hantsch u. a. betonen, dass die interne Weiterentwicklung der CM-Mitarbeiter einen wichtigen Faktor für den Erfolg eines Clustermanagements bildet, da durch die Kompetenzentwicklung der Mitarbeiter die Qualität der Angebote, deren Zuschnitt auf die CA und deren Anforderungen verbessert werden können.[423] Diese Anforderungen deuten darauf hin, dass für ein CM-internes Personalmanagement v. a. Personalentwicklung und -auswahl zentrale Prozesse sind. Hervorzuheben ist zum einen, dass sich diese Aktivitäten in die Kategorisierung nach Sydow einordnen lassen. Zum anderen ist auffällig, dass - insbesondere in jüngeren Studien - die Internationalisierungsaktivitäten und der Aufbau von sog. Cross-Cluster-Kollaborationen besonders betont werden.[424] Vergleicht man die Einordnung der verschiedenen Aufgabensets in den Ansatz nach Sydow fällt auf, dass die meisten Sets sich auf die Allokations- und Regulationsfunktionen fokussieren, während Selektions- und Evaluationsfunktion deutlich seltener thematisiert werden. Hierzu findet sich auch eine Einschätzung von Terstriep, die hervorhebt, dass v. a. die strategische Orientierung und die Evaluation im CM oft zu kurz kommen.[425] In diesem Kontext findet sich häufiger die Anforderung, dass sich CM-Aktivitäten an den CA-Interessen ausrichten müssen und dabei die gemeinsamen Strategien und Ziele des Clusters beachten müssen.[426] Dagegen bewerten bspw. CA die Unterstützung der Forschungsförderung und

[420] Vgl. Jircikova, Pavelkova, Bialic Davendra u. a. (2013), S. 623, 633f.; Bode, Alig, Hill u. a. (2012): Cluster im Personalbereich - Wie Clusterstrukturen zur Personalgewinnung genutzt werden können. In: *Zeitschrift Führung + Organisation*, Jg. 81(6), 2012, S. 403-409, S. 404-406; Ritter (1998), S. 39-46; Rammer, Gassler (1999), S. 14; Lindqvist, Ketels, Sölvell (2013), S. 4-6; Sölvell, Lindqvist, Ketels (2003), S. 9; Scheer, Zallinger (2007), S. 39-42; Terstriep (2007), S. 7; Terstriep (2008), S. 1, 3, 6; Beer, Terstriep (2010), S. 2f.; Lorleberg (2010), S. 27f, 117f, 123-129; Europäisches Kompetenz- und Forschungszentrum CM (Hrsg.) (2015), S. 11-13; Konstantynova, Lehmann (2017), S. 3 u. 10.

[421] Vgl. Rehfeld (2012), S. 616f.

[422] Vgl. Europäisches Kompetenz- und Forschungszentrum Clustermanagement (Hrsg.) (2015), S. 11-13.

[423] Vgl. Hantsch, Kergel, Nerger u. a. (2011), S. 59.

[424] Vgl. Lindqvist, Ketels, Sölvell (2013), S. 4-6; Stahl-Rolf, Haman, Hausberg (2004), S. 33f.; Rehfeld (2012), S. 611 u. 614; cloe (2006), S. 20-25; Terstriep (2007), S. 7; Terstriep (2008), S. 1, 3, 6; Ketels (2009), S. 11; Greenhalgh, European Commission (2012): Cluster internationalisation. tactics - better cluster policies and tools for implementation, S. 15-17; Ketels (2015), S. 18; Lämmer-Gamp, Meier zu Köcker, Nerger (2014): Cluster Collaboration and Business Support Tools to Facilitate Entrepreneurship - Cross-sectoral Collaboration and Growth. Brüssel; Go-Cluster: Exzellent vernetzt!; BMWi (2016); Rohde (2016), S. 340; Lämmer-Gamp (2014), S. 14; Iszak, Markianidou, Rivera Leon (2015): European Cluster Trends, S. 12f u. 49f.

[425] Vgl. Terstriep (2008), S. 1.

[426] Vgl. Jircikova, Pavelkova, Bialic Davendra u. a. (2013), S. 623.

Anregung von Kooperationen als wichtigste Aufgaben eines Clustermanagements, gefolgt von Marketing und Strategieentwicklung.[427] Auch der Interessensausgleich zwischen den Stakeholdern des Clusters gilt als eine zentrale Aufgabe des Clustermanagements.[428] In diesem Aufgabenset finden sich keine Hinweise auf PM-Aktivitäten eines Clustermanagements. Neben der Definition des Berufsbildes Clustermanager durch das Europäisches Kompetenz- und Forschungszentrum Clustermanagement finden sich weitere Autoren, die Tätigkeitsfelder von Netzwerk- oder Clustermanagern in Form einer Berufsbezeichnung und -definition oder eines Kompetenzprofils beschreiben. Inzwischen existieren Aus- bzw. Weiterbildungsprogramme für den Beruf des Clustermanagers (z. B. Clusterland Oberösterreich in Linz oder der deutsch-französische Masterstudiengang Clustermanagement der Hochschule Kehl in Kooperation mit der Universität Strasbourg) und Clustermanager haben sich als Profession zusammengeschlossen (Cluster Managers Club EU).[429] In Anlehnung an das Forschungszentrum (s. o.) betonen bspw. Helfer u. a. die Bedeutung von Fähigkeiten und Kompetenzen wie Motivationsfähigkeit, Sozial- und Projektmanagementkompetenz für Netzwerkmanager.[430] Weitere häufig genannte Kompetenzen eines Cluster- bzw. Netzwerkmanagers sind Branchenkenntnisse, Repräsentationsgeschick, Anpassungs- und Kooperationsfähigkeit, Führungs- und Kommunikationskompetenz sowie Akzeptanzgewinnung der Clustermitglieder, Stakeholdermanagement, Aufbau eines Netzwerks/ Netzwerk- oder Beziehungsfähigkeit, Aufbau von Vertrauen, Moderations-, Konfliktmanagement- und Problemlösungskompetenz sowie Sprachkenntnisse und Bewusstsein für politische Rahmenbedingungen.[431] Neben fachlichen und intraorganisationalen bzw. Netzwerk-Kompetenzen werden demnach ebenfalls soziale Kompetenzen und (inter-)personale Fähigkeiten als für Clustermanager relevante Kompetenzen thematisiert.[432]

Diese Kompetenzanforderungen sind teilweise abhängig von der Lebenszyklusphase, in der sich ein Cluster befindet. So zeigt eine Studie unter Clustermanagern aus Deutschland, dass die Bedeutung einiger Clustermanager-Kompetenzen, wie u. a. Konfliktmanagementkompetenz, Systemisches Denken und Branchenkenntnisse von der Entwicklungsphase des Clusters abhängen (siehe Abbil-

[427] Vgl. Nestle (2011), S. 181.
[428] Vgl. Stahl-Rolf, Haman, Hausberg (2004), S. 33f.
[429] Vgl. Ketels, Lindqvist, Sölvell (2012), S. 27; Commission of the European Communities (2008), S. 8; Hochschule Kehl; Université Strasbourg (o.J.): Deutsch-französischer Master Management von Clustern und regionalen Netzwerken; European Commission- Enterprise and Industry (o.J.): Cluster Managers Club EU - The European Club of Cluster and Network Managers.
[430] Vgl. Helfer, Drewello, Kiehlmann u. a. (2015), S. 14; Meier zu Köcker, Buhl, (2008), S. 49f.; Knop (2009), S. 179f.; Hellge, Hoffmann (2017), S. 18.
[431] Vgl. Meier zu Köcker, Buhl (2008), S. 49; Pro Inno Europe; INNO Nets CEE Cluster Network (2009), S. 5; Ingstrup (2013), S. 138; Ingstrup, Damgaard (2013), S. 557f u. 561; Mesquita (2007): Starting over when the bickering never ends: rebuilding aggregate trust among clustered firms through trust facilitators. In: *Academy of Management Review*, Jg. 32(1), 2007, S. 72-91; Zagorsek, Svetina, Jaklic (2008): Leadership in clusters: Attributes of effective cluster leader in Slovenia. In: *Transformations in Business and Economics*, Jg. 7(2), 2008, S. 98-113; Sydow (2010b), S. 373-470, S. 401; Pfohl, Buse (1999): Organisationale Beziehungsfähigkeiten in komplexen kooperativen Beziehungen. In: Engelhard, Sinz (Hrsg.): Kooperation im Wettbewerb. Wiesbaden, 1999, S. 269-300; Fleisch (2001): Das Netzwerkunternehmen - Strategien und Prozesse zur Steigerung der Wettbewerbsfähigkeit in der Networked economy. Berlin; Pro Inno Europe; INNO Nets CEE Cluster Network (2009), S. 4; Hellge, Hoffmann (2017), S. 18.
[432] Vgl. Sydow (2010b), S. 401.

dung 21).[433] Eine Untersuchung von Pro Inno Europe aus dem Jahr 2009 findet ergänzend hierzu, dass bspw. Clustermanager, deren Cluster in einer frühen Entwicklungsphase sind, eher Kompetenzen im Bereich der Strategieentwicklung, Führungskompetenz und Integration neuer Mitglieder benötigen, während Clustermanager in weiter entwickelten Clustern eher Kompetenzen bzgl. Lobbyarbeit benötigen.[434] Es wird darüber hinaus die These aufgestellt (basierend auf Daten aus 75 Clustern in Deutschland), dass Clustermanager, die über eine Kombination aus technischen sowie Netzwerkmanagementkompetenzen verfügen, eher in der Lage sind, eine langfristige Finanzierung eines Clusters zu erreichen.[435] Als ein besonders wertvoller beruflicher Hintergrund für Clustermanager wird zudem Berufserfahrung als Führungskraft in einem privatwirtschaftlichen Industrieunternehmen angesehen.[436] Auch im Hinblick auf den beruflichen Hintergrund von Clustermanagern liegen vereinzelte Analysen vor. In einer Untersuchung von Terstriep wiesen die befragten Clustermanager v. a. disziplinarische Hintergründe aus den Bereichen Ingenieurswesen und Betriebswirtschaft auf, gefolgt von volkswirtschaftlichen und sozialwissenschaftlichen sowie geographischen Hintergründen.[437]

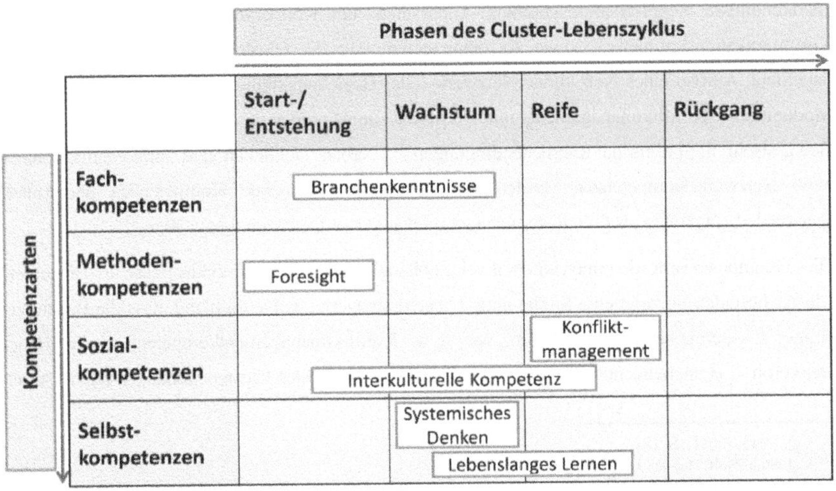

Abbildung 21 Clustermanagerkompetenzen in Abhängigkeit von der Cluster-Lebenszyklusphase[438]

[433] Vgl. Hellge, Hoffmann (2017), S. 19; Hellge, Hoffmann (2018): Kompetenzprofile und Karrierepfade erfolgreicher Clustermanager in Deutschland. In: *Zeitschrift für Organisationsentwicklung (ZOE)*(3/2018).
[434] Vgl. Pro Inno Europe; INNO Nets CEE Cluster Network (2009), S. 5f.
[435] Vgl. Meier zu Köcker (2009a), S. 21. Siehe auch Ritter (1998), S. 49-52.
[436] Vgl. Ketels, Lindqvist, Sölvell (2012), S. 32.
[437] Vgl. Terstriep (2008), S. 5.
[438] Abbildung aus Hellge, Hoffmann (2017), S. 19.

Ähnliche Ergebnisse konnten in einer aktuelleren Studie unter deutschen Clustermanagern gefunden werden.[439] Im Rahmen dieser Studie ließen sich drei distinkte Karrierepfade hin zum Clustermanager differenzieren: „Projektmanager und wissenschaftliche Mitarbeiter", „Entrepreneure" und „erfahrene Führungskräfte" (Detail-Abgrenzung siehe Abbildung 22). Es wird deutlich, dass weniger als die Hälfte der berücksichtigten Clustermanager Erfahrungen als Führungspersonen in Unternehmen gesammelt haben, trotz der hohen Bedeutung, die diesem beruflichen Hintergrund für Clustermanager von Seiten der Clusterpolitik und -förderung beigemessen wird.

Insgesamt ist festzuhalten, dass kaum ein CM in der Lage sein wird, allen hier genannten Aufgaben und Aktivitäten gleichzeitig und in gleichem Ausmaß bzw. mit gleicher Priorisierung nachzukommen. Umso wichtiger ist die Anpassung und Auswahl der Aktivitäten orientiert an den Anforderungen der jeweiligen CA, der regionalen Rahmenbedingungen sowie der spezifischen strategischen Clusterziele. CM wird als eine Aufgabe gesehen, die nur äußerst professionell zu bewältigen ist und nicht nur als bspw. eine Nebentätigkeit.[440] Nichtsdestotrotz wird immer wieder in Frage gestellt, inwiefern die Mehrheit der bestehenden Clustermanagements tatsächlich einen hohen Professionalisierungsgrad erreicht hat und wie langfristig (bzw. nachhaltig) die meisten CM-Aktivitäten tatsächlich ausgerichtet sind. Zudem ist fraglich, ob Zielsetzungen und Aktivitäten ausreichend unter Berücksichtigung sich verändernder Rahmenbedingungen evaluiert und angepasst werden.[441]

	Projektmanager und wiss. Mitarbeiter	**Entrepreneure**	**Erfahrene Führungskräfte**
Fälle	14	12	20
Position	Im Clustermanagement (36%) oder in der Geschäftsführung des Clusters (21%)	Im Clustermanagement (50%) oder in der Geschäftsführung des Clusters (50%)	Im Clustermanagement (40%) oder in der Geschäftsführung des Clusters (50%)
Abschluss-Fachgebiet	technischer Bereich (50%)	Geographie und Landwirtschaft (>60%)	Wirtschaftswissenschaften; Technik-/Ingenieur-/ Naturwissenschaften
höchster Bildungsabschluss	Hochschulabschluss (>90%)	Hochschulabschluss (>90%)	Hochschulabschluss (>90%)
Dauer der Tätigkeit	≥ 5 Jahre im Clustermanagement tätig (~57%)	≥ 5 Jahre im Clustermanagement tätig (~40%) < 3 Jahre im Clustermanagement tätig (~30%)	≥ 5 Jahre im Clustermanagement tätig (~65%)
zentraler Karriereschritt	Wiss. Mitarbeiter/ Promotion; Projektmanager	Mitarbeit/Gründung eines Start-Ups	Leitungsposition; Berufserfahrung; Netzwerkarbeit
Geschlechterverteilung	9 Männlich 5 Weiblich	8 Männlich 5 Weiblich	18 Männlich 2 Weiblich

Abbildung 22 Abgrenzung typischer Clustermanager-Karrierepfade[442]

[439] Vgl. Hoffmann, Hellge, Riquartz (2017): Karrierepfade erfolgreicher Clustermanager. Kaiserslautern, S. 5 u. 14.; Hellge, Hoffmann (2018).
[440] Vgl. RWI (2014), S. 210; Rehfeld (2004), S. 130; Terstriep (2008), S. 1.
[441] Vgl. Rehfeld (2004), S. 130.
[442] Abbildung aus Hoffmann, Hellge, Riquartz (2017), S. 15; Hellge, Hoffmann (2018).

2.5 Nachhaltigkeit in Clustern und Netzwerken

2.5.1 Nachhaltigkeit und das Leitbild „Nachhaltiger Entwicklung"

Der Begriff „nachhaltig" kann als Übersetzung des engl. „*sustainable*" verstanden werden. Für gesamte Gesellschaftssysteme wird auch der Begriff zukunftsfähig verwendet. Insgesamt ist der Nachhaltigkeitsgedanke eines der zentralen Konzepte für die globale Weiterentwicklung und ist daher - ähnlich wie auch das Clusterkonzept - sehr populär.[443] Der Begriff „Nachhaltigkeit" ist heute ein „*normativer Schlüsselbegriff der modernen Gesellschaft*", wird aber bisweilen äußerst inflationär und ohne Bezug auf wissenschaftliche Grundlagen eingesetzt.[444] Der Begriff ist auch heute noch ungenau abgegrenzt und wird in dieser ungenauen Definition sehr häufig in Medien, Politik und Unternehmen verwendet.[445] Die Ursprünge des Begriffes sind in Tabelle 13 zusammengefasst. Eine Entwicklung ist nachhaltig, wenn Menschen durch ihre heutige Bedürfnisbefriedigung die Chancen zukünftiger Generationen nicht negativ beeinflussen.[446] Der Begriff hat damit sowohl eine Gegenwarts- als auch einen Zukunftsbestandteil und beinhaltet neben einem ökonomischen Prinzip auch eine soziale Komponente.[447] Weitere Dimensionen, die neben der Ökologie, Ökonomie und der sozialen Dimension als Nachhaltigkeitsdimensionen diskutiert werden, sind eine kulturelle, politische und institutionelle Dimension.[448] Die Definition der WECD aus dem Jahr 1987 fokussiert auf die Erfüllung menschlicher Bedürfnisse. In dieser menschenzentrierten Sichtweise müssen natürliche Ressourcen erhalten werden, um die Voraussetzungen zur Erfüllung menschlicher Bedürfnisse zu erhalten.[449]

Ein ähnlicher Fokus findet sich auch in der Definition von Gladwin, Kennelly und Krause: „*… sustainable development is a process of achieving human development (…) in an inclusive, connected, equitable, prudent, and secure manner. Inclusiveness implies human development over time and space. Connectivity entails an embrace of ecological, social, and economic independence. Equity*

[443] Vgl. Scholz, Müller (2014): The HR-Department as Driver for Sustainability. In: Scholz, Zentes (Hrsg.): Beyond Sustainability. Baden-Baden, 2014, S. 52-68, S. 55; Kanning (2013): Nachhaltige Entwicklung -Die gesellschaftliche Herausforderung für das 21. Jahrhundert. In: Baumast, Pape (Hrsg.): Betriebliches Nachhaltigkeitsmanagement. Stuttgart, 2013, S. 21-43, S. 25f.; Michelsen, Adomßent (2014): Nachhaltige Entwicklung: Hintergründe und Zusammenhänge. In: Heinrichs, Michelsen (Hrsg.): Nachhaltigkeitswissenschaften. Berlin, Heidelberg, 2014, S. 3-59, S. 3.

[444] Dautzenberg, Dennerlein, Leymann u. a. (o.J.): Definition „Nachhaltigkeit", Gabler Wirtschaftslexikon. Vgl. Kanning (2013), S. 25f.; Widuckel (2014): Nachhaltige Regionalentwicklung in der Region Ingolstadt. In: Pechlaner, Reuter (Hrsg.): Pionier-Regionen der Zukunft - Innovation, Qualität und Kooperation. Wiesbaden, 2014, S. 173-186, S. 174f.; Stierl, Lüth (2014), S. 1.

[445] Vgl. Zimmermann (Hrsg.) (2016): Nachhaltigkeit wofür? - Von Chancen und Herausforderungen für eine nachhaltige Zukunft. Berlin, Heidelberg, S. 13f.

[446] Vgl. BMBF (2004): Forschung für Nachhaltigkeit; Rahmenprogramm des BMBF für eine zukunftsfähige innovative Gesellschaft. Bonn, Berlin; Bundesregierung (2012): 10 Jahre Nachhaltigkeit „made in Germany". Nationale Strategie für eine nachhaltige Entwicklung, Kurzpapier zum Fortschrittsbericht 2012, S. 1.

[447] Vgl. Thiel, Joel (2016): Wirtschaftsförderung und nachhaltiges Wirtschaften am Beispiel der Region Augsburg. In: Buchenau, Geßner, Geßner (Hrsg.): Chefsache Nachhaltigkeit - Praxisbeispiele aus Unternehmen, 2016, S. 187-210, S. 193f.; Scholz, Müller (2014), S. 55.

[448] Vgl. Michelsen, Adomßent (2014), S. 30.

[449] Vgl. Zink, Steimle, Fischer (2008): Human Factors, Business Excellence and Corporate Sustainability - Differing Perspectives, Joint Objectives. In: Zink (Hrsg.): Corporate Sustainability as a Challenge for Comprehensive Management. Heidelberg, 2008, S. 3-18, S. 9.

suggests intergenerational, intragenerational, and interspecies fairness. Prudence connotes duties of care and prevention: technologically, scientifically, and politically. Security demands safety from chronic threats and protection from harmful disruption.'[450]

In den 1990er Jahren standen Nachhaltigkeitskonzepte im Vordergrund, die aus der Ressourcenökonomie und der ökologischen Ökonomie gespeist wurden und die sich mit natürlichem und künstlichem Kapital beschäftigen. Eine Weiterentwicklung liegt in der kritischen ökologischen Nachhaltigkeit, die eine kurz- bis mittelfristige Notwendigkeit der Substitution natürlicher Ressourcen in den Fokus stellt, aber gleichzeitig die Rahmenbedingungen setzt, dass kein kritischer Ressourcenbestand unterschritten werden darf. Dieser Ansatz differenziert die Betrachtung des Naturkapitals und findet sich in aktuellen Managementansätzen wieder. Unternehmerische Handlungsfelder bzgl. Nachhaltigkeit sind heute oft noch ausbaufähig und häufig weder im wissenschaftlichen noch gesellschaftlichen Verständnis als nachhaltig einzustufen.[451] Das moderne Verständnis von Nachhaltigkeit ist v. a. durch Komplexität geprägt, d. h., dass die relevante zeitliche Komponente sowie breite Beziehungen zwischen relevanten Einflussfaktoren in einem ganzheitlichen Ansatz berücksichtigt werden müssen. Dabei wird der Betrachtungshorizont zunehmend auf eine globale, dauerhafte bzw- „zukunftsfähige" oder auch langfristig tragfähige Perspektive ausgedehnt.[452] Der Ansatz der Corporate Social Responsibility (CSR) betont die besondere gesellschaftliche Verantwortung von Unternehmen. Nachhaltigkeit wird auf diese Weise in den wirtschaftlichen Kontext gestellt und mit finanzieller Leistung in Verbindung gesetzt. Unternehmen müssen der sog. „Triple Bottom Line" folgen, um negative Folgen ihrer Aktivitäten zu minimieren und auf allen drei Dimensionen der Nachhaltigkeit (ökonomisch, ökologisch und sozial) Wert zu generieren.[453] Die Europäische Kommission definiert Corporate Social Responsibility als soziale *„Verantwortung von Unternehmen für ihre Auswirkungen auf die Gesellschaft."*[454] Um diese Verantwortung zu erfüllen, müssen Unternehmen demnach „... *auf ein Verfahren zurückgreifen ..., mit dem soziale, ökologische, ethische, Menschenrechts- und Verbraucherbelange in enger Zusammenarbeit mit den Stakeholdern in die Betriebsführung und in ihre Kernstrategie integriert werden."*[455]

---

[450] Gladwin, Kennelly, Krause (1995): Shifting Paradigms for Sustainable Development: Implications for Management Theory and Research. In: *Academy of Management Review*, Jg. 20(4), 1995, S. 874-907, S. 878.
[451] Vgl. Kanning (2013), S. 32f u. 41.
[452] Vgl. Zink, Steimle, Fischer (2008), S. 4 und Zink (2008): Nachhaltigkeitsstrategien und Human Resource Management. In: Hauff, Lingnau, Zink (Hrsg.): Nachhaltiges Wirtschaften: Integrierte Konzepte. Baden-Baden, 2008, S. 123-154, S. 123.
[453] Vgl. Kanning (2013), S. 26f u. 41; Scholz, Müller (2014), S. 55f.; Stierl, Lüth (2014), S. 6.
[454] Europäische Kommission (2011): Mitteilung der Kommission an das Europäische Parlament, den Rat, den Europäischen Wirtschafts- und Sozialausschuss und den Ausschuss der Regionen - Eine neue EU-Strategie (2011-14) für die soziale Verantwortung der Unternehmen (CSR). Brüssel, S. 7.
[455] Europäische Kommission (2011), S. 7.

Tabelle 13 Meilensteine der Leitbildentwicklung "Nachhaltigkeit"[456]

Jahr/ Zeitraum	Meilenstein
1713	Buch „*Sylvicultura oeconomica*" von Hans Carl v. Carlowitz: Überforstung des Waldes für den Bergbau
Bis 19. Jh.	Begriff nachhaltige Entwicklung wird ausschließlich im Kontext der Forstwirtschaft verwendet
1972	Erdgipfel der UN, Stockholm
	Bericht von Meadows et al. an den Club of Rome: „Grenzen des Wachstums"
1970er	Begriff des „*sustainable development*" wird definiert
1983	Einrichtung der World Commission on Environment and Development (WCED; Weltkommission für Umwelt und Entwicklung
1987	Brundtlandbericht „*Our common future*": Lösungen für nachhaltige Entwicklung aufzeigen; löst breite öffentliche Diskussion aus
1992	Rio-Konferenz der UNCED: rechtsverbindliche Beschlüsse z. B. Klimarahmenkonvention
	Agenda 21
1997	Rio-Folgekonferenz „*Earth Summit*" („Rio+5") in New York
2000	Millennium-Gipfel in New York: Verabschiedung der UN-Millenniumsziele; Schwerpunkte: Frieden, Sicherheit u. Abrüstung; Entwicklung u. Armutsbekämpfung; Schutz der gemeinsamen Umwelt; Menschenrechte, Demokratie u. gute Regierungsführung
2002	Nationale Aktionspläne: Nachhaltigkeitsstrategie für Deutschland
	„Rio+10"-Konferenz in Johannesburg: Weltgipfel für nachhaltige Entwicklung
	Rat für Nachhaltige Entwicklung in Deutschland
2008	Fortschrittsbericht der Bundesregierung
2010	Enquete-Kommission „*Wachstum, Wohlstand, Lebensqualität*" in Deutschland
2012	Rio+20 Konferenz: ambivalentes Zwischenergebnis; Abschlussdokument „*The Future We Want*"

CSR sollte in die Kernprozesse eines Unternehmens integriert sein und einen Nutzen sowohl für das Unternehmen als auch die Gesellschaft schaffen. In Bezug auf den letztgenannten Aspekt finden sich Anknüpfungspunkte an Regionalentwicklung und regionale Wirtschaftsförderung.[457] Mit dieser Definition wird die Freiwilligkeit der Integration von sozialen und ökologischen Anforderungen in die wirtschaftlichen Aktivitäten des Unternehmens betont.[458] „Corporate Sustainability" ist nach Dyllick und Hockerts zu verstehen als *„meeting the needs of a firm's direct and indirect stakeholders without compromising its ability to meet the needs of future stakeholders as well"*[459]

[456] Eigene Darstellung nach Kanning (2013), S. 22-25; Lindemann, Jänicke (2008): Nachhaltigkeitsstrategien in Deutschland und der EU - Eine Zwischenbilanz aus umweltpolitischer Sicht. FFU-rep, Nr. 02-2008; BMBF (2004); Zimmermann (Hrsg.) (2016), S. XIII u. 13f.; Hauff (1987): Unsere gemeinsame Zukunft. Greven; Michelsen, Adomßent (2014), S. 4-22; Meadows, Meadows, Zahn u. a. (1972): Die Grenzen des Wachstums. Bericht des Club of Rome zur Lage der Menschheit. Stuttgart.

[457] Vgl. Stierl, Lüth (2014), S. 6.

[458] Vgl. Kortum (2013): Corporate Social Responsibility in industriellen Clustern: Akteure, Aktionen, Institutionen und Ergebnisse im lokalen Raum - Eine Fallstudie zum Schuhproduktionscluster in Jinjiang, Provinz Fujian, VR China. Dissertation. Kiel: Christian-Albrechts-Universität, S. 30f.

[459] Dyllick, Hockerts (2002): Beyond the business case for corporate sustainability. In: *Business Strategy and the Environment*, Jg. 11(2), 2002, S. 130-141, S. 131.

Sieben ethische Leitlinien sind, der ISO 26000 zufolge, die Grundlage für die Realisierung von CSR[460]:

- Rechenschaftspflicht und
- Transparenz gegenüber Stakeholdern,
- ethisches Verhalten von Unternehmensleitung und Mitarbeitern,
- Respektierung der Stakeholderinteressen
- Einhaltung gesetzlicher Regulierungen (Rechtsstaatlichkeit) sowie
- Beachtung internationaler Normen
- und die Respektierung der Menschenrechte.

Zink u. a. sehen CSR bzw. Corporate Sustainability als eine zentrale Zielsetzung für die heutige Wirtschaft.[461] Kern-Handlungsfelder sind die übergeordnete Erfüllung menschlicher Bedürfnisse durch wirtschaftliche Aktivitäten, der wirtschaftliche Erfolg durch die Erfüllung der Anforderungen der relevanten Stakeholder sowie die Verfolgung einer übergeordneten normativen Orientierung für Unternehmen.[462] Es lassen sich dabei Vorreiter und Nachzügler der Integration von Nachhaltigkeitsaspekten in die strategischen Unternehmensziele unterscheiden. Als Orientierung für Unternehmen kann dabei die Prämisse gelten, dass es Ziel sein sollte, Win-Win-Situationen für das Unternehmen und die Gesellschaft zu schaffen. Nachhaltigkeitsaspekte sind dabei in die Unternehmensstrategie zu integrieren und in die Vision sowie Werte des Unternehmens zu übertragen.[463] Während diese Ansätze die Integration von Nachhaltigkeitsanforderungen in ökonomische Aktivitäten im Fokus haben, bilden seit Mitte der 2000er Jahre auch zunehmend Aspekte der Nachhaltigkeit von Arbeit, Humanfaktoren und Human Ressources, einen Schwerpunkt wissenschaftlicher Betrachtungen (siehe hierzu Kapitel 3.3 „Sustainable Human Resource Management).[464]

2.5.2 Nachhaltige Netzwerke und Cluster und deren Beitrag zu einer nachhaltigen Regionalentwicklung

Eine Transformation hin zu einer nachhaltigen Orientierung sowohl auf Produktions- als auch auf Nachfrageseite ist der einzige Weg, wie das zukünftige gesellschaftliche Gemeinwohl sichergestellt werden kann und ist daher auch in wirtschaftspolitische Strategien zu integrieren.[465] Regionale Wirtschaftsförderung bzw. Standortpolitik soll dazu beitragen, dass die Attraktivität und Wettbewerbsfähigkeit einer Region aufrecht erhalten bzw. gesteigert werden, um qualifizierte Fachkräfte und Investitionskapital zu gewinnen. Daher müssen sich auch Regionen damit auseinandersetzen, wie sie Nachhaltigkeit stärken und in das regionale Profil einbinden können und es gilt zu klären,

---

[460] Vgl. ISO 26000:2010, Kapitel 4.2 bis 4.8 und Scholz, Czuray (Hrsg.) (2016): Die Normierung der gesellschaftlichen Verantwortung von Organisationen - ISO 26000 und ONR 192500. Wiesbaden, S. 30.
[461] Vgl. Zink, Steimle, Fischer (2008), S. 4.
[462] Vgl. Zink, Steimle, Fischer (2008), S. 7.
[463] Vgl. Freier (2013): Nachhaltigkeit und Strategie. In: Baumast, Pape (Hrsg.): Betriebliches Nachhaltigkeitsmanagement. Stuttgart, 2013, S. 139-152, S. 140 u. 147.
[464] Vgl. Zink, Steimle, Fischer (2008), S. 9; Zink (2008a): Human Factors and Comprehensive Management Concepts: A Need for Integration Based on Corporate Sustainability. In: Zink (Hrsg.): Corporate Sustainability as a Challenge for Comprehensive Management. Heidelberg, 2008, S. 231-253, S. 244.
[465] Vgl. Pohl (2015), S. 3.

was Nachhaltigkeit im Hinblick auf eine regionale Wirtschaftsentwicklung bedeutet.[466] Nach Bergmann hat eine nachhaltige Regionalentwicklung zum Ziel, soziale und ökonomische Raumansprüche mit ökologischen Anforderungen einer Region in Einklang zu bringen.[467] Mit Hilfe einer Nachhaltigkeitsorientierung können normative Prinzipien mit sozial-ökonomischen Ausrichtungen der Regionalentwicklung verbunden werden. Auf diese Weise lassen sich optimierte Voraussetzungen für die Bewältigung von zukünftigen Herausforderungen regionaler Entwicklung schaffen.[468] In diesem Zusammenhang gilt es sicherzustellen, dass nachhaltige Regionalentwicklung nicht ausschließlich auf endogene Potenzialerschließung fokussiert, sondern auch eine Anschlussfähigkeit zu anderen Regionen und auf internationaler Ebene (EU) möglich ist.[469] Unternehmerische Lösungen werden in der CSR-Betrachtungsweise in gesellschaftliche Entwicklungsprozesse integriert. Vor allem auf kommunaler und regionaler Ebene finden sich bereits viele Beispiele, wie bspw. der Leitfaden nachhaltiges Wirtschaften, der eine Anleitung liefern soll, oder der Ansatz der nachhaltigen Regionalentwicklung.[470] Bereits in Maßnahmen, die nach dem Rio-Gipfel 1992 ergriffen wurden, zeigt sich eine deutliche regionale Ausrichtung von Nachhaltigkeitsprogrammen, wie bspw. Agenda 21-Netzwerken, Regionalwährungen und Gemeinwohlbilanzen.[471] Gleichzeitig nehmen Nachhaltigkeit und Corporate Responsibility in Wirtschaftsförderungsorganisationen, die Themen wie Cluster- und Innovationsförderung bearbeiten, nur einen vergleichsweise geringen Anteil ein.[472] Dabei bieten Cluster als regionale Agglomerationen, die räumliche Nähe und eine Verdichtung der wirtschaftlichen Beziehungsstrukturen unterstützen, Vorteile für ihre Mitgliedsunternehmen in den Bereichen wirtschaftlicher, technologischer, ökologischer sowie sozialer Entwicklung. Unternehmen können von einer „Regionalisierung", also einer durch räumliche Nähe gekennzeichneten Verdichtung des wirtschaftlichen Beziehungsgefüges, profitieren.[473]

Im Konzept der „*regional governance*" wird eine regionale Selbstorganisation basierend auf Kooperationen verfolgt. Obwohl unterschiedliche Ansätze zum Thema vorhanden sind, lässt sich als ge-

---

[466] Vgl. Thiel, Joel (2016), S. 196; Meng (2012): Räumliche Aspekte der Innovationsförderung – Hintergründe, Perspektiven und Kritik. In: Grow, Heider, Lamker u. a. (Hrsg.): Polyzentrale Stadtregionen - Die Region als planerischer Handlungsraum. 2012, Hannover, S. 241-254, S. 249; Buhl, Meier zu Köcker (2010): Cluster Management Excellence - Volume II: Sustainability and Effectiveness of Clusters and Networks, BMWi, S. 13.

[467] Vgl. Bergmann (2000): Nachhaltige Entwicklung im föderalen Kontext: Die Region als politische Handlungsebene. In: Kilian, Linscheidt, Truger (Hrsg.): Staatshandeln im Umweltschutz – Perspektiven einer institutionellen Umweltökonomik. Berlin, 2000, S. 215-239. Vgl. auch Baumgärtner, Heinrichs, Hofmeister (2014): Öffentliche Nachhaltigkeitssteuerung. In: Heinrichs, Michelsen (Hrsg.): Nachhaltigkeitswissenschaften. Berlin, Heidelberg, 2014, S. 259-320, S. 305.

[468] Vgl. Widuckel (2014), S. 174f.

[469] Vgl. Widuckel (2014), S. 177; Böchner (2009): Faktoren für den Erfolg einer nachhaltigen und integrierten ländlichen Regionalentwicklung. In: Friedel Spindler (Hrsg.): Nachhaltige Entwicklung ländlicher Räume. Chancenverbesserung durch Innovation und Traditionspflege. Wiesbaden, 2009, S. 127-138.

[470] Vgl. Kanning (2013), S. 41.

[471] Vgl. Stierl, Lüth (2014), S. 1.

[472] Vgl. Thiel, Joel (2016), S. 187 u. 192f.; Stierl, Lüth (2014), S. 2f.

[473] Vgl. Buhl, Meier zu Köcker (2010), S. 13f.

meinsames Merkmal u. a. der interorganisationale Charakter der Regionalentwicklung festhalten.[474] Es finden sich weitere Parallelen zur Regionalentwicklung über Netzwerk- bzw. Clusterförderung, wie bspw. die Kooperation zwischen privatwirtschaftlichen und öffentlichen Akteuren, Kammern und Verbänden, bspw. in themenspezifischen Leuchtturmprojekten, eine Mischorganisation zwischen Markt und Hierarchie sowie zwischen formellen und informellen Strukturen und Beziehungsgeflechten und die Betonung von Kommunikationsbeziehungen.[475] Diese Form der Zusammenarbeit wird im Kontext der „*regional governance*" auch als „*vernetztes und gebündeltes Engagement*" mit strategischer sowie langfristiger Orientierung bezeichnet und wird mit einem gesteigerten Nutzen für die Regionalentwicklung im Vergleich zu einzeln engagierten Unternehmen verbunden.[476] Bei Widuckel finden sich ähnliche Anforderungen an eine nachhaltig orientierte Regionalentwicklung. Er betont zusätzlich die Bedeutung der Bereitschaft zur Ressourcenbeisteuerung und des „*commitments*" der Akteure im Netzwerk, die gemeinsame Vertrauensbasis und die hohen Kompetenzen bzgl. Nachhaltigkeit als Voraussetzungen für eine nachhaltige Regionalentwicklung.[477] Eine nachhaltige Regionalentwicklung bietet zudem laut Höflehner und Meyer das Potenzial der Aufwertung für ländliche Räume, v. a. zur Sicherung der Eigenständigkeit und Förderung einer Regionalkultur.[478] Höflehner und Meyer sehen regionale Kooperationsnetzwerke als ein geeignetes Instrument, um integrierte Nachhaltigkeitsziele zu realisieren, indem relevante Akteure an den erforderlichen Prozessen beteiligt werden, um Synergien zu generieren. Böchner nennt einige Erfolgsfaktoren für eine nachhaltige Regionalentwicklung mit Hilfe von regionalen Kooperationsnetzwerken, insbesondere bezogen auf die Förderung der Nachhaltigkeitsorientierung in ländlichen Räumen:[479]

- Verringerung der Problemlage (bzgl. Arbeitslosigkeit, Folgen des demographischen Wandels, ökologische Herausforderungen), um Anreize für gemeinsames Handeln zu schaffen
- Partizipation der Interessengruppen und Kooperation zur Generierung von Win-Win-Situationen
- Definition von Regionalbewusstsein, Leitbildern und regionale Entwicklungskonzepten
- Generierung schneller Erfolgserlebnisse

[474] Vgl. Stierl, Lüth (2014), S. 4; Benz, Fürst (2003): Region – Regional Governance– Regionalentwicklung - Regionen erfolgreich steuern. In: Adamaschek, Pröhl (Hrsg.): Regionen erfolgreich steuern - Regional Governance - von der kommunalen zur regionalen Strategie. Gütersloh, 2003, S. 11-66, S. 12f.

[475] Vgl. Fürst, Schubert (2001): Regionale Akteursnetzwerke zwischen Bindungen und Optionen. Über die informelle Infrastruktur des Handlungssystems bei der Selbstorganisation von Regionen. In: *Geographische Zeitschrift*, Jg. 89(1), 2001, S. 32-51; Stierl, Lüth (2014), S. 4.

[476] Vgl. Stierl, Lüth (2014), S. 9; Riess, Schmidpeter (2010): Verantwortungspartnerschaften als Investition in die Region. In: Wieland (Hrsg.): Die Praxis gesellschaftlicher Verantwortung im Mittelstand. Regionale CSR-Strategien und Praxis der Vernetzung in KMU. Marburg, 2010, S. 27-44, S. 31.

[477] Vgl. Widuckel (2014), S. 184f.

[478] Vgl. Höflehner, Meyer (2016): Nachhaltigkeit und Regionen - die Renaissance ländlicher Räume? In: Zimmermann (Hrsg.): Nachhaltigkeit wofür? Von Chancen und Herausforderungen für eine nachhaltige Zukunft. Berlin u. a., 2016, S. 147-170, S. 154 u. 164. Anmerkung: Ländliche Räume sehen sich v. a. mit dem Problem der Abwanderung von Fachkräften und einer „Entleerung" konfrontiert. Die UN geht von einer Verringerung des Anteils der ländlichen Bevölkerung weltweit von 70% in den 1950er Jahren auf ca. 30% bis 2050 aus. Vgl. UN (2014): World Urbanization Prospects: The 2014 Revision, S. 1; Zimmermann (Hrsg.) (2016), S. 15.

[479] Vgl. Böchner (2009), S. 132-136; Höflehner, Meyer (2016), S. 156f.

- Beteiligung und Stärkung regionaler Promotoren sowie weiterer zentraler Partner mit hoher Ressourcenausstattung
- klare Strukturen, professionelles Regionalmanagement sowie Anschlussfähigkeit der Projekte.

Eine Orientierung auf die drei Dimensionen der Nachhaltigkeit wird nicht nur für Unternehmen sondern auch für Unternehmenscluster als ein wichtiges Themenfeld bzw. eine grundlegende strategische Ausrichtung für eine erfolgreiche zukünftige Entwicklung gesehen.[480] In Bezug auf Cluster wird Nachhaltigkeit primär als langfristige Sicherung des organisatorischen Bestands und dauerhaft gesicherte Finanzierung, häufig über einen öffentlichen Förderzeitraum hinausgehend, verstanden.[481] Beer und Terstriep betonen, dass „*ausgewogene mittel- bis langfristig tragfähige Finanzierungsmodelle*“ erforderlich sind, um eine nachhaltige Clusterentwicklung zu realisieren.[482] Diese Form der Nachhaltigkeit oder Stabilität der Kooperationsbeziehungen im Cluster gilt als ein zentraler Erfolgsfaktor.[483] Ein fortdauernder Bestand eines Clusters über einen öffentlichen Förderzeitraum hinaus soll dazu dienen, dass regionale Innovationslandschaften sich weiterhin an sich verändernde Rahmenbedingungen anpassen können und kontinuierliche Innovationen weiter erreicht werden.[484]

Eine ausführlichere Betrachtung der Potenziale von Unternehmensnetzwerken für eine nachhaltige Entwicklung wird in Theorie und Praxis seit den 2000er Jahren vorgenommen.[485] Majer geht sogar so weit, dass er in Netzwerkarbeit die einzige Möglichkeit sieht, nachhaltiges Wirtschaften zu realisieren. Mit Hilfe von Netzwerken lassen sich Vorteile im Aufbau von Vertrauen, Reziprozität und Zeit erreichen, die in anderen Organisationsformen nicht zu verwirklichen sind, da insbesondere Lernprozesse und eine gemeinsame Problemlösung im Fokus von Netzwerken stehen.[486] Ketels betont ebenfalls, dass Cluster besonders gut dazu geeignet sind, über wirtschaftspolitische Maßnahmen Nachhaltigkeit zu fördern, v. a. wenn bereits ein latentes oder vorhandenes Marktpotenzial vorhanden ist.[487] Es herrscht die Meinung vor, dass nachhaltigkeitsorientierte Netzwerke wichtige Funktionen für u. a. Lern-, Gestaltungs- und Problemlösungsprozesse für ein nachhaltiges Wirtschaften übernehmen können, da Herausforderungen wirtschaftlichen Handelns gemeinsam von mehreren Unternehmen bewältigt werden und so neue Lösungsalternativen gefunden werden können. Kirschten ordnet bspw. die Potenziale verschiedener Netzwerktypen in die drei Nachhaltig-

[480] Vgl. Hauser (2017c): Clusterstrategien. In: Hauser, E. (Hrsg.): Clustermanagement - Wie Cluster die Innovation und die Wettbewerbsfähigkeit unterstützen. Wiesbaden, 2017, S. 11-20, S. 16f.
[481] Vgl. Nuissl, Dobischat, Hagen u. a. (Hrsg.) (2006), S. 77; Müller, Riedel (2007), S. 19-29, S. 19.
[482] Beer, Terstriep (2010), S. 1.
[483] Vgl. Müller, Riedel (2007), S. 19.
[484] Vgl. Nuissl, Dobischat, Hagen u. a. (Hrsg.) (2006), S. 78.
[485] Vgl. Kirschten (2003): Unternehmensnetzwerke für nachhaltiges Wirtschaften. In: Linne, Schwarz (Hrsg.): Handbuch nachhaltige Entwicklung - Wie ist nachhaltiges Wirtschaften machbar? Opladen, 2003, S. 171.
[486] Vgl. Majer (2003): Regionale Netzwerkarbeit für Nachhaltigkeit mit Industrieunternehmen. Neun Thesen. In: Elsner, Biesecker (Hrsg.): Neuartige Netzwerke und nachhaltige Entwicklung - Komplexität und Koordination in Industrie, Stadt und Region. Frankfurt a. M., New York, 2003, S. 151-176, S. 152f.
[487] Vgl. Ketels (2015), S. 6.

keitsdimensionen ein und zeigt auf, welche Netzwerke geeignet sind, einen Beitrag für nachhaltiges Wirtschaften zu leisten (siehe Abbildung 23).[488] Unter nachhaltigen Innovationsnetzwerken versteht Kirschten dabei „... *eine unternehmensübergreifende Zusammenarbeit zwischen mehr als zwei Akteuren (Unternehmen, Forschung, staatlichen und kommunalen Institutionen, gesellschaftlichen Akteuren)..., deren gemeinsame Zielsetzung auf ökonomische, ökologische und soziale Neuerungen umfassende Innovationsprozesse ausgerichtet ist und sich damit am Leitbild einer nachhaltigen Entwicklung orientiert.*'[489] Allerdings finden sich nur wenige derartige Netzwerke, die Innovationen in allen drei Nachhaltigkeitsdimensionen gleichermaßen erzielen und auch Beispiele für solche nachhaltigen Innovationsnetzwerke sind laut Kirschten nur selten zu finden.[490] Collins u. a. konnten im Rahmen einer empirischen Studie zu nachhaltigen Unternehmensnetzwerken in Neuseeland feststellen, dass die Mitgliedschaft in einem derartigen Netzwerk das Bewusstsein für und die Realisierung von ökologischen Initiativen fördert, insbesondere bei KMU, und eher als dies bei Unternehmen der Fall ist, die außerhalb eines nachhaltigen Netzwerks aktiv sind.[491] Unternehmenscluster bieten Möglichkeiten, ökologische Auswirkungen von Produktionsaktivitäten zu verringern, wie bspw. clusterinterne Verwertungswege für Abfälle, der Einsatz von Mehrwegsystemen oder der Austausch von kostengünstigen Produktionsmitteln.[492]

Giuliani unterscheidet dagegen „*low-road*", „*window-dressing*" und „*rights oriented*" Cluster (v. a. in Entwicklungsländern) und untersucht deren Umsetzung von CSR-Maßnahmen, v. a. im Hinblick auf Aktivitäten zur Sicherstellung von Menschenrechten. Inwiefern derartige Aktivitäten in Clustern sich auf die Wettbewerbsfähigkeit eines Clusters auswirken können, ist bisher nur unzureichend wissenschaftlich untersucht worden. Giuliani argumentiert, dass Cluster insbesondere in Entwicklungsländern einen entscheidenden Beitrag für die Gewährleistung von Menschenrechten in globalen Wertschöpfungsketten leisten können.[493]

---

[488] Vgl. Kirschten (2003), S. 175 u. 179.
[489] Kirschten (2006): Nachhaltige Innovationsnetzwerke in Theorie und Praxis: Ausgewählte Forschungsergebnisse. In: Pfriem (Hrsg.): Innovationen für eine nachhaltige Entwicklung. Wiesbaden, 2006, S. 269-286, S. 271.
[490] Vgl. Kirschten (2003), S. 176.
[491] Vgl. Collins, Lawrence, Pavlovich u. a. (2007): Business networks and the uptake of sustainability practices: the case of New Zealand. In: *Journal of Cleaner Production*, Jg. 15(8-9), 2007, S. 729-740, S. 729 u. 738.
[492] Vgl. Jasch, Lavicka, Schniter u. a. (2005): Was bedeutet Nachhaltigkeit für einen Industriecluster? Methode zur Nachhaltigkeitskostenrechnung am Beispiel eines fiktiven Pilotbetriebs des Automobilclusters ACStyria. Berichte aus Energie- und Umweltforschung, Nr. 23/2005. Wien, S. 17-19.
[493] Vgl. Giuliani (2016): Human Rights and Corporate Social Responsibility in Developing Countries' Industrial Clusters. In: *Journal of Business Ethics*, Jg. 133(1), 2016, S. 39-54, S. 39 u. 49f.

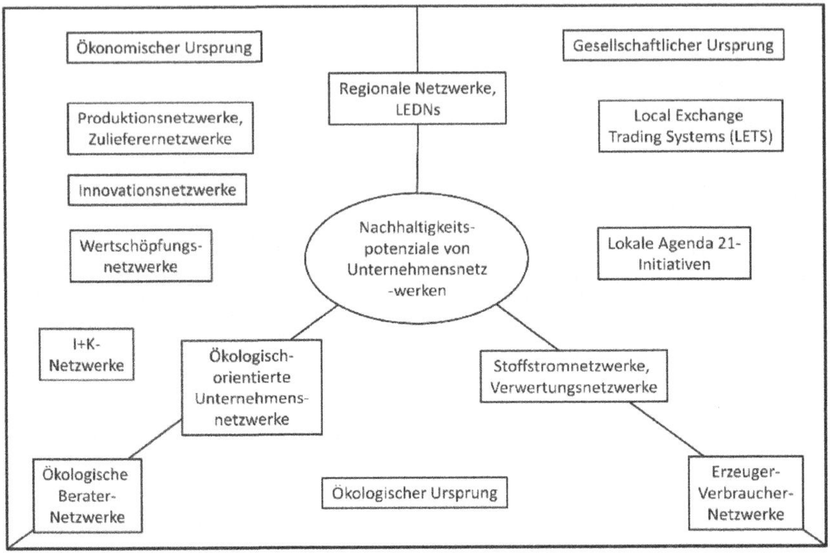

Abbildung 23 Überblick Unternehmensnetzwerke mit Potenzialen für nachhaltiges Wirtschaften[494]

In Unternehmensclustern kann auch in der sozialen Nachhaltigkeitsdimension durch die gemeinsame Übernahme gesellschaftlicher Verantwortung ein effizienterer Einsatz von Ressourcen für die CA realisiert werden. Als Beispiele in dieser Dimension lassen sich gemeinsame Aus- und Weiterbildungsaktivitäten, gemeinsame Kinderbetreuungseinrichtungen, Mitarbeiterbindung an das Arbeitsumfeld/ die Region, Mitarbeiterzufriedenheit/ Entlohnungssysteme, Kooperationen bzgl. Gesundheitsversorgung sowie zur Förderung von sportlichen und kulturellen Maßnahmen nennen.[495] Ein weiteres Beispiel findet sich im Projekt „Democlust" des Clusters Strategische Partnerschaft Sensorik e.V.: Es wurde ein clusterweites Demografiemanagement zur regionalen Fachkräftesicherung sowie eine Demografieberatung für insbesondere die KMU unter den Clustermitgliedern durch das CM aufgebaut.[496] Im Rahmen der Demografieberatung werden die CA u. a. beim Aufbau eines strategischen nachhaltigen Personalmanagements und eines darauf basierenden betrieblichen Demografiemanagement unterstützt sowie bei der Abstimmung der PM-Aktivitäten mit der Technologieroadmap des Clusters. Das Projekt ist damit ein Beispiel für den gemeinsamen Aufbau von

494 Eigene Darstellung nach Kirschten (2003), S. 176.
495 Vgl. Jasch, Lavicka, Schniter u. a. (2005), S. 17-19; Buhl (2010b), S. 16.
496 Vgl. Fuchs, Luger (2015): Demografieberatung im Cluster Sensorik - ein neuer Service für die Entwicklung nachhaltiger Personalstrategien in einem Hightech-Netzwerk. In: Jeschke, Richert, Hees (Hrsg.): Exploring Demographics - Transdisziplinäre Perspektiven zur Innovationsfähigkeit im demografischen Wandel. Wiesbaden, 2015, S. 593-606, S. 593f.

Handlungskompetenz in einem Cluster und zeigt, wie CA zusammen Handlungsstrategien für soziale Innovationen entwickeln und durch interdisziplinäre Kooperation umsetzen können.[497]

Es finden sich ebenfalls vereinzelt Cluster, die einen Schwerpunkt auf soziale Aktivitäten legen. Themenfelder, die in diesen Clustern verfolgt werden, sind stärker auf Wertschöpfungsketten bezogen oder beziehen sich auf Vorrechte des Gesetzgebers. Ketels und Protsiv untersuchen neue Cluster, die sich primär mit sozialen Fragestellungen auseinandersetzen. Die Autoren konnten einige Aktivitäten identifizieren, die in derartigen Clustern am häufigsten umgesetzt werden, wie bspw. die Unterstützung von Wiedereingliederungsmaßnahmen in den Arbeitsmarkt für Beschäftigte, die eine arbeitsbezogene Beeinträchtigung aufweisen (z. B. Menschen mit Behinderungen, Studenten ohne Berufserfahrung oder Frauen, die aus der Elternzeit zurück in den Beruf wollen), die Anwendung von Informations- und Kommunikationstechnologien zur Unterstützung von benachteiligten Beschäftigtengruppen und Forschung und Entwicklung im Bereich von Prothesen für Menschen mit Behinderungen. Als Beispiel nennen die Autoren den deutschen Rehabilitationscluster „Tetra“, der IT-gestützte Assistenzsysteme für Menschen mit neurologischen bzw. visuellen Einschränkungen, bspw. für Schlaganfallpatienten, entwickelt.[498] Als eine zentrale Voraussetzung für die Entwicklung eines erfolgreichen nachhaltigen Innovationsnetzwerks ist dessen Institutionalisierung zu sehen, die als ein strukturgenerierender, rekursiv verlaufender Prozess innerhalb und zur Stärkung eines Innovationssystems verstanden werden kann.[499] Neben dem Verständnis des dauerhaften Bestehens des Clusters als Institution geht es nach Stahl-Rolf, Haman und Hausberg primär darum, dass ein nachhaltiger Cluster bzw. ein nachhaltiges Netzwerk dauerhaft eine Wirkung erzeugt und *„... ein Cluster schließlich ist nachhaltig, wenn er langfristig Motor von Wachstum und Beschäftigung in der Region sein kann und hinreichend Flexibilität aufweist, um angemessen auf neue Herausforderungen des Marktes reagieren zu können... Die - zumindest teilweise - finanzielle Selbstständigkeit der Geschäftsstelle ist in der Regel der erste Schritt in Richtung Nachhaltigkeit.“*[500]

Buhl und Meier zu Köcker sowie Müller und Riedel unterscheiden zudem zwischen „nachhaltigen Netzwerken“ („*sustainable acting networks*“) und „Netzwerken für Nachhaltigkeit“ („*sustainability networks*“). Nachhaltige Netzwerke werden verstanden als institutionalisierte Kooperationen zwischen Unternehmen und Forschung, die an Stabilität und langfristiger Aktivität orientiert sind.[501] Die Nachhaltigkeit von Netzwerken bzw. Clustern basiert laut Buhl und Meier zu Köcker zu einen auf der Verfolgung von Zielen im „Three-Pillar-Model“ und zum anderen auf einer langfristig stabilen Cluster- bzw. Netzwerkexistenz, die auf stabilen Organisationsstrukturen, der erfolgreichen Realisierung von Innovationen und der Sicherstellung kontinuierlichen Wachstums für die Netzwerk-

---

[497] Vgl. Fuchs, Luger (2015), S. 593-606, 694 u. 603.
[498] Vgl. Ketels, Protsiv (2013): Clusters and the New Growth Path for Europe, Working Paper No. 14, S. 49.
[499] Vgl. Kirschten (2006), S. 271-273.
[500] Stahl-Rolf, Haman, Hausberg (2004), S. 44.
[501] Vgl. Buhl, Meier zu Köcker (2010), S. 15; Müller, Riedel (2007), S. 19-29, S. 22f.; Buhl (2010b), S. 15.

mitglieder beruht (siehe Abbildung 24).[502] Erfolgsfaktoren, um die Nachhaltigkeit des Netzwerks sicherzustellen, liegen demnach v. a. im Einflussbereich des Netzwerkmanagements und beziehen sich primär auf die Definition von kurz-, mittel- und langfristigen strategischen Zielen - wie bspw. die in Abbildung 24 genannten Ziele - sowie Innovationsmanagement, Branchenerweiterung oder Regionalentwicklung und deren Realisierung in einem abgesteckten Zeithorizont.[503] Als weitere Zielsetzungen eines Clusters im Hinblick auf Nachhaltigkeit lassen sich bspw. in der sozialen Dimension die Förderung fairer Arbeitsbedingungen und einer gerechten Einkommensverteilung oder Geschlechtergleichstellung, auf der ökologischen Ebene die gemeinsame Nutzung erneuerbarer Energien oder CO_2-Ausstoß und -Kom-pensation sowie auf der ökonomischen Ebene die Sicherstellung einer langfristigen positiven wirtschaftlichen Regionalentwicklung, der Erhalt bzw. die Generierung von lokalen Arbeitsplätzen oder die Förderung einer modernen und flexiblen Infrastruktur nennen.[504]

Abbildung 24 Nachhaltigkeit von Netzwerken[505]

Weitere Faktoren zur Gewährleistung des dauerhaften Bestandes eines Netzwerks sind die langfristige Integration der Mitglieder des Netzwerks, die Stärkung des Innovationsmanagements im Netzwerk, eine gesicherte Finanzierung - bspw. über Mitgliedsbeiträge, Veranstaltungsorganisation, die

[502] Vgl. Buhl, Meier zu Köcker (2010), S. 17; Institute for Innovation and Technology (2013): Cluster: Zwischen hard facts und soft facts - Jahresbericht 2012. Berlin, S. 53f.
[503] Vgl. Buhl, Meier zu Köcker (2010), S. 16f.; Buhl (2010b), S. 10.
[504] Vgl. Hauser (2017c), S. 11-20, S. 16f.
[505] Eigene Darstellung nach Buhl, Meier zu Köcker (2010), S. 15.

Vermarktung der im Netzwerk entwickelten Produkte oder Dienstleistungen oder über eine öffentliche internationale, nationale oder regionale Förderung - oder die Unterstützung der regionalen Entwicklung.[506] Maßnahmen, die eine langfristig-orientierte Clusterentwicklung unterstützen sind zudem eine langfristige (Teil-)Finanzierung durch öffentliche Fördergelder, die Fokussierung auf die Entwicklung innovativer Dienstleistungen für die Clusterakteure sowie die Förderung von Qualifizierungsmaßnahmen für das Clustermanagement.[507]

Dagegen fokussieren "*sustainability networks*" laut Buhl und Meier zu Köcker darauf, ökologische Zielsetzungen zu verfolgen, sowie nachgelagert auch ökonomische und soziale.[508] Sog. „Eco-Cluster" werden im Rahmen regionaler Wirtschaftspolitik gefördert und sollen dazu beitragen, ökologische Innovationen und nachhaltige Wirtschaftsstrukturen sowie ökologische Maßnahmen der Regionalentwicklung auszubauen und auf diese Weise als Treiber der Wirtschaftsentwicklung fungieren.[509] Zentrale Rahmenbedingungen, um dies über Eco-Cluster zu erreichen, sind eine langfristige Ausrichtung, eine Top-down-Gründung und eine politisch priorisierte Förderung des Clusters sowie die Einbettung in weitere regionale Fördermaßnahmen.[510] Beispiele für erfolgreiche Eco-Cluster finden sich v. a. in Österreich.[511] Die Assoziation und Kooperation mit regionalen Unternehmen und Organisationen sowie die sozialen Beziehungen in einem Cluster bilden eine optimale Grundlage für die Ausbildung von ökologischem Bewusstsein und Handlungswillen in Unternehmen, als Reaktion zum einen auf wahrgenommene Rivalität bzgl. ökologischer Aspekte zwischen den CA, zum anderen durch die Einbettung in das soziale Netzwerk des Clusters.[512]

Auch Al-Laham betont, dass nachhaltiges Netzwerkmanagement im Rahmen der betriebswirtschaftlichen Nachhaltgikeitsauslegungen und unter Verwendung eines ressourcenorientierten Nachhaltigkeitsbegriffes[513] zunehmend an Bedeutung gewinnt.[514] Dazu zählt er primär die Schaffung von interorganisationalem Wissenstransfer und Lernmöglichkeiten, die dazu beitragen, durch die Netzwerkeinbindung strategische Vorteile auf Ebene des Einzelunternehmens zu generieren.[515] Damit ist die Mitgliedschaft im Netzwerk selbst eine nicht-imitierbare Ressource der einzelnen Mit-

[506] Vgl. Buhl, Meier zu Köcker (2010), S. 18 u. 22.; Nuissl, Dobischat, Hagen u. a. (Hrsg.) (2006), S. 84; Beer, Terstriep (2010), S. 2f.
[507] Vgl. Institute for Innovation and Technology (2013), S. 54f.
[508] Vgl. Buhl, Meier zu Köcker (2010), S. 15.
[509] Vgl. Aiginger (2013): The "greening" of industrial policy, headwinds and a possible symbiosis. Wien; Aiginger (2014): Industrial policy for a sustainable growth path. Wien; Pohl (2015), S. 3 u. 23.
[510] Vgl. Pohl (2015), S. 23.
[511] Vgl. Pohl (2015), S. 37.
[512] Vgl. Martínez-del-Río, Céspedes-Lorente (2014): Competitiveness and Legitimation - The Logic of Companies going Green in Geographical Clusters. In: *Journal of Business Ethics*, Jg. 120(1), 2014, S. 131-146, S. 142f.
[513] Anmerkung: der ressourcenorientierte Nachhaltigkeitsbegriff ist als „Substanzerhaltung der Produktionsfaktoren des gesellschaftlichen Fortschritts" bzw. die Erhaltung der betrieblichen Ressourcen, d. h. als zentrales Erfordernis unternehmerischer Nachhaltigkeit, zu verstehen. Müller-Christ (2001): Nachhaltiges Ressourcenmanagement - Eine wirtschaftsökologische Fundierung. Marburg, S. 71 u. Al-Laham (2008): Strategische Aspekte von Nachhaltigkeit am Beispiel des Managements von Unternehmungsnetzwerken. In: Hauff, Lingnau, Zink, (Hrsg.): Nachhaltiges Wirtschaften: Integrierte Konzepte. Baden-Baden, 2008, S. 183–213, S. 186.
[514] Vgl. Al-Laham (2008), S. 183 u. 186.
[515] Vgl. Al-Laham (2008), S. 184 u. 209.

gliedsunternehmen, die dazu beiträgt, dass neben den ökonomischen Zielen des Erhalts der Wettbewerbsfähigkeit und der Schaffung dauerhafter Wettbebwersvorteile auch soziale und ökologische Ziele erreicht werden können. Nur indem die Unternehmen langfristig wettbewerbsfähig bleiben, können sie sich auch auf diese Zieldimensionen fokussieren.[516] Dabei bewirkt die langfristige Sicherung der Netzwerkstrukturen, die wiederum hauptsächlich durch ein Gleichgewicht zwischen Netzwerkeintritten und -austritten gesichert werden kann, eine nachhaltige Ressourcensicherung für die Mitgliedsunternehmen:[517] *„...die Eingebundenheit in stabile interorganisationale Wissens- und Lernnetzwerke die Erfüllung ökonomischer Primärziele auf organisationaler Ebene fördert und gleichzeitig die Voraussetzungen schafft, um gesamtgesellschaftlich relevante Zielgrößen ökologischer bzw. sozialer Natur dauerhaft erreichen zu können.“*[518] In diesem Kontext versteht Al-Laham in Anlehnung an Pfeiffer *„sustainability networks“* als solche Netzwerke, in denen mindestens zwei der drei Nachhaltigkeitsdimensionen Berücksichtigung finden.[519] Pfeiffer unterscheidet vier charakteristische Merkmale solcher Netzwerke: die Zusammenarbeit unterschiedlicher gesellschaftlicher Gruppen, die freiwillige Kooperation der Netzwerkmitglieder zur Erreichung gemeinsamer Interessen sowie die Vereinbarkeit dieser Interessen und Zielsetzungen mit einer nachhaltigen und substanzerhaltenden Entwicklung.[520] Dieses Verständnis lässt sich auch auf Unternehmenscluster übertragen.

Jasch u. a. und weitere Autoren betonen weitere Potenziale und Synergieeffekte, die Cluster in den drei Nachhaltigkeitsdimensionen ermöglichen können, u. a. durch den Zusammenschluss von Unternehmen im Cluster im Vergleich zu Einzelunternehmen[521]:

- externe Stoff- und Geldströme sowie Partner können in (cluster-)interne umgewandelt werden (Vertrauensbeziehungen werden aufgebaut),
- Aktivitäten und Verbesserungen können dem Clusterpartner zugeordnet werden, der bestimmte Prozesse am wirtschaftlichsten realisieren kann,
- soziale und gesellschaftliche Aktivitäten des Clusters können gemeinsam von allen Clustermitgliedern genutzt werden, wie bspw. die Durchsetzung gleicher Löhne für gleiche Arbeitsleistungen oder die Sicherung eines fairen Wettbewerbs,
- Verbesserung der Wirtschaftlichkeit der Produktion, u. a. durch gemeinsame Entsorgungslogistik, gemeinsame Sicherheitssysteme, Arbeit an Standards und Normen sowie Lobbyarbeit, abgestimmte Zertifikate für Zulieferer zu Umwelt und Qualitätsstandards,

[516] Vgl. Al-Laham (2008), S. 205, Gulati, Nohria, Zaheer (2000): Strategic Networks. In: *SMJ*, Jg. 21(3 (Special Issue)), 2000, S. 203–215, S. 207f. u. Al-Laham (2003): Organisationales Wissensmanagement - Eine strategische Perspektive. München, S. 209f.
[517] Vgl. Al-Laham (2008), S. 184 u. 205.
[518] Al-Laham (2008), S. 184.
[519] Vgl. Al-Laham (2008), S. 197 u. Pfeiffer (2004): Integrierte Kommunikation von Sustainability-Netzwerken. Frankfurt am Main, S. 76.
[520] Vgl. Pfeiffer (2004), S. 53f.
[521] Vgl. Jasch, Lavicka, Schniter u. a. (2005), S. 9 u. 17-19; Hauser (2017e): Wirtschaftspolitik und Cluster als Treiber. In: Hauser (Hrsg.): Clustermanagement - Wie Cluster die Innovation und die Wettbewerbsfähigkeit unterstützen. Wiesbaden, 2017, S. 21-26, S. 25.

- Verringerung der ökologischen Belastung in der Region durch Effizienzsteigerungen u. a. bzgl. Energieverbrauch der Clusterunternehmen oder durch einen gemeinsamen Ausstieg aus nicht-erneuerbaren Energien,
- gemeinsame Haltung ggü. Niedriglohnländern und gemeinsame Strategien zur Verhinderung der Nutzung von Zulieferern mit ökologisch oder sozial fragwürdigen Produktionsbedingungen.

Höflehner und Meyer betonen zudem zwei Effekte, die Cluster auf die nachhaltige Entwicklung von Regionen ausüben: einerseits eine Steigerung der Wettbewerbsfähigkeit und andererseits eine Verbesserung der regionalen Dynamik des Wirtschaftens in den lokal vorliegenden Wertschöpfungsketten, die das Verlagern von Produktionskapazitäten ins Ausland verhindern kann.[522] Weitere Erfolgsfaktoren nachhaltiger Innovationssysteme oder Cluster sind ein professionelles und innovationsorientiertes CM (siehe Kapitel 2.4), das qualitativ hochwertige und bedarfsorientierte Dienstleistungen zur Generierung eines Mehrwertes für die Clusterakteure anbieten kann, sowie Kommunikations-, Moderations- und Projektmanagementkompetenzen sowie Kompetenzen bzgl. Marketing und Öffentlichkeitsarbeit (z. B. Einsatz von Kommunikationsinstrumenten wie bspw. Newsletter, Informationsbroschüren, Kommunikationsforen), Beratung und Finanzierungsmöglichkeiten für Cluster und CA.[523] Auch muss festgehalten werden, dass bisher nur vereinzelte Clustermanagements diesen Grad der Professionalisierung zur vollständigen Unterstützung einer nachhaltigen Clusterorientierung erzielen. Insbesondere mangelt es zum einen häufig an einer ausschließlich von den Mitgliedsunternehmen oder durch eigene Dienstleistungen getragenen Finanzierung sowie zum anderen an einer systematischen Reflexion der Zielsetzungen, die diese Entwicklung ermöglichen sollen. Rehfeld betont, dass ein CM zur Förderung der Nachhaltigkeit eine langfristig orientierte Aufgabe übernehmen muss, die eine stark ausgeprägte Professionalität verlangt.[524]

Um das Potenzial zur nachhaltigen Entwicklung eines Innovationsnetzwerks nutzen zu können, ist weiterhin insbesondere die Sicherstellung der Eigenständigkeit durch das inhaltliche und finanzielle Engagement der Netzwerkmitglieder relevant, um das nachhaltige Bestehen des Netzwerks zu erreichen.[525] Aber auch zur Sicherstellung einer nachhaltigen Orientierung eines Clusters müssen dessen Mitglieder jeweils einzeln dazu bereit sein, eine nachhaltige Wirtschaftsorientierung zu verfolgen.[526] Der Fortbestand von Innovations- oder auch regionalen Bildungsnetzwerken - im Sinne einer Sicherung der Finanzierung über einen Förderzeitraum hinweg - soll aus wirtschaftspolitischer Sicht eine kontinuierliche Anpassung des Innovations- und Bildungssystem an sich verändernde Anforderungen unterstützen. Nuissl u. a. nennen als weitere Erfolgsfaktoren für einen dauerhaften Netzwerkbestand eine Institutionalisierung über eine definierte Rechtsform des Netzwerks, eindeu-

[522] Vgl. Höflehner, Meyer (2016), S. 147-170, S. 161.
[523] Vgl. Kirschten (2006), S. 269-286, S. 284; Buhl, Meier zu Köcker (2010), S. 26.; Meier zu Köcker (2009a), S. 16; Beer, Terstriep (2010), S. 2f.
[524] Vgl. Rehfeld (2004), S. 118-133, S. 130.
[525] Vgl. Kirschten (2006), S. 269-286, S. 284f.
[526] Vgl. Jasch, Lavicka, Schniter u. a. (2005), S. 9.

tig definierte Organisationsstrukturen, Informations- und Entscheidungstransparenz ggü. den Netzwerkmitgliedern sowie ebenfalls ein professionelles und kompetentes Netzwerkmanagement.[527] Auch Majer betont, dass Netzwerke, die eine nachhaltige Orientierung verfolgen wollen, v. a. ihre Aktivitäten mit den Interessengruppen des Netzwerks abstimmen und zudem Lernprozesse zur Generierung von (nachhaltigen) Innovationen unterstützen müssen.[528] Ebenfalls ein zentraler Erfolgsfaktor ist nach Majer die *„sozio-ökonomische Einbettung"* der Aktivitäten des Netzwerks.[529]

Kortum ist der Ansicht, dass Cluster Vorteile für die Realisierung von CSR in lokalen Räumen bieten, wie bspw. das Kennenlernen von CSR durch die Cluster-Beziehungen oder eine kollektive Effizienz und die Netzwerkbildung von Arbeitnehmern. Kortum sieht mit Hilfe von Clustern v. a. die Möglichkeit, eine judikative Kontrolle von CSR durch eine Bottom-up- bzw. kollektive Kontrolle aus dem Wertschöpfungssystem des Clusters heraus zu realisieren.[530] Bisher fokussieren nur wenige wissenschaftliche Untersuchungen auf die Analyse von CSR in Unternehmensclustern. Die vereinzelten Studien, die sich finden, betrachten Einzelfallstudien und primär die Rolle von KMU in gemeinsamen ökologischen Aktivitäten im jeweiligen Cluster.[531] Weiterhin können Cluster, v. a. solche, die die Einbeziehung von KMU ermöglichen, dazu beitragen, dass CSR-Potenziale im sozialen und ökologischen Bereich realisiert werden können und dass die Diskrepanz zwischen der Operationalisierung und der theoretischen Diskussion zum Thema überbrückt werden kann.[532] Cluster bieten weiterhin durch die Verbindung von regionalen Strukturen und globalen Wertschöpfungsketten eine Möglichkeit der Ergänzung und Erweiterung des CSR-Ansatzes. Dabei gilt es zu beachten, dass in Clustern eher symmetrische Beziehungsstrukturen vorliegen, die in globalen Wertschöpfungsketten mit asymmetrischen Machtverhältnissen eher seltener zu finden sind. Diese Unterschiede müssen bei der Betrachtung der Potenziale von Cluster für CSR berücksichtigt werden.[533] Fördernde Faktoren sowie Hemmnisse für die Realisierung einer CSR-Orientierung in Clustern, v. a. für Cluster aus Entwicklungsländern, wo diese Umsetzung noch in sehr frühen Phasen

---

[527] Vgl. Nuissl, Dobischat, Hagen u. a. (Hrsg.) (2006), S. 78 u. 84.
[528] Vgl. Majer (2003), S. 155, 162 u. 171.
[529] Vgl. Majer (2003), S. 175.
[530] Vgl. Kortum (2013), S. 4.
[531] Vgl. Lund-Thomsen, Lindgreen, Vanhamme (2016a): Industrial Clusters and Corporate Social Responsibility in Developing Countries - What We Know, What We do not Know, and What We Need to Know. In: *Journal of Business Ethics*, Jg. 133(1), 2016, S. 9-24, S. 10; Testa, Battaglia, Bianchi (2012): The diffusion of CSR initiatives in industrial clusters: Some findings from Italian experiences. In: *International Journal of Technology Management*, Jg. 58(1-2), 2012, S. 152-170; Hoivik, Shankar (2011): How can SMEs in a cluster respond to global demands for corporate responsibility? In: *Journal of Business Ethics*, Jg. 101(2), 2011, S. 175-195; Battaglia, Bianchi, Frey u. a. (2010): An innovative model to promote CSR among SMEs operating in industrial clusters. In: *Corporate Social Responsibility and Environmental Management*, Jg. 17(3), 2010, S. 133-141.
[532] Vgl. Kortum (2013), S. 30; Fox (2004): Corporate Social Responsibility and Development: In Quest of an Agenda. In: *Development*, Jg. 47(3), 2004, S. 29-36; van Oosterhout, Heugens (2008): Much ado about nothing: A conceptual critique of corporate social responsibility. In: Crane, Mc Williams, Matten u. a. (Hrsg.): The Oxford Handbook of Corporate Social Responsibility. Oxford, 2008, S. 432-451, S. 216.
[533] Vgl. Kortum (2013), S. 103.

„steckt", aber auch große Potenziale für die regionale wirtschaftliche Entwicklung bietet, nennen Lund-Thomsen, Lindgreen und Vanhamme (siehe Tabelle 14).[534]

Tabelle 14 Treiber und Hemmnisse für die CSR-Orientierung für Cluster in Entwicklungsländern[535]

Treiber	Hemmnisse
Durchsetzung nationaler Gesetzgebung	Versäumnis der Durchsetzung nationaler Gesetze
Wirtschaftsbeziehungen	Clusterakteure äußern Drohungen oder bieten Bestechungsgelder für Regierungsvertreter o. ä.
Kontrolle durch Cluster-Kollegen/ Gleichrangige	Clusterakteure unterdrücken Gewerkschaftsorganisationen
Soziale Netzwerke	KMU mangelt es an CSR-Bewusstsein und -Kapazitäten
Informelle Regelungen	Vergabe von Unteraufträge innerhalb des Clusters
Einbindung in globale Wertschöpfungsketten	Einbindung in lokale Wertschöpfungsketten

Dabei gilt es zu beachten, dass primär die Kombination dieser treibenden Faktoren zu einem sozial und ökologisch nachhaltigen Handeln in Clustern beiträgt und nicht ein einzelner Faktor für sich genommen. Clusterförderprogramme sind daher nicht nur durch Monitoring-Maßnahmen zu begleiten, sondern auch mit Hilfe von informellen Regelungen und Kontrolle durch die CA und weitere Clusterexperten.[536]

[534] Vgl. Lund-Thomsen, Lindgreen, Vanhamme (2016a), S. 12; Lund-Thomsen, Lindgreen, Vanhamme (2016b): Special Issue on Industrial Clusters and Corporate Social Responsibility in Developing Countries. In: *Journal of Business Ethics*, Jg. 133(1), 2016, S. 5-8, S. 5f.; Giuliani, Pietrobelli, Rabellotti (2005): Upgrading in Global Value Chains: Lessons from Latin American Clusters. In: *World Development*, Jg. 33(4), 2005, S. 549-573; Pietrobelli, Rabellotti (2004): Upgrading in Clusters and Value Chains in Latin America - The Role of Policies. Washington, D.C.; Pietrobelli, Stevenson (2011): Cluster development programs in Latin America and the caribbean - Lessons from the experience of the Interamerican Development Bank. Washington, D.C.

[535] Eigene Darstellung nach Lund-Thomsen, Lindgreen, Vanhamme (2016a), S. 12.

[536] Vgl. Lund-Thomsen, Lindgreen, Vanhamme (2016a), S. 11; Lund-Thomsen, Nadvi (2010): Clusters, chains, and compliance: Corporate social responsibility and governance in football manufacturing in South Asia. In: *Journal of Business Ethics*, Jg. 93(Suppl 1), 2010, S. 201-222; Tewari, Pillai (2005): Global standards and the dynamics of compliance in the Indian leather industry. In: *Oxford Development Studies*, Jg. 33(2), 2005, S. 245-267; Blackman (2006): Small firms and the environment in developing countries. Collective action and collective impacts. Washington, D.C.

3 Personalmanagement, -prozesse und -strategie

Im Anschluss an die Grundlagen der Clustertheorie und -forschung werden im folgenden Abschnitt die grundlegenden theoretischen Ansätze und Entwicklungen der Auseinandersetzung um das Thema Personalmanagement bzw. Human Resource Management (HRM) erläutert. Auf eine Definition der zentralen Begriffe und Abgrenzung dieser folgt ein Überblick über zentrale theoretische Ansätze und deren Entwicklung sowie Ansätze des strategischen Personalmanagements, die vor dem Hintergrund eines Wandels der Aufgaben des Personalmanagements zu verstehen sind. Unter anderem werden jüngere Ansätze eines nachhaltigen Personalmanagements bzw. Sustainable Human Resource Managements vorgestellt. Daraufhin werden die zentralen Funktionen im Sinne relevanter Handlungsfelder bzw. Personalmanagementprozesse diskutiert. Das Kapitel schließt mit einer Betrachtung des Themenfeldes Personalmanagement im Kontext von Unternehmensnetzwerken.

3.1 Definition, Entwicklung und Ziele des Personalmanagements

Um einen umfassenden Überblick über die Problemstellungen und Themenfelder des Personalmanagements zu gewinnen, bedarf es zunächst einer Begriffsbestimmung sowie Betrachtung der Entwicklung des Verständnisses des Personalmanagements. Zudem werden die zentralen Zielstellungen des Personalmanagements bzw. Human Resource Managements aufgezeigt.

3.1.1 Definition und Einordnung des Personalmanagements

Das Verständnis des Begriffs Personalmanagement hat sich seit seinem Aufkommen in den 50er und 60er Jahren des 20. Jahrhunderts stark gewandelt. Stand früher die Personalverwaltung des Mitarbeiters im Vordergrund, wird heute unter Personalmanagement ein Bestandteil der Wertschöpfungskette einer Organisation und des Managementprozesses verstanden.[537] Nach wie vor liegt eine breite Begriffsvielfalt im „Personalmanagement" vor, bzw. es werden wechselnde Begriffe verwendet.[538] Diese werden immer auch mit sich verändernden Grundsätzen und Leitlinien im Themenfeld verbunden. Einen Vergleich der deutschsprachigen Begriffe mit den Termini, die im angloamerikanischen Sprachraum verwendet werden, zeigt Tabelle 15:

---

[537] Vgl. Scholz (2014): Personalmanagement - Informationsorientierte und verhaltenstheoretische Grundlagen. 6. Aufl. München, S. 3 u. 47f.; Krulis-Randa (1995): Strategisches Denken im Personalbereich. In: Scholz (Hrsg.): Strategisches Personalmanagement - Konzeptionen und Realisationen. Stuttgart, 1995, S. 19-34, S. 29.

[538] Vgl. Scholz (2014), S. 3.

V. Hellge, *Personalmanagement in Unternehmensclustern*,
https://doi.org/10.1007/978-3-658-26690-5_3

Tabelle 15 Begriffsvielfalt im "Personalmanagement"[539]

	USA/ Großbritannien	D/ A/ CH
Administrationsebene	Personnel Management	Personalverwaltung
Organisationsebene	HR Department	Personalabteilung
Managementebene	Human Resource Management	Personalmanagement (alternativ: Human Capital Management; Human Resource Management; Talent Management)

Aber auch die Begriffe Personalökonomie[540], Personalwirtschaft,[541] Personalarbeit[542] oder Personalwesen[543] werden im deutschsprachigen Raum heute häufiger genutzt. Mit „Personalökonomie" werden insbesondere mikroökonomische Betrachtungsweisen und ökonomische Zielsetzungen in Bezug auf den Einsatz von Mitarbeitern verbunden.[544] Auch der Begriff „Personalwesen" fokussiert traditionell eher auf Verwaltung und Administrationsaspekte im Umgang mit Personal.[545] Der Begriff Personalwirtschaft kann im Sinne einer Personalwirtschaftslehre in die Betriebswirtschaftslehre eingeordnet werden. Er stellt das Verhältnis zwischen Arbeitgeber und -nehmer als Austauschbeziehungen unter den Rahmenbedingungen des Marktes in den Mittelpunkt der Betrachtung.[546] Die Personalwirtschaftslehre übernimmt im Rahmen der BWL die Funktion der Beschäftigung mit den mitarbeiterbezogenen Problemstellungen und agiert als Querschnittsfunktion zur Verknüpfung personalwirtschaftlicher Aufgaben. Sie kann als in sich integriert und in die BWL integriert angesehen werden.[547] Die Verwendung des Begriffs Personalwirtschaft weist auf das Bestreben hin, diese als Funktion anderen betrieblichen Funktionen wie z. B. der Finanzwirtschaft gleichzustellen.[548] In der angelsächsischen Literatur wurde „personnel management" als dynamische Managementfunktion mit ausgeprägter Zielorientierung verstanden.[549] HRM kam als Begriff in den 1970ern und 1980ern im englischsprachigen Raum auf und wurde zunehmend anstelle von *„personnel management"* eingesetzt.[550] HRM kann auch als PM inklusive eines zusätzlichen strategischen Bausteins verstan-

[539] Eigene Darstellung nach Scholz (2014), S. 3.
[540] Vgl. Berthel, Becker (2010): Personal-Management - Grundzüge für Konzeptionen betrieblicher Personalarbeit. 9. Aufl. Stuttgart, S. 20.
[541] Vgl. Drumm (2008): Personalwirtschaft. 6., Aufl. Berlin, Heidelberg.
[542] Vgl. BerthelGroenewald (Hrsg.) (1990): Personalmanagement - Zukunftsorientierte Personalarbeit. Landsberg/Lech.
[543] Vgl. Gaugler, Oechsler, Weber (2004): Personalwesen. In: Gaugler, Oechsler, Kammlott (Hrsg.): Handwörterbuch des Personalwesens. 3. Aufl. Stuttgart (2004), S. 1826-1836.
[544] Vgl. Drumm (2008), S. 26.
[545] Vgl. Hentze, Kammel, Graf (2001): Personalwirtschaftslehre. 7. überarb. Aufl. Bern.
[546] Vgl. Berthel, Becker (2010), S. 20; Ridder (2009): Personalwirtschaftslehre. 3. überarb. u. aktual. Aufl. Stuttgart, S. 60.
[547] Vgl. Drumm (2008), S. 11; Ridder (2009), S. 60.
[548] Vgl. Gaugler, Oechsler, Weber (2004), S. 1827.
[549] Vgl. Definition nach Flippo (1984) siehe Tabelle 16 und Zaugg (2009): Nachhaltiges Personalmanagement - Eine neue Perspektive und empirische Exploration des Human Resource Management. Wiesbaden, S. 52.
[550] Vgl. Lundy (1994): From personnel management to strategic human resource management. In: *International Journal of Human Resource Management*, Jg. 5(3), 1994, S. 687-720, S. 689; Boxall, Purcell (2011): Strategy and Human Resource Management. 3rd ed. Houndmills u. a., S. 1; Zink (2008c): Nachhaltigkeitsstrategien und Human Resource Management (HRM). In: Hauff, Lingnau, Zink (Hrsg.): Nachhaltiges Wirtschaften: Integrierte Konzepte. Baden-Baden, 2008, S. 123-154, S. 124; Holtbrügge (2013): Personalmanagement. 5. Aufl. 2013. Berlin, Heidelberg, S. 2; Mayrhofer, Brewster (2005): European Human Resource Management: Researching developments over time. In: *Management Revue*, Jg. 16(1), 2005, S. 36-62, S. 37.

den werden.[551] Aktuell haben sich die Begriffe Personalmanagement und Human Resource Management (HRM) durchgesetzt und stehen für eine ausgeprägte strategische Orientierung aller Themenfelder, die sich mit dem Einsatz oder Umgang mit Personal in Unternehmen auseinandersetzen.[552] Die vorliegende Arbeit orientiert sich am Verständnis von Berthel und Becker, die nicht zwischen PM und HRM differenzieren, und setzt PM und HRM gleich und verwendet diese Begriffe im Folgenden synonym.[553] Mehrere Definitionen der Begriffe PM und HRM sind in Tabelle 16 einander gegenübergestellt. Vor dem Hintergrund dieser Abgrenzung lassen sich drei Ansatzpunkte und vier Grundprinzipien des Personalmanagements unterscheiden. Berthel und Becker nennen als Ansatzpunkte für PM-bezogene Aktivitäten: Individuen, Gruppen und die Gesamtorganisation eines Unternehmens, die es integrativ zu bearbeiten gilt. Zudem beschreiben sie die folgenden vier Grundprinzipien[554]:

- übergreifender Charakter: PM agiert über Funktionsbereiche hinweg und kann als eigenständige Funktion etabliert werden
- konzeptioneller Charakter: Eine systematische Konzeption des Personalmanagements ist erforderlich inkl. einer Verzahnung der Teilfunktionen bzw. -systeme des PM
- ressourcenorientierter Ansatz: stellt die „Human Resources (HR)“[555] als zentralen Wettbewerbsfaktor in den Mittelpunkt; PM ist gefordert Humanressourcen zu gewinnen, zu halten und zu motivieren
- verhaltenswissenschaftliche Ausrichtung: PM-Aktivitäten müssen auf verhaltenswissenschaftlichen Erkenntnissen und Theorien[556] aufbauen.

3.1.2 Historische Entwicklung und Personalmanagementansätze

Die historischen Ursprünge des heutigen Personalmanagements liegen in einer Vielzahl an Denkrichtungen, die über die Jahre in die Diskussion des Themenbereiches eingeflossen sind. Im Zuge dessen trug v. a. ein sich veränderndes Bild des Mitarbeiters zur Weiterentwicklung der Aufgaben der Personalfunktion bei. Die Entwicklungssprünge wurden von diversen Autoren in unterschiedliche Phasenmodelle eingeordnet. Die Einteilungen von Scholz, Wunderer und Drumm sowie Ulrich

---

[551] Vgl. Berthel, Becker (2010), S. 21.

[552] Vgl. Drumm (2008), S. 26; Gaugler, Oechsler, Weber (2004), S. 1826-1836, S. 1827f.; Wächter (1992): Vom Personalwesen zum Strategie Resource Management - Ein Zustandsbericht anhand der neueren Literatur. In: Staehle, Conrad (Hrsg.): Managementforschung 2. Berlin, 1992, S. 313-340.

[553] Vgl. Berthel, Becker (2010), S. 21; Lundy (1994), S. 690; Boxall (2007): The goals of HRM. In: Boxall, Purcell, Wright, (Hrsg.): The Oxford handbook of human resource management. Oxford, New York, 2007, S. 48-67, S. 49; Foulkes, Livernash (1982): Human resource management. Englewood Cliffs, N.J.

[554] Vgl. Berthel, Becker (2010), S. 17-20.

[555] Human resources lassen sich definieren als: „Human resources are all of the people who currently contribute to doing the work of the organization as well as those people who potentially could contribute in the future, and those who have contributed in the recent past." nach Schuler, Jackson (2006): HRM - International perspectives. Mason, Ohio, S. 13 und zeichnen sich im Sinne einer strategisch wirkenden Ressource durch Einmaligkeit, eingeschränkte Imitierbarkeit, fehlende Substituierbarkeit und einen Beitrag zur Wertschöpfung aus. Vgl. Berthel, Becker (2010), S. 19.

[556] Anmerkung: Verhaltenswissenschaftliche Theorien befassen sich mit der Analyse, Beschreibung, Prognose und Steuerung von Verhalten in und von Organisationen. Vgl. Ridder (2015): Personalwirtschaftslehre. 5. Aufl. Stuttgart, S. 38.

bzw. Miebach sind in Tabelle 17 zusammengestellt.[557] Die jeweiligen Phasen sind nicht als deckungsgleich zu verstehen, sondern überlappen sich untereinander sowie zwischen den verschiedenen Modellen. McGregor untersuchte Ende der 1960er Jahre das Menschenbild, welches Führungspersonen ihren Mitarbeitern zuordnen. Er definierte zwei zentrale Ausprägungen dieses Bildes, die sog. Typen „X“ und „Y“. Das pessimistische Menschenbild (Typ X) sieht Menschen als von Natur aus arbeitsscheu an und ordnet ihnen eine Abneigung gegen die Übernahme von Verantwortung zu. Mitarbeiter müssen daher angeleitet und kontrolliert werden, um eine gewünschte Leistung ihrer Arbeit sicherzustellen.[558]

Der Wertewandel im Rahmen der 1970er Jahre brachte eine Veränderung der Wertstellung der Arbeit mit sich. Themen wie individuelle Verwirklichung der Mitarbeiter sowie Mitbestimmung traten im Zuge einer stärkeren Orientierung an Mitarbeiteranforderungen in den Vordergrund der Debatte.[559] Das Menschenbild folgte McGregors Theorie des Typs Y, in der Mitarbeiter zur Förderung ihrer Kompetenzen und Fähigkeiten verholfen werden soll, sowie dem Bild des „complex man“.[560] Aufgabe der Personalführung ist es, Mitarbeitern aufzuzeigen, wie diese ihre Fähigkeiten zum Nutzen der Organisation einbringen können. Individuelle Mitarbeiterziele und Anforderungen sollten mit den Unternehmenszielen in Einklang gebracht werden.[561] Humanistische Konzepte, die den Mitarbeiter über sinnvolle Tätigkeiten motivieren wollen, waren in der betrieblichen Praxis sehr beliebt.[562] In diesem Zeitraum wurden in Deutschland zudem grundlegende Forschungsfragen der Betriebswirtschaftslehre auf die Personalforschung übertragen und eine Vielzahl an Fragestellungen durch verschiedene Autoren diskutiert.[563]

[557] Vgl. Ulrich, Brockbank (2005): The HR value proposition. Boston, Mass., S. 3; Scholz (2014), S. 59f.; Miebach (2017): Handbuch Human Resource Management - Das Individuum und seine Potentiale für die Organisation. Wiesbaden, S. 3; Drumm (2008), S. 420; Ulrich, Schiemann, Sartain (Hrsg.) (2015): The rise of HR. Alexandria.
[558] Vgl. McGregor (1970), S. 47; Kosel, Weißenrieder (2010), S. 17; Miebach (2017), S. 38.
[559] Vgl. Haubrock, Öhlschlegel-Haubrock (2009), S.18; Ulrich, Brockbank (2005), S. 4; Wunderer, Arx (2002), S. 26f.
[560] Vgl. Miebach (2017), S. 38; Drumm (2008), S. 420; Berthel, Becker (2010), S. 40f.
[561] Vgl. Miebach (2017), S. 38; Drumm (2008), S. 420; Kosel, Weißenrieder (2010), S. 11-24, S. 17.
[562] Vgl. Berthel, Becker (2010), S. 40f.
[563] Vgl. Scholz (2014), S. 47; Witte (1972): Das Informationsverhalten in Entscheidungsprozessen. Tübingen; Gaugler, Huber, Rummel (1974): Betriebliche Personalplanung - Eine Literaturanalyse. Göttingen; Drumm (1976): Arbeitsstudien. In: Albers, Born, Dürr u. a. (Hrsg.): Handwörterbuch der Wirtschaftswissenschaften, Stuttgart u. a., 1976, S. 311-318.

Tabelle 16 Vergleich der Begriffsdefinitionen "Personalmanagement" und "Human Resource Management"

Begriff	**Definition**	**Quelle**
Personal-management	*„Personalmanagement ist die Summe der mitarbeiterbezogenen Gestaltungsmaß-nahmen zur Verwirklichung der strategischen Unternehmensziele"*	Haubrock; Öhlschlegel-Haubrock (2009), S. 15.
Personnel Management	*„... is the planning, organizing, directing, and controlling of the procurement, develop-ment, compensation, integration, maintenance, and separation of human resources to the end that individual, organizational and social objectives are accomplished."*	Flippo (1984), S. 5.
Personal-management	*„... verfolgt das Personalmanagement insbesondere die fol-genden Ziele"*: • Zufriedenheit: *„... Mitarbeiter werden nicht länger als Pro-duktionsfaktoren aufgefasst, sondern als Organisationsmit-glieder, deren Bedürfnisse und Qualifikationen bei Entschei-dungen im Hinblick auf die Erzielung einer möglichst hohen Arbeitszufriedenheit zu berücksichtigen sind"* • Wirtschaftlichkeit: *„... der Einsatz personalpolitischer In-strumente nicht nur die Arbeitsproduktivität steigern, son-dern die Wirtschaftlichkeit und Wettbewerbsfähigkeit von Unternehmungen insgesamt verbessern soll. Neben der Ver-haltensorientierung kommt dem Personalmanagement damit auch eine starke Marktorientierung zu..."*	Holtbrügge (2013), S. 2f.
Personalwesen	*„Personalwesen ist eine in allen Organisationen auftretende Funktion, deren Kernaufgabe die Bereitstellung und der ziel-orientierte Einsatz von Personal ist."*	Gaugler; Oechs-ler; Weber (2004), S. 1826.
Personalmanagement	*„... verdeutlicht, dass die Personalfunktion als Teil eines über-greifenden (Management-)Prozesses verstanden wird, der in allen seinen Phasen von personellen Aspekten durchzogen ist und entscheidende Bedeutung für den Erfolg des Managements gewinnt. Personalmanagement ist demnach mehr als das, was eine Personalabteilung tut, ..."*	Elias-Linde (2013), S. 113.
Personalmanagement	PM hat die „*Gestaltung von Systemen zur (Lenkung der) Ver-haltenssteuerung*" und die „*Steuerung von Verhaltensweisen durch (Führungs-)Prozesse*" im Fokus.	Berthel; Becker (2010), S. 15.
HRM	„HRM als integrierter Bestandteil der Unternehmungspolitik"	Holtbrügge (2013), S.3.
HRM	*"HRM is concerned with the design of the human resource function in organizations. It has to provide explanations for the mechanisms of human resource practices and for the applica-tion of those practices in certain constellations. Subjects cen-tral to the field of HRM are the deployment of employees in line with organizational goals, as well as controlling of employees' behavior. In more detail, HRM includes recruitment and selec-tion, employee development, compensation, structural and personal leadership as well as the management of industrial relations."*	Weber; Kabst (2004), S. 172f.
Human Resource Management	*„HRM is a distinctive approach to employment management which seeks to achieve competitive advantage through the strategic deployment of a highly committed and capable work-force using an array of cultural, structural and personnel tech-nique."*	Storey (2007a), S. 7.
HRM	*„HRM ... as the management of work and people towards desired ends."*	Boxall; Purcell; Wright (2007), S. 1.

HRM	*„HRM refers to all those activities associated with the management of work and people in organisations."* *„Terms like employee relations, labour management, people management can be used as synonyms."*	Boxall; Purcell (2011), S. 1.
HRM	*„... Bezeichnung für die Gesamtheit aller Aufgaben im Unternehmen, die sich auf Personalbeschaffung, Personalauswahl, Personaleinsatz, Personalführung und Personalentwicklung beziehen."*	Büdenbender; Strutz (2011), S. 136.
HRM	*„... umbrella term that encompasses specific hr practices, formal hr policies, overaching hr philosophies, which specify the values that inform hr policies and practices."*	Jackson; Schuler (2007), S. 24.
HRM	*„HRM is a strategic approach to managing employment relations which emphasizes that leveraging people's capabilities and commitment is critical to achieving sustainable competitive advantage or superior public services. This is accomplished through a distinctive set of integrated employment policies, programmes and practices, embedded in an organizational and societal context."*	Bratton; Gold (2017), S. 5.

Ab den 1980er Jahren spricht man von der Ökonomisierung des Personalmanagements.[564] Das PM beschäftigte sich hauptsächlich mit der Anpassung von der Unternehmensorganisation und des Personals an veränderte Rahmenbedingungen unter Berücksichtigung von Wirtschaftlichkeitsaspekten. Insbesondere werden die Rationalisierung und Dezentralisierung der Personalfunktionen sowie die Flexibilisierung der Mitarbeiter angestrebt.[565] Im anglo-amerikanischen Raum begann die Diskussion um den Begriff „Human Resource Management" und dessen Abgrenzung vom PM durch einen zunehmend strategischen Fokus der Personalarbeit.[566] HRM steht für den Versuch, die Ebenen des Individuums, der Aufgabe sowie der Organisation miteinander zu verbinden.[567] Die Phase ab den 1990er sah eine unternehmerische Orientierung.[568]

Die Fragestellung, inwiefern das PM einen Beitrag zur Unternehmensleistung und dessen Erfolg liefern kann, rückte in den Vordergrund. Eine Metaanalyse von Gmür und Schwerdt von ca. 60 internationalen Studien konnte einen positiven Beitrag des Personalmanagements auf den Unternehmenserfolg ermitteln, allerdings ohne einen konkreten Wirkzusammenhang zwischen bestimmten PM-Aktivitäten und dem Erfolg herstellen zu können.[569] Vor allem die Idee des Human Capital Management sieht den Mitarbeiter als produktiven Aktivposten des Unternehmens.[570] Die Diskussion wurde z. T. durch Fragestellungen des Personalcontrollings und Lean Managements bestimmt.

564 Vgl. Wunderer, Arx (2002), S. 26f.; Haubrock, Öhlschlegel-Haubrock (2009), S. 18.
565 Vgl. Wunderer, Arx (2002), S. 26f.
566 Vgl. Ulrich, Brockbank (2005), S. 4; Halsberger (2012), S. 306.
567 Vgl. Larsen, Brewster (2000): Human Resource Management in Northern Europe. In: Brewster, Larsen (Hrsg.): HRM in Northern Europe: Trends, dilemmas and strategy. Oxford, 2000, S. 1-23, S. 3.
568 Vgl. Wunderer, Arx (2002), S. 26f.
569 Vgl. Gmür, Schwerdt (2005): Der Beitrag des Personalmanagements zum Unternehmenserfolg. In: *ZfP*, Jg. 19(3), 2005, S. 221-251; Holtbrügge (2013), S. 6.
570 Vgl. Halsberger (2012), S. 306.

Auch Ansätze der Shareholder-Value-Orientierung sowie Virtualisierung und Organisation des Personalbereichs generell wurden in den Fokus der Diskussion gestellt.[571]

Aktuelle Entwicklungen im PM sind der Umgang mit Diversität, die Gestaltung von Arbeit vor dem Hintergrund neuer Informations- und Kommunikationstechnologien und eine zunehmende Flexibilisierung der Arbeit.[572] Auch die Bedeutung nachhaltiger Personalmanagementansätze rückt in den Fokus der Betrachtung.[573] Die Phase des „Outside-in-HR" sieht zum einen das PM als integrierte Funktion mit Verantwortung auf oberster Managementebene und zum anderen eine stärkere Berücksichtigung der Stakeholderinteressen als Standard für die Bewertung des Beitrags des Personalmanagements.[574] Zusammenfassend kann festgehalten werden, dass sich die historische Weiterentwicklung des Personalmanagements durch eine kontinuierliche Ausdehnung des Aufgaben- und Verantwortungsbereiches der Funktion auszeichnet.[575]

Tabelle 17 Historische Entwicklung des Personalmanagements in Forschung und Praxis[576]

	Scientific management	**Human-Relations-Bewegung**	**Technisierung**	**Humanisierung der Arbeit**	**Human resource management; strategisches PM**	**Human-Invest-ment-Philosophy; Human Capital Management**	**-**
Zeitraum	Ca. 1900	1930-1960	Ab 1960	Ab 1970	Ab 1980	Ab 1990	Ab 2000
Menschenbild	Mensch als Produktionsfak-	Economic man, Theorie X	Social man; Mitarbeiter an organisa-	Theorie Y; Complex man;	Theorie Y; Self-actualizing man	Unternehmerisch handelnde Mitarbeiter; wichtigste, wertvollste u. sensitivste Unternehmensressource	

[571] Vgl. Drumm (2008), S. 26; Wunderer, Arx (2002), S. 27.
[572] Vgl. Haubrock, Öhlschlegel-Haubrock (2009), S. 18; Miebach (2017), S. 3; Ulrich, Schiemann, Sartain (Hrsg.) (2015).
[573] Vgl. Zaugg (2009), S. 51.
[574] Vgl. Ulrich, Schiemann, Sartain (Hrsg.) (2015), S. 15; Miebach (2017), S. 4.
[575] Vgl. Hackl, Gerpott (2015): HR 2020 - Personalmanagement der Zukunft: Strategien umsetzen, Individualität unterstützen, Agilität ermöglichen. München, S. 3; Ulrich, Brockbank (2005), S. 3.
[576] Eigene Darstellung nach Ulrich, Brockbank (2005), S. 3; Haubrock, Öhlschlegel-Haubrock (2009): Personalmanagement. 2. Aufl. Stuttgart, S. 17; Berthel, Becker (2010), S. 38-41; Wunderer, Arx (2002): Personalmanagement als Wertschöpfungs-Center - Unternehmerische Organisationskonzepte für interne Dienstleister. 3. Aufl. Wiesbaden, S. 26f.; Scholz (2014), S. 59f.; Miebach (2017), S. 3; Drumm (2008), S. 420; Holtbrügge (2013), S. 11; Ulrich, Schiemann, Sartain (Hrsg.) (2015); Gaugler (2003): Historische Entwicklung des betrieblichen Personalwesens. Mannheim; Dachrodt (Hrsg.) (2014): Praxishandbuch Human Resources - Management - Arbeitsrecht - Betriebsverfassung. Berlin; Zaugg (2009), S. 50; Halsberger (2012): Werte- und strategieorientiertes Personalmanagement. In: Heimerl (Hrsg.): Strategie, Organisation, Personal, Führung. Wien (2012), S. 303-371, S. 306; McGregor (1970): Der Mensch im Unternehmen. Düsseldorf, S. 47; Kosel, Weißenrieder (2010): Das NPM-Konzept - engagierte Mitarbeiter sind kein Zufall. In: Weißenrieder, Kosel (Hrsg.): Nachhaltiges Personalmanagement in der Praxis - Mit Erfolgsbeispielen mittelständischer Unternehmen. Wiesbaden, 2010, S. 11-24, S. 17; Mayo (1946): The Human Problems of an Industrial Civilization. Boston; Roethlisberger, Dickson, (1970): Management and the worker. 5. Aufl. Cambridge; Schuler, Jackson (2005): A Quarter-Century Review of Human Resource Management in the U.S.: The Growth in Importance of the International Perspective. In: *Management Revue*, Jg. 16(1), 2005, S. 11-35; Paauwe (2004): HRM and performance - Achieving long-term viability. New York; Mariappanadar (2003): Sustainable human resource strategy: the sustainable and unsustainable dilemmas of retrenchment. In: *Journal of Social Economics*, Jg. 30(8), 2003, S. 906-923; Boudreau, Ramstad (2005): Talentship, Talent segmentation and sustainabilitiy: A new HR decision science paradigm for a new strategy Definition. In: *Human Resource Management*, Jg. 44(2), 2005, S. 129-136.

	tor		torische Anforderungen anpassen;				
Rahmenbedingungen	Industrielle Revolution	Gewerkschaftliche Impulse	Technisierung	Wertewandel	Rezession; Effektivitätsdruck	Globalisierung, demografischer Wandel	Globalisierung, demografischer Wandel, IKT-Technologien/ Digitalisierung
Organisationsform	-	funktionale Organisation	funktionale u. divisionale Organisation	funktionale u. divisionale Organisation;	divisionale u. Matrix-Organisation; Rationalisierung u. Dezentralisierung;	interner Dienstleister, Teamorganisation, Netzwerke u. sphärische Organisation	Virtualisierung der Personalfunktion; Business Partner; Personal-Service-/ Wertschöpfungs-center; reformierte P.-abteilung
Schwerpunkte	Personalplanung; Lohn- u. Gehaltsabrechnung u. P.-administration		Personaleinsatz, -erhalt u. -entwicklung	Personalführung u. entwicklung	Personalentwicklung u. -controlling	Strategisches PM, P.-controlling, Organisationsentwicklung	Strategisches PM
Zielsetzung	-	Verbesserung der Arbeitsbedingungen; Arbeitsproduktivität	Aufgaben der Personalplanung u. -entwicklung; formale Hilfsmittel;	Individuelle Mitarbeiterziele u. Anforderungen mit Unternehmenszielen in Einklang bringen	Anpassung von der Unternehmensorganisation u. des Personals an veränderte Rahmenbedingungen unter Berücksichtigung von Wirtschaftlichkeitsaspekten	Einsatz der richtigen Mitarbeiter zum richtigen Zeitpunkt mit der erforderlichen Qualifikation am passenden Arbeitsplatz	Umgang mit Diversität, Gestaltung v. Arbeit, Flexibilisierung v. Arbeit; Nachhaltigkeit
Bezeichnung nach Scholz	-	Personalverwaltung;	Personalstrukturierung	Personalentwicklung	Personalstrategie	Personalinterfunktionalität	Personalkompetenzintegration u. -abteilungsrenaissance
Bezeichnung nach Wunderer	Bürokratisierung		Institutionalisierung	Humanisierung	Ökonomisierung	Unternehmerische Orientierung	-
Bezeich-	-	-	-	Führung	P.-planung	Personal-	-

nung nach Drumm				u. Humanisierung der Arbeitswelt	u. -entwicklung u. des strategischen PM	controlling u. Lean Management	
Bezeichnung nach Miebach bzw. Ulrich	HR-Verwaltung/ -Administration			HR-Professionalisierung		HR-Strategie	HR-Integration (HR-Outside-in)

3.1.3 Theoretische Ansätze des Personalmanagements

Die theoretischen Ansätze des Personalmanagements sind äußerst vielfältig, wie bereits in der historischen Betrachtung deutlich geworden ist. Es liegt keine allgemeine Theorie des Personalmanagements vor. Stattdessen existieren Teiltheorien, die versuchen, personalbezogene Problemstellungen mit Hilfe fachfremder Theorien zu erklären oder die eigenständig für das PM entwickelt wurden.[577] Ein Beispiel für eine fremde Theorie, die auf die Problemstellungen des Personalmanagements übertragen wurde, ist die Anreiz-Beitrags-Theorie von March und Simon, ein individualistischer Ansatz, der ein Verhaltensmodell vorschlägt, in dem Unternehmen ihre Mitarbeiter durch Anreize zu Leistungen auffordern müssen.[578] Weiterhin kann zwischen Theorien unterschieden werden, die sich auf die Akteursebene oder die Ebene der HR-Aktivitäten beziehen. Ansätze auf der Akteursebene nutzen theoretische Hintergründe aus dem Bereich der Soziologie, der Systemtheorie oder Ansätze der Evolutionstheorie. Auf der Ebene der HR-Aktivitäten werden ökonomische Theorien relevant. Klimecki und Gmür unterscheiden zudem zwischen individualistischen Erklärungsansätzen (z. B. Anreiz-Beitrags-Theorie, Arbeitsökonomik) und systemischen Ansätzen (z. B. Institutionalismus).[579]

Colbert differenziert vier Theoriedimensionen: Prinzipien, Grundsätze, Praktiken und Produkte des Personalmanagements.[580] Sowohl der sog. Konfigurationsansatz als auch der Komplexitätsansatz umfassen diese vier Dimensionen. Der Konfigurationsansatz betont die Situationsabhängigkeit des Personalmanagements und versucht Muster zu identifizieren, die von zusammenhängenden Variablen beeinflusst werden, sowie entsprechend geeignete Personalmanagementsysteme zu definieren. Allerdings liegt keine einheitliche Definition davon vor, welche Maßnahmen als Best Practice angesehen werden sollen.[581] Weiterentwicklungen dieses Ansatzes heben ausgewählte HR-Praktiken hervor, die sog. *„high performance work practices"* bilden, wie bspw. umfassende Mitarbeiterparti-

[577] Vgl. Drumm (2008), S. 12f.; Holtbrügge (2013), S. 9; Gaugler (1988): HR Management: An International Comparison. In: *Personnel* (August), 1988, S. 24-30.

[578] Vgl. March, Simon, Guetzkow (1958): Organizations. New York u. a.; Klimecki, Gmür (2005): Personalmanagement - Strategien, Erfolgsbeiträge, Entwicklungsperspektiven. 3. Aufl. Stuttgart, S. 32 u. 53.

[579] Vgl. Klimecki, Gmür (2005), S. 32; Weber, Kabst (2004): Human resource management: the need for theory and diversity. In: *Management Review*, Jg. 15(2), 2004, S. 171-177, S. 173 u. 175.

[580] Vgl. Colbert (2004): The complex resource based view: Implications for theory & practice in strategic HRM. In: *Academy of Management Review*, Jg. 29(3), 2004, S. 341-358, S. 345 u. 352; Halsberger (2012), S. 309f.

[581] Vgl. Chandler, McEvoy (2000): Human Resource Management, TQM, and Firm Performance in Small and Medium-Size Enterprises. In: *Entrepreneurship: Theory & Practise* (3/Fall), 2000, S. 43-57, S. 45.

zipation und Personalentwicklung, -rekrutierung und -auswahl, und einen Beitrag des HRM zur Wettbewerbsfähigkeit und Leistungsfähigkeit des Unternehmens liefern.[582] Der Komplexitätsansatz geht von der Dynamik organisatorischer Systeme aus und stellt in Frage, ob es ein ideales Set an Best Practices für das Personalmanagement gibt.[583]

Sowohl der Neo-Institutionalismus als auch der Kontingenzansatz umfassen als Theorieansätze die beiden Dimensionen der Produkte und Praktiken. Der Kontingenzansatz berücksichtigt zusätzlich die Ebene der Grundsätze. Im Neo-Institutionalismus werden Fragen der Legitimität des Personalmanagements betrachtet. Es wird vorausgesetzt, dass Unternehmen durch rational agierende Manager auf Umgebungseinflüsse in gleicher Weise reagieren. In der sehr angesehenen Kontingenztheorie wirken auf Unternehmen unterschiedliche situative Einflussfaktoren ein und es werden unterschiedliche Personalmanagementsysteme benötigt, um damit umzugehen. Dazu muss eine externe Ausrichtung der PM-Aktivitäten mit einer internen Abstimmung („*best fit*") vereinbart sowie im Unternehmen systematisch implementiert werden. Es liegt also eine Vielzahl an Kombinationsmöglichkeiten vor, die in Abhängigkeit der Situation zum Erfolg führen können.[584] „Best Practice"- und „Best Fit"-Ansätze sind nicht notwendigerweise gegensätzlicher Natur, sondern können sich ergänzen, wenn man von Best-Practice-Lösungen auf verschiedenen Ebenen, wie z. B. System, Programm und Maßnahme, ausgeht. Best-Practice-Lösungen können auf der normativen oder Strategieebene vorliegen, während auf der Programm- oder Maßnahmenebene unterschiedliche Ansätze genutzt werden, die diese übergeordnete Lösung unterstützen. Diese Programme können inkrementell auf die Unternehmensstrategie und den organisationalen Kontext angepasst werden.[585]

Auf die Theorie der wissenschaftlichen Betriebsführung und Human-Relations-Ansätze wurde bereits im Rahmen der historischen Entwicklung des Personalmanagements eingegangen. Weitere zentrale theoretische Ansätze sind u. a. motivationstheoretische Ansätze, der konfliktorientierte Ansatz, der Kontingenzansatz oder situative Ansatz, Vertrags-Theorien und die Signalling-Theorie, der Systemansatz, die Resource-Based-View bzw. der ressourcenorientierte Ansatz, die Resource-Dependence-Theory, die Theorie der Verfügungsrechte, der personalökonomische Ansatz basierend auf der Principal-Agent-Theorie bzw. Agency-Theory sowie der Transaktionskostentheorie.[586] Diese Ansätze sind im folgenden in Tabelle 18 überblicksartig zusammengestellt. Neben diesen Theo-

[582] Vgl. eine Studie unter ca. 960 befragten Unternehmen von Huselid (1995): The impact of human resource management practices on turnover, productivity, and corporate financial performance. In: *Academy of Management Journal*, Jg. 38(3), 1995, S. 635-672, S. 635.
[583] Vgl. Halsberger (2012), S. 309f.
[584] Vgl. Halsberger (2012), S. 309; Chandler, McEvoy (2000), S. 45.
[585] Vgl. Becker, Huselid, Pickus (1997): HR as a source of shareholder value: Research and recommendations. In: *Human Resource Management*, Jg. 36(1), 1997, S. 39-47; Delery, Doty (1996): Modes of theorizing in strategic human resource management: Tests of universalistic, contingency, and configurational performance predictions. In: *Academy of Management Journal*, Jg. 39(4), 1996, S. 802-835; Becker, Gerhart (1996): The impact of human resources management on organizational performance: progress and prospects. In: *Academy of Management Journal*, Jg. 39(4), 1996, S. 779-801.
[586] Vgl. Drumm (2008), S. 13-25; Holtbrügge (2013), S. 8-37; Festing, Martin, Mayrhofer u. a. (Hrsg.) (2004): Personaltheorie als Beitrag zur Theorie der Unternehmung. Mering.

rien entwickelten sich seit den 80er Jahren im Bereich des strategischen Human Resource Managements mehrere Erklärungsmodelle, die eine umfassendere Perspektive einnehmen wollen.[587] Diese werden in Kapitel 3.2 genauer erläutert.

Tabelle 18 Überblick über theoretische Ansätze des Personalmanagements[588]

Theorien	Einordnung	Kernaussagen/ -thesen	Zentrale Ansätze	Vertreter/Quellen
motivationstheoretische Ansätze	Grundlage der Gerechtigkeitstheorie bildet die Anreiz-Beitrags-Theorie von March/ Simon (1958).	menschliches Verhalten wird durch zentrale Bedürfnisse bestimmt; Motivation als Stellhebel für Leistungssteigerung; von Reaktionen kann auf Motivationen geschlossen werden (Was und wie wird Verhalten ausgelöst?)	Inhaltstheorien: Bedürfnispyramide; 2-Fak-toren-Theorie; Prozesstheorien: Motivationsmodell, Gerechtigkeitstheorie, Valenz-Instrumentalitäts-Erwartungstheorie	Maslow 1970; Herzberg 1966; Adams 1963; Vroom 1964; Porter/ Lawler 1968; Rheinberg 2002; Jost 2008; v. Rosenstiel 2009
konfliktorientierter Ansatz	Ausprägung des Stakeholder-Ansatzes	strukturelle Interessensgegensätze/ Zielkonflikte zwischen Unternehmen/ Führungskräften u. den abhängig beschäftigten Mitarbeitern; Aufgabe der Personalarbeit ist es, einen Interessenausgleich für Personalfragen zwischen Eigentümerinteressen u. Mitarbeitern herbeizuführen	5 Gestaltungsfelder: Koordination, sozio-funktionale Beziehungen; Wertschöpfungsverteilung; Arbeitsstrukturierung; Stellenbesetzung	Marr/ Stitzel 1976 und 1979
Kontingenzansatz oder situativer Ansatz	Basierend auf Kongruenz-Effizienz-Hypothese; Fit-Konzept	Einsatz v. Personalmanagement-Instrumenten abhängig v. situativen Bedingungen; Anpassung des Unternehmens an Umweltbedingungen;	Führungsansätze; „stra-tegy-follows-people"-Ansatz; personalabhängige Strategieplanung	Staehle 1973; Hickson/ McMillan 1981; Pugh/ Payne 1977; Kieser 2006;
Vertrags-Theorien	Teiltheorie der Neuen Institutionellen Mikroökonomie	Informationsasymmetrien; opportunistisches Verhalten als Menschenbild; effiziente Vertragsgestaltung unter rechtlichen Rahmenbedingungen;	Fokus auf Arbeitsvertragsgestaltung	Hax 1991
Signalling-Theorie	Teiltheorie der Neuen Institutionellen Mikroökonomie	Informationsasymmetrien; Opportunismus; Informationsvorsprung ausnutzen ggü. Partner durch Vorbehalt zentraler Informationen (Signalling); Ausgestaltung von Anreizsystemen;	-	Spence 1974; Hax 1991
Systemansatz	funktional-struktureller Ansatz; Systemtheorie;	Strukturen des Unternehmens / Personals werden an Personalfunktionen ausgerichtet; Aufgabe des PM ist interne Passung der Personalinstrumente herzustellen; hoher Abstraktionsgrad;	Konsistenz-Effizienz-Hypothese	Remer 1978; Maier 1998,
Resource-	Basierend auf	Unternehmen als Bündel strategi-	Pfadabhängigkeit	Barney 1997;

[587] Vgl. Holtbrügge (2013), S. 35.

[588] Eig. Darstellung nach Klimecki, Gmür (2005), S.47-55; Drumm (2008), S.13-25; Holtbrügge (2013), S.8-37.

Based View bzw. der ressourcenorientierte Ansatz	strategischem Management;	scher, wettbewerbsrelevanter Ressourcen, u. a. Personal (intangible Ressource; „task/ firm specific"); abgestimmter Einsatz der PM-Instrumente;	der Effizienz des PM; 3 Arten v. Ressourcen: physische, humane, organisationale	Wright/McMahan/McWilliams 1994; Martin 2003; Ridder et al. 2001
Resource Dependence Theory	Austausch-theoretischer Ansatz;	Machtbeziehungen zwischen Organisationen und Kunden/ Interessengruppen u. organisationsintern; Kontrolle des Ressourcenflusses; PM-Aktivitäten repräsentieren Macht über andere Funktionen;	Machtmodelle	Pfeffer/ Salanczik 1978; Pfeffer/ Cohen 1984; Pfeffer/ Langton 1988
Theorie der Verfügungsrechte (Property-Rights-Theory)	Teiltheorie der Neuen Institutionellen Mikroökonomie	Handlungs- u. Verfügungsrechte nutzenmaximierender Individuen; Delegation von Verfügungsrechten an Mitarbeiter;	Hierarchie von Verfügungsrechten	Coase 1937; Alchian 1965; Demsetz 1967; Furubotn/ Pejovich '74; Leipold 1978; Schüller 1983;
personalökonomischer Ansatz	Anlehnung an Mikro-ökonomie; Arbeitsmarkttheorie; Humankapitaltheorie; basiert auf Principal-Agent- u. Transaktionskosten-theorie	PM orientiert an ökonomischen Rationalen/ Erklärungen; Berücksichtigung externer Rahmenbedingungen;	Nutzenmaximierung; Opportunismus; bonded rationality	Backes-Gellner 1996; Staffelbach 1995; Sadowski 2002;
Principal-Agent-Theory bzw. Agency-Theory	Teiltheorie der Neuen Institutionellen Mikroökonomie	Personalbeziehung als Vertrag zwischen Unternehmensleitung (principal) u. Auftragnehmer/ Mitarbeiter (agent); geprägt durch Informationsasymmetrien; z.B. relevant für Personalauswahl, Gestaltung von Anreizsystemen	Formen von Informationsasymmetrien: hidden characteristics, hidden action, hidden intentions;	Ross 1973; Arrow 1985; Laux 1990; Kiener 1989; Jensen/ Meckling 1976; Fama 1980; Grossman/ Hart`83
Transaktionskostentheorie	Teiltheorie der Neu-en Institutionellen Mikroökonomie; enger Zusammenhang mit Property-Rights-Theorie	Untersuchung Transaktionskosten bei Anbahnung, Schließung, Durchsetzung von langfristigen Verträgen; Minimierung der Summe aus Produktions- u. Transaktionskosten durch handlungsleitende Verträge; z.B. bei Personalauswahl;	Mehrebenenmodell personalwirtschaftlicher Transaktionen u. -kosten	Coase 1937, Williamson 1990, Picot 1982; Eigler 1996,

3.1.4 Ziele des Personalmanagements

Traditionell war das PM durch die Zielsetzungen Gewährleistung der Rechtmäßigkeit der personalbezogenen Aktivitäten sowie dem Erreichen einer hohen Arbeitsproduktivität gekennzeichnet.[589] Meistens weisen überwiegend Großunternehmen eine explizite Strategie und strategische Ziele im

[589] Vgl. Holtbrügge (2013), S. 1.

PM auf.[590] Die Studie „Arbeitsqualität und wirtschaftlicher Erfolg“ zeigt, dass zwei Drittel der befragten Unternehmen über einen Personalplan verfügen, dieser allerdings bei der Mehrheit der Befragten nur die nächsten drei Jahre abdeckt. Nur 22 % der Studienteilnehmer planen mit einem längeren Zeithorizont.[591]

Es werden heute zwei Zielkategorien unterschieden: ökonomische bzw. wirtschaftliche und sozio-politische bzw. soziale Zielsetzungen.[592] Die ökonomischen hängen mit den übergeordneten Zielsetzungen des jeweiligen Unternehmens und dessen Gewinnstreben zusammen. Zielsetzung des Personalmanagements ist es in diesem Kontext, ein kosteneffektives Arbeitssystem zu gewährleisten und Beschaffungs- und Verwertungsprobleme, die sich in Bezug auf den Leistungsträger Personal ergeben, zu lösen. Also Arbeit zu angemessenen Kosten produktiv zu gestalten und die geeigneten Mitarbeiter zum relevanten Zeitraum mit den geeigneten Kompetenzen am geeigneten Arbeitsplatz einzusetzen.[593] Eine weitere wirtschaftlich orientierte Zielsetzung liegt in der Sicherstellung der Flexibilität des Unternehmens durch Bereitstellung erforderlicher Personalressourcen und eines geeigneten PM-Systems. Dieses muss sowohl kurzfristige Handlungsfähigkeit bei sich verändernden Umfeldbedingungen als auch langfristig ausgerichtete Agilität des Unternehmens ermöglichen.[594] Konkrete Beispiele für wirtschaftliche orientierte Zielsetzungen sind die anforderungsorientierte und fristgerechte Deckung des Personalbedarfs, die Weiterentwicklung der Mitarbeiterpotenziale durch Investitionen sowie die Personalfreisetzung bei geringem Bedarf. Die sozialen Zielsetzungen orientieren sich am Personal als Träger von Bedürfnissen und Wünschen, die in Problemstellungen des Personalmanagements bzgl. der Motivation und individuellen Führung der Mitarbeiter münden, und treten als Zielbündel auf.[595] Dazu zählen die Aspekte der sozialen Legitimierung der PM-Aktivitäten, die Sicherstellung der Produktivität des Personals sowie die Sicherstellung des internen „Fits“ der verschiedenen PM-Aktivitäten bzw. -Teilsysteme. Weiterhin kommt der Aspekt der Verbesserung der Autonomie der Führungsebenen hinzu als soziale Zielstellung des Personalmanagements.[596] Die soziale Legitimität befasst sich mit der Frage, wie mit Mitarbeitern im Unternehmen umgegangen werden soll und inwiefern Aktivitäten an soziale und kulturelle Rahmenbedingungen angepasst werden müssen. Die Autonomie der Führungskräfte berücksichtigt deren Bestreben, sich als Interessengruppe des Unternehmens zu platzieren und ihre eigenen, dynamischen

---

[590] Vgl. Boxall, Purcell (2011), S. 12.

[591] Vgl. Institut für Arbeitsmarkt und Berufsforschung (IAB); Zentrum für Europäische Wirtschaftsforschung GmbH (ZEW); Universität zu Köln (2013): Arbeitsqualität und wirtschaftlicher Erfolg - Längsschnittstudie in deutschen Betrieben, S. 47f.

[592] Vgl. Boxall (2007), S. 48 u. 56; Rosenberger (2014): Einleitung: Personalmanagement - ein Zukunftsprojekt. In: Rosenberger, Wegerich (Hrsg.): Modernes Personalmanagement - Strategisch - operativ - systemisch. Wiesbaden, 2014, S. 9-28.

[593] Vgl. Drumm (2008), S. 27f.; Boxall (2007), S. 57; Boxall, Purcell (2011), S. 13, 15; Bartscher, Stöckel, Träger (2012): Grundlagen Personalmanagement - Theoretische Konzepte und praktische Anwendung. München, S. 61; Holtbrügge (2013), S. 3.

[594] Vgl. Boxall, Purcell (2011), S. 16; Boxall (2007), S. 57.

[595] Vgl. Drumm (2008), S. 28 u. 31.

[596] Vgl. Boxall (2007), S. 61.

Zielsetzungen und Machtinteressen durchzusetzen. Damit werden Führungskräfte zugleich sowohl Betrachtungsgegenstand als auch Träger personalwirtschaftlicher Ziele und Aktivitäten. Dies kann zu Interessenkonflikten bei der Zielerreichung führen.[597]

Es werden im PM Zielstellungen verfolgt, die sich gegenseitig bedingen. Insgesamt kann von einem Spannungsfeld aus ökonomischen, sozialen sowie individuellen Zielstellungen der Mitarbeiter gesprochen werden.[598] Die konkreten Inhalte der Zielsetzungen variieren, da sie von den ökonomischen und sozialen Zielen des jeweiligen Unternehmens abhängen.[599] Neben diesen Zielsetzungen können als weiter volkswirtschaftliche Ziele Berücksichtigung finden, d. h., inwiefern Unternehmen einen Beitrag zum Wohl der Gesellschaft erbringen. Zudem können ethische und rechtliche Ziele miteinbezogen werden.[600] Damit adressieren die Zielsetzungen des Personalmanagements Handlungsfelder, die sich aus einigen zentralen Risikopotenzialen ergeben, auf die das PM reagieren muss[601]:

- Engpassrisiko durch Mangel an qualifiziertem Personal, dem entweder durch interne Qualifizierung oder externe Rekrutierung entgegenzuwirken ist,
- Austrittsrisiko „gefährdeter" Leistungsträger, das durch eine gezielte Gestaltung von Anreizsystemen verringert werden kann,
- Anpassungsrisiko bei unzureichend qualifizierten Mitarbeitern, das durch eine bedarfsorientierte Personalentwicklung zu vermindern ist,
- Risiko fehlender Motivation, das zu verringerter Leistung führt und durch Aufgreifen alternativer Motivationspotenziale ausgeglichen werden kann.

Boxall argumentiert, dass Ziele des Human Resource Managements auf einer Vielzahl von Variablen basieren und dass Modelle, die versuchen HRM-Zielsetzungen auf einzelne Erklärungsfaktoren zurückzuführen, wahrscheinlich zu starken Vereinfachungen neigen.[602] Mehrere Modelle, die Zielzusammenhänge des Personalmanagements definieren, wurden im Feld des strategischen HRM entwickelt, wie bspw. das Harvard- oder das Michigan-Modell (siehe Kapitel 3.2 der vorliegenden Arbeit).[603] Ein großer Teil der wissenschaftlichen Literatur zu PM bzw. HRM ist normativ ausgerichtet. In jüngster Zeit wird im Kontext der Diskussion der strategischen Orientierung des HRM auch die Zielsetzung verbunden, mit Hilfe von HR-Aktivitäten einen sog. „*human resource advantage*" zu generieren, der sich aus überdurchschnittlich qualifizierten und schwer-imitierbaren Humanressourcen eines Unternehmens auszeichnet und der Sicherstellung der Wettbewerbsfähigkeit eines Unternehmens dient. In diesem Zusammenhang wird zwischen dem „*human capital advantage*" (Mitarbeiterstamm/ Humankapital ist qualifizierter als bei Wettbewerbern) und dem „*orga*

[597] Vgl. Boxall, Purcell (2011), S. 19-23; Drumm (2008), S. 29.
[598] Vgl. Drumm (2008), S. 11.
[599] Vgl. Drumm (2008), S. 28f.
[600] Vgl. Bartscher, Stöckel, Träger (2012), S. 62.
[601] Vgl. Kobi (2002): Personalrisikomanagement - Strategien zur Steigerung des People Value. 2. Aufl. Wiesbaden, S. 33-126; Zink (2008c), S. 128.
[602] Vgl. Boxall (2007), S. 53f.
[603] Vgl. Boxall (2007), S. 50.

nization process“ bzw. „*social capital advantage*“ (Vorgehensweisen zum Einsatz des Personals, wie z. B. Selektivität im Bereich der Personalauswahl oder Personalentwicklung, tragen zur Wettbewerbsfähigkeit bzw. „*organizational performance*“ bei; Best Practices) unterschieden.[604] Die „Process View“ versucht, diese beiden Sichtweisen zu verbinden und Humankapital und überlegene Vorgehensweisen der Abwicklung von HR-Prozessen als zwei notwendige Aspekte einer HR-Wettbewerbsfähigkeit zu etablieren.[605]

3.2 Strategisches Personalmanagement

Unternehmen stellen sich seit jeher die Frage, welche Strategie sie verfolgen sollen, um wirtschaftlichen Erfolg sicherzustellen. In diesem Zusammenhang gilt es zu klären, welchen strategischen Beitrag das Personalmanagement zur Zielerreichung leisten kann. Aktuell liegt ein Wechsel der Sichtweisen im Personalmanagement vor: von der Berücksichtigung externer hin zu internen Einflussfaktoren, von einer nationalen hin zu einer internationalen Orientierung und einer zunehmenden Berücksichtigung von Fragestellungen der Nachhaltigkeit sowie vom operativen hin zum strategischen PM.[606] Die letztgenannte Entwicklung ist insbesondere auf sich ändernde Rahmenbedingungen und Problemstellungen des Personalmanagements zurückzuführen, die sich seit dem Beginn des 21. Jahrhunderts zeigen. Dazu zählen in Bezug auf den Markt ein verschärfter Wettbewerb auf globaler Ebene, sich wandelnde Werte, die demografische Entwicklung, eine veränderte Arbeitsmarktsituation sowie neue technologische Entwicklungen hin zu Industrie 4.0, auf Unternehmensebene der Umgang mit Geschäftsmodellinnovationen, Komplexität und Flexibilisierung sowie auf individueller Mitarbeiterebene der Umgang mit Mehrgenerationen-Belegschaften und Diversität des Personals sowie neuen Anforderungsprofilen durch technologische Veränderungen.[607] Ulrich nennt als zentrale zukünftige Herausforderungen des Personalmanagements dessen strategische Orientierung, die Sicherung der Unternehmensagilität sowie die individuelle Anpassung der PM-Instrumente bzw. -methoden.[608]

PM gewinnt weiterhin an Bedeutung in Unternehmen, um eine erfolgreiche Bewältigung dieser neuen Herausforderungen zu ermöglichen, auch wenn die strategische Orientierung der Personalbe-

---

[604] Vgl. Boxall, Purcell (2011), S. 18; Boxall (2007), S. 49; Amit, Belcourt (1999): Human Resources Management Processes: A Value-Creating Source of Competitive Advantage. In: *European Management Journal*, Jg. 17(2), 1999, S. 174-181, S. 174f.; Stewart (1997): Intellectual capital. New York; Becker, Gerhart (1996); Delaney, Huselid (1996): The Impact of Human Resource Management Practices on Perceptions of Organizational Performance. In: *The Academy of Management Journal*, Jg. 39(4), 1996, S. 949-969, S. 965.

[605] Vgl. Amit, Belcourt (1999), S. 174f.

[606] Vgl. Ehnert (2009): Sustainable human resource management - A conceptual and exploratory analysis from a paradox perspective. Dordrecht, New York, S. 86; Martin Alcazar, Romero Fernandez, Sanchez Gardey. (2005): Strategic human resource management - integrating the universalistic, contingent, configurational and contextual perspectives. In: *International Journal of Human Resource Management*, Jg. 16(5), 2005, S. 633-659, S. 633.

[607] Vgl. Wunderer, Arx (2002), S. 25f.; Hilb (2011): Integriertes Personal-Management - Ziele, Strategien, Instrumente. 20. Aufl. Köln, S. 24f.; Elias-Linde (2013): Personalknappheit und nachhaltiges Humanressourcenmanagement - Analyse, Lösungsansätze und Gestaltungsmöglichkeiten. Wiesbaden, S. 114f.; Ulrich, Brockbank (2005), S. 20; Nicolai (2014): Personalmanagement. 3. Aufl. Konstanz, S. 427; Stock-Homburg (2013b): Zukunft der Arbeitswelt 2030 als Herausforderung des Personalmanagements. In: Stock-Homburg (Hrsg.): Handbuch Strategisches Personalmanagement. 2. Aufl. Wiesbaden, 2013, S. 603-629, S. 603; acatech (2016): Kompetenzentwicklungsstudie Industrie 4.0. Berlin, S. 5f.

[608] Vgl. Ulrich, Brockbank (2005), S. 37.

reiche weiterhin ausbaufähig ist.[609] Vor allem Digitalisierung erfordert von Unternehmen generell und dem PM im Speziellen eine verstärkte strategische Orientierung und die Formulierung einer HR-Digitalisierungsstrategie.[610] Es fehlt allerdings in Unternehmen noch oft an detaillierteren Analysen und einem Austausch darüber, was bspw. Digitalisierung für HR genau bedeutet und welchen Nutzen Unternehmen daraus ziehen können.[611] Eine IBM-Studie aus dem Jahr 2007 konnte unter den Befragten ermitteln, dass die Entwicklung der Qualifikationen, Leistungsfähigkeit und unternehmerischen Fähigkeiten der Humanressourcen im Fokus der Aufgaben des Personalmanagements steht. 57 Prozent der Befragten sahen die primäre Rolle des Personalmanagements in der Unterstützung der Transformation bzw. Weiterentwicklung des Unternehmens.[612] Die bedeutendsten Rollen, die das PM in Unternehmen einnimmt sind daher die des strategischen Business Partners und des Gestalters der (kulturellen) Veränderungsprozesse.[613] Die Bewältigung dieser veränderten Rahmenbedingungen erfordert eine zunehmend langfristige Planung und eine strategische Ausrichtung der PM-Aktivitäten. Die Einbindung des Personalmanagements in eine strategische Weiterentwicklung ist nicht neu und hat primär das Ziel, die Unternehmen erfolgreich auf sich dynamisch verändernde Rahmenbedingungen vorzubereiten und den organisatorischen Wandel zu gestalten.[614] Von einem modernen und strategisch orientierten PM ist zunehmend gefordert, eine aktive Rolle in der Entwicklung des Unternehmens hin zu einer Arbeitswelt 4.0 einzunehmen. Die Entwicklung des Strategischen Human Resource Managements (SHRM) kann als Reaktion auf diesen zunehmenden Problemdruck gewertet werden.[615]

3.2.1 Definition und Gegenstand des strategischen Personalmanagements

Es existiert auch im strategischen Management eine Vielzahl an Ansätzen. Zwei Denkrichtungen sind für die Übertragung auf das PM von Relevanz und können einander ergänzen: die pragmatisch-präskriptive Strategieorientierung, die sich an den Arbeiten von Ansoff und Porter orientiert, und die empirisch-deskriptive Strategierichtung, die insbesondere auf den Arbeiten von Mintzberg auf-

---

[609] Vgl. Jochmann, Faltin (2014): Strategische Akzeptanz von HR. Spürbarer „Skill-Upgrade" ist gefordert. In: *Personalführung*(8), 2014, S. 20-27, S. 22.

[610] Vgl. Cachelin (2014): HR-Kompetenzen in einer digitalen Welt. In: *Personalmanager*, H. 02/2014, S. 22-24, S. 22; Kane, Palmer, Nguyen Philips u. a. (2015): Strategy, not Technology, Drives Digital Transformation - Becoming a digitally mature enterprise, S. 3; Deutsche Gesellschaft für Personalführung e.V. (2016): Design Thinking bringt HR und IT zusammen. In: *Personalführung* (Ausgabe 3), 2016, S. 34-39, S. 38f.

[611] Vgl. hkp group; DHBW Lörrach (2016): HR goes digital - Vor Vielen liegt noch ein weiter Weg, S. 6.

[612] Vgl. IBM (2007): The IBM Global Human Capital Study 2008. In: *IBM Global Services,* 2007; Miebach (2017), S. 2. Siehe auch Nicolai (2014), S. 430-432.

[613] Vgl. Wunderer, Arx (2002), S. 30f.

[614] Vgl. Zink (2005b): Personalwirtschaft und Arbeitswissenschaft: Notwendigkeit integrativer Konzepte. In: *Personalmanagement und Arbeitsgestaltung,* 2005, S. 27-30; Zink (2005a): From participation as useful add on to participation as precondition for survival. In: Carayon, Robertson, Kleiner u. a. (Hrsg.): Human Factors in Organizational Design and Management VIII. Santa Monica (2005), S. 449-452; Zink (2008c), S. 146.

[615] Vgl. Bruch, Schuler (2016): Strategisches Personalmanagement für die Arbeitswelt von morgen. In: Schwuchow, Gutmann (Hrsg.): Personalentwicklung - Themen, Trends, Best Practices 2017. Freiburg, München, Stuttgart, 2016, S. 21-33, S. 21; Elias-Linde (2013), S. 114f.; Armutat (2014): Steuerungsimpulse für die Personalarbeit - Personalcontrolling und HR-Kennzahlen. In: *Personalführung*(5), 2014, S. 18-24, S. 20; Krulis-Randa (1995), S. 33; Gaugler, Oechsler, Weber (2004), S. 1826-1836, S. 1828; Nitschke (2012): Herausforderung Strategisches Human Resource Management - HR Consulting Review 1, S. 1.

baut.[616] Die erste Denkrichtung charakterisiert Strategisches Management bzw. Strategien durch hohe Ausprägungen an Aktionsorientierung, Potenzialorientierung sowie Komplexitätsreduktion. Mintzberg unterscheidet fünf Strategieausprägungen:[617]

- **geplante Strategie:** bewusst vorab geplante Aktionen oder Richtlinien
- **unrealisierte Strategie**: beinhaltet die geplante, aber nicht die realisierte Strategie
- **planmäßige Strategie:** tatsächlich umgesetzter Teil der geplanten Strategie
- **zufällig entstandene Strategie:** ergänzt die planmäßige Strategie
- **realisierte Strategie:** Ergebnis der vorherigen Schritte.

Strategisches PM orientiert sich zudem an charakteristischen Kriterien strategischer Planung wie einer ausgeprägten Zielorientierung zur Konzentration der verfügbaren Ressourcen, einer proaktiven und langfristig ausgerichteten sowie ganzheitlichen (d.h. der Berücksichtigung aller relevanten Teilsysteme des Unternehmens) Denkweise, der Entscheidungsfindung zwischen mehreren Alternativen (Selektivität), der Berücksichtigung von Mitarbeiterpotenzialen (Potenzialorientierung) sowie der Integration der Personal- in die Unternehmensstrategie (Integrationsfunktion).[618] Strategisches PM bzw. SHRM als Entwicklungsrichtung basiert auf zwei Grundannahmen: Zum einen, dass die Humanressourcen eines Unternehmens eine zentrale strategische Bedeutung besitzen und zum anderen, dass PM-Aktivitäten einen entscheidenden Beitrag zur Entwicklung der strategischen Potenziale der Humanressourcen liefern.[619] SHRM fokussiert damit verstärkt auf den strategischen Aspekt der Personalarbeit. Es lassen sich drei grundlegende Ausrichtungen im SHRM unterscheiden: Ressourcen-, Strategieorientierung sowie Fokussierung auf bestimmte Instrumente. Die ressourcenorientierte Sichtweise erklärt das Entstehen von Wettbewerbsvorteilen durch Investitionen in Mitarbeiter und deren Kompetenzen, die einzigartig sind und nicht durch Wettbewerber imitiert oder ersetzt werden können. Die strategieorientierte Sichtweise betont eine vertikale Integration der HR-Methoden und -Prozesse ausgerichtet auf die Unternehmensstrategie. Die sog. horizontale Integration legt den Schwerpunkt auf die Abstimmung der HR-Instrumente und -Methoden untereinander und deren Beitrag zum Unternehmenserfolg.[620] Die Forderung nach einer verstärkten Integration von Unternehmens- und Personalstrategie steht im Vordergrund der Konzepte, die aufzeigen, inwie-

[616] Vgl. Scholz (2014), S. 87-89; Mintzberg, Waters (1985): Of strategies, deliberate and emergent. In: *Strategic Management Journal*, Jg. 6(3), 1985, S. 257-272, S. 258; Mintzberg (1994): The Rise and Fall of Strategic Planning - Reconceiving Roles for Planning, Plans, Planners. New York; Ansoff (1979): Strategic Management. London; Porter (1980): Competitive Strategy - Techniques for Analyzing Industries and Competitors. New York.
[617] Vgl. Mintzberg (1994), S. 3-8; Scholz (2014), S. 87f.
[618] Vgl. Wunderer, Arx (2002), S. 37f.; Klimecki, Gmür (2005), S. 381f.
[619] Vgl. Colbert (2007): The complex resource-based view: implications for theory and practice in strategic human resource management. In: Schuler, Jackson (Hrsg.): Strategic human resource management. 2nd ed. Malden, MA, 2007, S. 98-123, S. 98f.; Lengnick-Hall, Lengnick-Hall, Andrade u. a. (2009): Strategic human resource management: The evolution of the field. In: *Human Resource Management Review*, Jg. 19(2), 2009, S. 64-85, S. 64; Brewster, Larsen, Mayrhofer (2000): Human Resource Management - a strategic approach. In: Brewster, Larsen (Hrsg.): Human resource management in Northern Europe - Trends, dilemmas and strategy. Oxford, 2000, S. 39-65, S. 45.
[620] Vgl. Ridder (2009), S. 74; Storey (2007b): What is strategic HRM? In: Storey (Hrsg.): Human resource management - A critical text. 3rd ed. London, 2007, S. 59-78, S. 65; Dorozalla (2013): Strategisches Personalmanagement und demografischer Wandel - Integration der Forschungsfelder und Erfolgsauswirkungen altersorientierter Konzepte. Wiesbaden, S. 16; Wright, MacMahon (1992).

fern HRM einen Beitrag zum Unternehmenserfolg liefern kann.[621] Vier Integrationsstufen dieser Abstimmung lassen sich unterscheiden: von der fehlenden Passung über die Minimalabstimmung einiger Kernaspekte, einer engen Abstimmung aller relevanten Aspekte bis hin zu einer frühzeitigen, kompletten Abstimmung, die allerdings eher als ein Ideal zu sehen ist.[622] Eine empirische Studie von Christiansen und Higgs fand, dass die Minimalabstimmung in Unternehmen am häufigsten auftritt.[623] Wunderer und Dick stellen zudem mehrere Beziehungen zwischen Unternehmens- und Personalstrategie zusammen (siehe Abbildung 25). Sie gehen von einer zunehmenden Integration der beiden Strategien aus.[624]

Beziehung zwischen Unternehmens- und Personalstrategie	**Häufigkeitsverteilung**		**Differenz**
	1999	**2010**	
Unabhängig voneinander	11%	4%	-7%
Personalstrategie folgt Unternehmensstrategie	70%	15%	-55%
Unternehmensstrategie folgt Personalstrategie	0%	0%	0%
Personalstrategie ist Teil der Unternehmensstrategie	19%	81%	62%

Abbildung 25 Beziehungsmuster zwischen Unternehmens- und Personalstrategie[625]

Drumm schlägt ein Modell zur Integration des strategischen Personalmanagements in Unternehmensstrategien und dem Umfeld des Personalmanagements vor, das eine gleichwertige und simultane Berücksichtigung von PM und anderen strategischen Bereichen repräsentiert (siehe Abbildung 26).[626] Es wird deutlich, dass das strategische PM eine Erfolgs- und wirtschaftliche Ausrichtung einnimmt und im Rahmen der Ausgestaltung der PM-Aktivitäten Umfeldbedingungen, wie rechtliche Anforderungen oder die Arbeitsmarktsituation, berücksichtigen muss.[627] Der integrative Einsatz der jeweiligen HR-Aktivitäten/ -Praktiken kann als HR-System verstanden werden. Formal etablierte HR-Systeme können genutzt werden, um vielfältige Probleme in Unternehmen zu bearbeiten und Lösungen zu entwickeln, umzusetzen und Wettbewerbsvorteile sicherzustellen. Das strategische HRM hat die Aufgabe diese Systeme zu integrieren und mit Leistungsaspekten zu verbinden sowie sie an der Unternehmensstrategie auszurichten.[628] Lengnick-Hall et al. identifizieren in ihrer umfassenden Analyse der Entwicklung des SHRM sieben Schwerpunktthemen, die sich während der zeit-

[621] Vgl. Lundy (1994), S. 690; Schuler (1981): Personnel and Human Resource Management. St. Paul.
[622] Vgl. Miles, Snow (1994): Fit, Failure and the Hall of Fame: How Companies Succeed or Fail. New York u. a.; Scholz (2014), S. 93.
[623] Vgl. Christiansen, Higgs (2008): How the Alignment of Business Strategy and HR Strategy Can Impact Performance. In: *Journal of General Management*, Jg. 33(4), 2008, S. 13-33, S. 22.
[624] Vgl. Wunderer, Dick, Jäger (2007): Personalmanagement - Quo Vadis? Analysen und Prognosen zu Entwicklungstrends. 5. Aufl. Köln, S. 55f. Siehe auch Berthel, Becker (2010), S. 678.
[625] Eigene Darstellung nach Wunderer, Dick, Jäger (2007), S. 56.
[626] Vgl. Drumm (2008), S. 576f.
[627] Vgl. Drumm (2008), S. 551; Elias-Linde (2013), S. 115.
[628] Vgl. Becker, Huselid (2006): Strategic Human Resources Management - Where Do We Go From Here? In: *Journal of Management*, Jg. 32(6), 2006, S. 898-925; Becker, Huselid (1998): High Performance Work Systems and Firm Performance - A Synthesis of Research and Managerial Implications. In: *Research in Personnel and Human Resource Management*, Jg. 16, 1998, S. 53-101; Dorozalla (2013), S. 11.

lichen Entwicklung des Feldes herauskristallisiert haben und jeweils einen zentralen Beitrag zur Charakterisierung des Bereichs leisten (siehe Tabelle 19).[629]

Ulrich definiert die folgenden fünf Aufgaben des strategischen HRM: Management der strategischen Orientierung des HRM, der Transformation und Veränderung des Unternehmens, der Unternehmensinfrastruktur sowie des Beitrags der Mitarbeiter zum Unternehmenserfolg.[630] Ziele des strategischen HRM sind laut Drumm die Vorbereitung und Sicherung von Wettbewerbsvorteilen sowie die Antizipation von Risiken im personalwirtschaftlichen Bereich.[631]

Abbildung 26 Integration von strategischem Personalmanagement, sonstigen Unternehmensstrategien und personalwirtschaftlichem Umfeld[632]

[629] Vgl. Lengnick-Hall, Lengnick-Hall, Andrade u. a. (2009), S. 65.
[630] Vgl. Ulrich (1997): Human Resource Champions - The next Agenda for adding value and delivering results. Boston, MA., S. 24; Ridder (2015), S. 86.
[631] Vgl. Drumm (2008), S. 538; Scholz (1995c): Strategisches Personalmanagement als Konzept zwischen Fata Morgana und aufkommender Morgenröte. In: Scholz (Hrsg.): Strategisches Personalmanagement - Konzeptionen und Realisationen. Stuttgart, 1995, S. 3-18, S. 10; Scholz (2000): Personalmanagement. Informationsorientierte und verhaltenstheoretische Grundlagen. 5. Aufl. München, S. 7.
[632] Eigene Darstellung nach Drumm (2008), S. 576f.

Tabelle 19 Entwicklungsthemen des Strategischen Human Resource Managements[633]

#	Themenfeld	Erläuterung	Zeitliche Einordnung
1	Kontingenztheorie und Fit	Abhängigkeit der PM-Aktivitäten untereinander u. von internen/ externen Umfeldbedingungen	Ab 1980
2	Von "*managing people*" hin zu strategischem Beitrag des HRM/ PM	Beitrag der Humanressourcen zu Unternehmenserfolg; Entwicklung hin zur Betrachtung von Human-, Sozial-kapital u. HR in komplexen Systemen	Ab 1980
3	HR- Systeme, -Komponenten und -Struktur	Zusammenwirken der Teilsysteme und Komponenten für die Optimierung der Unternehmensergebnisse; Entwicklung hin zu "*high performance work systems*"	Ab 1990
4	Ausdehnung des Betrach-tungsgegenstands	Betrachtungsbereich des SHRM über Unternehmens-grenzen hinaus; Fokus hin zu Internationalisierung	Ab 1990
5	HR-Implementierung und -Umsetzung	Sicherstellung der Realisierung der strategischen Zielsetzungen und Effektivität der HR-Praktiken	Ab 1990
6	Wirkungsmessung des SHRM	Bezug zwischen HR-Praktiken u. Ergebnissen herstellen	Ende der 1990er
7	Methodendiskussion	Diskussion des Erfolgsbeitrags der HR-Praktiken	Ab 2000

Liebel und Kollegen nennen zudem vier konkrete Ziele des strategischen Personalmanagements[634]:

- die Realisierung und Umsetzung der Unternehmensstrategie,
- Innovationsfähigkeit und Flexibilität sicherstellen,
- Human- und Sozialziele der Organisation verfolgen sowie
- die interne Integration aller Organisationseinheiten.

Begriffsdefinitionen

Nach wie vor existiert auch in der Diskussion des strategischen Personalmanagements eine große Begriffsdiversität. Es wird sowohl von strategischer Personalplanung, (Strategic) Human Resource Management, strategischer Personalarbeit, strategischer Personalpolitik als auch strategischer Personalführung und Personalstrategie gesprochen.[635] Einige zentrale Begriffsdefinitionen sind im Folgenden überblicksartig zusammengestellt (siehe Tabelle 20). Dabei bleibt allerdings z. T. unklar, ob der Begriff Strategie als Ergebnis oder Prozess zur Erreichung bestimmter Ziele verstanden wird (siehe z. B. Tyson, Snell et al. oder Ulrich). Hier gehen die Definitionen auseinander.[636]

---

633 Eigene Darstellung nach Lengnick-Hall, Lengnick-Hall, Andrade u. a. (2009), S. 65.

634 Vgl. Liebel, Oechsler, Holstegge u. a. (1994): Handbuch Human Resource Management. Wiesbaden, S. 14.

635 Vgl. Lengnick-Hall, Lengnick-Hall, Andrade u. a. (2009), S. 64; Scholz (2014), S. 90; Drumm (2008), S. 538; Gmür, Thommen (2011): Human Resource Management - Strategien und Instrumente für Führungskräfte und das Personalmanagement in 13 Bausteinen. 3. Aufl. Zürich, S. 19; Wunderer, Dick, Jäger (2007), S. 50; Krulis-Randa (1995), S. 19-34; Wunderer (1984): Strategische Personalarbeit - arbeitslos? In: *Zeitschrift Führung u. Organisation*, Jg. 53(8), 1984, S. 506-510, S. 506; Staffelbach (1987): Skizzen strategischer Personalpolitik. In: Lattman (Hrsg.): Personalmanagement und Strategische Unternehmensführung. Heidelberg (1987), S. 47-63, S. 47f.; Martin (1989): Die strategische Bedeutung der Personalführung. In: Weber, Weinmann (Hrsg.): Strategisches Personalmanagement. Stuttgart (1989), S. 17-47, S. 17f.; Bühner (1994): Personalmanagement. Landsberg/Lech, S. 19f.

636 Vgl. Tyson (1997): Human resource strategy: a process for managing the contribution of HRM to organizational performance. In: *International Journal of Human Resource Management*, Jg. 8(3), 1997, S. 277-290, S. 278; Snell, Youndt, Wright (1996): Establishing a framework for research in strategic human resource management - Merging source theory and organizational learning. In: *Research in Personnel and Human Resource Management*, Jg. 14, 1996, S. 61-90; Bratton, Gold (2017): Human resource management - Theory and practice. 6th edition. New York, S. 49. Anmerkung: SHRM ist ein Prozess "*...linking of HR to the business strategy.*" Ulrich (1997), S. 89.

Personalstrategien

Grundsätzlich lassen sich mehrere Typisierungen von Personalstrategien unterscheiden.[637] Gmür und Thommen stellen bei ihrer Typisierung die Erhaltung des Personals und die Flexibilität des Mitarbeitereinsatzes in den Vordergrund und identifizieren vier idealtypische Personalstrategien (PS), die jeweils eine bestimmte Marktorientierung wiederspiegeln (siehe Abbildung 27).[638] Die Strategie des „*eingespielten Teams*" (PS I) basiert den Markterfolg des Unternehmens auf den Kompetenzen, dem Engagement der Mitarbeiter und baut einen festen Personalstamm auf, um diese Aspekte zu sichern. Personalstrategie II basiert die Leistung des Unternehmens auf definierten Strukturen und Systemen des Personaleinsatzes sowie auf die Effektivität und Effizienz dieser Systeme. Im Rahmen von PS III versucht das Unternehmen die strategischen Mitarbeiterkompetenzen langfristig zu sichern, da diese als Teile des gesamten „*Organismus*" betrachtet werden und dazu beitragen kontinuierliche Innovationen zu erbringen. Die vierte Personalstrategie „*Die kreative Evolution*" verfolgt eine kontinuierliche Weiterentwicklung des Systems sowie der Mitarbeiterkompetenzen, um kurzfristige Innovationen zu ermöglichen.[639] Ein früher Unterscheidungsansatz für Personalstrategien von Miner definiert drei Typen[640]:

- **Input-orientierte Personalstrategie:** Fokus auf Personalmarketing, -beschaffung und strenge Personalauswahl zur idealen Stellenbesetzung
- **Mediatorstrategie:** Fokus auf umfassender Personalplanung zur Anpassung der Personalstruktur
- **Output-orientierte Strategie:** Fokus auf Personalbeurteilung, Leistungskontrolle und Beschäftigungspolitik

Dagegen unterscheidet Wunderer nur grundlegend zwischen proaktiv-autonomen und derivativ-reaktiven Personalstrategien. Die proaktiven Strategien berücksichtigen Erfolgsfaktoren und unternehmensspezifische Ressourcen und orientieren sich damit an der Resource-Based-View und geben dem Personalmanagement die Position einer wertschöpfenden, erfolgsrelevanten Unternehmensfunktion.[641]

---

[637] Vgl. Elias-Linde (2013), S. 128.
[638] Vgl. Gmür, Thommen (2011), S. 21; Klimecki, Gmür (2005), S. 393-396.
[639] Vgl. Gmür, Thommen (2011), S. 23-29.
[640] Vgl. Miner (1969): An Input-Output Model for Personnel Strategies. In: *Business Horizons*, Jg. 6(12), 1969, S. 71-78 zitiert nach Elias-Linde (2013), S. 128.
[641] Vgl. Wunderer, Arx (2002), S. 36f.

Tabelle 20 Überblick über Begriffsdefinitionen des strategischen Personalmanagements

Begriff	**Definition**	**Quelle**
Strategic HRM	*„Strategic HRM covers the overall HR strategies adopted by business units and companies and tries to measure their impacts on performance. Within this domain both design and execution issues are examined."*	Lengnick-Hall, Leng-nick-Hall, Andrade u. a. (2009), S. 64.
Strategic HRM (SHRM)	*„SHRM refers to a conscious attempt to formulate and implement HR policies that are mutually reinforcing and help to deliver the organization's wider objectives."*	Storey (2007b), S. 77.
SHRM	*„Strategic HRM concerns itself with the process of linking HR strategies with business strategies and measures the effects on organizational performance."*	Bratton, Gold (2017), S. 15.
SHRM	*„[...] pattern of planned human resource deployments and activities intended to enable an organization to achieve its goals."*	Wright, MacMahon (1992), S. 298.
Strategisches Personalmanage-ment (PM)	*„Strategisches PM bezieht sich auf das gesamte Unternehmen und hat unmittelbaren Bezug zu den Erfolgspotenzialen des Unternehmens. Es abstrahiert von einzelnen Mitarbeitern und Stellen."*	Scholz (2014), S. 90.
SHRM	*„Die Herausforderung des strategischen HRM liegt darin, ... die Wettbewerbsfähigkeit der Organisation durch die Unterstützung der Geschäftsfeldstrategien und damit der Unternehmensstrategie zu steigern. Es gilt dadurch die Effizienz und die Effektivität des HRM zu steigern."*	Scholz (1995c), S. 10 u. Scholz (2000), S. 7.
Strategisches PM	*„Strategisches Personalmanagement bezieht sich auf die strategische Führung der gesamten Unternehmung, indem es die menschlichen Aktivitäten in allen Unternehmensfunktionen integriert und die Personalfunktion als einen Bestandteil der Unternehmensstrategie gestaltet."*	Krulis-Randa (1995), S. 22.
Strategisches PM	*„Strategisches Personalmanagement hat als Gegenstand die Planung, Umsetzung und Kontrolle von grundsätzlichen Handlungsmöglichkeiten zum frühzeitigen Aufbau, zum Erhalt, zur Nutzung oder zum Abbau von Personalpotenzialen."*	Drumm (2008), S. 538.
strategisch-orientiertes PM	*„... explizite, interaktive Einbeziehung personalwirtschaftlicher Ressourcen und Probleme in die strategische Führung"*	Berthel, Becker (2010), S. 681.
Strategische Personalplanung	*„... umfasst alle Personalplanungsfelder"*	Drumm (2008), S. 538.
Personalstrategie	*„Personalstrategie eines Unternehmens ist der mittel- und langfristige Plan zur Steuerung der Personalressourcen. Sie umfasst die personalpolitischen Ziele und Ereignisse, die in den kommenden Jahren angestrebt werden, sowie die Konzepte, Instrumente und Maßnahmen zu deren Erreichung.*	Gmür, Thommen (2011), S. 19.
Personalstrategie	*„Personalstrategie ist die systematische Verknüpfung wertfundierter Ziele mit geeigneten Maßnahmen."*	Wunderer, Dick, Jäger (2007), S. 50.
HR Strategy	*„HR strategy is defined as the pattern of decisions regarding policies and practices associated with the HR system."*	Bamberger, Biron, Me-shoulam (2014), 42f.

HR Strategy	*„... a set of HR systems."*	Bratton, Gold (2017), S. 49.
Personalkultur	*„Personalkultur umfasst Normen und Werte, welche die Arbeitsbeziehungen einer Organisation kennzeichnen. Sie ergibt sich aus den typischen Zielen, Arbeitsgrundsätzen und Tätigkeitsfeldern einer Organisation sowie den vorherrschenden Motivations- und Qualifikationsstrukturen ihrer Beschäftigten. ... In jeder Personalkultur muss die verfolgte Personalstrategie mit etwas anderen Konzepten und Instrumenten umgesetzt werden, damit die angestrebten Ziele erreicht werden können."*	Gmür, Thommen (2011), S. 34.

Delery und Doty differenzieren dagegen zwischen marktbasierten, internen und gemischten Personalstrategien während Baron und Kreps drei Strategien anhand der Vorgehensweise bei der Personalbeschaffung unterscheiden: interne Arbeitsmarktstrategie, "*high commitment*"-Strategie und eine hybride Strategie. Beide Kategorisierungen basieren auf einer ressourcenorientierten Sichtweise.[642] Die wissenschaftliche Literatur zum Strategischen Human Resource Management lässt sich in vier Betrachtungsperspektiven einteilen: die universale Perspektive, die Kontingenzperspektive, der konfigurationale Ansatz sowie die kontextuale Sichtweise (siehe Tabelle 21). [643]

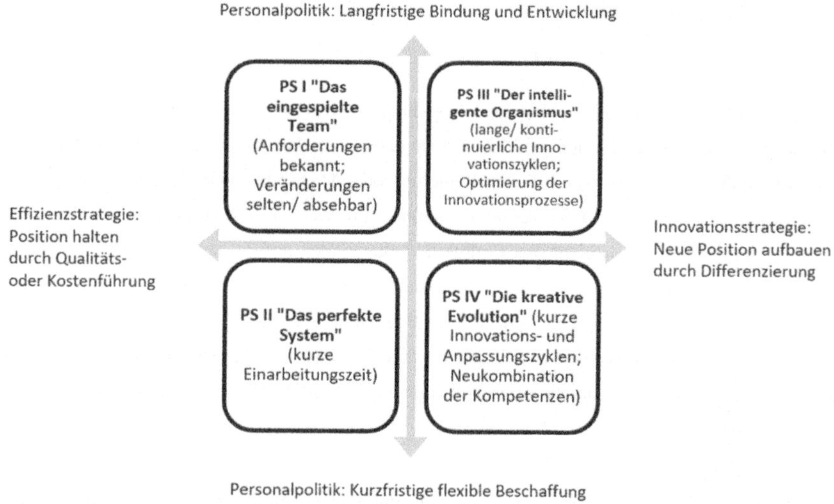

Abbildung 27 Idealtypische Personalstrategien[644]

[642] Vgl. Delery, Doty (1996): Modes of Theorizing in Strategic Human Resource Management - Tests of Universalistic, Contingency and Configurational Performance Predicitions. In: *Academy of Management Journal*, Jg. 39(4), 1996, S. 802-835; Baron, Kreps (1999): Strategic human resources - Frameworks for general managers. Hoboken, NJ; Bamberger, Biron, Meshoulam (2014): Human Resource Strategy - Formulation, Implementation, & Impact. 2nd ed. New York, S. 48.

[643] Vgl. Delery, Doty (1996); Jackson, Schuler, Rivero (1989): Organizational Characteristics as Predictors of Personnel Practices. In: *Personnel Psychology*, Jg. 42(4), 1989, S. 727-786; Brewster (1999): SHRM: The Value of Different Paradigms. In: *Management International Review*, Jg. 39(3), 1999, S. 45-64; Martin Alcazar, Romero Fernandez, Sanchez Gardey (2005), S. 634.

[644] Eigene Darstellung nach Gmür, Thommen (2011), S. 22.

Tabelle 21 Gegenüberstellung der vier Perspektiven des Strategischen Personalmanagements[645]

Perspektive	Grundannahme	Beziehung der Variablen	Analyseebene
Universal-	Einzelne oder Bündel von PM-Systemen; Best Practices zur Optimierung der Unternehmensleistung existieren u. sind generalisierbar	Linear, allgemein gültig	Einzelne PM-Systeme (deren Beitrag zum Unternehmenserfolg)
Kontingenz-	Keine Best Practices; Effekte sind varia-blenabhängig (z.B. Unternehmens-strategie)	Interaktive Beziehung; Moderationseffekt der Kontingenzvariablen auf Beziehung der abhängigen u. unabhängigen Variablen	PM-Systeme
Konfigura-tions-	Verschiedene „Best Practices" können vorliegen (unterschiedliche Kombinationen von PM-Systemen)	Kombination von PM-Systemen beeinflusst Unternehmensleistung/-erfolg; Synergieeffekte liegen vor; System muss intern u. mit externen Faktoren konsistent sein	System als Ganzes (Unternehmen); synergetische Integration der Elemente
Kontextual-	Strat. PM/ SHRM ist Teil eines makro-sozialen Rahmens mit Austauschbeziehungen und geht über Unternehmens-bezogene Entscheidungen hinaus	Deskriptiv, global; Relation zwischen SHRM und Kontext; Integration von Personal-relevanten Variablen in übergeordnetes System	Über Unternehmen hinausgehend

Zentrale Einflussfaktoren auf die Strategieentwicklung im HRM sind u. a. die Rolle des Unternehmensleiters oder -gründers, Macht und Ressourcen des Unternehmens, dessen Kultur, umwelt- sowie institutionelle Einflüsse wie z. B. die Regierung oder Verbände sowie die Ausgestaltung des Personalmanagements als ein iterativer (Veränderungs-)Prozess mit Feedbackschleifen.[646] Bamberger et al. unterscheiden zwischen drei Einflussfaktorkategorien auf das strategische PM: externe, marktbasierte Faktoren wie der Industriesektor, Branchenbedingungen, Einflüsse durch Globalisierung, nationale Kultur, Arbeitsmarkt sowie Technologie und externe, nicht-marktorientierten Faktoren (z. B. professionelle Normen und Standards, arbeitsrechtliche Rahmenbedingungen, Gesetze), interne Faktoren wie unternehmenspolitische Interessen, interner Fit der HR-Praktiken und strategische Ausrichtung.[647]

3.2.2 Modelle

Das Strategische Human Resource Management ist durch einige einflussreiche konzeptionelle Modelle geprägt, die normative und praxisorientierte Anforderungen an die Ausgestaltung des HRM zusammenfassen. Sie liefern analytische Rahmenkonzepte, die das SHRM zum einen legitimieren und charakterisieren, zum anderen Grundlagen für empirische Untersuchungen der HR-Praxis bie-

[645] Eigene Darstellung nach Martin Alcazar, Romero Fernandez, Sanchez Gardey (2005), S. 634, 636f.; Dorozalla (2013), S. 49.
[646] Vgl. Paauwe (2004), S. 14f.
[647] Vgl. Bamberger, Biron, Meshoulam (2014), S. 19-26.

ten.[648] Weiter soll v. a. der Zusammenhang zwischen dem PM und dem Unternehmenserfolg aufgezeigt werden: "*the simplest depiction of the SHRM model is a relationship between a firm's HR architecture and firm performance.*"[649] Die zentralen Modelle räumen dem PM eine symbiotische Beziehung zu den Stakeholdern des Unternehmens ein und definieren seine Aufgabe als die Ausgestaltung des unternehmensinternen Kontextes unter Berücksichtigung des externen Kontextes.[650] Die verschiedenen Modelle des SHRM lassen sich in mehrere Klassifikationen einteilen (siehe Tabelle 22), deren Kategorien z. T. nicht trennscharf bzw. überschneidungsfrei sind.[651] Das Modell von Beer et al. wird von Legge bspw. als normatives Modell eingeordnet, während andere Autoren es als analytisch bezeichnen.[652] Die zentralen Modelle, die im Folgenden vorgestellt werden sollen, sind u. a. der Michigan-Ansatz, das Harvard-Modell, der Ansatz von Pfeffer sowie die auf der Resource-Based-View (RBV) basierenden Ansätze und ein integratives Modell des SHRM. Der Michigan-Ansatz und das Harvard-Modell sind die sicherlich bedeutendsten Ansätze des SHRM und die ersten, die HRM mit der Unternehmensleistung in Verbindung setzen.[653]

Tabelle 22 Übersicht über Klassifikationsansätze für SHRM Modelle[654]

Klassifikation nach Legge	**Klassifikation nach Tyson**	**Klassifikation nach Storey**
Normative Modelle	Normative Modelle	Konzeptuelle Modelle
Deskriptiv-funktionale Modelle	Deskriptive Modelle	Deskriptive Modelle
Deskriptiv-behavioristische Modelle	Analytische Modelle	Präskriptive Modelle
Kritisch-analytische Modelle	-	-

Der Michigan-Ansatz wurde 1984 an der Michigan Business School von Tichy, Devanna und Fombrun entwickelt und sieht das SHRM als die Integration der Unternehmensstrategie und der Organisationsstruktur mit dem HRM sowie v. a. als ein Planungsproblem bzgl. der verschiedenen PM-Funktionen.[655] Es unterscheidet vier verbundene Funktionen des Personalmanagements: Selektion, Leistungsbeurteilung und Belohnung/ Anreizsysteme sowie Weiterentwicklung, die zusammen den sog. Human-Resource-Cycle bilden (siehe Abbildung 28).[656] Es handelt sich um ein inhaltsorientiertes Modell, das eine enge Abstimmung der Strategie, der Organisationsstruktur sowie der HR-Praktiken in den genannten Bereichen fordert. Als abhängige Variable wird die Leistung der Mitarbeiter durch die übrigen Funktionen als Variablen des Modells beeinflusst. Die Erreichung der Ziel-

[648] Vgl. Bratton, Gold (2017), S. 19.
[649] Becker, Huselid (2006), S. 899.
[650] Vgl. Tyson (1997), S. 281.
[651] Vgl. Cakar, Bititci, MacBryde (2003): A business process approach to human resource management. In: *Business Process Management Journal*, Jg. 9(2), 2003, S. 190-207, S. 195f.
[652] Vgl. nach Cakar, Bititci, MacBryde (2003), S. 195-197; Legge (1995): Human Resources Management - Rhetorics and Realities. London; Pinnington, Edwards (2000): Introduction to Human Resource Management. Oxford.
[653] Vgl. Paauwe (2004), S. 55.
[654] Eigene Darstellung nach Cakar, Bititci, MacBryde (2003), S. 192; Legge (1995); Tyson (1995): Human Resource Strategy - Towards a General Theory of Human Resource Management. London; Storey (1994): Developments in the Management of Human Resources. Oxford.
[655] Vgl. Devanna, Fombrun, Tichy (1984): A Framework for Strategic Human Resource management. In: Fombrun, Tichy, Devanna (Hrsg.): Strategic human resource management. New York, 1984, S. 33-51; Berthel, Becker (2010), S. 680; Elias-Linde (2013), S. 132.
[656] Vgl. Ridder (2015), S. 83; Elias-Linde (2013), S. 132.

setzungen des Unternehmens und dessen Leistung sind vom systematischen Einsatz des Human-Resource-Cycles abhängig.[657] Damit kann der Ansatz auch als sehr striktes Modell des Personalmanagements kategorisiert werden, das den Fokus auf die Unternehmensleistung und deren Sicherstellung durch das Zusammenspiel der verbundenen HR-Funktionen legt.[658] Es bietet einen heuristischen Rahmen für die Erklärungen der Wirkungen zentraler HR-Funktionen und betont die Bedeutung der Abstimmung dieser Funktionen im Hinblick auf die strategische Orientierung des Unternehmens. Kritik am Michigan-Ansatz bezieht sich v. a. darauf, dass nur vier HR-Funktionen berücksichtigt werden und der Ansatz generell sehr präskriptiv ausgerichtet ist. Zudem finden Stakeholder und deren Interessen keine Integration im Modell.[659]

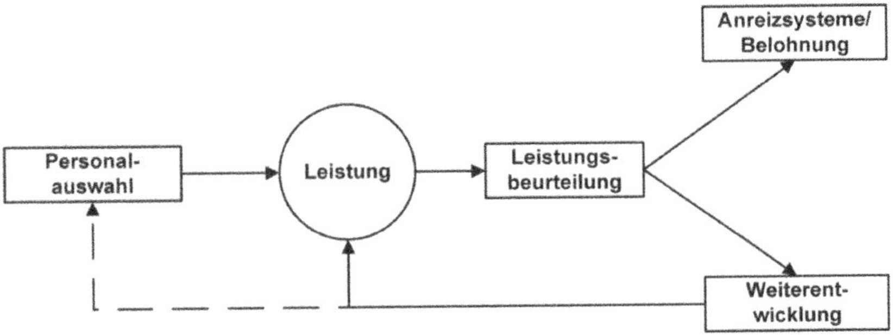

Abbildung 28 Der Human Resource Cycle des Michigan-Ansatzes[660]

Das sog. Harvard-Modell wurde von Beer et al. an der Harvard Graduate School of Business Administration erarbeitet und lieferte erstmals Aussagen dazu, wie strategische Personalentscheidungen getroffen werden sollen und wie Zielsetzungen und bestimmte Ergebnisse im HRM erreicht werden können.[661] Es kann als ein Konzept der "Best Fit"-Orientierung des strategischen HRM eingeordnet werden: Neben der Unternehmensstrategie sind dabei die Anforderungen der Stakeholder des Unternehmens sowie externe situative Faktoren bei der Ausgestaltung der Handlungsfelder und Aktivitäten im HRM zu berücksichtigen.[662] Die HR-Aktivitäten sind eine Folge der strategischen Planungen. Damit erhält das PM im Harvard-Modell eine selbstständigere Funktion im Unternehmen.[663]

[657] Vgl. Paauwe (2004), S. 26; Liebel, Oechsler, Holstegge u. a. (1994), S. 6 u. 9.
[658] Vgl. Lee (2015): The history, status and future of HRD. In: Poell, Rocco, Roth (Hrsg.): The Routledge Companion to Human Resource Development. London, 2015, S. 3-12, S. 7.
[659] Vgl. Bratton, Gold (2017), S. 19.
[660] Eigene Darstellung nach Devanna, Fombrun, Tichy (1984), S. 33-51, S. 41. zitiert nach Paauwe (2004), S. 26; Ridder (2015), S. 83; Berthel, Becker (2010), S. 684; Staehle, Conrad, Sydow (1999): Management - Eine verhaltenswissenschaftliche Perspektive. 8. Aufl. München, S. 789.
[661] Vgl. Beer, Spector (1985): Corporate-wide transformation in human resource management. In: Walton, Lawrence (Hrsg.): Human Resource Management and Trends and Challenges. Boston; 1985, S. 219-253; Beer, Spector, Lawrence u. a. (1984): Managing Human Assets - The Ground-breaking Harvard Business Programm. New York, London; Boxall, Purcell (2011), S. 69; Bratton, Gold (2017), S. 19f.
[662] Vgl. Boxall, Purcell (2011), S. 63-95; Bratton, Gold (2017), S. 54; Ridder (2015), S. 83f.
[663] Vgl. Berthel, Becker (2010), S. 682.

Der Ansatz geht zudem von einer "General Management"-Ausrichtung aus, die funktionelle, institutionelle und instrumentelle Aspekte im Kontext des Umgangs mit Humankapital miteinbezieht.[664] Dabei wird die Integration der betrachteten Handlungsfelder des HRM sowie des HRM in die Unternehmensstrategie in den Vordergrund gestellt. Die HR-Strategie hat in diesem Ansatz der Unternehmensstrategie zu folgen.[665] Im Rahmen des Modells werden vier HR-Handlungsfelder oder HR-Systeme, die durch das HRM zu vier erwünschten Wirkungen integriert werden sollen, betrachtet: Mitarbeiterpartizipation, Änderungen des Mitarbeiterbestands durch HR (Personalbeschaffung, -einsatz, -entlassung), Belohnungssysteme sowie die Arbeitsorganisation. Die vier erwünschten Ergebnisse („*commitment, competence, congruence*" und „*cost effectiveness*") des strategischen HRM haben einen langfristigen Einfluss auf die Effektivität des Unternehmens sowie das gesellschaftliche Wohlergehen und die individuelle Arbeitszufriedenheit.[666] Eine Rückkopplungsschleife bewirkt Einflüsse der Ergebnisse auf die Interessengruppen sowie das Unternehmen.[667] Das sog. HRM-Navigationssystem zeigt die Zusammenhänge zwischen dem HRM-System und den externen (Stakeholder-Interessen) sowie situativen Einflussfaktoren auf (siehe Abbildung 29).[668] Das Modell wird als Mix aus Prozess- und Inhaltsmodell gesehen bzw. als „weicher" Ansatz, der sowohl die Markt- als auch die strategischen Rahmenbedingungen und v. a. die Entwicklung und Einbeziehung der Mitarbeiter berücksichtigt.[669] Da Beer et al. für die Berücksichtigung von Arbeitnehmervertretungen und Gewerkschaften als Interessengruppe des Unternehmens plädieren, konnte das Modell als Grundlage für die weiterführende europäische Diskussion zu Strategischem HRM dienen. Es wurde aus dem gleichen Grund allerdings für die mangelnden Einsatzmöglichkeiten in den USA und Großbritannien kritisiert.[670]

---

[664] Vgl. Elias-Linde (2013), S. 113; Scholz (2014), S. 52.
[665] Vgl. Liebel, Oechsler, Holstegge u. a. (1994), S. 1; Bratton, Gold (2017), S. 54.
[666] Vgl. Liebel, Oechsler, Holstegge u. a. (1994), S. 1-3.; Boxall, Purcell (2011), S. 70; Miebach (2017), S. 40.
[667] Vgl. Bratton, Gold (2017), S. 20.
[668] Vgl. Cakar, Bititci, MacBryde (2003), S. 191-194.
[669] Vgl. Paauwe (2004), S. 25f.; Klimecki, Gmür (2005), S. 39.
[670] Vgl. Ridder (2015), S. 84; Guest (1987): Human resource management and industrial relations. In: *Journal of Management Studies*, Jg. 24(5), 1987, S. 503-521, S. 510.

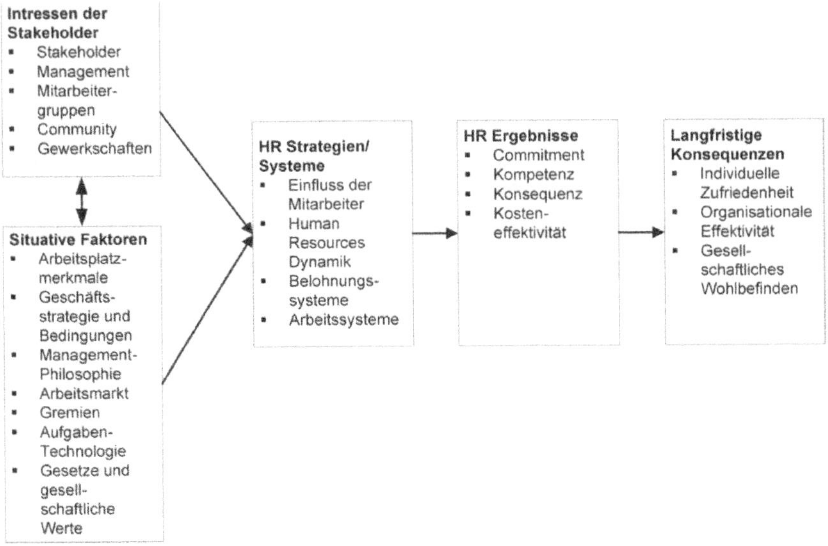

Abbildung 29 Das HRM-Navigationssystem[671]

Das Modell der Warwick Business School ist eine europäische Weiterentwicklung des Harvard-Modells, das die Interaktionen zwischen HR-Aktivitäten und Veränderungen des internen und externen Kontexts betrachtet.[672] Es wird von einer komplexen Beziehung zwischen HRM und der Unternehmensstrategie ausgegangen. Der HRM-Kontext umfasst dabei HR-Prozesse, Arbeitssysteme, Anreiz- bzw. Vergütungssysteme sowie die Beziehungen zu den Mitarbeitern.[673] Der SHRM-Ansatz von Guest identifiziert sieben HR-Praktiken, die zu HR- sowie unternehmensbezogenen Ergebnissen führen (siehe Abbildung 30).[674] Die HR-bezogenen Ergebnisse bilden dabei einen Rahmen für die Bestimmung von HR-Handlungsfeldern. Guest sieht HRM zudem als einen integrativen Bestandteil des strategischen Planungsprozesses des Unternehmens.[675]

[671] Abbildung nach Beer, Spector, Lawrence u. a. (1984) zitiert nach Miebach (2017), S. 41; Ridder (2015), S. 84.
[672] Vgl. Hendry, Pettigrew (1992): Patterns of strategic change in the development of human resources Management. In: *British Journal of Management*, Jg. 3(2), 1992, S. 137-156; Paauwe (2004), S. 23.
[673] Vgl. Paauwe (2004), S. 23; Cakar, Bititci, MacBryde (2003), S. 191-194.
[674] Vgl. Guest (1987), S. 516.
[675] Vgl. Guest (1987), S. 512 u. 516.

"Policies"	*HR Ergebnisse*	*Organisationale Ergebnisse*
Organisations- und Aufgabendesign		Hohe Leistung
Policy- Definition und Implementierung/ Management des Wandels	Strategische Planung Implementierung	Hoher Problemlösungsgrad
Rekrutierung, Auswahl und Sozialisierung	Engagement	Erfolgreiche Veränderung
Beurteilung, Training und Weiterentwicklung	Flexibilität, Anpassungsfähigkeit	Geringe Fluktuation
Arbeitskraft steigt nach oben, fließt durch und aus dem Unternehmen		Geringe Abwesenheit
Kommunikationssysteme	Qualität	Niedriges Beschwerdeniveau; hohe Kosteneffektivität, z.B. vollständiger Einsatz der Humanressourcen

Abbildung 30 Bestandteile des SHRM-Ansatzes nach Guest[676]

Ähnlich wie das Harvard-Modell betont Guests Ansatz ebenfalls die Einbeziehung der Mitarbeiter. Darüber hinaus werden insbesondere die Qualität des Mitarbeiterstammes, der HR-Vorgehensweisen sowie die Sicherstellung der Flexibilität und Anpassungsfähigkeit des HRM an sich ändernde strategische Ziele und Rahmenbedingungen in den Vordergrund des Ansatzes gestellt.[677] Als Vertreter der Best-Practices-Orientierung des SHRM definiert Pfeffer insgesamt sieben HR-Aktivitäten, die in Abhängigkeit von der Organisationskultur zu Verbesserungen der Unternehmensleistung („*building profits by putting people first*") führen sollen.[678]

Ein aktueller, ähnlich gelagerter Vorschlag zu HRM-Best-Practices kommt von den Hartog und Verburg, die sich insbesondere auf die Definition von Aktivitäten im Sinne von „*high performance workplaces/ work systems*" beziehen, einer Weiterentwicklung der Best-Practices-Orientierung, die eine Makro-Sicht auf das HRM einnimmt (zum Vergleich der Vorschläge siehe Tabelle 23).[679] Zwei weitere Makro-Modelle des HRM im Kontext von Best-Practice-Ansätzen sind zum einen „*high commitment management*" nach Walton sowie „*high involvement work systems*" nach Lawler, die darauf ausgelegt sind, Mitarbeiter stärker in Entscheidungsfindungsprozesse einzubeziehen und über Weiterbildungsmaßnahmen sowie gezielte Anreizsysteme zur Übernahme von Verantwortung zu bewegen. Die Best-Practices-Orientierung und v. a. die von Pfeffer definierten HR-Praktiken unterliegen einiger Kritik, da sich die entsprechenden HR-Aktivitäten in empirischen Studien unter erfolgreichen Unternehmen nicht eindeutig wiederfinden.[680] Zudem bleibt unklar, für welche Interessengruppe des Unternehmens Best-Practice-Ansätze von Vorteil sind. Hier ergeben sich beispielsweise Spannungsfelder zwischen Shareholder-Interessen und Interessen der Mitarbei-

---

[676] Eigene Darstellung nach Guest (1987), S. 516.
[677] Vgl. Guest (1987), S.514f.
[678] Vgl. Pfeffer (1998b): The Human Equation: Building Profits by Putting People first. Boston, Mass.; Pfeffer (1998a): Seven practices of successful organizations. In: *Cal. Management Rev.*, Jg. 40(2), 1998a, S. 96-124.
[679] Vgl. Bratton, Gold (2017), S. 55; Den Hartog, Verburg (2004): High-performance work systems, organizational culture and firm effectiveness. In: *Human Resource Management Journal*, Jg. 14(1), 2004, S. 55-78; Becker, Huselid (1998).
[680] Vgl. Boxall, Purcell (2011), S. 88f.; Walton (1985): From control to commitment in the workplace. In: *Harvard Business Review*, Jg. 63(2), 1985, S. 77-84; Lawler (1986): High-Involvement Management. San Francisco.

ter. Vorschläge für Best-Practice-Maßnahmen beinhalten meist eine hohe Diversität an HR-Praktiken.[681]

Tabelle 23 Vergleich ausgewählter "Best Practice"-Ansätze im HRM[682]

HRM-Best-Practices nach Pfeffer	**HRM-Best-Practices nach den Hartog und Verburg**
• Beschäftigungssicherheit	• Beschäftigungsrelevante Fähigkeiten
• Selektive Personalauswahl	• Autonomie
• Selbstorganisierte Teams oder Teamarbeit	• Leistungsbezogene Vergütung
• Hohe Vergütung orientiert an Unternehmenserfolg	• Gewinnbeteiligung
• Umfassende Weiterbildung/ Training	• Leistungsbeurteilung
• Verringerung von Statusunterschieden	• Teamarbeit
• Informationsaustausch	• Stellenevaluation
	• Informationsaustausch

Resource-Based-View (RBV)-orientierte Ansätze des Strategischen HRM rücken die Rolle und Bedeutung interner Unternehmensressourcen in den Vordergrund und lassen sich auf Selznick sowie Penrose zurückführen, die die Grundlagen für eine ressourcen- und kompetenzbasierte Abgrenzung des Unternehmens gegenüber seinen Wettbewerbern legten und Unternehmen als Bündel von Ressourcen definiert haben.[683] Nach Barney gilt es, durch nicht imitierbare Kompetenzen und Fähigkeiten des Unternehmens einen „*sustained competitve advantage*" zu erreichen.[684] Der Vorteil eines Unternehmens kann also in seinem Mitarbeiterstamm bzw. seinen Humanressourcen selbst als strategische Ressource zu Bildung von Wettbewerbszielen gesehen werden.[685] PM-Aktivitäten sollten daher darauf ausgerichtet sein, die Mitarbeiter des Unternehmens so einzusetzen, dass sie Wettbewerbsvorteile erreichen können. Dazu sind insbesondere HR-Systeme relevant, die Mitarbeiter mit besonders relevanten Fähigkeiten und Kompetenzen langfristig an das Unternehmen binden.[686] Die Zusammenhänge der RBV-basierten Ansätze sind in Abbildung 31 gezeigt. Eine Weiterentwicklung der RBV-Ansätze beschäftigt sich mit sog. „*dynamic capabilities*", d. h. der Veränderung der Kompetenzen und Fähigkeiten einer Organisation im Zeitverlauf und der organisatorischen Vorgehensweisen, die es Unternehmen ermöglichen, neue Ressourcen miteinander zu kombinieren

[681] Vgl. Boxall, Purcell, (2011), S. 97; Bratton, Gold (2017), S. 55; Legge (1978): Power, Innovation and Problemsolving. London.
[682] Eigene Darstellung nach Pfeffer (1998b); Pfeffer (1998a); Den Hartog, Verburg (2004), S. 71.
[683] Vgl. Selznick (1957): Leadership and Administration. New York; Penrose (1959): The Theory of the Growth of the Firm. Oxford; Berthel, Becker (2010), S. 683.
[684] Vgl. Barney (1991): Firm resource and sustained competitive advantage. In: *Journal of Management*, Jg. 17(1), 1991, S. 99-120.
[685] Vgl. Wright (1998): Introduction: Strategic human resource management research in the 21st century. In: *Human Resource Management*, Jg. 8(3), 1998, S. 247-276, S. 187; Wright, MacMahon, McWilliams (1994): Human resources and sustained competitive advantage: a resource based perspective. In: *International Journal of Human Resource Management*, Jg. 5(2), 1994, S. 301-326.
[686] Vgl. Wright (1998), S. 187f.; Lepak, Snell (2007): Employment sub-systems and the „HR architecture". In: Boxall, Purcell, Wright (Hrsg.): The Oxford handbook of human resource management. Oxford, New York (2007), S. 517-543.

und einzusetzen, um auf Veränderungen des Markts zu reagieren.[687] RBV-Ansätze lassen sich auch kennzeichnen als Ansätze, die eine spezifische und nicht imitierbare Form der Anpassung („*fit*") für Unternehmen erreichen wollen.[688] Es werden zudem Effizienzbetrachtungen der PM-Aktivitäten im Hinblick auf die Unternehmensleistung in den Vordergrund gerückt.[689]

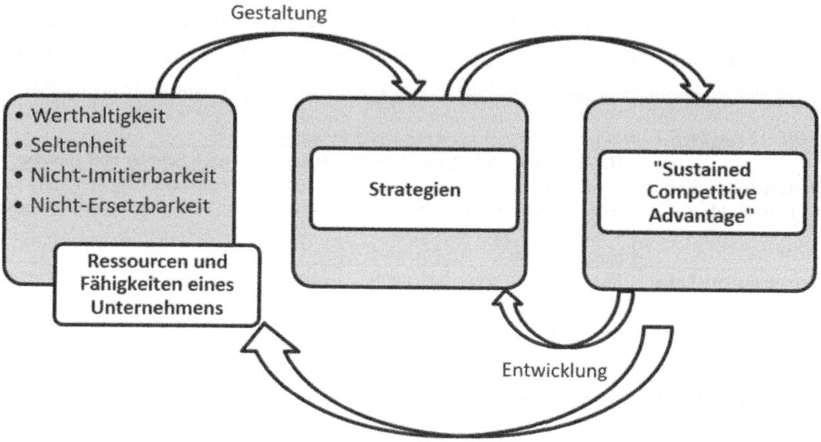

Abbildung 31 Beziehungsmodell "sustained competitive advantage"[690]

SHRM und Innovationsfähigkeit

Neben dem übergeordneten Unternehmenserfolg als Ergebnis von HR-Aktivitäten liegen einige Ansätze vor, die die Innovationsfähigkeit von Unternehmen in den Zusammenhang mit bestimmten HR-Aktivitäten stellen. Das Modell von Schuler und Jackson folgt einer „Best Fit"-Perspektive und hebt insbesondere die Zusammenhänge zwischen erwünschtem Mitarbeiterverhalten, HR-Aktivitäten und Wettbewerbsstrategien nach Porter hervor.[691] Sie definieren bestimmte HR-Aktivitäten, die ein Verhalten der Mitarbeiter stimulieren, das wiederum dazu beiträgt, die gewünschte Strategie zu verfolgen. In diesem Zusammenhang werden HR-Praktiken definiert, die einen positiven Einfluss auf die Innovationsfähigkeit eines Unternehmens haben. Miles und Snow legen ebenfalls einen Vorschlag für HR-Praktiken für innovative Unternehmen vor (zum Vergleich der Modelle siehe Tabelle 24), mit dem Unterschied, dass sie temporäre, kurzfristig anpassbare HR-

---

[687] Vgl. Wright, Dunford, Snell (2007): Human resources and the Resource-based view of the firm. In: Schuler, Jackson (Hrsg.): Strategic human resource management. 2nd ed. Malden, MA, 2007, S. 76-97, S. 88; Teece (2007): Explicating dynamic capabilities - The nature and microfoundations of (sustainable) enterprise performance. In: *Strategic Management Journal*, Jg. 18(7), 2007, S. 509-533.

[688] Vgl. Bratton, Gold (2017), S. 56; Boxall, Purcell (2011), S. 90.

[689] Vgl. Staehle, Conrad, Sydow (1999), S. 787; Wright (1998), S. 188.

[690] Eigene Darstellung nach Barney (1991); Bratton, Gold (2017), S. 57; Hill, Jones, Schilling (2014): Strategic Management Theory: An integrated approach. 11. Aufl. Stamford.

[691] Vgl. Schuler, Jackson (1987): Linking Competitive Strategies with Human Resource Management Practices. In: *Academy of Management Executive*, Jg. 1(3), 1987, S. 207-219, S. 208 u. 211f.; Boxall, Purcell (2011), S. 80; Porter (1980).

Strategien in den Vordergrund stellen, um flexibel auf Marktänderungen reagieren zu können, während Schuler und Jackson die Bedeutung von Arbeitsplatzsicherheit für die Innovationsfähigkeit betonen.[692]

Eine weitere Ergänzung des Harvard Modells lieferten Dyer und Holder. Ihr Modell berücksichtigt zentrale Umweltfaktoren bei der Ausgestaltung der Unternehmensstrategie und der HRM-Zielsetzungen (siehe Abbildung 32).[693] Das Modell bietet als rationaler Planungs- und präskriptiv ausgelegter Ansatz eine Vorgehensweise zur Ableitung der HR-Strategien (siehe Abbildung 33).

Tabelle 24 Vergleich der HR-Systeme zur Förderung von Innovationsfähigkeit[694]

	HR-System nach Miles und Snow	**HR-System nach Schuler und Jackson**
Personalrekrutierung und -auswahl	Primär externe Personalbeschaffung; geringe Sozialisierung im Unternehmen; geringe Arbeitsplatzsicherheit;	externe Personalbeschaffung für technische Kompetenzen; hohe Arbeitsplatzsicherheit;
Personalentwicklung	Eingeschränkte Weiterbildungsaktivitäten	Mitarbeiter für eigene Weiterbildung verantwortlich;
Karriereplanung	keine internen Karrierepfade definiert	Viele alternative interne Karrierepfade; Mitarbeiterweiterentwicklung ist verpflichtend
Leistungsbeurteilung	Ergebnis- und bedarfsorientiert; Abteilungs- bzw. funktionsbezogene Beurteilungen	Prozess- und ergebnisorientiert; Berücksichtigung langfristiger und gruppenbasierter Leistungen
Vergütung	Leistungsorientiert sowie unternehmenserfolgsbezogen; Anreizsysteme	kompetenzbasiert und teambezogen; Vielfältige Anreizsysteme: individuelle Zusammenstellung der Vergütung;
Weitere HR-Praktiken	Geringe Mitarbeiterbeteiligung; Job Enrichment	Hohe Mitarbeiterbeteiligung; Job Enrichment; cross-funktionale Teams

Weitere Autoren haben alternative Vorgehensweisen zur Definition der Personalstrategien vorgeschlagen. Beispielweise definieren Gmür und Thommen einen Prozess, der die folgenden Schritte umfasst:[695]

- Definition strategischer Personalziele,
- Anforderungen und Defizite im Bereich Personal identifizieren,
- Grundsätze und Leitlinien der Personalarbeit festlegen,
- Personalstrategie auswählen,
- Erfolgskriterien, Maßnahmen und Planungen konkretisieren.

[692] Vgl. Miles, Snow (1984): Designing strategic human resources systems. In: *Organizational Dynamics*(Summer), 1984, S. 36-52; Schuler, Jackson (1987), S. 209, 211.
[693] Vgl. Dyer, Holder (1988): Toward a Strategic Perspective of Human Resource Management, Paper 451, S.60.
[694] Eigene Darstellung nach Miles, Snow (1984); Schuler, Jackson (1987), S. 212; Jimenez-Jimenez, Sanz-Valle, (2005): The Flexible Company: Innovation, Work Organization and Human Resource Management. In: *International Journal of Manpower*, Jg. 26(4), 2005, S. 364-381, S. 367.
[695] Vgl. Gmür, Thommen (2011), S. 40f.

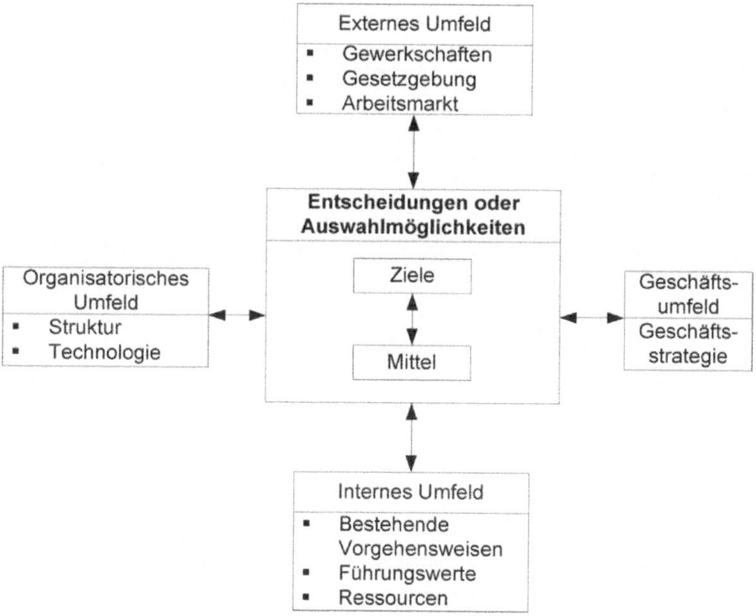

Abbildung 32 SHRM Modell nach Dyer und Holder[696]

Haubrock beschreibt eine leicht vereinfachte Vorgehensweise, die allerdings zusätzlich eine Phase der Situationsanalyse voranstellt (siehe Abbildung 34).[697] Die Planung der Strategie bzw. HR-Aktivitäten sollte dabei sowohl kurz- als auch langfristige Aspekte beinhalten, um auf Veränderungen reagieren zu können.[698] Die Entwicklung der HR-Strategie wird zudem in einen übergeordneten Ablauf integriert, der sich über die Implementierung der Strategie sowie deren Kontrolle bzw. Monitoring der Zielerreichung fortsetzt.[699] In diesem Zusammenhang ist insbesondere die Frage zu klären, wie Ergebnisse der **Trendforschung** bzw. des Trendmonitoring (Foresight) in die Definition der Personalstrategieentwicklung integriert werden können.

696 Eigene Darstellung nach Dyer, Holder (1988), S. 60.
697 Vgl. Haubrock, Öhlschlegel-Haubrock (2009), S. 23.
698 Vgl. Boxall, Purcell (2011), S. 321.
699 Vgl. Cakar, Bititci, MacBryde (2003), S. 199.

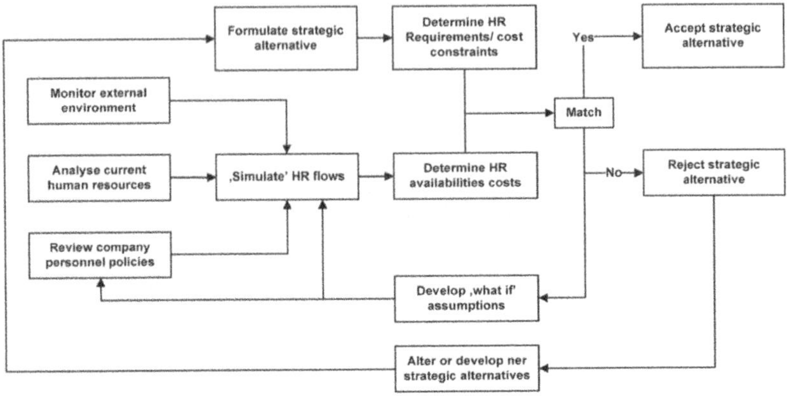

Abbildung 33 Vorgehensweise zur Ableitung von HR-Strategien[700]

HR-Trendmanagement bezeichnet die Untersuchung von Megatrends und Ableitung von Trends, die Relevanz für das PM aufweisen (HR-Trends).[701] Hierzu schlägt Leingang einen Prozess vor, der mit der Informationssammlung aktueller Ergebnisse aus Foresight-Prozessen beginnt, diese anhand möglicher Auswirkungen auf das Personalmanagement selektiert, Effekte für einzelne Personalfunktionen (siehe Kapitel 3.3) ableitet und im Rahmen einer Effektanalyse nach ihrer Relevanz beurteilt. Auf Basis der so verdichteten Ergebnisse werden zentrale Herausforderungen für das PM abgeleitet. Diese wiederum fließen in die Situations- bzw. Umweltanalyse des HR-Strategieentwicklungsprozesses ein. [702] Pitschke unterscheidet vier Schritte des HR-Trendmanagements[703]:

1. Umfeldanalyse
2. Trendidentifikation
3. Unternehmensspezifische Trendbewertung
4. Umsetzung der Trends im Unternehmen

Zentraler Nutzen des HR-Trendmanagements liegt in der Schaffung von Transparenz bzgl. verschieden ausgeprägter Trends und deren Relevanz für das Unternehmen sowie das Personalmanagement. Eine systematische Analyse der Megatrends ermöglicht es, für das jeweilige Unternehmen zielführende Handlungsfelder und Maßnahmen zu definieren, um mit den zentralen Trends

---

[700] Eigene Darstellung nach Dyer, Holder, (1988), S. 60 zitiert nach Paauwe (2004), S. 22.
[701] Vgl. Pitschke (2012): Warum Personalmanager sich mit Megatrends auseinandersetzen sollten In: DGFP: Zukunftsthemen im Personalmanagement analysieren und bewerten. Bielefeld, 2012, S. 11-17, S. 14f.
[702] Vgl. Leingang (2014): Erarbeitung eines Konzepts zur Nutzung von Foresight-Ergebnissen bei der Entwicklung von Strategien des Personalmanagements. Masterarbeit. Kaiserslautern: TU Kaiserslautern, S. IV u. 28.
[703] Vgl. Pitschke (2012), S. 20f.

umzugehen. Ressourcen können durch diese Vorarbeiten zielgerichteter im Hinblick auf die Wertschöpfung des Unternehmens eingesetzt werden.[704]

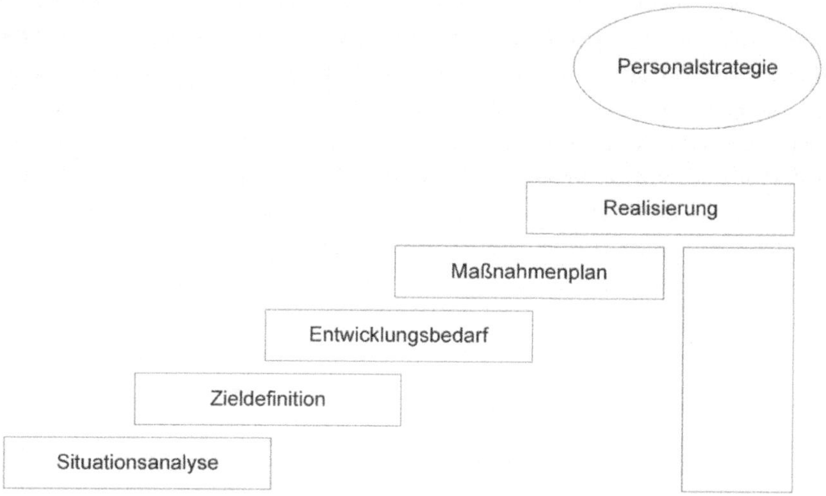

Abbildung 34 Vorgehensweise zur Entwicklung einer Personalstrategie[705]

Wunderer und Arx schlagen derweil ein **unternehmerisches Personalmanagement** vor, das die Mitarbeiter als Partner der Leistungserstellung und Erfolgsfaktoren für die Produktivität des Unternehmens auffasst. In diesem Konzept sollen ökonomische und soziale Effizienz ausgeglichen gestaltet werden. Das Konzept baut auf einer ganzheitlichen Total Quality Management-Orientierung auf und wird im Rahmen eines Spannungsfeldes der folgenden Erfolgsfaktoren platziert:[706]

- umfassender Einbezug möglichst vieler Mitarbeiter,
- Strategie- und Effektivitätsorientierung,
- Dienstleistungs- und Qualitätsorientierung,
- Wirtschaftlichkeits- und Wertschöpfungsorientierung.

Martin Alcazar et al. entwickelten ein **integratives Modell des SHRM,** das universalistische, Konfigurations- und Kontingenzperspektiven sowie kontextuale Sichtweisen zu verbinden versucht.[707] Sie definieren SHRM als *„the integrated set of practices, policies and strategies through which organizations manage their human capital, that influences and is influenced by the business strategy, the organizational context and the socio-economic context."*[708] In Abbildung 35 wird deutlich, dass dieses Modell SHRM sowohl als Definition einer spezifischen HR-Strategie als auch als abge-

[704] Vgl. Pitschke (2012), S. 17.
[705] Eigene Darstellung nach Haubrock, Öhlschlegel-Haubrock (2009), S. 23.
[706] Vgl. Wunderer, Arx (2002), S. 32-35.
[707] Vgl. Martin Alcazar, Romero Fernandez, Sanchez Gardey (2005), S. 633 u. 650.
[708] Martin Alcazar, Romero Fernandez, Sanchez Gardey (2005), S. 651.

stimmtes Set an HR-Aktivitäten versteht, die synergistisch auf das Humankapital einwirken und Effekte auf mehreren Ebenen (innerhalb der Organisation, soziale und individuelle Ebene) hervorrufen (horizontale Aspekte des Modells). Im Hinblick auf die Wirkungen des HRM argumentieren Larsen und Brewster ähnlich und fordern, dass neben reinen Wettbewerbsvorteilen, die durch HRM entstehen, auch Wirkungen ("*outcomes*") auf individueller Ebene (wie z. B. Beschäftigungsfähigkeit) und organisationaler Ebene (z. B. Kernkompetenzen) Berücksichtigung bei der Auswahl und Beurteilung von HR-Aktivitäten finden.[709] Zudem zeigen Martin Alcazar et al. einen kontextbasierten Rahmen des SHRM auf, der durch organisatorische und soziale Faktoren mit dynamischen Beziehungen untereinander definiert wird (vertikale Aspekte des Modells). Auf diese Weise wird SHRM als sich kontinuierlich entwickelnder Prozess definiert.[710]

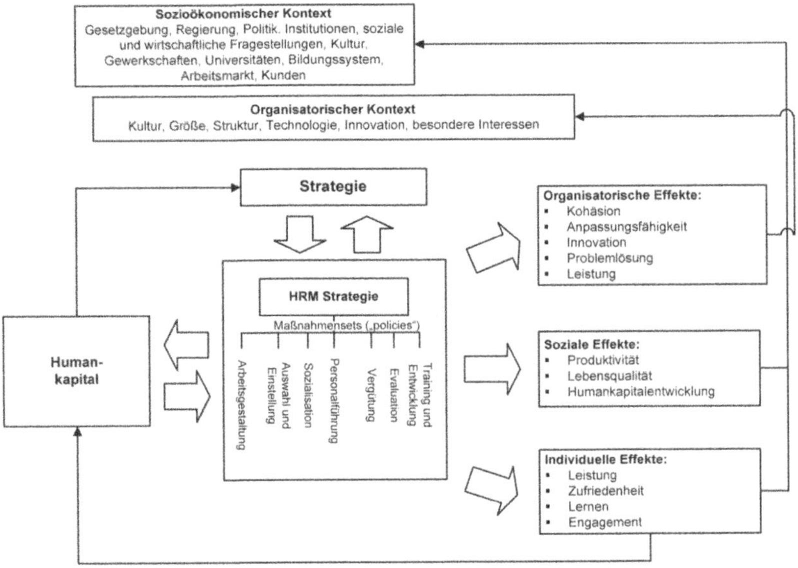

Abbildung 35 Integratives Modell des SHRM nach Martin Alcazar et al.[711]

[709] Vgl. Larsen, Brewster (2000), S. 8.
[710] Vgl. Martin Alcazar, Romero Fernandez, Sanchez Gardey (2005), S. 651f.
[711] Eigene Darstellung nach Martin Alcazar, Romero Fernandez, Sanchez Gardey (2005), S. 651.

3.3 Sustainable Human Resource Management

Eine weitere zentrale, wenn auch jüngere Entwicklung, deren Bedeutung in der theoretischen Betrachtung des Personalmanagements in den letzten ca. zehn Jahren zunimmt, ist die Auseinandersetzung mit Fragestellungen im Zusammenhang mit Nachhaltigkeit im Rahmen des sog. Sustainable Human Resource Managements.[712] Nachhaltigkeit wird als Thema im Allgemeinen immer wichtiger im Kontext erfolgreicher und innovativer Unternehmensführung und ist ein zentrales Handlungsfeld für bspw. viele Großunternehmen geworden (z. B. die Vereinten Nationen oder Unternehmen wie Shell, die Deutsche Telekom, BMW u.v.m.), die regelmäßig Nachhaltigkeitsberichte veröffentlichen.[713] Eine entsprechende Bedeutung findet sich bisher noch nicht bei Unternehmensclustern oder deren Berichterstattung (siehe Kapitel 4). Ebenfalls eher langsam entwickelte sich zunächst auch die Betrachtung eines nachhaltigen Personalmanagements.[714] In der US-amerikanischen Literatur wird nachhaltiges Personalmanagement nach wie vor mit der Fokussierung auf ökologische Zielsetzungen gleichgesetzt.[715] Die wissenschaftliche Diskussion zu HRM und auch Corporate Sustainability ist in Europa im Allgemeinen eher langfristig und auf die Berücksichtigung verschiedener Stakeholderinteressen ausgerichtet und daher auch bzgl. der Diskussion nachhaltigen PMs etwas weiter.[716] Nachhaltiges Personalmanagement oder „Sustainable HRM“ kann im Sinne einer unternehmerischen Nachhaltigkeit eine zentrale Rolle dabei einnehmen, Humanressourcen zu sichern und weiterzuentwickeln und auf heutige und zukünftige Bedarfe des Unternehmens bei Berücksichtigung sich kontinuierlich verändernder Rahmenbedingungen auszurichten.[717] Es gilt, u. a. den demografischen Wandel und den Umgang mit Mehrgenerationenbelegschaften bei der Ausgestaltung der PM-Aktivitäten zu berücksichtigen. Zudem stehen Anforderungen an „gute Arbeit“ und die Entwicklung von Kompetenzen eher im Vordergrund der europäischen Literatur.[718] In diesem Kontext kann Sustainable HRM als eine Weiterentwicklung des Strategischen HRM gesehen werden, die sowohl in Wissenschaft als auch Praxis von Bedeutung ist und dazu beitragen kann, dass Organisationen erfolgreich Herausforderungen der Wettbewerbs- und Innova-

---

[712] Vgl. Ehnert (2009), S. 86 u. 94-96; Ehnert, Harry, Zink (2014): Sustainability and HRM. In: Ehnert, Harry, Zink (Hrsg.): Sustainability and human resource management - Developing sustainable business organizations. Berlin, New York, 2014, S. 3-32, S. 4; Zink (2008a), S. 244.

[713] Vgl. Boudreau, Ramstad (2005), S. 130; BMW Group (2016): Sustainable Value Report 2016. München; Telekom (2016): Corporate Responsibility Bericht 2016.

[714] Vgl. Zink (2014): Social Sustainability and Quality of Working Life - A Human Factors Perspective on Sustainable HRM. In: Ehnert, Harry, Zink (Hrsg.) (2014), S. 35-55, S. 36.

[715] Vgl. Taylor, Lewis (2014): Sustainable HRM in the US - The Influence of National Context. In: Ehnert, Harry, Zink (Hrsg.) (2014). S. 297-314, S. 307.

[716] Vgl. Steimle, Zink (2006): Sustainable Development and Human Factors. In: Karwowski (Hrsg.): International Encyclopedia of Ergonomics and Human Factors - 2nd Edition. London, 2006, S. 2355-2360, S. 2356; Ehnert, Harry, Brewster (2014): Sustainable HRM in Europe - Diverse Contexts and Multiple Bottom Lines. In: Ehnert, Harry, Zink (Hrsg.) (2014), S. 339–355, 339 u. 347f.

[717] Vgl. Osranek, Zink (2014): Corporate Human Capital and Social Sustainability of Human Resources. In: Ehnert, Harry, Zink (Hrsg.): Sustainability and human resource management - Developing sustainable business organizations. Berlin, New York, 2014, S. 105–126, S. 106.

[718] Vgl. Ehnert, Harry, Brewster (2014), S. 339-355, S. 348, 350 u. 354.

tionsfähigkeit bewältigen können.[719] Diese Perspektive des HRM setzt sich insbesondere damit auseinander, inwiefern das PM einen Beitrag auf den drei Ebenen der Nachhaltigkeit (soziale, ökonomische und ökologische Ebene) zum Innovationsprozess eines Unternehmens leisten kann, auch wenn in vielen Betrachtungen, die sich auf die Verbindung zwischen PM und Nachhaltigkeit beziehen, primär die soziale und die ökonomische Perspektive im Vordergrund stehen.[720] Zink betont zudem, dass ein wichtiges Handlungsfeld nachhaltiger Personalarbeit die Gestaltung von Wandel und Veränderungen in Organisationen ist.[721]

Sustainable HRM baut auf Ansätzen der Corporate Sustainability auf. Unter dem Begriff kann „... *means to overcome conflict of goals between economic, environmental, and social issues, combining long-term economic success with conserving biophysical environment and social responsible actions. Goal conflicts need to be changed into goal congruence to create a win-win situation between the dimensions of sustainability"* verstanden werden, oder auch *"... a transfer of the overall idea of sustainable development to the business level."*[722] Es lassen sich zwei Ausprägungen des Sustainable HRM unterscheiden: eine eher ökonomisch ausgerichtete Perspektive, die Humanfaktoren als Unternehmensressourcen oder Produktionsfaktoren versteht, und ein integrativer Ansatz.[723] Die Erfüllung menschlicher Bedürfnisse ist dabei eine der zentralen Zielstellungen neben der Erfüllung der Stakeholderinteressen (u. a. Mitarbeiterinteressen) sowie einer normativen, wertorientierten Ausrichtung eines Unternehmens.[724] Ein Prinzip bezieht sich dabei darauf, dass die Unternehmung vom Einkommen aus bestimmtem Kapital und nicht dem Kapital selbst überlebt. Dabei kann sich Kapital auf alle Formen von Kapital, auch Humankapital, also alle sozialen und methodischen Fähigkeiten einer Organisation und deren Beziehungen zu den strategischen Zielsetzungen, beziehen.[725] Ein alternativer Ansatz einer Nachhaltigkeitsdefinition nach Müller-Christ und Remer, der Nachhaltigkeit als Gleichgewicht zwischen Ressourcenproduktion und -verbrauch definiert, berücksichtigt ebenfalls bereits Humanressourcen.[726] Mitarbeiterbezogene Fragestellungen, wie bspw. Arbeitsplatzgestaltung, Arbeitssicherheit, Mitbestimmung und Fragen der Work-Life-Balance, sind dabei besonders eng mit der sozialen Dimension der Nachhaltigkeit verbunden.[727] Kernelemente der sozialen Nachhaltigkeit auf Unternehmensebene sind demnach die Existenzsicherung der Mit-

[719] Vgl. Ehnert (2009), S. 2 u. 4f.
[720] Vgl. Steimle, Zink (2006), S. 2355-2360, S. 2358; Bratton, Gold (2017), S. 513; Osranek, Zink (2014): Corporate Human Capital and Social Sustainability of Human Resources. In: Ehnert, Harry, Zink (Hrsg.) (2014), S. 105-126, S. 123; Guerci, Shani, Solari (2014): A Stakeholder Perspective for Sustainable HRM. In: Ehnert, Harry, Zink (Hrsg.) (2014), S. 205-223, S. 209.
[721] Vgl. Zink (2005b).
[722] Steimle, Zink (2006), S. 2356; Zink, Steimle, Fischer (2008), S. 7.
[723] Vgl. Zink (2014), S. 37; Zink (2011): Personalwirtschaft und Arbeitswissenschaft: Möglichkeiten eines integrativen Ansatzes? In: *Zeitschrift für Arbeitswissenschaft*, Jg. 65(1), 2011, S. 50-53, S. 50.
[724] Vgl. Zink, Steimle, Fischer (2008), S. 7; Osranek, Zink (2014), S. 112.
[725] Vgl. Zink, Steimle, Fischer (2008), S. 8f.; Osranek, Zink (2014), S. 107.
[726] Vgl. Müller-Christ, Remer (2013): Umweltwirtschaft oder Wirtschaftsökologie? Vorüberlegungen zu einer Theorie des Ressourcenmanagements. In: Seidel (Hrsg.): Betriebliches Umweltmanagement im 21. Jahrhundert - Aspekte, Aufgaben, Perspektiven. Reprint of the 1st ed. 1999, Berlin, 2013, S. 69-87; Ehnert (2009), S. 37.
[727] Vgl. Zink, Steimle, Fischer (2008), S. 8f.; Steimle, Zink (2006), S. 2357f.

arbeitenden, deren Partizipation bei Entscheidungsfindungsprozessen, der Erhalt von Humanressourcen durch die Sicherung von Weiterbildungsmöglichkeiten und lebenslangem Lernen sowie die Gewährleistung von Chancengleichheit im Hinblick auf Ressourcenzugriff.[728] Soziale Nachhaltigkeit findet sich in Ansätzen des betrieblichen Gesundheitsmanagements, Sicherheitsbestimmungen, einer menschenzentrierten Arbeitsgestaltung und Mitbestimmungsansätzen, Möglichkeiten individuellen und kollektiven Lernens.[729] Mit Hilfe dieser Ansatzpunkte sowie Personalrekrutierung und -entwicklung, Wissensmanagement, interner Unternehmenskommunikation und Organisationsentwicklung lassen sich Humankapital und soziales Kapital[730] aufbauen, sichern und auf diese Weise kann zu einer sozialen nachhaltigen Entwicklung eines Unternehmens beigetragen werden.[731] Umgekehrt beinhaltet ein nachhaltiges HRM nicht nur die soziale Dimension der Nachhaltigkeit, sondern hat auch Auswirkungen auf die ökonomische Dimension, bspw. im Zusammenhang mit der Unterstützung von kontinuierlichen Veränderungen im Unternehmen oder der Bewältigung des demografischen Wandels.[732] Nachhaltiges HRM als Konzept stellt den Erhalt des Humankapitals und dessen Weiterentwicklung für eine nachhaltige Entwicklung in den Fokus. Es wird ggü. strategischem HRM dadurch abgegrenzt, dass Humankapital nicht nur erhalten werden soll, sondern auch im Zeitverlauf kontinuierlich erneuert wird, bspw. mit Hilfe der Gestaltung sog. nachhaltiger Arbeitssysteme. Diese sollen u. a. eine parallele Entwicklung von ökonomischen, ökologischen und sozialen Ressourcen im Rahmen von Arbeitsprozessen ermöglichen. Gleichzeitig sollen im Sustainable HRM Unternehmenszielsetzungen und Stakeholderinteressen verfolgt und in ausgewogener Weise berücksichtigt werden.[733] Eine nachhaltige Gestaltung von Arbeitssystemen fokussiert auf der Sicherung des Sozial- und Humankapitals eines Unternehmens.[734] Osranek und Zink fassen die Zusammenhänge zwischen Strategischem HRM, Sozial- und Humankapital und Sustainable HRM in einem Beziehungsmodell zusammen (siehe Abbildung 36). Es wird deutlich, dass Sozialkapital einen Umweltfaktor als Voraussetzung für die Entstehung von Humankapital bildet. Im Modell wird zudem deutlich, dass Sustainable HRM nicht nur -wie das Strategische HRM- primär die

[728] Vgl. Eberhardt (2007): Nachhaltiges Human Capital Management. In: Haas, Oetinger, Ritter u. a. (Hrsg.): Nachhaltige Unternehmensführung - Excellence durch Verknüpfung wirtschaftlicher, sozialer und gesellschaftlicher Forderungen. München, 2007, S. 97-115, S. 103 u. Fischer, Jentsch, Zink (2018): Nachhaltigkeit in globalen Lieferketten. Ausgewählte Forschungsarbeiten zu Einflussmechanismen und aktuellen Fragestellungen. In: Hauff, Nguyen (Hrsg.): Fortschritte in der Nachhaltigkeitsforschung. Baden-Baden, 2018, S. 56f.

[729] Vgl. Zink (2008a), S. 244f.

[730] Anmerkung: Unter Sozialkapital wird die Fähigkeit von sozialen Akteuren verstanden, durch ihre Mitgliedschaft in sozialen Netzwerken und Beziehungsstrukturen Vorteile zu generieren. Vgl. Osranek, Zink, (2014), S. 109. Es kann primär auf informelle Aktivitäten der Akteure zurückgeführt werden. Vgl. Zink (2008a), S. 247.

[731] Vgl. Osranek, Zink, (2014), S. 112.

[732] Vgl. Zink (2014): Social Sustainability and Quality of Working Life - A Human Factors Perspective on Sustainable HRM. In: Ehnert, Harry, Zink (Hrsg.): Sustainability and human resource management - Developing sustainable business organizations. Berlin, New York, 2014, S. 35-55, S. 39 u. Zink (2008c), S. 149 sowie Osranek, Zink (2014), S. 123.

[733] Vgl. Osranek, Zink (2014), S. 111 u. Fischer, Jentsch, Zink (2018), S. 56f.

[734] Vgl. Steimle, Zink (2006), S. 2357.

Unternehmensziele im Blick hat, sondern gleichzeitig auch den langfristigen Erhalt der Humanressourcen und die Berücksichtigung von Stakeholderinteressen.[735]

Die Gegenüberstellung in Tabelle 25 zeigt verschiedene Definitionen des Begriffes Sustainable HRM in der wissenschaftlichen Diskussion. Unter anderem wird auch Sustainable HRM von „Green HRM“ abgegrenzt, das auf die Förderung von ökologischen Nachhaltigkeitsaspekten fokussiert.[736] Um eine strategisch ausgerichtete Umsetzung von Nachhaltigkeitsaspekten in Unternehmen zu erreichen, bietet sich die Unternehmensfunktion des PMs als Koordinator an, der Nachhaltigkeitsinitiativen aufbauen, umsetzen und ein Unternehmen bei der Transformation in Richtung Nachhaltigkeit begleiten kann.[737]

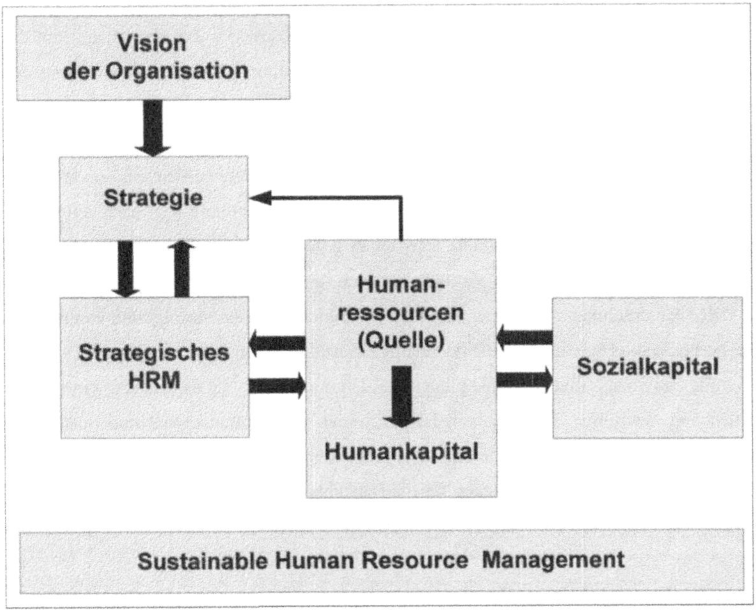

Abbildung 36 Beziehungsmodell des Sustainable HRM[738]

Eine Studie von Sroufe u. a. zeigte, dass bei Unternehmen, die führend bzgl. der Umsetzung von Nachhaltigkeitsmaßnahmen sind, die Rolle des Personalmanagements einen entscheidenden Beitrag zur Realisierung der Nachhaltigkeitsbemühungen leisten kann, v. a. in den Bereichen Personalrekru-

[735] Vgl. Osranek, Zink (2014), S. 107-109 u.111.
[736] Vgl. Bratton, Gold (2017), S. 519.
[737] Vgl. Sroufe, Liebowitz, Sivasubramaniam (2010): Are you a leader or a laggard? HR's role in creating a sustainability culture. In: *People &Strategy*, Jg. 33(1), 2010, S. 35 u. 42; Guerci, Shani, Solari (2014), S. 207.
[738] Eigene Darstellung nach Osranek, Zink (2014), S. 113.

tierung und -auswahl, Integration neuer Mitarbeiter und Personalentwicklung.[739] Barrieren, die bisher das PM daran hindern, ein zentraler Faktor bzgl. der Realisierung von Nachhaltigkeitsbemühungen zu sein, liegen einerseits in einem mangelnden Verständnis für den Nachhaltigkeitsansatz und einer häufigen Reduzierung auf einen Ansatz, der sich „gut verkaufen" lässt und weniger auf die dynamischen Fähigkeiten und Kompetenzen, die im PM erforderlich sind, um nachhaltige HR-Prozesse zu realisieren. Andererseits fehlt es dem Personalbereich in vielen Fällen an einem proaktiven Rollenverständnis, das dazu beiträgt, dass dieser aktiv den Nachhaltigkeitsgedanken in Unternehmen fördert und Verantwortung für die Realisierung von Nachhaltigkeitszielen übernimmt.[740] Um diese Hemmnisse überwinden zu können, müssen u. a. einige Voraussetzungen und Anforderungen erfüllt sein:[741]

- Nachhaltigkeit als Erfolgsfaktor definieren und mit der Personalstrategie verknüpfen
- Unterstützung der Unternehmensleitung sichern
- HR-Führungskräfte als Verantwortliche für Nachhaltigkeitsinitiativen bestimmen und mit Entscheidungsbefugnissen für beide Themenbereiche ausstatten
- Rolle des Personalbereiches im Hinblick auf Nachhaltigkeit klären und Weiterbildungen zum Thema durchführen
- Nachhaltigkeitsbewertungen des Personalbereiches basierend auf dem „Triple-Bottom-Line"-Prinzip etablieren (Humankapital orientierte Ansätze können genutzt werden, um die Effektivität der Sustainable HRM-Maßnahmen zu beurteilen[742]).

Weitere Herausforderungen, denen sich das PM als Verantwortlicher für Sustainable HRM gegenübersieht, sind u. a. die Gestaltung geeigneter Arbeitssysteme, mit Hilfe derer die Mitarbeiterkompetenzen gesichert und weiterentwickelt werden können.[743] Sustainable HRM agiert im Kontext herausfordernder Spannungsfelder, deren Auswirkungen auf mehreren organisatorischen Ebenen relevant werden (siehe Tabelle 25).

Tabelle 25 Spannungsfelder des Sustainable HRM[744]

Spannungsfeldbezeichnung	**Konfliktäre Zielstellungen**	**Betroffene Ebenen**
„consumption-reproduction-paradox/„efficiency-substance-paradox"	1. Effizienter Personaleinsatz 2. Weiterentwicklung zukünftig benötigter Fähigkeiten u. Kompetenzen	Individual-, Organisations- u. HRM-Systemebene
„performance-regeneration paradox"	1. Mitarbeiterleistung 2. Mitarbeiterregenerationsmöglichkeiten zum Erhalt der phys. u. psych. Arbeitsfähigkeit	Individualebene
„short-long-term paradox"	1. Kurzfristige Gewinnorientierung 2. Langfristiges Überleben des Unternehmens	Organisations- und HRM-Systemebene

[739] Vgl. Sroufe, Liebowitz, Sivasubramaniam (2010), S. 36 u. 38.
[740] Vgl. Scholz, Müller (2014), S. 59f.
[741] Vgl. Scholz, Müller, (2014), S. 61–65.
[742] Vgl. Osranek, Zink (2014), S. 105.
[743] Vgl. Ehnert, Harry, Zink (2014), S. 23.
[744] Eigene Darstellung nach Ehnert (2009), S. 118.

Ehnert definiert zudem vier Ebenen eines nachhaltigen Personalmanagements: die individuelle Ebene, die Ebene der HRM-Systeme, die soziale sowie die unternehmensbezogene Ebene.[745] In der Definition von Müller-Christ und Remer betonen die Autoren v. a. ein proaktives Vorgehen bei der Gestaltung der Beziehungen zwischen HRM und der Umwelt und stellen die Sicherung der Personalbedarfsdeckung durch Humanressourcen in den Vordergrund. Dagegen fokussieren Thom und Zaugg auf die Cross-Funktionalität des Sustainable HRM und sehen dieses v. a. als einen Erfolgsfaktor eines Unternehmens, der zur Erreichung eines nachhaltigen Wettbewerbsvorteils beiträgt.[746] Auch Weißenrieder und Kosel verstehen das nachhaltige PM als einen ganzheitlichen, integrierten Ansatz, der sowohl grundlegende Prinzipien als auch konkrete Umsetzungsinstrumente beinhaltet, die auf einer Leistungs- oder Mitarbeiterorientierung aufbauen und in wechselseitigen Abhängigkeiten zu den Grundprinzipien und zueinander stehen und daher nur in Kombination ihre volle Wirkung erreichen.[747]

Tabelle 26 Übersicht über Definitionen zu Sustainable HRM/ nachhaltigem Personalmanagement"[748]

Begriff	**Definition**	**Quelle**
Nachhaltiges Personalmanagement	*„Unter nachhaltigem Personalmanagement werden insbesondere diejenigen langfristig ausgerichteten Denk- und Handlungsansätze verstanden, welche die sozial verantwortliche und wirtschaftlich zweckmäßige Gewinnung, Entwicklung, Erhaltung und Freistellung von Mitarbeitern zum Ziel haben. Die Steigerung der Arbeitsmarktfähigkeit, die Gewährleistung einer ausgewogenen Work-Life-Balance und partizipative Führungssysteme erhalten im Konzept eines nachhaltigen Personalmanagements einen hohen Stellenwert. Dabei gilt es immer sowohl die Perspektive der Mitarbeitenden als auch diejenige der Unternehmung ... zu berücksichtigen."*	Thom u. Zaugg 2002
Nachhaltiges Personalmanagement	*„... lässt sich nachhaltiges Personalmanagement anhand der folgenden sechs Merkmale beschreiben: Partizipation, Wertschöpfungsorientierung, Strategieorientierung, Kompetenz- und Wissensorientierung, Anspruchsgruppenorientierung, Flexibilität."; „Personalmanagement ist dann nachhaltig, wenn es langfristig ausgerichtet ist und die Bedürfnisse aller Anspruchsgruppen berücksichtigt."*	Zaugg 2009
Sustainable HRM	*„SHRM is the pattern of planned or emerging human resource strategies and practices intended to enable organizational goal achievement while simultaneously reproducing the HR base over a long-lasting calendar time and controlling for self-induced side*	Ehnert 2009

[745] Vgl. Ehnert (2009), S. 40f. Siehe auch die Unterscheidung der Ebene des Mitarbeiters und des Arbeitsplatzes durch Steimle, Zink (2006), S. 2357f.

[746] Vgl. Zaugg (2009), S. 70; Thom, Zaugg (2013): Nachhaltiges und innovatives Personalmanagement: Spitzengruppenbefragung in europäischen Unternehmungen und Institutionen. In: Schwarz (Hrsg.): Nachhaltiges Innovationsmanagement, 2013, S. 215-245, S. 217.

[747] Vgl. Kosel, Weißenrieder (2010), S. 16 u. 21.

[748] Eigene Darstellung nach Thom, Zaugg (2002), S. 52; Müller-Christ, Remer (2013), S. 76.; Kosel, Weißenrieder (2010), S. 11; Zaugg (2009), S. 61, 64 u. 192; Ehnert (2009), S. 74; Elias-Linde (2013), S. 227f.; Bratton, Gold (2017), S. 509-515; Bratton, Bratton (2015): Human resource management approaches. In: Robertson, Barling, Robertson u. a. (Hrsg.): The Psychology of Green Organizations: Oxford, New York, 2015, S. 275—295, S. 277; Wehrmeyer (1996): Greening People - Human Resources and Environmental Management. Saltaire; Fernandez, Junquera, Ordiz (2003): Organizational culture and human resources in the environmental issue. In: *International Journal of Human Resource Management*, Jg. 14(4), 2003, S. 634-656, S. 641.

	and feedback effects of HR systems on the HR base and thus on the company itself."	
Nachhaltiges Personalmanagement (NPM)	*„NPM bedeutet für uns nichts anderes als die Ausrichtung der Personalarbeit an langfristigen Zielen. NPM verfolgt nicht den schnellen, kurzfristigen Erfolg, sondern die Orientierung an der Zukunftsfähigkeit des Unternehmens.*“; *„Nachhaltige Personalarbeit ist in erster Linie ‚gestaltende‘ und ‚kulturprägende‘, auf Visionen und fundamentalen Werten beruhende Personalarbeit.“*	Kosel u. Weißenrieder 2010
Nachhaltiges Personalmanagement	*„Was Unternehmen selbst im Rahmen ihrer Umwelt umsetzen müssen, um dauerhaften Zugang zu qualifizierten Humanressourcen sicherzustellen.“*	Müller-Christ u. Remer 2013
Nachhaltiges Humanressourcen-management	*“...betrachtet die kollektiven und individuellen Humanressourcen des Unternehmens als latente Mittel, die weniger spezifisch und eben nicht auf eine bestimmte Verwendung hin formuliert sind. Es untersucht weniger bestimmte Wirkungen, sondern betrachtet das Personal aus Sicht seiner Entstehung. Es fragt nach Herkunft und Quellen von Personal (vgl. Müller-Christ 2002, S. 18f). Aus Sicht des NHRM bleiben Menschen zwar manifeste Mittel, die eine konkrete Arbeitsleistung im Unternehmen erbringen. Als Humanressourcen sind sie aber zugleich eine latente, flexible unternehmensinterne und –externe Summe von Handlungsmöglichkeiten.“*	Elias-Linde 2013
„Green HRM“/ „*low carbon workplace*“	*“low carbon workplace”: “a planned approach to organization design, culture and HR practices to deliver low-carbon outcomes in the workplace as well as to align the organization and its processes to achieve innovation and sustainable high-quality results for the organization, workforce and customers.”* Green HRM / Bedeutung von HRM für ökologische Nachhaltigkeit: *“the impact on performance will take place when the human resource management system is inserted into the organization's architecture and environmental awareness becomes part of a company's culture.”*	Bratton u. Bratton 2015; Bratton u. Gold 2017;

Die Ebenen nach Ehnert finden ihre Entsprechung in den Grundprinzipien, die Weißenrieder und Kosel definieren[749]:

- Auf Führung kommt es an
- Die Ziele müssen klar sein
- Betroffene zu Beteiligten machen
- Orientierung an Ergebnissen, Qualität und Leistung
- Kultur der Offenheit im Unternehmen
- Mitarbeiter am Erfolg beteiligen.

Ehnert wiederum sieht nachhaltiges PM sowohl als Ergebnis als auch als Prozess, in deren Mittelpunkt dynamisch an veränderte Rahmenbedingungen angepasste Aktivtäten zur langfristigen Sicherung des Unternehmens und die Deckung des Bedarfs an Personalressourcen stehen.[750] Das Sustainable HRM Modell nach Ehnert baut auf den Ansätzen in diesem Themenfeld von Martin-Alcazar u. a. (2005) und Paauwe (2004) auf und verbindet eine multi-paradigmatische, problemori-

[749] Vgl. Kosel, Weißenrieder (2010), S. S. 18-20.
[750] Vgl. Ehnert (2009), S. 73f.

entierte Herangehensweise mit einer kontextbezogenen Betrachtungsweise (siehe Abbildung 37).[751] Mit dem Ansatz von Kosel und Weißenrieder hat Ehnerts Ansatz gemeinsam, das beide Herangehensweisen auf einem Verständnis des Sustainable HRM aufbauen, dass sich an sozialer Verantwortung und einem positiven Menschenbild orientiert.[752] Ein Sustainable HRM gilt als die Erweiterung des strategischen HRM. Ein Element des Sustainable HRM kann die jährliche Aktualisierung der HR-Strategie(n) sein.[753] Gleichzeitig lassen sich HRM-Strategien als ein Bestandteil einer übergeordneten Nachhaltigkeitsstrategie und Ausdruck der Stakeholderorientierung des Unternehmens interpretieren und als Baustein eines „Corporate Social Responsibility Ansatzes" einordnen.[754] Ehnert definiert den Zusammenhang zwischen HR-Strategien, HR-Nachhaltigkeitsstrategien und der Unternehmensstrategie als die interne Sicherung der Humanressourcen einerseits und den effizienten und effektiven Einsatz weiterer HR-Maßnahmen andererseits.[755] Eine Einordnung des Ansatzes eines nachhaltigen PMs im Vergleich mit weiteren theoretischen Perspektiven des Personalmanagements zeigt Abbildung 38.

Zusätzliche HR-Nachhaltigkeitsstrategien sind bspw. laut Ehnert die Sicherung sozialer Legitimität und die Entwicklung von Personalquellen.[756] Beispielhafte Zielsetzungen eines Sustainable HRM in Unternehmen können die Förderung der Kompetenzen, Fähigkeiten, Gesundheit („Beschäftigungsfähigkeit"), der Motivation der Mitarbeiter, die Sicherung eines hohen Niveaus sozialer Kompetenz in der Belegschaft sowie die Wahrnehmung des Unternehmens als attraktiver Arbeitgeber sein.[757] In vielen Fällen werden diese Zielsetzungen als auf die soziale Nachhaltigkeitsdimension beschränkt angesehen. Allerdings ergeben sich in vielen Themenfeldern, wie bspw. dem demografischen Wandel und dem damit verbundenen Fachkräftemangel, insbesondere für KMU, auch Konsequenzen auf der ökonomischen Ebene.[758] Um Unternehmen als Arbeitgeber für Fachkräfte attraktiver zu gestalten bieten sich Maßnahmen in Bereich Nachhaltigkeit bzw. CSR an, wie z. B. Unterstützung der Kinderbetreuung oder Maßnahmen zum Erhalt der Beschäftigungsfähigkeit älterer Mitarbeiter.[759]

[751] Vgl. Ehnert (2009), S. 165f.; Martin Alcazar, Romero Fernandez, Sanchez Gardey (2005); Paauwe (2004), S. 86-92.
[752] Vgl. Ehnert (2009), S. 69f.; Kosel, Weißenrieder (2010), S. 16.
[753] Vgl. Hoeppe (2014): Practitioner's view on Sustainability and HRM - The Case of a German Bank. In: Ehnert, Harry, Zink (Hrsg.) (2014), S. 273-294, S. 273-281.
[754] Vgl. Zink (2008c), S. 148.
[755] Vgl. Ehnert (2009), S. 168 u. 170.
[756] Vgl. Ehnert (2009), S. 170.
[757] Vgl. Hoeppe (2014), S. 273-281.; Steimle, Zink (2006), S. 2357.
[758] Vgl. Zink (2008c), S. 149.
[759] Vgl. Zink, Steimle (2008): Corporate Social Responsibility and Organizational Excellence - Linking the Stakeholder Approach and Resource-Based Views. In: Foley, Hermel (Hrsg.): The Theories and Practices of Organization Excellence: New Perspectives. Sydney, 2008, S. 147-176, S. 158.

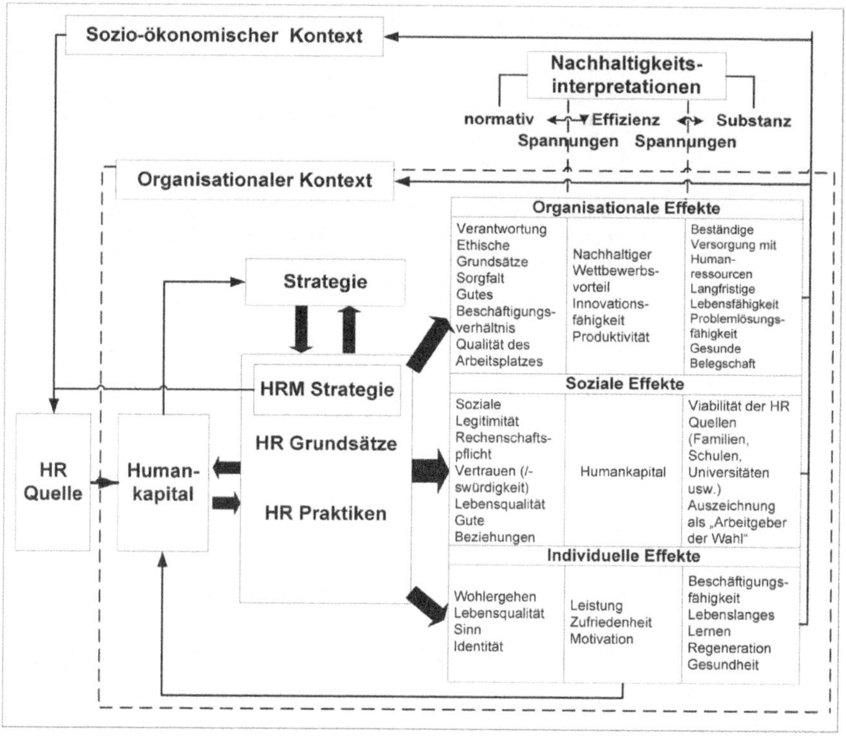

Abbildung 37 Sustainable HRM Modell nach Ehnert[760]

Als übergeordnete Zielsetzung des Sustainable HRM oder Nachhaltigen Personalmanagements (NPM) gilt die Sicherung des langfristigen unternehmerischen Erfolgs, der nur mit Hilfe motivierter und qualifizierter Mitarbeiter, die sich im Unternehmen wiederfinden und innovative Ideen umsetzen möchten, erreicht werden kann.[761] D. h., eine nachhaltige HRM-Strategie soll den Mitarbeiter als Ressource bzw. Humankapital für das Unternehmen erhalten.[762] Exemplarische Maßnahmen, um dieses Ziel zu erreichen, sind ein strategisches Kompetenzmanagement, ein systematisches Gesundheitsmanagement, professionelle Personalbeschaffung und -auswahl sowie Personalmarketing, eine langfristig angelegte Laufbahnplanung und Karrieremanagement. Auch Kontrollmechanismen zur kontinuierlichen Evaluation und Verbesserung der HR-Prozesse und des Sustainable HRM-Ansatzes generell, wie bspw. HR-Risikomanagement und -Trendanalyse, sind ein weiterer Baustein eines Sustainable HRM.[763]

---

[760] Eigene Darstellung nach Ehnert (2009), S. 172.
[761] Vgl. Kosel, Weißenrieder (2010), S. 11.
[762] Vgl. Zink (2008c), S. 124.
[763] Vgl. Hoeppe (2014), S. 273-281.; Ehnert (2009), S. 174.

	Personalverwaltung	Strategisches Personalmanagement	Nachhaltiges HR-Management
Zeitraum	Ab ca. 1950 (Nachkriegszeit), ab gründung Fach Personalwirtschaft	Ab ca. 1980er Jahre (Harvard-Ansatz, Michigan-Ansatz, RBV ab 1990er Jahre)	Ab ca. 2000 über das NRM und über Themen wie Employability, Gesundheitsmangement, Diversity
Vorstellung von Personal	Personal als mehrperiodig nutzbarer Produktionsfaktor Mitarbeiter als konkreter produktionsfaktor, der aktuell genutzt wird	Personal als strategisches Erfolgspotenzial, aktuell oder zukünftig nutzbar Mitarbeiter als Träger von Potenzial	Personal als überlebenswichtige ressource: Latente und abstrakte Humanressourcen innerhalb und außerhalb des Unternehmens, nutzbar für das eigene oder mit/für andere/n Unternehmen
Unternehmensinterne Knappheit von…	Personal (quantitativ)	Humanpotenzial (qualitativ)	überlebenswichtigen Humanressourcen (qualitativ und quantitativ)
Unternehmensexterne Knappheit von…	Arbeitskräften (physisch)	Fach- und Führungskräften, Hochschulabsolventen in Mangelfächern	lernfähigen, motivierten, langfristig beschäftigungsfähigen Humanressourcen

Abbildung 38 Gegenüberstellung von Personalkonzepten[764]

Maßnahmen, um bspw. eine nachhaltig orientierte Personalbeschaffung bzw. -gewinnung zu realisieren, können u. a. die Kooperation eines Unternehmens mit Hochschulen, Regelungen gegen eine permanente elektronische Erreichbarkeit oder eine altersorientierte und -gerechte Arbeitsgestaltung sein.[765] Maurer und Müller-Camen betonen, dass im Rahmen des NPM auch Aspekte außerhalb der Unternehmensgrenzen berücksichtigt werden müssen, bspw. unternehmerische Verantwortung in der Lieferkette. Demnach gilt es, HRM-Maßnahmen auch auf Mitarbeiter der Wertschöpfungskette zu übertragen, um z. B. Menschenrechtsanforderungen gerecht zu werden.[766] Die hier formulierten Anforderungen an ein nachhaltiges HRM können als Orientierung für ein PM in Clustern und Netzwerken, die häufig mehrere Stufen einer Wertschöpfungskette abdecken, herangezogen werden. Weitere Handlungsfelder des Sustainable HRM bzw. NPM, die sich auf ein Cluster-PM übertragen lassen, sind u. a. die Information zu sowie Begleitung von Clusterakteuren zu Wandel bzw. Veränderungen, Maßnahmen zur Steigerung der Attraktivität der Clusterregion für Fachkräfte sowie Aktivitäten im Bereich der Personalentwicklung.

[764] Abbildung aus Elias-Linde (2013), S. 231.
[765] Vgl. Elias-Linde (2013), S. 325-237.
[766] Vgl. Maurer, Müller-Camen (2016): Nachhaltiges Personalmanagement. In: Doyé (Hrsg.): CSR und Human Resource Management - Die Relevanz von CSR für modernes Personalmanagement. Berlin, Heidelberg, 2016, S. 17-30, S. 19 u. Cohen, Taylor, Müller-Camen (2012): HRM's role in corporate social and environmental sustainability. SHRM Foundation, Alexandria.

3.4 Zentrale Personalmanagementprozesse

Neben der strategischen Ebene lassen sich auf der operativen Ebene des Personalmanagements verschiedene professionelle Methoden bzw. Aktivitäten unterscheiden. Stock-Homburg bezeichnet diese konkreten Aktivitäten als fünf „E" des Personalmanagements (siehe Abbildung 39).[767] Unter Einstellung und Bindung des Personals fallen Aktivitäten der Personalauswahl und -rekrutierung sowie Maßnahmen, die die Bindung der Mitarbeiter an das Unternehmen zum Ziel haben. Aber auch Personalfreisetzung wird in diesen Bereich eingeordnet. Der Einsatz des Personals bezieht sich auf die optimale Zuordnung der Mitarbeiter zu Aufgaben im Unternehmen während die PE der Fragestellung nachgeht, wie Humanressourcen weiterentwickelt werden sollen. Der Bereich Entlohnung und Erfolg von Personal bezieht sich auf die Beurteilung der Mitarbeiterleistungen sowie deren Entlohnung. Der fünfte Bereich „effiziente Führung" wird als Bindeglied der Maßnahmen gesehen, die diese mit der Unternehmensstrategie vereinbart. Die fünf Aktivitätsbereiche müssen laut Stock-Homburg integrativ betrachtet und ausgestaltet werden, da Entscheidungen in einem Bereich Auswirkungen auf weitere mit sich bringen können (z. B. Zusammenhang zwischen Personaleinsatz und Leistungsbeurteilung).[768] Alternativ lassen sich als operative Aufgaben des PM neben den Hauptaufgaben der Personalgewinnung, des Personaleinsatzes und der -freisetzung weitere übergreifende Aufgaben unterscheiden, wie z. B. das Personalcontrolling, die Personalführung oder Fragen des Arbeitsrechts.[769]

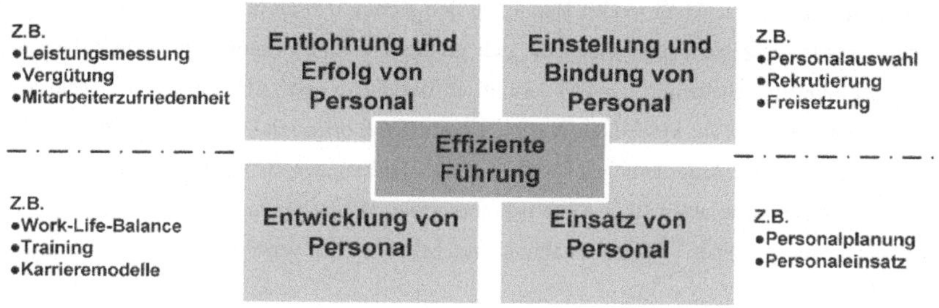

Abbildung 39 Die fünf E des operativen Personalmanagements[770]

Die Aktivitäten lassen sich zudem anhand des Lebenszyklus eines Mitarbeiters im Unternehmen orientiert verstehen. Es ergibt sich ein Phasenmodell aus Personalplanung, -gewinnung, -entwicklung, -einsatz, -erhaltung und -freisetzung.[771] Holtbrügge unterscheidet unter dem Begriff „Personalmanagementinstrumente" folgende Aktivitäten: Personalbedarfspla-

[767] Vgl. Stock-Homburg (2013a): Strategisches Personalmanagement. In: Stock-Homburg (Hrsg.): Handbuch Strategisches Personalmanagement. 2. Aufl. Wiesbaden, 2013, S. 3-8, S. 3.
[768] Vgl. Stock-Homburg (2013a), S. 3f.
[769] Vgl. Bartscher, Stöckel, Träger (2012), S. 57f.
[770] Abbildung aus Stock-Homburg (2013a), S. 4.
[771] Vgl. Miebach (2017), S. 44; Zaugg (2009), S. 73.

nung und -bedarfsdeckung, Personaleinsatz, -entlohnung sowie Personalführung.[772] Bei der weiteren Differenzierung der PM-Aktivitäten auf operativer Ebene wird häufig entweder nach Funktionen oder Prozessen des Personalmanagements unterschieden, um die zentralen Aktivitäten in ein übergeordnetes Verständnis einzuordnen. Sowohl prozessorientierte Gliederungen als auch systemtheoretische-funktionalistische Perspektiven sowie die Betrachtung der Personalpraxis führen zu ähnlichen Unterscheidungen der Teilaktivitäten des Personalmanagements.[773]

3.4.1 Prozessmodell

Die Prozessorientierung wird seit den 1980er Jahren für die Unternehmenspraxis und in der wissenschaftlichen Diskussion immer bedeutsamer. Eine prozessorientierte Unternehmensgestaltung fokussiert sich auf die Ablauforganisation des Unternehmens im Gegensatz zur Aufbauorganisation. Die Ablauforganisation bezieht sich auf die Abwicklung von Aufgaben, die in Aktivitäten bzw. Schritte eines Arbeitsprozesses aufgeteilt werden können. Unter einem Prozess kann eine sachlogische und zeitliche Abfolge von Aktivitäten verstanden werden.[774] HR-Prozesse beziehen sich auf firmenspezifische, anpassbare unternehmerische Vorgehensweisen, die im Bereich PM zum Einsatz kommen, um Humanressourcen zu gewinnen, zu sozialisieren, weiterzuentwickeln und diese zu beurteilen sowie zu entlohnen.[775] Prozessmodelle im PM unterscheiden üblicherweise zwei Prozesskategorien, Kern- sowie Supportprozesse des Personalmanagements.[776] Ein Kernprozess ist ein Prozess, der einen direkten Beitrag zur Wertschöpfung eines Unternehmens leistet, während ein Supportprozess einen unterstützenden Beitrag zu den Kernprozessen liefert.[777] Zudem lassen sich strategische HR-Prozesse unterscheiden, die sich auf die HR-Strategieentwicklung sowie die strategische Planung und Steuerung der PM-Aktivitäten beziehen (siehe Abbildung 40).[778] Alle diese Unterscheidungen sind am Modell der Wertkette nach Porter orientiert und nutzen gesellschaftliche und unternehmerische Anforderungen sowie Kundenanforderungen als Input bzw. sind auf die Erreichung der Outputvariablen (u. a. Unternehmenserfolg, Wertschöpfung, Produktivität, Innovationsfähigkeit) ausgerichtet.[779] Die Gestaltung und Effizienz der verschiedenen Personalmanage-

[772] Vgl. Holtbrügge (2013), S. 96.

[773] Vgl. Gaugler, Oechsler, Weber (2004), S. 1831.

[774] Vgl. Becker, Kahn (2012): Der Prozess im Fokus. In: Becker, Kugeler, Rosemann (Hrsg.): Prozessmanagement - Ein Leitfaden zur prozessorientierten Organisationsgestaltung. 7. Aufl., 2012, S. 3-16, S. 5-7.

[775] Vgl. Amit, Belcourt (1999), S. 174.

[776] Vgl. Jochmann (2009): Status quo der Personalentwicklung - eine Bestandsaufnahme. In: Meifert (Hrsg.): Strategische Personalentwicklung - Ein Programm in acht Etappen. 2. Aufl. Heidelberg, Neckar, 2009, S. 29-44, S. 34; Schönenberg (2010): Prozessexzellenz im HR-Management - Professionelle Prozesse mit dem HR-Management Maturity Model. Berlin, New York, S. 20-22.

[777] Vgl. Becker, Kahn (2012), S. 7.

[778] Vgl. Jochmann (2009), S. 34; Schönenberg (2010), S. 20-22.; Bühner (1997): Personalmanagement. 2. Aufl. Landsberg/Lech, S. 44.

[779] Vgl. Porter (2000b): Wettbewerbsvorteile. Spitzenleistungen erreichen und behaupten. 6. Aufl. Frankfurt; Porter (1989): Wettbewerbsvorteile. Frankfurt a. M., S. 62; Miebach (2017), S. 44f.

mentprozesse wird neben internen Faktoren wie der Unternehmensstrategie durch externe Rahmenbedingungen wie die Arbeitsmarktsituation beeinflusst.[780]

Zusätzlich zu den in Abbildung 40 gezeigten Prozessen wird auch der Personaleinsatz als Kernprozess eingeordnet wie auch das Trennungsmanagement bzw. die Personalfreisetzung. Als weiterer Supportprozess lässt sich das Lieferantenmanagement nennen, das sich insbesondere auf das Management externer Dienstleister im HR-Bereich bezieht, an die v. a. administrative Leistungen (wie z. B. Reisekostenabrechnung) aber auch Kernprozesse (wie z. B. Weiterbildungsmaßnahmen) abgetreten werden.[781] Es kann eine Vielzahl weiterer Teilprozesse des HRM unterschieden werden, bei denen es sich häufig um Teilaufgaben übergeordneter Prozesse oder alternative begriffliche Verwendungen handelt. Folgende weitere Teilprozesse lassen sich u. a. nennen:

- Management-Development-Prozess
- Organisationales Lernen/ Wissensmanagement[782]
- Personalgewinnungsprozess[783]
- Personalfreistellungs- oder Outplacement-Prozess[784]
- Planungsprozess der Personalveränderung[785]
- Outsourcing-Prozess.[786]

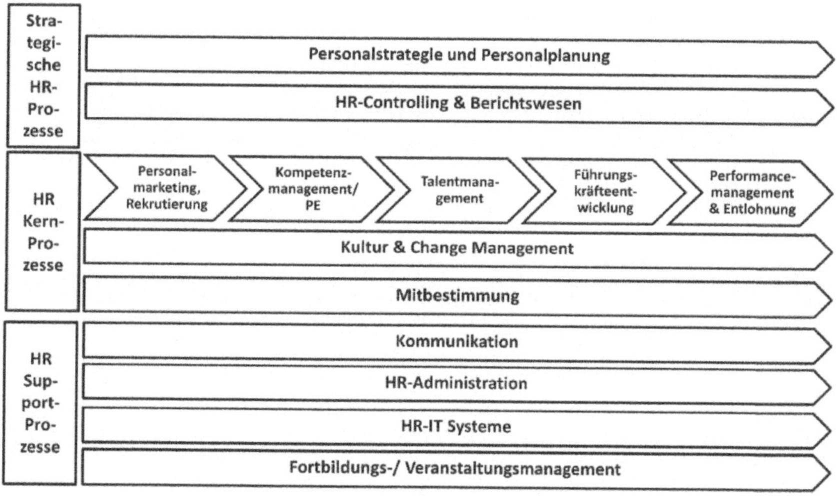

Abbildung 40 Die HR-Prozesslandkarte[787]

[780] Vgl. Holtbrügge (2013), S. 69.
[781] Vgl. Schönenberg (2010), S. 20-22 u. 40f.
[782] Vgl. Probst, Büchel, (1994): Organisationales Lernen - Wettbewerbsvorteil der Zukunft. Wiesbaden, S. 40f.
[783] Vgl. Jochmann (1997): Arbeitsformen für ein modernes Personalmanagement. In: Siegwart (Hrsg.): Human Resource Management. Stuttgart (1997), S. 212-238, S. 224.
[784] Vgl. Berg-Peer (2003): Outplacement in der Praxis. Wiesbaden.
[785] Vgl. Scholz (2014), S. 419; Ivancevich (2010): Human Resource Management. 11. Aufl. Boston, S. 126.
[786] Vgl. Lawler (2004): Human resources business process outsourcing - Transforming how HR gets its work done. SF.

Um ein effizientes Prozessmanagement der Personalprozesse sicherzustellen, schlägt Schönenberg ein fünfstufiges Reifegradmodell der Prozessexzellenz vor, das sog. „HR-Management Maturity Model", das eine kontinuierliche Weiterentwicklung der operativen PM-Prozesse ermöglichen soll. Das Modell verknüpft drei Anforderungsebenen: Anforderungen an Prozesse unterschiedlicher Reifegrade (Fähigkeitsgrad), den Professionalitätsgrad des PM sowie den Reifegrad der Gesamtorganisation, um HR-Bereiche auf eine Entwicklungsstufe einzuordnen. Das Modell definiert Exzellenz-Anforderungen an HR-Prozesse auf verschiedenen Effizienzstufen, um Anhaltspunkte für eine systematische Optimierung dieser Prozesse zu formulieren.[788] Beispielhafte Anforderungen des Modells an den Prozess der Personalrekrutierung sind in der folgenden Tabelle 27 zusammengefasst. Schönenberg untersetzt diese Anforderungen mit weiteren Ansatzpunkten, die sich auf konkrete Teilmaßnahmen beziehen. Eine Studie zur Qualität der Funktionen des Personalmanagements unter ca. 660 Unternehmen in Deutschland auf Basis des Excellence-Modells der European Foundation for Quality Management (EFQM)[789] zeigte zudem, dass bei der Mehrheit der Unternehmen ein mittlerer Reifegrad bzgl. der Umsetzung der Funktionen vorliegt.[790] Die geringste Reifegradstufe fand sich in der Funktion der Personalführung. Insbesondere die Unterstützung der Personalstrategie wurde bei den befragten Unternehmen nicht konsequent realisiert. Es wurde vielmehr noch sehr administrativ vorgegangen.[791]

Tabelle 27 Ausgewählte Anforderungen des HR-Management Maturity Modells[792]

	Prozess Personalrekrutierung
Stufe 1	Ad hoc Rekrutierung; HR administriert die Vertragsgestaltung und -änderungen (HR-Administration)
Stufe 2	HR unterstützt durch Leitlinien und Checklisten; Das Unternehmen als „attraktiven Arbeitgeber" etablieren; (HR-Manager)
Stufe 3	Zielgruppenspezifisches Personalmarketing/ Employer Branding; Prozess ist weitmöglich standardisiert und dokumentiert inkl. Schnittstellen zu anderen Prozessen; Beschaffung orientiert an Personalplanung (HR-Business Partner)
Stufe 4	Rekrutierung durch Employment Center unter Aufsicht des PM (HR-Leader)
Stufe 5	Mittelfristige Beschaffungsplanung; Rekrutierungsprozess ist verzahnt mit Talentmanagement und Nachfolgeplanung; partnerschaftliche Auswahlentscheidung (HR-Strategist)

787 Eigene Darstellung nach Jochmann (2009), S. 34.
788 Vgl. Schönenberg (2010), S. 5, 7 u. 16.
789 Anmerkung: Die Deutsche Gesellschaft für Qualität (DGQ), definiert das EFQM-Modell als *„Modell zur Entwicklung einer Organisation, ausgehend von einem wirksamen Qualitätsmanagement über umfassendes Qualitätsmanagement hin zu ‚Spitzenleistungen'"*. Vgl. Deutsche Gesellschaft für Qualität (DGQ) (2009): Managementsysteme - Begriffe. Ihr Weg zu klarer Kommunikation. Berlin u. a., S. 320. Zink betont, dass das EFQM-Modell auf die Verbesserung der Zielerreichung eines Unternehmens ausgerichtet ist: *„Nicht Qualität um der Qualität willen oder wegen eines aktuellen Modetrends, sondern um bessere Geschäftsergebnisse zu erzielen."* Vgl. Zink (Hrsg.) (1994): Business Excellence durch TQM - Erfahrungen europäischer Unternehmen. München, Wien, S. 3.
790 Anmerkung: Basierend auf einem fünfstufigen Reifegradmodell. Vgl. Ulrich, Brockbank (2005), S.5f, 8 u. 18.
791 Vgl. Ulrich, Brockbank (2005), S. 5f, 8 u. 18. Anmerkung: Die betrachteten Personalfunktionen waren die Personalstrategie, -planung, -rekrutierung, -entwicklung sowie die Personalführung.
792 Eigene Darstellung nach Schönenberg (2010), S. 87-89.

3.4.2 Funktionen des Personalmanagements

Folgt man einer funktionsorientierten Betrachtungsweise des Personalmanagements finden sich ebenfalls mehrere Abgrenzungsversuche. Die Unterscheidung der PM-Aktivitäten orientiert sich bei dieser Betrachtungsweise an Problemen bzw. Handlungsfeldern des Personalmanagements. Dabei werden PM-Aktivitäten, die formal definiert sind und Einfluss auf die Mitarbeiter des Unternehmens ausüben sollen, zu PM-Systemen oder HR-Systemen zusammengefasst.[793] Eine erste Differenzierung lieferten Beer und Kollegen, die HR-Systeme in Mitarbeiterflusssysteme („*human resource flow*"), Belohnungssysteme („*reward systems*") und Arbeitssysteme („*work systems*") einteilten. Unter Mitarbeiterflusssystemen werden Veränderungen des Mitarbeiterbestandes auf allen Unternehmensebenen und in alle Richtungen (in das Unternehmen hinein, innerhalb des Unternehmens und Austritt aus dem Unternehmen) verstanden.[794] Sie umfassen die Personalbedarfsplanung, -gewinnung, -entwicklung und -freisetzung und folgen ebenfalls dem Lebenszyklus des Mitarbeiters im Unternehmen.[795] Tabelle 28 zeigt eine Systematisierung der verschiedenen Formen der Veränderung des Personalbestands. Unter Belohnungssystemen werden die Personalbeurteilung und -vergütung von Mitarbeitern subsummiert. Sie dienen der Steigerung der Motivation der Mitarbeiter und der Ausrichtung ihres Verhaltens auf die strategischen Ziele.[796] Arbeitssysteme, insbesondere „*high performance work systems*", umfassen u. a. die Gestaltung der Mitarbeiterbeteiligung, Anreizsysteme und Trainingsmaßnahmen.[797] Sie stehen in dieser Arbeit nicht im Vordergrund.

Tabelle 28 Arten der Personalveränderung[798]

	Personalveränderung		
	Personalbeschaffung	**Personalentwicklung**	**Personalfreisetzung**
mitarbeiter-induziert	Unbezahlt beurlaubter Mitarbeiter	Mitarbeiter leitet Entwicklungsmaßnahmen selbstständig ein	Kündigung; Pensionierung; Invalidität; Todesfälle
unternehmens-induziert	Übernahmen von Mitarbeitern aus Ausbildungsverhältnissen	Unternehmen leitet Entwicklungsmaßnahmen ein	Entlassungen; Abstellung für Fortbildungsmaßnahmen

Es lässt sich weiterhin zwischen primären und sekundären Personalsystemen differenzieren. Primäre Personalsysteme sind unmittelbar an der Verhaltenssteuerung der Mitarbeiter beteiligt, während sekundäre Systeme die Grundlagen für die Personalarbeit schaffen und primäre Systeme unterstüt-

---

793 Vgl. Dorozalla (2013), S. 12; Arthur, Boyles (2007): Validating the Human Resource System Structure - A level based strategic HRM approach. In: *Human Resource Management Review*, Jg. 17(1), 2007, S. 77-92; Huselid, Becker (2000): Comment on Measurement Error in Research on Human Resources and Firm Performance - How much error is there and how does it influence effect size estimates. In: *Personnel Psychology*, Jg. 53(4), 2000, S. 835-854

794 Vgl. Beer, Spector, Lawrence u. a. (1984), S. 9.

795 Vgl. Dorozalla (2013), S. 12.

796 Vgl. Stock-Homburg (2010): Personalmanagement. 2. Aufl. Wiesbaden, S. 369.

797 Vgl. Combs, Yongmei, Hall u. a. (2006): How much do high-performance work practices matter? - A meta-analysis of their effects on organizational Performance. In: *Personnel Psychology*, Jg. 59(3), 2006, S. 501-528, S. 502; Pfeffer (1998a).

798 Eigene Darstellung nach Scholz (2014), S. 526.

zen (z. B. strategische Ausrichtung, Personalverwaltung, Personalcontrolling).[799] Als Kernfunktionen des Personalmanagements definieren Gmür und Thommen die Personalführung, die Mitarbeitermotivation, Anreizsysteme, Feedback bzw. Leistungsbeurteilungen, Kompetenzentwicklung sowie Mitarbeiterbindung. Sie zeigen zudem mehrere unterstützende Funktionen des Personalmanagements auf: Karriereplanung, Mitarbeiterrekrutierung, -auswahl und -integration.[800] Weitere Unterscheidungssystematiken sind in der folgenden Tabelle (Tabelle 29) gegenübergestellt.

3.4.3 Abgrenzung der Personalmanagementprozesse

Die Arbeit orientiert sich im Folgenden an der einfachen Unterscheidung von PM-Themenfeldern nach Scholz. Diese werden im folgenden Abschnitt genauer erläutert. Dabei werden die Felder z. T. zusammengefasst (Personalbedarfsbestimmung und -bestandsanalyse) bzw. der Bereich der Personalführung und Personalkosten ausgelassen und dafür das Personalcontrolling aufgegriffen, da diese für den Kontext der Arbeit von geringerer Bedeutung sind. Zudem werden die Funktionen Personalentwicklung (insbesondere digitales, informelles und mobiles Lernen), Personalauswahl, Arbeitszeitmodelle für lebensphasenorientierte Ausgestaltung, Entgeltgestaltung und Leistungsbeurteilung sowie Personalmarketing, die strategische Integration des Personalmanagements, effiziente Personalarbeit sowie die Begleitung von Veränderungsprozessen zunehmend an Bedeutung in der Unternehmenspraxis gewinnen.[801]

3.4.3.1 Personalcontrolling

Das Personalcontrolling kann als Querschnitts- bzw. Supportfunktion verstanden werden und verfolgt die Aufgabe, eine kennzahlenbasierte Informationsgrundlage für die Steuerung des Personalmanagements zu schaffen. Auf diese Weise soll die Zielerreichung des Personalmanagements und des gesamten Unternehmens optimiert werden. Es kann sich auf die Optimierung der Mitarbeiter (Anzahl, Struktur und Kosten; faktororientierte Ausrichtung), der Personalprozesse (prozessorientierte Ausrichtung) sowie der Steuerung der Personalarbeit in den einzelnen Geschäftsbereichen eines Unternehmens (businessorientierte Ausrichtung) beziehen. Teilaufgaben des Controllings liegen u. a. in der Berichterstattung und Informationsversorgung, der transparenten Aufdeckung von Personalstrukturen und der Sensibilisierung von Führungskräften für Problemstellungen des Personalmanagements.[802] Zudem ist der systematische Einsatz des Personalcontrollings bzw. die Nutzung von Personalkennzahlen nur gering ausgeprägt. Nur wenige Unternehmen nutzen die Möglichkeiten, um den Beitrag des Personalmanagements zum Erfolg ihres Unternehmens nachzuvollziehen.[803]

---

799 Vgl. Berthel, Becker (2010), S. 22.

800 Vgl. Gmür, Thommen (2011), S. 42f.

801 Vgl. Wunderer, Dick, Jäger (2007), S. 111-113; Remdisch (2016): Toolbox für die Führung in der digitalisierten Welt. Lüneburg, S. 13; Hoffmann, Bogedan (Hrsg.) (2015): Arbeit der Zukunft - Möglichkeiten nutzen - Grenzen setzen. Frankfurt a. M., S. 216; Beyer (2015): DGFP-Studie Megatrends 2015, S. 14 u. 16.

802 Vgl. Armutat (2014), S. 20-23.

803 Vgl. Spallek (2014): Unternehmen verschenken Potenziale. In: *Personalführung* (5), 2014), S. 36-39, S. 38.

Tabelle 29 Einordnungsansätze der Personalfunktionen[804]

<table>
<tr><th>Nach Gaugler et al.</th><th>Nach Klimecki/ Gmür</th><th>Nach Drumm</th><th>Nach Zaugg</th></tr>
<tr><td rowspan="4">Kernaufgaben des PM: Personalbeschaffung und -abbau; Qualifizierung u. Förderung; Anreiz- u. Kompensationspakete; Strukturelle u. personelle Führung zur Verhaltenssteuerung</td><td>Personalaktivierung: Personalbeschaffung, Personaleinsatz u. Personalentwicklung;</td><td rowspan="4">(1) Personalforschung, (2) Bedarfsgerechte P.-Beschaffung und -Freisetzung, (3) Personalzuweisung (4) Aus- u. Fortbildung; PE (5) Vergütungspolitik, (6) Sozialpolitik (Erfolgs- und Vermögensbeteiligung, Sozialeinrichtungen), (7) Gestaltung von Arbeitsorganisation u. -zeit, (8) Personalmotivation u. -führung, (9) Träger u. Organisation der personalwirtschaftlichen Arbeit (10) Erfolgssteuerung, Risikoanalysen u. -management</td><td>Prozessfunktionen: Orientiert am Entwicklungsprozess der Mitarbeiter; Personalplanung, Rekrutierung und Selektion, Personalentwicklung, P.-einsatz, P.-erhaltung/ Anreizgestaltung u. -freisetzung</td></tr>
<tr><td>Personallenkung: P.-Auswahl, P.-Beurteilung, P.-Integration; Entgelt- u. Anreizsysteme; P.-Freisetzung;</td><td>Metafunktionen: strategisch angelegt u. funktionsübergreifend; Personalführung, Führungskräfteentwicklung, Wissensmanagement, interne Kommunikation, Organisationsgestaltung bzw. -entwicklung, Personalpflege</td></tr>
<tr><td rowspan="2">Personalbindung: Sicherung der Personalressourcen; motivationale P.-Bindung</td><td>Querschnittsfunktionen: Schnittstellen zu allen Prozess- u. Metafunktionen; Personalmarketing, -controlling, -organisation</td></tr>
<tr><td>Dienstleistungsfunktion: stark unterstützenden Charakter; Employee-Self-Service (ESS) oder Manager-Self-Service (MSS)</td></tr>
</table>

3.4.3.2 Personalentwicklung

Personalentwicklung (PE) lässt sich als eine andere Form der Personalbeschaffung verstehen, da bestehende Kompetenzen und Fähigkeiten ausgebaut werden.[805] Maier definiert die PE als *„... organisierter Lernprozess der im sozialen Umfeld des Unternehmens stattfindet und von ihm ausgelöst, gestaltet und gesteuert wird.“*[806] Ziel der PE ist es, Kompetenz- oder Fähigkeitsdefizite der Mitarbeiter aller Hierarchieebenen des Unternehmens zu verringern, bestehende Potenziale auszubauen, für die Erreichung der strategischen Ziele des Unternehmens einsetzbar zu machen und ein kontinuierliches Lernen in der Organisation zu implementierten.[807] Weitere Zielsetzungen sind u. a. die Optimierung der Leistungs- und Wettbewerbsfähigkeit, Anpassung der Mitarbeiterqualifikationen an veränderte Anforderungen und die Sicherstellung eines qualifizierten Mitarbeiterstammes

[804] Eigene Darstellung nach Gaugler, Oechsler, Weber (2004), S. 1827; Klimecki, Gmür (2005), S. 121-123; Drumm (2008), S. 32; Zaugg (2009), S. 198, 277, 350 u. 373.
[805] Vgl. Drumm (2008), S. 319.
[806] Maier (1991): Personalentwicklung, Konzept, Leitfaden u. Checklisten für Klein- u. Mittelbetriebe. Wiesbaden, S. 6.
[807] Vgl. Drumm (2008), S. 320; Gmür, Thommen (2011), S. 191; Thom (1987): Personalentwicklung als Instrument der Unternehmensführung. Stuttgart, S. 6f.

sowie die Steigerung der Mitarbeiterzufriedenheit durch individuelle Weiterbildungsmöglichkeiten.[808]

Die Planung der PE baut auf Mitarbeitergesprächen und Analysen von Kompetenzbedarfen sowie Entwicklungsständen der Mitarbeiter auf. Es werden zudem für die Mitarbeiter individuelle Entwicklungsziele und -maßnahmen bestimmt.[809] Die PE hat sich von einer Fokussierung auf die Entwicklung des Führungs-nachwuchses über eine Weiterbildungseinheit hin zu einer Funktion zur Realisierung zentraler Förderziele entwickelt.[810] Sie ist damit komplementär zur externen Personalbeschaffung zu verstehen.[811] Im Rahmen der PE kann eine Vielzahl an Methoden und Verfahren sowohl unternehmensintern als auch durch externe Anbieter einbezogen werden. Es lassen sich Into-the-job-Maßnahmen (Ausbildung, Traineeprogramme), On-the-job-Maßnahmen (Mitarbeitergespräche, Lernpartnerschaften, Projektarbeit), Near-the-job-Maßnahmen (Qualitätszirkel) sowie Off-the-job-Maßnahmen (Konferenzen, Seminare, Studium, Planspiele) unterscheiden.[812] Diese Maßnahmen sind dabei an spezifischen Anforderungen auszurichten, entsprechend auszuwählen sowie zu kombinieren. Anforderungen an diese Maßnahmen umfassen folgende Aspekte:[813]

- Fachliche und soziale Kompetenzen können sicher/ verässlich erkannt werden
- Qualifizierungsbedarf wird sicher festgestellt
- Kriterien für eine Potenzialanalyse sind für das Management und die Mitarbeiter transparent
- Abgleich zwischen Anforderungs- und Eignungsprofil ist möglich
- Maßnahmen haben förderlichen Charakter
- Vorliegen eines positiven/ angstfreien Klimas
- Unabhängige und unvoreingenommene Beurteilung ist sichergestellt
- Methodenvielfalt
- Mitarbeiterakzeptanz ist vorhanden.

Jochmann nennt die folgenden Aufgabenstellungen der PE:[814]

- Definition von Ausbildungskonzepten
- Durchführung von Bildungsbedarfsanalysen
- Konzeption oder Einkauf von Qualifizierungsbausteinen (fachlich oder überfachlich)
- Laufbahnentwicklung
- Unterstützung von Veränderungsprozessen durch maßgeschneiderte Workshops
- Aufbau von Lernplattformen (inkl. eines Mix aus klassischen sowie internetbasierten Formaten, sog. Blended Learning).

PE ist v. a. eine Kooperationsaufgabe, die von der Zusammenarbeit der Unternehmensbereiche, Führungskräfte, der Personalabteilung sowie der Mitarbeiter und Mitarbeitervertretungen abhängig

[808] Vgl. Holtbrügge (2013), S. 131.
[809] Vgl. Jochmann (2009), S. 36.
[810] Vgl. Jochmann (2009), S. 29.
[811] Vgl. Klimecki, Gmür (2005), S. 193.
[812] Vgl. Miebach (2017), S. 121; Klimecki, Gmür (2005), S. 207.
[813] Vgl. Flato, Reinbold-Scheible (2009): Zukunftsweisendes Personalmanagement. München, S. 108.
[814] Vgl. Jochmann (2009), S. 30.

ist.[815] Eine Weiterentwicklung der PE-Konzepts ist die sog. Lebenszyklusorientierte Personalentwicklung. Darunter wird eine Abstimmung der PE-Maßnahmen auf den biosozialen, familiären, beruflichen, betrieblichen und stellenbezogenen Lebenszyklus der Mitarbeiter verstanden. Durch die Anpassung der PE an die jeweilige Lebenszyklusphase des Mitarbeiters soll eine langfristige Arbeitsfähigkeit und Leistungsbereitschaft erreicht werden.[816] Aktuell zentrales Thema der Personalentwicklung - insbesondere im Kontext der Digitalisierung und Entwicklungen hin zu Industrie 4.0 - ist die Sicherstellung der Innovationsfähigkeit und der digitalen Kompetenzen des Unternehmens bzw. der Mitarbeiter auf individueller, organisationaler und prozessualer Ebene.[817] In diesem Zusammenhang gewinnt die PE für die Sicherstellung des Unternehmenserfolgs stark an Bedeutung.[818]

3.4.3.3 Personalbedarfsplanung

Die Personalbedarfsplanung setzt eine Ermittlung des aktuellen und zukünftigen Personalbedarfs voraus. Dazu ist eine möglichst frühzeitige Planung der Personalressourcen erforderlich, sowohl in quantitativer als auch qualitativer Hinsicht.[819] Neben der qualitativen und quantitativen Bestimmung ist die Einordnung nach zeitlichen und räumlichen Bedarfen Teil der Bestimmung des Personalbedarfs.[820] Eine Voraussetzung dafür sind klar definierte Anforderungsprofile, über die sich bestehende Kompetenzen mit benötigten abgleichen lassen.[821] Die Festlegung des qualitativen Personalbedarfs wird über die strategische Planung sowie eine Kapazitätsbemessung des Personals vorgenommen.[822] Die Personalbedarfsplanung kann als eine der wichtigsten Aufgaben des Personalmanagements gesehen werden, da sie die Grundinformationen für weitere Funktionen wie die Personalbeschaffung, -entwicklung und -freisetzung liefert.[823] Eine Studie aus dem Jahr 2014 zeigt, dass in Deutschland die meisten Unternehmen noch keine umfassende strategische Personalplanung besitzen.[824] Zentrale Optimierungspotenziale im Bereich der Personalplanung liegen v. a. in der Integration unternehmensübergreifender Personalressourcen im Rahmen der Planung und Personalbeschaffung generell sowie einer stärkeren Beteiligung der einzelnen Fachbereiche eines Unternehmens in die Bestimmung des Personalbedarfs in Zusammenarbeit mit PM und der Unternehmensleitung.[825]

---

[815] Vgl. Wien, Franzke (2013): Systematische Personalentwicklung. 2013. Wiesbaden, S. 30.
[816] Vgl. Sattelberger (1995): Lebenszyklusorientierte Personalentwicklung. In: Sattelberger (Hrsg.): Innovative Personalentwicklung. 3. Aufl. Wiesbaden, 1995, S. 287-305, S. 288f.; Mayerhofer (1992): Individueller Lebenszyklus und Lebensplan. In: Gaugler, Weber (Hrsg.): Handwörterbuch des Personalwesens. 2. Aufl. Stuttgart, 1992, S. 1241.
[817] Vgl. Meier, Seufert (2016): Digitale Transformation: Implikationen für die Personalentwicklung. In: Schwuchow, Gutmann (Hrsg.): Personalentwicklung 2017. Freiburg u. a. 2016, S. 227-240, S. 230.
[818] Vgl. Wien, Franzke (2013), S. 13.
[819] Vgl. Flato, Reinbold-Scheible (2009), S. 40f.
[820] Vgl. Holtbrügge (2013), S. 100.
[821] Vgl. Flato, Reinbold-Scheible (2009), S. 40f.; Drumm (2008), S. 197.
[822] Vgl. Miebach (2017), S. 84; Holtbrügge (2013), S. 99.
[823] Vgl. Holtbrügge (2013), S. 100.
[824] Vgl. Hays; Pierre Audoin Consultants (PAC) (2014): Personalbedarfsplanung und -beschaffung. Mannheim u.a. S. 29.
[825] Vgl. Hays; PAC (2014), S. 4.

3.4.3.4 Personalbeschaffung

Personalbeschaffung ist Teil des Mitarbeiterflusssystems und wird auch als Personalgewinnung oder Personalbedarfsdeckung bezeichnet.[826] Zielsetzung der Personalbeschaffung ist die in qualitativer, quantitativer, zeitlicher und örtlicher Hinsicht angemessene Bereitstellung von Personalressourcen für das Unternehmen, die für die Erreichung der Unternehmensziele erforderlich sind. Die Personalbeschaffung greift dabei die im Rahmen der Personalbedarfsplanung ermittelten Bedarfe an Humanressourcen auf.[827] Es lassen sich mehrere Formen der Personalgewinnung unterscheiden (siehe Abbildung 41). Zudem spielen sowohl der interne als auch der externe Arbeitsmarkt bei der Personalbeschaffung eine Rolle. Die interne Ausrichtung der Personalbeschaffung bezieht sich auf die Besetzung freier Stellen aus den Reihen der Mitarbeiter heraus und umfasst Maßnahmen der Erstausbildung, Laufbahnplanung sowie interne Stellenausschreibungen.[828]

Die externe Ausrichtung betrifft die Phasen des Personalmarketings und Employer Brandings, der Rekrutierung sowie der Personalauswahl. Beispielhafte Maßnahmen sind Stellenanzeigen, Onlinestellenbörsen und Maßnahmen des Hochschulmarketings, E-Recruiting sowie Initiativbewerbungen.[829] Sie verfolgt zum einen die kurzfristige Deckung des Mitarbeiterbedarfs und zum anderen ein Erschließen der Mitarbeiterpotenziale in langfristiger Hinsicht.[830] Die Schwerpunktsetzung bzgl. dieser Phasen ist stark von der aktuellen Situation am Arbeitsmarkt abhängig. Zur Deckung eines akuten Fachkräftemangels sind insbesondere Maßnahmen des Personalmarketings erforderlich, während bei einem ausreichenden Angebot an Arbeitskräften eine höhere Gewichtung auf die Personalauswahl und die darauffolgende Phase der Personaleinstellung gelegt werden kann.[831] Die Personalbeschaffung gilt als eine der wichtigsten Funktionen des Personalmanagements, da ohne qualifiziertes Personal Unternehmen keine Erfolge erzielen können.[832]

---

826 Vgl. Zaugg (2009), S. 287; Holtbrügge (2013), S. 106; Berthel, Becker (2010), S. 301.

827 Vgl. Zaugg (2009), S. 287; Holtbrügge (2013), S. 106; Ployhart (2006): Staffing in the 21st Century: New Challenges and Strategic Opportunities. In: *Journal of Management*, Jg. 32(6), 2006, S. 868-897.

828 Vgl. Klimecki, Gmür (2005), S. 157 u. 165.

829 Vgl. Klimecki, Gmür (2005), S. 165-167 u. 170; Holtbrügge (2013), S. 106; Berthel, Becker (2010), S. 302f u. 306-312.

830 Vgl. Berthel, Becker (2010), S. 306.

831 Vgl. Holtbrügge (2013), S. 107; Berthel, Becker (2010), S. 302f.

832 Vgl. Drumm (2008), S. 275.

Ansätze	Typ I strukturell-statische Personalgewinnung	Typ II strategische Personal-gewinnung	Typ III ganzheitlich-kulturelle Personal-gewinnung
Grundidee	Deckung des Personalbe-darfs	interaktive Strategieent-wicklung	ganzheitliches Ma-nagement
Ansatzpunkte	Einzelne Stelle oder Indi-viduum	Gesamtsystem/ wichtige Teilbereiche	Gesamtsystem
Zeitbezug	gegenwartsbezogen-reaktiv	zukunftsorientiert-antizipativ	zukunftsorientiert-antizipativ
Ziele	Bereitstellung personeller Ressourcen	Aufbau von Personalpo-tentialen	Gewinung und Ent-wicklung von Kultur-trägern
Instrumente (Auswahl)	• Gegenwartsbezogene Anforderungsprofile • Klassische Rekrutie-rungs- und Selekti-onsinstrumente	• Zukunftsorientierte Anforderungsprofile • Innovative Rekrutie-rungsinstrumente • Umfassende Selekti-onsinstrumente • Effektivitäts-Controlling	• Kulturbezogene Anforderungspro-file • Mitarbeiter als Symbolträger • Beteiligung der Mitarbeiter • Kulturworkshops
Träger	Personalabteilung	Personalabteilung und Fachabteilungen gemein-sam	alle Mitarbeitenden
Organisationsform	zentrale Personalgewin-nung	dezentrale Personalge-winnung und zentrales HRM-Service-Center bzw. -Kompetenzzentrum	dezentrale Personal-gewinnung und zentra-les HRM-Service-Center bzw. Kompe-tenzzentrum
Menschenbild	tendenziell Theorie X	tendenziell Theorie Y	komplexer Mensch
Rolle der Mitarbei-tenden	Arbeitnehmer	Mitdenker	Mitunternehmer
Strategieverständnis	formal-synoptischer Stra-tegieeinsatz (präskriptiv)	informal-inkrementaler Strategieansatz (deskrip-tiv)	ganzheitlicher Strate-gieansatz
Konzeptionelle Basis	Personaladministration	Resource-based-View	symbolisches Ma-nagement

Abbildung 41 Ansätze der Personalgewinnung[833]

3.4.3.5 Personalmarketing

Personalmarketing gewinnt vor dem Hintergrund des zunehmenden Fachkräftemangels immer weiter an Bedeutung. Dabei wird der Begriff in der Literatur sehr unterschiedlich eingesetzt.[834] Er ist als eine Phase der Personalbeschaffung und damit Teilbereich des Mitarbeiterflusssystems zu verstehen und betrifft die Akquise von Mitarbeitern durch gezielte Informationsmaßnahmen.[835] Neben der

[833] Eigene Darstellung nach Zaugg (2009), S. 293; Zaugg (1996): Integrierte Personalbedarfsdeckung – Ausgewählte Gestaltungsempfehlungen zur Gewinnung ganzheitlicher Personalpotentiale. Bern u. a. S. 112.

[834] Vgl. Petry, Vaßen (2014): Personalmarketing 2.0 -State of the Art, Praxisbeispiele und Erfolgsfaktoren. In: Rosenberger, Wegerich (Hrsg.): Modernes Personalmanagement. Wiesbaden, 2014, S. 292-305, S. 292; Berthel, Becker, (2010), S. 316.

[835] Vgl. Drumm (2008), S. 277; Kirchgeorg, Müller (2013): Personalmarketing als Schlüssel zur Gewinnung, Bindung und Wiedergewinnung von Mitarbeitern. In: Stock-Homburg (Hrsg.): Handbuch Strategisches Personalmanagement. 2. Aufl. Wiesbaden, 2013, S. 73-90, S. 74.

Informationsfunktion gegenüber potenziellen Mitarbeitern werden dem Personalmarketing weiterhin eine Aktionsfunktion (Aktivierung von Personen zu Bewerbungen) sowie eine Selektionsfunktion (Beurteilung der Bewerber hinsichtlich ihrer Qualifizierung und Motivation für die offene Stelle) zugeordnet.[836] Scholz verwendet die Begriffe Profilierungs- und die Motivationsfunktion statt Information und Aktivierung sowie Akquisitionsfunktion.[837] Dabei wird zwischen intern und extern ausgerichtetem Personalmarketing unterschieden. Der Begriff Employer Branding ist aktuell weit verbreitet, v. a. in größeren Untenrehmen, und soll das jeweilige Unternehmen als starke Arbeitgebermarke bzw. attraktiven Arbeitgeber ggü. Bewerbern aufstellen.[838]

Neben dem Employer Branding kann zudem das Retention Marketing unterschieden werden, das sich insbesondere mit der Bindung der bestehenden Mitarbeiter beschäftigt. Trends in diesem Feld sind v. a. der Umgang mit Anforderungen des demografischen Wandels sowie die Nutzung von Social Media und eine sich durch die Digitalisierung ändernde Kommunikation zwischen Unternehmen und Bewerbern, die stärker auf den Dialog zwischen den Zielgruppen bezogen ist.[839] Um die Zielstellung des Personalmarketings zu erreichen ist ein systematischer Planungs- und Umsetzungsprozess erforderlich, der die folgenden Schritte umfasst: Situationsanalyse, Definition der Personalmarketing-Ziele, Strategie auswählen, Personal-Marketing-Mix bestimmen, die Organisation definieren sowie ein Controlling der Umsetzung einführen.[840]

Scholz unterscheidet drei verschiedene Gruppen von Personalmarketing-Strategien[841]:

- Intensivstrategien
    - Push-Strategie: Bekannte Zielgruppen werden auf bewährten Arbeitsmärkten angesprochen, ohne das bestehende Image des Unternehmens zu verändern
    - Relaunch-Strategie: Bekannte Zielgruppen werden mit alternativen Anreizen wie der Betonung des Arbeitsklimas angesprochen
    - Zielgruppenstrategie: Neue Zielgruppen werden mit monetären und nicht-monetären Anreizen angesprochen
- Diversifikationsstrategien
    - Anreiz-Innovationsstrategie: Angebot neuer Anreizsysteme wie z. B. flexibler Arbeitszeitmodelle
    - Personal-Innovationsstrategie: Ansprache potenzieller Bewerber, die bisher keinen Unternehmenskontakt hatten, wie z. B. Fachkräfte aus dem Ausland
- Integrativstrategien

[836] Vgl. Holtbrügge (2013), S. 107.
[837] Vgl. Scholz (1995b): Personalmarketing. In: Tietz (Hrsg.): Handwörterbuch des Marketing. Stuttgart, 1995, S. 2004-2019, S. 2009.
[838] Vgl. Berthel, Becker (2010), S. 316f. und Baum, Gsell, Kabst (2012): Determinanten des Employer Branding in deutschen Unternehmen. Ein neoinstituionalistischer Erklärungsansatz. In: DBW, Jg. 72, H.3, S. 235-253, S. 236 u. 247.
[839] Vgl. Petry, Vaßen (2014), S. 292f u. 297.
[840] Vgl. Kirchgeorg, Müller (2013), S. 76.
[841] Vgl. Scholz (2014), S. 520f.

- o Expansionsstrategie: Ansprache von niedrigqualifizierteren Zielgruppen und Beförderungen der bestehenden Mitarbeiter; wird ergänzt durch Personalentwicklungsmaßnahmen
- o Akquisitionsstrategie: Akquise qualifizierter Mitarbeiter ohne Entwicklungsbedarf.

Der Zusammenhang dieser Strategien mit Aufgaben des Personalmarketings sowie Situationen auf dem Arbeitsmarkt ist in Tabelle 30 gezeigt.

Tabelle 30 Personalmarketingaufgaben und -strategien[842]

Nachfrage am Arbeitsmarkt	**Personalmarketing-aufgaben**	**Personalmarketingstrategien**		
		Intensiv-	**Integrativ-**	**Diversifikations-**
Fehlt	Anreizmarketing			X
Latent	Entwicklungsmarketing	X	X	X
Stockend	Revitalisierungsmarketing	X		
Optimal	Erhaltungsmarketing	X		
Zu hoch	Reduktionsmarketing		X	

3.4.3.6 Personalauswahl

Schuler betont die strategische Bedeutung der Personalauswahl, die sich zum einen auf die Sicherstellung des Personalbedarfs zur Erreichung der Unternehmensstrategie und zum anderen auf die Ermöglichung organisationaler Veränderungen und Innovationen durch neu eingestellte Mitarbeiter bezieht. Die Personalauswahl ist eng mit mehreren weiteren PM-Funktionen verbunden, u. a. der Personalbeschaffung bzw. -gewinnung sowie der Personalentwicklung.[843] Die Personalauswahl gilt als zweite Phase der Personalbeschaffung und hat die Identifikation geeigneter Bewerber mit einer hohen Übereinstimmung mit den Anforderungsprofilen einer Stelle zum Ziel. Die Personalauswahl ist in vielen Fällen zeit- und kostenaufwändig und nutzt unterschiedliche Verfahren der Eignungsdiagnose zur Beurteilung der geeigneten Personen.[844]

Eine Klassifizierung der Verfahren kann anhand der durch sie erfassten Merkmale in kognitiv oder nicht-kognitiv erfolgen und anhand der Art der Durchführung in schriftliche oder mündliche Verfahren. Außerdem kann hinsichtlich des Standardisierungsgrades unterschieden werden. Ebenfalls lässt sich eine Zuordnung zu den verschiedenen Vorgehensweisen der Konzeptionierung (biografieorientiert, eigenschaftsorientiert etc.) vornehmen.[845] Schuler, Hell, Trapmann u. a. ermittelten die Einsatzhäufigkeit unterschiedlicher Personalauswahlverfahren in 125 deutschen Unternehmen. Es zeigt sich eine verstärkte Anwendung von strukturierten Interviews und Assessment-Centern in Deutschland als Methoden der Hauptauswahl und der Auswertung von (Onli-

[842] Eigene Darstellung nach Scholz (2014), S. 521.
[843] Vgl. Schuler (2013): Personalauswahl. In: Stock-Homburg (Hrsg.): Handbuch Strategisches Personalmanagement. 2., Aufl. Wiesbaden, 2013, S. 29-58, S. 30.
[844] Vgl. Holtbrügge (2013), S. 117.
[845] Vgl. Schuler (1996): Psychologische Personalauswahl. Einführung in die Berufseignungsdiagnostik. 3. Aufl. Göttingen, S. 77.

ne-)Bewerbungsunterlagen, Personalfragebögen und Referenzen in der Vorauswahl.[846] Die Eignungsdiagnostik verlangt eine Konzeptionierung der verschiedenen Verfahren unter der Berücksichtigung mehrerer Gütekriterien. Darunter werden neben der Validität der Verfahren, deren Objektivität, Reliabilität sowie ihre Praktikabilität und Akzeptanz bei Durchführenden und Teilnehmern verstanden.[847] Es gilt weiterhin, dass an die Bewerber die gleichen Bewertungsmaßstäbe angesetzt werden sollen. Außerdem wird eine hohe objektive Vergleichbarkeit der Ergebnisse angestrebt. Dazu ist es nötig den Einfluss des durchführenden Diagnostikers, d. h. des Testleiters, Interviewpartners oder Beobachters, möglichst zu reduzieren.[848] Neben diesen Gütekriterien haben auch ökonomische Aspekte Einfluss auf den Einsatz der Verfahren. So wird durch Kosten-Nutzen-Abwägungen die Effizienz der Verfahren bestimmt.[849] Zu Sicherstellung der Qualität der Auswahlverfahren wurden im Rahmen der DIN ISO 33430 sowie dem ISO Standard ISO/DIS 10667 Anforderungen an die Ausgestaltung für Unternehmen und Anbieter von Verfahren definiert.[850] Die Qualität der Verfahren leistet einen entscheidenden Beitrag zur Vermeidung von Fehlinvestitionen durch Fehleinstellungen.[851]

3.4.3.7 Personaleinführung

Die Personaleinführung folgt auf die Personalrekrutierung und -auswahl und hat zum Ziel, neue Mitarbeiter in das Unternehmen zu integrieren und insbesondere Fluktuationen zu verhindern. Sie leistet damit auch einen Betrag zur Personalbindung. Als Instrumente kommen u. a. Mitarbeiterinformationsbroschüren, Mentoring sowie Einführungsseminare in Frage.[852]

3.4.3.8 Personaleinsatz

Der Personaleinsatz thematisiert die Zuordnung von Mitarbeitern und deren Fähigkeiten und Kompetenzen zu Stellen und Aufgaben unter Berücksichtigung zeitlicher, räumlicher, sachlicher und inhaltlicher Anforderungen. Zudem sind die soziale, ökonomische und ökologische Dimension der Nachhaltigkeit im Hinblick auf eine ressourcenschonende Arbeitsgestaltung zu berücksichtigen.[853] Bröckermann definiert strategische Prinzipien des Personaleinsatzes als normative Orientierungen, die einen Beitrag des Personaleinsatzes zur Erreichung des Unternehmenserfolgs ermöglichen sol-

[846] Vgl. Schuler, Hell, Trapmann u. a. (2007): Die Nutzung psychologischer Verfahren der externen Personalauswahl in deutschen Unternehmen - Ein Vergleich über 20 Jahre. In: *Zeitschrift für Personalpsychologie*, Jg. 6(2), 2007, S. 60-70, S. 63; Dincher, Mosters (2009): Personalauswahl und Personalbindung. Neuhofen/Pf., S. 10.
[847] Vgl. Dincher, Mosters (2009), S. 6f.; Holtbrügge (2013), S. 118.
[848] Vgl. Curth, Lang (1990): Management der Personalbeurteilung. 2. Aufl. München, Wien.
[849] Vgl. Weuster (2008): Personalauswahl - Anforderunsprofil, Bewerbersuche, Vorauswahl und Vorstellungsgespräch. 2. Aufl. Wiesbaden.
[850] Vgl. DIN e. V. (Hrsg.) (2002); International Organization for Standardization (ISO): ISO/DIS/10667-1 u. -2.
[851] Vgl. Schuler (2013), S. 30.
[852] Vgl. Berthel, Becker (2010), S. 348, 356-358.
[853] Vgl. Scholz (2014), S. 641.

len (siehe Tabelle 31). Die Gestaltung des Personaleinsatzes wird durch Entwicklungen hin zu Netzwerken und Unternehmenskooperationen zunehmend komplexer.[854]

Tabelle 31 Personaleinsatzprinzipien[855]

Personaleinsatzprinzipien	
Rentabilitätsprinzip	Personaleinsatz folgt dem Prinzip der wirtschaftlichen Rentabilität
Stabilitätsprinzip	Personaleinsatz sichert über einen längerfristigen Zeitraum ein stabiles und verlässliches Betriebsergebnis
Flexibilitätsprinzip	Personaleinsatz zielt auf eine Erhöhung der Flexibilität
Planungsprinzip	Personaleinsatz muss rechtzeitig geplant werden
Transparenz-, Akzeptanz- u. Integrationsprinzip	Personaleinsatzmanagement wirkt transparent, akzeptanzschaffend und integrativ

3.4.3.9 Personalbindung

Unter dem Begriff Personalbindung oder Personalerhaltung werden Aktivitäten verstanden, die eine dauerhaft ausgelegte Beschäftigung der Mitarbeiter in einem Unternehmen sicherstellen sollen. Der Erfolg der Maßnahmen hängt dabei sowohl von unternehmensinternen Faktoren wie u. a. der Unternehmens- und Führungskultur sowie dem Umgang mit den Mitarbeitern und der Vertrauenssituation im Unternehmen als auch externen Faktoren wie dem regionalen Umfeld (Ballungsraum oder ländliche Strukturen) ab.[856] Sie nimmt einen hohen Stellenwert hinsichtlich der nachhaltigen Ausgestaltung des Personalmanagements ein.[857] Personalbindung kann über die Motivation der Mitarbeiter erreicht werden. Dazu werden Systeme immaterieller (nicht-monetärer) und materieller bzw. monetärer Anreize eingesetzt, die im Sinne der Anreiz-Beitrags-Theorie dazu beitragen, dass Mitarbeiter bereit sind, ihr individuelles Verhalten zur Leistungserbringung anzupassen.[858] Sog. Cafeteria-Systeme ermöglichen Mitarbeitern individuelle Wahlmöglichkeiten zwischen den Anreizangeboten.[859] Im Kontext von Unternehmenskooperationen und Netzwerken wird eine hybride Gestaltung der Anreize zunehmend wichtig, um die Personalbindung erfolgreich zu gestalten und Mitarbeiter nicht an andere Unternehmen eines Netzwerks zu verlieren.[860]

3.4.3.10 Personalfreisetzung

Unter Personalfreisetzung werden Aktivitäten verstanden, die alternative (Einsatz-)Möglichkeiten für nicht mehr benötigte Mitarbeiter finden sollen. Drumm definiert sie als die „*Planung von Verwendungsalternativen für das freigesetzte Personal.*“[861] Sie ist damit nicht nur mit Kündigung

---

[854] Vgl. Reiß (1998): Die "Erosion" konventioneller Unternehmensstrukturen als Herausforderung an die Personal- und Organisationsarbeit. In: Reiß (Hrsg.): Der neue Mittelstand - Start up-Unternehmer in agilen Netzwerken. Frankfurt a. M., 1998, S. 145-184, S. 162f.
[855] Eigene Darstellung nach Bröckermann (2016): Personalwirtschaft. 7., Aufl. Stuttgart, S. 124f.
[856] Vgl. Flato, Reinbold-Scheible (2009), S. 73f.
[857] Vgl. Thom, Zaugg (2002): Das Prinzip Nachhaltigkeit im Personalmanagement - Ausgewählte Ergebnisse einer Befragung in europäischen Unternehmen und Institutionen. In: *Personalführung*(7), 2002, S. 52-55, S. 53.
[858] Vgl. Gaugler, Oechsler, Weber (2004), S. 1827; March, Simon (1976): Organisation und Individuum - Menschliches Verhalten in Organisationen. Wiesbaden; Blum (1999): Integriertes Arbeitszeitmanagement. Bern u. a., S. 136.
[859] Vgl. Nicolai (2014), S. 430-432.
[860] Vgl. Reiß (1998), S. 161.
[861] Drumm (2008), S. 249.

gleichzusetzen und kann auf einzelne Mitarbeiter oder Gruppen bezogen werden.[862] Es lassen sich grundsätzlich betriebsbedingte, personen- oder verhaltensbedingte Gründe für die Personalfreisetzung unterscheiden. Betriebsbedingte Freisetzung wird aufgrund Veränderungen der Personalbedarfsstruktur des Unternehmens erforderlich, während personenbedingte Gründe aus der Fähigkeit des individuellen Mitarbeiters für die Erbringungen seiner Arbeitsleistung resultieren. Die verhaltensbedingten Gründe liegen vor, wenn das Verhalten eines Mitarbeiters das Bestehen im Unternehmen nicht weiter erlaubt.[863]

3.5 Personalmanagement in Netzwerken

Im Hinblick auf Anforderungen an die Ausgestaltung von PM-Aktivitäten im Kontext von Unternehmensnetzwerken findet sich keine umfangreiche Auseinandersetzung mit dem Thema in der wissenschaftlichen Diskussion.[864] Die vorhandenen Beiträge beziehen sich primär auf die Ausgestaltung von unternehmensinternen PM-Maßnahmen vor dem Hintergrund einer Organisation, die zunehmend in Kooperationen tätig wird und weniger auf eher institutionalisierte Netzwerke und deren Management, wie bspw. Unternehmenscluster. Es findet sich zudem auch die Perspektive von Expertennetzwerken im Bereich PM. Ein weiterer Diskussionsansatz thematisiert die Organisation des Personalmanagements als Netzwerk. Alle diese Perspektiven können interessante Ansatzpunkte für ein PM in Clustern liefern, lassen sich aber nicht ohne Einschränkungen auf diesen Kontext übertragen. Es liegen einzelne Ansätze vor, die Hinweise auf ein PM als Teil eines Netzwerkmanagements liefern und sich z. T. aus dem Bereich der strategischen Allianzen ableiten (siehe z. B. Sydow, Oechsler und Haritz und Haritz). Diese liefern geeignetere Ansatzpunkte für eine Übertragung auf den Clusterkontext. Im Folgenden werden die genannten Ansätze diskutiert und zentrale Hinweise für ein PM in Clustern herausgearbeitet.

3.5.2 Ansätze eines Personalmanagements in Netzwerken

3.5.1.1 Herausforderungen für das HRM in strategischen Allianzen/ Netzwerkpersonalmanagement

In der Personalmanagementforschung findet sich kaum Interesse an der Übertragung von Erkenntnissen der Netzwerkforschung auf das PM. Die vorliegenden Ansätze für ein PM im Kontext von Netzwerken und Kooperationen wurden hauptsächlich vor dem Hintergrund netzwerkorientierter wissenschaftlicher Betrachtungen abgeleitet und weniger ausgehend von theoretischen Überlegungen zum PM.[865] Oechsler legt bspw. eine Herangehensweise für HRM in strategischen Allianzen vor. Er betont dabei, dass sich die Zusammensetzung der Mitarbeiter in der strategischen Allianz zunehmend aufteilt in einen Kernstamm sowie einen fluiden Belegschaftsanteil, dessen Leistungen

[862] Vgl. Drumm (2008), S. 249; Scholz (2014), S. 613f.
[863] Vgl. Scholz (2014), S. 614; Wagner (1992): Personalabbau/-freisetzung. In: Gaugler, Weber (Hrsg.): Handwörterbuch des Personalwesens. 2. Aufl. Stuttgart, 1992, S. 1545-1556, S. 1550f.
[864] Vgl. Sydow, Wirth (1999): Arbeit, Personal, Mitbestimmung - Probleme und Problemlösungen durch Unternehmungsvernetzung. In: Sydow, Wirth (Hrsg.): Arbeit, Personal und Mitbestimmung in Unternehmungsnetzwerken. München, 1999, S. 9-29, S. 13; Sydow (2010a): Führung in Netzwerkorganisationen- Fragen an die Führungsforschung. In: Sydow (Hrsg.): Management v. Netzwerkorganisationen. Wiesbaden, 2010, S. 359-372, S. 360; Ackermann (2011), S. 2.
[865] Vgl. Ackermann (2011), S. 2.

und Kompetenzen nach Bedarf in die Allianz hinzugezogen werden. Die primäre Aufgabe des (strategischen) Personalmanagements im Kontext der Herangehensweise von Oechsler liegt in der Integration der Mitarbeiter in die heterogenen Einheiten der Allianz, um einen möglichst effizienten und flexiblen Einsatz der Mitarbeiter zu erreichen sowie deren Fähigkeiten und Erfahrungen dem Wissensmanagement des Netzwerks zur Verfügung zu stellen. Weitere Aufgaben des Personalmanagements im Rahmen der strategischen Allianz definiert Oechsler als Sicherstellung der Beschäftigungsfähigkeit über flexible Verträge sowie den Aufbau einer vertrauensbasierten Netzwerkkultur, die Austausch von Mitarbeitern und Wissen erst möglich macht. Grundlage für die Ausgestaltung des Personalmanagements im Netzwerk ist dabei laut Oechsler die Strategie und die Zusammenarbeit im Netzwerk, aus der sich die Themen und Maßnahmen des Netzwerkpersonalmanagements ableiten.[866]

Ein weiterer Ansatz kommt von Haritz und Haritz, die mehrere Stellhebel eines Personalmanagements in Netzwerken herausarbeiten. PM wird in diesem Kontext als ein zentrales Handlungsfeld des Netzwerkmanagements betrachtet oder auch als ein Management-Subsystem bzw. Führungssystem, das eine entscheidende Rolle für die Netzwerk-Wertschöpfung spielt, die sich primär aus dem gemeinsamen Einsatz der Humanressourcen ergibt.[867] Haritz und Haritz nutzen drei Ebenen, um die Anforderung an das PM im Netzwerk zu bestimmen: die Netzwerkperspektive (externe Makrosicht), Perspektive der Gesamtakteure (interne Makrosicht) sowie die Einzelakteursperspektive (interne Mikrosicht). Aus externer Makroperspektive gilt es, das PM auf den Kontext des Netzwerkes hin ausgerichtet auszugestalten und dabei möglichst unternehmerisch-wirtschaftlich vorzugehen. Dazu gehört laut Haritz und Haritz das PM mit den übrigen Netzwerkeinheiten abzustimmen und nach Möglichkeit als eine virtuelle Organisation aufzubauen. Personalgewinnung und -bindung, Funktionen, die auf das externe Umfeld des Netzwerks ausgerichtet sind, sind dem fokalen Netzwerkunternehmen oder Netzwerkmanagement zu übertragen.[868] Bezogen auf die interne Makroperspektive der gesamten Netzwerkakteure ist die primäre Aufgabe des Personalmanagements die Unterstützung der Personalführung im Netzwerk durch unterschiedliche Methoden, wie z. B. Coaching. Zudem sind Netzwerkpersonalmanager für den Aufbau der Netzwerkkultur, gemeinsamer Werte sowie der Beziehungen im Netzwerk zuständig.[869] Das PM nimmt eine Katalysator-Funktion für den Aufbau des Netzwerks ein. Es kann dabei aufgrund der fluiden Netzwerkstrukturen keine direkte Steuerung der Personalprozesse nutzen, sondern muss eine indirekte Form der Einflussnahme verfolgen.[870] Auf der internen Mikroebene gilt es, die Motivation der Mitarbeiter der Akteure zu erhalten und Orientierungsverluste, die aufgrund der gleichzeitig kompetitiven und ko-

[866] Vgl. Oechsler (2005): Human Resource Management in strategischen Allianzen. In: Zentes, Swoboda, Morschett u. a. (Hrsg.): Kooperationen, Allianzen u. Netzwerke. 2. Aufl. Wiesbaden, S. 1057-1076, S. 1066-1068.
[867] Vgl. Haritz, Haritz (2003), S. 223-225.
[868] Vgl. Haritz, Haritz (2003), S. 223-226.
[869] Vgl. Haritz, Haritz (2003), S. 222f.
[870] Vgl. Haritz, Haritz (2003), S. 220 u. 226-228.

operativen Muster im Netzwerk sowie der Vielfalt der Beziehungen entstehen können, zu reduzieren. Beispielsweise sind Anreizsysteme auf eine horizontale Mobilität im Netzwerk sowie Förderung der Kooperation auszulegen und Personalentwicklungskonzepte aus flexiblen, situationsorientierten Modulen zusammenzustellen. Insgesamt sollte das PM kurzfristig einsetzbare, flexibel kombinierbare Instrumente bereithalten, um auf Änderungen im Netzwerk schnell reagieren zu können und die Selbstorganisation des Netzwerkes zu unterstützen.[871]

Eine umfassende Diskussion des Themas Personal in Unternehmensnetzwerken liefert Eigler. Der Netzwerkkontext mit seinen eher losen Strukturen führt für Eigler zu einer Änderung der PM-Aufgaben sowie deren Rahmenbedingungen. Diese sind abhängig von der Form der Kooperation bzw. des Netzwerks, der Intensität der Zusammenarbeit, der Netzwerkkultur und der strategischen Bedeutung des Netzwerks für die Netzwerkakteure.[872] Bspw. steigt bei kurzfristigen aber intensiven Kooperationsbeziehungen der Bedarf nach einer abgestimmten Personalplanung und der Vernetzung der PM-Funktionen, um optimale Synergieeffekte zwischen den Kooperationspartnern zu erreichen.[873] Das Personalmarketing des Netzwerks steht vor der Herausforderung, trotz eher offener Netzwerkstrukturen ein geschlossenes Bild des Netzwerks nach außen ggü. potentiellen Mitarbeitern zu vermitteln. Gleichzeitig gilt es, auch das Einzelunternehmen zu repräsentieren und die Mitarbeiteridentifikation mit den Einzelakteuren des Netzwerks sicherzustellen.[874] Im Bereich der Personalbeschaffung wird der Aufbau von Kooperationsbeziehungen und von Möglichkeiten zum Informationsaustausch dazu eingesetzt, eine netzwerkinterne Beschaffung zu ermöglichen. Dies wird nur realisierbar, wenn die Netzwerkpartner gewillt sind, Mitarbeiter zur Aufgabenerfüllung an Partnerunternehmen „auszuleihen".[875] Damit betrachtet Eigler einige personalmanagementbezogene Handlungsfelder, ohne dabei das Thema Mitbestimmung zu berücksichtigen.[876] Zusätzlich spricht Eigler sich für drei alternative Organisationsformen des Personalmanagements im Netzwerk aus: die unternehmensinterne Variante, die rein externe Variante außerhalb der Unternehmen und des Netzwerks durch Dritte sowie die quasi-externe Variante, in der PM-Aufgaben innerhalb des Netzwerks verteilt werden (funktionale Kooperation der Netzwerkunternehmen).[877] Die folgende Tabelle 32 ordnet verschiedene PM-Funktionen diesen drei Organisationsformen zu.

---

[871] Vgl. Haritz, Haritz (2003), S. 228-230.
[872] Vgl. Eigler (1997): "Grenzenlose" Unternehmung - "Grenzenlose" Personalwirtschaft? In: Schreyögg, Sydow (Hrsg.): Gestaltung von Organisationsgrenzen. Berlin, New York, 1997, S. 159-197, S. 164f.
[873] Vgl. Eigler (1997), S. 166.
[874] Vgl. ebenda.
[875] Vgl. Eigler (1997), S. 166f.
[876] Vgl. Sydow, Wirth (1999), S. 13.
[877] Vgl. Eigler (1997), S. 176; Neweling, Sonnek (2006).

Tabelle 32 Organisationsempfehlungen für Personalmanagementfunktionen im Netzwerk[878]

Personalmanagementfunktion	**Organisationsempfehlung**	**Begründung**
Personalverwaltung	Externe Variante	Funktion ist unspezifisch
Personalplanung	Quasi-externe Variante	Synergien im Netzwerk nutzen
Personalmarketing	Interne Variante	Hochspezifische Funktion
Personalbeschaffung	Quasi-externe Variante	Synergien im Netzwerk zur Kenntnis des Arbeitsmarktes nutzen und Handlungsmöglichkeiten erhöhen
Personalfreisetzung	Quasi-externe bis externe Variante	Quasi-externe Variante wird empfohlen, bietet mehr Freisetzungsalternativen
Personalentwicklung	Quasi-externe bis externe Variante	Quasi-externe Variante: bzgl. PE-Beratung ist virtuelle Organisation realisierbar zur Erhöhung der Leistungsqualität; Externe Variante: Fremdbezug zur Realisierung von Weiterbildungsaktivitäten; für spezifische Weiterbildungsbedarfe: quasi-externe Variante

Legge schlägt zudem Bewertungskriterien für die Personalarbeit im Netzwerk vor: Leistungsqualität, Aufwand, der durch Abbruch der Kooperationsbeziehungen entstehen würde, sowie personalmanagementbezogene Transaktionskosten.[879] Eine weitere Einordnung des PM liefern Scheer und Zallinger, die es im Clusterkontext als einen Supportprozess im Rahmen eines Cluster-Prozessmodells beschreiben.[880] Legge dagegen zeigt zwei divergierende Szenarien für die Ausgestaltung des Personalmanagements in Netzwerken auf. Die optimistische Variante sieht das PM in einer strategischen Rolle als Inputgeber und Berater des Netzwerkmanagements im Hinblick auf den Aufbau und Sicherstellung der hochvertrauensvollen Beziehungen zwischen den Netzwerkpartnern. Aufgaben des Personalmanagements liegen in dieser Variante weiterhin im Bereich Personalbeschaffung, der Führungskräfteentwicklung, der Karriereplanung und der Leistungsbeurteilung. Dies ist nur unter Rahmenbedingungen realisierbar, die ein Machtgleichgewicht zwischen den Netzwerkpartnern und Win-Win-Situationen für alle Akteure ermöglichen. Die pessimistische Variante für das PM in Netzwerken ist durch vertrauensarme Beziehungen, Kostenreduzierungen und die Weitergabe von Risiko auf andere Netzwerkpartner gekennzeichnet. Für das PM bedeutet dies, dass v. a. mit einem Verlust an Selbstorganisation, Verantwortung und Sichtbarkeit zu rechnen ist und Aufgaben durch Outsourcing verlagert werden. Die Rolle des Personalmanagements ist demnach stark von den Rahmenbedingungen des Netzwerks und den Zielstellungen der Netzwerkpartner abhängig.[881] Rousseau und Arthur beschreiben ein Modell einer „Boundaryless HRM Function". Dieses Modell ist als Hybrid zwischen einer Gestaltung des HRM als *„agency"* und als *„community"* zu verstehen und konkretisiert diese drei Ausrichtungen in verschiedenen Personal-

[878] Eigene Darstellung nach Eigler (1997), S. 177-190.
[879] Vgl. Eigler (1997), S. 171-173.
[880] Vgl. Scheer, Zallinger (2007), S. 45.
[881] Vgl. Legge (2007): Networked organizations and the negation of HRM? In: Storey (Hrsg.): Human resource management - A critical text. 3rd ed. London, 2007, S. 39-56, S. 51f.

managementfunktionen (siehe Tabelle 33).[882] Die Deutsche Gesellschaft für Personalführung definiert PM in Netzwerken primär als eine Form eines Dienstleisternetzwerks, in dem Teilprozesse austauschbar sind und durch Verträge mit expliziten Kontrollmechanismen gesteuert werden können.[883]

Tabelle 33 Hybrides Modell des HRM[884]

	HRM als Agency	HRM als Community	Hybrides HRM
Personal-beschaffung	Rekrutierung und Orientierung	Rekrutierung u. Aufbau von Beziehungen	Rekrutierung u. Aufbau von Beziehungen
Personal-entwicklung	Trainingsmaßnahmen	Entwicklung; Beziehungen mit Kollegen aufbauen (unternehmensintern)	Mitarbeiter bestimmen Weiterbildung mit; HR zuständig für Training und Entwicklung; Aufbau von Netzwerken innerhalb und außerhalb des Unternehmens
Personal-beurteilung	Individuelle Leistung	Unternehmenserfolg	Individuelle, Gruppen- u. Unternehmenserfolge
Personaleinsatz/ Beschäftigungs-fähigkeit („employability")	Verantwortungsbereich des Mitarbeiters	Interne Karrierepfade	Bestimmung in Kooperation durch HR und den Mitarbeiter; Interne und externe Mobilität
Anreizsysteme/ Arbeitgeberleistungen/ Sozialleistungen	Verantwortungsbereich des Mitarbeiters	Ressourcen für persönliches und familiäres Wohlergehen bereitstellen	Flexible Anpassung an sich ändernde Bedürfnisse; Auswahl von Arbeitszeiten, -formen, Arbeitgeberleistungen; Fähigkeiten für neue Geschäftsfelder entwickeln
Personal-freisetzung	Rechtliche Gründe	Prozessuale Fairness; Außenvermittlung und Unterstützung bereitstellen	Fokussierung auf Fortführung der Beziehung zum Mitarbeiter (ehemalige Mitarbeiter/ Alumni)

3.5.1.2 HRM im Kontext von Netzwerken

Eine weitere Perspektive betont die Bedeutung der Berücksichtigung von interorganisationalen Beziehungen bei der Ausgestaltung der HR-Aktivitäten. Netzwerke und Netzwerkkooperationen gewinnen an Bedeutung, insbesondere sog. *„knowledge intensiv firms"* agieren in Netzwerken aus Kunden, Lieferanten und Partnern.[885] Im Rahmen eines Netzwerks müssen nicht nur das PM des fokalen Unternehmens im Netzwerk aus theoretischer Sicht untersucht werden, sondern auch die Ansätze der kleineren und weniger bedeutenden Unternehmen des Netzwerks, wenn man verstehen will, wie Unternehmen HR-Aktivitäten gestalten, um in eine gesicherte Position im Netzwerk zu

[882] Vgl. Rousseau, Arthur (1999): The Boundaryless Human Resource Function - Building Agency and Community in the New Economic Era. In: *Organizational Dynamics*, Jg. 27(4), 1999, S. 7-18.
[883] Vgl. Deutsche Gesellschaft für Personalführung (DGP) (2011), S. 101.
[884] Eigene Darstellung nach Rousseau, Arthur (1999), S. 10.
[885] Vgl. Grugulis, Vincent, Hebson (2003): The rise of the "network organisation" and the decline of discretion. In: *Human Resource Management Journal*, Jg. 13(2), 2003, S. 45-59.

gelangen.[886] Dabei gilt es zu beachten, dass strategische HR-Entscheidungen nicht allein durch Netzwerkbedingungen oder strategische Orientierung beeinflusst werden, sondern aus einer dynamischen Kombination dieser Rahmenbedingungen, die Führungskräfte implizit bei ihrer Entscheidung mitberücksichtigen.[887] Sowohl Entscheidungen über interne PM-Prozesse als auch die Auswahl von Mitarbeitern („*organisational process advantage*" und „*human capital advantage*")[888] wirken sich aus ressourcenorientierter Sicht darauf aus, inwiefern das Personalmanagement einen Beitrag zur Entwicklung eines strategischen Wettbewerbsvorteils leisten kann.[889] Beide Entscheidungsfelder sind direkt und indirekt durch die Eigenschaften und Rahmenbedingungen des Netzwerks, in dem eine Organisation agiert, beeinflusst. Die Charakteristika eines Netzwerks, in dem ein Unternehmen agiert, können zudem die strategischen Entscheidungsfreiheiten, u. a. bzgl. Personalmanagement, deutlich einschränken, wenn ein Unternehmen in Netzwerken, in denen ausgeprägte Machtgefälle vorliegen, stark von den übrigen, dominanteren Netzwerkpartnern abhängig ist. Daher müssen Netzwerkpartner und Rahmenbedingungen bei der Ausgestaltung von HR-Aktivitäten ebenfalls Berücksichtigung finden, um den Erfolg eines Unternehmens sicherzustellen.[890] Kinnie und Kollegen zeigten in diesem Zusammenhang auf, dass sich ohne die Berücksichtigung der Netzwerkumgebung eines Unternehmens der Zusammenhang zwischen HR-Maßnahmen und Unternehmenserfolg nicht erklären lässt.[891]

Netzwerke bieten v. a. für KMU Möglichkeiten, ein strategieorientiertes PM zu realisieren. Knapp und Zschunke beschreiben den Ansatz eines ESF-kofinanzierten Projekts „Learning Network Region Rheingau-Taunus", in dem eine Vorgehensweisen zur Stärkung des strategischen Personalmanagements in KMU insbesondere im Hinblick auf Personalentwicklungsmaßnahmen erprobt wurde: Im Netzwerk können Dienstleistungs- bzw. Beratungsangebote im Bereich Erwachsenenbildung/ berufliche Weiterbildung/ Qualifizierung mit Hilfe von ausgewählten Netzwerkpartnern (z. B. Weiterbildungsanbietern) sowie regionalen und spezifischen Netzwerkstrukturen kommuniziert und angeboten werden, die unternehmensinterne PE-Prozesse ergänzen.[892] Die Zusammenarbeit von regionalen Weiterbildungsanbietern, Unternehmen, Verbänden und Gewerkschaften in regionalen Clustern kann dazu beitragen, neue Möglichkeiten zur Stärkung der Beschäftigungsfähigkeit einer

[886] Vgl. Kinnie, Swart, Purcell (2005): Influences on the choice of HR system: the network organization perspective. In: *International Journal of Human Resource Management*, Jg. 16(6), 2005, S. 1004-1028, S. 1025.
[887] Vgl. Swart, Kinnie, Purcell (2004): Human Resource Advantage in the networked organisation. In: *Management Revue*, Jg. 15(3), 2004, S. 288-304, S. 303.
[888] Vgl. Swart, Kinnie, Purcell (2004), S. 290; Boxall (1996): The Strategic HRM Debate and the Resource-based View of the Firm. In: *Human Resource Management Journal*, Jg. 6(3), 1996, S. 59-75; Boxall, Purcell (2011); Müller (1996): Human Resources as Strategic Assests: An Evolutionary Resource-Based Theory. In: *Journal of Management Studies*, Jg. 33(6), 1996, S. 757-785, S. 777.
[889] Vgl. Swart, Kinnie, Purcell (2004), S. 303.
[890] Vgl. Swart, Kinnie, Purcell (2004), S. 301f.; Kinnie, Swart, Purcell (2005), S. 1004f u. 1024.
[891] Vgl. Kinnie, Swart, Purcell (2005), S. 1005.
[892] Vgl. Knapp, Zschunke (2009): Regional educational strategies – methods to promote human resource development in small businesses. In: *European Journal of Vocational Training*, Jg. 48(3), 2009, S. 184-203, S. 184, 189 u. 196; Niedlich, Christ, Korte u. a. (2007): Bestandsaufnahme in der Bildungs-, Berufs- und Beschäftigungsberatung und Entwicklung grundlegender Qualitätsstandards - Abschlussbericht. Hamburg, S. 218.

Region sowie der Entwicklung regionaler Lernkulturen zu schaffen. Durch die Kooperation mehrerer Partner lassen sich zudem häufig ein breiteres Weiterbildungsportfolio realisieren und Kosten der Umsetzung der Weiterbildungsaktivitäten im Vergleich zu einzelnen, unternehmensinternen Weiterbildungsmaßnahmen reduzieren. Auf diese Weise können Netzwerke nachhaltigere PM-Aktivitäten fördern und unternehmensspezifische Aktivitäten systematisch mit netzwerkweiten Angeboten ergänzen.[893] Eine zunehmende Entgrenzung von Unternehmensstrukturen im Rahmen von Netzwerken kann dazu beitragen, dass auch Aufgaben des PMs zunehmend verteilt werden, bis hin zu einer sog. Virtualisierung. Scholz definiert die sog. virtuelle Personalabteilung als die Verteilung von PM-Aufgaben auf Führungskräfte und Mitarbeiter mit entsprechenden Kompetenzen.[894]

3.5.1.3 Personalmanagement als Netzwerk

Neben der Berücksichtigung von Netzwerkrahmenbedingungen als Kontext des Personalmanagements sowie der Nutzung von Personalmanager-Netzwerken kann die Unternehmensfunktion PM selbst als Netzwerk organisiert werden. Sowohl Zaugg als auch Becker und Janz schlagen Formen der Organisation des Personalmanagements als Netzwerk vor, die im Folgenden genauer erläutert werden.[895] Becker und Janz betonen neben der Organisation des Personalmanagements als Netzwerk die Alternative, dass PM als Funktion in einem Wertschöpfungsnetzwerk in einem der Partnerunternehmen zu bündeln, um Skalen- und Synergieeffekte zu generieren sowie Redundanzen zu verringern. Diese Lösung ermöglicht es den Netzwerkpartnern, sich auf ihre Kernkompetenzen zu fokussieren. Der wirtschaftliche Einsatz von PE-Instrumenten lässt sich durch die Zentralisierung erreichen, da eine effizientere Auslastung der bestehenden Ressourcen erreicht wird (Ressourceneffizienz). Weiterhin kann im Außenauftritt ein abgestimmtes Bild der Netzwerkpartner vermittelt und so eine gezielte Ansprache des Arbeitsmarktes erreicht werden (Markteffizienz). Eine weitere Optimierung lässt sich im Bereich der personalwirtschaftlichen Prozesse umsetzen, die durch einen abgestimmten Einsatz der Kompetenzen im Netzwerk im Hinblick auf Qualität und Flexibilität verbessert werden können (Prozesseffizienz).[896] Die Organisation des Personalmanagements als Netzwerk (siehe Abbildung 42) sieht eine Verteilung einzelner PM-Prozesse auf verschiedene Netzwerkpartner oder netzwerkexterne Anbieter vor, entsprechend der jeweiligen Kompetenzschwerpunkte.[897] Erfolgsfaktoren eines netzwerkbasierten Personalmanagements liegen in der Sicherstellung einer langfristigen Ausrichtung der Partnerschaften im Netzwerk, der Flexibilität der Partner, die Anforderungen des Netzwerks zu erfüllen, der eindeutigen Definition der Kernkompetenzen der Partner sowie in einem effizienten Schnittstellenmanagement. Es ist zudem darauf zu achten, dass

[893] Vgl. Knapp, Zschunke (2009), S. 193; Hagen (2006): Beschäftigungsfähigkeit. In: Nuissl, Dobischat, Hagen u. a. (Hrsg.): Regionale Bildungsnetze. Bielefeld, 2006, S. 202-233, S. 212.
[894] Vgl. Scholz (1995a): Ein Denkmodell für das Jahr 2000? Die virtuelle Personalabteilung. In: *Personalführung*, Jg. 28(5), 1995, S. 398-403, S. 400.
[895] Vgl. Zaugg (2009); Becker, Janz (2010), S. 225-238
[896] Vgl. Becker, Janz (2010), S. 227.
[897] Vgl. Becker, Janz (2010), S. 229; Eigler (1997), S. 176. Anmerkung: Entspricht der quasi-externen Variante Vgl. Eigler (1997).

der Koordinationsaufwand nicht die erreichten Spezialisierungsvorteile überwiegt.[898] Eine derartige Auslagerung von Personalfunktionen steht natürlich auch Einzelunternehmen offen (Outsourcing), die diese Möglichkeit bis hin zu einer sog. „virtuellen Personalabteilung" ausreizen können. In dieser Organisationsform sind die Personalaufgaben auf Mitarbeiter in den übrigen Funktionsbereichen des Unternehmens verteilt und die Mitarbeiter in Matrixform sowohl dem Personalleiter als auch dem Vorgesetzten des jeweiligen Funktionsbereiches zugeordnet.[899]

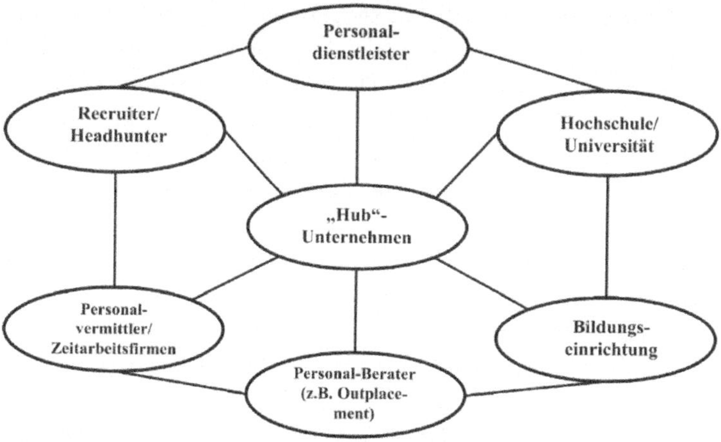

Abbildung 42 Beispielhafte Organisation des Personalmanagements als Netzwerk[900]

Zaugg betont in seinem Ansatz eines „Personalnetzwerks" dagegen, dass eine derartige Organisation sich, ähnlich wie auch die virtuelle Personalabteilung, für die Umsetzung eines nachhaltigen PM besonders anbietet.[901] Das Personalnetzwerk von Zaugg besteht aus drei verbundenen Ebenen oder auch Kreisen. Der Kreis im Zentrum des Netzwerks umfasst die Leitung des Personalmanagements. Es wird deutlich, dass eine strategische Verankerung des Personalmanagements auch in der Netzwerkform (intraorganisationale Ausprägung) erforderlich ist. Dazu bietet sich v. a. eine Vertretung des PM im Leitungsgremium des Unternehmens an, um die Verknüpfung von Unternehmensstrategie und Personalstrategie sicherzustellen.[902] Der zweite Kreis bzw. die mittlere Ebene des Personalnetzwerks umfasst neben der Personalabteilung das HR-Service Center, HR-IT-Systeme (z. B. HR-Kiosk oder HR-Self Service Systeme[903]) sowie externe Personaldienstleister (wie bspw. Rechtsberatungen, Reisemanagement). Diese Akteure verteilen die Personalaufgaben untereinander und

[898] Vgl. Becker, Janz (2010), S. 229 u. 235f.
[899] Vgl. Becker (2001): Personalabteilung im Unternehmungswandel: Anforderungen, Aufgaben und Rollen im Change Management. Wiesbaden, S. 206f.; Scholz (1995a).
[900] Eigene Darstellung nach Becker, Janz (2010), S. 230.
[901] Vgl. Zaugg (2009), S. 393.
[902] Vgl. Zaugg (2009), S. 393 u. 397.
[903] Vgl. hkp group; DHBW Lörrach (2016), S. 9; Hawking, Stein, Foster (o.J.): e-HR and Employee Self Service: A Case Study ofa Victorian Public Sector Organisation. In: *Issues in Informing Science and Information Technology*, S. 1017-1026.

werden durch die Personalleitung im ersten Kreis gesteuert. Die dritte Ebene des Personalnetzwerks bezieht sich auf externe HR-Berater, Führungskräfte und Mitarbeiter, die in einzelnen HR-Projekten („Zellen") tätig sind und in denen besonders relevante oder zeitlich kritische HR-Aktivitäten umgesetzt werden. Diese Form des Personalnetzwerks lässt sich laut Zaugg ebenfalls auf Unternehmensnetzwerke (interorganisationale Form) übertragen. Für KMU bieten sich Unternehmenskooperationen an, bei denen spezifische Personalaufgaben von einer zentralen Personalabteilung („Kompetenzzentrum") im Netzwerk umgesetzt werden und übergeordnete Dienstleistungsfunktionen im PM in einem HR-Service-Center für das Netzwerk/ die Kooperation zusammengefasst werden.[904] Die erfolgreiche Umsetzung eines Personalnetzwerks erfordert die klare Kenntnis aller Partner über ihre Rollen, Aufgaben und die dazu erforderlichen Kompetenzen. Hinzu kommt der Bedarf nach einem hohen Vertrauen zu den übrigen Netzwerkpartnern und der ausgeprägten Fähigkeit zur Selbstorganisation als wichtige Voraussetzungen. Zudem ist eine gemeinsame HR-Kultur für die Selbstorganisation förderlich. Das Personalnetzwerk integriert damit verschiedene Strukturierungsansätze: Die funktionale Organisation findet sich in der Personalabteilung (2. Ebene) wieder, während die dezentralen Zellen sich an der Matrixorganisation orientieren. Der Ansatz greift auch die Vernetzung der virtuellen Personalabteilung auf.[905] Insgesamt basiert die Koordination des Personalnetzwerks auf Prinzipien, die sich im nachhaltigen PM wiederfinden, wie die Orientierung an Werten, die Nutzung interner Märkte, und sozialen Beziehungen.[906]

3.5.2 Aufgabenbereiche und Anforderungen

Neben den Einordnungen von Eigler (s. o.) finden sich andere Autoren, die PM-Aufgaben in Netzwerken hervorheben. Sydow betrachtet für logistische Netzwerke vor allem die Personalfunktionen des Personalabbaus, der -rekrutierung bzw. -beschaffung, der PE sowie der strategischen Ausgestaltung des Personalmanagements unter Berücksichtigung politischer Aspekte im Netzwerkkontext.[907] Newelling und Sonnek betonen in einem ähnlichen Kontext die Bedeutung des Aufbaus von Vertrauen und die Pflege vertrauensvoller Beziehungen im Netzwerk.[908] Sie definieren weitere zentrale PM-Aufgaben in Netzwerken (s. Abbildung 43), wie bspw. Personaleinsatz, -beurteilung und -controlling. Dabei gilt es v. a. zu beachten, dass die unternehmensübergreifende Zusammenarbeit im Netzwerk zu neuen Rollen für die Mitarbeiter und generell neuen Rahmenbedingungen für das PM führt. Die Beziehungen zu Netzwerkpartnern erlauben es Unternehmen, sich auf ihre Kernkompetenzen zu fokussieren und so ihre Wettbewerbsfähigkeit zu verbessern. Um dies zu erreichen, ist qualifiziertes Personal erforderlich, das durch Erfahrungen, Problemlösungskompetenzen und

[904] Vgl. Zaugg (2009), S. 393-396.
[905] Vgl. Zaugg (2009), S. 398f.
[906] Vgl. Zaugg (2009), S. 460.
[907] Vgl. Sydow, Wirth (1999), S. 17-19.
[908] Vgl. Neweling, Sonnek (2006), S. 3f.; Sydow, Wirth (1999), S. 12.

Engagement zum Erfolg des Netzwerkes und des Unternehmens beiträgt.[909] Die Fokussierung auf Kernkompetenzen bewirkt im Netzwerk eine verstärkte Arbeitsteilung und dass sich Aufgaben zu den Unternehmen mit den Kernkompetenzen verlagern.[910]

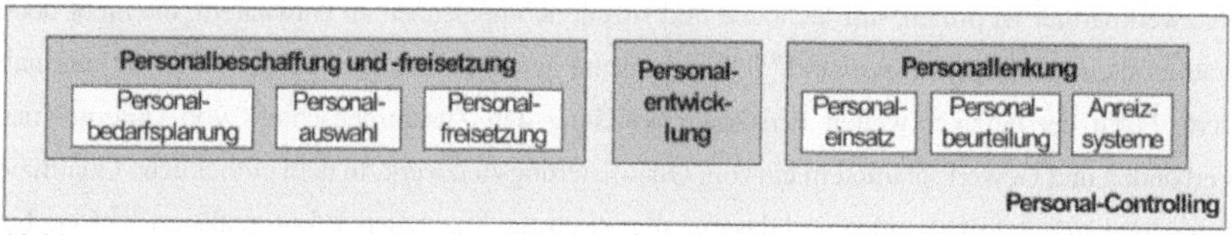

Abbildung 43 Funktionen des Personalmanagements für Netzwerke[911]

Im Folgenden werden die einzelnen Personalfunktionen (siehe Kapitel 3.3) auf Veränderungen, die sich im Kontext von Netzwerken ergeben, diskutiert. Bzgl. der Personalbeschaffung und -freisetzung im Netzwerk zeigt sich, dass eine langfristig angelegte Netzwerkkooperation eine abgestimmte Personalbedarfsplanung zwischen den Netzwerkpartnern erfordert, um Synergieeffekte zu ermöglichen und Engpässe zu verhindern. Mit Hilfe eines Personalbedarfsplans als Gesamtüberblick über die Personalressourcen des Netzwerks, der bspw. durch ein fokales Netzwerkunternehmen oder ein Netzwerkmanagement (oder CM) erstellt werden kann, lassen sich zudem gezielte Beschaffungs- und Entwicklungsmaßnahmen realisieren.[912] Dies setzt eine vergleichsweise enge Kooperation der Netzwerkpartner voraus, die in vielen Clustern nicht immer gegeben ist bzw. nur im Hinblick auf bestimmte, mit mehreren CA realisierte Projekte vorliegt. Im Bereich der Personalauswahl in Netzwerken ist der Aufbau eines netzwerkinternen Arbeitsmarktes über netzwerkweite Stellenbörsen oder Personaldatenbanken möglich. Neben methodischen und fachlichen Auswahlkriterien zählen für die Netzwerkkooperation auch soziale Kompetenzen wie Teamfähigkeit oder Kommunikationsfähigkeit als wichtige Auswahlkriterien.[913] Die finale Entscheidung über eine Personaleinstellung fällt jedoch in den Handlungsbereich der einzelnen Netzwerkunternehmen.[914] Der netzwerkinterne Arbeitsmarkt ermöglicht den (befristeten) Personalaustausch, um Prozesse effizienter zu gestalten und Know-how auszutauschen.[915] Dies setzt wiederum eine vertrauensvolle Bezie-

---

[909] Vgl. Neweling, Sonnek (2006), S. 2, 4.

[910] Vgl. Sydow, Wirth (1999), S. 12 u. 15; Neweling, Sonnek (2006), S. 5.

[911] Abbildung aus Neweling, Sonnek (2006), S. 6.

[912] Vgl. Sydow (1997): Mitbestimmung und neue Unternehmensnetzwerke - Expertise für das Projekt „Mitbestimmung und neue Unternehmenskulturen" der Bertelsmann Stiftung und der Hans-Böckler-Stiftung, S. 29; Eigler (1997), S. 179; Neweling, Sonnek (2006), S. 6f.

[913] Vgl. Sonnek (2005): Verhaltensorientierte Steuerung logistischer Netzwerke. Hamburg, S. 346; Weber (1996): Die Fluide Organisation: konzeptionelle Überlegungen für die Gestaltung und das Management von Unternehmen in hochdynamischen Umfeldern. Bern u. a., S. 249.

[914] Vgl. Freitag (1998): Personalentwicklung in Netzwerken. In: Enderlein, Lang, Schöne (Hrsg.): Humanpotentiale, Arbeitsorganisation, Führung und Kultur in Netzwerken kleiner und mittlerer Unternehmen. Chemnitz, 1998, S. 58; Neweling (2004): Reorganisationsmöglichkeiten des Personalmanagements in Unternehmensnetzwerken. In: Gericke, Kaczmarek, Neweling u. a. (Hrsg.): Management von Unternehmensnetzwerken. Beiträge aus Forschung und Praxis. Hamburg, 2004, S. 45-58, S. 50f.

[915] Vgl. Sydow, Wirth (1999a): Arbeit, Personal, Mitbestimmung - Probleme und Problemlösungen durch Unternehmensvernetzung. In: Sydow, Wirth (Hrsg.): Arbeit, Personal und Mitbestimmung in Unternehmensnetzwerken. München, 1999, S. 22f.; Neweling, Sonnek (2006), S. 6f.; Wilkesmann (2000): Lernen in interorganisationalen Netzwerken.

hung der Netzwerkpartner, die Mitarbeiter austauschen, voraus, die sichergehen müssen, dass kein ungewollter Wissenstransfer stattfindet. Im Hinblick auf die Personalentwicklung im Netzwerk sind v. a. die Chancen unternehmensübergreifender Entwicklungsaktivitäten für die Mitarbeiter der Netzwerkpartner zu prüfen, um fachliche und soziale Kompetenzen zu entwickeln, die nicht hochgradig unternehmensspezifisch sind.[916] Wegge nennt als eine stark formalisierte und institutionalisierte Form der netzwerkweiten Personalentwicklung den Zusammenschluss von Unternehmen, Verbänden und Gewerkschaften in ein sog. Qualifizierungsnetzwerk, in dem einheitliche Qualifizierungsstandards verfolgt werden und das ein abgestimmtes Angebotsportfolio realisiert.[917] Eine beispielhafte Qualifizierungsmaßnahme kann der Einsatz von Job-Rotationen der Mitarbeiter über Unternehmen, Teams und Projekte hinweg sein.[918] Die Rotation der Mitarbeiter unterstützt zudem den Aufbau informeller, personeller Netzwerke, die wiederum den Austausch von Erfahrungen und Wissen steigern. Personelle Netzwerke und eine gemeinsame Wissensbasis können auch durch digitale Lern- und Austauschplattformen, die neben E-Learning-Angeboten auch Foren zum Austausch der Lernenden untereinander bieten, gefördert werden.[919] Aber auch die vollständige Externalisierung von wenig spezifischen PE-Maßnahmen, wie z. B. Kommunikationstrainings oder IT-Weiterbildungen, bietet sich für Netzwerke an.[920]

Personalfreisetzung kann dagegen in Unternehmensnetzwerken primär unternehmensintern realisiert werden, da diese eine spezifische zeitliche Planung und Vorbereitung benötigt.[921] Die Planung des Personaleinsatzes in Netzwerken steht insbesondere vor der Herausforderung, dass die Netzwerk- bzw. Clusterpartner für eine unternehmensübergreifende Einsatzplanung generell bereit sein müssen. Ebenfalls sind die Anforderungen der Netzwerkunternehmen und des Netzwerkes miteinander in Einklang zu bringen und dabei ist die Eigenverantwortlichkeit der Mitarbeiter zu berücksichtigen. Hierbei können v. a. Anreizsysteme genutzt werden, die bspw. die Verantwortungsübernahme für netzwerkübergreifende Projekte beinhalten können.[922] Zudem verändert sich auch die qualitative Ebene von Arbeit durch die Bildung von Netzwerken. Zum einen kann eine unterneh-

---

In: Widmaier (Hrsg.): Der deutsche Maschinenbau in den neunziger Jahren - Kontinuität und Wandel einer Branche. Frankfurt a. M., New York, 2000, S. 479-494, S. 491.

[916] Vgl. Kaczmarek, Sonnek, Stüllenberg (2004), S. 12.; Picot, Reichwald, Wigand (2003): Die grenzenlose Unternehmung - Information, Organisation u. Management. 5. Aufl. Wiesbaden, S. 496; Neweling (2004), S. 51.; Freitag (1998), S. 56.

[917] Vgl. Wegge (1996): Qualifizierungsnetzwerke – Netze oder lose Fäden? Ansätze regionaler Organisation beruflicher Weiterbildung. Opladen.

[918] Vgl. Eigler (1997), S. 190.

[919] Vgl. Neweling, Sonnek (2006), S. 7f.; Rosenstiel (2006): Entwicklung von Werthaltungen und interpersonaler Kompetenz – Beiträge der Sozialpsychologie. In: Sonntag (Hrsg.): Personalentwicklung in Organisationen - Psychologische Grundlagen, Methoden und Strategien. 3. Aufl. Göttingen, 2006, S. 108-137, S. 128; Sonnek. (2005), S. 369; Picot, Reichwald, Wigand (2003), S. 499; Justus (1999): Wissenstransfer in Strategischen Allianzen: eine verhaltenstheoretische Analyse. Frankfurt a. M. u. a., S. 210 u. 213f.

[920] Vgl. Neweling, Sonnek (2006).

[921] Vgl. Eigler (1997), S. 186.

[922] Vgl. Sydow (2010), S. 378ff.; Sonnek (2005), S. 386f.; Sydow, Wirth (1999a); Sonnek (2004): Konflikte, Konfliktmanagement und Koordination in Unternehmensnetzwerken. In: Gericke, Kaczmarek, Neweling u. a. (Hrsg.): Management von Unternehmensnetzwerken. Hamburg, 2004, S. 25-44, S. 35f.; Neweling, Sonnek (2006), S. 9f.

mensübergreifende Arbeitsteilung in den Vordergrund der Arbeitstätigkeit rücken, zum anderen verstärken sich die Anforderungen an Mitarbeiter im Hinblick auf die Planung und Steuerung von unternehmensübergreifenden Prozessen und es kommen neue Anforderungen an die Ausgestaltung von interorganisationalen Kommunikationsprozessen hinzu.[923] Diese veränderten Anforderungen ziehen neue Rollenbilder für die Mitarbeiter im Netzwerk nach sich. Diese müssen zunehmend als eigenverantwortliche „Intrapreneure“ agieren, in selbstorganisierten Teams arbeiten und dabei sowohl Fach- als auch Methodenkompetenzen einsetzen können und v. a. im Rahmen von Innovationsprozessen Verbesserungen eigenständig initiieren. Im Hinblick auf die Führung im Netzwerk bedeutet dies, dass Führungskräfte zunehmend die Rolle des Coaches oder Befähigers für die Selbstorganisation der Mitarbeiter einnehmen müssen. Ähnlich veränderte Anforderungen ergeben sich auch aus dem Kontext des digitalen Wandels und der organisatorischen Veränderungen, die in diesem Zusammenhang entstehen.[924] Weitere Anforderungen an Mitarbeiter und Führungskräfte in Netzwerken, die das PM berücksichtigen sollte, umfassen Kreativität, Problemlösungs- und Teamfähigkeit, Verantwortungsbereitschaft, Verhandlungs- und Integrationsfähigkeit sowie die Fähigkeit zum Aufbau vertrauensvoller Kooperationen und Lernbereitschaft.[925] Newelling und Sonnek definieren Personalcontrolling in Unternehmensnetzwerken als Funktion, die „*die Planung, Steuerung und Kontrolle der Personalarbeit und des in kooperativen Beziehungen stehenden Personals*“ wahrnimmt.[926] Ziel ist es, die netzwerkspezifischen Informations-, Planungs- und Kontrollaufgaben des PM zu unterstützen und den nutzenstiftenden Beitrag des PM im Netzwerk zu erhöhen. Dies kann nur mit auf den Netzwerkkontext angepassten Controllinginstrumenten geschehen.[927] Die o. g. Autoren zeigen auf, dass Fragen der Mitbestimmung auch in netzwerkbasierten Organisationen von Relevanz sind. Es besteht v. a. die Gefahr, dass aufgrund der Verteilung von Arbeitsaufgaben und Personal auf das Netzwerk die Mitbestimmung auf unternehmensübergreifender Ebene unbeachtet bleibt. Die Mitarbeiterinteressen treten in den Hintergrund, wenn es zu einer Quasi-Verselbstständigung der Arbeitnehmer kommt oder das Personal fast vollständig ausgelagert wird, sodass Interessenvertretungen keine Einflussmöglichkeiten mehr haben oder wenn die Verteilung der Machtverhältnisse im Netzwerk einzelne Unternehmen ggü. Arbeitnehmern handlungsunfähig macht, da sie von fokalen Unternehmen abhängig sind.[928]

---

923 Vgl. Neweling, Sonnek (2006), S. 7; Picot, Reichwald, Wigand (2003), S. 464; Kaczmarek, Sonnek, Stüllenberg (2004), S. 12.

924 Vgl. Sonnek (2005), S. 330f.; Neweling, Sonnek (2006), S. 3f.; Zink, Hellge, Schröder (2016): Führung und Organisation im digitalen Wandel. In: Schwuchow, Gutmann (Hrsg.): Personalentwicklung. Themen, Trends, Best Practices 2017. Freiburg u. a., 2016, S. 159-170, S. 163f.

925 Vgl. Hesch (1997): Das Menschenbild neuer Organisationsformen - Mitarbeiter und Manager im Unternehmen der Zukunft. Gabler Edition Wissenschaft. Aachen, S. 135f.; Neweling, Sonnek (2006), S. 3f.; Sonnek (2005), S. 334f.; Sonnek, Stüllenberg (2000): Kooperations- und Konfliktmanagement in Logistiknetzwerken - Der Beitrag des Controllings. In: *io Management*, Jg. 69(11), 2000, S. 32-39.

926 Neweling, Sonnek (2006), S. 18.

927 Vgl. Neweling, Sonnek (2006), S. 18f.

928 Vgl. Neweling, Sonnek (2006), S. 2f.; Sydow, Wirth (1999b), S. 167-169.

3.5.3 Probleme eines Personalmanagements in Netzwerken

Es lassen sich einige Vorteile zur Problemlösung von Personalfragen durch Unternehmensvernetzung aufzeigen. Zum einen bieten Netzwerke einen Zugang zu größeren Arbeitskräftepools. Zum anderen lassen sie sich zur Qualifizierung der Mitarbeiter der Netzwerkpartner aufbauen, und so Synergien im Bereich der Aus- und Weiterbildung realisieren. Auch ein Angebot von unternehmensübergreifenden Karrierepfaden ist bei Vorliegen von vertrauensvollen Beziehungen zwischen Netzwerkunternehmen für die Mitarbeiter denkbar.[929] Nichtsdestotrotz treten bei einem PM in Netzwerken auch neue Problemstellungen auf.[930] Legge spricht davon, dass sich das grundlegende Spannungsfeld des PM zwischen Kontrolle und Motivation bzw. Engagement der Mitarbeiter in Netzwerkorganisationen weiter verschärft, da sich die Beziehungen auch auf Mitarbeiter der Netzwerkpartner ausdehnen, die nur indirekt für ein bestimmtes Unternehmen im Rahmen der Kooperation tätig sind.[931] Weitere kritische Aspekte sind die Realisierung der Leistungskontrolle der Mitarbeiter im Netzwerk sowie die Sicherstellung des Mitarbeiterengagements über den „psychologischen Vertrag" zum jeweiligen Arbeitgeber, wenn die Arbeitstätigkeit über mehrere Netzwerkpartner verteilt ist.[932] Neue Herausforderungen, die durch Unternehmensnetzwerke für Managementfragen entstehen und sich direkt und indirekt auch auf das PM beziehen, sind zum einen die fehlende hierarchischen Durchgriffsmöglichkeiten und Ordnungsstrukturen im Netzwerk und zum anderen die jederzeit vorhandenen Ein- und Austrittsmöglichkeiten. Der erstgenannte Aspekt ergibt sich aus der rechtlichen Selbstständigkeit der einzelnen Netzwerkakteure, deren z. T. divergierenden Strategien und Ziele miteinander abgeglichen werden müssen. Zudem sind gemeinsam gefällte Entscheidungen weiterhin durch die einzelnen Akteure zu realisieren. Der zweite Aspekt bewirkt eine erhöhte Dynamik im Netzwerk, die u. a. vom PM eine höhere Flexibilität und Anpassungsfähigkeit verlangt.[933] Dies kann u. U. dazu führen, dass die strategische Ausrichtung des PM ggü. einem operativ ausgelegten Pragmatismus verloren geht.[934]

3.5.4 Personalmanagement in deutschen (Spitzen-)Clustern

Neben der Diskussion der theoretischen Ansätze zum Thema PM in Clustern lohnt sich weiterhin ein Blick auf die Praxis der Spitzencluster in Deutschland und deren Aktivitäten in diesem Themenfeld. Abbildung 44 zeigt als Übersicht, welche Maßnahmen die deutschen Spitzencluster im Hinblick auf PE bzw. Qualifizierungsmaßnahmen ergriffen haben. Die Maßnahmen sind entsprechend des jeweiligen Clusterbedarfs individualisiert. Qualifizierungsmaßnahmen werden in diesem Zusammenhang als alle Aktivitäten in den Bereichen berufliche oder akademische Erstausbildung und Weiterbildung verstanden, die umgesetzt werden oder deren Umsetzung geplant ist. Die begleitende

[929] Vgl. Sydow, Wirth (1999), S. 22-24.
[930] Vgl. Ackermann (2011), S. 9.
[931] Vgl. Legge. (2007), S. 47f.
[932] Vgl. Legge (2007), S. 48.
[933] Vgl. Petry (2006), S. 4; Legge (2007), S. 54.
[934] Vgl. Legge (2007), S. 54.

Evaluierung des Förderinstruments „Spitzencluster-Wettbewerb" des BMBF fand, dass alle Spitzencluster Weiterbildungsbedarfe aufweisen und bis auf einen Cluster auch Weiterbildungsmaßnahmen realisieren.[935] Die Spitzencluster stehen damit wie andere Organisationen vor Herausforderungen des Fach- und Führungskräftemangels, der v. a. die KMU in den Clustern betrifft, aber auch von der jeweiligen Clusterbranche abhängt. Bspw. zeigten Evaluationsergebnisse der Spitzencluster, dass sich im Vergleich die größten Herausforderungen bei der Gewinnung von Absolventen naturwissenschaftlich-technischer Studiengänge in den Unternehmen des Forum Organic Electronics und des Software-Clusters ergeben. Die geringsten Probleme wurden bei den Cluster BioRN und Biotech Cluster m4 deutlich. Über alle Cluster wurde bis zum Jahr 2019 Bedarf bei der Bewerbergewinnung für die berufliche Erstausbildung gesehen.[936]

Im Bereich des Personalmarketings sind die Spitzencluster auf die Ansprache von Fachkräften aus Deutschland fokussiert. In allen Spitzenclustern finden sich Recruitingworkshops oder Besuche von Jobmessen oder ähnlichen Veranstaltungen als Maßnahmen des Personalmarketings. Es fehlt an der aktiven Ansprache von Fachkräften aus dem Ausland. Die PE wird durch die Evaluation als zweithäufigste Aktivität im Kontext des PM gesehen. Diese beiden Themen werden in der Dokumentation der Clusterstrategie (Strategiepapiere und Berichte zur Spitzenclusterförderung) in den zehn Spitzenclustern angesprochen, immer mit einem branchen- oder technologiespezifischen Bezug der Rekrutierungs- bzw. Weiterbildungsbedarfe. Die befragten Vertreter der Spitzencluster gaben zudem an, dass eine Auseinandersetzung mit dem Themenfeld Aus-/ Weiterbildung früher erforderlich ist und dass auch die Berufsorientierung von Jugendlichen ein Handlungsfeld für Maßnahmen der Cluster sein muss.[937]

[935] Vgl. Rheinisch-Westfälisches Institut für Wirtschaftsforschung (RWI) (2014), S. 76f.
[936] Vgl. Rheinisch-Westfälisches Institut für Wirtschaftsforschung (RWI) (2014), S. 78f.
[937] Vgl. Rheinisch-Westfälisches Institut für Wirtschaftsforschung (RWI) (2014), S. 82f u. 98.

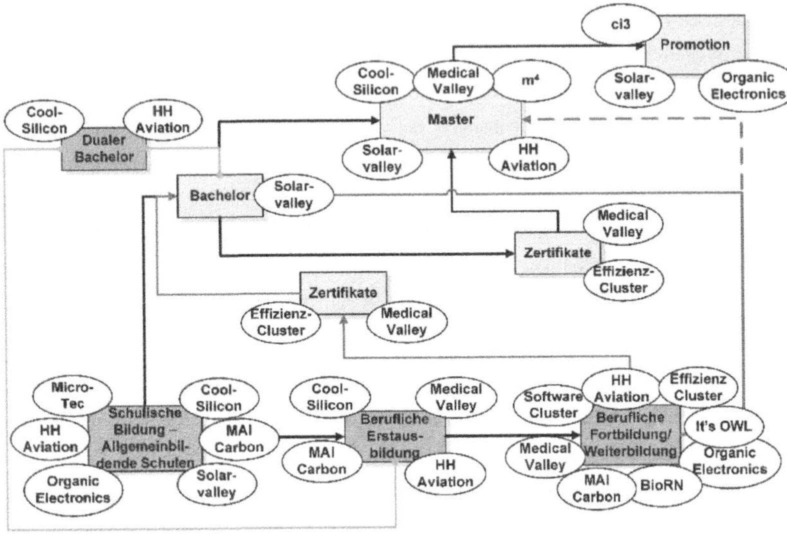

Abbildung 44 Bildungsaktivitäten der Spitzencluster[938]

Der Anteil der auf PE bezogenen Aktivitäten an den Projekten der Spitzencluster liegt im Durchschnitt zwischen 30 % und 40 %.[939] Es wird ein Unterschied in der Fokussierung auf das Thema bei den verschiedenen Clustern deutlich. Trotz der hohen Bedeutung, die dem Thema Aus- und Weiterbildung eingeräumt wird, lässt die Betrachtung einen weiteren Ausbau der Aktivitäten bei mehr als der Hälfte der Cluster zu. Insgesamt nutzten die Spitzencluster zwischen 0,7 Prozent und 13,5 Prozent ihres Fördervolumens für Maßnahmen im Bereich der Aus- und Weiterbildung.[940] Dies deutet ebenfalls auf die unterschiedliche Schwerpunktsetzung der Cluster bzgl. des Themas PE hin. In Tabelle 34 sind die besonders hervorzuhebenden Aktivitäten der Spitzencluster im Bereich PE zusammengefasst. Eine tiefergehende Analyse von Aktivitäten im Bereich PM in Clustern (u. a. Spitzencluster) folgt im Rahmen der qualitativen Untersuchung in Kapitel 4.

938 Eigene Darstellung nach Globisch, Hartmann, Loroff u. a. (2012), S. 156.
939 Vgl. RWI (2014), S. 95.
940 Vgl. Rheinisch-Westfälisches Institut für Wirtschaftsforschung (RWI) (2014), S. 88.

Tabelle 34 Personalentwicklungsaktivitäten der Spitzencluster[941]

Spitzencluster	Personalentwicklungsaktivitäten
BioRN	BioRN Academy: Rekrutierung u. Ausbildung v. talentierten Absolventen, auch im Bereich der beruflichen Erstausbildung, aber Fokus auf Hochschulbildung; z. B. Seminarreihe *„Biotech Entrepreneurship Training"*
Biotech Cluster m4	m[4] eAcademy: Aus-, Weiterbildungs- u. Kommunikationsprogramm; Technologietransfer durch „Scouting & Incubation Program", Fokus auf akademische Erstausbildung, Weiterbildung nur untergeordnete Bedeutung; Workshops und Seminare; zwei Masterprogramme im Aufbau
EffizienzCluster LogistikRuhr	Öffnung der Hochschulen für Berufstätige ohne formale Hochschulzugangsberechtigung; alle Qualifizierungsbereiche von berufl. Erstausbildung bis zu akadem. Weiterbildung in der Clusterstrategie adressiert; Weiterbildungsaktivitäten als zentraler Baustein der Clusterentwicklung (u.a. Verbundprojekte); Plattform, die u.a. Weiterbildungen für KMU anbietet, sowie GmbH-Gründung für unternehmensindividuelle Weiterbildungspakete
Forum Organic Electronics	Fokus Hochschulbildung; Innovation Lab; Ausbildungskonzept; Fokus: Nachwuchsgewinnung; geplante Ausbildung von Fach- u. Führungskräften
Hamburg Aviation	Qualifizierungsoffensive: alle Qualifizierungsbereiche, von berufl. Erstausbildung bis zu akadem. Weiterbildung; Hamburg Center of Aviation Training (Lernkooperation von Industrie, Hochschulen u. beruflicher Fachschule); z. B. zertifizierte Technikerausbildung als berufsbegleitende Weiterbildung
Medical Valley	PE kein Bestandteil der Leitthemen des Clusters; zertifiziertes Ausbildungsprogramm „Certified Professional for Medical Software"; Programm mit einheitlichem u. anerkanntem Ausbildungsstandard
MicroTEC Südwest	gezielte Aus-/ Weiterbildungsmaßnahmen; lokales Netzwerk MicroMountains zur Unterstützung; Förderprojekte mit Aus-/ Weiterbildungsfokus (z. B. „IngenieurQualifizierung MicroTEC"); Blended Learning-Konzepte
Software-Cluster	Explizite u. z. T. mit quantitativen Zielwerten konkretisierte Ziele im Bereich Fachkräftesicherung (u. -gewinnung); Gewinnung hochqualifizierter internat. Fach-/ Führungskräfte; Förderung v. Promovierenden; anwendungsorientierte Ausbildung v. Fach-/ Führungskräften; flexible Gestaltung v. Arbeitsaufenthalten u. Arbeitsverhältnissen; Entwicklung bedarfsgerechter Aus-/ Weiterbildungsprogramme in Kooperationen mit Hochschulen u. nicht-akademischen Bildungsträgern; Einrichtung neuer Professuren; Modernisierung der IT-Weiterbildung u. der Entwicklung v. Lernanwendungen für Softwareentwickler als Fokus; Job-/ Weiterbildungsplattform
Solarvalley	Aus-/ Weiterbildung technologiespezifischer Fachkräfte; Ausbildung v. Facharbeitern (Weiterentwicklung der Berufe Mikrotechnologen u. Mechatroniker); Aufbau Kompetenzzentrum Aus-/ Weiterbildung in der Solarindustrie, Fachhochschulausbildung (Implementierung von drei Bachelorstudiengängen); Universitätsstudiengänge (Einführung Masterstudiengänge); Doktorandenausbildung (Aufbau Graduiertenschule); Fokus auf Fachkräftesicherung (statt Weiterbildung)
Cool Silicon	Fokus auf Nachwuchsförderung bei Jugendlichen, Berufswunschförderung; Studiengänge u. Mentoringkonzepte; schülergerechte Projekte, Veranstaltungen u. Lernmaterialien

[941] Eigene Darstellung nach Rheinisch-Westfälisches Institut für Wirtschaftsforschung (RWI) (2014), S. 83-91.

4 Sekundäranalyse ausgewählter Clusterberichte und -bewertungsansätze

Im Folgenden wird die Sekundäranalyse der empirischen Studie der Arbeit vorgestellt. Zunächst werden bestehende Cluster-Bewertungsansätze auf Anforderungen an PM-Aspekte hin untersucht. Über 50 Clusterberichte werden im Rahmen der Sekundäranalyse in Bezug auf die zentralen Forschungsfragen der Arbeit untersucht, um diese zu konkretisieren, u. a. bzgl. der Relevanz und der Kernprozesse eines PM in Clustern. Im Anschluss an die Untersuchung der Bewertungsansätze wird zunächst auf das Forschungsdesign, die Auswahl des Datenmaterials sowie die Gütekriterien qualitativer Forschung, die bei der Konzeption und Umsetzung der Studie berücksichtigt wurden, eingegangen. Ein weiterer Abschnitt erläutert die Systematik zur Bestimmung der Lebenszyklusphase der analysierten Cluster. Neben der reinen Analyse der Berichte wurde im Zuge der Erstellung des Kategoriensystems zur Analyse eine Systematik zur Bestimmung der Cluster-Lebenszyklusphase entwickelt (siehe Kapitel 4.3), mit deren Hilfe die Clusterberichte und zugehörigen Cluster in die entsprechenden Lebenszyklusphasen eingeordnet werden. Kernziele des Kapitels sind die Vorstellung und Diskussion der qualitativen Ergebnisse sowie die Konkretisierung der Forschungsfragen basierend auf diesen Erkenntnissen zur Vorbereitung der Primäranalyse. Zunächst wird erläutert, welche Quellen als Grundlage für die Analyse gewählt wurden und wie vorgegangen wurde (Durchführung). Im Anschluss folgt eine Betrachtung der Gütekriterien qualitativer Studien vor dem Hintergrund der gewählten Vorgehensweise. Abschließend werden die Ergebnisse diskutiert.

4.1 Personalmanagementanforderungen in Bewertungsansätzen für Cluster und Netzwerke

Die Entwicklung von Bewertungsansätzen für Unternehmenscluster und Netzwerke wird u. a. durch Fördermittelgeber auf nationaler sowie europäischer Ebene unterstützt, um diese für Wirkungsanalysen zu nutzen und so die Verwendung von Fördermitteln im Bereich der Wirtschaftsförderung für bestimmte Clusterinitiativen und -Förderprogramme zu rechtfertigen. U. a. fördert die Europäische Kommission den Excellence-Gedanken im Bereich von Clustern unter dem Stichwort der „Professionalisierung von Cluster- und Netzwerkansätzen." Im Folgenden werden mehrere Ansätze zur Beurteilung von Clustern, Clusterförderprogrammen und Netzwerken vorgestellt, die sich unterschiedlich stark am EFQM-Excellence-Modell orientieren und dieses auf Netzwerkorganisationen übertragen. Dabei stellt sich die Herausforderung, den führungsorietierten Ansatz des EFQM-Modells auf den Netzwerk-/ Clusterkontext zu übertragen, in dem keine hierarchischen Durchsetzungsmöglichkeiten vorliegen. Der Excellence-Ansatz kann dabei auf mehreren Ebenen berücksichtigt werden, bspw. in Bezug auf Förderrichtlinien oder -programme für Cluster oder CM. Die verschiedenen Bewertungsansätze für Cluster und Netzwerke werden auf PM-bezogene Anforderungen hin untersucht und diskutiert.

V. Hellge, *Personalmanagement in Unternehmensclustern*,
https://doi.org/10.1007/978-3-658-26690-5_4

4.1.1 Das EFQM-Modell als Grundlage für Bewertungsmodelle für Cluster und Netzwerke

Der Excellence-Gedanke hat seinen Ursprung in der Weiterentwicklung der Qualitätsidee, die bspw. durch William Deming zur Mitte des 20. Jahrhunderts verfolgt wurde.[942] Der Qualitätsbegriff kann folgendermaßen definiert werden: „*Quality is the fulfillment of (agreed) requirements for long-term customer satisfaction.*“[943] Qualitätsmanagement kann verstanden werden als Maßnahmen zur Steuerung einer Organisation im Hinblick auf Qualität.[944] Ein sehr umfassender bzw. ganzheitlicher Ansatz, das sog. Total Quality Management (TQM), kann als integratives Managementsystem verstanden werden und war über mehrere Jahrzehnte das vorherrschende Konzept für eine ganzheitliche Betrachtung von Organisationsabläufen.[945] TQM nimmt eine langfristige Betrachtungsperspektive auf und erweitert klassische Qualitätsansätze dahingehend, dass neben unternehmensinternen Abläufen auch das Umfeld sowie Vision und Werte berücksichtigt werden. Die drei Säulen des Ansatzes, Ganzheitlichkeit, Qualität und Management, müssen integrativ über das gesamte Unternehmen hinweg umgesetzt werden.[946] Damit kann TQM als ein Konzept verstanden werden, das das Erreichen von „Business Excellence“ zum Ziel hat.[947] Der Excellence-Begriff, der primär durch die European Foundation for Quality Management geprägt wurde, hat den TQM-Begriff weitgehend verdrängt. Er stellt einen Ausgleich zwischen Interessengruppen einer Organisation in den Vordergrund.[948] Die EFQM bietet das von ihr entwickelte EFQM-Excellence-Modell als ein Werkzeug zur Verbesserung der Qualität und Leistung von Unternehmen an.[949] Das EFQM-Modell kommt weltweit zum Einsatz und soll Organisationen dabei unterstützen, dauerhafte, exzellente Strukturen, Prozesse und Leistungen zu erzielen und über einen Vergleich mit anderen voneinander zu lernen.[950] Dabei fokussiert die Mission der EFQM -neben der Betonung von Qualität als einen zentralen Faktor für Wettbewerbsfähigkeit- v. a. darauf, die „Qualitätskultur“ in Organisationen zu fördern.[951] Laut EFQM sind exzellente Organisationen dadurch gekennzeichnet, dass sie „*dauerhaft herausragende Leistungen erzielen, die die Erwartungen aller ihrer Interessengruppen erfüllen oder übertreffen.*“[952] Das EFQM-Modell setzt sich in der aktuellen Version aus dem Jahr 2013 aus

[942] Vgl. Moll (2013c): Excellence - die Entwicklung in Deutschand seit 1995. In: Moll, Kohler (Hrsg.): Excellence-Handbuch - Grundlagen und Anwendung des EFQM Excellence Modells. Düsseldorf, 2013, S. 29-35, S. 29.
[943] Zink (2004): TQM als integratives Managementkonzept - Das EFQM Excellence Modell und seine Umsetzung: mit Selbstbewertungsprozess. 2. Aufl. München u. a., S. 26.
[944] Vgl. Kamiske, Brauer (2011): Qualitätsmanagement von A - Z. Wichtige Begriffe des Qualitätsmanagements und ihre Bedeutung, S. 19.
[945] Vgl. Benes, Groh (2012): Grundlagen des Qualitätsmanagements. 2. Aufl. München, S. 255; Moll (2013c), S. 29.; Zink (2004), S. 22 u. 36.
[946] Vgl. Schmitt, Pfeifer (2015): Qualitätsmanagement - Strategien - Methoden - Techniken. 5. Aufl., S. 60.
[947] Vgl. Zink (2004), S. 38.
[948] Vgl. Moll (2013c), S. 30.
[949] Anmerkung: wurde 1988 als Kooperation von 14 europäischen Unternehmen, u. a. Bosch und Volkswagen, gegründet, ist an der Vision „A World Striving For Sustainable Excellence“ orientiert. Vgl. European Foundation for Quality Management (EFQM) (2012): EFQM Excellence Modell 2013, S. 2 u. EFQM (2017a): Our mission, vision, values. http://www.efqm.org/about-us/our-mission-vision-values
[950] Vgl. EFQM (2011a): EFQM Leitfaden für Anwender - EFQM Management Dokument, S. 2.
[951] Vgl. Zink (1994): Total Quality als europäische Herausforderung. In: Zink (Hrsg.): Business Excellence durch TQM - Erfahrungen europäischer Unternehmen. München, Wien, 1994, S. 1-29, S. 10.
[952] EFQM (2012), S. 2.

den drei Komponenten RADAR-Bewertungslogik, Kritierienmodell und Grundkonzepten der Excellence zusammen und bildet damit ein Instrument, um die konsequente Ausrichtung der Unternehmensaktivitäten (Befähigerkriterien, u. a. Strategie, Ressourcen, Prozesse und Mitarbeiter) auf die Unternehmensstrategie zur Sicherstellung der Zielerreichung (Ergebniskriterien) zu beurteilen.[953]

Im Jahr 2004 veröffentlichte die EFQM mit dem „Framework for Corporate Sustainability" zudem eine Weiterentwicklung des EFQM-Modells im Hinblick auf nachhaltige Unternehmensführung, die Aspekte wie bspw. Menschenrechte und Arbeitsbedingungen in Zulieferwerken aufgreift, die keine Bestandteile des EFQM-Modells sind.[954] Die Konzepte Corporate Social Responsibility (CSR) und Business Excellence werden häufig als sich komplementierende Ansätze, insbesondere im Hinblick auf Ressourcen- und Stakeholderorientierung, mit ähnlichen Zielsetzungen eingeordnet. CSR nimmt eine zunehmend größere Bedeutung in den Diskussionen um „Organizational Excellence" ein.[955] Zink et al. halten fest, dass Nachhaltigkeit nicht nur in einem fokalen Unternehmen sondern innerhalb der gesamten (globalen) Wertschöpfungskette berücksichtigt werden muss.[956] Überträgt man diese Perspektive auf Cluster als Netzwerke regionaler Innovation, muss Nachhaltigkeit demnach nicht nur im CM sondern auch in den weiteren Kooperations- und Innovationsprozessen im Cluster als Zielsetzung Berücksichtigung finden.

Cluster- sowie Personalmanagement-Aspekte im EFQM- und weiteren Excellence-Modellen

Netzwerk- bzw. Clusterorientierte Anforderungen finden sich kaum im EFQM-Modell. Anforderungen, die sich auf die Zusammenarbeit zwischen Unternehmen beziehen werden nur im Kriterium Partnerschaften und Ressourcen angesprochen. Das EFQM-Modell lässt sich daher nicht vollständig und ohne Anpassungen auf eine Anwendung für Cluster übertragen. Um eine Nutzung des Modells für virtuelle Organisationsstrukturen zu ermöglichen, müssen für diese Organisationsform spezifische Zielsetzungen in die Anforderungen des Modells integriert werden. Nach Schuh u. a. sind dies v. a. eine erhöhte Flexibilität und Reaktionsfähigkeit, die Stärkung der Innovationsfähigkeit sowie ein Fokus auf die Optimierung der Anpassungsfähigkeit an dynamische und sich ständig

[953] Vgl. Moll, Kohler (2013a): Das Kriterienmodell 2013. In: Moll, Kohler, (Hrsg.): Excellence-Handbuch - Grundlagen und Anwendung des EFQM Excellence Modells. Düsseldorf, 2013, S. 47-58, S. 50; EFQM (2012): EFQM Excellence Modell 2013. Brüssel, S. 4 u. 9. Anmerkung: In Orientierung an Conti sind die Stakeholder bezogenen Ergebnisse ("results") als „*manifestation of the effectiveness of the processes and the system as a whole*" (Conti (2007): A history and review of the European Quality Award Model. In: *The TQM Magazine*, Jg. 19(2), 2007, S. 112-128, S. 117) ein zentraler Aspekt der Betrachtung. Das Modell dient zudem als Grundlage für die Verleihung des EFQM Excellence Award, der erstmals im Jahre 1992 als „European Quality Award" (EQA) durch die EFQM verliehen wurde. Die Initiative Ludwig-Erhard-Preis e.V., die als Partnerorganisation der EFQM in Deutschland agiert und den Ludwig-Ehrhard-Preis als deutschen Qualitätspreis vergibt, nutzt ebenfalls die Kriterien des EFQM-Modells. Vgl. Zink (2004), S. 90; Conti (2007), S. 117; EFQM (2017b): EFQM Award History; Moll (2013c), S. 29, 31, 34; Schmitt, Pfeifer (2015), S. 59; Dalluege (2012): Exzellenz durch nachhaltige Unternehmensstrategien - EFQM im Mittelstand. Heidelberg, S. 87.

[954] Vgl. Zink, Steimle (2008), S. 152 u. 172; EFQM (2015): EFQM Framework for Corporate Social Responsibility. Brüssel.

[955] Vgl. Zink, Fischer, Steimle (2008): Research Perspectives on Sustainable Global Supply Chain. Kaiserslautern, S. 4; Zink, Steimle (2008), S. 147f u. 173.

[956] Vgl. Zink, Fischer, Steimle (2008), S. 7.

verändernde Rahmenbedingungen einer Organisation.[957] Die im Folgenden diskutierten Ansätze orientieren sich am EFQM-Modell und versuchen eine derartige Anpassung und Übertragung zu realisieren. PM-bezogene Anforderungen finden sich im EFQM-Modell und weiteren Excellence-Ansätzen v. a. in den mitarbeiterorientierten Kriterien. Eine Übersicht der Aspekte zeigt Abbildung 45. Alle hier betrachteten Bewertungsansätze berücksichtigen mehrere Kriterien oder zumindest Subkriterien, die die Bewertung mitarbeiterbezogener Ansätze und Vorgehensweisen und deren Umsetzung im Hinblick auf Mitarbeiterzufriedenheit ermöglichen sollen. Damit wird deutlich, dass mitarbeiterbezogenen Faktoren eine entscheidende Bedeutung zur Erreichung von Business Excellence bzw. der Umsetzung kontinuierlicher Weiterentwicklung beigemessen wird.[958] Im EFQM-Modell[959] werden mitarbeiterbezogene Anforderungen aus einer ressourcenorientierten Sicht heraus formuliert. Im Kriterium „Mitarbeiterinnen und Mitarbeiter" finden sich Kriterien zur Beurteilung der Mitarbeiterressourcen und mitarbeiterbezogenen Aktivitäten einer Organisation, v. a. im Hinblick auf Kompetenzentwicklung und Qualifizierung. Auf der Ergebnisseite werden die Mitarbeiterressourcen und deren Fähigkeiten in die Bewertung miteinbezogen.[960] Diese Anforderungen richten sich an die Gesamtorganisation und nicht explizit an die Ausgestaltung eines umfassenden und abgestimmten PM oder einer entsprechenden Personalabteilung in einer Organisation, wie sie bspw. Pfeffer[961] basierend auf den Ergebnissen mehrerer Studien definiert (siehe hierzu Kapitel 3.4). Im Allgemeinen lässt sich festhalten, dass mitarbeiterbezogene Faktoren und insbesondere Partizipation in umfassenden Ansätzen des Veränderungsmanagements für nachhaltigen Erfolg von Unternehmen zunehmend an Bedeutung gewinnen.[962]

---

[957] Vgl. Schuh, Dierkes, Friedelli (1998): Das EFQM-Modell in virtuellen Strukturen - Ein Ansatz zur kontinuierlichen Verbesserung der unternehmerischen Wandlungsfähigkeit? In: Boutellier, Seghezzi (Hrsg.): Qualitätsmanagement an der Schwelle zum 21. Jahrhundert. München u. a., 1998, S. 347-376, S. 359.

[958] Vgl. Zink (1999): Human Factors and Business Excellence. In: Axelsson, Bergmann, Eklund (Hrsg.): TQM and Human Factors - towards successful integration. Linköping, 1999, S. 9-27, S. 11 u. 17.

[959] Anmerkung: Auch als European Quality Award (EQA) bezeichnet in Abbildung 45.

[960] Vgl. Zink, Steimle (2008), S. 169f.

[961] Vgl. Pfeffer (1998b), S. 64f.

[962] Vgl. Zink (2008b): Human resources and organisational excellence. In: *Total Quality Management & Business Excellence*, Jg. 19(7-8), 2008, S. 793-805, S. 793.

Award-Model / Criteria	Australian Quality Award	European Quality Award	Japan Quality Award	Malcolm Baldrige National Quality Award
People/ Human Resources	160 1. Involvement and Commitment 2. Effectiveness and Development 3. Health, safety and Well-Being	90 1. People resources are planned, managed and improved 2. People's knowledge and competences are identified, developed and sustained 3. People are involved and empowered 4. People and the organization have a dialogue 5. People are rewarded recognized and cared for	110 1. Planning of Human Resources Development 2. Learning Environment 3. Employee Education, Training and Self-Development 4. Employee Satisfaction	85 1. Work Systems 2. Employee Education, Training and Development 3. Employee Well-Being and Satisfaction
Business Results / Results of Corporate Activities	150/x Indicators of - Success - Sustainability	90 People Results - Perception Measures - Performance Indicators	40 Results of Development of Human Resources and Learning Environment	80 Human Resource Results

Abbildung 45 Mitarbeiterorientierte Kriterien in internationalen Qualitätspreisen[963]

Ebenfalls kann auf die Anforderungen des britischen „**Investors in People**"(IIP)-Ansatzes hingewiesen werden, der seit den 90er-Jahren als Benchmarking-Standard zur Bewertung von PM-Aktivitäten, v. a. PE-Maßnahmen, in Unternehmen in 75 Ländern eingesetzt wird. Der Standard basiert auf einem „*framework*" bestehend aus den Bereichen Führung, Unterstüzung und Verbesserung, innerhalb derer neun Leistungsindikatoren (u. a. *„leading & inspiring people", „empowering & involving people", „structuring work" „buidling capacity"*) genutzt werden, um die PM-Aktivitäten von Organisationen basierend auf einem Benchmarking von Industriestandards zu vergleichen. Dabei fließen neben vorherrschenden PM-Praktiken auch arbeitsbezogene Trends und Mitarbeiterbedingungen in die Bewertung mit ein.[964] Der Ansatz soll dazu beitragen, *„...to create high-performance cultures with smart objectives, making work a more rewarding experience for everyone. We are passionate about unlocking people's potential"*[965] und soll - als Prozess verstanden - Weiterentwicklung, Wachstum und Führungkräfteentwicklung in Organisationen unterstützen.[966] Studien zum IIP zeigen, dass eine konsequente strategische Ausrichtung eines integrierten Sets an PM-Maßnahmen aus den Bereichen Personalentwicklung, -einsatz, -rekrutierung sowie Mitarbeiterpartizipation, -motivation und -zufriedenheit die Entstehung von *„high performance*

---

[963] Abbildung aus Zink (1999), S. 18.

[964] Vgl. Investors in People (IIP) (2006): Moving your organisation forward - The investors people standard. 2nd ed. Norwich, UK, S. 5; Investors in People (IIP) (2015): People Management Benchmark - The impact of investing in people. London, S. 12 u. Grugulis, Bevitt, (2002): The impact of Investors in People on employees: a case study of a hospital trust. In: *Human Resource Management Journal*, Jg. 12(3), 2002, S. 44-60, S. 3f. Anmerkung: IIP wurde als Projekt der britischen Regierung gegründet und arbeitet seit 2017 als eigenständige, gemeinnützige Organisation. Aktuell gibt es keine Zweigstelle in Deutschland. Vgl. Investors in People (IIP) (o.J.a): Investors in People -About Us.

[965] Investors in People (IIP) (o.J.a).

[966] Vgl. Grugulis, Bevitt, (2002), S. 6; Investors in People (IIP) (o.J.b): Investors in People- Solutions; Smith (2011): The relevance and sustainability of IIP. University of Central Lancashire, S. 200.

work systems" ermöglicht. Der Ansatz trägt dazu bei, andere Leistungsindikatoren wie Umsatzwachstum und Gewinn zu verbessern.[967] Faktoren, die insbesondere KMU hier unterstützen, sind u. a. ein starkes Wertesystem im Unternehmen, inspirierende Führungskräfte, Anerkennung von Leistung und die Anwendung nachhaltiger PM-Praktiken.[968] Häufig wird der kausale Zusammenhang zwischen der IIP-Anwendung und den o. g. Erfolgen in Frage gestellt und der Ansatz z. T. dafür kritisiert, dass er weniger dazu beiträgt, PE und Anpassungsfähigkeit der Mitarbeiter bzw. der Organsiation zu verbessern, sondern eher die Bildung starrer und weniger flexibler Organisationsstrukturen fördert.[969]

4.1.2 Modelle zur Bewertung von Clustern und berücksichtigte Anforderungen an ein Personalmanagement in Clustern

Die im Folgenden diskutierten Cluster-Bewertungsmodelle setzen als Bewertungsverfahren entweder Selbstbewertungs-, Evaluations- oder Benchmarkingansätze oder eine Kombination dieser ein. Die Modelle wurden entwickelt, um einen Bedarf zur kontinuierlichen und systematischen Evaluation und Rechtfertigung wirtschaftspolitischer Cluster-Fördermaßnahmen auf nationaler und regionaler Ebene zu decken.[970] In diesem Zusammenhang stehen v. a. die Messung und Beurteilung der Leistung eines Clusters im Vordergrund. Die Leistung bzw. Leistungsfähigkeit eines Clusters ist ein breit angelegter Begriff, der verschiedene inhaltliche Aspekte umfasst, bspw. quantitative Indikatoren - wie die Anzahl der Patente, die in einem Cluster angemeldet werden - oder die Anzahl an Start-ups in einem Cluster. Weitere Ziele einer Clusterbewertung liegen in der Steigerung der Effektivität, Effizienz und „Nachhaltigkeit" bzw. Langfristigkeit eines Clusters.[971] Die Mehrheit der Bewertungsansätze setzt für die Leistungsmessung von Clustern einen Mix aus qualitativen und quantitativen Methoden ein. Hinzu kommt, dass die Leistungsindikatoren von der Entwicklungsphase des Clusters abhängen können.[972] Ein sehr genereller Ansatz zur Beurteilung der Leistung eines Clusters ist bspw. die Betrachtung des generierten Mehrwerts für die CA (*"value added"*). Dieser kann als Summe der einzelnen Mehrwerte für alle CA verstanden werden, lässt sich aber nicht eindeutig berechnen oder messen.[973] In der Literatur wird zudem der Erfolg bzw. die Leistung eines Clusters sehr stark von der Leistungsfähigkeit des CM abhängig gemacht und davon, inwiefern das CM einen Mehrwert für die CA generiert. Dieser sollte über eine reine Bereitstellung von intensiven Austausch- und Kooperationsmöglichkeiten hinausgehen und v. a. ggü. der Öffentlichkeit klar kommunizierbar sein.[974] Dagegen schlagen Carpinetti u. a. ein differenzierteres Modell vor, das vier

[967] Vgl. Tamkin, Cowling, Hunt, (2008): People and the Bottom Line. Research Report 448. Brighton, UK, S. viii u. xiv, Grugulis, Bevitt (2002), S. 4 u. Investors in People (IIP) (2015), S. 6.
[968] Vgl. Investors in People (IIP) (2015), S. 6, 8.
[969] Vgl. Grugulis, Bevitt (2002), S. 28 u. Smith (2011), S. 202.
[970] Vgl. Meier zu Köcker, Rosted (2010), S. 9.
[971] Vgl. Kind, Meier zu Köcker (2012): Developing Successful Creative & Cultural Clusters. Berlin, S. 57.
[972] Vgl. Andersen, Bjerre, Hannson (2006), S. 25.
[973] Vgl. de Langen (2003), S. 19f.
[974] Vgl. Buhl, Meier zu Köcker (2009b), S. 7.

Dimensionen berücksichtigt (siehe Abbildung 46), um eine ausgewogene Leistungsbeurteilung zu erreichen. Neben Indikatoren zur Beurteilung der Leistungen und Kooperation der CA und von Skalenvorteilen im Cluster werden Indikatoren zur Messung der Werte sowie des Vertrauens im Cluster herangezogen. Zusätzlich betrachtet der Ansatz ökonomische und soziale Ergebnisse der Clusteraktivitäten, wie bspw. das regionale Bruttosozialprodukt oder die Beschäftigungsquote.[975] Die Evaluation von Clustern gilt als komplex, da üblicherweise im Cluster mehrere Zielsetzungen parallel verfolgt und entsprechend gleichzeitig Maßnahmen realisiert werden (z. B. Veranstaltungsorganisation, Marketing, Lobbyarbeit, FuE-Kooperationen), die sich direkt oder indirekt auf ein System vernetzter Akteure auswirken und deren Ergebnisse und Wirkungen u. U. erst in einer langfristigen Betrachtung deutlich werden.[976]

Abbildung 46 System für eine Leistungsbeurteilung von Clustern[977]

An die Evaluation von Clustern wird daher eine Reihe von Anforderungen gestellt:[978]

- Bewertungsansatz muss allgemeingültig anwendbar sein
- Ein Methodenmix aus qualitativen und quantitativen Indikatoren ist zu nutzen
- Transparenter Bewertungsprozess und Einbeziehung relevanter Stakeholder
- Ziel ist die Ableitung von Ergebnissen und Empfehlungen mit Praxisbezug
- Ziel ist zudem die Förderung von Lerneffekten bei Clustermanagern und Fördermittelgebern
- Aufwand und Ressourceneinsatz zur Umsetzung der Bewertung müssen angemessen sein
- Angemessener Wiederholungszeitraum zwischen den Bewertungen (bspw. alle zwei Jahre).

Die Evaluationsansätze sind externe Bewertungen, die die Sichtweisen der zentralen Cluster-Interessengruppen einbeziehen und dem CM in einem Bewertungsbericht Empfehlungen für die

975 Vgl. Carpinetti, Gerolamo, Galdamez (2007), S. 380.
976 Vgl. Sölvell (2009), S. 90; Wessels (2009), S. 14f.
977 Eigene Darstellung nach Carpinetti, Gerolamo, Galdamez (2007), S. 380.
978 Vgl. Scheer, Zallinger (2007), S. 57-59; Kind, Meier zu Köcker (2011), S. 1f.

Weiterentwicklung des Clusters aussprechen.[979] Cluster-Benchmarking-Ansätze werden dagegen dazu eingesetzt, die Cluster einer bestimmten Förderinitiative miteinander zu vergleichen, die innovativsten zu identifizieren und Gelegenheiten für gegenseitiges Lernen zu schaffen, um die Leistungsfähigkeit der einzelnen Cluster zu steigern.[980] Benchmarking-Ansätze fokussieren v. a. darauf, quantitative Indikatoren zur Bewertung heranzuziehen, um eine höhere Vergleichbarkeit zu ermöglichen. Cluster-Benchmarking kann dazu beitragen, Erfolge der Cluster zu dokumentieren und Verbesserungspotenziale zu identifizieren.[981] Es liegen v. a. Ansätze zur Beurteilung einzelner Cluster/ CM (Mikro-Ebene, z. B. ECEI Cluster Excellence Label) und Clusterförderprogrammen (Makro-Ebene) vor.

Exzellentes Clustermanagement

In der Literatur zu Clusterbewertungen findet sich häufig eine Referenz auf exzellente Cluster bzw. Clustermanagements (siehe auch Kapitel 2.4).[982] Unter exzellentem CM werden „*professionelle Governance-Einrichtungen an der Schnittstelle zwischen lokalen und globalen Wissensflüssen bzw. Netzwerken*“ verstanden.[983] CM-Excellence wird dabei als Voraussetzung für die Erreichung von Excellence in einem Cluster gesehen.[984] Cluster-Excellence trägt wiederum zur Steigerung der regionalen Prosperität und Wettbewerbsfähigkeit regionaler Unternehmen bei und erhöht Renditen für Investoren.[985] Einheitliche Anforderungen an Cluster-/ CM-Excellence ermöglichen zudem eine internationale Vergleichbarkeit von Clustern und erleichtern auf diese Weise internationale Kooperationen zwischen Clustern, v. a. zum Nutzen der KMU in den beteiligten Clustern.[986] Sautter identifiziert ergänzend folgende Handlungsfelder exzellenter Cluster:[987]

- langfristige Perspektive und wirtschaftliche Tragfähigkeit der Clusterstrategie sicherstellen,
- Bündelung der Triple-Helix-Akteure aus Wissenschaft, Wirtschaft und öffentlicher Verwaltung/ Politik und Fokussierung auf gemeinsame Ziele und Aktivierung der Akteure zur Zielerreichung,
- Rolle des Multiplikators für kooperative Innovationsaktivitäten ausüben,
- bedarfsorientiertes Dienstleistungsangebot zur nachhaltigen Erschließung öffentlicher und privater Finanzierungsquellen bereitstellen und
- systematisches Monitoring der Clusteraktivitäten durchführen.

CM-Excellence kann als Prozess verstanden werden, der exzellente Ergebnisse durch exzellente Prozesse erreicht und die Aktivitäten und Vorgehensweisen des CM in den Fokus stellt. Neben den

[979] Vgl. Scheer, Zallinger (2007), S. 57-59.
[980] Vgl. Meier z. Köcker, Rosted (2010), S.15; Helfer, Drewello, Kiehlmann u. a. (2015), S. 28.
[981] Vgl. Christensen, Meier zu Köcker (2011), S. 1.
[982] Vgl. Sautter (2012), S. 160; Lämmer-Gamp, Meier zu Köcker, Christensen, (2011), S. 11; Buhl, Meier zu Köcker (2009a); Buhl, Meier zu Köcker (2010); Hantsch, Kergel, Munoz u. a. (2015): Cluster Management Excellence in Mexiko - Mexican Information Technology Clusters in Comparison with European Peers.
[983] Sautter (2012), S. 160.
[984] Vgl. PWC (2011), S. 3; Hantsch, Kergel, Lämmer-Gamp u. a. (2013), S. 3; Lämmer-Gamp, Meier zu Köcker, Christensen (2011), S. 11; Christensen, Meier zu Köcker (2011), S. 1.
[985] Vgl. Christensen, Meier zu Köcker (2011), S. 1.
[986] Vgl. Hantsch, Kergel, Lämmer-Gamp u. a. (2013), S. 3.
[987] Vgl. Sautter (2012), S. 157 u. 160.

Zielen des Clusters sind dabei die Ziele des CM zu unterscheiden und als Orientierung für die Aktivitäten des CM zur Erreichung beider Zielebenen zu berücksichtigen. Dabei sind clusterspezifische Anforderungen und Herausforderungen zu beachten, sodass es, wie auch bei Excellence-Ansätzen für Organisationen der Fall ist, kein immer gültiges, optimales Vorgehen zur Sicherstellung von Cluster-Excellence gibt, sondern immer angepasste und individualisierte Vorgehensweisen für den spezifischen Cluster umzusetzen sind, u. a. unter Berücksichtigung der Lebenszyklusphase des jeweiligen Clusters.[988] Dennoch versucht der Cluster-Excellence-Ansatz von Pricewaterhouse-Coopers (PwC; Niederlande) mit Hilfe von insgesamt 51 Anforderungen das Konzept zu spezifizieren.[989] Neben Excellence im Bereich „Cluster Management" fordert der PwC-Ansatz zudem Excellence im Bereich „Cluster Governance". Die Anforderungsdimensionen in diesem Bereich werden im sog. Cluster-Governance-Modell zusammengefasst (siehe Kapitel 2.4). Das Modell wird nicht für eine konkrete Bewertung von Clustern eingesetzt, sondern bietet ein theoretisches Rahmenkonzept für Cluster-Excellence. Im Rahmen der formulierten Cluster-Excellence-Anforderungen des PwC-Ansatzes werden in geringem Umfang auch auf das PM-bezogene Aspekte berücksichtigt. Diese beziehen sich primär darauf, dass das CM spezifische Aus-/ Weiterbildungsdienstleistungen im Cluster anbieten soll, bspw. zu den Themenfeldern Entrepreneurship, Marketing und Organisationsentwicklung.[990] Die zentralen Bewertungsansätze für Cluster sind in Tabelle 36 im Überblick gezeigt und die berücksichgten PM-Anforderungen sind jeweils hervorgehoben. Es werden Betrachtungsebenen der Ansätze unterschieden und die zentralen Kriterien und Erhebungsmethoden zusammengefasst. Die folgenden prominenten Ansätze werden zusätzlich ausführlicher diskutiert:

- das ECEI Cluster Excellence Label
- das Cluster Benchmarking des European Secretariat for Cluster Analysis (ESCA)
- das Cluster-Excellence-Modell (ITA)
- das "World Class Cluster"-Konzept (Europa Intercluster)
- die Scoreboard Methodology (Europe Innova).

Das **Cluster Excellence Label der European Cluster Excellence Initiative (ECEI)** ist der bekannteste Bewertungsansatz für Unternehmenscluster und wird heute als ein europäischer Standard für ein umfassendes und systematisches Qualitätsmanagement in Clustern betrachtet. Es wurde mit dem Ziel der Professionalisierung der Clustermanagements entwickelt und baut auf den Vorarbeiten des European Cluster Observatory im Hinblick auf ein Benchmarking regionaler Wettbewerbsfähigkeit in europäischen Clustern auf.[991] Das Cluster Excellence Label folgt dem Ansatz „*learning from the best*"[992] und wird seit 2010 dazu genutzt, Cluster bzw. CM für ihre Leistungen auszuzeich-

[988] Vgl. PWC (2011), S. 3.
[989] Vgl. PWC (2011), S. 10-26.
[990] Vgl. PWC (2011), S. 15.
[991] Vgl. Helfer, Drewello, Kiehlmann u. a. 2015, S. 18; European Cluster Observatory (ECO) (2010): Benchmarking Regional Competitiveness in the European Cluster Observatory, S. 2.
[992] ECEI (2012), S. 4.

nen (siehe auch Tabelle 35): „*For the purpose of achieving a broad international recognition, all concepts and methodologies developed are in-line with the methodologies of continuous improvement followed by EFQM.*“[993] Die Bewertungskriterien des ECEI Cluster Excellence Labels sind mit Hinweisen auf die Mindestanforderungen, die zur Erreichung eines Labels erfüllt sein müssen, und mit Hilfe von mehreren Indikator-Fragen konkretisiert.[994]

Tabelle 35 Überblick über vergebene Cluster Excellence Label seit 2010[995]

Cluster-Label-Stufe	**Anzahl ausgezeichneter Cluster**	**Anzahl der Länder der ausgezeichneten Cluster**
Bronze	956	41
Silber	88	17
Gold	86	16

Im Hinblick auf die Bronze-Stufe, die nicht als eigentliches Qualitätslabel sondern vielmehr als Bestätigung dafür zu sehen ist, dass ein Cluster einen Einstieg in die Auseinandersetzung mit dem Thema „Cluster Excellence“ und kontinuierliche Verbesserung gemacht hat,[996] wird explizit ermöglicht, dass jeder Cluster das zwei Jahre gültige Bronze-Niveau erreichen kann: „*It is no justification of an excellence status.*“[997] Das Silber-Label zählt als eigenständige Auszeichnung im Gegensatz zum Bronze-“Label” und baut ggf. auf dem Benchmarking auf Bronze-Niveau auf. CM müssen mindestens drei Verbesserungsprojekte nachweisen, die im Zeitraum seit einem Bronze-Label-Benchmarking umgesetzt wurden. Das Gold-Label wird für zwei Jahre verliehen, wenn ein Cluster mindestens einen Erfüllungsgrad von 80 % der 31 Indikatoren durch externe Experten bestätigt bekommt.[998] Zusammenfassend kann festgehalten werden, dass das ECEI-Modell hauptsächlich vergangenheitsorientierte Indikatoren berücksichtigt, um einen nachhaltigen Clustererfolg und eine Steuerung des Clusters zu ermöglichen. Der Einsatz von zukunftsorientierten Indikatoren, bspw. eine Aussage darüber, ob in Zukunft noch genügend qualifizierte Fachkräfte für das CM zur Verfügung stehen, kann als eine sinnvolle Ergänzung für das Modell betrachtet werden. Aspekte, die sich auf Personalmanagement bzw. die Mitarbeiter des CM oder der CA beziehen finden sich bspw. im Indikator „*Human Resources available for the Cluster Management*“ und bei weiteren Indikatoren, insbesondere bezogen auf das CM-Team: Hier sind die Kriterien „*Qualification of the Cluster Management Team*“, „*Life Long Learning Aspects for the Cluster Management Team*“ und „*Stability and Continuity of Human Resources of the Cluster Management Team*“ zu nennen.[999] Das ECEI-Modell hebt Ergebniskriterien nicht gesondert hervor und teilt seine Indikatoren nicht in Teilberei-

[993] ECEI (2012), S. 3.
[994] Vgl. ECEI (2012), S. 8-24.
[995] Eigene Darstellung nach European Secretariat for Cluster Analysis (ESCA) (o.J.b): Benchmarking: Bronze Label of the ECEI - Website; ESCA (o.J.e): Quality audit: Silver Label of the ECEI; ESCA (o.J.d): Quality audit: Gold Label of the ECEI.
[996] Vgl. ESCA (o.J.b).
[997] ECEI (2012), S. 6.
[998] Vgl. ESCA (o.J.e).
[999] Vgl. ECEI (2012), S. 10.

che wie im EFQM-Modell ein. Beispiele für Ergebniskritieren, die das Modell erfasst, sind die Indikatoren „*Performance of the Cluster Management*“ und „*Success Stories*“.[1000] Allerdings werden nicht alle EFQM-Ergebniskriterien berücksichtigt, z. B. findet sich keine Anforderung nach einer Zufriedenheitserhebung unter den Mitarbeitern im ECEI-Modell.

Das **Qualitätslabel Cluster-Excellence des Landes Baden-Württemberg** baut auf dem ECEI-Ansatz auf, setzt dessen Indikatorenset ein und ergänzt dieses um drei Indikatoren, die die regionalen Förderschwerpunkte Cluster-Internationalisierung, Finanzierung durch nicht-öffentliche Mittel und Strategieentwicklung im Cluster in das Modell ergänzen.[1001] Die Prozesse zur Auszeichnung der regionalen Cluster in Baden-Württemberg mit dem Qualitätslabel machten bzgl. der personalmanagementbezogenen Aspekte insbesondere deutlich, dass v. a. vielen kleineren Clustern bzw. CM häufig ausreichende finanzielle Mittel fehlen, um ihre Mitarbeiter im Clustermanagement bedarfsgerecht weiter zu qualifizieren.[1002] Das Indikatorenset zur Bewertung von Clustern, das das **ESCA - European Secretariat for Cluster** Analysis vorschlägt, ähnelt den ECEI-Indikatoren. Unter den 36 Indikatoren findet sich nur ein Indikator, der sich auf PM-Aspekte bezieht. Der Indikator *„Human resource competences and development in the cluster organisation“* fordert angemessene Kompetenzen und Kompetenzentwicklungsmaßnahmen für die Mitarbeiter des CM.

Das **Cluster-Excellence-Modell des ITA** wurde im Rahmen eines Forschungsprojektes, das durch das BMBF im Spitzenclusterwettbewerb gefördert wurde, entwickelt und erprobt. Das Modell dient der Selbstbewertung von CM bzw. Clustern und kann zur Vorbereitung eines clusterinternen Strategieprozesses zur Erfassung der aktuellen Situation, Stärken und Verbesserungspotenziale des Clusters bzw. Clustermanagements eingesetzt werden.[1003] Das Modell thematisiert PM-bezogene Inhalte primär durch die beiden Kriterien „Mitarbeiter“ und „mitarbeiterbezogene Ergebnisse“ des sog. Cluster-Excellence-Kriterienmodells. Die Unterkriterien 3a „Personalmanagement des Clustermanagements“ und 3c „Unterstützung des Personalmanagements der Clusterakteure“ stellen konkrete Anforderungen an die Ausgestaltung der Personalpläne, -auswahl, -beurteilung und PE-Maßnahmen des CM sowie die Unterstützung insbesondere der Weiterbildungsmaßnahmen und Rekrutierungsaktivitäten der CA durch gezielte CM-Dienstleistungen im Bereich des PM. Eine weitere Anforderung ist die bedarfsorientierte Kompetenzentwicklung der CM-Mitarbeiter im Hinblick auf die Bedürfnisse des Clusters bzw. der CA (Unterkriterium 3b „Einbindung der CM-Mitarbeiter in die Entwicklung des Clustermanagements und des Clusters“).[1004] Die Anforderungen des Modells an „mitarbeiterbezogene Ergebnisse“ beziehen sich auf die Erfassung der Motivation und Zufriedenheit der Mitarbeiter im CM sowie deren Verständnis für „Ziele, Strategien und Pro-

[1000] Vgl. ECEI (2012); Hagenauer, Kergel, Stürzebecher (2011): European Cluster Excellence BASELINE. Minimum Requirements for Cluster Organisations, S. 6.
[1001] Vgl. Qualitätslabel "Cluster-Exzellenz Baden-Württemberg" - Beschreibung der Indikatoren (o.J.), S. 11f.
[1002] Vgl. Helfer, Drewello, Kiehlmannu. a. (2015), S. 21.
[1003] Vgl. Thul, Hellge (2015a)
[1004] Vgl. Thul, Hellge (2015a), S. 18f.

zesse des Clusters".[1005] Zudem werden einige konkrete Leistungsindikatoren mit Mitarbeiterbezug definiert, u. a.:

- Anzahl und Wirksamkeit von PE-Maßnahmen im CM,
- Anzahl und Wirksamkeit von Maßnahmen zur strategieorientierten Kompetenzentwicklung im CM,
- Anzahl und Anlass von Mitwirkungs- und Beteiligungsmöglichkeiten für Mitarbeiter im CM (v. a. an der Strategieentfaltung),
- Mitarbeiterfluktuation im CM,
- Beschäftigungsdauer der CM-Mitarbeiter.[1006]

Die übrigen Bestandteile des Modells, das sich strukturell am EFQM-Modell orientiert, die Grundkonzepte der Cluster-Excellence sowie die Selbstbewertungssystematik, beinhalten keine Bezüge zum PM.

Die personal- bzw. mitarbeiterbezogenen Anforderungen des sog. **„World Class Cluster"-Konzepts,** der durch die Organisation "Europa InterCluster", einem Zusammenschluss unabhängiger Cluster in Europa, erarbeitet wurde, beschränken sich ebenfalls auf zwei Teilanforderungen. Einerseits erfasst ein Teilindikator der Dimension "*framework conditions*" des Clusters die Attraktivität der Clusterregion für Fachkräfte aus Industrie und Forschung, andererseits fordert ein Teilaspekt der Dimension "Clustermanagement" die "angemessene Mitarbeiterausstattung des Clustermanagements".[1007] Der Ansatz soll primär einen Beitrag zur Diskussion des World-Class-Cluster-Begriffs, der häufig eher vage genutzt wird und nicht genau definiert ist, beitragen und nicht für spezifische Bewertungen bzw. Evaluationen von Clustern genutzt werden.[1008] Vielmehr soll ein idealer Cluster beschrieben werden, der Clustermanagern als Orientierung und Zielsetzung für ihre strategischen Planungen und Umsetzungsaktivitäten dienen soll.[1009]

Die sog. **"Scoreboard Methodology"** zur Clusterbewertung wurde im Projekt „Europe Innova" der Europäischen Kommission entwickelt und unterscheidet drei Dimensionen, die in ähnlicher Form auch im "World Class Cluster"-Konzept genutzt werden.[1010] Der Ansatz betrachtet allerdings auch explizit die Aktivitäten der CA und nicht nur die Ebenen Cluster und CM. Die Dimension *"firm strength"* bezieht sich auf einzelne Unternehmen im Cluster. In dieser Dimension wird als personal- bzw. mitarbeiterbezogener Aspekt das "*human capital*" der Unternehmen betrachtet. Die hier formulierten Anforderungen beziehen sich v. a. auf die Ausgestaltung eines "effektiven Personalmanagements", vor allem im Hinblick auf Personalrekrutierungs- sowie -entwicklungsprozesse der Unternehmen und die Schaffung von optimalen Rahmenbedingungen für Lebenslanges Lernen der

---

1005 Thul, Hellge (2015a), S. 27.
1006 Vgl. Thul, Hellge (2015a), S. 28.
1007 Vgl. Europa InterCluster (2010), S. 37 u. 44.
1008 Vgl. Meier zu Köcker, Svensson, Szechenyi (o.J.), S.1f.; Cplus (o.J): Implementing world class clusters, S. 27.
1009 Vgl. Europa InterCluster (2010), S. 22.
1010 Vgl. European Cluster Observatory (ECO) (2012), S. 1.

Mitarbeiter. Als zusätzliche Anforderungen wird eine Ausgestaltung von attraktiven Entlohnungssystemen formuliert.[1011] Im Rahmen der Dimension "Cluster Management Excellence", die v. a. auf Prozesse und Dienstleistungen fokussiert, werden auf das PM bezogene Anforderungen an die Unterstützung der CA durch das CM v. a. bei der Fachkräfterekrutierung und -auswahl gestellt.[1012] Eine Übersicht der analysierten Ansätze findet sich in Tabelle 36.

4.1.3 Modelle der Bewertung von Cluster-Förderprogrammen und Anforderungen an Personalmanagement in Clustern

Die Ansätze zur Bewertung von Cluster-Förderprogrammen nutzen eine Analyse der im Rahmen eines Programms geförderten Cluster, um eine Bewertung der Fördermaßnahmen und -programme abzuleiten und geben oftmals sowohl für die Weiterentwicklung der Förderprogramme als auch die individuelle Clusterebene Empfehlungen.[1013] Daher gilt es zu prüfen, inwiefern sich aus den bestehenden Ansätzen ebenfalls Hinweise auf Anforderungen auf PM-bezogene Anforderungen an Cluster identifizieren lassen. Relevante Ansätze mit Indikatoren-Systemen zur Evaluation von Cluster-Förderprogrammen sind z. B. die Indikatorik „*Measuring Technology Clusters*" des National Research Council, Canada oder die Kriterien für die Evaluation regionaler Clusterinitiativen des Fraunhofer Instituts für System und Innovationsforschung (ISI).[1014] Diese beiden Ansätze werden ausführlicher diskutiert. Der Bewertungsansatz des **National Research Council (Kanada, NRC)** soll die Weiterentwicklung der durch das NRC geförderten Clusterinitiativen messen und Anforderungen an die Gestaltung des Förderprogrammes und weiterer zukünftiger Programme ermitteln. Der Ansatz orientiert sich am Clusterlebenszyklusphasenkonzept und berücksichtigt, dass sich geeignete Maßnahmen zur Clusterförderung an sich anhand der Lebenszyklusphase ändernden Anforderungen orientieren müssen. Es werden vier Phasen der Clusterentwicklung unterschieden: latente, sich entwickelnde, etablierte und transformationale Cluster. Die Indikatoren beinhalten nur einen auf das PM bezogenen Indikator: Im Bereich des momentanten Zustandes der Förderinitiative und der Cluster wird als ein Faktor, der diesen Zustand beeinflusst der Indikator Human Resources als Quellen für qualifiziertes Personal sowie die Entfernung zu diesen Quellen berücksichtigt.[1015]

Die Kriterien für die **Evaluation regionaler Clusterinitiativen des Fraunhofer ISI** wurden mit der Zielsetzung entwickelt, die Bewertung von clusterpolitischen Initiativen zu ermöglichen. Das Konzept ist primär auf politische Verwendbarkeit ausgerichtet. Einerseits soll eine Evaluation anhand der erarbeiteten Kriterien Erkenntnisse über die Auswirkungen eines erfolgreichen Clusters ermitteln. Andererseits werden keine Aussagen über Effekte von Clustern auf Makroebene erwartet,

---

[1011] Vgl. European Cluster Observatory (ECO) (2012), S. 34f.
[1012] Vgl. European Cluster Observatory (ECO) (2012), S. 42.
[1013] Vgl. Kind, Meier zu Köcker (2012), S. 57 und Giuliani et al. (2013): Evaluating the Impact of Cluster Development Programs. Inter-American Development Bank. Technical Note IDB-TN_551.
[1014] Vgl. Cassidy, Davis, Arthurs u. a. (2005); European Commission- Enterprise and Industry (2012): Impact evaluation of cluster-based policies. tactics - better cluster policies and tools for implementation.
[1015] Vgl. Cassidy, Davis, Arthurs u. a. (2005), S. 32 u. 34.

d. h. keine Beurteilung eines Beitrags eines Clusters zum Erfolg einer Region.[1016] Die Gesamtbewertung umfasst zum einen eine Zielbewertung („Welche konkreten Clustermerkmale sollten gefördert werden?") und zum anderen eine Bewertung der Optionen eines Clusters („Welche konkreten Clustermerkmale können gefördert werden?").[1017] Im Rahmen der Bewertung der Organisation der Clusterinitiative werden vergleichsweise einfach quantifizierbare Aspekte wie die Personalausstattung und die Arbeitsorganisation des CM erfasst. Zudem wird die Kompetenz des CM bzgl. Netzwerkmanagement hinsichtlich der Aspekte Führungspersönlichkeit, Qualifikationsprofil und Tätigkeitsschwerpunke sowie persönliche Kontakte des Clustermanagers beurteilt. Weitere auf das PM bzw. Mitarbeiter bezogene Aspekte werden unter der Dimension Netzwerkbildung im Cluster unter dem Stichwort "Humankapital und Lerneffekte" erfasst. Darunter werden die Personalmobilität im Cluster sowie das Angebot bzw. die Nachfrage an/ nach spezialisierten Fachkräften sowie das Angebot an Studienfächern der regionalen Hochschulen eines Clusters subsummiert. Abschließend werden zudem Aus- und Weiterbildungsangebote im Rahmen der Dienstleistungen bzw. Instrumente des Clusters bei der Bewertung berücksichtigt.[1018] Die übrigen Bewertungsansätze für Clusterförderprogramme (siehe Tabelle 37) berücksichtigen ebenfalls jeweils nur eine überschaubare Anzahl an PM-bezogenen Indikatoren. Diese beziehen sich, ähnlich wie die Ansätze zur Clusterbewertung, hauptsächlich auf die Aspekte Beschäftigungszahlen in der Clusterregion bzw. Clusterprojekten und Kompetenzentwicklungsstrategien und -angebote sowie Anzahl an Aus- und Weiterbildungseinrichtungen im Cluster.

4.1.4 Modelle zur Bewertung von Netzwerken

Neben der expliziten Bewertung bzw. Evaluation von Clustern existieren mehrere Ansätze, die sich mit der Beurteilung von Netzwerken auseinandersetzen. Im Folgenden werden drei Bewertungsansätze für Netzwerke ausführlicher diskutiert und bzgl. der Berücksichtigung von PM-Anforderungen untersucht: die Anpassung des EFQM-Modells auf Netzwerke, das Network Excellence-Modell nach Voß und die Differenzierungsmerkmale exzellenter Netzwerke nach Knop.

4.1.4.1 Das angepasste EFQM-Modell für Netzwerke

Mehrere Ansätze liegen vor, die das EFQM-Modell auf eine Beurteilung von Netzwerken oder Sonderformen von Netzwerken bzw. virtuellen Formen der Zusammenarbeit hin anpassen wollen. Neben dem Network Excellence-Modell von Voß ist der umfassendste Ansatz im Rahmen des „BeNN"-Projekts („Wissenschaftliche Begleitforschung, Moderation und Coaching regionaler Netzwerke auf dem Gebiet neuer Nutzungsstrategien") durch das Institut für zukunftsfähiges Wirtschaften e.V. und das Beratungsbüro für Umwelt- und Unternehmensentwicklung im Auftrag des

[1016] Vgl. Jappe-Heinze, Baier, Kroll (2008), S. 1f.
[1017] Vgl. Jappe-Heinze, Baier, Kroll (2008), S. 19.
[1018] Vgl. Jappe-Heinze, Baier, Kroll (2008), S. 24 u. 26.

Umweltbundesamtes zwischen 2002 und 2004 erarbeitet worden.[1019] Das Netzwerk-Excellence-Modell des Projekts „BeNN“ ergänzt das EFQM-Modell auf der Befähigerseite um das Kriterium „Netzwerkpartner“ zusätzlich zum bereits vorhandenen EFQM-Kriterium „Partnerschaften und Ressourcen“. Auf der Ergebnisseite wird ein Kriterium „netzwerkpartnerbezogene Ergebnisse“ aufgenommen. Im Rahmen des Projektes wurden die EFQM-Anforderungen in einen Fragebogen übersetzt, mit dessen Hilfe Netzwerke eine Selbstbewertung durchführen können. Die Anforderungen weisen keine expliziten Anforderungen mit PM-Bezug auf.[1020] Allgemeine Anforderungen wie eine Zufriedenheit der Netzwerkpartner mit Dienstleistungen des Netzwerkmanagements können allerdings auch auf PM-Dienstleistungen angewendet werden. Hummel definiert außerdem den sog. SGOR-Ansatz (Selbstbewertung, Gestaltung, Optimierung und Reifegrad) als ein Managementsystem für Unternehmensnetzwerke, die sich mit Hilfe von Business Excellence weiterentwickeln möchten. Der Ansatz ähnelt der Weiterentwicklung des EFQM-Modells im „BeNN“-Projekt. Zusätzlich nennt Hummel mehrere Instrumente, die Netzwerke auf dem Weg zur Business Excellence unterstützen können, bspw. Visions- und Strategieentwicklung, Definition eines Controllingprozesses oder Durchführung von Benchmarkings bzw. Marktanalysen.[1021] Hinweise auf PM-bezogene Instrumente finden sich nicht in dieser Sammlung. Ein weiterer Ansatz nutzt das EFQM-Modell als Grundlage für eine Definition von Excellence-Anforderungen für virtuelle Fabriken.[1022] Diese Anpassung ist für eine Übertragung auf Cluster zu kontextspezifisch, und wird daher in den Vergleich der Bewertungsansätze nicht weiter einbezogen.

4.1.4.2 Das Network Excellence-Modell nach Voß

Das „Network Excellence-Modell“ nach Voß ist als ganzheitliches Bewertungsmodell für Unternehmensnetzwerke angelegt und orientiert sich im Aufbau am EFQM-Modell. Das Modell beinhaltet sog. Grundlegende Konzepte bzw. Basiskonzepte der Network Excellence (siehe Abbildung 47) sowie ein Kriterienmodell aus neun Kriterien und insgesamt 38 Unterkriterien, die in eine Befähiger- sowie eine Ergebnisseite unterteilt werden (siehe Abbildung 48).[1023] Neben dem EFQM-Modell fließen auch andere Excellence-Konzepte in das Network Excellence-Modell ein. Bspw. leitet sich die systemorientierte Betrachtungsperspektive, die das Modell als ein Grundkonzept der Network Excellence definiert, aus den Anforderungen der Baldrige Criteria for Performance

[1019] Vgl. Teller (2005): Projekt BeNN - Wissenschaftliche Begleitforschung, Moderation und Coaching regionaler Netzwerke auf dem Gebiet neuer Nutzungsstrategien. Abschlussbericht. Hannover u. a.; Engelmann, Merten, (o.J.): Sustainable Excellence für strategische Allianzen - Instrumente zum Management zentral gesteuerter Netzwerke, S. 14f.
[1020] Vgl. Teller (2005), S. 157f. u. S. 160.
[1021] Vgl. Hummel (2001): Management von Unternehmensnetzwerken auf dem Weg zur Business Excellence. In: Fraunhofer Institut für Produktionstechnik und Automatisierung (Hrsg.): Business Excellence. Praxisbeispiele - Forschungsansätze - Visionen. Stuttgart, 2001, S. 177-193, S. 189f.
[1022] Vgl. Schuh, Güthenke (1999): Das modifizierte EFQM-Modell zur Anwendung bei Virtuellen Fabriken. Ein systematischer Ansatz zur Weiterentwicklung und Leistungssteigerung. In: *Industrie Management*, Jg. 15(3), 1999.
[1023] Vgl. Voß (2001), S. 455.

Excellence ab.[1024] Im Rahmen der Basiskonzepte und Kriterien des Modells werden Mitarbeiter, v. a. Mitarbeiter einer Netzwerkmanagement-Geschäftsstelle, sowie Mitarbeiter der Netzwerkakteure als eine wesentliche Stakeholdergruppe eines Netzwerks berücksichtigt (Basiskonzept „Ausrichtung an wesentlichen Interessengruppen"; Kriterium „Stakeholder").[1025] Das Kriterium „Stakeholder" beinhaltet mitarbeiterbezogene Anforderungen, die sich auf die Personalbeurteilung und -entwicklung, Empowerment und Partizipation der Mitarbeiter sowie Anerkennung und Sozialleistungen beziehen. Es wird zudem eine regelmäßige Auseinandersetzung mit den Anforderungen und Interessen der Mitarbeiter gefordert.[1026] Auf der Ergebnisseite der Kriterien werden mitarbeiterbezogene Leistungen unter dem Aspekt „Subjektive Leistungen" des Netzwerks erfasst. Es werden Anforderungen an die Erfassung der Erwartungen und der Zufriedenheit der Mitarbeiter aufgestellt. Als Beispiele für geeignete Erfassungsmethoden werden Mitarbeiterbefragungen und Personalgespräche, also konkrete PM-Instrumente, genannt. Zudem wird in den Basiskonzepten der Aspekt des kontinuierlichen Lernens auf Mitarbeiterebene sowie Unternehmens- als auch Netzwerkebene betrachtet.[1027]

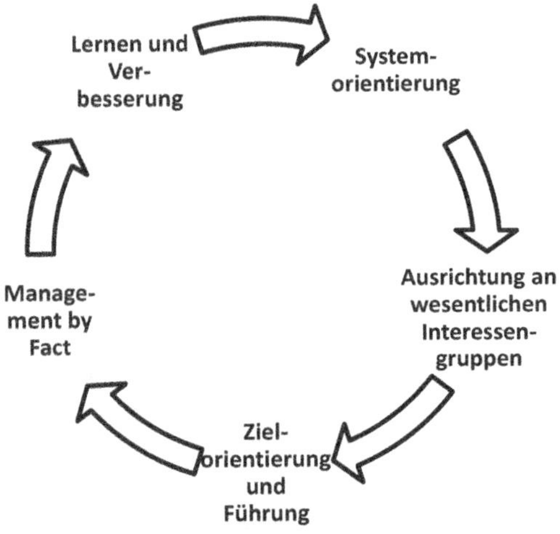

Abbildung 47 Grundlegende Konzepte des Network Excellence-Modells nach Voß[1028]

[1024] Vgl. Voß (2001), S. 451f.; Baldrige Performance Excellence Program (2011): Baldrige 20/20 - An Executives's Guide to the Criteria for Performance Excellence. Gaithersburg, MD, S. 1; National Institute of Standards and Technology (NIST) (o. J.): About the Baldrige Excellence Framework.
[1025] Vgl. Voß (2001), S. 451f u. 473.
[1026] Vgl. Voß (2001), S. 473 u. 475.
[1027] Vgl. Voß (2001), S. 451f.
[1028] Eigene Darstellung nach Voß (2001), S. 452.

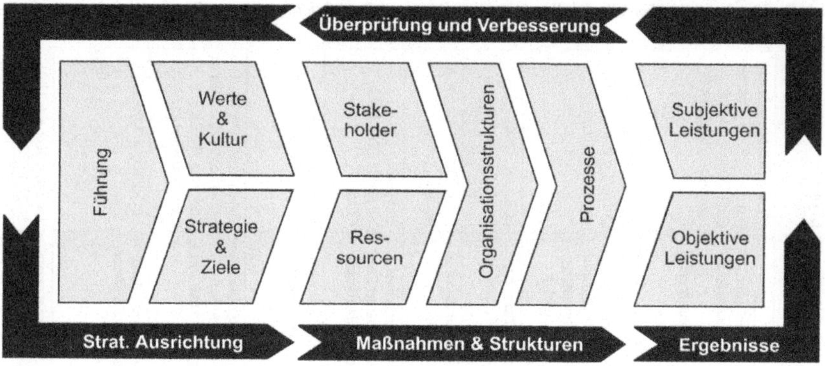

Abbildung 48 Das Network Excellence-Modell nach Voß[1029]

[1029] Abbildung aus Voß (2001), S. 455.

Tabelle 36 Übersicht über Cluster-Bewertungsansätze und Berücksichtigung von Personalmanagementbezogenen Anforderungen

Ansatz	Herausgeber/ Organisation	Start	Zielsetzungen	Beurteilungs-ebene(n)	Personalmanagementbezogene Anforderungen	Quellen
„NGPExcellence – Cluster Excellence in the Nordic Countries, Germany & Poland“	Nordic-German-Polish cluster excellence project; Danish Agency for Science, Technology & Innovation (DASTI); Initiative Kompetenznetze Deutschland; Nordic Council of Ministers; Nordic Innovation Centre	2010	*“... promote cluster management excellence and the development of quality of cluster and network services for enterprises”;* Best Practices aufzeigen; Qualität nationaler Clusterförderprogramme verbessern;	Cluster, CM und Clusterförderprogramme	nutzt den ECEI-Ansatz: *“Qualification of the Cluster Management Team“; „Life Long Learning Aspects for the Cluster Management Team“; „Stability and Continuity of Human Resources of the Cluster Management Team“*	Christensen; Meier zu Köcker (2011), S. 1-3.; Lämmer-Gamp; Meier zu Köcker; Christensen (2011), S. 9, 12, 15.
Cluster Impact Analysis	Institute for Innovation and Technology (iit); VDI/ VDE-IT	2013	*„... aims to measure the effects that are achieved by companies that are members of a cluster“* Nutzen, den Unternehmen durch eine Beteiligung im Cluster erreichen können, wird gemessen;	CA	*“Qualification and Innovation”: „Access to qualified personnel within the network; Access to qualification offers & trainings for the network's staff; Adjustment of training offers to changing requirements with regard to education; promotion of young talents or curricula, ... within the network“*	Kind; Meier zu Köcker (2013), S. 6, 8, 13.
Cluster Excellence Label	European Cluster Excellence Initiative (ECEI) (internationales Konsortium, Leitung VDI/ VDE-IT)	2010	Professionalisierung der Netzwerkarbeit; Qualität und Leistungsfähigkeit des CM verbessern;	CM, CA	*„Qualification of the CM Management Team; Life Long Learning Aspects for the CM Team; Stability and Continuity of HR of the CM Team“*	ECEI (2012), S. 3, 5, 8-24; ESCA (o.J.c)
Cluster Benchmarking	ESCA - European Secretariat for Cluster Analysis	2007	Cluster Benchmarking; Vergleich mit anderen Clustern; Verbesserung der Clusterperformance;	Cluster, CM	Kriterium *“Human resource competences and development in the cluster organisation”*	ESCA (2012), S. 4f.; ESCA (o.J.a)
Cluster-Excellence-Modell (ITA)	Institut für Technologie und Arbeit, Kaiserslautern (Projekt „Pro Excellence- Professionalisierung des Clustermanagements")	2015	Selbstbewertung und Steuerung von Clustern durch Clustermanagements; kontinuierliche, strategische Weiterentwicklung ermöglichen	Cluster, CM	Mitarbeiter (Unterkriterien „Personalmanagement des Clustermanagements“ und „Unterstützung des Personalmanagements der Clusterakteure“), Mitarbeiterbezogene Ergebnisse	Thul; Hellge. (2015a), S. 7-10; 13; 32f.; Thul; Hellge (2015b)
Quality Enhanced CM (IMQ NET)	Projekt des VDI/VDE-IT; Institute for Innovation and Technology Berlin (iit)	2007	*“... to develop and test an effectively structured methodology for good practice exchange in between innovation supporting initiatives.”*	Cluster, CM	Managementkompetenz der Clustermanager verbessern und Kenntnisse auf ihrem jeweiligen Dienstleistungssektor stärken; Nutzung EFQM Modell	Meier zu Köcker; Hahn; Buchholz (2008), S. 5 u. 8f.
„World Class Cluster“-Konzept	Europa InterCluster	2010	Definition des WCC-Begriffes; Unterstützung der Cluster auf dem Weg zu "Excellence"; globale Wettbewerbsfähigkeit der Cluster fördern;	Cluster, CM, CA	Ebene Cluster insgesamt: *“Attractiveness of the region for high potentials and world-class researchers”*; Ebene CM: *“appropriate staffing of the cluster organisation”*	Europa InterCluster (2010), S. 35-45; S. 99-101; Meier zu Köcker u.a. (o.J.), S. 1f.; Lämmer-Gamp u.a. (2011), S. 11.
Scoreboard Methodology (Europe Innova)	Projekt „Europe Innova“ der Europäischen Kommission; PwC (Lux. u. NL); Universität Aarhus; Babraham Bioscience Technologies; European Cluster Observatory	`06-`12	Fokus Best Practices, um Unternehmen zu helfen, bessere Innovationen schneller zur Marktreife zu bringen; Messung von Stärken auf regionaler Ebene; Regionalentwicklung	Region, Cluster, CM, CA	Bewertungsebene *“firm strength”; “human capital”*; Bewertungsebene “Cluster Management Excellence”: *“supporting talent search and retention”*	ECO (2012), S. 1, 19, 22-43.
Cluster Scoreboard	OECD – Organisation of Economic Co-operation and Development	2012	Leistungen eines Clusters messen	Cluster, CA	*“employment growth (annual growth rate of employment for every firm over a two-year period)”*	Temouri (2012), S. 6, 11-21, 24, 27, 30, 33.

Tabelle 37 Überblick über Bewertungsansätze für Clusterförderprogramme

Ansatz	Herausgeber/ Organisation	Start	Zielsetzungen	Beurteilungs-ebene(n)	Personalmanagementbezogene Kriterien	Quelle
„Measuring Technology Clusters“	National Research Council, Kanada	2005	*“NRC is committed to evaluation & performance measurement, and is systematically evaluating its cluster initiatives”*	Cluster, CA, CM	Human Resources (Zugang u. Quellen für qualifiziertes Personal; Entfernung zu Quellen)	Cassidy; Davis; Arthurs u. a. (2005), S. 30f., S. 34.
Evaluation regionaler Clusterinitiativen	Fraunhofer Institut für System- und Innovationsforschung (ISI)	2008	Untersuchung und Bewertung von clusterpolitischen Initiativen	CM, Cluster, innovations-politischer Kontext	Personal- und Sachmittelausstattung der Initiative/ Geschäftsstelle des Clusters; Kompetenz in Netzwerkmanagement; Humankapital und Lerneffekte; Aus- und Weiterbildungsangebote;	Jappe-Heinze; Baier; Kroll (2008), S. 20-28.
***„Cluster Performance Indicators“* (Japan)**	Ministerium für Wirtschaft, Handel und Industrie, Japan	keine Angabe	Bewertung d. individ. Cluster-Fortschritts, d. Effekte d. Förderprogramme; Zufriedenheit erfassen;	Cluster	Beschäftigung im Cluster	Meier zu Köcker; Rosted (2010), S. 25f.
***„Most Competitive Clusters“* (Frankreich)**	Ministerium für Wirtschaft und Finanzen, Frankreich	2008	*“... a bottom-up process aiming at measuring the existing and potential level of clusters' excellence”*	Cluster	*“Employees involved in the projects selected by the cluster, coming from enterprises and public research organisms; Evolution of the employment in the five main topics of the cluster; Competences strategy: developing new trainings, collective skills management tools; Skills' development”*	Meier zu Köcker; Rosted (2010), S. 26f.
World-Wide Benchmarking of Clusters-BSR InnoNet Dänemark	BSR InnoNet Projekt, initialisiert durch DG Enterprise, European Kommission	keine Angabe	*“... develop and test a method for international benchmarking of clusters and thus provide a basis on which to conduct fact-based cluster policy”*	Cluster, Region, CA	• *“Cluster performance: three inter-connected indicators which are employment, average real wages“*; Rahmenbedingungen werden erfasst u.a. *„Access to human resources with skills and competencies relevant for life science”*	Meier zu Köcker; Rosted (2010), S. 28.
***„Cluster Assessment“* (Tschechische Republik)**	Abteilung für die Implementierung von strukturellen Fördermitteln, Ministerium für Industrie und Handel, Tschech. Republik	keine Angabe	*“... measuring the impact of the support program”*	Cluster, CM	• *“The number of education and research organisations involved in cluster activities and number of person-days dedicated by external researchers to cluster activities.“*	Meier zu Köcker; Rosted (2010), S. 29.
Cluster Benchmarking (Polen)	Polnische Agentur für Unternehmensentwicklung	2010	*“... making a relatively comprehensive analysis of the phenomenon of cluster”*	Cluster	Cluster Ressourcen (*„Human resources and cluster know-how; Cluster performance; Human resources development”*)	Meier zu Köcker; Rosted (2010), S. 15f, 30f.; Holub-Iwan (2012), S. 20f.
Cluster-Evaluation Bayern	Bayerische Staatsministerium für Wirtschaft, Infrastruktur, Verkehr und Technologie	2008	Evaluation u. strategische Bewertung, Bewertung d. Nutzens für die Clusterakteure; Evaluation u. strategischen Bewertung d. Gesamtprogramms (Cluster-Offensive Bayern, 2006-2011)	Cluster, CM	Organisation: Geschäftsstelle (definierte Zuständigkeiten d. Mitarbeiter im CM); Angebot an Aus- u. Weiterbildungsmöglichkeiten (Beitrag des Clusters); Aktivitäten und Dienstleistungen des CM (z. B. zur Förderung der Personalmobilität)	Wessels (2009), S. 23–25.
“System for Monitoring and evaluating the projects (cluster initiatives)”	Oxford Research für Innovation Norway	2006	*“... monitoring and evaluating the projects (cluster initiatives)”*	Cluster	*“human resources, collective learning (nr. of students gaining employment within cluster)”*	Andersen; Bjerre; Hannson (2006), S. 34-42.

4.1.4.3 Differenzierungsmerkmale exzellenter Netzwerke nach Knop

Die Differenzierungsmerkmale nach Knop sind in ein Interaktionsmodell für Netzwerke von KMU eingeordnet, das neben drei Erfolgsfaktoren als weitere Interaktionsebene den „Härtegrad“ der Umwelt definiert, der Basisleistungen und Excellence-Anforderungen und Rahmenbedingungen an das Netzwerk bestimmt, sowie als dritte Interaktionsebene Wettbewerbsfähigkeit berücksichtigt. Die drei Typen von Erfolgsfaktoren bzw. Excellence-Faktoren für Netzwerke, d. h. strategische, strukturelle und kulturelle Faktoren, werden jeweils mit Hilfe mehrerer Ansatzpunkte ausdifferenziert. Abschließender Bestandteil des Ansatzes sind sieben sog. Leitsätze des Netzwerkmanagements.[1030] Die Leitsätze sprechen keine auf das PM bezogenen Aspekte an, betonen aber die gleichermaßen hohe Bedeutung von harten (z. B. Netzwerkziele und -strategie) und weichen Erfolgsfaktoren (bspw. kulturelle Faktoren wie persönliches Vertrauen zwischen Netzwerkpartnern) eines Netzwerks.[1031] Die vierzehn Merkmale exzellenter Netzwerke sind in Abbildung 49 zusammengefasst. Merkmale mit Mitarbeiterbezug bzw. Anforderungen an PM sind die Anforderung an die Einzigartigkeit der Kernkompetenzen der Netzwerkpartner, Anforderungen an einen qualitativ hochwertigen Ressourcenpool, der sich auf Mitarbeiterressourcen bezieht,[1032] sowie die Ausgestaltung eines exzellenten Netzwerks als Lernende Organisation, d. h. Organisationen, die *„gemeinsam kontinuierlich ihr Wissen und Können weiterentwickeln und in innovative Produkte und Prozesse umsetzen.“*[1033]

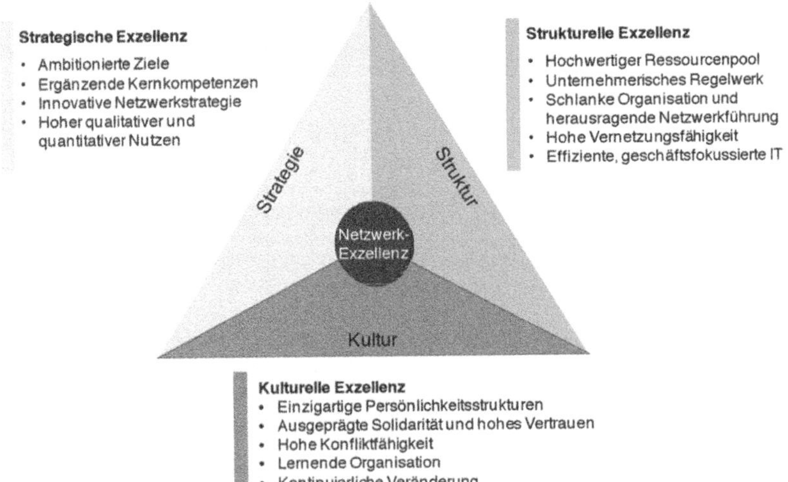

Abbildung 49 Eigenschaften exzellenter Netzwerke nach Knop[1034]

[1030] Vgl. Knop (2009), S. 196-206.
[1031] Vgl. Knop (2009), S. 198.
[1032] Vgl. Knop (2009), S. 204-206.
[1033] Knop (2009), S. 206.
[1034] Eigene Darstellung nach Knop (2009), S. 205.

4.1.5 Zwischenfazit

Durch den Vergleich der verschiedenen Ansätze zur Bewertung von Clustern, Clusterförderprogrammen sowie Netzwerken allgemein konnte verdeutlich werden, dass bisher nur einzelne Ansätze mitarbeiter- bzw. personalmanagementbezogene Anforderungen definieren. Dazu zählen v. a. das ECEI Excellence Label, das Cluster-Excellence-Modell, die "Scoreboard Methodology" von Europe Innova sowie das Network Excellence Modell nach Voß. Diese Ansätze greifen jeweils eine überschaubare Anzahl an Anforderungen auf, die sich zusammenfassend hauptsächlich auf die folgenden Themenbereiche fokussieren:

- Personalrekrutierung, -auswahl und -ausstattung im CM und Qualifikationen der CM-Mitarbeiter sowie auf Ebene der CA,
- Strategisch orientierte Personalplanung und Kompetenz- und Mitarbeiterentwicklung im CM,
- das Netzwerk bzw. der Cluster als Lernende Organisation: Aspekte lebenslangen Lernens fördern für die CM-Mitarbeiter und Mitarbeiter der CA,
- Stabilität/ Kontinuität der Mitarbeiterausstattung im CM,
- Partizipation der CM-Mitarbeiter an Clusteraktivitäten,
- PE-Aktivitäten (Aus- u. Weiterbildung) u. Rekrutierungsaktivitäten als Dienstleistungen des CM für den Cluster und die CA,
- Zugang und Quellen zu bzw. für qualifiziertem/s Personal im Cluster.

Insbesondere die Qualifikationen/ Kompetenzen sowie die Kontinuität der Mitarbeiter des CM werden als ein Erfolgsfaktor für CM-Aktivitäten und den Mehrwert angesehen, den ein CM für seine CA erbringen kann. Häufige Personalwechsel können vertrauensbasierten Beziehungen zwischen CM und CA schaden.[1035] Die wird im Rahmen der folgenden empirischen Studien für den Clusterkontext vertiefend untersucht.

4.2 Methodisches Vorgehen der Clusterbericht-Analyse

4.2.1 Bestimmung des zu analysierenden Materials

Für die qualitative Studie wurden als Primärquellen keine Experteninterviews als Grundlage der Analyse herangezogen, sondern Berichte genutzt, die Cluster zu ihrer aktuellen Situation im Cluster bzw. der Clusterregion veröffentlichen. Derartige Clusterberichte werden als Kommunikation der Cluster bzw. des CM gegenüber den Interessengruppen des Clusters gewertet. Diese Berichte fassen die Aktivitäten des Clusters und Ausrichtung des CM für einen bestimmten (Berichts-)Zeitraum zusammen. Sie können als alternative Quellen zu Interviews genutzt werden,[1036] weil sie einen Einblick in das institutionelle Verhalten von Clustern ermöglichen und neben empirisch erhobenen

[1035] Vgl. Kind, Meier zu Köcker (2012), S. 66.

[1036] Vgl. Kuckartz (2016): Qualitative Inhaltsanalyse. Methoden, Praxis, Computerunterstützung, S. 22. Siehe hierzu die Aussage von Glaser: „All is data." Glaser (2001): The grounded theory perspective. Conceptualization contrasted with description. Mill Valley, CA, S. 145; Mey, Mruck (2011): Grounded-Theory-Methodologie: Entwicklung, Stand, Perspektiven. In: Mey, Mruck (Hrsg.): Grounded Theory Reader. Wiesbaden, 2011, S. 11-48, S. 33; Flick (2014): Introduction to Qualitative Research. London, S. 294f.

Primärquellen auch Analysen von Veröffentlichungen und Berichten in der Clusterforschung verstärkt genutzt werden sollten.[1037] Zudem kann davon ausgegangen werden, dass im Falle von Interviews mit Clustermanagern diese nicht nur ihre persönlichen Ansichten kommunizieren würden, sondern vielmehr v. a. in ihrer Funktion als Vertreter ihres Clusters bzw. CM[1038] gegenüber der Außenwelt auf die Interviewfragen geantwortet hätten und sich demnach Aussagen nur geringfügig von im Rahmen von Clusterberichten kommunizierten Angaben unterscheiden würden.

Insgesamt wurden elf Cluster betrachtet, die zum Zeitpunkt der Auswertung mit einem der drei E-CEI-Cluster-Label[1039] ausgezeichnet waren, sowie sieben Spitzencluster aus Deutschland. Von den ECEI-ausgezeichneten Clustern verfügen fünf über das Gold-Label und fünf über das Silber-Label. Viele der betrachteten Spitzencluster verfügen zusätzlich auch über das Gold-Label (vier von sieben Spitzenclustern). Die Texte der Dokumente waren z. T. sehr kurz (ca. fünf bis sieben Seiten) bei einzelnen Cluster-Broschüren, aber auch sehr lang (über 140 Seiten für einzelne Cluster-Jahresberichte). Insgesamt wurden 52 Clusterberichte und -broschüren mit einem Umfang zwischen fünf und 150 Seiten analysiert.[1040] Die folgende Tabelle 38 gibt einen Überblick über Herkunft der analysierten Clusterberichte und eine Einordnung der entsprechenden Cluster bzgl. ihrer Auszeichnungen und regionalen Verordnung wider. Zusätzlich sind die Formate und Sprachen der Berichte angegeben. Diese setzen sich aus öffentlich verfügbaren Dokumenten zusammen. Die Recherche dieser Dokumente umfasste die deutschen Spitzencluster sowie deutsche und europäische Cluster, die ein Gold- bzw. Silber-Label der ECEI erhalten hatten. Weitere Cluster wurden nicht in die Recherche der Dokumente mit einbezogen. Nicht für alle Cluster, die in diese drei Kategorien fallen, ließen sich Berichte oder Broschüren finden. Die betrachteten Cluster, sind demnach solche, die sich durch die Auszeichnung Spitzencluster bzw. ECEI Gold- oder Silber-Stufe hervorheben. Die Berichte der Spitzencluster repräsentieren z. T. die Berichte, die im Rahmen der Spitzenclusterförderung für den Fördermittelgeber erstellt werden mussten. Durch diese Vorauswahl wird selbstverständlich eine Vielzahl an Clustern ausgeschlossen. Die Auswahl repräsentiert eine Klumpenauswahl („*cluster sample*")[1041], weil zwar in den vorgegebenen drei Gruppen nach Berichten gesucht wurde, aber nur die genutzt wurden, die öffentlich verfügbar waren. Nichtsdestotrotz kann davon ausgegangen werden, dass die Cluster, die in diese beiden Kategorien fallen, über eine gewisse Erfahrung verfügen und sich in einer evtl. fortgeschrittenen Lebenszyklusphase befinden und daher auch diese Berichte professionell veröffentlichen. Es wird davon ausgegangen, dass vor allem diese

---

[1037] Vgl. Boschma, Fornahl (2011): Cluster Evolution and a Roadmap for Future Research. In: *Regional Studies*, Jg. 45(10), 2011, S. 1295-1298, S. 1297.
[1038] Das CM kann als sog. „impliziter Aktant" nach Clarke gesehen werden: menschliche Akteure konstruieren nicht-menschliche Aktanten, denen sie Eigenschaften und Handlungen zuordnen. Diese Aktanten sind bei der Analyse gleichermaßen wie menschliche Akteure zu berücksichtigen. Vgl. Clarke, Keller (2011): Für mich ist die Darstellung der Komplexität der entscheidende Punkt." Zur Begründung der Situationsanalyse. In: Mey, Mruck (Hrsg.): Grounded Theory Reader. Wiesbaden, 2011, S. 109-131, S. 122.
[1039] Vgl. www.cluster-analysis.org (zuletzt geprüft am 25.05.2017).
[1040] Vgl. Kuckartz (2010): Einführung in die computergestützte Analyse qualitativer Daten. 3. Aufl. Wiesbaden, S. 30f.
[1041] Vgl. Früh (2011): Inhaltsanalyse - Theorie und Praxis. 7., überarb. Aufl. Konstanz, S. 106.

professionell geführten Cluster über Managementsysteme und Institutionen verfügen, die in Bezug auf ein PM in Clustern relevant sind. Die Fokussierung auf diese professionelleren Cluster mag ein Grund dafür sein, dass insbesondere die Kategorie Außendarstellung und Marketing im Rahmen der codierten Ergebnisse sehr stark repräsentiert war, da die Clusterberichte selbst eine Form der Außendarstellung sind. Zusammenfassend lässt sich festhalten, dass die analysierten Clusterberichte unterschiedliche Funktionen erfüllen. Sie dienten den Clustern, die sie veröffentlicht haben, zu unterschiedlichen bzw. mehreren Zwecken[1042]: Zum einen erfüllen die Berichte bspw. eine reine Informationsfunktion ggü. den Anspruchsgruppen des jeweiligen Clusters. Zum anderen sind sie teilweise ein Mittel zu Außendarstellung und Werbung für den Cluster, da sie die Kommunikation der Erfolge der Cluster beinhalten. Drittens erfüllen bspw. die Spitzencluster über die Veröffentlichung von Jahresberichten eine Verpflichtung ggü. dem Fördermittelgeber, der einen Bericht über die Verwendung der Mittel fordert. Dementsprechend finden sich unterschiedliche Arten von Berichten, die den o. g. Zielen bzw. Zwecken in unterschiedlichem Ausmaß dienen. Diese Hintergründe mussten bei der Analyse berücksichtigt werden.

Tabelle 38 Überblick der analysierten Clusterberichte[1043]

Cluster	**Internetadresse**	**Kürzel**	**Clustertyp**	**Berichtstyp**	**Anzahl Berichte**	**Sprache**
Biotechnologie-Cluster Rhein-Neckar	www.BioRN.org	C1	Spitzencluster; ECEI Gold Label	Projektbericht	3	Deutsch
Medical Valley EMN	www.medical-valley-emn.de	C2	Spitzencluster	Fortschrittsbericht	1	Deutsch
MicroTEC Südwest	www.microtec-suedwest.de	C3	Spitzencluster; ECEI Gold Label	Jahresberichte; Abschlussbericht Spitzenclusterförderung	3	Deutsch
Forum Organic Electronics	www.forumoe.de	C4	Spitzencluster (SC)	Jahresbericht; Projektabschlussbericht	2	Deutsch
Elektromobilität Südwest	www.emobil-sw.de	C6	Spitzencluster	Broschüre	1	Englisch
BioM Biotech Cluster Development GmbH	www.bio-m.org	C7	ECEI Gold Label; SC	Broschüre; Jahresbericht	2	Deutsch
Luftfahrtcluster Metropolregion Hamburg	www.luftfahrtstandort-hamburg.de	C8	Spitzencluster; ECEI Gold Label	Fortschrittsbericht	4	Deutsch
7 Spitzencluster insgesamt				**Berichte gesamt**	**16**	
Cluster	**Internetadresse**		**Clustertyp**	**Berichtstyp**	**Anzahl Berichte**	**Sprache**
Allianz Faserbasierte Werkstoffe BW e. V.	www.afbw.eu	C9	ECEI Gold Label	Fortschrittsbericht	2	Deutsch
Bayrischer Biotechnologie Cluster	www.biotech-bavaria.de; www.bio-m.org	C10	ECEI Gold Label	Jahresbericht	2	Deutsch; Englisch

[1042] Vgl. Früh (2011) zur (Berücksichtigung der) kommunikativen Funktion von Datenmaterial.
[1043] Anmerkung: Für eine detaillierte Literaturliste mit allen analysierten Clusterberichten siehe Anhang 8.2.

Chemie-Cluster Bayern GmbH	www.chemiecluster-bayern.de	C11	ECEI Gold Label	Imagebroschüre	1	Deutsch
Silicon Saxony e. V.	www.silicon-saxony.de/home.html	C12	ECEI Gold Label	Jahresbericht	2	Deutsch
VDC Fellbach	www.vdc-fellbach.de	C13	ECEI Gold Label	Jahresbericht	5	Deutsch
Bavarian IT Security & Safety Cluster	www.it-sicherheit-bayern.de	C14	ECEI Silber Label	Jahresbericht	2	Deutsch
PhotonicNet	www.photonicnet.de	C15	ECEI Silber Label	Fortschrittsbericht	1	Deutsch
Umweltcluster Bayern	www.umweltcluster.net	C16	ECEI Silber Label	Imagebroschüre	1	Deutsch
Food-Processing Initiative	www.foodprocessing.de	C17	ECEI Silber Label	Festschrift	1	Deutsch
Sensorik Bayern	www.sensorik-bayern.de	C18	ECEI Silber Label	Homepage	1	Deutsch
CC NanoBioNet	www.nanobionet.de	C19	ECEI Silber Label	Kompetenzkatalog	1	Deutsch
11 ECEI ausgezeichnete Cluster			**Berichte deutscher Cluster insgesamt**		**35**	

Cluster	**Internetadresse**	**Kürzel**	**Land[1044]**	**Clustertyp**	**Berichtstyp**	**Anzahl Berichte**	**Sprache**
Axelera	www.axelera.org	C20	F	ECEI Gold Label	Jahresbericht	2	Englisch
Biopeople	www.biopeople.dk/index.php?id=52&no_cache=1	C21	DK	ECEI Gold Label	Profilbroschüre	1	Englisch
CLEAN - Connecting Danish Cleantech	www.cleancluster.dk	C22	DK	ECEI Gold Label	Jahresbericht	1	Englisch
Eco World Styria	www.eco.at	C23	AUT	ECEI Gold Label	Jahresbericht	5	Deutsch
LUTB Transport & Mobility System - Rhône-Alpes Automotive Cluster	http://lutb.fr/	C24	F	ECEI Gold Label	Jahresbericht	1	Englisch
Pôle Mov'eo	www.pole-moveo.org	C25	F	ECEI Gold Label	Jahresbericht; Strategiepapier; Broschüre	7	Französisch; Englisch
6 EU-Cluster				**Berichte EU-Gold-Label-Cluster**		**17**	
24 Cluster insgesamt					**Anzahl analysierter Clusterberichte insgesamt**	**52**	

4.2.2 Vorgehensweise im Rahmen der Clusterberichtsanalyse

Die Analyse der Clusterberichte folgt den Ansätzen der Grounded Theory sowie der qualitativen Inhaltsanalyse, insbesondere in Bezug auf Kategorienentwicklung und -auswertung. Zur Analyse des Datenmaterials wurden die folgenden vier Auswertungsphasen durchlaufen:

- Vorbereitung,

[1044] Anmerkung: Als Landesangaben wurden folgenden Abkürzungen genutzt: AUT für Österreich, DK für Dänemark und F für Frankreich.

- Kodierung,
- Analyse und
- Interpretation.[1045]

Dabei wurden die Kernthesen und Zusammenhänge der Clusterberichtanalyse herausgearbeitet. In einem ersten Schritt bestimmte ich die Analysekategorien der qualitativen Studie deduktiv aus der Theorie. Diese wurden umfassend in den Kapiteln 2 und 3 erläutert. Die Schwerpunkte der Analyse wurden als übergeordnete Analysekategorien festgelegt. Analysekategorien stehen im Zentrum der Vorgehensweise im Rahmen der qualitativen Inhaltsanalyse sowie der Grounded Theory und deren Weiterentwicklungen.[1046] Nach Strauss und Corbin ist eine Kategorie eine „*Klassifikation von Konzepten. Diese Klassifikation wird erstellt, wenn Konzepte miteinander verglichen werden und sich offenbar auf ein ähnliches Phänomen beziehen. So werden die Konzepte unter einem Konzept höherer Ordnung zusammengruppiert - ein abstrakteres Konzept, genannt Kategorie.*“[1047] Kategorien können auch als Operationalisierungen von Begriffen, die in Hypothesen vorkommen, interpretiert werden, im Sinne einer Nominaldefinition.[1048]

Ein Bestandteil der Entwicklung des deduktiven Kategoriensystems war die Ausarbeitung einer neuartigen Systematik zur Bestimmung der Lebenszyklusphase eines Clusters. Dieses Teilsystem enthält Kategorien wie z. B. Dauer des Bestands des Clusters, Organisationsform des CM und Mitarbeiteranzahl im CM, die Hinweise auf die Lebenszyklusphase des Clusters liefern (siehe Kapitel 4.3). Als Folgeschritt wurde das Kategoriensystem in das Programm MAXQDA zur Unterstützung der qualitativen Datenanalyse (QDA) überführt. Sog. QDA-Programme helfen bei der Inhaltsanalyse auf folgende Weise: „*Man will die Texte miteinander vergleichen, sie kontrastieren, Gemeinsamkeiten herausarbeiten und Regelmäßigkeiten feststellen. Es kommt also weniger auf den einzelnen Text in seiner Besonderheit, sondern vielmehr auf die Gesamtschau an.*“[1049] Im Anschluss wurde ein Test des deduktiven Kategoriensystems anhand einer ausgewählten Stichprobe[1050] aus je einem deutschen und einem europäischen Clusterbericht (ECEI-Cluster), sowie einem Spitzenclusterbericht durchgeführt. Dabei wurden übergeordnete Kategorien („Hauptkategorien“) definiert, die mit Subkategorien bzw. Subcodes untersetzt wurden.[1051] Die übergeordneten Kategorien der ersten Ebene dienten dabei der Orientierung und Abbildung der Schwerpunkte der inhaltlichen Analyse und wurden nur selten zur eigentlichen Kodierung genutzt. Sie repräsentieren die Kerndimensionen der Untersuchung, die aus den Hypothesen der Clusterberichtanalyse abgeleitet wurden.[1052] Zum einen in den Fällen, in denen keine Subcodes definiert waren bzw. notwendig erschienen, zum an-

[1045] Vgl. Früh (2011), S. 63; Kuckartz (2016), S. 45.
[1046] Vgl. Mayring (2015b), S. 29.
[1047] Strauss, Corbin (1996): Grounded Theory: Grundlagen Qualitativer Sozialforschung. Weinheim, S. 43.
[1048] Vgl. Kuckartz (2010), S. 58.
[1049] Kuckartz (2010), S. 20.
[1050] Vgl. Früh (2011), S. 157.
[1051] Vgl. Kuckartz (2010), S. 25; Kuckartz (2016), S. 38.
[1052] Vgl. Früh (2011), S. 80 u. 153.

deren, wenn Textstellen nur sehr allgemein einem Thema zugeordnet werden konnten und keine Detailangaben enthielten. Textstellen, die in diese Schwerpunktthemen fallen, werden über die jeweiligen Subcodes abgebildet.

Unter Kodieren soll im Rahmen dieser Arbeit, die Zuordnung von Kategorien zu Textpassagen des Datenmaterials verstanden werden, die inhaltlich relevant für die Kategorie sind. Unter einem Code oder einer Kategorie ist dabei ein Label bzw. eine Definition zu verstehen. Textstellen, die zugeordnet werden, können einzelne Wörter, Mehrwortkombinationen oder ganze Sätze sein.[1053] Der Test des Kategoriensystems diente der Prüfung der Plausibilität der gewählten Kategorien sowie der Ausdifferenzierung und Ergänzung des Kategoriensystems. D. h., bei Bedarf wurden Subcodes bzw. Unterkategorien ergänzt, die bestimmte Detailaspekte eines Themenbereiches bzw. Konstruktes abbilden und die sich erst im Rahmen der Segmentierung und Kodierung der Texte zeigen.[1054] Das theoretisch-entwickelte Kategoriensystem wurde damit einer Selektions- und Präzisierungsprüfung anhand eines repräsentativen Ausschnitts des Datenmaterials unterzogen.[1055] Bei der induktiven Kategorienbildung werden die Kategorien aus den Daten des zu analysierenden Textes selbst gebildet.[1056] Teilweise wurden hier „In-vivo"-Kategorien direkt aus dem Analysematerial heraus gebildet.[1057] Die induktiven Kategorien wurden im Rahmen der vorliegenden Analyse in das deduktive Kategoriensystem integriert, entweder (in den meisten Fällen) als neue Subcodes oder vereinzelt als neue eigenständige Codes. Zur Definition der Unteraspekte bzw. Subcodes wurde nach Corbin und Strauss bspw. die sog. Flip-Flop-Technik eingesetzt, um Konzepte aus unterschiedlichen Bedeutungsperspektiven zu betrachten.[1058] Durch diese Ergänzungen des Kategoriensystems wurden eine deduktive und induktive Vorgehensweise miteinander verknüpft.[1059] Das Vorgehen verbindet die qualitative Inhaltsanalyse mit der Grounded Theory, in der im Kodierungs- bzw. Analyseprozess eine induktive Kategorienbildung eingesetzt wird.[1060] Zudem orientierte sich die Vorgehensweise an der Leitbildanalyse, die am Wissenschaftszentrum Berlin (WZB) entwickelt wurde. Hier wird das Kategoriensystem nach und nach während der Analyse induktiv weiter ausgearbeitet und ergänzt.[1061] Dies entspricht auch den Empfehlungen von Mayring zur Berücksichtigung der Wechselverhältnisse zwischen Theorie und Material und der Rücküberprüfung des Kategoriensystems.[1062] Auch Früh empfiehlt eine gemischt theorie- und empirieorientierte Vorgehensweise der

---

1053 Vgl. Kuckartz (2010), S. 57 u. 91.

1054 Vgl. Mayring (2015b), S. 20; Kuckartz (2010), S. 25.

1055 Vgl. Früh (2011), S. 79.

1056 Vgl. Kuckartz (2010), S. 58.

1057 Vgl. Strauss (1991 (1987)): Grundlagen qualitativer Sozialforschung. München, S. 64.

1058 Vgl. Corbin, Strauss (2014), S. 97.

1059 Vgl. Kuckartz (2010), S. 201; Kuckartz (2016), S. 95.

1060 Vgl. Breuer, Muckel, Dieris (2017): Reflexive Grounded Theory - Eine Einführung für die Forschungspraxis. 3. Aufl. Wiesbaden, S. 73; Kuckartz (2016), S. 79.

1061 Vgl. Kuckartz (2010), S. 2011; Marz (1993): Leitbild und Diskurs. Berlin; Marz, Dierkes (1992): Leitbildprägung und Leitbildgestaltung. Zum Beitrag der Technikgenese-Forschung für eine prospektive Technikfolgen-Regulierung. WZB Papers FS II Berlin.

1062 Vgl. auch Mayring (2015b), S. 61.

Kategorienbildung.[1063] Auf diese Weise entsteht im Verlauf der Kodierung ein verdichtetes Kategoriensystem.

Im Anschluss an die induktive Kategorienbildung zur Ergänzung des Kategoriensystems folgte eine erneute Kodierung der Clusterberichte anhand des deduktiv-induktiven Kategoriensystems und eine Überprüfung der codierten Stellen.[1064] Das Kategoriensystem wurde nur auf Ebene der Subcodes ergänzt, nicht auf der Ebene der übergeordneten Kategorien bzw. Achsenkategorien. Dies entspricht der Festlegung der Kategorien im Sinne der qualitativen Inhaltsanalyse, lässt aber weiterhin ein offenes Vorgehen, wie es in der Grounded Theory Methodologie gefordert wird, zu.[1065] Das offene Kodieren nach Grounded Theory im Sinne der Zuordnung einer Textstelle zu bestimmten Kategorien, lässt sich für die induktive Kategorienbildung nutzen.[1066] Das deduktiv-induktive Kategoriensystem umfasste letztendlich insgesamt 66 Codes und Subcodes, die z. T. auf fünf Ebenen untergeordnet waren (z. B. bzgl. des Themas PM/ Kernprozesse des PM/ PE/ Ausbildung/ Hochschulbildung u. berufliche Erstausbildung; siehe Anhang 8.1 für das vollständige Kategoriensystem). Das Kategoriensystem enthält sowohl Faktencodes, bspw. die Kategorien zur Bestimmung der Lebenszyklusphase des Clusters, wie das Alter der Clusterorganisation oder die Organisationsform des CM, als auch thematische Codes, die Hinweise auf bestimmte Themen im Text liefern. Ergänzt werden diese Arten an Codes durch einige bewertende Codes, wie z. B. Gründe für eine fehlende Personalmanagement-Orientierung.[1067] Die Definitionen der Kategorien wurden in Form von Code-Memos festgeschrieben.[1068] Als Kodiereinheit wurde die Bedeutungseinheit gewählt (keine syntaktische Einteilung der Kodiereinheit bspw. nach Sätzen).[1069] Zudem wurden synonyme, aufeinanderfolgende Aussagen nicht doppelt codiert.[1070] Überscheidungen von Kodierungen waren dementsprechend aber zugelassen. Wie Corbin und Strauss unterscheide ich zwischen dem reinen Kodieren, d. h. dem Zuteilen von Kategorien zu Textstellen und der vertiefenden Analyse dieser Zuordnungen: „*analysis ... refers to ... the thought processes that go behind assigning meaning to data.*“[1071] Ideen und Notizen zum Material und den Kodierungen sowie Interpretationen und Zusammenhänge wurden im Verlauf der Analyse in Form von Memos dokumentiert.[1072] Mit Hilfe des axialen Kodierens werden nach dem Vorgehen von Strauss und Corbin Verbindungen zwischen den

1063 Vgl. Früh (2011), S. 154; Schreier (2014): Varianten qualitativer Inhaltsanalyse: Ein Wegweiser im Dickicht der Begrifflichkeiten. In: *Forum Qualitative Sozialforschung*, Jg. 15(1), 2014.
1064 Vgl. Mayring (2015a): Qualitative Inhaltsanalyse. In: Flick (Hrsg.): Qualitative Forschung. 11. Aufl. Reinbek bei Hamburg (2015), S. 468-475, S. 474.
1065 Vgl. Muckel (2011): Die Entwicklung von Kategorien mit der Methode der Grounded Theory. In: Mey, Mruck (Hrsg.): Grounded Theory Reader. Wiesbaden, 2011, S. 333-352, S. 336.
1066 Vgl. Schreier (2014); Strauss, Corbin (1996), S. 43f.
1067 Vgl. Kuckartz (2010), S. 61f.; Früh (2011), S. 85.
1068 Vgl. Kuckartz (2010), S. 91.
1069 Vgl. Stern (2007): On solid ground: Essential properties for growing grounded theory. In: Bryant, Charmaz (Hrsg.): The Sage handbook of grounded theory. London, 2007, S. 114-126, S. 118.
1070 Vgl. Früh (2011), S. 94.
1071 Corbin, Strauss (2014), S. 58.
1072 Vgl. Kuckartz (2016), S. 58; Corbin, Strauss (2014), S. 58.

Kategorien und Subkategorien herausgearbeitet und Konzepte zu einem übergeordneten Phänomen verdichtet.[1073] Insbesondere wird an dieser Stelle auch der Kontext als Rahmenbedingung einer Handlungssituation berücksichtigt: *„Axial coding is coding for context."*[1074]

Als weiteren Schritt wurde über die Vorgehensweise des selektiven Kodierens die Kernkategorie aus dem Material herausgearbeitet. Diese Abstraktionsschritte dienen der Vorbereitung der Zusammenstellung des paradigmatischen Modells als Grundlage für die aus den Daten abzuleitende Theorie. Zusätzlich zu diesen Analyseschritten, die sich an der Grounded Theory orientieren, wurden die ausgewählten Clusterberichte zudem zu Fallgruppen zusammengefasst.[1075] Die Gruppen entsprechen den drei gewählten Fall-Kategorien der Clusterberichte: deutsche Spitzencluster, deutsche und europäische ECEI-ausgezeichnete Cluster mit Gold- bzw. Silber-Label. Die Fallgruppenzuordnung unterstützt zum einen die Bestimmung der Lebenszyklusphasen der Cluster, deren Berichte ausgewertet wurden, zum anderen vereinfacht sie es, Zusammenhänge zwischen den Lebenszyklusphasen und der Beurteilung des PM herzustellen. Außerdem wird der Vergleich zwischen Clustern aus unterschiedlichen EU-Regionen (Deutschland und dem EU-Ausland) ermöglicht. Im Anschluss wurde eine vertiefende Analyse und Interpretation durchgeführt. Hierzu wurde zum einen ein paradigmatisches Modell nach Strauss/ Corbin erarbeitet. Kategorien werden den Dimensionen des paradigmatischen Modells zugeordnet und es werden die Verbindungen zwischen den Dimensionen herausgearbeitet: ursächliche sowie intervenierende Bedingungen, Kontext, Handlungsstrategien und (positive sowie negative) Konsequenzen dieser Handlungen.[1076] Abbildung 50 gibt die Zusammenhänge des paradigmatischen Modells wieder.

[1073] Vgl. Strauss, Corbin (1996), S. 75; Corbin, Strauss (2014), S. 156.
[1074] Corbin, Strauss (2014), S. 156.
[1075] Vgl. Kuckartz (2010), S. 21f u. 89; Kuckartz (2016), S. 58; Schmidt (2015): Analyse von Leitfadeninterviews. In: Flick (Hrsg.): Qualitative Forschung. 11. Aufl. Reinbek bei Hamburg, 2015, S. 447-456, S. 454f.
[1076] Vgl. Corbin, Strauss (2014), S. 89 u. 156f.

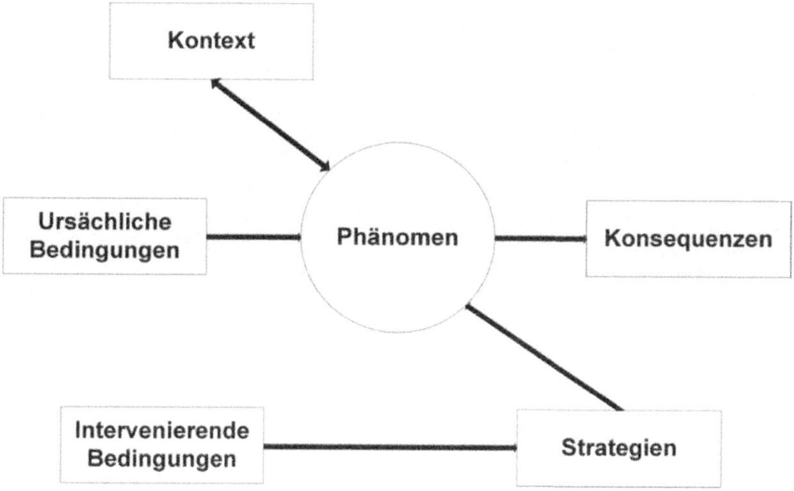

Abbildung 50 Kodierparadigma der Grounded Theory nach Strauss/ Corbin[1077]

Ergänzend zur Analyse über das paradigmatische Modell wurde zudem eine Methode der Situationsanalyse als Weiterentwicklung der Grounded Theory eingesetzt.[1078] In Anlehnung an Clarke wurde eine sog. „Situation Map" erstellt, die die zentralen Elemente einer Untersuchungssituation wiedergeben soll. Sie dient dazu, die Beziehungen zwischen den Elementen zu verdeutlichen und die Analyseergebnisse verständlicher zu machen. Dabei werden u. a. menschliche, nichtmenschliche, historische, symbolische, kulturelle und politische Elemente einer Situation berücksichtigt.[1079] Abbildung 51 fasst die Kernelemente der Situationsanalyse im Überblick zusammen. Die Strukturierung einer Situation Map kann dementsprechend als visuelle Aufbereitung der Lage des PM in der deutschen und europäischen Clusterlandschaft mit seinen zentralen Einflussfaktoren und Akteuren betrachtet werden. Die Ergebnisse der qualitativen Forschungsmethodik sind in Kapitel 4.4 erläutert. Ihre Interpretation sowie abgeleiteten Forschungsfragen für die weiterführende quantitative Studie sind in Kapitel 4.5 zusammengestellt.

[1077] Eigene Abbildung nach Corbin, Strauss (2014), S. 89 u. 156f.; Mey, Mruck (2011), S. 40.
[1078] Vgl. Clarke (2009): Situational analysis - Grounded theory after the postmodern turn. Thousand Oaks, Calif.; Clarke, Keller (2011), S. 118f.
[1079] Vgl. Clarke, Keller (2011), S. 118-120.

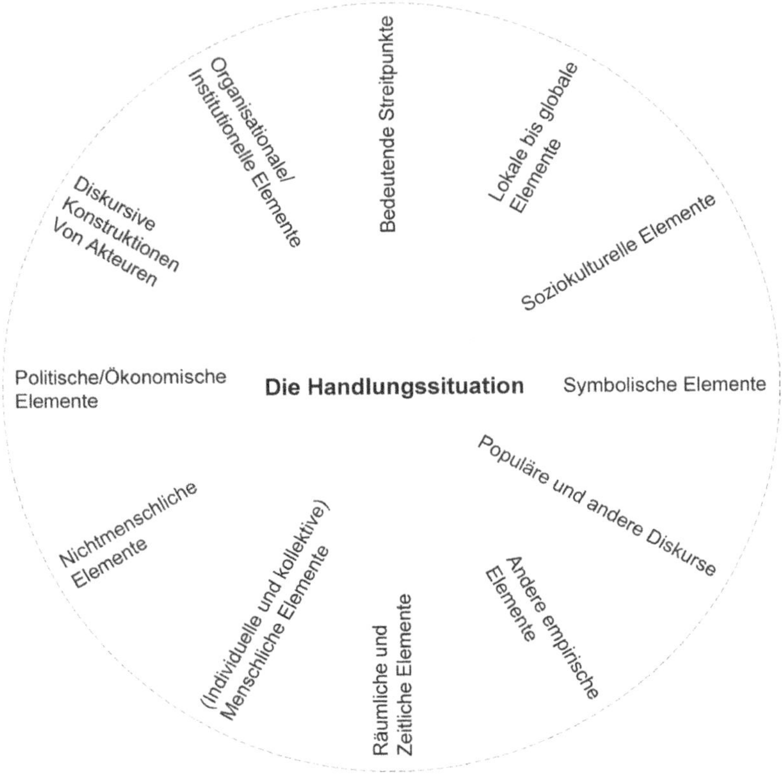

Abbildung 51 Elemente der Situationsanalyse[1080]

4.2.3 Gütekriterien qualitativer Forschung: Diskussion der Vorgehensweise

Auch für qualitative Forschungsansätze ist Qualitätssicherung ein zentrales Beurteilungskriterium.[1081] Neben klassischen Gütekriterien wie Objektivität, Validität und Reliabilität werden mehrere spezifische Gütekriterien für qualitative Forschung vorgeschlagen. Steinke nennt die folgenden Aspekte als Gütekriterien für die Bewertung qualitativer Forschung[1082]:

- **Intersubjektive Nachvollziehbarkeit:** Überprüfbarkeit des Forschungsprozesses durch Dokumentation und Anwendung kodifizierter Verfahren wie bspw. Grounded Theory

[1080] Eigene Darstellung nach Clarke (Hrsg.) (2012), S. 113; Vgl. Strübing (2014): Grounded Theory - Zur sozialtheoretischen u. epistemologischen Fundierung des Verfahrens der empirisch begründeten Theoriebildung. 3. Aufl. Wiesbaden, S. 106.

[1081] Vgl. Flick (2007): Managing quality in qualitative research. Los Angeles, London, S. 131f.; Berg, Milmeister (2011): Im Dialog mit den Daten das eigene Erzählen der Geschichte finden: Über die Kodierverfahren der Grounded-Theory-Methodologie. In: Mey, Mruck (Hrsg.) (2011), S. 303-332, S. 304.

[1082] Vgl. Steinke (2015): Gütekriterien qualitativer Forschung. In: Flick (Hrsg.) (2015), S. 319-331, S. 320-330; Steinke (1999): Kriterien qualitativer Forschung - Ansätze zur Bewertung qualitativ-empirischer Sozialforschung. Weinheim, S. 46, 207, 210, 214, 223-233, 241-245.

- **Empirische Verankerung:** der Theorieentwicklung durch kodifizierte Verfahren und Textbelege
- **Kohärenz der identifizierten Theorie:** Widersprüche in den Daten herausarbeiten
- **Reflektierte Subjektivität:** Subjektivität der Forscher als Teil des Forschungsprozesses berücksichtigen und reflektieren
- **Limitation:** Geltungsrahmen der Theorie festhalten, u. a. durch Typenbildung und Berücksichtigung methodischer Leitlinien
- **Triangulation:** Einsatz sich ergänzender Methoden, Theorien, Daten und Forscher
- **Relevanz:** der Fragestellung und pragmatische Nützlichkeit der Theorie

Neben diesen Kriterien werden weitere vorgeschlagen, da die Qualität von Theorien - insbesondere durch mit Hilfe der Grounded Theory entwickelter Theorien - eher nicht anhand testtheoretischer Gütekriterien zu beurteilen ist. Glaser und Strauss schlagen hierzu die Kriterien Glaubwürdigkeit, Plausibilität und Vertrauenswürdigkeit (*„credibility, plausibility, trustworthiness“*) vor, um den Forschungsprozess und dessen Ergebnis zu beurteilen.[1083] Außerdem nennen sie den Aspekt „Eignung“ in Bezug auf die Bedeutung der entwickelten Theorie für tatsächliche Handlungen in der Praxis und Glaser zieht *„workability“* als Maß dafür heran, inwieweit die Kernkategorie tatsächlich das Handeln im Untersuchungsfeld erklärt.[1084] Vier Kriterien finden sich zudem bei Charmaz[1085]:

- **Glaubwürdigkeit (*„credibility“*):** Inwiefern liegen starke Zusammenhänge zwischen der Theorie und den Daten der Analyse vor? Decken die Kategorien die Breite der empirischen Daten ab?
- **Originalität (*„originality“*):** Relevanz der Forschungsfrage und Beitrag der Analyse zu bestehenden Theorien und Praktiken
- **Resonanz (*„resonance“*):** Inwiefern ermöglicht die Analyse tieferen Einblick in das betrachtete Themenfeld?
- **Nützlichkeit (*„usefulness“*):** Welchen Beitrag leistet die Analyse zu Forschung und Praxis?

Beurteilung der Reliabilität, Validität und Objektivität der qualitativen Analyse

Die Reliabilität der Kodierungen des Datenmaterials wurde durch eine zweite Codiererin gesichert, die die Kodierungen mit Hilfe der Definitionen, die im Codebuch festgehalten wurden, anhand eines stichprobenhaften Auszugs der analysierten Clusterberichte nachvollzogen hat (Sicherstellung der Intercoder-Reliabilität). Reliabilität wurde zusätzlich über ein mehrfaches Auswerten der Clusterberichte gewährleistet und durch eine zweite Durchführung der Analyse (Re-Test) wieder erhöht,

---

[1083] Vgl. Glaser, Strauss (1998): Grounded theory - Strategien qualitativer Forschung. Bern u. a., S. 227, 235-237; Glaser, Strauss (2012): The discovery of grounded theory - Strategies for qualitative research. 7. Aufl. New Brunswick u. a., S. 223; Mey, Mruck (2011), S. 11-48, S. 16.

[1084] Vgl. Glaser, Strauss (2012), S. 223; Glaser (1978): Theoretical sensitivity: advances in the methodology of grounded theory. Mill Valley, CA; Mey, Mruck (2011), S. 11-48, S. 30f.

[1085] Vgl. Charmaz (2006): Constructing Grounded Theory - A Practical Guide Through Qualitative Analysis. London, S. 182f.; Flick (2014), S. 487 u. 490f.

da diese zu den gleichen Kodierungsergebnissen kam. Dies stellt zudem die Stabilität der Ergebnisse sicher.[1086]

Die Validität der Analyse wurde auf Inhaltsebene (Inhaltsvalidität) gesichert. Dazu wurden in allen Phasen der Analyse der Clusterberichte Maßnahmen ergriffen. Hierzu zählen die Definition und Beachtung der Kodierungsregeln sowie der Codedefinitionen genauso wie die zweite „Runde“ der Kodierung zur Überprüfung der Codes.[1087] Mit Hilfe eindeutiger Definitionen der Kategorien sowie definierter Kodierungsregeln wurde die Trennschärfe des Kategoriensystems sichergestellt.[1088] Dabei wird eine theoretische Umschreibung des Begriffes gegeben. Diese wird jeweils durch eine beispielhafte Wortliste ergänzt, die der Operationalisierung der Kategorien dient. Zusätzlich wird der jeweilige Titel der Kategorie als unmittelbares Kriterium der Kodierung vorausgesetzt. Auf diese Weise wird die Interpretationsleistung durch den Kodierer in einen vorgegebenen Definitionsrahmen eingebunden.[1089] Zudem wurde die semantische Gültigkeit der Kategorien mit Hilfe von Stichproben-Checks am Material geprüft. Die Konstruktvalidität der Analyse wurde mit Hilfe der theoretischen Fundierung der Kategorienbildung, der Dokumentation des Forschungsprozesses sowie den Erfahrungen aus der Analyse ähnlicher Clusterberichte in einem anderen Forschungsprojekt abgesichert. Die Validierung der Konstrukte wird im weiteren Verlauf der Forschungsarbeit über die Primäranalyse sichergestellt.[1090] Zusätzlich wurde die Konstruktvalidität durch eine Datentriangulation[1091] erreicht, indem 52 Berichte von insgesamt 24 Clustern in die Analyse einbezogen wurden.

Die Validität konnte zudem durch die gemischt deduktiv-induktive Vorgehensweise bei der Definition des Kategoriensystems verbessert werden.[1092] Das Kategoriensystem misst die zentralen Dimensionen, die sich aus den Forschungsfragen ergeben haben, zufriedenstellend. Zu allen Forschungsfragen konnten Konkretisierungen entwickelt werden, die in der Primäranalyse vertiefend untersucht werden. Die interne Validität der Analyse wurde sichergestellt, indem die Ergebnisse mit der Literatur abgeglichen wurden[1093] und sowohl die einzelnen Fälle der Cluster als auch eine Betrachtung anhand der Cluster-Lebenszyklusphasen durchgeführt wurde. Externe Validität wurde durch die Auswahl und Strukturierung der Clusterberichte erreicht, die eine maximale Varianz innerhalb der ausgewählten Stichprobe sicherstellen sollen. Der Kontext wurde durch die Sammlung von Informationen über die Situation der Cluster in Deutschland, der EU sowie der Berücksichtigung der Auszeichnungen der Cluster (Cluster-Excellence-Labels) hergestellt. Objektivität kann für

---

1086 Vgl. Mayring (2015b), S. 123 u. 127.
1087 Vgl. Früh (2011), S. 198f.; Steinke (2015), S. 319-331, S. 326.
1088 Vgl. Früh. (2011), S. 87; Mayring (2002): Einführung in die qualitative Sozialforschung - Eine Anleitung zu qualitativem Denken. 5. Aufl. Weinheim, S. 119.
1089 Vgl. Früh (2011), S. 88 u. 91.
1090 Vgl. Mayring (2015b), S. 127.
1091 Vgl. Gibbert, Ruigrok (2010): The "What" and "How" of Case Study Rigor: Three Strategies Based on Published Work. *Organizational Research Methods*, Jg. 13(4), 2010, S. 710-737.
1092 Vgl. Schreier (2014), o.S.
1093 Vgl. Gibbert, Ruigrok (2010); Corbin, Strauss (2014), S. 94f.

qualitative Analysen nicht in gleichem Maße verstanden werden wie für quantitative Ansätze, sondern ist vielmehr als Respekt des Forschenden ggü. den Daten zu verstehen. Die Objektivität im Rahmen der Analyse kann aufgrund des im Vergleich zu leitfadengestützten Interviews sehr geringen Beeinflussungsmöglichkeiten bei der Datenerhebung durch die Forscherin als unkritisch eingestuft werden. Weitere Maßnahmen, die ergriffen wurden, sind auch im nächsten Abschnitt bzgl. der reflektierten Subjektivität erläutert.

Im Folgenden wird die qualitative Clusterberichtanalyse dieser Arbeit anhand der Gütekriterien nach Steinke und Charmaz diskutiert. Die **Intersubjektive Nachvollziehbarkeit** der qualitativen Clusterberichtanalyse wird durch den Einsatz kodifizierter Methoden, die Dokumentation der Erkenntnisse in Memos und in der Erstellung des paradigmatischen Modells sowie der Situation Map erreicht, die die Überprüfbarkeit des Forschungsprozesses erhöhen.[1094] Der Forschungsprozess (Datenauswahl, Auswertungsmethoden etc.) wurde zudem in Kapitel 4.2.2 umfassend erläutert. Die **empirische Verankerung** der Analyse wird mit Hilfe kodifizierter Methoden und dem Verweis auf Textbelege sichergestellt. Die Kohärenz der Theorie wird durch das Aufzeigen von Problemen bzw. Widersprüchen berücksichtigt. Zudem wurden die Grundlagen der Theorie und die **Relevanz** der Forschungsfragen in Kapitel 2 und 3 herausgearbeitet.

Der Aspekt der **reflektierten Subjektivität** wurde bei der Interpretation der Analyseergebnisse berücksichtigt. Das systematische Vorgehen anhand der methodischen Leitlinien verringert den Einfluss der subjektiven Meinungen der Forscherin. Der Erfahrungshintergrund der Forscherin lässt sich nichtsdestotrotz nicht vollkommen von der Interpretation lösen. Entsprechend den Anforderungen qualitativer Forschung und insbesondere auch der Grounded Theory, darf hierbei die Theorieentwicklung aber durchaus die subjektive Wahrnehmung und Interpretation des Forschers miteinfließen.[1095] Corbin und Strauss nennen „*sensitivity*", d. h. eine Sensibilität für den Forschungskontext und die Daten, als ein Ersatzkriterium anstelle von klassischer Objektivität[1096] und merken u. a. an: „*... professional knowledge and experience can enhance sensitivity.*"[1097] Die **Limitation** der Ergebnisse, d. h. deren Gültigkeitsrahmen, wurde mit Hilfe der Bestimmung von Fallgruppen, bspw. zu Cluster-Lebenszyklusphasen und Regionen, sowie der Herausstellung von problematischen Elementen und negativer Ereignisse bestimmt. Die Methode der **Triangulation** wurde bei der Auswahl der Daten herangezogen. Zudem wird über die Fortführung der Analyse im Rahmen der quantitativen Studie, d. h. durch den Einsatz einer weiteren Analysemethode, eine methodologische Triangulation erzielt. Das Heranziehen verschiedener Theorien festigt die Triangulation weiter.

[1094] Vgl. Tielfel (2005): Kodierung nach der Grounded Theory lern- und bildungstheoretisch modifiziert: Kodierungsleitlinien für die Analyse biographischen Lernens. In: *ZBBS*, Jg. 6(1), 2005, S. 65-84, S. 69.
[1095] Vgl. Gibbert, Ruigrok (2010); Flick, U. (Hrsg.) (2015).
[1096] Vgl. Corbin, Strauss, (2014), S. 77.
[1097] Corbin, Strauss (2014), S. 78.

4.3 Kategoriensystem zur Bestimmung der Lebenszyklusphase eines Clusters

Der detaillierten Vorstellung der Ergebnisse der qualitativen Analyse muss an dieser Stelle bzgl. der Einordnung der Berichte in Cluster-Lebenszyklusphasen vorausgegriffen werden. Bereits früh während der qualitativen Analyse zeichnete sich ab, dass nur äußerst wenige direkte oder konkrete Aussagen bzw. Textstellen hinsichtlich einer Einordnung des jeweiligen Clusters in eine Lebenszyklusphase zu finden sein würden. Um dennoch eine Analyse durchführen zu können, inwiefern sich Schwerpunkte eines PM in Clustern und die Schwerpunktsetzung zu weiteren Themenfeldern, wie bspw. Nachhaltigkeit, im Verlauf des Clusterlebenszyklus verschieben, war es erforderlich, die Einordnung der Berichte in die Lebenszyklusphasen anhand indirekter Indikatoren vorzunehmen. In der Literatur fehlt es allerdings an konkret definierten Kriteriensets für eine systematische Einordnung von Clustern in Lebenszyklusphasen (siehe auch Kapitel 2). Die meisten Autoren, sowohl solche, die ein stilisiertes als auch ein adaptives Lebenszyklusmodell für Cluster favorisieren, machen diese Phasen v. a. an der Anzahl der Unternehmen und Mitarbeiter dieser Unternehmen sowie dem angesammelten Kapital fest.[1098] Auch Orsenigo (2001), Trippl (2005) und Köhler (2006) sowie Elola (2012) fokussieren u. a. auf das Kriterium der Unternehmensanzahl im Cluster zur Bestimmung der Entwicklungsphase.[1099] Hinzu kommt, dass eine eindeutige Bestimmung der Clusterlebenszyklusphase schwer zu erreichen ist, da sich Cluster nicht immer gleichmäßig entwickeln.[1100] Die Einordnung der Phasen orientiert sich am statischen Clusterlebenszyklus-Modell von van Klink und de Langen sowie Menzel und Fornahl mit den vier Phasen Entstehung, Wachstum, Reife und Transformation bzw. Rückgang.[1101] Die Bestimmung der Cluster-Lebenszyklusphase orientiert sich an einem Vorgehen von Ingstrup und Damgaard (2013) für das alternative Cluster-Lebenszyklusphasen-Modell nach Enright (2003).[1102] Dieses Modell wurde für die Einordnung der Lebenszyklusphase im Rahmen der Arbeit ausgeschlossen, weil es sich auf eine Differenzierung der Entstehungsphasen eines Clusters konzentriert. Dagegen sind die betrachteten Cluster eher als *"working cluster"* im Sinne von Enright[1103] zu verstehen und sind innerhalb dieser Einordnung zu differenzieren. Die Modelle von van Klink und de Langen sowie Menzel und Fornahl bieten die Möglichkeit, diese Einordnung im Rahmen der Phasen Wachstum, Reife und Rückgang bzw. Transformation genauer zu unterscheiden. Beide Sichtweisen auf Cluster-Lebenszyklusphasen betrachten Cluster nicht in ihrer institutionalisierten Form, sondern als lose Zusammenschlüsse von Unternehmen einer Region und Branche und fokussieren auf Marktcharakteristika, um die Cluster-

[1098] Vgl. Menzel, Fornahl (2007), S. 10; Martin, Sunley (2011), S. 1307; van Klink, de Langen (2001), S. 454.
[1099] Vgl. Orsenigo (2001): The (failed) development of a biotechnology cluster: The case of Lombardy. In: *Small Business Economics*, Jg. 17(1-2), 2001), S. 77-92, S. 80; Köhler, Otto (2006), S. 7f.; Elola, Valdaliso, Lopez u. a. (2012), S. 258; Trippl, Grillitsch, Isaksen u. a. (2015a), S. 2030. Siehe hierzu auch Staber, Sautter (2011), S. 1353; Ter Wal (2013): Cluster Emergence and Network Evolution - A Longitudinal Analysis of the Inventor Network in Sophia-Antipolis. In: *Regional Studies*, Jg. 47(5), 2013, S. 651-668, S. 653.
[1100] Vgl. Ingstrup, Damgaard (2013), S. 565.
[1101] Vgl. Van Klink, de Langen (2001), S. 454; Menzel, Fornahl (2007), S. 10.
[1102] Vgl. Ingstrup, Damgaard (2013), S. 565-568; Enright (2003), S. 104.
[1103] Vgl. Enright (2003), S. 102.

entwicklung zu beschreiben und weniger auf organisationale Kriterien, wie sie in den analysierten Clusterberichten zu finden sind. Daher wurde im Rahmen dieser Forschungsarbeit eine Systematik zur Bestimmung der Cluster-Lebenszyklusphase eines über ein CM institutionalisierten Cluster erarbeitet, die insbesondere auch Charakteristika des CM und seiner organisatorischen Rahmenbedingungen berücksichtigt. Diese Systematik wurde in ein Kategoriensystem überführt, das in die Analyse der qualitativen Studie integriert wurde. Die analysierten Cluster wurden anhand der entwickelten Systematik in eine der vier Lebenszyklusphasen (Start-, Wachstums-, Reife- und Rückgangs- bzw. Transformationsphase[1104]) eingeordnet. Im Folgenden wird zunächst die erarbeitete Systematik vorgestellt, bevor die Einordnung der Cluster in die vier Lebenszyklusphasen erläutert wird.

4.3.1 Konzeption der Systematik zur Cluster-Lebenszyklus-Einordnung

Ziel der Erarbeitung der Systematik ist es, eine Einordnung der Clusterberichte bzw. der jeweiligen Cluster in den Cluster-Lebenszyklus zu ermöglichen. Darauf aufbauend wird eine Typenbildung im Rahmen der qualitativen Analyse der Clusterberichte möglich.[1105] Zur Absicherung wurde im Rahmen der Analyse eine Kategorie aufgenommen, in die Textstellen mit einer expliziten Referenz auf eine Lebenszyklusphase eingeordnet werden konnten, sollte sich in Berichten, die zur Zeit der Erstellung der Systematik noch nicht kodiert waren, eine derartige Stelle aufzeigen. Die Definitionen der Kriterienausprägungen orientieren sich an Literatur zu Clusterlebenszyklusphasen sowie den Erfahrungen der Forscherin im Clusterumfeld. Neben Kriterien zu Bestandsdauer und Mitgliederanzahl des Clusters wurden v.a. Angaben zu Auszeichnungen des Clusters, bspw. mit einem der Cluster-Excellence-Label der ECEI, und das Portfolio an Dienstleistungen des CM sowie die Struktur und Sicherheit der Finanzierung des Clusters bzw. CM als Indikatoren für die Lebenszyklusphase herangezogen. Die Einschätzung beruht neben diesen Kriterien auf der allgemeinen Beurteilung der Autorin.

Ableitung der Indikatoren der Systematik zur Bestimmung der Clusterlebenszyklusphase

Menzel und Fornahl nennen die Anzahl der Mitarbeiter als einen Faktor, der mit der Maturität des Clusters in den ersten drei Phasen des Cluster-Lebenszyklus ansteigt: In der Reifephase zeigt sich ein Plateau und dann ein Rückgang in der Transformations- bzw. Rückgangsphase. Das heißt, die Anzahl an Mitarbeitern im Cluster folgt der Lebenszykluskurve.[1106] Dieser Verlauf wird für die entwickelte Systematik der Lebenszylusphaseneinordnung auf die Kriterien Anzahl der Unternehmen („Anzahl der Mitglieder des Clusters“) und Mitarbeiter im CM („Anzahl der Mitarbeiter im CM“) übertragen. Van Klink und de Langen sowie Köhler (2006) ziehen das Kriterium der Ein- und Austritte von Unternehmen zur Bestimmung der Phase des Clusters, u. a. unter dem Begriff

[1104] Vgl. Menzel, Fornahl (2007), S. 10; van Klink, de Langen (2001), S. 449.
[1105] Vgl. Breuer, Muckel, Dieris (2017), S. 90f.
[1106] Vgl. Menzel, Fornahl (2007), S. 10.

„cluster dynamics", heran.[1107] In der hier verwendeten Systematik findet sich dieser Aspekt in den Indikatoren „Anzahl neuer Mitglieder des Clusters" und „Mitgliederfluktuation im Cluster". Weitere Kriterien, die Van Klink und de Langen für ihre Einordnung nutzen, wie bspw. „Strategische Beziehungen" und „kooperative Bereiche",[1108] fließen in die Indikatoren „Strategieumsetzung und Monitoring", „Kooperationen und Projekte im Cluster" sowie „Arbeitsgruppen des Clusters" ein. Die Bedeutung von Kooperationen und sozialen Beziehungen zwischen Individuen und zwischen Unternehmen im Cluster für die Lebenszyklusphase findet sich auch an anderer Stelle in der Literatur.[1109] Orsenigo (2001) und van Klink/ de Langen (2001) betonen zudem die Bedeutung des Zugangs zu Finanzierungskapital als Indikator für eine Einteilung in eine Cluster-Lebenszyklusphase.[1110] Dieser Aspekt findet sich in der unten gezeigten Systematik im Indikator „Finanzierung des Clusters bzw. CM" und den Unterkriterien „Anzahl der Finanzierungsquellen" und „Sicherung der Finanzierungsquellen". Ingstrup und Damgaard ziehen für ihre Bestimmung der Clusterlebenszyklusphase neben den oben genannten Aspekten Kriterien wie die Institution des „Cluster-Sekretariats" bzw. CM, die Anzahl der Mitarbeiter im CM sowie die Finanzierungsstruktur (Fördermittel, Mitgliedsbeiträge) und angebotenen Dienstleistungen des CM und Projekte im Cluster heran.[1111] Die Indikatoren „Dauer des Bestehens des Clusters bzw. -managements" und „Alter des CM" leiten sich aus der Betrachtung von van der Linde ab, der u. a. das Jahr der Gründung zur Beurteilung der Reife und Wettbewerbsfähigkeit eines Clusters betrachtet.[1112] Zur Einschätzung der Professionalität des CM wurde der Indikator bzgl. Auszeichnungen des Clusters und CM ergänzt. Um eine Konkretisierung der Indikatoren zu erreichen, wurden durch die Autorin zudem für einige Indikatoren Unterkriterien ergänzt, wie bspw. Zufriedenheit mit den Dienstleistungen des CM". Außerdem wurde ein Kriterium für eine explizite Nennung der Lebenszyklusphase mit aufgenommen, um auch diesen, wenn auch unwahrscheinlichen Aspekt, abzudecken. Tabelle 40 zeigt die gewählten Indikatoren und ihre Ausprägungen in der jeweiligen Clusterlebenszyklusphase, die für die Einordnung der Cluster in Kapitel 4.3.2 und Ergebnisvorstellung in Kapitel 4.4 herangezogen werden.

4.3.2 Einordnung der analysierten Cluster in Cluster-Lebenszyklusphasen

In den analysierten Clusterberichten wurden zwar kaum explizite Hinweise auf Cluster-Lebenszyklusphasen gefunden, aber es zeigten sich vier Textstellen, die ein Wachstum bzw. eine Stabilisierung des jeweiligen Clusters thematisierten (z. B. Cluster C4 oder C8[1113]). Diese Stellen

[1107] Vgl. van Klink, de Langen (2001), S. 454; Köhler, Otto (2006), S. 7.
[1108] Vgl. van Klink, de Langen (2001), S. 454.
[1109] Vgl. Hervas-Oliver, Albors-Garrigos (2014), S. 439 u. 444; Suire, Vicente (2014), S. 151.
[1110] Vgl. Orsenigo (2001), S. 80; van Klink, de Langen (2001), S. 454.
[1111] Vgl. Ingstrup, Damgaard (2013), S. 565-568.
[1112] Vgl. van der Linde (2003), S. 140.
[1113] Anmerkung: Kürzel der Cluster siehe

Tabelle *39*.

werden bei der Einordnung des Lebenszyklus berücksichtigt. Ebenfalls wurden die Veröffentlichungszeiträume der Berichte bei der Einordnung beachtet; auf diese Weise konnte eine Entwicklung des Clusters nachvollzogen werden. Textstellen konnten so vergangenen Phasen oder der aktuellen Phase zugeordnet werden. Die folgende Tabelle 39 gibt einen Überblick über die Ergebnisse der Einordnung der Cluster in die Lebenszyklusphasen. Nur für Cluster C15 ließ sich keine Einordnung in eine Lebenszyklusphase mit Hilfe der vorliegenden Clusterberichte dieses Clusters bestimmen. Alle weiteren Cluster wurden in die vier Phasen eingeteilt. Eine detaillierte Begründung der Einordnung der Cluster anhand der entwickelten Systematik findet sich in Anhang 8.2. Strukturiert man die Ergebnisse der Lebenszyklusphasenbestimmung weiterhin nach der regionalen Herkunft der Cluster, ergibt sich eine Regions-Lebenszyklusphasen-Matrix als Überblick über die analysierten Cluster (siehe Abbildung 52). Die Matrix macht deutlich, dass die analysierten Berichte der Cluster in keinem der betrachteten Fälle eine Einordnung in die Niedergangs- oder Transformationsphase erlauben. Die Mehrheit der betrachteten Cluster sowohl in Deutschland als auch auf europäischer Ebene fällt in die Wachstums- oder Reifephase. Jeweils die Hälfte der Cluster aus Deutschland und den europäischen Ländern kann in die Reifephase eingeordnet werden. Insbesondere diese Cluster können Hinweise auf systematische und erfolgreiche PM-Aktivitäten liefern. Auch die Cluster, die in die Wachstumsphase fallen, werden auf PM-Aktivitäten hin betrachtet werden, die insbesondere in dieser Phase des Clusters zu Erfolg und Weiterentwicklung eines Clusters beitragen können. Mit Hilfe der beiden Cluster, die in die Entstehungs- bzw. Startphase fallen, lassen sich auch für diese Phase Hinweise auf systematische PM-Aktivitäten identifizieren.

Phasen des Cluster-Lebenszyklus

Regionen	Entstehung	Wachstum	Reife	Niedergang/ Transformation
Deutschland	C19	C2 C4 C6 C12 C14 C16 C17 C18 C24	C1 C3 C7 C8 C9 C10 C11 C13	
Europa	C22	C21	C20 C23 C25	

Abbildung 52 Matrixeinordnung der analysierten Cluster nach Lebenszyklusphase und Region

Tabelle 39 Überblick der analysierten Cluster und Einordnung nach Clusterlebenszyklusphasen

Cluster	**Kürzel**	**Clustertyp**	**Clusterlebenszyklusphase**
Biotechnologie-Cluster Rhein-Neckar (BioRN)	C1	Spitzencluster; ECEI Gold Label	Reifephase
Medical Valley EMN	C2	Spitzencluster	Wachstumsphase
MicroTEC Südwest	C3	Spitzencluster; ECEI Gold Label	Reifephase
Forum Organic Electronics	C4	Spitzencluster	Wachstumsphase
Elektromobilität Südwest	C6	Spitzencluster	Wachstumsphase
BioM Biotech Cluster Development GmbH	C7	ECEI Gold Label; Spitzencluster	Reifephase
Luftfahrtcluster Metropolregion Hamburg	C8	Spitzencluster; ECEI Gold Label	Reifephase
Allianz Faserbasierte Werkstoffe BW e. V.	C9	ECEI Gold Label	Reifephase
Bayrischer Biotechnologie Cluster	C10	ECEI Gold Label	Reifephase
Chemie-Cluster Bayern GmbH	C11	ECEI Gold Label	Reifephase
Silicon Saxony e. V.	C12	ECEI Gold Label	Wachstumsphase
VDC Fellbach	C13	ECEI Gold Label	Reifephase
IT Security: Bavarian IT Security & Safety Cluster	C14	ECEI Silber Label	Wachstumsphase
PhotonicNet	C15	ECEI Silber Label	Keine Einordnung möglich
Umweltcluster Bayern	C16	ECEI Silber Label	Wachstumsphase
Food-Processing Initiative e. V.	C17	ECEI Silber Label	Wachstumsphase
Sensorik Bayern	C18	ECEI Silber Label	Wachstumsphase
CC NanoBioNet	C19	ECEI Silber Label	Startphase
Axelera	C20	ECEI Gold Label	Reifephase
Biopeople	C21	ECEI Gold Label	Wachstumsphase
CLEAN - Connecting Danish Cleantech	C22	ECEI Gold Label	Startphase
Eco World Styria	C23	ECEI Gold Label	Reifephase
LUTB Transport & Mobility System Cluster	C24	ECEI Gold Label	Wachstumsphase
Pôle Mov'eo	C25	ECEI Gold Label	Reifephase

Tabelle 40 Systematik zur Bestimmung der Lebenszyklusphase eines Clusters

Lebenszyklusphasen **Kategorien**	**Anfangsphase („start“) technologisch orientiert („emergence“)**	**Wachstumsphase („growth“)**	**Reifephase („sustainment“)**	**Rückgangsphase („decline“) oder Transformationsphase**
Alter des Clusters	1-3 Jahre	mind. 4-7 Jahre	mind. 5 Jahre	mind. 7 Jahre
Alter des CM	1-3 Jahre	mind. 4-7 Jahre	mind. 5 Jahre	mind. 7 Jahre
Größe des Clusters	< 10 Mitglieder	> 10 Mitglieder	> 20 Mitglieder	< 20 Mitglieder
Anzahl der Mitglieder	< 10 Mitglieder	> 10 Mitglieder	> 20 Mitglieder	< 20 Mitglieder
Anzahl neuer Mitglieder	≤ als 5 neue Mitglieder pro Jahr	> 5 neue Mitglieder pro Jahr	1-3 neue Mitglieder pro Jahr	< 2 neue Mitglieder pro Jahr
Mitgliederfluktuation	> 50% der Mitglieder pro Jahr	ca. 30% der Mitglieder pro Jahr	< 10% der Mitglieder pro Jahr	ca. 30% der Mitglieder pro Jahr
Organisation des CM	kein CM als eigenständige Organisation und/ oder ein einzelner Clustermanager	CM als eigenständige Organisation oder bei einem Unternehmen angesiedelt	CM als eigenständige Organisation oder bei einem Unternehmen angesiedelt	CM als eigenständige Organisation, bei Unternehmen angesiedelt oder kein eigenständiges CM mehr vorhanden
Organisationsform	kein eigenständiges CM	CM als eigenständige Organisation, z.B. als Verein oder GmbH, oder bei Unternehmen angesiedelt	CM als eigenständige Organisation, z.B. als Verein oder GmbH, oder bei Unternehmen angesiedelt	CMals eigenständige Organisation, z.B. als Verein, GmbH, oder bei Unternehmen angesiedelt bzw. kein eigenständiges CM mehr
Anzahl der Mitarbeiter im CM	nur 1 Clustermanager alleine	1-5 Mitarbeiter	5-10 Mitarbeiter	weniger als 5 Mitarbeiter
Auszeichnungen	keine Auszeichnungen; keine für das CM	einzelne regionale Auszeichnungen für den Cluster/ CM	mehrere regionale, nationale und internationale Auszeichnungen für den Cluster bzw. das CM	keine aktuellen Auszeichnungen
Auszeichnung als Spitzencluster	keine Auszeichnung als Spitzencluster	keine Auszeichnung als Spitzencluster	Auszeichnung als Spitzencluster	keine Auszeichnung als Spitzencluster mehr
Auszeichnung mit Cluster Label	keine Auszeichnung mit ECEI Label bzw. Bronzelabel	Auszeichnung mit Silberlabel	Auszeichnung mit Goldlabel	Silber oder Bronzelabel oder ohne Label.
Kooperationen und Projekte im Cluster	nur vereinzelte Kooperationen der Clusterakteure bzw. nur vereinzelte geförderte Projekte	mehrere Kooperationen und Projekte im Cluster, z. T. öffentlich gefördert (regional)	zahlreiche Kooperationen (national und international) und öffentlich geförderte Projekte im Cluster	wenige Kooperationen und Projekte im Cluster (keine öffentlich geförderten Projekte oder nur unsystematisch geförderte)
Finanzierung des Clusters bzw. CM	Finanzierung ist nicht geklärt/ keine Angaben	Finanzierung durch Mitgliedsbeiträge u. reg. Förderung	Finanzierung durch Mitgliedsbeiträge, Dienstleistungen, regionale, nat. u. internat. öffentliche Förderung	Finanzierung nur unregelmäßig und weitgehend ungeklärt
Anzahl der Finanzierungsquellen	keine dauerhafte oder nur eine einzelne Finanzierungsquelle	1-2 Finanzierungsquellen	4-6 Finanzierungsquellen	1-2 Finanzierungsquellen
Sicherung der Finanzierungsquellen	Finanzierungsquellen sind nicht über mehrere Jahre gesichert	Finanzierungsquellen sind 1-2 Jahre gesichert	Finanzierungsquellen sind für mehr als 2 Jahre gesichert	Finanzierung für weniger als 2 Jahre geklärt

Fortsetzung Tabelle 40

Strategieumsetzung und Monitoring	keine Angaben zur Strategieumsetzung oder zum Monitoring/ keine gezielte Strategie-umsetzung u. kein systematisches Monitoring	systematische Strategieumsetzung in geringem Umfang u. zu bestimmten Schwerpunktthemen, kein Monitoring	systematische Strategieumsetzung in allen Bereichen des Clusters und systematisches Monitoring zur Umsetzung von Verbesserungen	keine durchgängige Umsetzung der Strategie u. kein regelmäßiges Monitoring
Dienstleistungen des CM	keine expliziten Dienstleistungen des CM vorhanden	einzelne Dienstleistungen des CM	vielfältige Dienstleistungen des CM für CA u. Externe	mehrere Dienstleistungen des CM
Anzahl	0-1 Dienstleistung des CM	1-2 Dienstleistungen des CM	5-10 Dienstleistungen	3-5 Dienstleistungen
Nachfrage	keine Nachfrage nach Dienstleistungen durch CA bzw. hohe Nachfrage, aber sie bleibt unbeantwortet	geringe Nachfrage nach Dienstleistungen bzw. weitere Dienstleistungen, die noch nicht angeboten werden, werden nachgefragt	hohe Nachfrage nach Dienstleistungen; keine Nachfrage nach weiteren Dienstleistungen zusätzlich;	mittlere bis geringe Nachfrage nach Dienstleistungen
Zufriedenheit der CA mit Dienstleistungen	CA sind unzufrieden mit Angebot an Dienstleistungen bzw. keine Rückmeldungen, da keine Dienstleistungen vorliegen	mittlere bis hohe Zufriedenheit der CA mit angebotenen Dienstleistungen	hohe Zufriedenheit der CA mit angebotenen Dienstleistungen	niedrige bis mittlere Zufriedenheit der CA
Themenschwerpunkte der Dienstleistungen	keine Themenschwerpunkte erkennbar	einzelne Schwerpunkte der Dienstleistungen sind definiert	Schwerpunkte der Dienstleistungen sind klar definiert und abgegrenzt von anderen CM/ Anbietern	Schwerpunkte der Dienstleistungen sind definiert aber nicht klar abgegrenzt von anderen CM/ Anbietern
Arbeitsgruppen (AG) des Clusters ***(Themenschwerpunkte)***	keine AG vorhanden bzw. nur vereinzelt, keine systematisch bestimmten und umgesetzten Arbeitsgruppen	mehrere AG des Clusters wurden systematisch bestimmt und umgesetzt	zahlreiche AG des CM sind klar definiert und regelmäßig umgesetzt und wurden weiterentwickelt	mehrere AG sind definiert aber nicht regelmäßig umgesetzt und nicht weiterentwickelt
Außendarstellung und Marketing des Clusters	keine gezielten Aktivitäten zur Außendarstellung oder Marketing	mehrere gezielte Aktivitäten zur Außendarstellung und Marketingmaßnahmen	umfassende gezielte Aktivitäten zur Außendarstellung und Marketingmaßnahmen	mehrere Dienstleistungen des CM Aktivitäten zur Außendarstellung und Marketingmaßnahmen
Lebenszyklus des Clusters	explizite Nennung der Lebenszyklusphase des Clusters als Anfangsphase, Startphase	explizite Nennung der Lebenszyklusphase des Clusters als Wachstums- oder Expansionsphase	explizite Nennung der Lebenszyklusphase des Clusters als Reife- oder Stabilisierungsphase	explizite Nennung der Lebenszyklusphase des Clusters als Rückgang/ Niedergang/ Abbauphase oder Transformationsphase

4.4 Ergebnisse der Clusterberichtanalyse

Im folgenden Kapitel werden die Ergebnisse der qualitativen Studie anhand der definierten Forschungsfragen bzw. Arbeitshypothesen erläutert. Daraufhin werden die Ergebnisse interpretiert und diskutiert. Basierend auf diesen Ergebnissen werden die Forschungsfragen entsprechend zur Orientierung für die quantitative Studie angepasst. Die betreffenden Forschungsfragen sind jeweils zu Beginn der Ergebnisübersicht nochmals genannt, um die Zuordnung nachvollziehbar zu machen.

4.4.1 Relevanz des Personalmanagements in Clustern

Forschungsfragen:

Frage (F) 1: Welche Relevanz hat Personalmanagement in Clustern aus Sicht von Clusterexperten?

- z. T. nur Einzelmaßnahmen im Bereich Weiterbildung (Workshops und Seminare zu Themenfeldern, in denen es Entwicklungsbedarf durch CA gab, aber keine systematische Herangehensweise an Bedarfsermittlung oder strategische Planung bzgl. PM-Aktivitäten
- *„Stärkung von Schlüsselkompetenzen wie Eigeninitiative, Teamfähigkeit und Flexibilität sind eine unerlässliche Voraussetzung für das gemeinsame Leben und Arbeiten. Sie helfen, auf neue Situationen schnell zu reagieren und Arbeitsabläufe effektiv zu gestalten. Für die Unternehmen bedeuten interkulturell kompetente Fachkräfte einen entscheidenden Wettbewerbsvorteil." (C8 Luftfahrtcluster Metropolregion Hamburg)*
- (internationale) Kooperationen zum Thema Kompetenzentwicklung, Gründung von internationalen Arbeitsgruppen zur Weiterverfolgung des Themas und Austausch unter Clustern zu Best Practices (C8 Luftfahrtcluster Metropolregion Hamburg)
- Kooperation mit regionalen Verbänden, Kammern und Ministerien und Aus-/ Weiterbildungsorganisationen (Bildungseinrichtungen, Universitäten und Hochschulen) zum Thema Kompetenzentwicklung weist auf Bedeutung des Themas hin
- Kooperation mit CA zu Praktika, wiss. Arbeiten und Schülerprojekten zeigen, dass das Thema Aus- und Weiterbildung in Clustern im Allgemeinen auf großes Interesse durch die Stakeholder trifft
- Cluster wirkt indirekt auf die Schaffung neuer Arbeitsplätze durch Förderung des Innovationsstandortes, u. a. mit seinen Aktivitäten zur Steigerung der Attraktivität des Standortes und mit Angeboten zur Kompetenzentwicklung und Nachwuchsförderung sowie im Bereich der Methoden Vermittlung im Innovationsmanagement
- In bestimmten Branchen mit *„ihren vielen kleinen und mittleren Unternehmen"* (z. B. Ernährungswirtschaft, C17 Foodprocessing NRW) werden Experten und Unterstützung im Bereich Personalmanagement benötigt, *„denn in der Regel gibt es weder auf der Seite der Unternehmensleitung noch beim Betriebsrat Experten im Bereich der Personalentwicklung"*
- Qualifizierungsprogramme sind bei einzelnen Clustern strategisch ausgerichtet (C8 Luftfahrtcluster Metropolregion Hamburg; C23 Eco World Styria)
- Aus- und Weiterbildung als Teil der Vereinssatzung des Clusters (C14 Bayern IT-Sicherheitscluster)
- Integration der Weiterbildungsplattform in den Gesamt-Onlineauftritt des Clusters (C3 MicroTEC Südwest)
- Erfolgsfaktor Bildung: Ein Grund, warum gezielte und kontinuierliche Investitionen in Bildung von unschätzbarem Wert sind sowohl für Neu-/ Quereinsteiger als auch für Fach-/

Führungskräfte. Ziel ist es, die Erfolgsquote von Innovationsprojekten im Entwicklungsprozess in Sensorik-Unternehmen zu steigern und gleichzeitig die Entwicklungszyklen zu verkürzen (C18 Sensorik Bayern)

- gemeinsame Projekte des Clusters mit CA zu vertiefenden Maßnahmen im Bereich Aus-/ Weiterbildung/PE scheitern nicht an Bedarfen sondern an unternehmensspezifischen Hindernissen (C3):
  „Neben diesen Erfolgsgeschichten [Anm.: des Aus-/ Weiterbildungsprojekts] herrscht in den [Anm.: Weiterbildungs-]Projekten dennoch Enttäuschung, dass das Thema Bildung im Cluster von den Akteuren doch wenig gefragt ist. Die durch die Podiumsdiskussion auf der Clusterkonferenz 2013 gewonnenen ca. 40 Kontakte wurden verfolgt, mündeten allerdings nur in 2 Fällen in konkrete Projekte. Die Ursachen hierfür erschließen sich weder den Projektpartnern noch dem CM. Bisherige Recherchen haben meist unternehmensindividuelle Gründe aufgezeigt. Gemäß der Befragung der Evaluatoren werden „eher Probleme" in den nächsten 3-5 Jahren bei Personen mit beruflicher Weiterqualifizierung (z. B. Techniker, Meister) gesehen (20,8 %) sowie ‚große Probleme' bei Personen mit akademischer Erstausbildung (12,5 %)."

Entwicklung der Personalmanagementaktivitäten in der Berichtszeit:

- Mehrere PE-Programme und -Maßnahmen wurden entwickelt und mit deren Umsetzung begonnen
- Keine Textstellen wurden gefunden, die auf eine Reduzierung der PM-Aktivitäten hinweisen
- Es liegen z. T. systematische Konzepte im Themenbereich PE vor: wie diese Themen aufzugreifen und umzusetzen sind, z. T. beginnend bei einer Bedarfserhebung unter CA und Zusammenarbeit mit ausgewählten Partnern (Clustern, Beratern, Bildungseinrichtungen) zur Verbesserung des Angebots
- Mehrere Cluster haben „Academy-Konzepte" im Bereich PE mit definierten Konzepten inkl. zu entwickelnden Kompetenzfeldern und definierten Zielgruppen der Angebote (z. B. C3, C1)
  - In beiden Fällen handelt es sich um Spitzencluster und die Academy Konzepte wurden über Förderprojekte realisiert
  - Teilweise modularer Aufbau der zielgruppenspezifischen Konzepte für Weiterbildungsangebote des Clusters (z. B. für Existenzgründer in C1)
  - Langfristige Nachwuchsentwicklung als ein Fokus inkl. modularer Maßnahmen in Schulen bzw. für Schüler und auch Studenten (C8), auch mit Fokus auf Gewinnung von Frauen und Mädchen (C8)
- In vielen Clustern lassen sich punktuelle Einzelmaßnahmen feststellen, besonders bei CM-internen PM-Aktivitäten, aber auch was themenspezifische Weiterbildungsangebote betrifft
- Die meisten der betrachteten Cluster haben ihre PM-Aktivitäten in den jeweiligen Berichtszeiträumen implementiert oder ausgebaut.

Geplante Personalmanagementaktivitäten:

- Geplante PM-Aktivitäten beziehen sich auf internationale Fachkräftegewinnung, und Fachkräfteaustausch sowie weiteren Ausbau der Aus- u. Weiterbildungsaktivitäten

- Einige Cluster befinden sich noch in der Phase der Planung von Maßnahmen z. B. Bedarfserhebungen oder der Konzeption von Studiengängen zum Clusterthema

4.4.2 Identifizierte Kernprozesse eines Personalmanagements in Clustern

Forschungsfragen:

F3: Welche Personalmanagementprozesse haben eine Bedeutung für den nachhaltigen Clustererfolg?

F8B: Welchen Anforderungen müssen Personalmanagementprozesse aus Praxissicht genügen?

F9a: Was sind die zentralen PM-Prozesse bzw. -funktionen eines Clusters bzw. Clustermanagements?

F9b: Welches sind die zentralen PM-Prozesse bzw. -funktionen eines CM aus Sicht von Clusterexperten?

Kernprozesse eines Personalmanagements in Clustern:

- Für Personalbindung, -marketing und -rekrutierung, -entwicklung (v. a. Ausbildung und Weiterbildung) findet sich eine Vielzahl an Textstellen in den Clusterberichten
- „Cluster-Academy-Konzepte" für die Bereiche Aus-/ Weiterbildung, Schulungs- und Beratungsleistungen im Bereich PM
- Bedarfserhebungen (unter Clustermitgliedern) zu PM-Bedarfen bzw. mit dem Schwerpunkt Weiterbildungs- und Fachkräftebedarf
- Projektarbeiten an Schulen zu Technologien und Fragestellungen des Clusters in Kooperation mit Clusterunternehmen
- **Austauschs von guten Praktiken im PM** zwischen Clusterunternehmen (C25, Mov'eo)
- **„Personalsharing" mit den regionalen Wirtschaftsfördergesellschaften für Stellen im CM**
- **Personalbindung:**
    - Thema Personalbindung wird v. a. in Clustern aus Frankreich und Österreich benannt in den Berichten (C23, ECO Styria und C25, Mov'eo), eine Nennung in C13, VDC Fellbach
    - Schaffung von Arbeitsplätzen als zentrale Aufgabe im Cluster (C25, Mov'eo) und zentraler Effekt des Clusterbestandes
        - Beschäftigtenzahlen werden seit Clusterbestehen gesteigert: C13, ECO Styria macht Angaben zur Steigerung der Beschäftigtenzahlen seit Bestehen des Clusters ca. 1000 Arbeitsplätze pro Jahr (jährlich ca. 10 % Steigerung der Anzahl der Arbeitsplätze in der Clusterregion)
    - Arbeitsmarktstudien für Branchen oder Region werden durchgeführt (C25, Mov'eo)
        - Entwicklungen von Löhnen voraussehend beurteilen
        - Studie wird fortgeführt und soll aktualisiert werden
        - es werden Empfehlungen für Behörden, Akteure im Bereich Beschäftigung und Arbeit bzgl. wirtschaftlicher Entwicklung abgegeben
    - Besondere Konditionen für Clustermitglieder
        - z. B. bei Aufbaustudiengängen an Hochschulen im Cluster
        - z. B. sog. „Regions-Pass" für Mitarbeiter der CA, der Vergünstigungen ermöglicht

        - CA profitieren von günstigen Tarifen, wenn sie die regionalen Förderprogramme für Studierende und Auszubildende nutzen bzw. darauf zurückgreifen und deren Regelungen befolgen (C25, Mov'eo)
    - Unterstützung bei der Planung des Kompetenzbedarfs und Einsatzes für CA durch das CM
    - Anforderungen der Clusterbranche an Fachkräfte wird einheitlich definiert und kommuniziert nach Abstimmung im Cluster
    - „Talents-Initiative" und Ideenwettbewerbe unter Hochschulen und Nachwuchskräften (Studenten und Doktoranden) zur Identifikation von hoch qualifizierten Absolventen
- **Personalmarketing und -recruiting:**
    - Vermittlung von Fach- und Führungskräften als Dienstleistung des CM
    - Unterstützung der Unternehmen im Cluster bei der Besetzung der Arbeitsplätze
    - Nähe des Clusters zu und Kooperation mit Bildungseinrichtungen
    - Online-Stellenbörse des Clusters (z. B. C7, C12, C13, C18, C23) die auf Clusterthemen bzw. Branchenthemen ausgerichtet ist
        - die auch zu Stellenvermittlungen führen (C23)
        - ECO-Karriereplattform unter www.eco.at wurde um die Rubriken Abschlussarbeiten und Praktikumsstellen ergänzt (C23, Eco Styria)
            - CM veröffentlicht Jobinserate für Clusterakteure
        - Spezial-Stellenvermittlung zu einem Technologieschwerpunkt (C13)
        - Ermöglicht Initiativbewerbungen und Verlinkung mit Sozialen Medien (C13)
        - z. T. mit bis zu 500 Stellenausschreibungen
        - Onlinejobbörse des Clusters als wichtige Informationsplattform
        - Stellenanzeigen werden in den wichtigsten sozialen Kanälen wie zum Beispiel Xing, Twitter und Facebook verlinkt
        - Vermittlung von Initiativbewerbungen an geeignete Unternehmen (Bewerberunterstützung)
    - durch strategische Kooperationen des Clusters wird Mitgliedern Zugang zum Arbeitsmarkt erleichtert
        - Abstimmung des Clusters mit der Industrie- und Handelskammer in der Clusterregion und der Agentur für Arbeit
        - strategische Partnerschaft „Fachkräfte-Recruiting" mit anderen Clustern aus ähnlichen Themengebieten (z. B. IT, Virtual Reality, C13)
    - Fokus auf internationale Rekrutierung: Messen, sog. „University Weeks" internationale Universitätsbesuche und ein „International Internship Programm" (C3)
        - aber Vermittlung der internationalen Bewerber schwierig umzusetzen, bisher nicht sehr erfolgreich
        - trägt zur Sichtbarkeit des Clusters bei
    - Förderung v. Forschungsprojekten, um internationale Forscher für die Region zu gewinnen
    - Bereitstellung von geeigneten Fach- u. Führungskräften durch Aus- und Weiterbildungsmaßnahmen (Personalentwicklung)

- durch Maßnahmen auf Schulebene bereits frühzeitig zukünftige Fachkräfte für das Clusterthema und die Region begeistern: Ausbildungslabor, Veranstaltungen in Schulen, Praktika (C4) und Ausstellungen von Projektexponaten (C12), sog. „Kinderuni" mit virtueller Lernsoftware (C13)
- Programme zur Gewinnung europäischer Fachkräfte (C4)
- Cluster verbessert überregionale Wahrnehmung, dies macht Region und Branche und Unternehmen bei Absolventen und Fachkräften bekannter, es führt zu mehr Bewerbungen
  - auf internationalen Veranstaltungen (Konferenzen, Messen) Werbematerialien verbreitet (C3)
- Finanzielle Unterstützung von Masterstudenten eines bestimmten clusternahen Studiengangs (C20)
- „Job Aid Programm" des Clusters (C20, Axelera) wurde für ein Masterprogramm genutzt
  - Förderung von besonders günstigen Unterstützungsleistungen für Programme, die bestimmten Regelungen folgen und Studierende und Doktoranden fördern zur Steigerung der Attraktivität für Nachwuchskräfte
- Teilnahme an Jobmessen und Unterstützung der CA bei Auftritt auf Jobmessen
  - Unterstützung von Rekrutierungsmaßnahmen von ausgewählten CA
  - konkrete Bewerbung und Vorstellung der Unternehmen auf Jobmessen
    - für ein Unternehmen konnte nach einer Jobmesse ein sehr geeigneter Kandidat gefunden werden
  - Personalbedarfsplanung: Begleitung der CA bei vorausschauender Planung von Stellen und Kompetenzbedarfen (C25, Mov'eo)
- „Recruiting Speed Dating Event" für Fachkräfte mit Vorstellungsgesprächen bei den CA
  - *„Neben der Möglichkeit sich selbst vorzustellen, informierten sich die Teilnehmer über Berufseinstiegsmöglichkeiten und trainierten den Small Talk mit Personalern. Aufgrund der hohen positiven Resonanz sowohl bei den Studenten als auch den Unternehmen wird es auch im nächsten Jahr eine Fortsetzung geben."* (C12, Cool Silicon/ Silicon Saxony)
- Vermittlung von Praktika, Ausbildungsplätzen, Abschlussarbeiten in den CA
- Bildungsatlas zur Clusterregion mit Clusterschwerpunkt als Hintergrund zur Ansprache von Schülern und Studenten
- Anschluss an Cluster kann für Gründungsunternehmen Zugang zu neuem Fachkräftepool bedeuten: *„Wir haben sunfire 2010 mit drei Leuten in Bremen gegründet. Durch die Übernahme des Dresdner Unternehmens staxera und unseren Umzug ins Silicon Saxony hat sunfire mittlerweile 70 Mitarbeiter.*" (C12)
- **im CM: gezielte Einstellung von Fachkräften zur Verbesserung einzelner CM-Prozesse, z. B. Controlling (C3), Innovationsmanagement, Öffentlichkeitsarbeit (C13)**
- strategische Partnerschaft „Fachkräfte-Recruiting" mit anderem Cluster bzgl. der Besetzung /Attraktivität von Stellen im CM (C3, C13):
  - *„Die Besetzung der beiden sogenannten Lotsenstellen gestaltet sich als problematisch. Das Bewerberpotential ist relativ gering. Die geeigneten*

Kandidaten sind mit dem TV-L Einkommenssystem nicht zu verpflichten. Es werden daher derzeit neue Ansätze („Personalsharing") mit den regionalen Wirtschaftsfördergesellschaften diskutiert." (C3, MicroTEC Südwest)
    - hochgradig bedarfsorientierte Rekrutierungsaktivitäten im CM: gezielte Einstellung/ Rekrutierung von Mitarbeitern bei konkret mangelnden Kompetenzen

- **Personalentwicklung:**
  - Qualifizierung als zentrales strategisches Element des Clusters
  - Zielsetzungen sind z. B.:
    - *„Ingenieure von morgen formen"* (C25, Mov'eo)
    - *„kontinuierliche Investitionen in Bildung von unschätzbarem Wert sind - sowohl für Neu- und Quereinsteiger als auch für Fach- und Führungskräfte. Ziel ist es, die Erfolgsquote von Innovationsprojekten im Entwicklungsprozess in Sensorik-Unternehmen zu steigern und gleichzeitig die Entwicklungszyklen zu verkürzen."* (C18, Sensorik Bayern)
    - Bereitstellung von Personal durch gezielte Nachwuchsförderung, praxisnahe Qualifizierung (C3, MicroTEC Südwest)
    - Stärkung von Schlüsselkompetenzen wie Eigeninitiative, Teamfähigkeit und Flexibilität, Fachkenntnissen und Sprachkenntnissen (C8, Luftfahrtcluster Hamburg)
  - Fokus auf Weiterbildungen und Seminare für Fach-/ Führungskräfte, z. T. werden Zertifikats-Lehrgänge oder Masterstudiengänge angeboten (es finden sich 185 Textstellen zur Kategorie „Weiterbildung"; Hochschulbildung etwas weniger stark vertreten (33 Textstellen))
  - Hochschulbildung:
    - Einheitliche Qualitätsstandards für Ausbildungen etablieren durch Zusammenarbeit im Cluster (Cluster treibt z. B. Zertifizierungen voran)
    - Cluster unterstützt darüber hinaus auch Partnerveranstaltungen im Bereich der „IT-Security"-Weiterbildung
    - Weiterbildung wird von einer Arbeitsgruppe des Clusters entwickelt, die auch den Dozentenpool stellt
    - Masterstudiengänge (z. B. C2, C20 oder C4 mit eigenen neuen Lehrveranstaltungen realisiert mit Instituten, die Clusterpartner sind); es wurde noch ein Diplomstudiengang implementiert (C25); Duale Studiengänge (C8)
  - CM als zentrale Stelle, bei der Weiterbildungsangebote der Clusterpartner vermittelt bzw. veröffentlicht werden (C3)
  - Weiterbildungsangebote als Teil des Dienstleistungsportfolios eines Clusters für seine Clusterakteure (Bedarfe der Akteure nach spezifischen Weiterbildungen decken)
  - Formate bzw. Aktivitäten bzw. Projekte im Bereich PE v. a. bzgl.: Weiterbildungsstudiengänge, „Skillseminare", Managementausbildung, Coaching, Aufbaustudiengänge, Zertifikatslehrgänge; (Online-)Masterstudiengänge; internationale Internships; Promotionsprogramme (z. B. C4); Ausbildungslabore; eine ergänzende Maßnahme ist individuelles Coaching, um eine besonders effiziente Vermittlung

von spezifisch notwendigem Management-Wissen zu erreichen; mehrere Cluster bieten E-Learning-Module oder Plattformen an (C25, C3, C4, C8);

- Zielgruppe Schüler: Programm zur Ansprache von Schülern inkl. Projektarbeiten, „Lern-Kits"/ Schülerkoffer, (z. B. C12)
  - Verankerung bei einem Clustermitglied nicht beim CM direkt (C3)
  - Ausbildung der Lehrer und Multiplikatoren (C4)
  - Labore, Infomobil als Einblick in die gewerblich-technischen Ausbildungsberufe und Robotik-Kurse an Schulen (C8)
  - Vorlesungsreihen und Praxistage für Schüler und Kinder (C8)
- Zielgruppe Studierende:
  - Ausbildungslabore und (internationale) Praktika, Mentoring, Ideen-Wettbewerbe, Stipendien (nur Stipendium: C12)
  - Forum für wissenschaftliche Diskussionen der CA eingeführt, bei der Bachelor-, Master- und Diplomabsolventen ihre Abschlussarbeiten vorstellen (C4)
- „Cluster-Academy-Projekte" (C1, C3, C8) mit definierten Zielgruppen und modularem Aufbau der Themenschwerpunkte, Weiterbildungsbereiche und Qualifizierungsoffensive (Paradebeispiel für Private-Public-Engagement und transnationale Kooperation, C8, Luftfahrtcluster Metropolregion Hamburg)
- Kompetenzbedarfe der CA erfassen und in Zielgruppen segmentieren (z. B. C1)
  - Wichtigste Weiterbildungsthemenbereiche definieren und entsprechende Angebote entwickeln
  - Anforderungen und Angebote sollten sich an Branche des Clusters orientieren
  - Kombination des Weiterbildungsangebots mit individuellem Coaching für CA
- umfassende Bestandsanalyse über vorhandene Aus-/ Weiterbildungsangebote erforderlich und Abgleich mit Bedarfen (C15)
- Integration der Weiterbildungs-/ Qualifizierungskonzepte mit anderen Konzepten des Clusters z. B. Beratung, Gründerförderung etc.
- Beratung bzgl. PM- bzw. PE-Themen:
  - z. B. „DiaLogisch" ist ein Baustein der Demografieberatung, die im Rahmen des BMBF-geförderten Projekts DEMOCLUST aufgebaut wird. Ziele von DEMOCLUST sind (C18, Sensorik Bayern):
    - Personalentwicklung demografiefest und nachhaltig gestalten
    - Unternehmen für Demografie- und Diversity-Management sensibilisieren
    - Fachkräfte gewinnen und sichern
    - Kompetenzen erfahrener Fachkräfte ausbauen
    - Innovationsfähigkeit stärken
    - Vielfalt in Unternehmen nutzen
    - Potentiale der Region ausschöpfen
    - regionale Vernetzung fördern
- Zusammenarbeit mit Weiterbildungspartnern und Hochschulen, internat. Partnern

        - *„Aufbau eines deutsch-französischen Netzwerks zwischen Unternehmen der Luft- und Raumfahrtindustrie, Schulen und Hochschulen sowie Trägern der Aus- und Weiterbildung*“ (C8, Luftfahrtcluster Metropolregion Hamburg)
        - Cluster in Nähe zu exzellenten Ausbildungseinrichtungen (z. B. C12, Cool Silicon/ Silicon Saxony)
        - Cluster leitet ein national gefördertes Aus-/ Weiterbildungsnetzwerk zu einem Kerntechnologiethema (C23, Eco World Styria)
    - Weiterbildungsprogramme müssen an Lage des Arbeits- und Fachkräftemarktes in Clusterregion angepasst sein
    - Fokus auf beruflicher Erstausbildung ist geringer ausgeprägt (nur 16 Textstellen), aber in einigen Clustern werden Ausbildungslehrgänge für die spezifische Clusterbranche bzw. Technologie realisiert
        - Aufeinander aufbauende Ausbildungslehrgänge (C2)
        - Internationales, europäisches Ausbildungsprogramm (C8), u. a. in Zusammenarbeit mit europäischen Förderprogrammen und mit anderen europäischen Clustern (bei C8 in Form von Kooperationen mit Clustern in Frankreich und Italien, s. o.)
        - Ziel ist es, berufliche Qualifizierung mit politischer und kultureller Bildung zusammenbringen. Die Mobilitätsagentur vermittelt stipendien-finanzierte Berufspraktika in Europa, bereitet mit interkulturellen Trainings und Sprachkurse (C8)
        - „EUROPASS“ des Clusters als Bestätigung der Teilnahme
    - Weiterbildungsangebote im Cluster werden kontinuierlich weiterentwickelt/ ergänzt (C8)
    - Förderprojekte, die Aus- und Weiterbildungskonzepte an aktuelle wissenschaftliche Erkenntnisse angleichen (C8)
    - Agenda Setting / Lobbyarbeit im Bereich Kompetenzentwicklung
        - *„Arbeitsgruppe ‚Skills & Innovation‘ erarbeitet einen Projektvorschlag im Bereich ‚Engineering Education‘, welcher […] bei der Europäischen Kommission eingereicht werden soll.*“ (C8, Luftfahrtcluster Metropolregion Hamburg)
    - Kombination: schulische, betriebliche Aus-/ Weiterbildung und Hochschulbildung (C8)
    - Aufbau einer „Engineering School for Innovative Technologies“ (C25)
    - Im CM wurde ein Trainingsinstitut gebildet, das Angebote von Partnern weitervermittelt und Kontakte zu Forschungseinrichtungen vermittelt (C24)
    - Förderung von Firmen, die Doktoranden beschäftigen (Stipendien) über eine Vermittlung durch das CM (C24)
    - Vergabe eines Stipendiums für einen Recycling-Lehrstuhl der Montanuniversität Leoben durch den Cluster (C23, Eco World Styria)
        - Weiteres Beispiel: *„… unterstützt der Silicon Saxony e. V. einen Studenten der HTW Dresden im Rahmen des „Deutschland-Stipendiums. Die Förderung liegt bei 150 Euro pro Monat, die durch 150 Euro aus Mitteln des*

Bundes ergänzt werden, und erfolgt über 3 Jahre." (C12, Cool Silicon/ Silicon Saxony e. V.)

- Förderung von Qualifizierungsprogrammen in Unternehmen durch den Cluster in Kooperation mit öffentlicher Hand (C23)
- Bildungsatlas zeigt das vielfältige Angebot zur Aus-, Fort- u. Weiterbildung sowie Studienangebote im Cluster auf (C13)
- Unterstützung von „Summer Schools" zu verschiedenen clusterrelevanten Themenfeldern für Praktiker, Studierende und Absolventen (C14)
  - PE-Aktivitäten als Verbundprojekte zwischen mehreren Partnern im Cluster
  - Informationsgrundlage schaffen für die Entwicklung eines auf die branchenspezifischen Anforderungen abgestimmten Weiterbildungs- und Beratungsangebots
  - Untersuchungen und Auswertungen auch nach Branchen, Fachrichtungen und Ebenen der Qualifikation zu differenzieren (C15, PhotonicNet)
  - Einbeziehen von Experten und Industrievertretern zur Entwicklung des Weiterbildungsangebots
  - neue Lerntechnologien nutzen: „*Online- Lernangebote zeichnen sich durch räumliche Flexibilität aus und liefern somit auch einen Beitrag zur Internationalisierung*" (C3, MicroTEC Südwest)
- Themenfelder der Personalentwicklungsaktivitäten sind u. a.:
  - techn. Themen d. Clusterbranche, Unternehmensführung, Open Innovation;
  - Dienstleistungsentwicklung; In- und Auslizenzierung, Projektmanagement, IP-Management, Marketing und Kommunikation, „Merger & Acquisition", Business-Development, Risiko-, Projekt- u. Patent-Management, Steuern/ Recht, Unternehmensstrategie, Marketing und Vertrieb, Markt- u. Wettbewerbsanalyse, Finanzierung, IPO-Strategie, Controlling, Personalwesen, Wissensmanagement, Change Management; Entwicklung eines modularen Gesamtkonzepts, das sich in die Kategorien „Strategy-, Business- u. Development-Excellence" gliedert (C1, BioRN)
  - Interkulturelle Vorbereitung, Konflikt- und Kommunikationstraining sowie Landeskunde und Sprachkurse, Stärkung von Schlüsselkompetenzen wie Eigeninitiative, Teamfähigkeit und Flexibilität (C8, Luftfahrtcluster Metropolregion Hamburg),
  - Führungskräftetraining „Stark im Führen - innovativ im Team", Psychologie des Verkaufens, Innovatives PM, Öffentlichkeitsarbeit und Vertrieb, BWL für Entwickler, Zeitmanagement, „Nachhaltigkeit durch Innovationskultur", "Strategisches PM" (C18, Sensorik Bayern);
  - Personalwesen als Inhalt der PE-Maßnahmen und PM nahe Themen

Anforderungen an Personalmanagementprozesse in Clustern:

- Anforderungen der Clusterbranche an Fachkräfte wird einheitlich definiert und kommuniziert nach Abstimmung im Cluster
- Austausch von guten Praktiken im Personalmanagement zwischen Clusterunternehmen
- Prozesse müssen dazu beitragen, Rahmenbedingungen für Industrie/ Branche zu verbessern
- Angebote sollten sich an Branche des Clusters orientieren

- Integration der Personalmanagementaktivitäten in weitere Angebote und Schwerpunkte des Clusters

4.4.3 Beitrag des Personalmanagements zum Clustererfolg

Forschungsfragen:

F3: Welche Personalmanagementprozesse haben eine Bedeutung für den nachhaltigen Clustererfolg?

F4: Welchen Beitrag leisten die jeweiligen Personalmanagementprozesse bzw. -funktionen, z. B. Personalentwicklung und -gewinnung, für den nachhaltigen Clustererfolg?

F5: Welche Wirkungen oder Erfolge können Ansätze eines PM in Clustern aufweisen?

- Gründe für nur wenige gemeinsame Projekte eines Clusters im Bereich Bildung/ PE oder Qualifizierung konnten nicht erschlossen werden bzw. unternehmensindividuelle Gründe; ca. 40 Interessenten für Projekte waren vorhanden (C3)
- Weiterbildungsangebote zu clusterspezifischen Themen machen Fachkräfte aus der Region und auch international auf den Cluster und die Region aufmerksam
- Schülerprogramme zu Cluster-Themen tragen zur Nachwuchssicherung bei
- Nachwuchskräfte gewinnen (v. a. mit sehr guten Kompetenzen in MINT-Fächern) zur Sicherung der langfristigen Zukunftsfähigkeit des Clusters (kritische Ressourcenbasis bzgl. Experten, Fach- und Führungskräften absichern)
- Arbeitsplätze und Wirtschaftskraft in der Cluster-Region fördern (z. B. C23, ECO World Styria);
- Qualifizierung als Standortstärkung (C8, Luftfahrtcluster Metropolregion Hamburg)
- Attraktivität des Standorts durch qualitative Aus- und Weiterbildung steigern (Medical Valley)
- Weiterbildungs-/ Coachingprogramme für Start-ups tragen zur Stärkung der Innovationsfähigkeit bei
- nachhaltige Gewinnung und Bindung von Mitarbeitern, z. B. CA können Ausbildungsplätze kostenfrei in eine Job-Online-Plattform einstellen
- Einschätzungen zur Lage des Arbeitsmarktes in der Clusterregion mit Partnern wie Verbänden, Kammern etc. durch Abstimmungen und Bedarfserhebungen
- Etablierung des Standorts als einen der attraktivsten für Nachwuchs-, Fach-, u. Führungskräfte durch Kompetenzscreenings und Weiterbildungsangebot sowie Maßnahmen im Bereich der Rekrutierung (C4, Forum Organic Electronics)
- Sicherung des Fachkräftebedarfs von besonderer Bedeutung für KMU (C3, MicroTEC Südwest)
- kontinuierliche Auseinandersetzung mit Themenfeldern aus der Clusterbranche ermöglichen, z. B. über Zertifikatslehrgänge und so Wissen und Erfahrungen dauerhaft sichern; Absolventen der Lehrgänge werden weiterhin mit aktuellen Informationen zu Trends und Entwicklungen in dem Themenfeld versorgt und können an Arbeitsgruppen des Clusters teilnehmen (C14, Bayern IT-Security)
- strategisch geleitete Qualifizierungsplanung unterstützt dabei, Mitarbeiter-Know-how aufzubauen und somit einen konkreten Wettbewerbsvorteil zu erlangen (C23, ECO World Styria)

- Bildung als Erfolgsfaktor: Erfolgsquoten von Innovationsprozessen steigern und Entwicklungszyklen verkürzen: Beitrag zur Nachhaltigkeit der Cluster-Unternehmen leisten, u. a. bei C19, NanoBioNet; C18, Sensorik Bayern und C13, VDC Fellbach (hier: Projekt mit Inhalten zu Wissensmanagement und Kompetenzentwicklung)
    - indirekte Sicherung des Clusters durch Steigerung des Beitrags zum Erfolg der Clusterakteure über Fachkräftegewinnung und Weiterbildung
- Einführung virtueller Ausbildungsmethoden und Schulung dazu bei CA hilft v. a. KMU Investitionskosten für physikalische Aus- u. Weiterbildungsmodelle zu reduzieren
- Sicherung und Neuschaffung von Arbeitsplätzen: Thema wird häufig genannt, bei fast allen Clustern, aber es werden selten konkrete Ergebnisse genannt (Ausnahmen bspw. C23, ECO World Styria) und diese können nicht eindeutig auf PM-Aktivitäten des Clusters/ CM zurückgeführt werden
- in einem Spitzencluster (C3, MicroTEC Südwest) sind PM oder PM-Teilprozesse kein Baustein des Nachhaltigkeitsprogramms „2020+“ (aber Technologie-, Innovations- u. Kooperationsmanagement)

4.4.4 Ansatzpunkte und Ebenen eines Personalmanagements in Clustern

4.4.4.1 Ansatzpunkte

Forschungsfragen:

F7: Welche Ansätze für ein Personalmanagement im Cluster existieren in der Praxis?

F8B: Welchen Anforderungen müssen Personalmanagementprozesse aus Praxissicht genügen?

Folgende **Schwerpunkte der Personalmanagementstrategie des Clusters** wurden genannt und können als Ansatzpunkte für ein systematisches PM in Clustern herangezogen werden:

- Fachkräftepotenzial im Cluster sichern: Qualifizierungsprogramme und Unterstützung der Rekrutierung der Cluster-Unternehmen (C8)
    - Attraktivität des Standorts für internationale Nachwuchswissenschaftler steigern (C4)
    - Nachwuchskräfte ausbilden (C8), Nachwuchsgewinnung (C3, C13)
    - Weiterbildungsangebote bis hin zur Vermittlung von Fach-/ Führungskräften (C18)
- Aus-/ Weiterbildung in Kooperation mit Hochschulen und Unternehmenspartnern entwickeln
- Unterstützung von Partnerveranstaltungen im Bereich der Weiterbildung
- „ClusterAcademy“ als Aus-/ Weiterbildungsprogramme (u. a. C3) mit ausgearbeiteten Konzepten
- Kompetenzzentrum für Technologie und Qualifizierung im Cluster aufgebaut (C8)
- Workshops zu aktuellen Fachthemen (C8)
- Personalmanagement-Konzept:
    - sog. Aus- u. Weiterbildungskonzepte liegen vor und werden häufig in Kooperation mit Hochschulen oder Unternehmenspartnern entwickelt und im Rahmen von (Förder-) Projekten im Cluster umgesetzt
        - z. T. modular aufgebaute Konzepte; an Zielgruppen des Clusters ausgerichtet,
        - themen- u. studiengangorientierte Schwerpunkte sind integriert (C1)

        - z. T. auf Beratungskonzept des CM abgestimmt (C1) und Beratungserfahrungen werden für die Ausgestaltung und Umsetzung des Weiterbildungsangebots genutzt
        - in andere Konzepte des Clustermanagements integriert
        - branchenspezifische Orientierung oft vorhanden
        - z. B. Branchenspezifisches Weiterbildungsangebot inkl. umfangreiches Seminarangebot (Seminarreihen und Zertifikatslehrgänge ebenso wie spezielle Tagesseminare und Workshops, mit Referenzen aus Wissenschaft und Praxis)
            - Erprobung virtueller Ausbildungsmethoden
            - Neue Ausbildungsprozesse werden bis zur Zertifizierung begleitet
            - *„Langfristig sollen damit Ausbildungsstandards verbessert sowie Kosten und Ausbildungsdauer reduziert werden." (C18, Sensorik Bayern)*
        - z. T. internationale Bausteine vorhanden, z. B. internationales Praktikantenprogramm (C4, Spitzencluster)
    - Erarbeitung des Weiterbildungskonzepts in einem Workshop mit CA und Vertretern der Zielgruppe (Gründer); Vertiefung der Themenbereiche der Weiterbildung im Cluster /Anforderungen der CA (PM kann auch Weiterbildungsthema sein (C1))
        - Arbeitsgruppe aus Clustermitgliedern aus Industrie, Wissenschaft, Weiterbildungsanbietern und Berufsverbänden zum Thema Kompetenzentwicklung und Weiterbildung mit einem 6-Jahresplan (C20)
    - Vergabe von Stipendien für Studiengänge (C23)
- Keine Textstellen zum Prozess d. Entwicklung der Personalstrategie gefunden, keine Anhaltspunkte für ein systematisches Vorgehen als Teilprozess des Strategieentwicklungsprozesses

Angebote aus dem **Personalmanagement** können zudem **als Dienstleistung des CM** realisiert werden:

- Organisation des Austauschs von guten Praktiken im PM zwischen CA (C25)
- Unterstützung bei der Planung des Kompetenzbedarfs und -einsatzes für CA durch CM (C25)
- CM will *„... ein Leistungsspektrum bieten, das von Weiterbildungsangeboten über die Innovationsberatung bis hin zur Vermittlung von Fach- und Führungskräften reicht."* (C18, Sensorik Bayern)
- Unterstützung von CA beim Aufbau von strategisch abgeleiteten Mitarbeiterkompetenzen, um Wettbewerbsvorteile zu sichern (C23, C25 Mov'eo)
- Suche nach hoch qualifizierten Fach- und Führungskräften, Branchen oder fachspezifische Stellenbörsen (u. a. C20, C23, C18, C12, C16) zur Unterstützung der Rekrutierungsarbeit der CA (C13)
- Weiterbildungskonzepte an Lizenznehmer zur Verfügung stellen (C1)
- Personalmanagement-Beratungsangebote, u. a. für Start-ups/ Gründer
- Bedarfsanalysen der CA generell und im Bereich Beratung für PM-Themen/ -Problemstellungen

- Erarbeitung der Bedarfe und Angebote u. a. in Workshop mit Clustermitgliedern (C1)
- Beratung für Weiterbildungen im Bereich Strategisches Management, Innovationsmanagement des Unternehmens und kontinuierliche Verbesserung als Beispiele für thematische Unterteilung der Weiterbildungsberatung (C1)
- Integration in weitere (Beratung-)Konzepte des Clusters erforderlich
- eigene Geschäftsstelle für „Cluster-Academy-Projekt“ (C1, BioRN)
- Finanzierung der Schulungsangebote über Gebühren, Jobbörsen sind für CA meist kostenfrei
- Qualifizierungsseminare zu bestimmten Themenfeldern (C18, C23), u. a. auch Führungskräftetrainings, Patent-, Zeit- und Innovationsmanagement (C21), Verkaufstrainings, BWL für Entwickler fachübergreifende Qualifizierungsmodule z. B. zum Thema „Techniker verstehen“ etc., z. T. mit IHK-Zertifizierungen, für Clustermitglieder teilweise kostenlos (C18)
    - Input der Teilnehmer für Seminargestaltung explizit gewünscht (C18)
    - Qualifizierung im Personalbereich: Seminare mit thematischem Fokus auf PM u. PE (C17)
    - „Arbeitsschutz im Mittelstand“-Seminar (C13, VDC Fellbach)
    - Zertifikatslehrgänge (Cluster-Mitglieder erhalten Ermäßigung, C14)
    - Unterstützung von themenbezogenen Summerschools mehrerer Hochschulen (C14)
- Coachingprogramm für Unternehmensgründer, u. a. Kurse zum Thema PM und Personalführung
- Organisation von Netzwerktreffen von Bildungsanbietern mit Schwerpunkt auf Weiterbildung im Clusterthemenfeld (C23)
- *„Je nach Bedarf und Ausrichtung der Unternehmen werden die Mitarbeiter kontinuierlich mit relevanten, innovativen Methoden, Technologien, Anwendungen und Neuentwicklungen vertraut gemacht. Dadurch werden Industrietechnologen befähigt, Innovationsstrategien der Unternehmen umzusetzen und Neuentwicklungen in den regionalen Branchen mitanzustoßen“ (C18, Sensorik Bayern)*
- *„Demografieberatung (C18, Sensorik Bayern), die im Rahmen des BMBF-geförderten Projekts DEMOCLUST aufgebaut wird. Ziele von DEMOCLUST sind:*
    - *Personalentwicklung demografiefest und nachhaltig gestalten*
    - *Unternehmen für Demografie- und Diversity-Management sensibilisieren*
    - *Fachkräfte gewinnen und sichern*
    - *Kompetenzen erfahrener Fachkräfte ausbauen“*
    - Es werden Praxis-Treffen für erfolgreiche Personalstrategien durchgeführt als Teil der Demografieberatung (hier ist PM ein Themenfokus, u. a. zu folgenden Themen: alternsgerechte Arbeitsgestaltung, Zukunft der Arbeit, Employer Branding)
- Projekt zum Thema Sicherheit und den Gesundheitsschutz am Arbeitsplatz (C13)

Es fehlen weitestgehend Begründungen für den Fokus der PM-Aktivitäten. Die Aus- und Weiterbildungsfokussierung wird dagegen häufig mit einer Zielgruppenorientierung und deren Bedürfnissen sowie dem Ausgleich der unterschiedlichen Wissensstände im Cluster begründet.

4.4.4.2 Ebenen

Forschungsfragen:

F6: Welche Ebenen bzw. Akteure sind an Personalmanagementaktivitäten im Cluster beteiligt?

- Maßnahmen werden hauptsächlich durch **CM koordiniert** in Kooperation mit CA wie Universitäten und Hochschulen sowie Weiterbildungseinrichtungen und Schulen
- Kooperationen mit anderen Clustern kommen vor, zur Gestaltung gemeinsamer Weiterbildungsprogramme oder z. B. internationaler Austauschprogramme im Bereich der Erst-Ausbildung
- Förderung von Projekten auf **Ebene der Clusterakteure** im Bereich Weiterbildung unter Kooperation mit politischen Akteuren der Clusterregion, z. B. Gestaltung von Förderprogrammen für mittelständische Unternehmen (CM als Koordinator und Impulsgeber des Förderprogramms)
- Nur wenige Aussagen zu PM-Aktivitäten innerhalb des CM; Fokus liegt auf Unterstützung der CA
- Angebote des CM im Bereich PM als Dienstleistungen für CA:
  - Suche nach qualifizierten Fach- und Führungskräften, z. B. über Stellenbörse
  - Bedarfsgerechtes Weiterbildungsangebot
  - Coachingprogramm für Unternehmensgründer, u. a. Kurse zum Thema PM und Personalführung (Ebene der Unterstützung v. CA bei Weiterbildung, hier diese Weiterbildung nochmal spezifisch zu PM-Fragestellungen)
    - Ähnliches gilt für „Praxis-Treff für erfolgreiche Personalstrategien“ Veranstaltungen vertiefend zu je einem Personalthema, z. B. betriebliches Gesundheitsmanagement, Umgang mit Diversity/ interkulturelles Management, Arbeit 4.0, Employer Branding (C18 Sensorik Bayern)
    - *„... sich Personalverantwortliche und Betriebsräte erstmals gemeinsam in der NEW.S- Trainingsreihe ‚Personal entwickeln!‘ qualifiziert.“* Angebot für KMU, die oft keine Person haben, die sich nur mit Personalfragen beschäftigt; Angebot zur Qualifizierung im Personalbereich (C17, Food-Processing Initiative)
  - Individuelle Coaching, Weiterbildungs- und Beratungsprogramme für einzelne CA werden zusammengestellt zu ausgewählten Themenfeldern (bzgl. Weiterbildung z. B. Investition und Finanzierung, Projektakquise, Projekt- u. Wissensmanagement)
- Etablierung einer eigenen Geschäftsstelle d. CM nur für die Cluster Academy (C1, BioRN)

Es finden sich nur wenige Textstellen (z. B. bei Clustern C3, MicroTEC Südwest; C13, VDC Fellbach), in der direkt auf Maßnahmen des PM im CM eingegangen wird. Diese betreffen vor allem Neueinstellungen zur Erweiterung des CM-Teams und der CM-Kompetenzen mit Hilfe der Erfahrungen und Kompetenzen der neuen Mitarbeiter (z. B. im Bereich Controlling, Öffentlichkeitsarbeit, Innovationsmanagement). Es werden auch Schwierigkeiten bei der Stellenbesetzung berichtet, aufgrund von Unvereinbarkeit von gefordertem Erfahrungsniveau bei der durch das CM angebotenen Bezahlung.

4.4.4.3 Einbindung der Personalmanagementprozesse in die Clusterstrategie

Forschungsfragen:

F2: Wie sind die Personalmanagementprozesse eines Clusters in die Clusterstrategie zu integrieren?

Es finden sich keine Hinweise auf eine systematische strategische Ausrichtung der PM-Aktivitäten generell in den Clusterberichten, aber die Themen Aus- und Weiterbildung sowie Recruiting und Stellensicherung sind als strategische Ziele bei vielen Clustern vorhanden. Diese Themen werden nur bei ca. acht Clustern direkt als Bestandteil der Clusterstrategie benannt, allerdings nicht unter dem Oberbegriff „Personalmanagement".

Schwerpunkte der Clusterstrategie:

- **Strategische Roadmaps** des Clusters bzw. des CM legen zukünftige Schwerpunkte und Zielsetzungen des Clusters fest, strategische Handlungsfelder werden festgehalten (C25)
  - Strategische Ziele wie bspw. neue Technologien/Märkte, Innovationen, strategische Allianzen (C18)
  - strukturelle Themen: Finanzierung, Organisation und Steuerung des Clusters, strategische Weiterentwicklung des Clusters und Dienstleistungen des Clustermanagements
  - Dienstleistungen des CM für Mitglieder (C25, C22); bestmögliche Services anbieten, z. B. Beratung der CA (C8), Identifikation von neuen Geschäftsmöglichkeiten und Entwicklung kooperativer Geschäftsmodelle (C3), wirtschaftlich technisches Expertenwissen zur Verfügung stellen, Beratung zu Förder-/ Finanzierungsmöglichkeiten (C18)
  - **Personalmanagement:**
    - Erhöhung der Beschäftigten im Cluster (C23); Arbeitsplätze schaffen (C2, C19)
    - Aus- und Weiterbildung: gezielte Nachwuchsförderung, praxisnahe Qualifizierung und Qualifizierungsoffensive (C8, C12, C13, C18, C21, C23)
    - Rekrutierung v. Spitzenkräften sowie Gewinnung von Fach-/ Führungskräften, z. B. aus dem Ausland (C3); Vermittlung v. Fach-/ Führungskräften, Hilfe bei personellen Engpässen (C18)
    - z. B. Qualifizierungsprogramme sind bei einzelnen Clustern strategisch ausgerichtet (z. B. C8, Luftfahrtcluster Metropolregion Hamburg; C23, ECO World Styria)
  - Wissen der CA kanalisieren (C1), Wissensmanagementprozesse entwickeln, Wissenstransfer (C1, C3, C8, C21); Informationsbeschaffung zu Märkten, Analysen etc. (C13)
  - CA richten Netzwerkaktivitäten an Schwerpunkten der Clusterstrategie aus (C8)
  - Wettbewerbsfähigkeit verbessern:
    - Wettbewerbsposition verbessern, Standortvorteile schaffen (C8, C17)
    - Marktvorteile für Mitglieder schaffen (C11)
    - „*create synergies*" (C20, Axelera; C1, BioRN)
    - *"covering the entire value chain, from basic research through to industrial applications"* (C20, Axelera; C3, MicroTEC Südwest)
    - „Wachstums-Strategie" (C23), Wachstum fördern (C2, C21)
    - Steigerung der Arbeitsproduktivität und Wettbewerbsfähigkeit (C18)
    - aktive Geschäftsfeldentwicklung (C12)
  - Förderprojekte als Kernelement der Umsetzung der Clusterstrategie (C8, C12, C13); Einwerben von Fördermitteln (C13)
  - **Strategieumsetzung: in den Fachgruppen werden die technologischen und anwendungsorientierten Themen der Clusterstrategie konkretisiert (C3)**
- Internationalisierung:

    - Internationale Wettbewerbsfähigkeit des Standorts ausbauen /sichern (C8, C16, C2, C13, C19, C23)
    - internationale Vorreiterrolle bei Technologieentwicklungen einnehmen (C7)
    - *"... to invent the products of the future while creating value and ramping up our international initiatives for the benefit of our members"* (C20, Axelera)
    - Internationale Marktscreenings (C3)
- Marktorientierung; Erschließung neuer Märkte (C3) auch im Ausland (C17)
- Nachhaltigkeitsorientierung bei den umweltorientierten Clustern
- Innovationsmanagement:
    - FuE-Themen (C20, C18, C3, C24, C25)
    - Produkt-Innovationen und Innovationsprojekte initiieren (C23, C12); Entwicklung innovativer Prozesse, Methoden und Werkzeuge (C1)
    - Industrielle FuE/ die Umsetzung technologischer Musterprojekte forcieren (C23, C13)
    - Kollaborative Innovationen (C25), Innovationen im Produktionsprozess (C25); Abdeckung des Innovationsprozesses (C8, C21, C18)
    - Innovationsförderung (Innovationszentren und Inkubatoren) (C3); Innovationszyklen zu verkürzen (C4), innovative, marktreife Produkte und Prozesse schaffen (C8, C19)
    - die Erfolgsquote von Innovationsprojekten steigern (C18)
    - wissenschaftliche Spitzenforschung, kombiniert mit innovativen Ideen der Unternehmen, in marktgerechte Produkte bzw. Anwendungen zu überführen (C12, C13)
    - Identifikation neuer Geschäftschancen für die Clusterakteure (C3); *"... key factors for innovation, which are network, cooperation, funding and internationalization"* (C12), *"... as well as to act as a catalyst to opportunities and potential"* (C21, Biopeople)
    - strategische Koordinierung der Forschung im Cluster und Innovationspfade für Unternehmen definieren (C23)
    - Schaffung eines optimalen Umfelds für Innovationen und Ausgründungen (C4)
    - Produktentwicklungsprozesse (kooperativ) verbessern (C3)
- Region des Clusters stärken (C25)
- *„Technologie-Unternehmen in die Umwelttechnik lotsen, Export stärken sowie passende Rahmenbedingungen ermöglichen"* (C23, Eco World Styria)
- Kommunikation u. Sichtbarkeit des Clusters (C25); strategisches Clustermarketing (C25, C1, C19, C13), Öffentlichkeitsarbeit; stärkere internationale Sichtbarmachung (C23, C14, C3, C4)
- Etablierung des Standorts als attraktiv für Nachwuchs-, Fach-, u. Führungskräfte (C4, C2)
- Kooperationen:
    - Zusammenarbeit mit anderen branchenähnlichen Clustern (C25, C12)
    - kollaborative Projekte umsetzen (C25, C13) für Innovationen (C21, 22, C23, C1, C24, C17, C19, C12)
        - *"... being collaborative and fostering open innovation"* (C22, Eco World Styria)
        - *"... to bring these stakeholders together and create solutions not only across different technologies, but also across different spheres of society"* (C22)
        - internationale Förderprojekte (C23, C12)

        - transinstitutionelle und transnationale Kooperationen (C12)
    - Zusammenarbeit zwischen KMU und Großunternehmen stärken (C25)
    - *"...[give] members opportunities to create mutually-beneficial partnerships"* (C20, Axelera)
    - Förderung der engen Kooperation von Wirtschaft und Wissenschaft (C16, C7, C18)
    - Kooperationsmanagement (C3); Kooperationspotenziale sichtbar machen (C8)
    - Vermittlung auch von internationalen Kooperationspartnern (C8, C22) oder Unterstützung beim Zugang zu geeigneten Fördermitteln (C3),
    - cluster-übergreifende Kooperation für Innovationen (C23, C18), auch internat. (C12)
    - Ausbau von Forschungskooperationen (C3), Forschungsverbünde schaffen (C23, C8); gemeinsame Forschungsplattform aufstellen (C4)
- Lobbying:
    - Sensibilisierung für Clusterthemen u. Lobbyarbeit auf politischer Ebene (C14)
    - Gesprächspartner, Ratgeber und Initiator für Politik und Regierung; um politische Unterstützung werben (C12)
    - Abstimmung der Clusterstrategie mit regionalen, nationalen und internationalen politischen Ausrichtungen (C20)
- Unterstützung und Förderung von Gründern und KMU (C3, C7, C21, C17)
- Networking (C1, C21, C18, C12, C16, C13) und Kontaktvermittlung
    - Bündelung d. Akteure in allen Wertschöpfungsphasen in einem aktiven Netzwerk (C19)
    - Vernetzung der Akteure als Hauptarbeit des Clustermanagements (C12)
- Umgang mit Digitalisierung (C3)
- Ableitung von Trends durch Trendmining (C3), Trendsetter sein (C2);
- *"... continued to develop new resources for our members and partners."* (C20) (finanzielle Ressourcen und Personalressourcen)
- *"industrial, international and innovative excellence"* (C24, LUTB)

Monitoring der Strategieumsetzung:

- Evaluationssystem und Strategie-Reviews alle zwei Jahre (C8)
- Strategie-Update jährlich sowie Monitoring System (BSC) ergänzt durch Selbstbewertung und Strategie-Review alle fünf Jahre (C3)
- Strategiereview (C25)
- Monitoring der Erreichung der strategischen Ziele, Zwischenreview nach drei Jahren Strategieumsetzung (C23)

Strategieentwicklungsprozess:

- Zum Strategieprozess nur in 9 Clustern Textstellen, v. a. bei C1, C3, C8, C23 u. C25
- CM ist verantwortlich für strategische Entwicklung des Clusters u. a. (weitere z. B. Vernetzung, Koordination und Steuerung der Förderprojekte im Cluster) *(C1);* Abstimmung mit Vorstand (C3 und C8, C1); Vorstand beschließt strategische Maßnahmen, Umsetzung liegt bei CM (C8, C3)
- CM zuständig für die Projektkoordination, die Entwicklung u. erstmalige Erprobung neuer Managementprozesse, die kontinuierliche Datenerhebung bei den CA und kontinuierliche Erfolgsmessung (C1)
- Orientierung an Vorgaben nationaler Regierungen für Clusterentwicklung /-förderung

- Einbindung der Clusterakteure und experten in die Entwicklung der Strategie:
  - Erfahrene Industrievertreter und bereits erfolgreiche Existenzgründer der Lebenswissenschaften erarbeiten in einem Workshop die thematischen Schwerpunkte für ein branchenspezifisches Weiterbildungs- und Beratungsangebot (C1, BioRN)
  - Strategie des Clusters wird durch Großunternehmen im Cluster mitgetragen; Schwerpunkte zur anwendungsorientierten Nutzung der Clusterstrategien in Zukunft wurden im Strategieprozess definiert durch CA (C3)
  - *„Unternehmen, Forschungseinrichtungen und Kunden gemeinsam die neue Cluster-Strategie 2015 bis 2020 samt den neuen Zielen*" (C23, Eco World Styria); Strategie-Workshop mit CA
  - Mitglieder erhalten einen Strategieentwurf zu einem Online-Review (C23)
- regelmäßige Überprüfung u. Anpassung d. Clusterstrategie auf Basis v. Reviews u. Controlling/ Monitoring (C4); regelmäßige „Strategie-Updates" (C3); jährliche Strategietagungen (C23, C12, C25)
- *„Entwicklung und erstmalige Erprobung innovativer Prozesse, Methoden und Werkzeuge für die Vernetzung und strategische Entwicklung" (C1, BioRN)*
- Strategieprozess schließt mit Roadmapping-Phase ab, in der zukünftige Schwerpunktthemen abgesteckt werden (C3, C20)
  - *„... ein partizipativer Cluster-Strategieprozess [wurde] durchlaufen, dessen Ergebnisse in der Clusterroadmap 2020+ festgehalten [sind]"* (C3, MicroTEC Südwest)
  - Arbeitsgruppen vertiefen die zentralen strategischen Themenfelder (C3)
  - Kontinuierliche Strategieentwicklung durch CM unter Einbindung der Clusterpartner (C8)
  - technologische Kernthemenfelder des Clusters werden festgehalten (C20)
- strategische Analyse wird ergänzt um eine Selbstbewertung zur Einschätzung der aktuellen Situation des Clusters (C3)
- Anschlussfähigkeit d. Clusterstrategie an internat. Strategien soll sichergestellt werden (C3)
- Teilstrategie für Kommunikation u. Internationalisierung des Clusters wird definiert (C8, C3)
- Strategieumsetzung:
  - Workshops, Einzelgespräche u. Diskussion in der Strategiegruppe d. Clusters zur Umsetzung des Strategieprozesses mit Partnern (C8)
  - 30-60 CA pro Workshop zu jedem der fünf Schwerpunktthemen des Clusters (C8)
  - Definition strategischer Kernprojekte zur Verfolgung der strategischen Ziele (C8)
  - zeitliche Staffelung der strategischen Ziele über die zukünftigen 3-6 Jahre (C25)
- Markt- und Technologiebeobachtungen fließen in Strategieentwicklung mit ein (C8); regionale, nationale sowie internationale Marktstrukturen werden berücksichtigt (C3)
- Eigenes Strategie-Team bzw. Strategiegruppe/-gremium vorhanden (C3, C8, C25, C23: bei C23 besteht es bspw. aus einem Team des CM u. 20 Persönlichkeiten v. Unternehmen, Verwaltung, Forschungseinrichtungen); Strategieprozess umfasst ein Expertenpanel (C3)
  - *„Aktuelles Strategiepanel bestehend aus Fachgruppensprechern und weiteren Experten leistet die Vernetzung sowie den Abgleich der Ergebnisse in den technologie- und anwendungsorientierten Fachgruppen und leitet daraus die Anforderungen für das folgende Jahr ab (Strategie-Update)."* (C3, MicroTEC Südwest)

- Foresight-Workshops zur Identifikation von Trends und Treibern, Impacts und Zukunftsszenarien wurden durchgeführt als Teil des Strategieprozesses (C3)
- Strategische „Achsen“ für Cluster-Themenschwerpunkte werden festgelegt (C25)
- Strategischer Vertrag mit Regierung legt Schwerpunkte der Clusterstrategie fest im Gegenzug für Fördermittel (C25)
  - für drei Jahre u. Perspektiven für zehn Jahre ebenfalls festgehalten (C25)
  - In den Vertrag sind die Anforderungen der Cluster-Mitglieder eingeflossen (C25); „performance agreement“ mit frz. Regierung (C20)
- finalisierte Strategie wird in bilateralen Gesprächen u. öffentlich vorgestellt (C23)
- Strategie des Clusters und Jahresplanung sind mit Strategie und Planung des Wirtschaftsstandortes des Clusters abgeglichen (C12)

Es wurde nur eine Textstelle codiert, die einen direkten Zusammenhang zwischen dem Strategieprozess und PM ausweist beim Clusterbericht von C25: Die Stelle bezieht sich auf den zukünftigen Kompetenzbedarf der Clusterakteure und das Ziel ein Kompetenzinventar des Clusters zu erstellen. Es finden sich nur äußerst wenige Textstellen (vier Stellen), die eine Personalstrategie explizit erwähnen bzw. einen strategischen Bezug zu den PM-Aktivitäten herstellen:

- strategisch geleitete Qualifizierungsplanung bei C23
- Aus- und Weiterbildung bei C13 in der Satzung als Schwerpunkt festgehalten
- Schwerpunkte einer PM-Strategie werden v. a. bei C3 und C8 (Spitzencluster) erwähnt sowie bei C13 und C18 sowie C23

Die meisten Aussagen und Hinweise auf eine Personalstrategie fanden sich bei den deutschen Spitzenclustern gefolgt von den deutschen ECEI Clustern. Bei den EU-Clustern fanden sich nur zwei Hinweise auf eine Personalstrategie bei zwei Clustern (C23 und C20).

4.4.5 Anforderungen an ein systematisches Personalmanagement

Forschungsfragen:

F3: Welche Personalmanagementprozesse haben eine Bedeutung für den nachhaltigen Clustererfolg?

F4: Welchen Beitrag leisten die jeweiligen Personalmanagementprozesse bzw. -funktionen, z. B. Personalentwicklung und -gewinnung, für den nachhaltigen Clustererfolg?

F8a: Welche Anforderungen werden an ein nachhaltiges Personalmanagement in Clustern gestellt?

F10: Wie werden in diesem Zusammenhang Ergebnisse der Trendforschung mit Relevanz für den Cluster in die Personalstrategie integriert?

Zu den Forschungsfragen F3, F4 und F8a können aufgrund der geringfügigen Diskussion des Themas in den analysierten Berichten keine konkreten Erkenntnisse bzw. Antworten ermittelt werden. Das Kapitel geht zunächst auf die Erkenntnisse zu F10 ein, bevor im Anschluss die Thematisierung der Konzepte Nachhaltigkeit bzw. nachhaltige Entwicklung im Rahmen der Clusterberichte im Allgemeinen und im Zusammenhang mit der Erwähnung relevanter PM-Prozesse im Cluster erläutert wird.

Trendforschung:

Die Textstellen in den analysierten Clusterberichten weisen auf eine Nutzung von Ansätzen der Trendforschung bzw. -ermittlung v. a. zur Erhebung von Kompetenzentwicklungsbedarfen und im Bereich der Qualifizierung hin. Weiterhin weisen die Textstellen v. a. Überschneidungen zur Kategorie „Personalmarketing und -rekrutierung" auf.

Das Thema Trendforschung wird hauptsächlich bei Clustern angesprochen, die nach der selbst entwickelten Systematik in die Reifephase eingeordnet werden können sowie in geringem Umfang bei weiteren drei Clustern der Wachstumsphase. Es zeigte sich keine Erwähnung bei Clustern aus der Startphase. Dieses Thema wird vor allem bei Clustern C3 (MicroTEC Südwest), C13 (VDC Fellbach), C23 (Eco World Styria) angesprochen. In einzelnen Clustern werden Ergebnisse der Trendforschung zur Strategieentwicklung des Clusters eingesetzt (C3) oder zur Beratung von Clusterunternehmen bei deren Strategieentwicklung. Bspw. nutzt Cluster C23 die Trendforschungsergebnisse zur Umfeldanalyse und Planung neuer strategischer Geschäftsfelder. Die Cluster C3 und C25 (Mov'eo) ermitteln zukünftig benötigte Kompetenzen und Qualifizierungsbedarfe über Trendstudien. Instrumente der Trendforschung, laut den analysierten Clusterberichten eingesetzt werden, sind u. a. Zukunftswerkstatt-Seminare (Großgruppenveranstaltungen), Marktstudien, Mitgliederbefragungen, Informationsveranstaltungen zu neuen Technologietrends sowie Erstellung von sog. Trendradaren, Trendmining (C3).

Nachhaltigkeit/ nachhaltige Entwicklung:

Das Thema Nachhaltigkeit bzw. nachhaltige Entwicklung des Clusters werden in kaum bzw. der Begriff „nachhaltiger Cluster" überhaupt nicht direkt im Rahmen der analysierten Clusterberichte angesprochen. Ausnahmen bilden Cluster, die sich aufgrund ihrer inhaltlichen bzw. technologischen Schwerpunkte mit dem Themenbereich Nachhaltigkeit beschäftigen, wie bspw. Cluster aus den Bereichen Energie-, Chemie- und Umwelttechnik, Bio- und Nanotechnologie sowie Gesundheits- und Medizintechnik. Im Rahmen der analysierten Berichte sind dies v. a. Cluster aus der EU-Region aber auch ca. sieben Cluster aus Deutschland. Wenn das Thema Nachhaltigkeit im Rahmen der Clusterberichte explizit angesprochen wird, dann hauptsächlich im Hinblick auf das nachhaltige Clusterbestehen im Sinne einer langfristigen Finanzierung des Clusters, die ein dauerhaftes Bestehen, auch über eine öffentliche Förderung hinaus, ermöglicht. Damit zeigt sich eine Fokussierung auf die ökonomische Dimension der Nachhaltigkeit. Dies deutet daraufhin, dass in den meisten Clustern kein Verständnis von Nachhaltigkeit basierend auf den drei Dimensionen der Nachhaltigkeit vorliegt und dass Cluster hauptsächlich mit ökonomischen Zielsetzungen in diesem Bereich arbeiten. Als Maßnahmen zur Sicherung der Nachhaltigkeit des Clusters werden u. a. folgende Aspekte genannt:

- *„... die Infrastruktur für Forschung und Innovation weiter gestärkt, die Aus- und Weiterbildungsangebote ausgebaut und gebündelt, und gezielt externe Ressourcen für Forschung und Innovation akquiriert werden" (C3, Microtec Südwest)*
- Arbeitsgruppen und Großprojekte: Vertiefende und dauerhafte Bearbeitung von inhaltlichen Fragestellungen des Clusters über Fachgruppen verankert
- nachhaltige Strukturen schaffen, Clustermanagement als Institution verstetigen
- Kooperationen sollen helfen, dauerhaften Bestand des Clusters zu festigen: unter den CA u. mit dem CM, sowie mit anderen Clustern (z. B. C13, VDC Fellbach)

Für den Begriff „nachhaltiger Cluster" ließen sich keine Textstellen in den Berichten zuordnen. Im Rahmen der Textstellen, die auf eine eher ökonomische Betrachtungsweise hindeuten, ließ sich in allen betrachteten Berichten ein **Bezug zu dem Thema Personalmanagement** feststellen:

- *„Für die nachhaltige Sicherung der Wettbewerbs- und Zukunftsfähigkeit [Anm.: von Cluster C3] gilt es, die kritische Ressourcenbasis am Standort längerfristig abzusichern. Zu den kritischen Ressourcen zählen insbesondere Experten, Fach- und Nachwuchskräfte."* (C3)
- Cluster als Anlaufstelle für **Personalgewinnung**, bietet Stellenbörse für CA und Arbeitssuchende: *„‚Wir sehen uns als wichtige Informationsplattform - daher ist dies nur ein logischer Schnitt, auch für die Personalgewinnung eine Anlaufstelle zu bieten,' betont Gitta Haubold. ‚Wir mochten die frühzeitige und nachhaltige Gewinnung und Bindung künftiger Mitarbeiter erleichtern.' In Kürze soll es auch die Möglichkeit geben, Stellen für Auszubildende kostenfrei einzustellen."* (C12, Silicon Saxony)
- Nachhaltige Lösungen für Herausforderungen des Clusters definieren in den Bereichen: ***„skills development**, communication, and societal challenges"* (*"A responsible member of our community to shape tomorrow's chemical and environmental sectors. ... we rolled out initiatives on three flagship issues affecting our sectors: skills development, communication, and societal challenges."* (C20 Axelera; Anm.: frz. Chemie- u. Umwelttechnikcluster)
- Nachhaltigkeit wird an stabilen Mitarbeiterzahlen im Cluster festgemacht (C13)
- Absolventen von Weiterbildungen werden eingeladen weiterhin an Austauschtreffen teilzunehmen u. werden durch den Cluster mit Informationen zu Branchentrends u. -entwicklungen im Themenfeld der Weiterbildung informiert, auch nach Abschluss
- Einrichtung von Akademien (z. B. C3, C1, C8), die clusterspezifische Aus-/ Weiterbildungsprogramme anbieten, zur Festigung der PM-Aktivitäten des Clusters unter einem Oberbegriff bzw. einer „Marke" zur besseren Kommunikation nach außen und Bündelung der **PE-Aktivitäten**; z. T. Bau von eigenen Gebäuden zur Institutionalisierung
- Strukturierung v. a. der PE-Maßnahmen nach Zielgruppen u. Themenfeldern zur Förderung d. Kompetenzentwicklung in d. Clusterregion (z. B. C4, C1)
- In vereinzelten Masterstudiengängen wird Energie- und Ressourceneffizienz z. T. als eine Zielsetzung von Technologieentwicklung behandelt (z. B. C12 Cool Silicon/ Silicon Saxony: Masterstudiengang „Nanoelectronic Systems").

4.4.6 Excellence-Ansätze in Clustern

Forschungsfragen:

F8a: Welche Anforderungen werden an ein nachhaltiges Personalmanagement in Clustern gestellt?

F8b: Welchen Anforderungen müssen Personalmanagementprozesse aus Praxissicht genügen?

Nur in drei der analysierten Clusterberichte wird das Thema Excellence oder Excellence-Ansätze im Verständnis von Anforderungen an den Cluster oder das CM explizit aufgegriffen. Zum einen in Cluster C3 (MicroTEC Südwest), einem Spitzencluster, der eine regelmäßige Selbstbewertung auf Basis eines Clusterbewertungsmodells (siehe Kapitel 4.1) umsetzt, um die strategische Steuerung und Weiterentwicklung des Clusters zu unterstützen:

„... ein Konzept für Cluster-Excellence zu entwickeln, entsprechende Gestaltungsmaßnahmen abzuleiten, zu erproben und zu optimieren. Hierzu sind einerseits ein entsprechendes Excellence-Modell und ein Selbstbewertungstool zu erarbeiten, welches das Clustermanagement auch nach Ablauf des Projektes nachhaltig in die Lage versetzt, den Excellence-Status kontinuierlich zu beurteilen und auf dieser Basis geeignete Maßnahmen zur Weiterentwicklung des Clusters zu initiieren." (C3, Micro-Tec Südwest).

Zum anderen der Cluster C13 (VDC Fellbach), ein mit dem ECEI Gold Label ausgezeichneter Cluster in Deutschland, der sich im Rahmen des Nordic-German-Polish (NGP) Cluster Excellence Projekt einem Benchmarking gestellt hat und herausragende Ergebnisse erzielen konnte. Dieser Cluster orientiert sich also nicht an einem der etablierten Bewertungsansätze. Bei dem o. g. Projekt handelt es sich um einen regionalen Vorläufer des ECEI Benchmarkings bzw. Cluster Labels, in dessen Rahmen u. a. ein Cluster Excellence Award verliehen wurde. Projektpartner waren neben dem Nordic Innovation Center sowie der Danish Agency for Science and Technology und die Initiative Kompetenznetze Deutschland, der Vorgänger Organisation des Programms go-cluster des Bundesministeriums für Wirtschaft und Energie, getragen durch die VDI/VDE Innovation + Technik GmbH, die auch an der ECEI-Initiative entscheidend beteiligt ist.[1114] Eine indirekte Nennung findet sich für das Excellence Label der ECEI deutlich häufiger, hauptsächlich in Form eines Hinweises auf die Auszeichnung des jeweiligen Clusters mit einem der Labels, die die ECEI vergibt. Zu diesen Hinweisen fehlen bei allen Clusterberichten aber Hinweise, wie mit der Beurteilung durch die ECEI zum Erhalt des Labels umgegangen wird über die reine Entgegennahme der Auszeichnung hinaus.

Der französische LUTB Transport und Mobilitätscluster verwendet den Begriff „Excellence" zudem als Zielsetzung in seiner Clusterstrategie: *„industrial, international and innovative excellence"* (C24 LUTB). Der Begriff „Excellence" wird noch bei einem weiteren Cluster (C1, deutscher Spitzencluster mit ECEI Gold Label) im Rahmen der Inhalte eines Weiterbildungskonzepts verwendet. Die Weiterbildung gliedert sich in die Kategorien „Strategy-, Business- und Development-Excellence". Das heißt, das Weiterbildungskonzept hat eine Excellence-Orientierung auf mehreren Ebenen und wird mit Unterthemen konkretisiert, die sich auf die Inhalte der Weiterbildung auswirken, z. B. Unternehmensstrategie und Vertrieb bei Strategy Excellence, Controlling und Change Management bei Business Excellence und Risikomanagement und FuE-Management bei Develop-

[1114] Vgl. NPG Cluster Excellence; Alslev Christensen, T.; Solgaard Thomsen, M. u. a. (Hrsg.) (2011): 24 proofs of cluster excellence - successful stories from clusters in Nothern Europe; Christensen, T. A.; Meier zu Köcker, G. (2011); ECEI (2012).

ment Excellence. Es werden aber keine Excellence-Kriterien im Sinne von Excellence-Bewertungsmodellen definiert, weder an die Weiterbildung noch an den Cluster oder das CM. Aus den Analyseergebnissen wird deutlich, dass sich neben den Benchmarking- und Label-Ansätzen kaum Managementansätze in Bezug auf Cluster-Excellence in den europäischen Clustern finden. Der Excellence-orientierte Kriterienkatalog der ECEI, auf den am häufigsten verwiesen wird, wenn auch nur indirekt über das erhaltene Label, fokussiert darauf, ein Clusterbenchmarking zu ermöglichen und liefert nur in eingeschränktem Umfang Steuerungshinweise für die strategieorientierte Weiterentwicklung eines Clusters bzw. CM. Es wird bei diesen Hinweisen nicht deutlich, inwiefern nur eine externe Beurteilung zum Erhalt des Labels durchgeführt wurde oder ob sich das CM ernsthafter mit den normativen Anforderungen auseinandergesetzt hat.

4.4.7 PM-Aktivitäten des Clusters in Abhängigkeit von der Cluster-Lebenszyklusphase

Forschungsfragen:

F11: In welcher Phase des Cluster-Lebenszyklus sind Personalmanagementprozesse am wirkungsvollsten für die Weiterentwicklung und Sicherung des Clusters?

Startphase:

Die Cluster C19 (NanoBioNet) und C22 (CLEAN) werden anhand der in Kapitel 4.3 entwickelten Systematik in diese Lebenszyklusphase eingeordnet:

- C22: Trendforschung: Es gibt einen Report zu Technologietrends in der Branche des Clusters
- C19: Schaffung neuer Arbeitsplätze als strategisches Clusterziel/ Schwerpunkt der Clusterstrategie/ gemeinsames Interesse der Clusterakteure
- C19: Forscher in der Cluster-Region liefern Know-how für Unternehmen in der Technologie des Clusters: Forschung zu bzw. Anwendung von Technologie, um neue Produkte, die für den Markt attraktiv sind, zu schaffen und Arbeitsplätze zu generieren.

Wachstumsphase:

Die Cluster C2, 4, 6, 12, 14, 16, 17, 18, 21 und 24 werden anhand der in Kapitel 4.3 entwickelten Systematik in die Wachstumsphase des Cluster-Lebenszyklus eingeordnet.

- C2 (Medical Valley EMN):
  - Arbeitsplätze schaffen und sichern als thematische Schwerpunkte
  - qualitative Aus- u. Weiterbildung am Standort zur Sicherung der Attraktivität für Fachkräfte; speziell für die Branche entwickeltes Aus- und Weiterbildungsprogramm
  - z. B. Projekt zu aufeinander aufbauenden Ausbildungslehrgängen, zu Verbesserung der Softwareentwicklung in der Medizintechnik; eigener Studiengang Medizintechnik
  - einheitliche Qualitätsstandards der Branche für Fachkräfte einführen
- C4 (Forum Organic Electronics):
  - Struktur zur Bereitstellung von Fach- und Führungskräften für den Cluster schaffen
  - umfassende Weiterbildungsmaßnahmen: Masterprogramm inkl. Ausbildungslabor für Studierende, Promotionsprogramm/ Graduiertenschule (inkl. Managementkur-

sen, Winterschulen), Weiterbildungsprogramme (z. B. technische Grundlagen, Fördermittelakquise), E-Learning-Plattform; Blended-Learning-Kurse; Module zu Multiplikatoren- und Lehrerfortbildungen (z. B. Lehrerkoffer), Kolloquien
  - Weiterbildungsmaßnahmen in Kooperation mit Universitäten, Forschungsinstituten, Kammern, Verbänden, Arbeitsgruppen
  - Standort als einen der attraktivsten für Nachwuchs-, Fach-, und Führungskräfte vermarkten: Dazu sollten sowohl die technologischen Kompetenzen stetig elaboriert, als auch Veranstaltungen und Maßnahmen zur Rekrutierung von Nachwuchs-, Fach- u. Führungskräften durchgeführt werden; u. a. internationales Praktikantenprogramm; Schülerprogramme;
  - Forum für die Vorstellung und Diskussion von wissenschaftlichen Abschlussarbeiten
  - Koordination von Anfragen zu Praktika, Abschlussarbeiten und Berufseinstiegsmöglichkeiten; für Studierende und Absolventen wird ein Austauschprogramm erwogen
- C12 (Cool Silicon/ Silicon Saxony):
  - Nachwuchsförderung/ Fachkräftesicherung: „NanoScout" stellt die Grundlagen der Mikro-/ Nanoelektronik vor; erläutert anhand v. Praxisbeispielen Berufszweige und Zukunftsperspektiven für Schüler; Schulprojekte; Ausstellungen von Demonstratoren in Schulen
  - Masterstudiengang „Nanoelectronic Systems"
  - „Recruiting Speed Dating" zwischen Firmen u. Fachkräften angeboten
  - Fachkräftegewinnung für CA: Ein Start-up konnte sich durch die Angliederung an den Cluster von drei auf 70 Mitarbeiter steigern
  - Clustereigenes Jobportal
  - Unterstützung von Studenten im Rahmen des Deutschlandstipendiums
- C14 (Bavarian IT Security & Safety Cluster):
  - **Aus- und Weiterbildung als Kernaspekt/ Weiterbildungsangebote des Clusters:**
    - **Zielgruppen sind** Praktiker, Studierende, Absolventen und Ingenieure
    - **Formate:** Summerschools; Weiterbildungs-Seminare; Zertifikats-Lehrgänge zu technischen Themenstellungen
    - Kooperationen mit Hochschulen und Unternehmenspartnern
- C16 (Umweltcluster Bayern):
  - Online-Stellenbörse
  - Aus-/ Weiterbildung, z. B. durch Fachveranstaltungen, Messen, Workshops, Trainings
  - Qualifizierungsprojekte für Clusterakteure
  - Ziel: *„ ... die Sicherung vorhandener und die Schaffung zusätzlicher hoch qualifizierter Arbeitsplätze im Bereich der Umweltwirtschaft in Bayern."*
- C17 (Food-Processing Initiative): Trainings für Personalmanager und Betriebsräte zum Thema PE
- C18 (Sensorik Bayern):

  - Veranstalter von Weiterbildungsangeboten („Qualifizierungszyklen"); Seminarangebot zu technologischen Themen des Clusters und Führungsthemen
    - weitere Themenschwerunkte der Weiterbildungen: Diversity Management, Vertrieb, Strategisches Patentmanagement etc.
    - Formate: Zertifikatslehrgänge, Tagesseminare und Workshops mit Referenten aus Wissenschaft und Praxis
  - Vermittlung von Fach- und Führungskräften/ Fachkräftepool wird geführt
  - PraxisTreffs z. B. zur Vermittlung von erfolgreichen Personalstrategien
  - Projekt DemoCLUST: Personalentwicklung demografiefest und nachhaltig gestalten
    - Unternehmen für Demografie- und Diversity-Management sensibilisieren
    - Fachkräfte gewinnen und sichern
    - Kompetenzen erfahrener Fachkräfte ausbauen
    - Handlungsstrategien zur Bewältigung d. demografischen Wandels entwickelt
  - *„... gezielte und kontinuierliche Investitionen in Bildung von unschätzbarem Wert sind – sowohl für Neu- und Quereinsteiger als auch für Fach- und Führungskräfte."*
- C21 (Biopeople):
  - "*educating and engaging the younger generations*"
  - Seminare, Workshops als Weiterbildungs- bzw. Personalentwicklungsaktivitäten
- C24 (LUTB):
  - "*... shared training via an educational platform to consolidate the level of know-how*"
  - "*... professional training institute will share training programmes already organised by its partners ... and will set up research projects to attract other European researchers and experts*"
  - Unterstützung für ein Doktorandenprogramm
  - "*... to firmly establish skills and know-how over the long term.*"

Reifephase:

Die Cluster **C1, 3, 7, 8, 9, 10, 11, 13, 20, 23 und 25** werden anhand der in Kapitel 4.3 entwickelten Systematik in die Reifephase des Cluster-Lebenszyklus eingeordnet.

- C1 (BioRN)
  - Suche nach hoch qualifizierten Fach- und Führungskräften
  - Seminarangebot und Workshops
  - „BioRN Academy" mit branchenspezifischem Weiterbildungskonzept
  - integrative Existenzgründungs- und Coachingprogramme für Start-Ups
  - Bedarfserhebungen zu Weiterbildungsbedarfen
- C3 (MicroTEC Südwest)
  - Zugang für Clusterakteure zu Arbeitsmarkt stärken
  - internationale Rekrutierung (Praktikantenprogramme); Sichtbarkeit des Clusters wird erhöht
  - Aus- u. Weiterbildung: Bereitstellung von Personal durch gezielte Nachwuchsförderung, praxisnahe Qualifizierung sowie Gewinnung von Fach- u. Führungskräften, z.

B. auch aus dem Ausland; „MicroTEC-Academy-Projekt"; Fokus Didaktik u. Blended-Learning; gewerbliche Aus-/ Weiterbildung
    - *„Zur langfristigen Sicherung der Zukunftsfähigkeit ist es entscheidend, dass den Unternehmen in den kommenden Jahren genügend Nachwuchskräfte mit sehr guten Kompetenzen in den MINT-Fächern zur Verfügung stehen.*"
  - Qualifizierung ist ein zentrales strategisches Element
    - Formate: Zertifikatslehrgang; Seminare; Online-Masterstudiengang; Schülerprojekte (u. a. Teilnahmen an „Jugend forscht"); Befragungen zum Qualifizierungsbedarf; Kooperationen mit Schulen
  - neue Lerntechnologien zur Verfügung zu stellen, z. B. Online-Lernangebote; Online-Portal (www.microtec-academy.de); Sichtbarkeit der Angebote auch nat. u. internat. steigern
  - feste Verankerung und Verbreitung von Qualifizierungsmodulen oder ganzen Studiengängen vorgesehen
  - Projekte zu Genderthemen u. Nachwuchsförderung von Frauen in MINT-Bereichen
  - im Clustermanagement: Personalsharing mit anderen Wirtschaftsverbänden
- C7 (BioM): Stellenbörse
- C8 (Luftfahrtcluster Metropolregion Hamburg)
  - Qualifizierung als Standortstärkung; nur gezielte Förderung von Aus-/ Weiterbildung
  - Rekrutierung und Qualifizierung im Fokus, um eine stetige Innovations- und Wettbewerbsfähigkeit der Unternehmen zu gewährleisten
  - Qualifizierungsoffensive, wird weiter entwickelt/ erweitert
  - deutsch-frz. Austauschprogramm für Auszubildende: interkulturell kompetente Fachkräfte als entscheidender Wettbewerbsvorteil
    - Kooperation zu Ausbildungsprogrammen mit frz. Luftfahrtregion und ital. Cluster besonders bzgl. Erstausbildung; Workshops zum Austausch; Abstimmung von Lehrinhalten; Vermittlung von Praktika
  - Kooperation mit Weiterbildungseinrichtungen und Berufsschulen
  - Cluster hat sich zum europäischen Netzwerk der Luftfahrt EACP (European Aerospace Cluster Partnership) mit weiteren EU-Clustern aus dem Themenfeld zusammengeschlossen; Thema u. a. Qualifizierung; Cluster leitet die Arbeitsgruppe
  - Projekte, die berufliche Qualifizierung mit politischer und kultureller Bildung zusammenbringen
  - Auslandspraktika werden vermittelt inkl. Vorbereitungskursen (Sprache, interkulturelle Kompetenz)
  - Angebot von Experimenten für Schüler zu Clusterthemen; „FollowMeBox" als Lehr- und Lernkoffer für den Schulunterricht; Kurse und Laborbesuche
  - Hamburg Centre of Aviation Training (HCAT) mit Angebot aus schulischer, betrieblicher und akademischer Aus-/ Weiterbildung (Ansatz „3-in-1": Forschung, Lehre, Praxis); u. a. mehrere geförderte Projekte, z. B. zur Synchronisierung von Ausbildung und Forschungsergebnissen
    - erhöht die Anziehungskraft des Clusters für qualifizierte Fachkräfte
  - Befragung zu den Bedarfen an Fach- u. Führungskräften

  - Weiterführung u. Ausbau der Angebote der Aus-/ Weiterbildung; Entwicklung neuer Ansätze zur Gewinnung von Mädchen u. Frauen
- C9 (Allianz Faserbasierte Werkstoffe Baden-Württemberg): keine Textstellen zum Thema PM
- C10 (Bayrischer Biotechnologie Cluster): „coaching & training“
- C11 (Chemie-Cluster Bayern): keine Textstellen zum Thema Personalmanagement
- C13 (VDC Fellbach)
  - Seminare zu Themen „Virtual Humans“ und „Arbeitsschutz im Mittelstand“
  - Projekt zu Integration von Sicherheit u. Gesundheitsschutz am Arbeitsplatz inkl. Wissensmanagementsystem u. Arbeitsplatz-Trainingssimulation als Trainingsanwendung
  - Fachkräfterekrutierung: Online-Jobbörse für Studenten, Absolventen u. Fachleute die Rekrutierungsarbeit der Mitglieder; Spezial-Jobbörse für spezifischen Themen; Verteilung von Stellenanzeigen über Social-Media-Kanäle (Strategische Kooperation mit anderem Cluster)
  - Aus-/ Weiterbildungen von Mitarbeitern im Bereich Virtual Engineering;
  - Kinderuni, Studiengänge u. Einstiegsmöglichkeiten in die Clusterbranche werden vorgestellt (Bildungsatlas)
  - Lernmethode „Cyber-Classroom“, Projekte zu virtuellen Ausbildungsmöglichkeiten
  - Sicherung u. Neuschaffung von Arbeitsplätzen
- C20 (Axelera):
  - “Job aid”-Programm für einen Masterstudiengang
  - Jobmesse, u. a. speziell für Doktoranden
  - Arbeitsgruppe zum Thema Aus-/ Weiterbildung u. „*skill development*“, v. a. zu technologischen Themen des Clusters
  - Cluster ist ein Teil des Kommitees zum Thema Weiterbildung in der Region
  - Zertifizierter Masterstudiengang
  - Unterstützung von Promotionsvorhaben und bei der Entwicklung neuer Aus-/ Weiterbildungsprogramme
- C23 (Eco World Styria):
  - Schaffung von neuen Stellen in den Clusterunternehmen
  - Stipendium für den neuen Recycling-Lehrgang durch den Cluster
  - Weiterbildungsprogramm initiiert
  - Green Talents-Initiative zur Identifizierung innovativer Studierender an steirischen Universitäts-Instituten; Wettbewerb Green Tech Challenge als Innovationswettbewerb für Studenten in Kooperation mit Clusterunternehmen
  - CM betreut das österreichische Aus-/ Weiterbildungsnetzwerk für Green Tech Skills: bedarfsorientierte Weiterbildungskurse zu technologischen Themen
  - Vermarktung der Angebote über Onlineplattformen green-jobs.at u. kursfinder.at
  - Online-Jobbörse: „*Zahlreiche Jobinserate, die auf www.eco.at regelmäßig für die Mitgliedsunternehmen veröffentlicht wurden, führten zu neuen MitarbeiterInnen.*“
  - Berufs- und Karrieremessen werden realisiert
  - Qualifizierungsförderung für CA in Zusammenarbeit mit Landesregierung: „*Knapp 20 Unternehmen entwickelten einen strategische Qualifizierungsplan und reichten*

Weiterbildungen in den Bereichen Entwicklung & Innovation sowie Umwelttechnik zur Förderung ein.“
  - Unterstützung der Clusterakteure bei strategischer Qualifizierungsplanung
- C25 (Mov'eo):
  - 44 neue Stellen bei Unternehmen geschaffen (insgesamt 65 in fünf Jahren)
  - Projekt zur Implementierung einer Ingenieurshochschule
  - Kompetenzen als Schwerpunktthema: Kompetenzbedarfsanalyse der Clusterakteure
  - Weiterbildungscampus “Campus Intégration Systèmes Embarqués (CISE)” (seit 2012)
  - Weiterbildungs-Formate: Studiengang, E-Learning Plattform, Seminare
  - Jobbörse zu Förderung von Rekrutierung
  - Unterstützung bei Rekrutierung durch Praktika, Ausbildungsplätze, wiss. Arbeiten
  - Projekt zur Sicherung v. Karrierepfaden innerhalb der Clusterbranchen (u. a. Definition einheitlicher Gehaltsstufen)
  - Führungskräfte-Schulungen zum Thema Personalmanagement
  - Begleitung der CA bei Planung von Stellen und Kompetenzbedarfen

4.5 Diskussion der Ergebnisse

Im Anschluss an die Vorstellung der Ergebnisse wurden diese in ein paradigmatisches Modell nach Strauss/ Corbin[1115] eingeordnet. Sie sind in Form einer sog. Situation Map in Anlehnung an Clarke[1116] aufbereitet, um einen Überblick über die Situation der Cluster zu gewinnen. Die Erkenntnisse aus diesen Aufarbeitungen werden durch eine abschließende Diskussion bzgl. der Forschungsfragen sowie eine fallgruppenspezifische Analyse ergänzt. Hierzu wird die Systematik zur Einordnung der Cluster in Lebenszyklusphasen eines Clusters herangezogen, um die betrachteten Fälle nach Lebenszyklusphase zu betrachten.

4.5.1 Paradigmatisches Modell

Die Ergebnisse wurden nach Strauss/ Corbin[1117] zu Einflussfaktoren, Kontext, Handlungsstrategien und Konsequenzen in Bezug auf die Kernkategorie „Systematisches Personalmanagement in Unternehmensclustern“ zusammengefasst (siehe Tabelle 41). Als **ursächliche Bedingungen** eines systematischen PM in Clustern zeigen sich v. a. der zunehmende Bedarf nach hoch qualifizierten Fachkräften der Clusterunternehmen sowie die Stärkung von Schlüsselkompetenzen als Grund für den Fokus auf das Themenfeld PE. PM-Aktivitäten sollen außerdem dazu dienen, die Attraktivität der Region zu steigern und die Innovationsfähigkeit der Clusterunternehmen zu verbessern. Insbesondere für KMU können fehlende PM-Kompetenzen durch Aktivitäten des Clusters in diesem Bereich ersetzt bzw. Erfahrungen in diesen Bereichen ausgetauscht werden.

[1115] Vgl. Corbin, J. M.; Strauss, A. L. (2014), S. 155f.
[1116] Vgl. Clarke, A. E. (2016): From grounded Theory to Situational Analysis - What's new? Why? How? In: Clarke, A. E.; Friese, C.; Washburn, R. (Hrsg.): Situational Analysis in Practice: Mapping Research with Grounded Theory. New York, 2016, S. 97; Clarke, A. E. (Hrsg.) (2012), S. 112f.
[1117] Vgl. Corbin, J. M.; Strauss, A. L. (2014).

Förderliche Rahmenbedingungen für ein PM in Clustern liegen v. a. in der Berücksichtigung von Anforderungen der CA, deren Einbeziehung in die Konzeption der PM-Aktivitäten und deren Integration in die weiteren Themenschwerpunkte bzw. Angebote des CM sowie der Berücksichtigung von Trendforschungsergebnissen im Hinblick auf zukünftige technologische Kompetenzanforderungen spezifisch für das Themenfeld PE. Weiterhin wirken sich Kooperationen mit Partnerunternehmen, regionalen Behörden, Hochschulen, Aus- und Weiterbildungsanbietern sowie anderen Clustern förderlich auf die PM-Aktivitäten aus. Im Vergleich dazu wurden neben einer mangelnden finanziellen Ausstattung des Clustermanagements nur wenige konkrete **hemmende Rahmenbedingungen** für ein PM in Clustern deutlich, u. a. ein mangelndes Interesse der CA bzw. unternehmensindividuelle Gründe, aus denen das Thema nicht im Vordergrund einer Zusammenarbeit mit dem Cluster steht. Die mangelnde Auseinandersetzung bzw. Betrachtung mit den Gründen für einen geringen Fokus auf PM kann darauf zurückzuführen sein, dass die Cluster im Rahmen ihrer Berichte nur selten Begründungen für Themen adressieren, die sich nicht als Schwerpunktthemen weiterverfolgen. Der **Kontext** des PM in Clustern ist, basierend auf den Erkenntnissen der qualitativen Analyse, durch ein Zusammenspiel mehrerer Faktoren charakterisiert (siehe hierzu vertiefend auch die im Anschluss erläuterte Situation Map). Insbesondere sind an dieser Stelle die clusterspezifischen Rahmenbedingungen und Besonderheiten in Bezug auf Finanzierung des CM, Bedarfe der CA, Attraktivität und Fachkräftebedarf der Clusterregion sowie branchenspezifische Anforderungen bzw. Rahmenbedingungen zu nennen. Dabei werden PM-Aktivitäten im Cluster v. a. durch das CM initiiert und koordiniert und sind auf die Ziele des Clusters bzw. CM, dessen Projekte und Dienstleistungsangebote abzustimmen.

Tabelle 41 Paradigmatisches Modell der Ergebnisse der Clusterberichtanalyse

Kernkategorie
Systematisches Personalmanagement in Unternehmensclustern
Ursächliche Bedingungen
•Fachkräftebedarf bei Unternehmen u. universitärer Forschung; "*Fachkräftemangel als Entwicklungsbremse*"; Fachkräftepotenzial sichern
•Vereinssatzung sieht Förderung der Aus- und Weiterbildung vor
•Sicherung von Arbeitsplätzen und Schaffung neuer Arbeitsplätze, wirtschaftliche Entwicklung soll gefördert werden
•Innovationsfähigkeit soll gesteigert werden
•Zugang für CA zu Anwendermärkten, internat. Märkten u. dem Arbeitsmarkt erhöhen
•Bekanntheitsgrad der Clusterregion u. -branche bei Fachkräften u. Kunden sowie möglichen Mitgliedern steigern
•demographische Entwicklung
•große Anzahl an KMU ohne eigene Verantwortliche im Bereich PM bzw. Kompetenzen in diesem Bereich: „... *denn in der Regel gibt es weder auf der Seite der Unternehmensleitung noch beim Betriebsrat Experten im Bereich der Personalentwicklung.*" (C17)
•Innovationsfähigkeit einer Branche verbessern, z. B. Software-Entwicklung im Medizintechnik-Bereich
• Rahmenbedingungen für Industrie/ Branche im Cluster verbessern
•Erfolgsquote von Innovationsprojekten im Entwicklungsprozess in Cluster-Unternehmen steigern und gleichzeitig die Entwicklungszyklen verkürzen
•Bedarf nach Stärkung v. Wirtschaft, Lehre, Forschung, Innovation u. beruflicher Aus-/ Weiterbildung innerhalb einer Branche
•hoch qualifiziertes u. spezialisiertes Personal ist in Hochtechnologiebranchen (z. B. Luft- und Raumfahrtindustrie) zwingende Voraussetzung für Erfolg und Wachstum.
•Wettbewerbsfähigkeit der Clusterakteure steigern; neue Geschäfte generieren
•Stärkung von Schlüsselkompetenzen wie Eigeninitiative, Teamfähigkeit u. Flexibilität; „ ... *sind eine unerlässliche Voraussetzung für das gemeinsame Leben und Arbeiten. Sie helfen, auf neue Situationen schnell zu reagieren und Arbeitsabläufe effektiv zu gestalten. Für die Unternehmen bedeuten interkulturell kompetente Fachkräfte einen entscheidenden Wettbewerbsvorteil.* " (C8)
•personelle Engpässe der Clusterunternehmen
Intervenierende Bedingungen
Fördernde Bedingungen
•Ergebnisse von Trendforschung z. B. Technikfolgenabschätzung und Foresight-Ergebnisse können für die Gestaltung der PM-Aktivitäten, v. a. im Bereich der PE, d. h. der Gestaltung von Aus-/ Weiterbildung, genutzt werden
•Bedarfsanalysen bei CA (mittelständische und Großunternehmen sowie Start-ups), die auf konkrete Anforderungen und Bedarfe im Bereich Personalmanagement hinweisen, können die systematische Ausgestaltung der Personalmanagementaktivitäten positiv beeinflussen
• Einbindung der CA und Experten in den Themen der Clusterbranche in die Ausgestaltung der Aktivitäten im Bereich Personalentwicklung bzw. Aus- und Weiterbildung
•stetige Beobachtung der technologischen Kompetenzanforderungen
•Marktübersichten für Clusterakteure
•regelmäßiger Austausch mit „Entscheidungsträgern aus Wissenschaft und Wirtschaft"
•Einbindung von technologischen, digitalen Lösungen zur Optimierung der PE-Aktivitäten durch Einbindung aktueller Methoden im Bereich E-Learning/ Blended Learning
•modulare Gestaltung von PM-Aktivitäten zw. Angeboten des Clusters für Clusterakteure
•intensive u. vertrauensvolle Zusammenarbeit bei Kooperationen zu PM-Aktivitäten mit Partnern, z. B. PE-Angebote zu dualer Erstausbildung in Kombination mit der Vermittlung interkultureller Kompetenzen (Auslandspraktika)
•internat. Arbeitsgruppen von internat. Cluster-Netzwerken zu PM-Themen, v. a. Aus- und Weiterbildung
•Zusammenarbeit mit reg. Behörden u. Hochschulen, Aus-/ Weiterbildungsanbietern und der Agentur für Arbeit

Fortsetzung Tabelle 41

•Abstimmung mit weiteren Aktivitäten des CM, z. B. Gründerförderung, gemeinsame Forschungsplattformen der CA
•Untersuchungen u. Auswertungen auch nach Branchen, Fachrichtungen u. Ebenen der Qualifikation zu differenzieren, um handlungsleitende Empfehlungen gewinnen zu können.
•kurzfristig wirkende berufliche Weiterbildungen in Fokus stellen; Querschnittskompetenzen fördern
•Kenntnisse der spezifischen Anforderungen der CA bzw. der Clusterbranche
•konkrete CA-Bedarfe fördern PM-Aktivitäten auf CM-Ebene v. a. im Bereich Rekrutierung u. PE
•die Kompatibilität weiterer Angebote des CM mit Weiterbildungskonzept sicherstellen
•Zertifizierungen für Ausbildungsangebote
•Nähe zu exzellenten Ausbildungseinrichtungen
•intensive und vertrauensvolle Zusammenarbeit von Ausbildungsbetrieben mit staatlichen Schulen und Behörden im Rahmen der internationalen Clusterkooperationen zu Ausbildungsprogrammen
•Demografie als ein Fokusthema des Clusters (z. B. C18)
•innovationsfreundliche Rahmenbedingungen
•finanzielle Ausstattung des Clustermanagements
•Fachgruppen/ Arbeitskreise zum Themenfeld PM oder Unterthemen, v. a. Personalentwicklung
•finanzielle Förderung und Beratung der CA bei Planung der Qualifizierung (z. B. C23)/ Qualifizierungsförderungsprogramm in Kooperation mit einer regionalen Wirtschaftsförderungsgesellschaft
Intervenierende Bedingungen
Hemmende Bedingungen
•mangelnde Projekt-Fördermittel bzw. finanzielle Mittel des Clusters, um PM-Aktivitäten aufzubauen oder umzusetzen
•fehlende Kapazitäten im CM (wenige Mitarbeiter im CM; fehlende Kompetenzen; Probleme bei Rekrutierung für das CM selbst aufgrund unattraktiver Rahmenbedingungen für geeignete Bewerber für eine Stelle)
•TV-L Einkommenssystem ist hemmend für die Gewinnung von erfahrenen Mitarbeitern für das CM/ Attraktivität von Stellen im CM ist gering aufgrund von Gefälle zwischen Anforderungen u. Entlohnungsmöglichkeiten
•geringe Anzahl an CA ist bereit internationale Praktikanten aufzunehmen
•punktuelle Einzelmaßnahmen zur einigen Schwerpunktbereichen eines PE-Konzepts, z. B. Graduiertenprogramme, E-Learning-Plattformen, Winter Schools; einzelne Seminare z. B. zum Thema Fördermittelakquise; aber keine systematische Herangehensweise an Bedarfsermittlung oder strategische Planung bzgl. PM-Aktivitäten vorhanden
•fehlende überregionale Wahrnehmung des Clusters: Potenziale für die Ansiedlung von Software- und IT-Unternehmen und die Gewinnung von Studenten und Fachkräften bleiben oft ungenutzt.
• unternehmensindividuelle Gründe verhindern konkrete Zusammenarbeit der Unternehmen mit CM bzgl. PE (C3)
•wesentlicher Entwicklungsengpass bzgl. Nachwuchskräfteförderung und Fachkräftegewinnung in Deutschland
•berufliche Ausbildung (z. B. im dualen Ausbildungssystem) bei Unternehmen mit z. T. nur geringer Bedeutung
•unsichere Finanzierungssituation eines CM; finanzielle Ausstattung des CM
•Thema Bildung im Cluster von den Akteuren doch wenig gefragt ist. Die durch die Podiumsdiskussion auf der Clusterkonferenz 2013 gewonnenen ca. 40 Kontakte wurden verfolgt, mündeten allerdings nur in 2 Fällen in konkrete Projekte“ (C3); aufgrund unternehmensindividueller Hindernisse
Kontext
• Berücksichtigung von clusterspezifischen Besonderheiten in den Bereichen Branche, Kapitalmarkt, Gesetzgebung und gesellschaftliche Akzeptanz (v. a. in Clustern mit Umwelt-, Chemie-, Life Science-Bezug)
• Auslaufen von Förderprojekten/ -programmen von öffentlichen Förderern
• Förderung der Attraktivität des Standortes des Clusters/ der Clusterregion
• Bedarf nach qualifizierten Führungs- und Fachkräften bzw. Fachkräftemangel in der Clusterregion/ Branche

Fortsetzung Tabelle 41

• internationale Beziehungen der Clusterbranche bzw. des Clusters selbst
• Qualifizierung ist ein zentrales strategisches Element
• Gewinnung von gut ausgebildeten Fachkräften ist einer der wichtigsten Erfolgsfaktoren
• viele Unternehmen im Netzwerk mit hohem Bedarf nach hoch qualifizierten/ gut ausgebildeten Fachkräften
• Nutzung sozialen Kanälen wie zum Beispiel Xing, Twitter und Facebook; Handlungen von Mitarbeitern der CA in Sozialen Medien
• Fachkräftemangel wird durch z. T. sinkende Studentenzahlen in einigen Fachbereichen (z. B. Physik) für einzelne Cluster noch verstärkt
• Rahmenbedingungen für Industrie/Branche im Cluster verbessern
• gezielte und kontinuierliche Investitionen in Bildung (sind sehr relevant)
• branchenspezifische Anforderungen
• Ausbaustufe des Dienstleistungsangebots des Clustermanagements für Clusterakteure
• Sicherheit der zukünftigen Finanzierung des Clustermanagements
• Vernetzung kein Selbstzweck: Hauptanliegen ist es, neue Geschäfte zu generieren
• Clusterberichte sind Ergebnisberichte von größtenteils öffentlich geförderten Clustern bzw. Projekten, die sich auf die Erfolge der geförderten Maßnahmen fokussieren
• Landesfördermittel für Clusterbranche/ -Technologie u. Forschungsinstitute, Hochschulen und Unternehmen
• Schaffung eines optimalen Umfelds für Innovationen und Ausgründungen
• Ziele des Clusters wie z. B. neue Technologien/ Innovationen/ Märkte u. strategische Allianzen schaffen
• "*erfolgreiche Innovationen entstehen heute vorwiegend an der Schnittstelle von Branchen und Technologieanwendungsfeldern*" (C12)
• Clustermanagement ist verantwortlich für strategische Entwicklung des Clusters
• Dauerhaften Bestand des Clusters sichern
• Foresight-Workshops zur Identifikation v. Trends/ Treibern/ Impacts/ Zukunftsszenarien als Teil des Cluster-Strategieprozesses
• Cluster-Projekte bzw. Initiativen auf EU-Ebene oder in EU-Mitgliedsländern, z. B. Nordic-German-Polish (NGP) Cluster Excellence Projekt; Nordic Innovation Center; Danish Agency for Science and Technology; Initiative Kompetenznetze Deutschland; Programm go-cluster des BMWi; ECEI
Handlungsstrategien
• im Bereich der PE sollen branchenspezifische u. bedarfsgerechte Aus-/ Weiterbildungsangebote entwickelt u. angeboten werden
• Aus-/ Weiterbildungsangebote berücksichtigen unterschiedliche Wissensstände der CA und bieten Angebote für die unterschiedlichen Erfahrungsebenen (Grundlagen- und Vertiefungswissen) an
• Kolloquien mit Vertretern aus Wissenschaft u. Wirtschaft als Teil d. Kompetenzentwicklungsaktivitäten
• Fokus auf qualitativ hochwertige Angebote im Bereich Kompetenzentwicklung/ Personalentwicklung
• Forum für wiss. Diskussionen der CA eingeführt, bei der Bachelor-, Master- und Diplomabsolventen ihre Abschlussarbeiten vorstellen, um ihre Ergebnisse zu diskutieren und mögliche Anknüpfungspunkte zu eruieren.
• Einbindung aktueller Methoden im Bereich E-Learning/ Blended Learning im Bereich Personalentwicklung
• modulare Gestaltung der PM-Angebote d. CM, z. B. der Personalentwicklungsangebote
• Zusammenarbeit mit weiteren Clustern bzw. CM z. B. auf überregionaler bzw. internationaler Ebene; z. T. in Form von förmlichen Kooperationsvereinbarungen, z. T. informelle Zusammenarbeit
• Aus-/ Weiterbildungsangebote sowohl im kaufmännischen als auch im technischen Bereich
• Vielfalt der Aus- und Weiterbildungsangebote
• Zentren schaffen, die Know-how-Austausch zwischen Lehre, Forschung und Praxis („3 in 1") direkt ermöglichen; z. T. „unter einem Dach" auch räumlich nah beieinander angesiedelt
• Veranstaltungen mit Personalentwicklungsfokus (Kompetenzentwicklung) umsetzen und für CA anbieten

Fortsetzung Tabelle 41

• sog. „Akademien“ als Institutionalisierung der Personalentwicklungsaktivitäten eines Clustermanagements
• "Bündelung", Ausbau und Verankerung der Qualifizierungs-/ Aus- und Weiterbildungsangebote
• Zugriff und Eignung für mittelständische Unternehmen sicherstellen
• Förderung der Kompetenzentwicklung in MINT-Fächern
• Einbindung von „Academy“ -Angeboten in den Gesamtauftritt eines Clusters bzgl. Öffentlichkeitsarbeit
• Definition als Cluster-Leitthemen u. a. Weiterbildung und Erschließung von Fachkräften
• Struktur zur Bereitstellung von Fach- und Führungskräften für Clusterakteure schaffen
• Master-, Promotions-, Weiterbildungsprogramme, E-Learning, Lehrer- u. Multiplikatorfortbildungen
• Systematisierung Weiterbildung: hybride Konzepte Weiterbildung u. Beratung; Bedarfsanalysen von Industrie, Studierenden u. Gründern u. Austausch mit Experten; Themenschwerpunkte definieren; Module konzipieren; Pilotphasen u. Evaluation; Einbindung weiterer Interessengruppen
• Besetzung v. CM-Stellen durch „Personalsharing“ mit regionalen Wirtschaftsförderungsgesellschaften
• vollständige Finanzierung von Weiterbildungsprogrammen über Teilnehmerbeiträge wird vorgesehen
• Themenbereiche der Aus-/ Weiterbildungen erweitern
• strategisch geleitete Qualifizierungsplanung
• Talents-Initiative unter Hochschulen zur Identifikation von hervorragend qualifizierten Absolventen
• Wissen der Netzwerkmitglieder gemeinsam sichern und nutzen
• Personalmarketingmaßnahmen, z. B. Jobbörsen und Job- Messebesuche, auch international
• Förderung von Nachwuchs-, Fach- und Führungskräften
• Begleitung und Unterstützung von Rekrutierungsmaßnahmen von ausgewählten Clusterakteuren
• Konkrete Bewerbung und Vorstellung der Unternehmen auf Jobmessen
• Begleitung der Clusterunternehmen bei vorausschauenden Planung von Stellen und Kompetenzbedarfen
• Karriereplattform wurde um die Rubriken Abschlussarbeiten und Praktikumsstellen ergänzt
• CM veröffentlicht Jobinserate für Clusterakteure
• Vermittlung von Fach- und Führungskräften durch CM für Führungskräfte
• faire Kosten für Nutzung von Online-Jobportalen für Cluster
• Bewerber und Unternehmen zusammenbringen/ informellen Austausch fördern
• Personalmarketing über sozialen Kanälen wie zum Beispiel Xing, Twitter und Facebook
• Rekrutierung/ Personalmarketing: Vermittlung von Initiativbewerbungen an geeignete Unternehmen
• Bildungsatlas zeigt das vielfältige Angebot zur Aus-, Fort- u. Weiterbildung u. Studienangebote im Bereich der Clusterbranche/ -Technologie
• strategische Partnerschaft „Fachkräfte-Recruiting“ mit anderem Cluster aufgenommen
• Einbeziehen von Experten und Industrievertretern zur Entwicklung des Weiterbildungsangebots
• die langfristige Nachwuchsentwicklung in den MINT-Bereichen konsequent fortgesetzt werden
• Weiterbildungsmodelle von Verbänden in Deutschland verglichen mit Angebot des CM zu PE (Benchmarking)
• PE-Aktivitäten zum Auf- bzw. Ausbau von ganzheitlichem, transdisziplinärem und systemischem Denken und Know-how
• neue Lerntechnologien zur Verfügung zu stellen und diese zu unterstützen. Online-Lernangebote zeichnen sich durch räumliche Flexibilität aus und liefern somit auch einen Beitrag zur Internationalisierung
• systematische Bestands- und Bedarfsanalysen zu Personalmanagementaktivitäten
• bestmögliche Rahmenbedingungen zum Erwerb von Kompetenzen wie z. B. interdisziplinärem Verständnis und Systemdenken schaffen
• Gewinnung v. Forschern/ Wissenschaftler für Clusterregion durch die Unterstützung v. Forschungsprojekten
• Clustermanagement als „*Fachorganisation, ... die Weiterbildungen zentral anbieten kann*“, (C3)
• Arbeitsgruppe des Clusters zum Thema Aus- und Weiterbildung
• Stände auf Messen zum Thema HR und weiterer Funktionen („*one for HR and support functions*“, C20)
• „*erstklassige Referenten aus Wissenschaft und Praxis engagieren*“ für Personalentwicklungsaktivitäten
• Cluster unterstützt darüber hinaus auch Partnerveranstaltungen im Bereich der IT-Security-Weiterbildung

FortsetzungTabelle 41

• praxisnahe Qualifizierung; Fokus Didaktik und Blended Learning
• individuelles Coaching, um eine effiziente Vermittlung v. spezifischem Management-Wissen zu erreichen
• Excellence-Bereiche (Strategy, Business und Development) als Orientierung für Themenfelder der PE-Konzepte
• Grundlagenweiterbildungen zu Technologiethemen für CA mit Inhalten wie Funktionsweisen, Eigenschaften, Fehlerquellen der Bauteile erhielten die Teilnehmer u. a. auch eine Marktübersicht von Anbietern; modulares Angebot bezieht auch Grundlagen und Fortgeschrittenen-Kenntnisse
•Kooperationsabkommen mit dem Ziel, in den Bereichen Wirtschaft, Lehre, Forschung, Innovation u. berufliche Aus-/ Weiterbildung die Zusammenarbeit auszuweiten; europaweites Netzwerk zwischen Herstellern und -zulieferern
• *„to promote research and innovation-related careers"*(C20)
• Fachgruppen/ Arbeitskreise zum Themenfeld PM oder Unterthemen, v. a. PE; zur Vertiefung u. Konkretisierung der strategischen Schwerpunkte des Clusters
• Weiterbildungsangebote u. Vermittlung von Fach-/ Führungskräften als Dienstleistungsangebot des CM
Konsequenzen - *Positive Konsequenzen*
• Qualifizierungsprogramme bewähren sich u. treffen auf Zustimmung der CA und deren Nachfrage
• Förderung u. Stärkung v. Schlüsselkompetenzen d. Fachkräfte d. CA, um Wettbewerbsvorteile zu erzielen
• Personalmanagementaktivitäten der Clusterakteure unterstützen und verbessern
• erfolgreich absolvierte Aus-/ Weiterbildungsmodule durch Mitarbeiter der CA u. Studierende/ Schüler
• Fachkräftepotenzial sichern
• Beitrag des Clusters offene Stellen der Clusterakteure erfolgreich zu besetzen
• Auf- bzw. Ausbau von ganzheitlichem, transdisziplinärem und systemischem Denken und Know-how
• Produktivität von mittelständischen Unternehmen steigern durch Weiterbildungsmaßnahmen in bestimmten Themenfeldern, z. B. Sicherheit und Gesundheitsschutz, Digitalisierung
• langfristigen Sicherung der Zukunftsfähigkeit ist es entscheidend, dass den Unternehmen in den kommenden Jahren genügend Nachwuchskräfte mit sehr guten Kompetenzen in den MINT-Fächern zur Verfügung stehen.
• Förderung von Naturwissenschaft und Cluster-Branche
• Imagegewinn für Cluster/ Clustermanagement
• Mitarbeiter-Know-how aufzubauen und somit einen konkreten Wettbewerbsvorteil zu erlangen
• gemeinsame Nutzung von Wissen im Cluster zur Stärkung der Innovationsfähigkeit
• Zugang für unsere Akteure zu Anwendermärkten, internationalen Märkten und dem Arbeitsmarkt
• Personalmarketing und PE-Aktivitäten tragen zur Sichtbarkeit des Clusters bei
• Personalmarketingmaßnahmen bringen Nachwuchskräften den Cluster, seine Branche u. seine CA näher
• für Unternehmen können geeignete Bewerber gefunden werden
• Zunahme an Arbeitsplätzen im Cluster seit Clusterbestehen um ca. 10% innerhalb der Branche; aber keine Nennung von direkten Auswirkungen aus Aktivitäten des Clusters heraus
• Sichtbarkeit von Clusterunternehmen kann steigen, z. B. für Start-ups
•Erfolge des Weiterbildungsprojekts (2010-2015): 65 Projektarbeiten mit Schulen, 50 easykit-Baukästen zur Verfügung gestellt, 100 Lehrkräfte fortgebildet, 36 teilnehmende Schulen, 28 Workshops und Mitmachaktionen, 150 Webseiten, „MST-Wunderland" für Schulen (C3)
• durch die Unterstützung des Clusters wurden ca. 12 Unternehmen weitergebildet (in einem Jahr) (C23)
• Mitarbeiter der CA werden *„befähigt, Innovationsstrategien der Unternehmen umzusetzen und Neuentwicklungen in den regionalen Branchen mitanzustoßen"* (C18)
• zusätzlichen Nutzen durch Erfahrungsaustausch u. Vernetzung mit anderen CA einer Branche
• Erhöhung der Beschäftigtenzahlen im Cluster (C23); Arbeitsplätze schaffen (C2)

Fortsetzung Tabelle 41

Konsequenzen - *Negative Konsequenzen*
•Anmerkung: Negative Auswirkungen werden im Analysematerial kaum/ nicht diskutiert, sind jeweils das Gegenteil d. positiven Konsequenzen bzw. Mangel ursächlichen Bedingungen, die zu Verbesserungsmaßnahmen für eine bestimmte Lage geführt haben; werden nicht thematisiert/behoben; Art d. analysierten Dokumente als Berichte zu Erfolgen v. (öffentl. geförderten Clustern) bedingen, dass Probleme und negative Konsequenzen kaum bis gar nicht diskutiert werden.
• „*Vermittlung internat. Bewerber in Praktikantenprogrammen zu CA gestaltet sich schwierig, war wenig erfolgreich.*“ (C3)
• unternehmensspezifische Schwierigkeiten/ Situationen verhindern spezifische Bildungsprojekte

Mit Hilfe der Erstellung des paradigmatischen Modells ließ sich v. a. auch eine größere Anzahl an **Handlungsstrategien** für ein PM in Clustern identifizieren. Hier ist zum einen eine Fokussierung insbesondere auf PE-Themen als zentraler Handlungsansatz, und in diesem Kontext vor allem die Realisierung von Akademien oder Kompetenzzentren zur Bündelung der PE-Aktivitäten als „Marken“, zu nennen. Zum anderen zeigt sich, dass branchen- und bedarfsspezifische Angebote essentiell für die PM-Aktivitäten des Clusters sind. Hinzukommen Vorgehensweisen, die auf der Zusammenarbeit des CM mit Partnern, v. a. auch im Bereich Aus- und Weiterbildung, ansetzen. Ein weiterer Ansatzpunkt ist die Einrichtung einer Arbeitsgruppe zu Personalmanagement- bzw. Entwicklungsthemen im Cluster. Als weiterer zentraler Ansatzpunkt für Cluster kann die Fokussierung auf die Funktion Personalmarketing und -rekrutierung gesehen werden, z. B. als eine Dienstleistung des CM für die CA. Als **positive Konsequenzen** von Personalmanagementaktivitäten werden im Rahmen der Clusterberichte z. T. sehr konkrete Erfolge genannt, wie z. B. die Schulung einer bestimmten Anzahl an CA zu einem relevanten Themenbereich. Als allgemeinere, positiv zu bewertende Auswirkungen lassen sich u. a. die Stärkung von Schlüsselkompetenzen der CA, die Sicherung des Fachkräftepotenzials, die Steigerung der Attraktivität und Sichtbarkeit des Clusters bei Fachkräften und generell und ein Nutzen durch zusätzlichen Erfahrungsaustausch für die Clusterunternehmen sowie eine Sicherung der Zukunftsfähigkeit der Clusterregion nennen. Ähnlich wie zu hemmenden Rahmenbedingungen zeigen sich nur wenige Erkenntnisse bzgl. **negativer Konsequenzen** eines PM in Clustern (siehe Anmerkung in der Tabelle oben).

4.5.2 Situation-Map

Zusätzlich zum paradigmatischen Modell wurde eine geordnete sog. „**Situation-Map**“ nach Clarke[1118] erstellt (siehe Abbildung 53, Teil 1 und 2), die die zentralen Elemente und Akteure der Handlungssituation einer Ausgestaltung eines systematischen Personalmanagements in Clustern zusammenstellt. Die Situation-Map verdeutlicht v. a. die Rahmenbedingungen und den Kontext, in dem ein PM in Clustern angesiedelt ist bzw. je nach Cluster sein kann und wie es auszugestalten ist. Mit Hilfe der Karte lassen sich nochmals die zentralen Interessengruppen des Clusters und der PM-Aktivitäten hervorheben (siehe v. a. unter institutionelle, politische und ökonomische sowie

[1118] Vgl. Clarke (2016); Clarke, Friese, Washburn (Hrsg.) (2016): Situational Analysis in Practice: Mapping Research with Grounded Theory. New York, S. 102.

menschliche Elemente) und deren Einfluss berücksichtigen. Die Karte zeigt zudem räumliche und zeitliche Aspekte mit Einfluss auf das PM in Clustern auf, die im paradigmatischen Modell bisher nicht berücksichtigt wurden, z. B. die zeitliche Planung des Clusterstrategieentwicklungsprozesses. Unter dem Element der bedeutenden Streit- bzw. Problempunkte werden u. a. die Aspekte der geeigneten Weiterbildungsmaßnahmen im Clusters, der Fachkräftemangel sowie Probleme auf der Ebene des CM bzgl. PM erneut hervorgehoben. Mit Hilfe der „lokalen bis globalen Elemente“ wird deutlich, dass für primär lokal bis regional ausgerichtete Cluster auch die überregionale und internationale Ebene von Bedeutung für Kooperationen und Austausch bzgl. PM sein kann und welche Akteure in diesem Kontext von Bedeutung sind. Im Rahmen der „soziokulturellen Elemente“ werden trotz der generellen Vernachlässigung der Themen in den Clusterberichten generell Aspekte im Hinblick auf langfristig und nachhaltig orientierte Lösungen, die mit Hilfe von PM im Cluster erreicht werden können, deutlich, z. B. Einfluss des Clusters auf soziale Herausforderungen, Kompetenzentwicklung sowie Unterstützung im Themenfeld Demografie für die Clusterunternehmen.

Institutionelle Elemente

- **Institutionalisierung des PM** im Cluster durch z.B. Ideenwettbewerbe/ Talent-initiativen zur Bindung von Nachwuchs-kräften, Weiterbildungs-„Akademien", E-Learning -Plattformen, Jobbörsen
- **Stakeholder:** CA, z.B. Unternehmen, KMU, Forschungsinstitute, Universitäten, Hochschulen, Gründer/ Start-ups; KMU, Unternehmen z.B. aus Bereichen Bera-tung, IT; Stiftungen als Fördermittel-geber, Agentur für Arbeit; regionale Behörden/ Verwaltungs-Landes- und Bundesminis-terien und Regierungen; EU; Kammern, Verbände, Aus- und Weiterbildungsorga-nisationen; Internat. Kooperationspartner, u.a. Cluster
- **Clustermanagement und Gremien** im Cluster, u.a. Fachgruppen/Arbeitskreise, Leitungsgremium/ Strategiepanel/wiss. Beirat

Bedeutende Streitpunkte/ Problempunkte

- **geeignete Weiterbildungsinstrumente** für clusterweite Maßnahmen
- Einheitliche Ausbildungsstandards schaffen
- **Attraktivität von Stellen im CM** (Entlohnung für Erfahrung)
- **in bestimmten Branchen mit "ihren vielen KMU" (z.B. Ernährungswirtschaft; Cluster Foodprocessing NRW)** werden **Experten und Unterstützung im Bereich PM** benötigt, "denn in der Regel gibt es weder auf der Seite der Unternehmensleitung noch beim Betriebsrat Experten im Bereich der Personalentwicklung"
- **Fachkräftemangel:** „eher Probleme" in den nächsten 3-5 Jahren bei Personen mit beruflicher Weiterqualifizierung (z.B. Techniker, Meister) gesehen sowie „große Probleme" bei Personen mit akademischer Erstausbildung (MicroTEC);

Handlungssituation

Personalmanagement in Unternehmensclustern

Politische und ökonomische Elemente

- Anwender- u. Kapitalmarkt, regionale, nationale sowie internat. Marktstrukturen
- Gesetzgebung
- **Innovationsfähigkeit steigern:** Rahmenbedingungen u. Synergien schaffen, Wettbewerbsposition stärken,
- Fördermittelakquise
- Abdeckung der Wertschöpfungskette
- strategische Verträge mit Regierungen
- (z.T. kostenpflichtige) Dienstleistungsangebote des CM für CA
- **Arbeitsmarkt der Clusterregion**; neue Arbeitsplätze schaffen; Fachkräfte an Region binden/ für diese interessieren
- **hoch qualifiziertes u. spezialisiertes Personal** als zwingende Voraussetzung für Erfolg u. Wachstum
- förmliche **Kooperationsvereinbarungen** zwischen Clustern zu Personalaktivitäten
- finanzielle Förderung eines Stipendiaten
- **Finanzierung** durch Mitgliedsbeiträge u. Kooperations-verträge mit Unternehmen oder durch EU-Projekte/externe Aufträge
- **Kosten der Ausbildung** drastisch senken durch virtuelle oder Online-Lösungen

Soziokulturelle Elemente

- nachhaltige Lösungen zu Herausforderungen des Clusters definieren u.a. bzgl.: „skills development, communication, societal challenges"; z.T. Ressourcen-effizienz als eine Zielsetzung
- "To firmly establish skills and know-how over the long term."(C24)
- Cluster "als Gesprächspartner, Ratgeber, Initiator" für politische Akteure
- gesellschaftliche Akzeptanz der Clusterbranche bzw. der -technologie
- Austausch und Vorstellungsmöglichkeiten für Nach-wuchskräfte bei Unternehmen/ "Small Talk"/ informelle Gespräche mit Personalverantwortlichen
- intensive u. vertrauensvolle Zusammenarbeit mit Ausbildungsbetrieben, mit staatlichen Schulen u. Behörden als Grundlage für hohe Qualität der Ausbil-dung u. des internationalen Austauschs
- soziale Kanäle wie Xing, Twitter, Facebook
- interkulturelle und sprachliche Fähigkeiten
- Demografie als ein Fokusthema
- Wissen der CA austauschen und nutzen
- Schwerpunkte des PM im Cluster: Weiterbildung und die Vermittlung von Fach- und Führungskräften

Abbildung 53 Geordnete Situation-Map, Teil 1

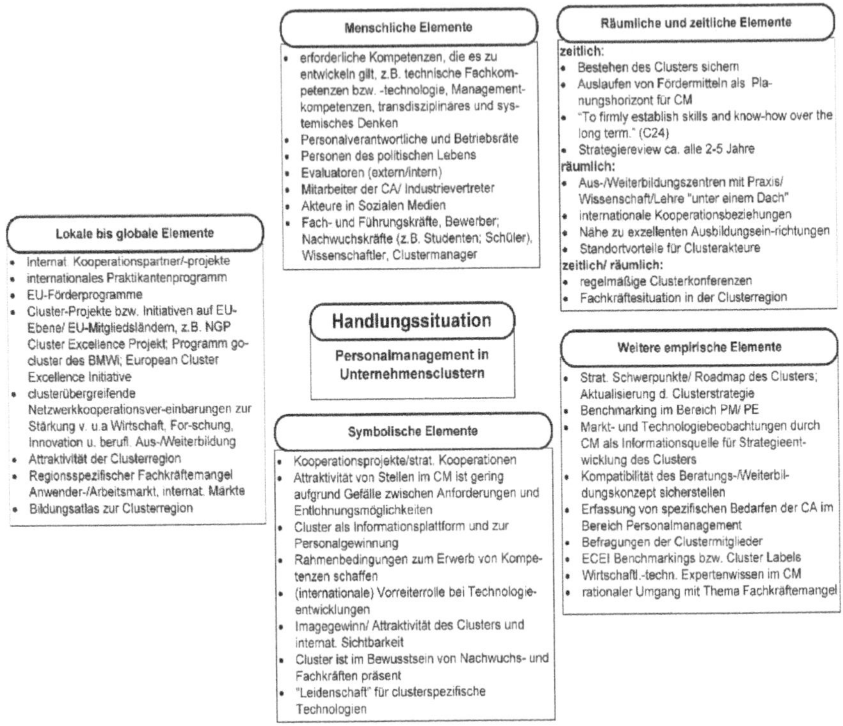

Abbildung 53 Situation Map, Teil 2

4.5.3 Weiterentwicklung der Forschungsfragen und fallgruppenspezifische Diskussion

Im Hinblick auf die Einbindung der PM-Prozesse in Clusterstrategie lässt sich festhalten, dass systematische Strategieprozesse v. a. in größeren Clustern mit längerer Bestehenszeit und eigenständigem CM zu finden sind. Es finden sich nur wenige Hinweise auf eine eigenständige Personalstrategie und die systematische Einbindung von Personalaspekten in den Strategieentwicklungsprozessen der analysierten Cluster. Nichtsdestotrotz finden sich in der Mehrheit der Cluster Konzepte und Programme für Aktivitäten im Kontext des Personalmanagements, v. a. bzgl. Personalentwicklung, d. h. Aus- und Weiterbildungsaktivitäten. Es werden kaum Gründe für eine fehlende Fokussierung auf PM-Themen bei der Strategieentwicklung des Clusters genannt. Als **Kernprozesse eines Personalmanagements in Clustern** lassen sich die Funktionen **Personalentwicklung, -marketing und -rekrutierung sowie Personalbindung** identifizieren. Dies gilt sowohl für die Ebene der Aktivitäten im Clustermanagement als auch für Aktivitäten, die das CM im Hinblick auf die Anforderungen der CA umsetzt. Im Rahmen der PE-Konzepte werden bspw. in einigen Clustern einheitliche Branchenanforderungen an Fachkräfte definiert und bei Aus- und Weiterbildungsmaßnahmen berücksichtigt. In vielen Fällen wird von einer Fortsetzung bzw. einem Ausbau der Aktivitäten in den Bereichen Personalentwicklung und -marketing bzw. -recruiting gesprochen. Im Vordergrund steht zudem ein Austausch von erfolgreichen Lösungsansätzen und Aktivitäten bzgl. PM zwischen den Clusterunternehmen. Für die Fokussierung insbesondere auf PE-Themen werden an mehreren Stellen in den Clusterberichten die Orientierung auf die Zielgruppe der CA und deren Bedürfnisse sowie der Ausgleich unterschiedlicher Wissensstände im Cluster genannt. Der **Beitrag von Personalmanagementaktivitäten für den Clustererfolg** wird v. a. auf der Ebene der Clusterregion gesehen. Cluster wollen mit ihren PM-Aktivitäten dazu beitragen, die Attraktivität der Clusterregion bzw. -branche für Fachkräfte zu erhöhen, die Kompetenzen der ansässigen Fachkräfte zu verbessern und zukunftsfähig sowie wettbewerbsfähig zu halten. Weitere Erfolge werden in der Sicherung von Nachwuchskräften und Sicherung bzw. Schaffung von Arbeitsplätzen und Bindung von Fachkräften an die Clusterregion gesehen. Bildung wird in vielen Clustern als Erfolgsfaktor gesehen, der mit Hilfe von PE-Aktivitäten gestärkt werden soll.

Ansatzpunkte zur Ausgestaltung der Personalmanagementaktivitäten liegen in der **Integration der Aktivitäten in das Dienstleistungsangebot des Clustermanagements**, z. B. in Form von Unterstützung bei der Planung des Kompetenzbedarfs und -einsatzes für CA. In diesem Zusammenhang ist v. a. die Abstimmung der Angebote im PM-Themenfeld mit den übrigen Angeboten des CM von zentraler Bedeutung, um ein ausgewogenes Angebotsportfolio für die CA zusammenzustellen. Weitere Ansätze beziehen sich auf die **Zusammenarbeit mit Interessengruppen des Clusters**, insbesondere der CA, bei der Entwicklung des Konzepts für PM-Aktivitäten im Cluster, aber auch **Kooperationen mit ansässigen Hochschulen und Weiterbildungsanbietern** im Themenbereich Personalentwicklung. Die ermittelten PM-Aktivitäten im Cluster werden hauptsächlich durch das **Clustermanagement koordiniert**, z. B. „Cluster-Academy-Konzepte" für die Bereiche Aus- und Weiterbildung und beziehen sich auf die **Ebene (der Unterstützung) der Clusterakteure**. Die Fokussierung liegt eindeutig auf einer Unterstützung der CA in diesem Themenfeld und weniger auf PM im CM selbst, auch wenn sich gerade auf dieser Ebene z. T. Probleme bzgl. Rekrutierung und Personalbindung zeigen. Es finden sich kaum Hinweise auf den Einsatz von **Trendermittlungsmethoden** in den analysierten Clusterberichten. Diese wenigen Textstellen weisen kaum Bezüge zum Themenbereiche PM und einem der Kernprozesse des Personalmanagements in Clustern auf. Es besteht daher ein Bedarf, den Aspekt der Trendforschung für die Entwicklung von PM-Schwerpunkten bzw. -strategien im Cluster vertiefend zu analysieren, da die qualitative Studie hier nur unzureichende Antworten liefern kann. Eine entsprechender Untersuchungsbereich wird für die Primäranalyse definiert. Der Themenbereich **Nachhaltigkeit** wird ebenfalls kaum im Rahmen der Clusterberichte thematisiert. Insbesondere in Bezug auf PM oder die **Ausgestaltung eines nachhaltigen Clusters wird das Thema nicht diskutiert**. Nachhaltigkeit wird v. a. im Sinne einer langfristigen Absicherung des Clusters und des CM, besonders im Hinblick auf eine langfristige Finanzierung verstanden. Allenfalls kann noch eine Berücksichtigung eines eindimensionalen Nachhaltigkeitsverständnisses im Bereich der Sicherung von Fachkräften für den Cluster identifiziert werden als ein Hinweis dafür, dass PM-Aktivitäten im Bereich der Personalgewinnung und -entwicklung (Aus-/ Weiterbildung) einen Beitrag für den Erfolg des Clusters und seiner Unternehmen liefern können. Da allerdings keine eindeutigen Hinweise gefunden wurden, inwiefern ein Cluster-PM zur Nachhaltigkeit eines Clusters beitragen kann, sollten auch diese Zusammenhänge weiter analysiert werden. Sie werden als ein Untersuchungsbereich für die folgende Befragung aufgenommen. Auch das Thema Orientierung an Bewertungsansätzen für Cluster spielt neben Auszeichnungen nur eine geringfügige Rolle bei den betrachteten Clustern der Sekundäranalyse. Nichtsdestotrotz soll mit Hilfe eines Untersuchungbereiches in der Primäranalyse diese Erkenntnis nochmals im Detail untersucht werden.

Fallgruppenspezifische Betrachtung nach Lebenszyklusphasen

Im Folgenden werden die Ergebnisse zum Personalmanagement in Clustern in Form einer fallübergreifenden Analyse der Cluster je Lebenszyklusphase[1119] zusammenfassend diskutiert. Die Ergebnisse der fallübergreifenden Betrachtung sind nochmals in Abbildung 54 zusammengefasst. Die beiden Cluster der **Entstehungsphase** zeigen v. a. die Generierung von Arbeitsplätzen und damit indirekt die Personalbedarfsplanung und Rekrutierung sowie den Einsatz von Trendforschungsmethoden als Ansatzpunkte für PM-Aktivitäten in dieser Lebenszyklusphase. In den Clusterberichten der Cluster, die in die **Wachstumsphase** eingeordnet werden konnten, zeigen sich vor allem die Themen PE und Personalmarketing und -rekrutierung als Schwerpunkte eines PM in Clustern. In einem Cluster wird das Thema PM, insbesondere Personalentwicklung, zudem als Schwerpunkt von Weiterbildungsveranstaltungen angeboten. In den Berichten der Cluster aus der **Reifephase** wurden ebenfalls hauptsächlich die Prozesse PE sowie Personalmarketing und -rekrutierung als Kernthemen eines Personalmanagements in Clustern deutlich. Drei der hier betrachteten Cluster unterstützen ihre CA zudem im Bereich der Personalbedarfsplanung (Stellen- und Kompetenzbedarfe) sowie Planung von Kompetenzentwicklungsmaßnahmen. Im letztgenannten Themenbereich wird bei den Clustern der Reifephase Wert auf die Förderung von Nachwuchskräften, d. h. Schüler und Studierende, gelegt und dies mit verschiedenen Maßnahmen unterstützt.

[1119] Siehe hierzu die Vorgehensweise bei Ingstrup, Damgaard (2013).

	Phasen des Cluster-Lebenszyklus			
	Entstehung/ Start	**Wachstum**	**Reife**	**Niedergang/ Transformation**
Themen-schwer-punkte Personal-manage-ment in Clustern	Generierung von Arbeitsplätzen (in der Clusterregion)			
	Personalbeschaffung/ -rekrutierung	Personalentwicklung, -marketing und -rekrutierung		
	Trendforschung bzgl. Personalmanagement		Förderung Nach-wuchs-Fachkräfte	
			Personal-bedarfsplanung	
			Personalsharing auf CM-Ebene	
			Personalmanagement selbst als Weiter-bildungsthema	

Abbildung 54 Zusammenfassung der fallübergreifenden Analyse nach Cluster-Lebenszyklusphasen

Ein Cluster bietet zudem Weiterbildungen für Führungskräfte im Themenfeld PM an. In einem Cluster werden PM-Maßnahmen auf der Ebene des CM thematisiert: Es wird ein Personalsharing-Ansatz zur Gewinnung von Fachkräften für das CM verfolgt. Ein EU-Cluster realisiert in Kooperation mit seiner regionalen Landesregierung ein Förderprogramm, das CA finanziell bei der Entwicklung und Umsetzung von PE-Maßnahmen unterstützt. Vier Cluster thematisieren PM-Fragestellungen nur in sehr geringem Umfang oder überhaupt nicht in den betrachteten Clusterberichten. Über alle Phasen wird das Thema der Schaffung neuer Stellen innerhalb der jeweiligen Clusterregion durch die Steigerung der Innovations- und Wettbewerbsfähigkeit der CA als ein Kernthema genannt. Dieses lässt sich nicht in die klassische Unterscheidung der PM-Prozesse einordnen, sondern muss als ein Thema spezifisch für den Clusterkontext gesehen werden.

Weiterentwicklung der Forschungsfragen

Aufgrund der mit Hilfe der Sekundäranalysen erreichten Erkenntnisse werden die zu Beginn der Arbeit definierten Forschungsfragen angepasst. Die überarbeiteten Aussagen dienen als Untersuchungsbereiche für die explorative Primäranalyse (siehe Tabelle 42). Zu ausgewählten Untersuchungsbereichen werden Detail-Zusammenhänge formuliert, die auf den theoretischen und qualitativen Erkenntnissen beruhen und die mit Hilfe der Primäranalyse detaillierter untersucht werden sollen. Personalmanagement wird als ein Aufgabenfeld des Clustermanagements gesehen.[1120] Zusammenhang 1 (siehe Tabelle 42) leitet sich aus dem Ergebnis der Sekundäranalyse ab, dass die Cluster bzgl. PM-Aktivitäten je nach Lebenszyklusphase des Clusters andere Schwerpunkte setzen, sowie Erkenntnissen, dass sich Clustermanagementaufgaben am Lebenszyklus orientieren.[1121] Die strategieorientierte Sichtweise in Strategic Human Resource Management-Ansätzen betont die Notwendigkeit einer vertikalen Ausrichtung der HR-Methoden und -Prozesse an der Unterneh-

[1120] Vgl. Lindqvist (2009), S. 62; Lindqvist, Ketels, Sölvell (2013), S. 4-6; Sölvell, Lindqvist, Ketels (2003), S. 9.
[1121] Vgl. Ingstrup, Damgaard (2013), S. 556 und 570f.; Helfer, Drewello, Kiehlmann u. a. (2015), S. 13; Sydow, Lerch (2007), S. 7 und siehe Abbildung 54 sowie Kapitel 2.3.1 und 2.4.2.

mensstrategie.[1122] Bspw. der Michigan-Ansatz des SHRM fordert eine enge Strategieorientierung der HR-Praktiken. Zudem kann eine komplexe Beziehung zwischen PM und der Strategie angenommen werden.[1123] Dieser Zusammenhang soll für Personalmanagement als eine Aufgabe eines Clustermanagements übertragen werden (siehe Z2a und b). CM-Aufgaben werden als aus der Clusterstrategie abgeleitete Maßnahmen des Clustermanagements für die CA verstanden, die zur Zielerreichung des Clusters beitragen. Eine Aufgabe des Clustermanagements ist u. a. die strategische Integration der Clusteraktivitäten.[1124] Ein weiteres Handlungsfeld des CM ist die Sicherstellung der Nachhaltigkeit des Clusters. Folgt man dem „Three Pillar Model" für Nachhaltige Netzwerke können PM-Aktivitäten dazu auf der sozialen Ebene einen Beitrag leisten.[1125] Die Bedeutung des PM als CM-Aufgabe steht in Zusammenhang mit dem Beitrag, den PM zur nachhaltigen Entwicklung und Stabilisierung eines Clusters liefert (Z3). Ein Clustermanagement sollte seine Rollen als Dienstleister für die CA und als Management des Clusters mit einander in Einklang bringen. Oberste Handlungsleitlinie eines Clustermanagements sollte in diesem Zusammenhang immer der Mehrwert sein, der für Cluster und -akteure geschaffen werden kann.[1126] Die Clusterberichtsanalyse macht zudem deutlich, dass in den untersuchten Clustern primär PM-Aktivitäten durch das CM für die CA umgesetzt werden. Die Bedeutung des PM in Clustern steht damit in Zusammenhang mit der Bedeutung der PM-Aktivitäten für die CA (Z4). Von Clustermanagements wird zudem gefordert, die Clusterakteure und deren Anforderungen bei der Ausgestaltung von Maßnahmen zu integrieren bzw. diese zu berücksichtigen und unterschiedliche Interessenlagen in Einklang zu bringen.[1127] Auch bzgl. der Ausgestaltung von Strategic HRM wird bspw. im Harvard-Modell oder im SHRM-Ansatz von Guest gefordert, dass Stakeholderinteressen zu berücksichtigen sind.[1128] Damit lässt sich ein Zusammenhang annehmen zwischen der Bedeutung des Personalmanagements in Clustern und der Berücksichtigung von Anforderungen der Clusterakteure (Z5). Im Rahmen von u. a. Cluster-Bewertungsansätzen werden Anforderungen an ein „exzellentes Clustermanagement" formuliert, die sich z. T. auch auf PM-Aspekte beziehen.[1129] Die Bedeutung des PM als CM-Aufgabe hängt mit der Bedeutung und Orientierung an diesen Ansätzen zusammen (Z6). Personalentwicklung ist ein Teilprozess des PM, der auch als „Best Practice"-Aktivität im Rahmen des PM verstanden wird. Im Kontext von Clustern wird PE ebenfalls als eine Aufgabe des Clustermanagements beschrieben.[1130]

1122 Vgl. Vgl. Ridder (2009), S. 74; Storey (2007b), S. S. 59-78, S. 65; Dorozalla (2013), S.16.
1123 Vgl. Paauwe (2004), S. 26; Liebel, Oechsler, Holstegge u. a. (1994), S. 6 u. 9; Paauwe (2004), S. 23; Cakar, Bititci, MacBryde (2003), S. 191-194. Siehe auch Kapitel 3.2
1124 Vgl. Gull (2015), S. 9 und Jircikova, Pavelkova, Bialic Davendra u. a. (2013), S. 623.
1125 Vgl. Vgl. Buhl, Meier zu Köcker (2010), S. 17; Institute for Innovation and Technology (2013), S. 53; Hauser (2017c), S. 11-20, S. 16f. Siehe auch Abbildung 24.
1126 Vgl. Buhl, Meier zu Köcker (2009b), S. 7.
1127 Vgl. Winkler (2002), S. 253-281, S. 278f.; Jungwirth, Ruckdäschel (2013), S. 484; PWC (2011), S. 3.
1128 Vgl. Beer, Spector, Lawrence u. a. (1984); Miebach (2017), S. 41; Ridder (2015), S. 84;
1129 Vgl. Vgl. Hantsch, Kergel, Nerger u. a. (2011): Benchmarking Report, ESCA. Berlin, S. 60f; Sautter (2012), S. 157f u. 160. Siehe auch Kapitel 4.1.
1130 Vgl. Lindqvist (2009), S.9; Terstriep 2007/2008, Beer und Terstriep 2010, Lorleberg 2010, Konstantynova und Lehmann 2017. Siehe auch Abbildung 55.

Wie oben bereits für CM-Aktivitäten generell erläutert, lässt sich ein Zusammenhang zwischen der Bedeutung der PE als CM-Aufgabe und der Lebenszyklusphase des Clusters ableiten (Z7). Auch die qualitativen Ergebnisse weisen auf diesen Zusammenhang hin. Neben der PE kann auch für die Personalbeschaffung als Aufgabe des CM dieser Zusammenhang angenommen werden (Z9).[1131] Trendmanagement bzw. -forschung im Kontext des PM kann Strategieprozesse unterstützen, indem Megatrends untersucht und daraus relevante PM-Trends abgeleitet werden.[1132] Für Clustermanagements können Trendanalysen neben der Berücksichtigung im Strategieprozess des Clusters auch für die Förderung des Informations- und Wissenstransfers clusterspezifische Hinweise bspw. bzgl. technologischer Veränderungen liefern.[1133] Der Zusammenhang zwischen der Berücksichtigung von Trendforschungsergebnissen und der Bedeutung des PM als CM-Aufgabe soll daher weiter untersucht werden (Z8).

Tabelle 42 Ergebnisse und Anpassung der Eingangsforschungsfragen

Eingangsforschungsfragen (F)	**Untersuchungsbereiche**	**Untersuchungszusammenhänge (Z)**
F1: Welche Relevanz hat Cluster-PM aus Sicht von Clusterexperten?	Bereich 1: PM als eine zentrale Aufgabe des CM.	Z1: Es gibt einen Zusammenhang zwischen der Bedeutung des PM im Cluster und der Lebenszyklusphase des Clusters.
F2: Wie sind die PM-Prozesse eines Clusters in die Clusterstrategie zu integrieren?	Bereich 2: Cluster-PM und Orientierung an der Clusterstrategie.	Z2a: Es gibt einen Zusammenhang zwischen der Strategieorientierung des PM und der Bedeutung des PM. Z2b: Es gibt einen Zusammenhang zwischen dem Beitrag des PM zur Strategieumsetzung und der Bedeutung des PM.
F3: Welche PM-Prozesse haben eine Bedeutung für den Clustererfolg? F4: Welchen Beitrag leisten die jeweiligen PM-Prozesse bzw. -funktionen, z. B. Personalentwicklung und -gewinnung, für den Clustererfolg? F5: Welche Wirkungen oder Erfolge können Ansätze eines PM in Clustern aufweisen?	Bereich 3: Cluster- Personalmanagement und Beitrag zur nachhaltigen Clusterentwicklung.	Z3: Es gibt einen Zusammenhang zwischen der Beurteilung der Unterstützung des Cluster-PM zu einer nachhaltigen Clusterentwicklung und der Bedeutung des PM.
F6: Welche Ebenen bzw. Akteure sind an PM-Aktivitäten im Cluster beteiligt? F7: Welche Ansätze für ein Cluster-PM existieren in der Praxis?	Bereich 4: Zwei Ebenen eines PM im Cluster: im Sinne von Aktivitäten für die CA und als PM-Aktivitäten im CM.	Z4: Es gibt einen Zusammenhang zwischen der Bedeutung eines PM im Sinne von Aktivitäten für die CA und der Bedeutung des PM.
F8a: Welche Anforderungen werden an ein systematisches PM in Clustern gestellt? F8B: Welchen Anforderungen	Bereich 5: Ein PM in Clustern orientiert sich an Anforderungen der Clusterakteure/ Interessengruppen.	Z5: Es gibt einen Zusammenhang zwischen der Berücksichtigung von CA-Anforderungen bei der Ausgestaltung von Cluster-PM und

[1131] Vgl. Rammer 1999

[1132] Vgl. Pitschke (2012), S. 15 u. 17.

[1133] Vgl. Nestle (2011), S. 182; Lindqvist, Ketels, Sölvell (2013), S. 4-6; Sölvell, Lindqvist, Ketels (2003), S. 9.

müssen PM-Prozesse aus Praxissicht genügen?		der Bedeutung des PM als CM-Aufgabe.
	Bereich 6: Im Cluster-PM werden Excellence-Anforderungen an Cluster / Anforderungen aus Clusterbewertungsansätzen berücksichtigt.	Z6: Es gibt einen Zusammenhang zwischen der Bedeutung von Cluster-Bewertungs-ansätzen und der Bedeutung des PM im Cluster.
F4: Welchen Beitrag leisten die jeweiligen PM-Prozesse bzw. -funktionen, z.B. Personalentwicklung und -gewinnung, für den nachhaltigen Clustererfolg? F9a: Was sind die zentralen PM-Prozesse bzw. -funktionen eines Clusters bzw. Clustermanagements? F9b: Welches sind die zentralen PM-Prozesse bzw. -funktionen eines Cm aus Sicht von Clusterexperten?	Bereich 7a: Systematische PM-Aktivitäten im Cluster betreffen hauptsächlich die Bereiche PE/ Kompetenzentwicklung und Personalbeschaffung bzw.-marketing. Bereich 7b: Ein Cluster-PM erbringt einen Beitrag zu Kompetenzentwicklung und Personalmarketing bzw. -beschaffung als strategische Ziele eines Clusters.	Z7: Es gibt einen Zusammenhang zwischen der Bedeutung der Personalentwicklung und der Lebenszyklusphase des Clusters.
F8a: Welche Anforderungen werden an ein nachhaltiges PM in Clustern gestellt? F8b: Welchen Anforderungen müssen PM-Prozesse aus Praxissicht genügen? F10: Wie werden in diesem Zusammenhang Ergebnisse der Trendforschung mit Relevanz für den Cluster in die Personalstrategie integriert?	Bereich 8: Im Cluster-PM werden Ergebnisse der Trendforschung berücksichtigt.	Z8: Es gibt einen Zusammenhang zwischen der Zustimmung zu „Cluster-PM muss Ergebnisse der Trendforschung be-rücksichtigen" und der Bedeutung des PM als CM-Aufgabe.
F11: In welcher Phase des Cluster-Lebenszyklus sind PM-Prozesse am wirkungsvollsten für die Weiterentwicklung und Sicherung des Clusters?	Bereich 9: Der Beitrag eines PM im Cluster zu den strategischen Clusterzielen hängt mit der Lebenszyklusphase des Clusters zusammen.	Z9: Es gibt einen Zusammenhang zwischen der Beurteilung des Beitrags des PM dazu, den Fachkräftebedarf der CA zu decken und der Lebenszyklusphase des Clusters.

5 Primäranalyse: Anforderungen an ein Cluster-Personalmanagement

Im folgenden Kapitel werden Konzeption, Durchführung, Auswertungsprozess und Ergebnisse der empirischen Studie der quantitativen Daten der Arbeit vorgestellt und die Ergebnisse der Studie abschließend diskutiert. Darauf aufbauend werden Anforderungen an ein systematisches Cluster-PM abgeleitet und in Form eines Anforderungskataloges zusammengefasst.

5.1 Konzeption der Befragung

Die Entwicklung und Durchführung der Onlinebefragung folgte dem Umfrageprozess nach Faulbaum u. a. (siehe Abbildung 55).[1134] Die Befragungsziele sind durch die Forschungsfragen der Arbeit definiert und sollen mit Hilfe der Befragungsergebnisse nach Möglichkeit weiter beantwortet werden. Die Befragung dient der Exploration von Zusammenhängen bezüglich der aufgestellten Untersuchungsbereiche zum Themenfeld Personalmanagement in Clustern. Die Primäranalyse wurde in Form einer Onlinebefragung angelegt. Die Befragung richtete sich an die Zielgruppe Clusterexperten und -manager in Deutschland, Österreich und der Schweiz und fokussierte auf die folgenden drei zentralen Themenfelder bzw. Konzepte:

- Relevanz des Personalmanagements im Cluster
- Strategieentwicklung im Cluster und Bezug zum Personalmanagement
- Nachhaltigkeit im Cluster

Die zentralen Themenfelder wurden jeweils mit mehreren Fragen konkretisiert. Die Konzeption des Befragungsinstruments ist im Detail im nachfolgenden Kapitel 5.2 erläutert. Zu den inhaltlichen Schwerpunktthemen der Befragung kommt im Instrument ein Abschnitt mit Fragen zu soziodemografischen Daten der Befragten und des jeweiligen Clusters hinzu. Das vollständige Befragungsinstrument ist in Anhang 8.4 gezeigt.

5.2 Entwicklung des Erhebungsinstrumentes

Basierend auf den Ergebnissen der Clusterberichtanalyse wurde das Befragungsinstrument entwickelt. Die Fragen umfassen zum größten Teil durch die Teilnehmer zu bewertende Items (Aussagen bzw. Unteraspekte).[1135] Bei der Entwicklung des Fragensets wurden Vorgehensweisen und Empfehlungen zu Fragebogenkonstruktion und Formulierung von Fragen nach Bühner und Bernd, Bühner sowie Moosbrugger und Kavala berücksichtigt.[1136] Die Antwortskalen der Fragen wurden an bewährten fünfstufigen unipolaren Likert-Skalentypen orientiert.[1137] Diese wurden um eine Antwortmöglichkeit *„keine Angabe möglich"* ergänzt. Durch diese Ergänzung wurde es Teilnehmern ermöglicht, Fragen, die sie als kritisch einschätzen und ggf. nicht beantworten möchten, zu umge-

[1134] Vgl. Faulbaum, Prüfer, Rexroth (2009): Was ist eine gute Frage? - Die systematische Evaluation der Fragenqualität. Wiesbaden, S. 49.
[1135] Vgl. Faulbaum, Prüfer, Rexroth (2009), S. 19.
[1136] Vgl. Bühner, Bernd (2012); Bühner (2011), S. 111; Moosbrugger, Kelava (2012): Testtheorie und Fragebogenkonstruktion. 2. Aufl. Berlin, Heidelberg.
[1137] Vgl. Vagias (o.J.): Likert-type scale response anchors. Clemson University.

V. Hellge, *Personalmanagement in Unternehmensclustern*,
https://doi.org/10.1007/978-3-658-26690-5_5

hen. Auf diese Weise sollte eine geringere Abbruchquote erzielt werden. Im Befragungsinstrument wurden insgesamt sechs verschiedene Antwortskalen eingesetzt[1138]:

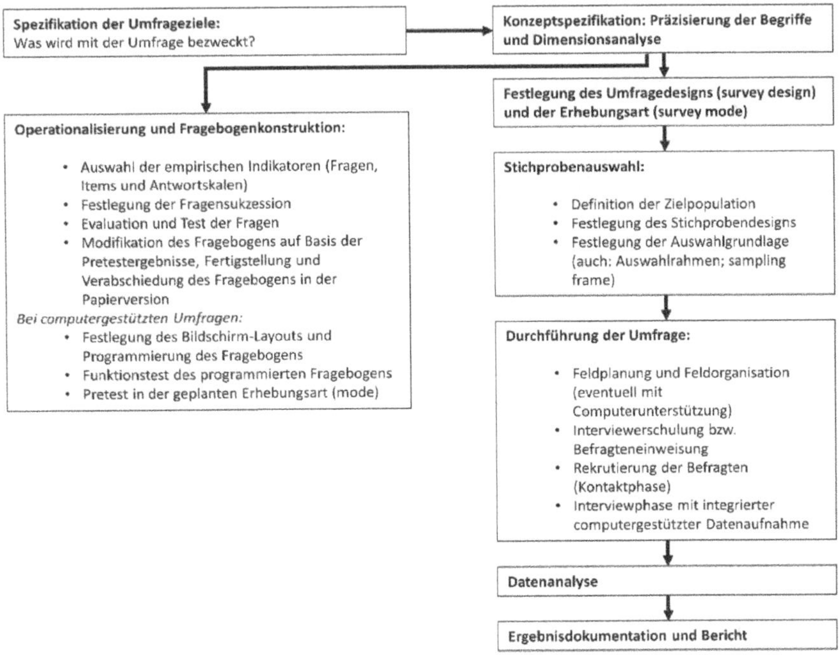

Abbildung 55 Umfrageprozess[1139]

- Zur Erfassung der Bedeutung:
  nicht wichtig, weniger wichtig, neutral, wichtig, sehr wichtig
- Zur Erfassung der Relevanz:
  absolut nicht relevant, weniger relevant, neutral, relevant, sehr relevant
- Zur Erfassung von Fakten:
  trifft nicht zu, trifft eher nicht zu, neutral, trifft eher zu, trifft völlig zu
- Zur Erfassung des Beitrags:
  Kein Beitrag, geringer Beitrag, mittlerer Beitrag, hoher Beitrag, essentieller Beitrag
- Zur Erfassung der Zustimmung:
  stimme nicht zu, stimme eher nicht zu, neutral, stimme eher zu, stimme völlig zu
- Zur Erfassung des Umsetzungsfortschritts:
  keine Planung vorhanden, Maßnahmen in Planung, Maßnahmen geplant, Umsetzung angestoßen, Maßnahmen umgesetzt

[1138] Vgl. Prüfer, Vazansky, Wystup (2003): Antwortskalen im ALLBUS und ISSP. Eine Sammlung. ZUMA-Methodenbericht, Nr. 2003/11, S. 24-37.; Bühner (2011), S. 113.
[1139] Eigene Darstellung nach Faulbaum, Prüfer, Rexroth (2009), S. 49.

Neben diesen Skalentypen wurde eine Frage mit nominalen Antwortvorgaben und Mehrfachauswahlmöglichkeit konzipiert. Die Fragen zu den soziodemografischen Daten der Teilnehmenden sowie zum Cluster wurden als Nominalskalen mit festen Antwortvorgaben sowie als metrische Skalen erstellt. Dieser Abschnitt des Befragungsinstruments wurde am Ende der Onlinebefragung eingeordnet. Das erarbeitete Instrument für die Befragung zum Cluster-PM beinhaltet - formal betrachtet - hauptsächlich geschlossene Fragen, die durch eine einzelne offene Frage ergänzt werden. Auf inhaltlicher Ebene können die eingesetzten Fragen als Faktfragen sowie Einstellungs- bzw. Meinungsfragen oder Überzeugungsfragen eingeordnet werden.[1140] Der erste Entwurf des Erhebungsinstruments wurde orientiert am sog. Fragenbewertungssystem (FBS) nach Faulbaum evaluiert und angepasst, um die Formulierungen der Fragen zu optimieren und Verständnisprobleme der Befragten zu vermeiden. Die Checkliste des FBS ermöglicht eine systematische Überprüfung der Eignung einer Frage inkl. der Fragenformulierung sowie der Antwortvorgaben.[1141] Im Anschluss an diesen Evaluationsschritt wurde das Befragungsinstrument in der Onlinebefragungsplattform Limesurvey implementiert. Als nächsten Schritt wurde ein Funktionstest der Onlineversion durchgeführt. Dieser Funktionstest wurde um eine empirische Evaluation des Befragungsinstruments in Form eines Pretests mit ausgewählten Experten ergänzt. Der Pretest wurde als formlose Onlinebefragung mit stark verkleinerter Stichprobe realisiert und beinhaltet die beiden folgenden Bewertungstypen, da ein Experte als Vertreter der Zielgruppe gewertet werden kann:

- **Evaluation durch den Endnutzer:** Überprüfung durch eine Person aus der Zielgruppe („*gray box check*“)
- **Inspektion**: Überprüfung durch „Unwissende“ („*blackbox check*“)[1142]

Die Rückmeldungen der Pretest-Teilnehmer zu Inhalt und Ausgestaltung der Befragung wurden analysiert und in die Optimierung der Onlinebefragung integriert.

Im Folgenden werden die Inhalte des Befragungsinstruments erläutert. Die Eingangsfrage des quantitativen Instruments wurde integriert, um die Bedeutung verschiedener **Aufgaben des Clustermanagements** zu ermitteln. Kernaufgaben liegen hier u. a. im Bereich der Öffentlichkeitarbeit, der Veranstaltungsorganisation, des Wissenstransfers, der Strategieentwicklung für den Cluster und der Förderung der Kooperationen und der Technologieentwicklung zwischen den CA.[1143] Aufgaben eines CM liegen v. a. auch in der Organisation des Zusammenschluss der Unternehmen, der Marketing-Unterstützung (z. B. durch Marktanalysen, Messeteilnahmen), der Informationsbereitstellung für die CA sowie der Unterstützung bei Ausbildungs- und Forschungsaktivitäten (siehe Kapitel

---

[1140] Vgl. Faulbaum, Prüfer, Rexroth (2009), S. 19f.
[1141] Vgl. Faulbaum, Prüfer, Rexroth (2009), S. 112-126.
[1142] Vgl. Faulbaum, Prüfer, Rexroth (2009), S. 102 u. 105.
[1143] Vgl. Terstriep (2006), S. 54; Human, Provan (2000), S. 329f.; Raschke (2009), S. 207, 209f u. 213; Sydow (2005a), S. 123-145, S. 133; Sydow, Zeichhardt (2013), S. 97-114, S. 99; Meier zu Köcker, Buhl (2008), S. 46, 49, 51 u. 62; Prognos AG; ISW Consult (2009), S. 86; Lorleberg (2010), 27f.; Beck (2005), S. 176-178; Stahl-Rolf, Haman, Hausberg (2004), S. 33f.; Pro Inno Europe; INNO Nets CEE Cluster Network (2009), S. 11.

2).[1144] Bzgl. des Themas **Personalmanagement in Clustern** wird im Befragungsinstrument zwischen PM auf Ebene des CM sowie auf Ebene des Gesamtclusters unterschieden. Letzteres wird verstanden als PM-Aktivitäten des CM, die auf die CA ausstrahlen bzw. für diese als Zielgruppe konzipiert sind und umgesetzt werden. Das Befragungsinstrument soll zunächst eine Einordnung der Bedeutung der Aktivitäten auf diese Ebenen ermöglichen sowie erfassen, inwieweit Cluster Aktivitäten in diesem Bereich tatsächlich umsetzen. Im Weiteren wurden die Fragen des Instruments auf eine ähnliche Form der Einschätzung zu bestimmten Anforderungen an ein PM in Clustern fokussiert, die sich im Rahmen der Sekundäranalyse gezeigt haben, bspw. die Orientierung an der Clusterstrategie bzw. an den Anforderungen der Interessensgruppen des Clusters.

Neben einer Einschätzung dieser Aspekte soll das Instrument eine Beurteilung der verschiedenen PM-Prozesse für einen Cluster ermöglich. Die folgenden Prozesse nach der Definition von Kernfunktionen bzw. Prozessen des PM nach Stock-Homburg sowie Berthel werden im Rahmen des Instruments für die quantitative Studie unterschieden[1145]:

- Personalmarketing (intern und extern, z. B. Messestände auf Jobmessen, Botschafter für Talentwerbung, Employer Branding)
- Personalbeschaffung (intern und extern) und Recruiting (z. B. Bewerbungsplattformen, Newsletter mit Stellenangeboten)
- PE (z. B. Seminarangebote zu clusterspezifischen Themen, Studiengänge, Weiterbildungsangebote)
- Personalstrategieentwicklung (z. B. Coaching durch Berater)
- Personalbindung (z. B. gemeinsame Anreizsysteme für Fachkräfte im Cluster)
- Personaleinsatz

Im Themenfeld **Strategieentwicklung im Cluster** sollte im Rahmen der Onlinebefragung geklärt werden, inwiefern sich PM-Aktivitäten aus der Cluster- zw. CM-Strategie ableiten und welchen Teilanforderungen die Aktivitäten genügen müssen, bspw. die Berücksichtigung von Trendforschungsergebnissen.[1146] Diese Einordnung geschieht vor dem Hintergrund der Annahme, dass die Orientierung an der Gesamtstrategie des Clusters und aktueller Trendforschungsergebnisse die PM-Aktivitäten, und damit auch den Cluster bzw. das CM, besser auf zukünftige Herausforderungen vorbereiten kann.[1147] Trendforschung wird im Rahmen der Arbeit als die frühzeitige Erfassung von Trends mit Hilfe qualitativer und quantitativer Methoden zur Unterstützung von Entscheidungsfindungsprozessen in Organisationen verstanden.[1148] Trendforschung kann in der strategischen Planung eingesetzt werden, um langfristige Entwicklungen in unterschiedlichen Teilbereichen zu be-

---

[1144] Vgl. Rammer, Gassler (1999), S. 14.
[1145] Vgl. Stock-Homburg (2013a), S. 4; Berthel, Becker (2010).
[1146] Vgl. Krulis-Randa (1995), S. 19-34; Leingang (2014), S. 2.
[1147] Vgl. Porth, Roitzheim (2012): HR-Strategien für die Zukunft. In: Schwuchow, Gutmann (Hrsg.): Trendbuch Personalentwicklung 2012. Köln, 2012, S. 11-18.
[1148] Vgl. Müller (2008): Strategic Foresight - Prozesse strategischer Trend- und Zukunftsforschung in Unternehmen. St. Gallen, S. 17; Schulz (2007): Trendforschung. Innovative Methoden in Europa. Saarbrücken.

rücksichtigen.[1149] Armutat und Richthofen schlagen ein spezifisches Prozessmodell für das Trendmanagement im Kontext des PM vor, das sie als eine Unterstützungsmöglichkeit eines unternehmerischen Strategieprozesses einordnen. Sie unterscheiden dabei vier Prozessschritte[1150]:

1. Umfeldanalyse
2. Trendidentifikation
3. organisationsspezifische Bewertung der identifizierten Trends
4. Umsetzung von organisationsspezifischen Maßnahmen

Der Bewertung der Trends für die Organisation und im Hinblick auf das PM kommt hier eine hohe Bedeutung zu. Die Bewertung basiert auf Kriterien wie bspw. der Beeinflussungsintensität, des Wirkungszeitpunkts oder des Einflusspotenzials auf das PM. [1151] Trendforschung bzw. -management im Personalbereich untersucht also Megatrends und leitet daraus methodisch fundiert spezifische, relevante PM-Trends ab. Der unmittelbare Nutzen liegt in der systematischen Analyse und Beurteilung von Trends und der Ableitung von zielführenden Maßnahmen und eines Ressourceneinsatzes, um eine Organisation auf einen Trend vorzubereiten sowie einem klaren Beitrag für die strategische Planung einer Organisation.[1152] Dies lässt sich auf Cluster und CM übertragen.

Zudem wurde eine Frage nach den Teilbereichen der Cluster- bzw. CM-Strategie ergänzt. Hinzu kommt eine Frage, die den Beitrag des PM im Cluster für bestimmte strategische Clusterziele, die sich in Kapitel 4 gezeigt haben, einordnen soll. Zusätzlich wurde zur Klärung der Bedeutung von Excellence-Ansätzen und Bewertungskonzepten für Cluster eine Frage in das Instrument aufgenommen. Es liegen in Deutschland und international mehrere Ansätze zur Evaluation von Clustern, CM und Clusterförderprogrammen vor (z. B. das ECEI Cluster Excellence Label, die Kriterien des ESCA Benchmarkings oder die Indikatorik „Measuring Technology Clusters“ des National Research Council, Canada; siehe hierzu auch Kapitel 5).[1153] Es gilt zu klären, inwiefern diese in Clustern tatsächlich Anwendung finden und inwiefern sie bei der Ausgestaltung von Personalmanagementaktivitäten eine Rolle spielen.

Im Themenfeld **Nachhaltigkeit im Cluster** wurden die Teilnehmer gebeten, mehrere Teilaspekte, die eine nachhaltige Ausrichtung des Clusters in den drei Nachhaltigkeitsdimensionen begründen,

[1149] Vgl. Müller, Müller-Stewens (2009): Strategic Foresight. Trend- und Zukunftsforschung in Unternehmen – Instrumente, Prozesse, Fallstudien. Stuttgart; Cuhls, Dönitz, Schirrmeister u. a. (2013): Zukunftsforschung für die Fraunhofer-Gesellschaft. In: Popp, Zweck, Urbanek (Hrsg.): Zukunftsforschung im Praxistest. Wiesbaden, 2013, S. 143-170.
[1150] Vgl. Armutat, Richthofen (2012): Prozessmodell für das HR-Trendmanagement. In: DGFP e.V. (Hrsg.): Zukunftsthemen im Personalmanagement analysieren und bewerten. Bielefeld, 2012, S. 19-37, S. 20f.
[1151] Vgl. Armutat, Richthofen (2012), S. 29.
[1152] Vgl. Pitschke (2012), S. 15 u. 17.
[1153] Vgl. ECEI (2012); Qualitätslabel „Cluster-Exzellenz Baden-Württemberg“ - Beschreibung der Indikatoren URL: www.cluster-exzellenz-bw.de; Cassidy, Davis, Arthurs u. a. (2005); Jappe-Heinze, Baier, Kroll (2008); Thul, Hellge (2015a); Thul, Hellge (2015b): Pro-Excellence - Professionalisierung der Clusterexcellence: Teilvorhaben „Cluster-Excellence“. Abschlussbericht. ITA, Kaiserslautern; ESCA (o.J.a): Overview of cluster benchmarking indicators; ESCA (2012): Benchmarking as a Tool for Cluster Analysis - Cluster Excellence Makes the Difference; Europa InterCluster (2010); Meier zu Köcker, Svensson, Szechenyi (o.J.); Commission of the European Communities (2008); Cplus (o.J.); European Cluster Observatory (ECO) (2012).

sowohl bzgl. der Umsetzung als auch ihrer Bedeutung für den Cluster zu beurteilen. Finanzierungsquellen des Clusters und deren Sicherung werden bspw. als ein Aspekt der Nachhaltigkeit betrachtet.[1154] Zum einen soll in diesem Themenfeld geklärt werden, inwiefern Nachhaltigkeit als Prinzip in die Clusterstrategie bzw. das Zielsystem des Clusters bzw. CM integriert wird.[1155] Zum anderen soll erfasst werden, inwiefern das Leistungsprinzip nach Fichter zum betrieblichen Nachhaltigkeitsmanagement in Clustern bereits Anwendung findet. Das heißt, inwiefern die Leistungen des Clusters nicht nur auf ökonomische Aspekte und Effizienz bezogen wird, sondern auch ökologische sowie gesellschaftliche bzw. soziale Aspekte berücksichtigt werden. Soziale Aspekte, u. a. der Lebensqualität, wie z. B. Infrastrukturversorgung, spielen bei der clusterpolitischen Förderung bisher allerdings kaum eine Rolle. Dabei kann eine ausgewogene Berücksichtigung der drei Nachhaltigkeitsdimensionen eine differenzierte, sozio-ökonomische Förderung einer Wirtschaftsregion befördern, die unter Umständen dauerhaft beständiger ist als eine Region, die durch eine rein ökonomisch orientierte Clusterförderung unterstützt wurde.[1156]

Weitere Fragen in diesem Abschnitt der Befragung beziehen sich auf den Beitrag, den ein Cluster-PM auf die langfristige Sicherung des Clusters bzw. CM und die Berücksichtigung der drei Dimensionen der Nachhaltigkeit liefern kann. Zum Abschluss der Onlinebefragung wurden sozio-demografische Daten der Teilnehmer erfasst. Die Fragen bezogen sich u. a. auf Geschlecht und Position der Teilnehmer im Cluster und Dauer der Tätigkeit im Cluster. Neben personenbezogenen Angaben wurden folgende Angaben zum Cluster der Teilnehmer erfragt[1157]:

- Größe des Clusters
- Dauer des Bestehens des Clusters und Clustermanagements[1158]
- Branche des Clusters
- Rechtsform des Clustermanagements
- Anzahl der Mitarbeiter im Clustermanagement

Hinzu kommt eine Frage zur Einordnung der Cluster in das vierstufige Cluster-Lebenszyklus-Modell nach Menzel und Fornahl (siehe die Ausführung zu Modellen der Clusterentwicklung in Kapitel 2). Neben den Fragestellungen beinhaltet der Fragebogen ein Glossar, das in Form von Hilfetexten in der Onlineversion umgesetzt wird (siehe Anhang 8.4 und 8.5). Mit Hilfe der Begriffserläuterungen des Glossars wurde den Befragungsteilnehmern Erläuterungen zu bestimmten Begriffen und Hilfestellungen zum Verständnis der Fragestellungen zur Verfügung gestellt.

[1154] Vgl. Baumast, Pick (2013): Nachhaltigkeit und Kapitalbeschaffung von Unternehmen. In: Baumast, Pape (Hrsg.): Betriebliches Nachhaltigkeitsmanagement. Stuttgart, 2013, S. 102-122, S. 103 u. 105.

[1155] Vgl. Freier (2013), S. 140 u. 147.

[1156] Vgl. Rammer, Gassler (1999), S. 17.

[1157] Vgl. Meier zu Köcker, Lämmer-Gamp, Zombori (2009): Clusters in Emerging Industries. Berlin, S. 8.

[1158] Vgl. Cluster-Charakteristika nach van der Linde (2003), S. 137, 140.

5.3 Ablauf, Stichprobe und Auswertungsprozess der Befragung

5.3.1 Ablauf der Befragung

Die Einladung zur Onlinebefragung wurde im Oktober 2016 an 772 Clustermanager und -experten in Deutschland, Österreich und der Schweiz versendet (N=772; 150 Adressen davon in Österreich und der Schweiz). Die Befragung war acht Wochen zur Beantwortung online freigeschaltet. Etwa vier Wochen nach dem Start der Befragung wurde eine Erinnerungsmail an die Kontakte geschickt. Nach Ablauf der Befragungsdauer ergab sich ein Rücklauf von 81 Teilnehmern (n=81), die überwiegend als Clustermanager oder Mitarbeiter eines CM bzw. als Clusterexperten tätig sind. Dies entspricht einer durchschnittlichen Rücklaufquote von 10,5 % und kann für eine quantitative Onlinebefragung als ein zufriedenstellendes Ergebnis bewertet werden, da auch die Teilnehmer als repräsentativ für die Stichprobe gewertet werden können. Zur **Sicherung der Anonymität** der Teilnehmer der Befragung achtete ich bei der Auswertung der Befragung darauf, dass eine Rückverfolgung der Antworten nicht möglich ist. Bei der Onlineversion der Befragung wurden keine IP-Nummern oder andere personenbezogenen Daten gespeichert und keine personalisierten Einladungen bzw. keine personalisierten URLs oder Zugangscodes zur Befragung eingesetzt.

5.3.2 Die Teilnehmer der Befragung und ihre Cluster

Die Cluster, aus denen die Teilnehmer der Befragung stammen, lassen sich mit Hilfe einiger Kerneigenschaften, die als Befragungsitems mit erhoben wurden, charakterisieren. Dazu zählen die Größe des Clusters, die Dauer des Bestehens des Clusters sowie des Clustermanagements, die Angabe der Lebenszyklusphase, in die der Cluster des jeweiligen Teilnehmers eingeordnet werden kann, sowie Branche des Clusters und Rechtsform des CM. Der überwiegende Teil der befragten Clustermanager und -experten ist männlich (ca. 47 %), 23,5 % der Teilnehmer gaben an weiblich zu sein, während 29,6 % keine Angabe zum Geschlecht machten. Ebenfalls der größte Anteil der Teilnehmer (42 %) arbeitet seit mehr als fünf Jahren im Cluster (siehe Abbildung 56). Der zweitgrößte Anteil der Teilnehmer (ca. 20 %) arbeitet weniger als drei Jahre in dem Cluster, in dem sie derzeit tätig sind. Etwa 32 % der Teilnehmer geben als ihre Position, die sie im Cluster ausüben, die Stellenbezeichnung Clustermanager an. Weitere 19 % sind Mitarbeiter eines CM und nochmals 16 % sind Geschäftsführer einer CM-Organisation (siehe Abbildung 58). Damit konnte die Befragung die geplante Zielgruppe, insbesondere Clustermanager und Mitarbeiter in CM, erreichen. Bzgl. der sozio-demographischen Fragen hat ein Anteil zwischen 25 % und 30 % der Teilnehmer die Fragen nicht beantwortet.

Die Cluster, in denen die Teilnehmer der Befragung tätig sind, sind recht gleichmäßig über die gewählten Größenstufen (Anzahl der Mitgliedsunternehmen im Cluster; siehe Abbildung 57) verteilt: Es sind sowohl Cluster mit bis zu 50 Mitgliedern (ca. 25 %) als auch mit über 300 CA (11 %) vertreten. Mit der Befragung konnte also ein vergleichsweise breites Spektrum der Cluster im Hinblick auf die Mitgliedsanzahl erreicht werden. Die Mehrheit der in der Studie vertretenen Cluster besteht seit fünf bis 15 Jahren (ca. 55 %, siehe Abbildung 59). Auch die entsprechenden CM bestehend überwiegend seit 5 und bis zu 15 Jahren (siehe Abbildung 60). Beide Datenverteilungen liefern erste Hinweise auf die Zuordnung der vertretenen Cluster zu den Cluster-Lebenszyklusphasen. Auch diesbezüglich zeigt sich eine ähnliche Verteilung, die Cluster fallen vor allem in die Phasen Wachstum (ca. 26 %) und Reife (33,3 %). Bezüglich der Rechtsform der vertretenen Cluster bzw. CM ist die Häufigkeitsverteilung im Folgenden in Abbildung 62 gezeigt. Der größte Anteil der Cluster ist als eingetragener Verein (33,3 %) oder als GmbH (17,3 %) organisiert.

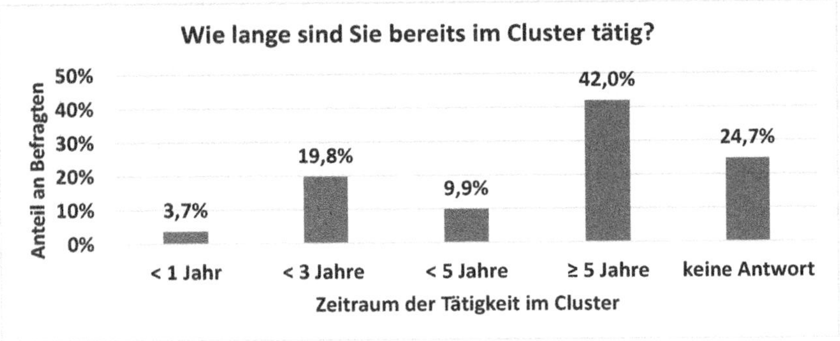

Abbildung 56 Dauer der Tätigkeit im Cluster

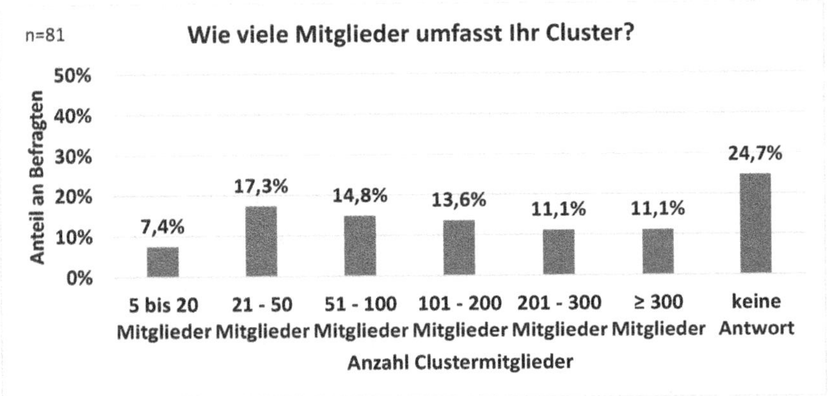

Abbildung 57 Anzahl der Clustermitglieder

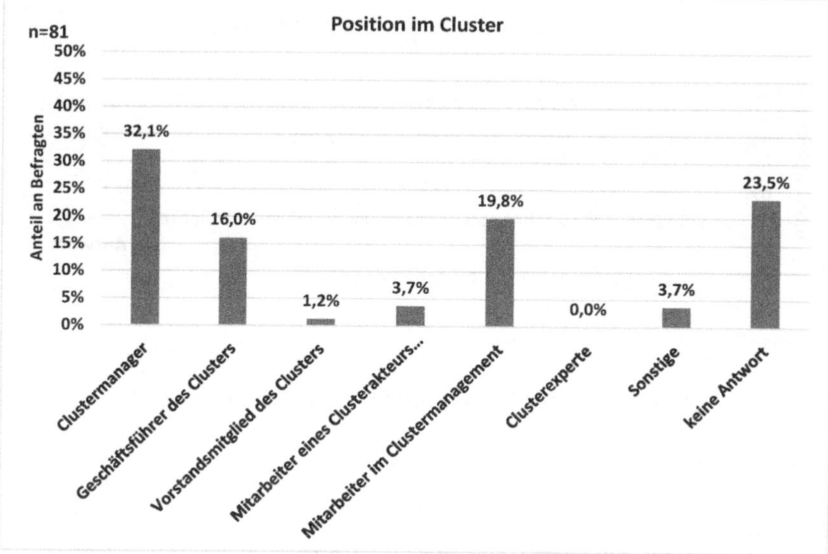

Abbildung 58 Position der Teilnehmer im Cluster

Im Hinblick auf die Stichprobe lässt sich basierend auf der deskriptiven Analyse zusammenfassend festhalten, dass eine repräsentative Anzahl und Zusammensetzung an Teilnehmern für die Clusterlandschaft in Deutschland gewonnen werden konnte. Für die Fragen nach der Lebenszyklusphase des Clusters sowie dem Bestehen des Clusters bzw. CM zeigen sich annähernde Normalverteilungen (unimodale, symmetrische Verteilung[1159]; die fehlenden Antworten bleiben unberücksichtigt). Die Teilnehmer sind überwiegend sehr erfahrene Clustermanager oder in weiteren leitenden Positionen im Cluster bzw. CM tätig. Auch bzgl. der Größe und Rechtsform der vertretenen Cluster zeigt sich eine breite Verteilung der Stichprobe auf die Itemausprägungen und keine eindeutige Dominanz einer bestimmten Teilgruppe. Damit liefert die Stichprobe eine ausreichende Datengrundlage, um eine vertiefende Auswertung der Daten zu ermöglichen und weitere Aussagen über Cluster ableiten zu können.

[1159] Vgl. Auer, Rottmann (2012): Statistik und Ökonometrie für Wirtschaftswissenschaftler - Eine anwendungsorientierte Einführung. 2. Aufl. Wiesbaden, S. 27.

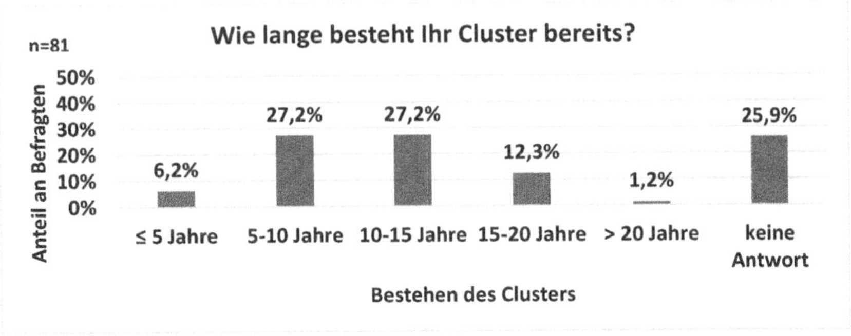

Abbildung 59 Dauer des Bestehens des Clusters

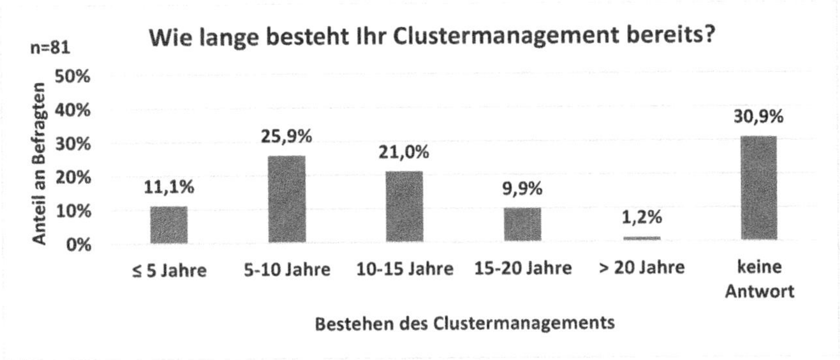

Abbildung 60 Dauer des Bestehens des Clustermanagements

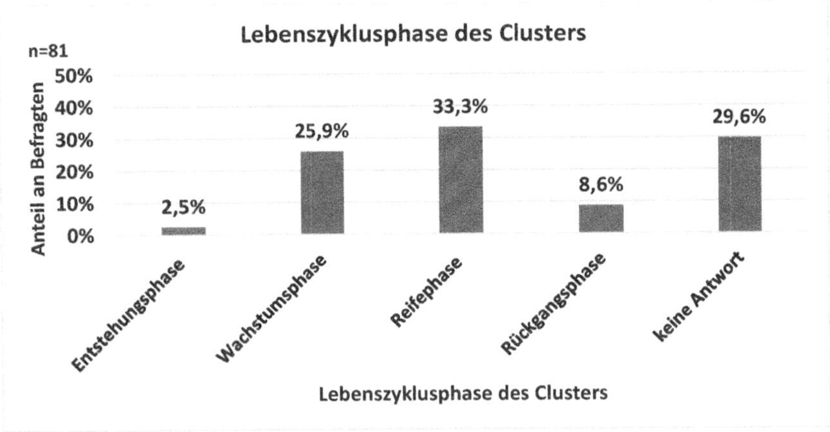

Abbildung 61 Verteilung der Cluster der Teilnehmer auf Lebenszyklusphasen

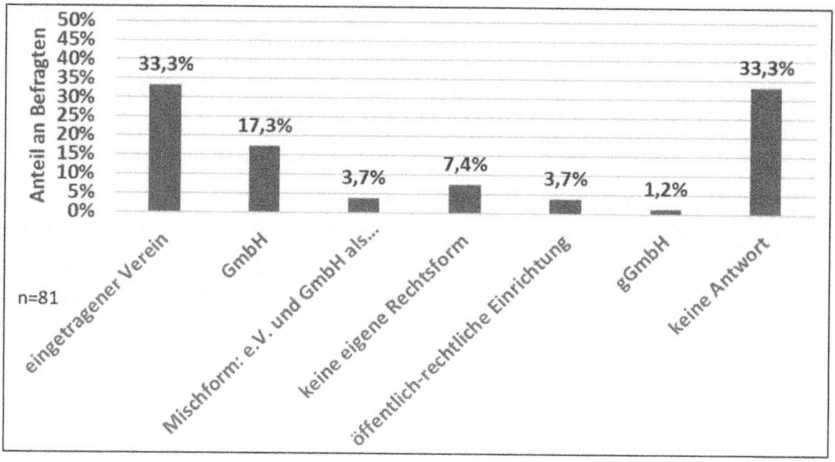

Abbildung 62 Rechtsform der Cluster

5.3.3 Datenanalyse

Die Befragungsdaten wurden ausschließlich im Rahmen des o. g. Forschungsvorhabens ausgewertet. Dabei wurden Personenmerkmale wie Geschlecht und Alter nicht kombiniert. Zunächst wurde eine grundlegende deskriptive statistische Analyse der Daten durchgeführt (univariate Statistik: Ermittlung der absoluten und relativen Häufigkeiten, des Medians[1160]). Die offenen Fragen des Instruments zu den sozio-demografischen Angaben der Teilnehmer wurden in ordinal skalierte Variablen umcodiert, z. B. die Variable ALLG23 „Rechtsform des Clusters" (zu „ALLG23neu" mit den Abstufungen siehe Abbildung 62). Vertiefende Analysen (bivariate Statistik[1161]) beinhalteten die Bestimmung von t-Tests (genauer: t-Test bei zwei unabhängigen Stichproben) für die Überprüfung der Daten auf Mittelwertsunterschiede in zwei unabhängigen Teilgruppen. Dazu wurde zunächst die Normalverteilung der Daten geprüft sowie jeweils ein Test auf Varianzhomogenität nach Levene durchgeführt. Die Daten sind nur z.T. normalverteilt. Da für die vorliegende Datenerhebung der Stichprobenumfang größer als 50 ist, darf unter Berufung auf den zentralen Grenzwertsatz die Normalverteilungsannahme gelockert und im Falle von Varianzinhomogenität der so genannte WELCH-Test, genutzt werden.[1162]

Weiterhin wurden Ergebnisse in den thematischen Schwerpunkten mit der Einordnung u. a. nach Clustergröße, Clustertyp, und Clusterlebenszyklus sowie nach Position der Teilnehmer und Jahren der Arbeit im Cluster (Variablen ALLG15-24) in Verbindung gesetzt. Hierzu wurden eine Korrela-

[1160] Vgl. Akremi, Baur, Fromm (Hrsg.) (2011): Datenanalyse mit SPSS für Fortgeschrittene. 3. Aufl. Wiesbaden, S. 18.
[1161] Vgl. Akremi, Baur, Fromm (Hrsg.) (2011), S. 18.
[1162] Vgl. Eckstein (2010): Statistik für Wirtschaftswissenschaftler - Eine realdatenbasierte Einführung mit SPSS. 2. Aufl. Wiesbaden, S. 259-261 u. 265f. Anmerkung: Jüngere Studien finden zudem, dass die Voraussetzung der Normalverteilung als eine der unwichtigsten Voraussetzung für parametrische Verfahren einzuordnen ist. Vgl. Salkind, N. J. (Ed.). (2010). *Encyclopedia of research design* (Vol. 1). Sage. Die Ergebnisse des Tests finden sich in Anhang 8.6.

tionsanalyse mit Hilfe des Chi^2-Tests nach Pearson sowie weiterer Assoziationsmaße (wie bspw. Kendalls Tau-c und Gamma bzw. Somers d und Cramers V) zur Einordnung der Richtung bzw. Stärke der Korrelationen bei nominal bzw. ordinal skalierten Variablen durchgeführt, um Zusammenhänge zwischen den unterschiedlichen Merkmalen der Stichprobe und der Beurteilung der inhaltlichen Items aufzuzeigen.[1163] Aufbauend auf den Erkenntnissen der Korrelationsbetrachtungen wurde eine ordinale, logistische Regressionsanalyse zur Bestimmung und Quantifizierung von Erklärungszusammenhängen im Hinblick auf die Untersuchungsbereiche ergänzt. Zudem können mit Hilfe dieser Anlayse Einflussrichtungen geprüft und der Erklärungsgehalt der gesamten quantitativ untersuchten Einflussfaktoren für die Bedeutung eines systematischen PM für Unternehmenscluster bestimmt werden. Die ordinale Regression wurde gewählt, weil die Items der Befragung mehrheitlich als ordinal skalierte Antwortoptionen angelegt sind.[1164] Diese Vorgehensweise folgt einer konservativen Auslegung des vorliegenden Datensatzes aufgrund seiner Charakteristika (u. a. z. T. nicht normalverteilt, ordinalskaliert). Aufgrund von ordinalskalierten Skalen einiger Items, die z. T. subjektive Einschätzungen der Befragten unterliegen (z. B. Skala zur Erfassung des Beitrags) und für die nicht der gleiche Abstand zwischen den Ausprägungen angenommen werden kann, erscheint eine Interpretation als intervallskaliert nicht als sinnvoll und die übliche Regressionsanalyse für intervallskalierte Daten ist in diesem Fall nur bedingt geeignetes Verfahren zur Erkundung von Variablenzusammenhängen.[1165] Die Regressionsanalyse erlaubt eine Schätzung der Beziehungen zwischen den Variablen der quantitativen Studie.[1166] Vorteile der ordinalen Regression sind in der Berücksichtigung der ordinalen Struktur der Kriterien sowie der leichteren Interpretierbarkeit zu sehen, auch wenn das Verfahren in empirischen Arbeiten bisher nur geringe Beachtung erhalten hat.[1167]

Im Rahmen der Analyse werden Regressionsparameter bestimmt, die den Einfluss einer oder mehrerer unabhängiger Variablen auf eine abhängige Variable abbilden.[1168] Die abhängigen Variablen sind in diesem Fall die Bedeutung des PM als Aufgaben des CM sowie der Beitrag des PM im Cluster zur Sicherung der langfristigen Stabilität bzw. Zukunftsfähigkeit des Clusters. Die unabhängigen Variablen sind die Derterminanen zur Einordnung der Befragten und ihrer Cluster bzw. CM sowie u. a. die Berücksichtigung von Stakeholderinteressen bei der Ausgestaltung des PM in Clustern, das Vorliegen eines systematischen Konzeps für das Cluster-PM, Bedeutung und Umsetzung von spezifischen PM-Aktivitäten (z. B. Personalbeschaffung) auf CM- und Clusterebene, die Strategieorientierung, die Berücksichtigung der Clusterlebenszyklusphase sowie von Anforderungen

[1163] Vgl. Schendera (2014): Regressionsanalyse mit SPSS. Berlin, Boston; Rößler, Ungerer (2011): Statistik für Wirtschaftswissenschaftler - Eine anwendungsorientierte Darstellung. Heidelberg, S. 76 u. 78; Auer, Rottmann, (2012), S. 103, 355f u. 394; Eckstein (2010), S. 287 u. 295; Bühl (2016): SPSS 23. 15. Aufl. Hallbergmoos, S. 308f u. 316f.
[1164] Vgl. Bühl (2016), S. 478.
[1165] Vgl. Gerpott, T.; Mahmudova, I. (2007): Ordinale Regression– Eine anwendungsorientierte Einführung. ZfTM-Work in Progress Nr. 75, Universität Duisburg, S. 1.
[1166] Vgl. Auer, Rottmann (2012), S. 417f.
[1167] Vgl. Gerpott, Mahmudova (2007), S. 2 und Baltes-Götz, B. (2012): Logistische Regressionsanalyse mit SPSS, S. 72.
[1168] Vgl. Rößler, Ungerer (2011), S. 214 u. 221.

aus Cluster-Bewertungsmodellen. Es werden mehrere Regressionmodelle betrachtet, die sowohl mehrere Einflussfaktoren umfassen als auch sich nur auf Einzelaspekte des PM in Clustern beziehen.

Die sog. ordinale Regression basiert auf dem Schwellenwertmodell, das die Zusammenhänge zwischen einer abhängigen und einer unabhängigen Variablen in Schwellen unterteilt. Die Regressionsparameter geben den Faktor der quantitativen Änderung der abhängigen Variablen bei Änderung der unabhängigen Variablen um eine Einheit in der jeweiligen Schwelle (Kategorie bzw. Merkmalsausprägung) an.[1169] Folgende Voraussetzungen müssen für die Durchführung einer ordinalen Regression erfüllt sein:[1170]

- Es liegt ein Zusammenhang zwischen den Variablen vor,
- die Daten stammen aus einer Stichprobe,
- eine hohe Korrelation der Variablen liegt vor,
- die Anzahl der Beobachtungen ist fünfmal größer als die Anzahl aller Kategoriestufen der berücksichtigen Variablen des Modells,
- die abhängige Variable ist ordinal skaliert.

Die Eingangsvoraussetzung ist durch die theoretische Herleitung der Untersuchungsbereiche und die Übertragung auf die entsprechenden Variablen der quantitativen Erhebung gegeben. Ebenfalls ist gewährleistet, dass die Daten aus einer gemeinsamen Stichprobe entnommen wurden und ordinal skaliert sind. Um die weiteren Voraussetzungen zu erfüllen, wurden die Regressionsanalysen nur für Variablen durchgeführt, die im Rahmen der Korrelationsanalyse eine hohe Korrelation gezeigt haben. Zudem wurden zwei umfassendere Regressionsmodelle basierend auf den o. g. Einflussfaktoren erstellt, welche die Zusammenhänge im Hinblick auf die Bedeutung des PM für Unternehmenscluster aufzeigen soll. Dabei wurden ggf. auftretende Interdependenzen der Variablen berücksichtigt. Nichtsdestotrotz schränken die geringe (gültige) Fallzahl und die vergleichsweise hohe Anzahl an fehlenden Werten die Aussagekraft der Analyse ein.[1171] Das Datensample kann daher primär zur Exploration von Zusammenhängen in den festgelegten Untersuchungsbereichen herangezogen werden. Weitere Voraussetzungen bzgl. der Aussagekraft von Chi-Quadrat-Tests (d. h., 20 % der erwarteten Zellenhäufigkeiten liegen unter Wert 5) sowie die Parallelitätstestannahme (wird dieser Test signifikant, verstößt das Modell gegen die Annahme der konstanten Steigungen) werden jeweils einzeln für die unterschiedlichen Regressionsmodelle geprüft. Als Verbindungsfunktion wurde aufgrund der annähernd gleichmäßigen Verteilung der Werte die Logit-Funktion gewählt, die

[1169] Vgl. Rößler, Ungerer (2011), S. 221 und Schendera (2014).
[1170] Vgl. Schendera (2014).
[1171] Vgl. Schendera (2014).

sich auch am häufigsten als die am besten geeignete Funktion erweist.[1172] Die Regressionsmodelle werden anhand der Ausgaben aus SPSS in Anhang 8.6 gezeigt.[1173]

5.3.4 Gütekriterien quantitativer Forschung - Diskussion

Für die Beurteilung eines quantitativen Forschungsprozesses werden üblicherweise die Gütekriterien **Objektivität, Reliabilität und Validität** herangezogen. Im Folgenden werden diese Kriterien für den quantitativen Teil der empirischen Studie der Arbeit diskutiert. Die Objektivität gilt es auf mehreren Ebenen sicherzustellen:[1174]

- **Durchführungsobjektivität:** Dieser Teilaspekt der Objektivität kann für die vorliegende Studie als gegeben gelten, da aufgrund des standardisierten Fragebogens, der vorab definierten Skalentypen sowie der anonymen Onlinebefragung kein Einfluss auf die Antworten der Teilnehmer genommen werden konnte.
- **Auswertungsobjektivität:** Inwiefern wird die Datenauswertung objektiv durchgeführt? Hier können für die quantitative Befragung der Clustermanager und -experten Fehler bei der Übertragung der Daten ausgeschlossen werden, da der Export mit Hilfe von Limesurvey in SPSS bzw. PSPP direkt möglich war und keine manuellen Änderungen an den Daten vorgenommen werden mussten. Fehler können einzig bei der Umcodierung in neue Variablen aufgetreten sein. Dies betrifft ggf. die Variablen zu sozio-demografischen Angaben, kann aber ebenfalls weitgehend ausgeschlossen werden, da sehr sorgfältig vorgegangen wurde und die Übertragungen mehrfach überprüft wurden. Zudem wurden die Umcodierung sowie auch der Umgang mit fehlenden Werten nach vorab festgelegten Vorgehensweisen durchgeführt.
- **Interpretationsobjektivität:** Die Ergebnisse konnten in diesem Fall nicht durch verschiedene Forscher verglichen werden, daher kann dieser Art der Objektivität nicht vollständig sichergestellt werden. Allerdings werden Mittelwerte und Standardabweichungen ermittelt und es wurden definierte Skalen eingesetzt, sodass die Interpretationsobjektivität weitgehend bestätigt werden kann.

Die **Reliabilität** misst als Gütekriterium, inwiefern eine Skala tatsächlich das Merkmal misst, das sie messen soll und ist als solches vergleichsweise anspruchsvoll. Sie kann auch als Wiederholbarkeit der Datenerfassung gedeutet werden.[1175] Eine Wiederholung der quantitativen Studie war aus pragmatischen Gründen im Rahmen der Forschungsarbeit nicht umsetzbar. Um die Reliabilität für

---

[1172] Vgl. Schendera (2014); Bühl (2016), S. 485.

[1173] Vgl. Schendera (2014); Bühl (2016), S. 482-484. Anmerkung: Die Ausgaben umfassen folgende Parameter: Anpassungsgüte (Fit des Modells zu den Daten; Chi^2-Statistiken nach Pearson); Modellzusammenfassung (Pseudo-R^2 nach Nagelkerke (hier relevant, da es die Bestimmtheit angibt, d. h. den prozentualen Anteil der durch die Regression erklärten Varianz), Parallelitätstest für Linien, Parameterschätzer (Standardfehler, Signifikanzen, ggf. Konfidenzintervalle). Aus den Parameterschätzern lassen sich die kumulierten Wahrscheinlichkeiten für die Kategoriestufen der abhängigen Variablen bestimmen.

[1174] Vgl. Rammstedt (2010): Reliabilität, Validität, Objektivität. In: Wolf, Best (Hrsg.): Handbuch der sozialwissenschaftlichen Datenanalyse. Wiesbaden, 2010, S. 239-258, S. 239-241 u. 256.

[1175] Vgl. Rammstedt (2010), S. 242.

die quantitative Studie dennoch näherungsweise zu bestimmen, wurde im Rahmen einer Konsistenzanalyse Cronbachs Alpha, ein Maß für die interne Konsistenz des Sets, für das Itemset der Befragung berechnet.[1176] Wie aus Tabelle 43 ersichtlich ist, liegen die Werte der internen Konsistenz bzw. der *„interrelatedness"* der Items[1177] der jeweiligen Skalen überwiegend zwischen 0,7 und 0,85. Die interne Konsistenz dieser Skalen kann daher als akzeptabel bis gut gewertet werden. Eine Ausnahme bildet der Alpha-Wert von 0,54 für die Skala zur Erfassung der Relevanz, der eher als schlecht einzustufen ist.[1178] Allerdings gilt es hier zu bedenken, dass zum einen nur zwei Items diese Skala verwenden, was die Aussagekraft von Alpha einschränkt. Diese beiden Items sind zum anderen sehr heterogen, da sie zwei deutlich unterschiedliche Ausprägungen des Cluster-PM betreffen. Sehr heterogene Items einer Skala bewirken vergleichsweise geringere Werte der Item-Interkorrelation und der internen Konsistenz.[1179]

Tabelle 43 Cronbachs Alpha-Werte der eingesetzten Skalen der quantitativen Studie

Skalentypen	Variablen[1180]	Cronbachs Alpha	N der Items
Erfassung der Bedeutung: *nicht wichtig, weniger wichtig, neutral, wichtig, sehr wichtig*	PMC11-22, PMC51-56, STRE 101, N121-131	0,82	25
Erfassung der Relevanz: *absolut nicht relevant, weniger relevant, neutral, relevant, sehr relevant*	PMC221a, 222a	0,54	2
Erfassung von Fakten: *trifft nicht zu, trifft eher nicht zu, neutral, trifft eher zu, trifft völlig zu*	PMC221b, 222b, STRE71-75, N111-115	0,75	12
Erfassung des Beitrags: *Kein, geringer, mittlerer, hoher, essentieller Beitrag*	STRE91-98, N141-N15	0,77	11
Erfassung der Zustimmung: *stimme nicht zu, stimme eher nicht zu, neutral, stimme eher zu, stimme völlig zu*	PMC41-48	0,84	9
Erfassung des Umsetzungsfortschritts: *keine Planung vorhanden, Maßnahmen in Planung, Maßnahmen geplant, Umsetzung angestoßen, Maßnahmen umgesetzt*	PMC71-76	0,72	6

Das Gütekriterium Validität macht eine Aussage über das Ausmaß der Genauigkeit, mit der das Verfahren das misst, was es messen soll. Die Inhalts- und Konstruktvalidität werden durch die Herleitung der Themenstellungen aus der Theorie heraus (siehe Kapitel 2 bis 3) sowie im Rahmen des Pretests des Befragungsinstruments durch das Einholen von Expertenmeinungen gewährleistet. Von einer Prüfung der Skala mit Hilfe einer Faktorenanalyse wurde aufgrund der vergleichsweise geringen Anzahl an Datensätzen sowie praktischen Gründen im Rahmen der Studie abgesehen. Die gute

[1176] Vgl. Rammstedt (2010), S. 248.
[1177] Vgl. Cortina (1993): What is Coefficient Alpha? Examination of Theory and Applications. In: *Journal of Applied Psychology*, Jg. 78(1), 1993, S. 98-104, S. 100.
[1178] Vgl. George, Mallery (2011): SPSS for Windows step by step - A simple guide and reference. 11th ed. Boston.
[1179] Vgl. Rammstedt (2010), S. 249 u. 256.
[1180] Anmerkung: Zur Erläuterung der Variablenbezeichnung siehe Anhang 8.6.

interne Konsistenz bzw. Reliabilität der Skalentypen weist allerdings darauf hin, dass auch eine akzeptable Kriteriumsvalidität im Instrument vorliegt.

Für die Befragung kann eine Verzerrung der Variablenkorrelationen aufgrund einer sog. „single source“ bzw. „common method bias“ (oder auch „common method variance“; CMV)“ nicht ausgeschlossen werden, da die Daten aus einer einzigen Befragung stammen. Die Konstruktvalidität würde durch das Vorliegen eingeschränkt werden und Hypothesentest wären streng genommen ausgeschlossen.[1181] Das „Single Source“-Design der Befragung konnte zur Erhebung der Inhalte nicht vermieden werden, allerdings wurden ex ante Maßnahmen ergriffen, um CMV zu verringern, wie bspw. der Einsatz verschiedener Antwortformate sowie die Sicherstellung der Anonymität, um Befragungsangst der Teilnehmer und Anworten basierend auf sozialer Erwünschtheit zu reduzieren. Zudem kann davon ausgegangen werden, dass die Teilnehmer über ausreichend Kompetenzen im Themenfeld verfügen, um die Sachverhalte der Befragung hinreichend einschätzen zu können.[1182] Der Einfluss der CMV wird von einigen Autoren allerdings für überbewertet gehalten und vielmehr angenommen, dass das Problem nur bei bestimmten Variablenkombinationen auftritt und nicht generell bei Daten basierend auf einzelnen Methoden.[1183] In einer Metastudie zeigte sich zudem für Expost-Verfahren zur Korrektur von CMV kaum ein Nutzen.[1184]

5.4 Vorstellung und Interpretation der Ergebnisse

5.4.1 Ergebnisse zu „Personalmanagement als zentrale Aufgabe eines Clustermanagements“ (Bereich 1)

Die Häufigkeitsverteilungen der für den jeweiligen Untersuchungsbereich relevanten Variablen Befragung sind der besseren Übersicht halber in Form eines „normierten Struktogramms“ als gestapeltes und auf 100 % normiertes Balkendiagramm erfasst[1185] und werden zu Beginn der Ergebnisdarstellung gezeigt. Insgesamt 32,5 % der Teilnehmer der Befragung schätzen PM als eine sehr wichtige Aufgabe des Clustermanagements ein. Weitere 38,8 % der Befragten geben hierzu „wichtig“ an bei der Beurteilung des PM (siehe Abbildung 64). Weitere Aufgaben, die sich aus der Onlinebefragung als wichtige bis sehr wichtige Aufgaben des CM ergeben, sind u. a. Strategieentwick-

[1181] Vgl. Podsakoff, Organ (1986): Self-reports in organizational research: Problems and prospects. Journal of Management, 12, 69-82; Podsakoff, P. M., MacKenzie, S. B., Lee, J. Y. & Podsakoff, N. P. (2003). Common method biases in behavioral research: A critical review of the literature and recommended remedies. *Journal of Applied Psychology, 88*(5), 879-903; Ernst (2003): Ursachen eines Informant Bias und dessen Auswirkung auf die Validität empirischer betriebswirtschaftlicher Forschung, Zeitschrift für Betriebswirtschaft, Jg. 73, H. 12, S. 1249-1275, S. 1251; Söhnchen (2007): Common Method Variance und Single Source Bias. In: Albers; Walter; Konradt, u. a. (Hrsg.): Methodik der empirischen Forschung, S. 135-150, S. 139.

[1182] Vgl. Söhnchen (2007), S. 141f; Ernst (2001): Erfolgsfaktoren neuer Produkte: Grundlagen für eine valide empirische Forschung, Wiesbaden, S. 89.

[1183] Vgl. Spector (2006): Method variance in organizational research: Truth or urban legend? Organizational Research Methods, Vol. 9, S. 221-225; Crampton, Wagner (1994): Percept-Percept Inflation in Microorganizational Research: An Investigation of Prevalence and Effect, Journal of Applied Psychology, Vol. 79, S. 67-76; Söhnchen (2007), S. 148.

[1184] Richardson, Simmering, Sturman (2009): A tale of three perspectives: Examining post hoc statistical techniques for detection and correction of common method variance. Organizational Research Methods, Vol. 12, S. 762-800; Söhnchen (2007), S. 136f.

[1185] Vgl. Eckstein (2010), S. 285.

lung, Marketing und Repräsentation des Clusters, Anregung von Kooperationen, Wissenstransfer im Cluster und Unterstützung von Technologieentwicklung (siehe Abbildung 63).

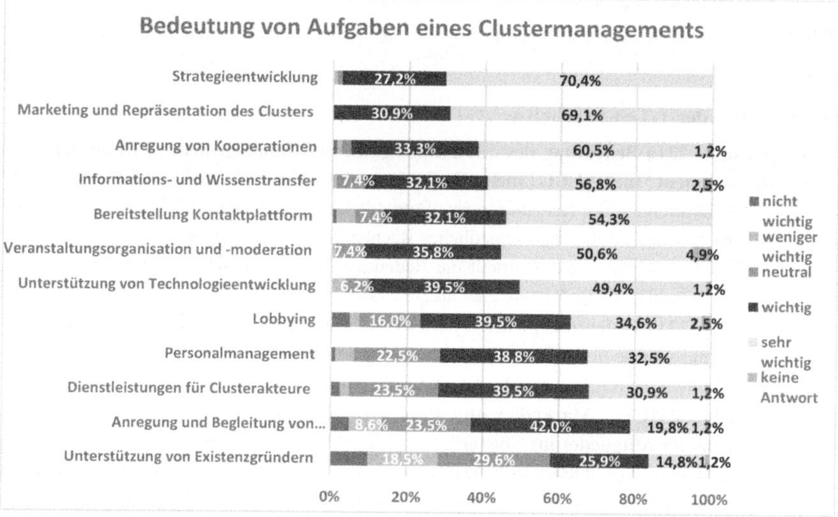

Abbildung 63 Überblick über Häufigkeitsverteilungen zu Aufgaben des Clustermanagements

Korrelationen

Die auf 5 %-Niveau signifikanten Korrelationen sind jeweils in Anhang 8.6 als Tabellen zusammengefasst. Neben dem Chi^2-Wert wird die Signifikanz des Testergebnisses angegeben sowie zur weiteren Einschätzung Richtung der Korrelation die entsprechenden Assoziationsmaße (Cramers V für nominal-ordinal skalierte Korrelationen, Tau-c, Gamma und Somers d bei ordinal-ordinal skalierten Korrelationen).

Zwischen den Variablen PMC11 „Marketing und Repräsentation" und ALLG24neu „Anzahl der Mitarbeiter im Clustermanagement" zeigt sich ein moderat signifikanter Zusammenhang ($p < 0,05$) sowie eine moderate Stärke der Abhängigkeit (basierend auf den Werten für Tau-c und Cramers V), d. h., je mehr Mitarbeiter im Clustermanagement tätig sind, desto wichtiger wurde „Marketing und Repräsentation" als Aufgabe des Clustermanagements bewertet (siehe Anhang 8.6). Ähnliche Zusammenhänge zeigen sich u. a. für die Variablen PMC15 „Unterstützung Technologieentwicklung" als Aufgabe des Clustermanagements und ALLG17 „Dauer der Tätigkeit im Cluster" (höchst signifikante Korrelation, $p < 0,01$), PMC18 „Kontaktplattform bereitstellen" als Aufgabe des CM und ALLG22neu „Branche des Clusters" sowie PMC54 „Bedeutung Personalstrategieentwicklung" als Aufgabe des CM und ALLG17 „Dauer Tätigkeit im Cluster". Für die Variable PMC13 „Bedeutung des Personalmanagements" als Aufgabe des CM zeigt sich ein hoch signifikanter ($p < 0,01$) und schwach negativer Zusammenhang zu ALLG21 „Lebenszyklusphase des Clusters" aufgrund des

Chi²-Wertes sowie der Werte für Tau-c, Gamma und Somers d für ordinal skalierte Variablen. D. h., dass PMC13 geringer eingeschätzt wird je höher die Lebenszyklusphase des Clusters eingeordnet wurde. Ein ähnliches Ergebnis zeigt sich u. a. für den Zusammenhang zwischen den Variablen PMC53 „Bedeutung Personalentwicklung" und ALLG17 „Dauer der Tätigkeit im Cluster".

T-Test

Interpretation der T-Test-Ergebnisse:

- **Variable 221a Bedeutung des „Betriebliches Personalmanagement in Ihrem Clustermanagement" und ALLG23neu „Rechtsform des Clusters"**: D. h., es gibt Unterschiede in der Beurteilung der Bedeutung des „Betriebliches PM in Ihrem CM" (bezogen auf die Mitarbeiter des CM) bei unterschiedlichen Rechtsformen des Clusters
    - Rechtsform „e.V." beurteilt die Bedeutung eher „neutral" zu „relevant", während „GmbH" die Bedeutung eher als „relevant" bis „sehr relevant" beurteilt
- **Variable 221b Bedeutung „Clusterweites PM" und ALLG23neu Rechtsform des Clusters:** Unterschiede in der Beurteilung für zwei unterschiedliche Rechtsformen des Clusters; „e.V." antworten mit 3; „GmbH" mit 4 im Mittel; Mittelwert-Differenz liegt bei 1;
- **Variable PMC11 „Marketing und Repräsentation des Clusters" und ALLG18neu „Anzahl der Mitglieder im Cluster":** D. h., die Mittelwerte unterscheiden sich zwischen 2 Gruppen; d. h., eine unterschiedliche Anzahl an MA im CM führt zu einer unterschiedlichen Bewertung der Bedeutung von „Marketing und Repräsentation"; CM mit mehr als 10 Mitarbeitern bewerten es als sehr wichtig, CM mit weniger als 10 Mitarbeitern als wichtig bis sehr wichtig

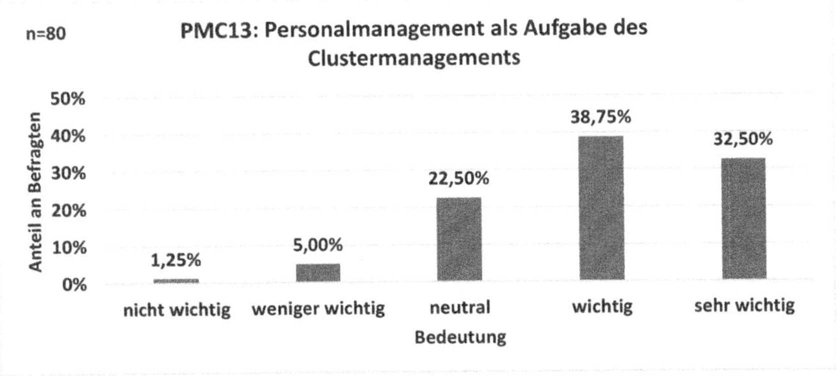

Abbildung 64 Beurteilung des Personalmanagements als Aufgabe des CM[1186]

- **Variable PMC21 „Veranstaltungsorganisation und -moderation" und ALLG18neu „Anzahl der Mitglieder im Cluster":** D. h., unterschiedliche Anzahl an MA im CM führt zu einer unterschiedlichen Bewertung der Bedeutung von „Veranstaltungsorganistion

[1186] Anmerkung: „PMC13" steht für die Variablenbezeichnung der Frage für die statistische Analyse.

und -moderation“; CM mit mehr als 10 Mitarbeitern bewerten es als wichtig bis sehr wichtig, CM mit weniger als 10 Mitarbeitern als eher sehr wichtig

- **Variable PMC22 „Informations- und Wissenstransfer“** und **ALLG18neu „Anzahl der Mitglieder im Cluster“:** D. h., die Mittelwerte unterscheiden sich zwischen den beiden Gruppen; unterschiedliche Anzahl an MA im CM führt zu einer unterschiedlichen Bewertung der Bedeutung von Informations- und Wissenstransfer als Aufgabe des CM; CM mit mehr als 10 Mitarbeitern bewerten die Aufgabe als wichtig bis sehr wichtig, CM mit weniger als 10 Mitarbeitern als eher sehr wichtig
- **Variable PMC221a Bedeutung „Betriebliches PM in Ihrem CM“ und ALLG18neu „Anzahl der Mitglieder im Cluster“**: Die Mittelwerte unterscheiden sich zwischen 2 Gruppen; D. h., unterschiedliche Anzahl an MA im CM führt zu einer unterschiedlichen Aussage über PMC221a
- **Variable PMC221b Bedeutung „Clusterweites Personalmanagement” und ALLG18neu „Anzahl der Mitglieder im Cluster“**: Die Mittelwerte unterscheiden sich zwischen den beiden Gruppen: D. h., unterschiedliche Anzahl an MA im CM führt zu einer unterschiedlichen Aussage über 221b; CM mit mehr als 10 Mitarbeitern antworten eher mit „trifft eher zu“; CM mit weniger als 10 MA im CM antworten eher mit „neutral“
- **Variable PMC54 „Bedeutung Personalstrategieentwicklung“**: Die Mittelwerte unterscheiden sich bei CM mit mehr als 10 Mitarbeitern und CM mit weniger als 10 Mitarbeitern; CM mit mehr als 10 Mitarbeitern antworten mit „neutral“ bis eher“ wichtig“, CM mit weniger als 10 Mitarbeitern stimmen mit „neutral“
- **Variable PMC18 „Bereitstellung Kontaktplattform“** und **ALLG18neu „Anzahl der Mitglieder im Cluster“:** D. h., die Mittelwerte unterscheiden sich bei Clustern mit mehr bzw. weniger als 100 Mitgliedern; Cluster mit mehr als 100 Mitgliedern antworten mit „wichtig“; Cluster mit weniger als 100 Mitgliedern antworten mit eher „wichtig“ bis „sehr wichtig“
- **Variable PMC12 „Strategieentwicklung“** und **ALLG17neu „Dauer der Tätigkeit im Cluster“**: D. h., die Mittelwerte unterscheiden sich zwischen den beiden Gruppen „Tätigkeit länger als 5 Jahre“ und „kürzer als 5 Jahre“; die Gruppe „Tätigkeit länger als 5 Jahre“ antwortet mit 4,47 („wichtig“ bis „sehr wichtig“) im Mittel; die Gruppe „kürzer als 5 Jahre“ mit 4,81 (eher „sehr wichtig“)
- **Variable PMC221a Bedeutung „Betriebliches PM in Ihrem CM“ und ALLG17neu „Dauer der Tätigkeit im Cluster“:** D. h., Mittelwerte unterscheiden sich zwischen den beiden Gruppen „Tätigkeit länger als 5 Jahre“ und „kürzer als 5 Jahre“; die Gruppe „Tätigkeit länger als 5 Jahre“ antwortet mit 3,44 („neutral bis „wichtig“) im Mittel; die Gruppe „kürzer als 5 Jahre“ mit 4,07 („wichtig“)
- **Variable PMC222a Aktivitäten „Betriebliches PM in Ihrem CM”** und **ALLG17neu „Dauer der Tätigkeit im Cluster“**: D. h., Mittelwerte unterscheiden sich zwischen den beiden Gruppen „Tätigkeit länger als 5 Jahre“ und „kürzer als 5 Jahre“; „Tätigkeit länger als 5 Jahre“ antwortet mit 3,97 („wichtig“) im Mittel; „kürzer als 5 Jahre“ mit 3,52 („neutral“ bis „wichtig“)
- **Variable PMC13 „Bedeutung Personalmanagement“ und ALLG21neu „Lebenszyklusphase des Clusters“:** Mittelwerte unterscheiden sich für Entstehungs- bis Wachstumsphase und Reife- bis Rückgangsphase; Entstehungs- bis Wachstumsphase beurteilt die Be-

deutung mit 4,3 (eher „wichtig"); Reife-bis Rückgangsphase mit 3,74 („neutral" bis eher „wichtig")

- **Variable PMC21 „Veranstaltungsorganisation und -moderation" und ALLG21neu „Cluster-Lebenszyklusphase"**: Mittelwerte unterscheiden sich für Entstehungs- bis Wachstumsphase und Reife-bis Rückgangsphase; Entstehungs- bis Wachstumsphase beurteilt die Bedeutung mit 4,62 („wichtig" bis „sehr wichtig") im Mittel; Reife- bis Rückgangsphase mit 4,33 im Mittel (eher „wichtig")
- **Variable PMC53 „Bedeutung Personalentwicklung" und ALLG21neu „Lebenszyklusphase des Clusters"**: Mittelwerte unterscheiden sich für Entstehungs- bis Wachstumsphase und Reife-bis Rückgangsphase; Entstehungs- bis Wachstumsphase beurteilt die Bedeutung von Personalentwicklung mit 4,35 (eher „wichtig") im Mittel; Reife- bis Rückgangsphase mit 3,76 im Mittel („neutral" bis eher „wichtig")
- **Variable PMC22 „Info- und Wissenstransfer" und ALLG15 Geschlecht:** Mittelwerte unterscheiden sich für unterschiedliche Geschlechter; „männlich" antwortet im Mittel mit 4,32 (eher „wichtig"); „weiblich" antwortet im Mittel mit 4,68 („wichtig" bis „sehr wichtig").

Handlungsbedarfe bzgl. Personalmanagement in Clustern

Die offene Frage der Onlinebefragung PMC6 „Welche Handlungsbedarfe sehen Sie in Bezug auf Personalmanagement in Ihrem Cluster?" wurde qualitativ ausgewertet. Folgende Aspekte wurden deutlich:

- Wunsch der Teilnehmer nach stärkerer Zusammenarbeit im Cluster zur Personalgewinnung, v. a. in Form von Erfahrungsaustausch zwischen Unternehmen; Dies wird durch Konkurrenzsituation der Clusterunternehmen als Arbeitgeber z. T. erschwert: Zitat eines Befragten: „Beim Personal hört die Freundschaft auf!",
- Einbindung der CA, insbesondere der Industrievertreter, bei der Ausgestaltung von PE-Angeboten,
- Kompetenzentwicklung als Schwerpunkt des Personalmanagements im Cluster,
- z. T. ist PM kein Themenfeld für Cluster, aber es wird als Bedarf nach einer gemeinsamen Zusammenarbeit im Themenfeld genannt
- strategisches PM und systematische PE werden als Handlungsbedarfe genannt,
- Projekte im Bereich PM werden als zeit- und personalintensiv eingeschätzt, daher erst möglich, wenn Finanzierung und Teams des CM abgesichert und eingearbeitet sind,
- systematische Kooperationen im Bereich angehen (z. B. mit Arbeitsagentur im Bereich der Personalgewinnung und -entwicklung) zusammen mit systematischer Planung sowie Austausch zwischen Personalverantwortlichen der CA ermöglichen.

5.4.2 Ergebnisse zu „Personalmanagement im Cluster und Orientierung an der Clusterstrategie" (Bereich 2)

Die Teilnehmer der Befragung beurteilen die Aussagen zum PM auf Clusterebene durchschnittlich mit „stimme eher zu" bis „neutral" (siehe Abbildung 65). Der Anforderung, dass das PM die Interessen und Anforderungen der CA berücksichtigen muss, stimmten 38,3 % der Teilnehmer völlig zu und weitere 32,1 % stimmen eher zu. 37 % der Teilnehmer antworten mit „stimme völlig zu" bei der Anforderung, dass das PM die nachhaltige Entwicklung im Cluster unterstützen sollte (weitere ca. 32 % antworten auch hier mit „stimme eher zu“). Zudem wurden die Teilnehmer nach den Teilbereichen im Cluster, für die strategische Ziele vorliegen, gefragt (siehe Abbildung 66). Nur ein geringer Anteil der Befragten gibt an, dass eine Anbindung der PM-Aktivitäten an die strategische Ausrichtung des Clusters vorhanden ist. Nur 13,6 % bzw. 16 % der Befragten geben an, dass für die Teilbereiche „Personalmanagement im Clustermanagement“ und „Personalmanagement im Cluster“ strategische Ziele vorliegen. Im Vergleich mit den übrigen Teilbereichen (diese liegen zwischen ca. 30 % und 75 %) ist diese Angabe deutlich geringer.

Korrelationen

Die Korrelationsanalyse zeigt u. a. einen höchst signifikanten und positiv moderaten Zusammenhang zwischen PMC46 „Ein Cluster-PM muss eine nachhaltige Clusterentwicklung unterstützen“ und PMC13 „Bedeutung des Personalmanagements“ als Aufgabe des CM auf, d. h., wenn die Bedeutung des PM wichtiger eingeschätzt wird, dann wird bei „Ein PM in Clustern muss eine nachhaltige Clusterentwicklung unterstützen“ eher zugestimmt. Ähnliche Ergebnisse zeigen sich für PMC49 „Ein clusterweites PM liefert einen zentralen Beitrag zur Umsetzung der Clusterstrategie“ in Zusammenhang mit PMC13 bzw. PMC221b „betriebliche PM-Aktivitäten vorhanden“ und PMC222b „Clusterweite PM-Aktivitäten vorhanden“. Zudem hängt die Zustimmung zu der Aussage „Trends und externe Entwicklungen werden bei der Planung von PM-Aktivitäten berücksichtigt“ zusammen mit der Lebenszyklusphase und dem Alter eines Clusters. Für diese beiden Korrelationen zeigen sich jeweils schwache bis moderate Zusammenhänge, für die Lebenszyklusphase allerdings ein negativ ausgeprägter Zusammenhang, d. h., je weiter die Lebenszyklusphase vorangeschritten ist, desto geringer ist die Zustimmung der o. g. Aussage. Für die PMC41 „Ein clusterweites Personalmanagement muss sich an der Clusterstrategie orientieren“ und PMC13 „Bedeutung des PM“ ist die Korrelation für ein 95%-Signifikanzniveau gerade nicht signifikant.

Die Variable PMC72 „Umsetzung Personalbeschaffung“ korreliert höchst signifikant und in schwacher Ausprägung mit der Anzahl der Mitarbeiter im CM (ALLG24). PMC75 „Umsetzung Personalbindung“ weist einen signifikanten, negativen Zusammenhang mit ALLG18 „Anzahl Mitglieder im Cluster“ auf, d. h., je mehr Mitglieder ein Cluster umfasst, desto geringer trifft es zu, dass Personalbindungsaktivitäten im Cluster umgesetzt werden. PMC76 „Umsetzung Personaleinsatz“ hängt außerdem zusammen mit ALLG21neu „Lebenszyklusphase des Clusters“. Weiterhin werden Zusammenhänge der Variable STRE73 „Systematisches PM sichert Zukunftsfähigkeit des Clusters“ von den Variablen ALLG17 „Dauer Bestehen CM“, PMC13 „Bedeutung PM“ sowie PMC22a und b „Bedeutung und Umsetzung eines clusterweiten PM“ deutlich.

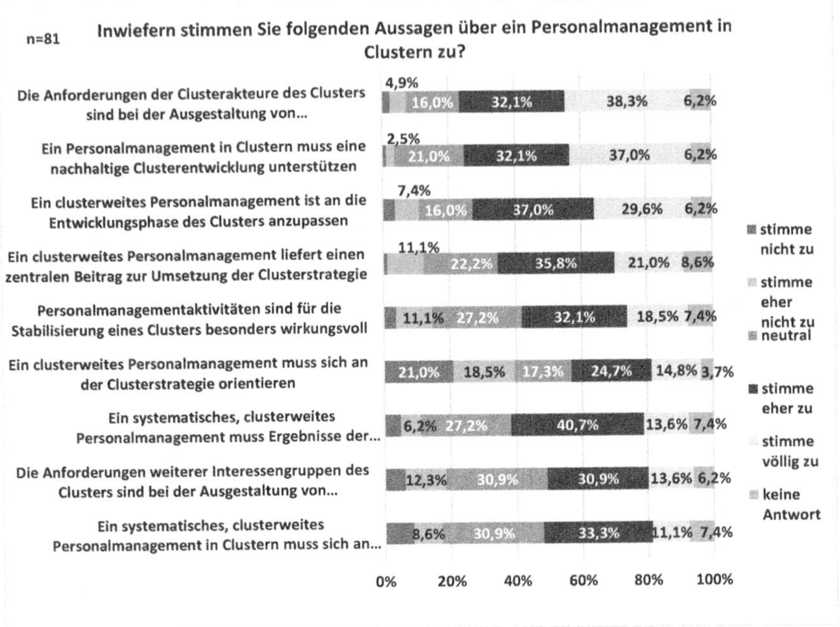

Abbildung 65 Beurteilung von Aussagen zu einem Cluster-Personalmanagement

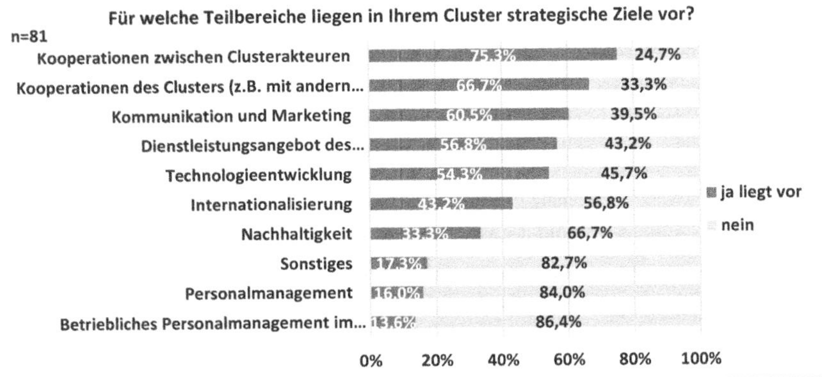

Abbildung 66 Teilbereiche im Cluster, für die strategische Ziele vorliegen

T-Test

Im Rahmen des Tests auf unabhängige Stichproben wurden nur für zwei Variablen unterschiedliche Mittelwerte für die beiden Kategorien der Variable ALLG24neu „Anzahl Mitarbeiter im CM" deutlich (siehe Anhang 8.6):

- **Variable PMC42 „Ein clusterweites PM ist an die Entwicklungsphase des Clusters anzupassen":** unterschiedliche Anzahl an MA im CM führt zu einer unterschiedlichen Zustimmung zu „Ein clusterweites PM ist an die Entwicklungsphase des Clusters anzupassen"; CM mit weniger als 10 Mitarbeitern stimmen eher mit neutral bis „stimme eher zu"; CM mit mehr als 10 Mitarbeitern stimmen eher mit „stimme eher zu"
- **Variable PMC44 „Die Anforderungen der CA sind bei der Ausgestaltung von PM-Aktivitäten zu berücksichtigen":** die Mittelwerte unterscheiden sich bei CM mit mehr als 10 Mitarbeitern und CM mit weniger als 10 Mitarbeitern; CM mit mehr als 10 Mitarbeitern antworten eher mit „ich stimme völlig zu" und CM mit weniger als 10 Mitarbeiter eher mit „stimme eher zu".

5.4.3 Ergebnisse zu „Cluster- Personalmanagement und Beitrag zur nachhaltigen Clusterentwicklung" (Bereich 3)

Der Beitrag für die Sicherung des Clusterbestandes Clusters bzw. CM wird überwiegend als mittel eingeschätzt (22,2 % bzw. 24,7 %; siehe Abbildung 67). Die Teilnehmer der Befragung beurteilen den Beitrag eines PM im Cluster für die langfristige Sicherung des Abgleichs ökonomischer, ökologischer und sozialer Interessen bzgl. der Clusterentwicklung zu 35,8 % als „mittlerer Beitrag" (siehe Abbildung 68). Es zeigen sich fehlende Angaben bei ca. 25 % der Teilnehmer im Themenbereich „Nachhaltigkeit". Für die Teilnehmer liegt der Fokus in diesem Themenfeld deutlich auf dem Aspekt der finanziellen/ ökonomischen Nachhaltigkeit des Clusters (siehe Abbildung 70, v. a. Items zur Finanzierung). Bei der Frage, inwiefern bestimmte Aussagen zu Nachhaltigkeit im CM tatsächlich zutreffen, fehlen durchschnittlich über 30 % der Werte. Auch hier zeigt sich der höchste Anteil an völliger Zustimmung bei den Aussagen zur Finanzierung des Clusters (siehe Abbildung 69).

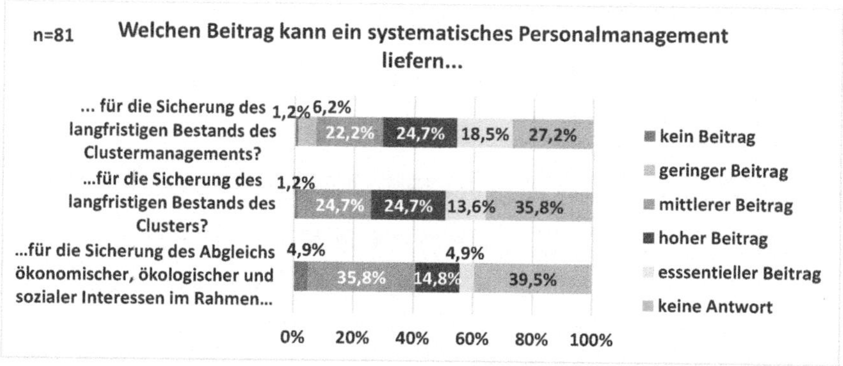

Abbildung 67 Einschätzung des Beitrags des PM zur Sicherung des Clusters

Korrelationen

Die Korrelationsanalyse hat zu diesem Untersuchungsbereich (siehe Anhang 8.6) einige höchst signifikante Zusammenhänge bzgl. PMC13 „Bedeutung des CM" ergeben, u. a. zu N131 „Bedeutung nachhaltiger Entwicklung für Cluster" (schwach bis moderater Zusammenhang) und PMC46 „Ein

PM in Clustern muss eine nachhaltige Clusterentwicklung unterstützen" (moderater Zusammenhang) sowie PMC49 „Ein clusterweites PM liefert einen zentralen Beitrag zur Umsetzung der Clusterstrategie" (schwach bis moderater Zusammenhang). Es zeigt sich ein höchst signifikanter Zusammenhang (moderat) von PMC43 Zustimmung zu „PM-Aktivitäten sind für die Stabilisierung eines Clusters besonders wirkungsvoll" mit PMC13. Weitere höchst signifikante und eher stark ausgeprägte Zusammenhänge zeigen sich zwischen den Variablen STRE97 „Beitrag PM zu Wissen und Erfahrungsaustausch erhöhen" und ALLG22neu „Branche des Clusters" bzw. ALLG23neu „Rechtsform des Clusters".

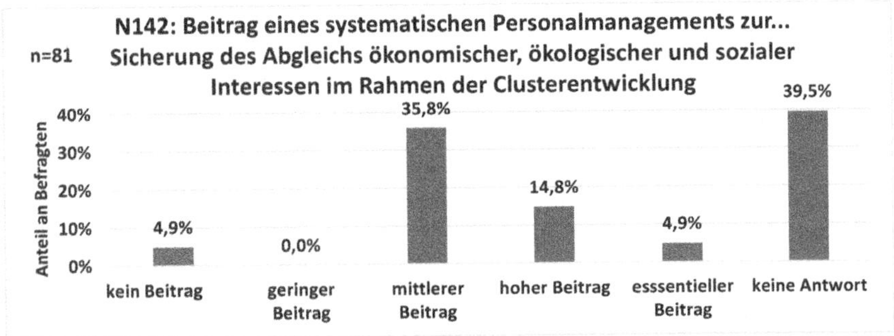

Abbildung 68 Beitrag des PM zu Abgleich ökonomischer, ökol. und soz. Interessen

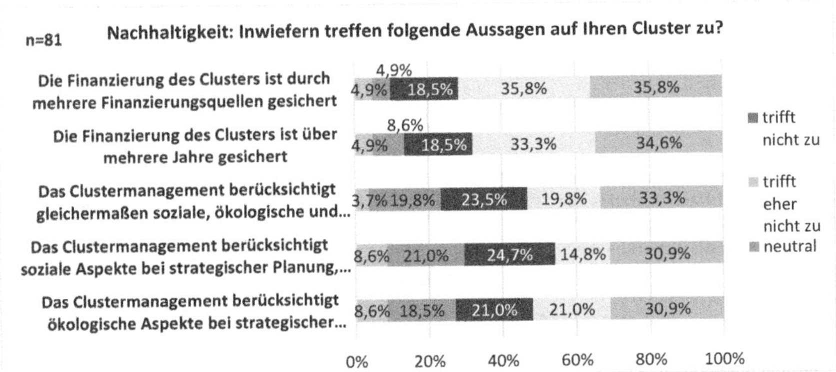

Abbildung 69 Zustimmung zu Aussagen zur Nachhaltigkeit im Cluster

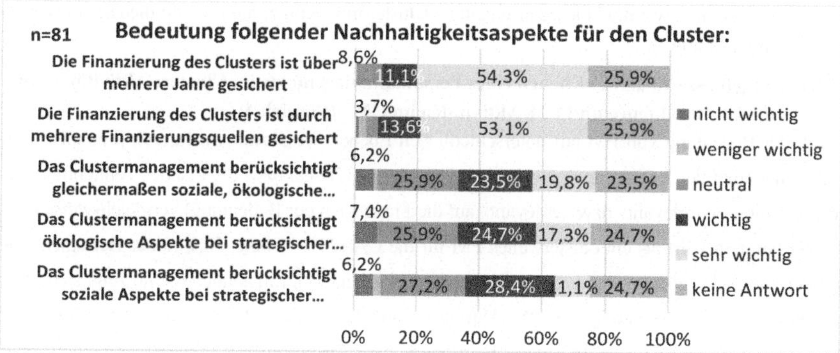

Abbildung 70 Einordnung der Bedeutung mehrerer Nachhaltigkeitsaspekte im Cluster

Ebenfalls höchst signifikant sind u. a. die Zusammenhänge zwischen N131 „Bedeutung nachhaltiger Entwicklung für Cluster" und ALLG22neu (stark ausgeprägt) bzw. PMC222a „Bedeutung Clusterweites PM" (schwach negativer Zusammenhang) und auch zwischen PMC46 „Ein Cluster-PM muss eine nachhaltige Clusterentwicklung unterstützen" und PMC222a „Bedeutung Clusterweites PM" (moderater Zusammenhang). Zudem zeigte sich ein höchst signifikanter moderater Zusammenhang zwischen PMC49 „Ein clusterweites PM liefert einen zentralen Beitrag zur Umsetzung der Clusterstrategie" und PMC221b „Betriebl. PM-Aktivitäten im CM" vorhanden. Bzgl. der Variable STRE94 „Beitrag PM zu Ansehen und Bekanntheitsgrad des Clusters und der Region bei Fachkräften" zeigen sich signifikante Korrelationen zu ALLG17 „Dauer Bestehen des Clusters" und ALLG24 „Anzahl d. Mitarbeiter im CM". Weitere Zusammenhänge werden deutlich zwischen der Variable STRE96 „Beitrag PM zu Kompetenzen d. CA" erhöhen und insbesondere der Anzahl der Mitglieder im Cluster (ALLG18) sowie im Clustermanagement (ALLG24) und der Lebenszyklusphase (ALLG21neu, negativer Zusammenhang). Ein gerade noch signifikanter, schwach negativer Zusammenhang wird deutlich zwischen der Zustimmung zur Aussage STRE73 „Systematisches PM sichert Zukunftsfähigkeit des Clusters" und der Bestehenszeit des Clusters (ALLG20), d. h., je älter ein Cluster ist, desto geringer fällt die Zustimmung zu dieser Aussage aus.

T-Test

Es ergaben sich unterschiedliche Mittelwerte für zwei Variablenkombinationen (siehe Anhang 8.6).

- **Variable N131 „Bedeutung nachhaltiger Entwicklung für Cluster" und ALLG24neu „Anzahl MA im CM":** die Mittelwerte unterscheiden sich bei CM mit mehr als 10 Mitarbeitern und CM mit weniger als 10 Mitarbeitern; CM mit mehr als 10 Mitarbeitern antworten mit „wichtig" bis „sehr wichtig"; CM mit weniger als 10 Mitarbeitern mit eher „neutral" bis „wichtig"
- **Variable N131 „Bedeutung nachhaltiger Entwicklung für Cluster" und ALLG18neu Anzahl Mitglieder im Cluster:** Mittelwerte unterscheiden sich bei Clustern mit mehr bzw. weniger als 100 Mitgliedern (MW-Diff.=0,32); Cluster mit mehr als 100 Mitgliedern ant-

worten mit „wichtig“ bis „sehr wichtig“; Cluster mit weniger als 100 Mitgliedern antworten mit „wichtig“

5.4.4 Ergebnisse zu „Zwei Ebenen eines Personalmanagements im Cluster: Aktivitäten für die Clusterakteure und PM-Aktivitäten im CM“ (Bereich 4)

Bzgl. der Bedeutung von PM auf unterschiedlichen Ebenen im Cluster wird durch die Antworten der Teilnehmer der Befragung deutlich, dass PM im CM (28,4% bzw. 38,3 % der Teilnehmer antworten mit „sehr relevant“ bzw. „relevant“ auf die Frage nach der Bedeutung) vergleichsweise relevanter beurteilt wird als ein clusterweites PM für die CA (24,7 % bzw. 30,9 % der Befragten antworten mit „sehr relevant“ bzw. „relevant“; siehe Abbildung 71). Ein ähnliches Bild zeigt sich bzgl. der tatsächlichen Umsetzung von PM-Aktivitäten auf den beiden Ebenen (siehe Abbildung 72). Vergleicht man jeweils den Median der Beurteilung bzw. Zustimmung zu den beiden Fragen, zeigt sich allerdings statistisch kein Unterschied, die Bedeutung wird im median mit Kategorie 4 „relevant“ beurteilt für beide Ebenen, die Zustimmung zur Umsetzung mit Kategorie 3 „neutral“.

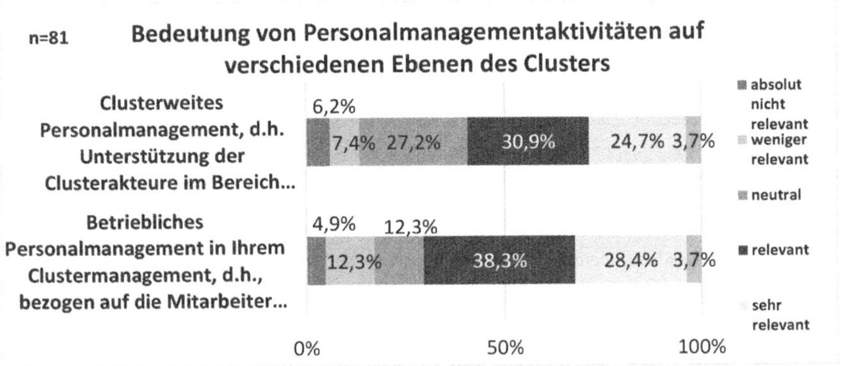

Abbildung 71 Bedeutung des Personalmanagements auf verschiedenen Ebenen

Korrelationen

Die Korrelationsanalyse ergibt in diesem Untersuchungsbereich einen Zusammenhang, der auf 1%-Niveau signifikant ist (zwischen PMC43 Zustimmung zu „PM-Aktivitäten sind für die Stabilisierung eines Clusters besonders wirkungsvoll“ und PMC222a „Bedeutung clusterweites PM“ (moderate bis starke Ausprägung)). Als weitere höher signifikante Zusammenhänge sind v. a. die Korrelationen zwischen PMC13 „Bedeutung PM“ und ALLG21neu „Lebenszyklusphase des Clusters“ ($p < 0{,}01$; moderater Zusammenhang) sowie zwischen PMC222b „Clusterweites PM vorhanden“ und ALLG17 „Dauer Tätigkeit im Cluster“ ($p < 0{,}01$; schwach ausgeprägter Zusammenhang) bzw. ALLG22neu „Branche des Clusters“ (moderater bis starker Zusammenhang) hervorzuheben. Es zeigen sich zudem signifikante Korrelationen zwischen der Beurteilung von PMC222a „Bedeutung clusterweites PM“ und PMC221a „Bedeutung PM im CM“ ($p < 0{,}1$) untereinander und jeweils zu PMC13 „Bedeutung PM“ sowie zwischen den Variablen zur Umsetzung ($p < 0{,}01$). Auch die Bedeutung und Umsetzung auf den jeweiligen Ebenen korrelieren höchst signifikant (p< 0,01). Weiterhin signifikant zeigt sich der Zusammenhang zwischen der Einschätzung der Umsetzung clusterweiter PM-Aktivitäten und der Beurteilung der Bedeutung von PM im CM (p < 0,1).

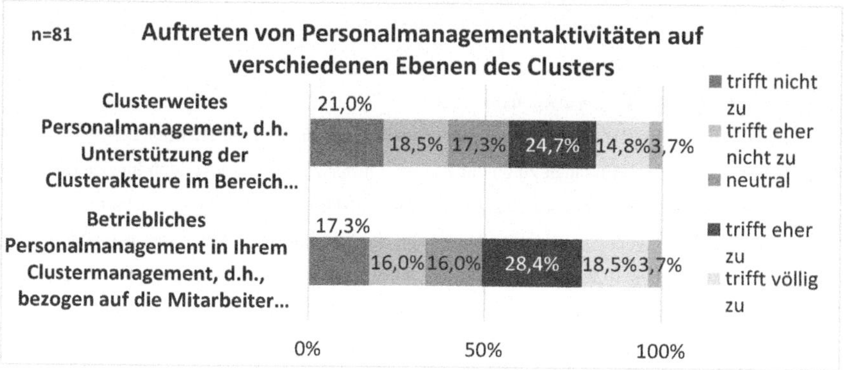

Abbildung 72 Auftreten von Personalmanagementaktivitäten auf verschiedenen Cluster-Ebenen

T-Test

Die T-Test-Ergebnisse weisen bei drei unabhängigen Gruppenvariablen signifikante Mittelwertsunterschiede auf (siehe Anhang 8.6):

- **Variable PMC221a „Bedeutung betriebl. PM im CM“ und ALLG24neu „Anzahl MA im CM“:** signifikant für einseitige Sig.=0,032; d. h., die Mittelwerte unterscheiden sich zwischen den beiden Gruppen; d. h., unterschiedliche Anzahl an MA im CM führt zu einer unterschiedlichen Aussage über 221a, d. h., CM mit mehr als 10 Mitarbeitern antworten eher mit „sehr relevant“ während CM mit weniger als 10 Mitarbeitern mit „neutral“ bis „relevant“ antworten
- **Variable PMC221b „Bedeutung clusterweites PM” und ALLG24 neu „Anzahl MA im CM“:** signifikant, wenn einseitige Sig.=0,026 herangezogen wird; d. h., die Mittelwerte unterscheiden sich zwischen den beiden Gruppen; d. h., unterschiedliche Anzahl an MA im CM führt zu einer unterschiedlichen Aussage über 221b; CM mit mehr als 10 Mitarbeitern antworten mit „trifft eher zu“; CM mit weniger als 10 Mitarbeitern antworten eher mit „neutral“
- **Variable PMC221a „Bedeutung betriebliches PM im CM” und ALLG17neu „Dauer Tätigkeit im Cluster“:** Mittelwerte unterscheiden sich zwischen zwei Gruppen „Tätigkeit länger als 5 Jahre“ und „kürzer als 5 Jahre“; „Tätigkeit länger als 5 Jahre“ antwortet mit 3,44 im Mittel; „kürzer als 5 Jahre“ mit 4,07
- **Variable PMC222a Aktivitäten „Betriebliches PM im CM” und ALLG17neu „Dauer Tätigkeit im Cluster“:** Mittelwerte unterscheiden sich zwischen zwei Gruppen „Tätigkeit länger als 5 Jahre“ und „kürzer als 5 Jahre“; „Tätigkeit länger als 5 Jahre“ antwortet mit 3,97 im Mittel; „kürzer als 5 Jahre“ mit 3,52“).

5.4.5 Ergebnisse zu Anforderungen an ein systematisches Personalmanagement in Clustern (Bereiche 5, 6 und 8)

Folgende Untersuchungsbereiche sollen in diesem Abschnitt diskutiert werden:

***Bereich 5**: „Ein PM in Clustern orientiert sich an Anforderungen der Clusterakteure/ Interessengruppen."*

***Bereich 6**: „Im Cluster-PM werden Excellence-Anforderungen an Cluster/ Anforderungen aus Clusterbewertungsansätzen berücksichtigt."*

***Bereich 8**: „Im Cluster-PM werden Ergebnisse der Trendforschung berücksichtigt."*

Bei der Beurteilung von Aussagen zu einem PM im Cluster zeigt sich, dass auch hier die Teilnehmer der Aussage, dass ein systematisches PM die Zukunftsfähigkeit des Clusters sichert mit 23,5 % völlig bzw. mit 28,4 % eher zustimmen. Auch bzgl. der Ableitung des systematischen PM aus der Clusterstrategie stimmen 19,8 % der Teilnehmer völlig zu und weitere 30,9 % stimmen hier eher zu. Ähnliche Werte zeigen sich für die übrigen Aussagen (siehe Abbildung 73), insbesondere für „Trends und Entwicklungen werden bei der Planung der PM-Aktivitäten berücksichtigt" (33,3 % der Teilnehmer antworten mit „trifft eher zu", 12,3 % mit trifft völlig zu"). Die relativ große Anzahl an fehlenden Werten (zwischen 25 % und 33 %) schränkt die Interpretierbarkeit der statistischen Ergebnisse ein. Zu der Frage nach der Bedeutung von Bewertungsansätzen für Cluster antworten insgesamt 35,8 % der Teilnehmer mit „nicht wichtig" bis „neutral". 37 % antworten mit „wichtig" oder „sehr wichtig" (siehe Abbildung 74).

Abbildung 73 Zustimmung zu Aussagen zu einem systematischen Personalmanagement im Cluster

Korrelationen

Im Rahmen der Korrelationsanalyse (siehe Anhang 8.6) wurden u. a. ein höchst signifikanter Zusammenhang ($p < 0{,}01$) deutlich zwischen den Variablen PMC47 „Ein systematisches, clusterweites PM muss Ergebnisse der Trendforschung im Cluster berücksichtigen" und PMC13 „Bedeutung PM" (moderater Zusammenhang) sowie zwischen PMC44 „Die Anforderungen der CA sind bei der Ausgestaltung von PM-Aktivitäten zu berücksichtigen" und PMC13 (schwacher Zusammenhang).

Weitere signifikante Korrelationen ergeben sich für STRE101 „Bedeutung Excellence-/ Bewertungsmodelle für Cluster“ und ALLG19neu „Dauer Bestehen des Clusters“ (schwacher bis moderater Zusammenhang) sowie für STRE75 „Trends und externe Entwicklungen werden bei der Planung von PM-Aktivitäten berücksichtigt“ und ALLG19 „Dauer Bestehen des Clusters“ (schwache Ausprägung) bzw. ALLG21 „Lebenszyklusphase d. Clusters“ (schwach negative Ausprägung).

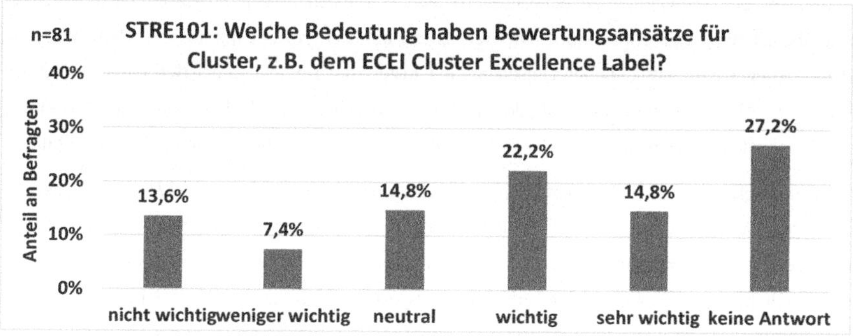

Abbildung 74 Beurteilung der Bedeutung von Bewertungsansätzen im Cluster

T-Test-Ergebnisse zu Untersuchungsbereich 5:

Für eine Variablenkombination wurden unterschiedliche Mittelwerte für die beiden Variablenausprägungen von ALLG23neu „Rechtsform des Clusters“ deutlich (siehe Anhang 8.6).

- **Variable PMC44 „Die Anforderungen der CA sind bei der Ausgestaltung von PM-Aktivitäten zu berücksichtigen“ und ALLG24neu Anzahl MA im CM (2 Gruppen):** signifikant bei einseitiger Sig. (=0,035); die Mittelwerte unterscheiden sich bei CM mit mehr als 10 Mitarbeitern und CM mit weniger als 10 Mitarbeitern; CM mit mehr als 10 Mitarbeitern antworten eher mit „ich stimme völlig zu“ und CM mit weniger als 10 Mitarbeiter eher mit „stimme eher zu“

Im Kontext der Untersuchungsbereiche 6 und 8 zeigten sich keine signifikanten Mittelwertunterschiede im Rahmen der Berechnung des T-Tests für unabhängige Stichproben.

5.4.6 Ergebnisse zu Kernprozessen/ Schwerpunktbereichen eines systematischen Personalmanagements in Clustern (Bereiche 7a und 7b)

Zu Untersuchungsbereich 7a: „*Systematische Personalmanagementaktivitäten im Cluster betreffen hauptsächlich die Bereiche Personalentwicklung/ Kompetenzentwicklung und Personalbeschaffung bzw. -marketing*“

Als zentrale PM-Prozesse sind aufgrund der Beurteilung durch die Befragungsteilnehmer mit „sehr wichtig“ v. a. PE (37 %), Personalmarketing (23,5 %) und Personalbindung (17,3 %) hervorzuheben, gefolgt von Personaleinsatz (13,6 %) sowie -beschaffung und Recruiting (12,3 %) (siehe Abbildung 75). Für diese drei Prozesse werden sowohl die Bedeutung als auch die Umsetzung überwiegend (Median) mit „sehr wichtig“ beurteilt. Es wird eine Diskrepanz zwischen Beurteilung der

Bedeutung und der Einschätzung der Umsetzung bei den übrigen drei Prozessen, v. a. bei der Personalbindung. Im Durchschnitt (Berechnung des Medians) wird die Bedeutung von den Teilnehmern als „wichtig" eingeschätzt. Dagegen geben die Teilnehmer an, dass für die tatsächliche Umsetzung von Aktivitäten in diesem Themenbereich keine Planung vorhanden ist. Dies weist daraufhin, dass die Umsetzung von Maßnahmen der Personalbindung für die CA im Rahmen des Clusters komplexer und schwieriger zu realisieren ist, als Aktivitäten in den Prozessen Personalmarketing, -beschaffung und -entwicklung. Die Beurteilung der drei Prozesse mit höchster Bedeutung und dem Vorliegen einer tatsächlichen Umsetzung in Clustern der Teilnehmer der Befragung sind in den folgenden Abbildungen gezeigt (Abbildung 76 bis Abbildung 78). Insbesondere die Beurteilung von Personalentwicklung ist mit ca. 37 % in der Kategorie „sehr wichtig" sehr deutlich ausgefallen.

Zu Untersuchungsbereich 7b: „*Beitrag des PM zu Kompetenzentwicklung und Personalmarketing bzw. -beschaffung.*" Laut der Einschätzungen der Befragungsteilnehmer trägt ein Cluster-PM v. a. dazu bei, die Kompetenzen der CA zu entwickeln und das Ansehen der Clusterregion bei Fachkräften zu erhöhen (jeweils 43,2 % der Teilnehmer antworten mit „hoher Beitrag", siehe Abbildung 79 und Abbildung 80).

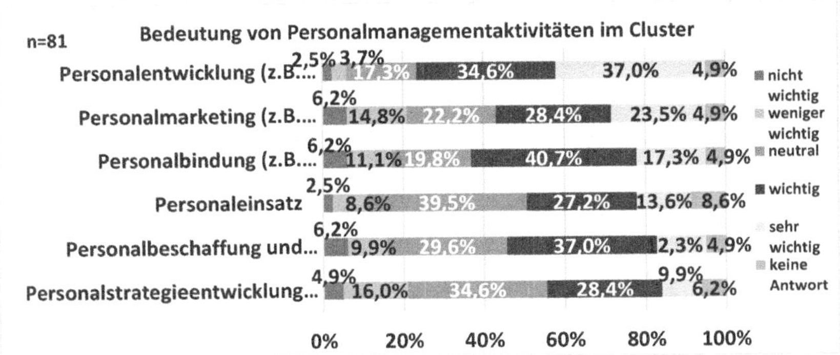

Abbildung 75 Beurteilung der Bedeutung von Personalmanagementaktivitäten im Cluster

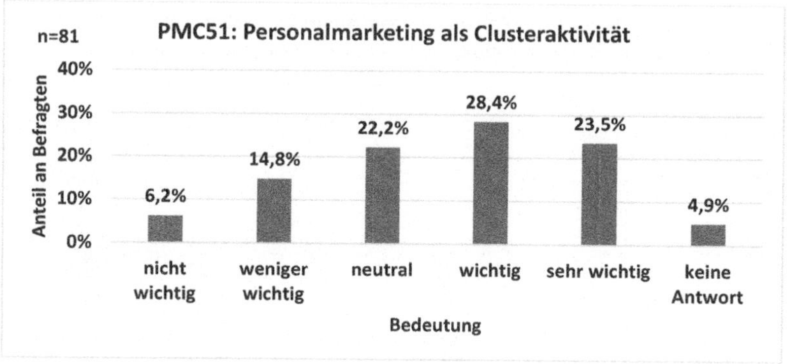

Abbildung 76 Bedeutung von Personalmarketing als Clusteraktivität

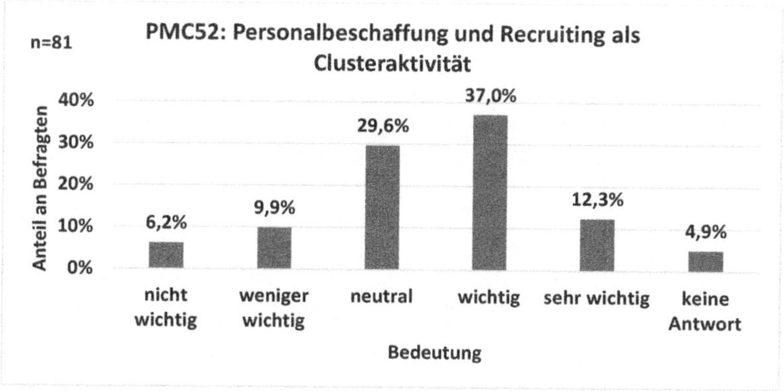

Abbildung 77 Bedeutung von Personalbeschaffung und Recruiting als Clusteraktivität

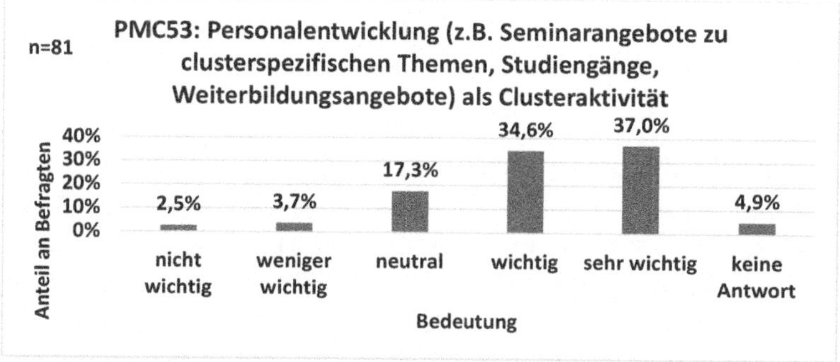

Abbildung 78 Bedeutung von Personalentwicklung als Clusteraktivität

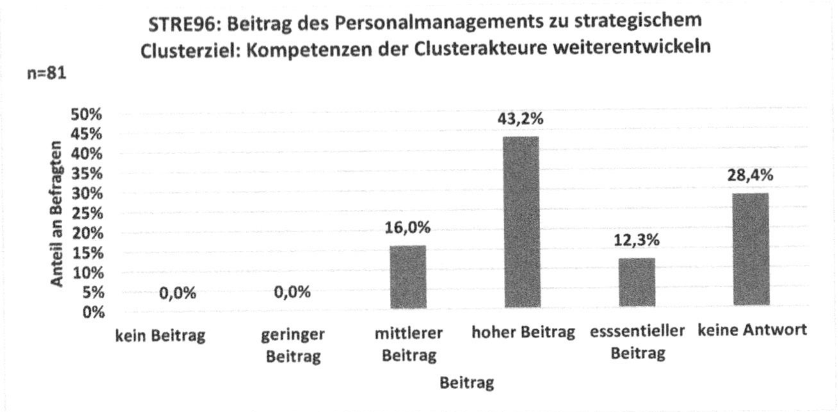

Abbildung 79 Beitrag eines PM in Clustern zu strat. Ziel „Kompetenzen d. CA entwickeln"

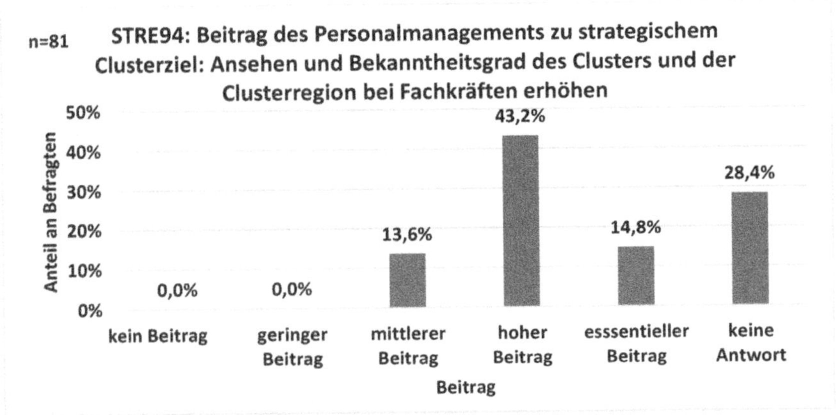

Abbildung 80 Beitrag eines PM in Clustern zu strat. Ziel „Bekanntheitsgrad erhöhen"

Korrelationen zu 7a und b

Die Korrelationsanalyse (siehe Anhang 8.6) bringt eine hoch signifikante Korrelation zwischen PMC72 „Umsetzung Personalbeschaffung" und ALLG24 „Anzahl MA im CM" zum Vorschein (schwache Ausprägung) sowie zwischen PMC72 und der Lbenszyklusphase des Clusters. Zudem zeigt sich ein ebenfalls höchst signifikanter Zusammenhang zwischen STRE95 „Beitrag PM zu Fachkräftebedarf d. CA decken" und PMC13 „Bedeutung Personalmanagement" (moderater bis starker Zusammenhang). Die „Umsetzung Personalentwicklung" korreliert zudem mit der Bedeutung des Personalmanagements (PMC13). Ebenfalls hoch signifikant sind die Zusammenhänge zwischen STRE87 „Strat. Ziele zu Dienstleistungsangebot des CM" und ALLG15 „Geschlecht" bzw. ALLG19 „Dauer Bestehen des Clusters" (jeweils moderate Ausprägungen vorhanden). Weitere signifikante Zusammenhänge werden deutlich für die Bedeutung der Personalentwicklung und die Lebenszyklusphase des Clusters sowie die Bedeutung des PM. Die Bedeutung des PM zeigt weiterhin signifikante Korrelationen für die Bedeutung des Personalmarketings, der Personalbeschaffung, der Personalstrategieentwicklung sowie der Personalbindung.

T-Test

Mit Hilfe der T-Test-Bestimmung ließen sich mehrere Variablenkombinationen mit unterschiedlichen Mittelwerten für die Variablenausprägungen ermitteln (siehe Anhang 8.6).

- **Variable PMC72 „Umsetzung Personalbeschaffung" und ALLG23neu2 „Rechtsform des Clusters":** Die Mittelwerte unterscheiden sich zwischen 2 Gruppen; Umsetzung der Personalbeschaffung unterscheidet sich signifikant zwischen den beiden Rechtsformen; „e.V." antwortet eher mit „Maßnahmen geplant und Umsetzung angestoßen"; „GmbH" eher mit „Maßnahmen in Planung" und „Planung abgeschlossen"
- **Variable PMC73 „Umsetzung PE" und ALLG23neu2 „Rechtsform des Clusters":** die Mittelwerte unterscheiden sich zwischen den beiden Gruppen; d. h., unterschiedliche Rechtsformen führen zu einer unterschiedlichen Aussage darüber, ob Umsetzung Personalstrategieentwicklung vorhanden ist oder nicht; bei „GmbH" ist im Mittelwert Planung vorhanden bis Umsetzung ist angestoßen; bei „e.V." im Mittelwert eher keine Planung vorhanden bis Maßnahmen in Planung
- **Variable STRE85 „Strategische Ziele zu Kooperationen zwischen Clusterakteuren" und ALLG24 neu „Anzahl MA im CM":** Die Mittelwerte unterscheiden sich bei CM mit mehr als 10 Mitarbeitern und CM mit weniger als 10 Mitarbeitern; bei CM mit weniger als 10 Mitarbeiter liegen strategische Ziele vorhanden für „Koop. zw. Clusterakteuren" weniger stark vor als bei CM mit mehr als 10 Mitarbeitern
- **Variable STRE96 „Beitrag PM zu Kompetenzen der CA erhöhen" und ALLG24 neu „Anzahl MA im CM":** Die Mittelwerte unterscheiden sich bei CM mit mehr als 10 Mitarbeitern und CM mit weniger als 10 Mitarbeitern Bedeutung Personalstrategieentwicklung; CM mit mehr als 10 Mitarbeitern beurteilen es mit „hoher Beitrag" bis „essentieller Beitrag"; CM mit weniger als 10 Mitarbeitern beurteilen es mit eher „hoher Beitrag"
- **Variable PMC71 „Umsetzung Personalmarketing" und ALLG20neu „Dauer Bestehen CM":** Mittelwerte unterscheiden sich bei CM mit mehr als 10 Jahren und CM mit weniger als 10 Jahren; CM mit mehr als 10 Jahren antworten mit „Maßnahmen geplant" bis „Umsetzung angestoßen"; CM mit weniger als 10 Jahren antworten mit „Maßnahmen in Planung" bis „Maßnahmen geplant"
- **Variable STRE84 „Strat. Ziele zu Technologieentwicklung" und ALLG20neu „Dauer Bestehen CM":** Die Mittelwerte unterscheiden sich bei CM mit mehr als 10 Jahren und CM mit weniger als 10 Jahren; d. h., die Mittelwerte unterscheiden sich bei CM mit mehr als 10 Jahren und CM mit weniger als 10 Jahren (MW-Diff. 0,27)
- **Variable STRE86 „Strat. Ziele zu Koop. des Clusters" und ALLG20neu „Dauer Bestehen CM":** D. h., die Mittelwerte unterscheiden sich bei CM mit mehr als 10 Jahren und CM mit weniger als 10 Jahren (MW-Diff.= 0,21)

- **Variable STRE87 „Strat. Ziele zu DL-Angebot des CM“ und ALLG20neu „Dauer Bestehen CM“:** Die Mittelwerte unterscheiden sich bei CM mit mehr als 10 Jahren und CM mit weniger als 10 Jahren (MW-Diff.=0,21)
- **Variable STRE88 „Strat. Ziele zu Nachhaltigkeit“ und ALLG20neu „Dauer Bestehen CM“:** Die Mittelwerte unterscheiden sich bei CM mit mehr als 10 Jahren und CM mit weniger als 10 Jahren (MW-Diff.=0,30)
- **Variable PMC71 „Umsetzung Personalmarketing“ und ALLG19neu „Dauer Bestehen des Clusters“:** Mittelwerte unterscheiden sich bei Clustern mit mehr bzw. weniger als 10 Jahren Bestandsdauer; Clustern mit mehr als 10 Jahren Bestandsdauer beurteilen im Mittel mit 2,58 „Maßnahmen in Planung“ bis „Maßnahmen geplant“; Cluster mit weniger als 10 Jahren beurteilen im Mittel mit 3,75 „Maßnahmen geplant“ bis „Umsetzung angestoßen“
- **Variable STRE84 „Strat. Ziele zu Technologieentwicklung“ und ALLG19neu „Dauer Bestehen des Clusters“:** Mittelwerte unterscheiden sich bei Clustern mit mehr bzw. weniger als 10 Jahren Bestandsdauer (MW-Diff.=0,26)
- **Variable STRE87 „Strat. Ziele zu DL-Angebot des CM“ und ALLG19neu „Dauer Bestehen des Clusters“:** Mittelwerte unterscheiden sich bei Clustern mit mehr bzw. weniger als 10 Jahren Bestandsdauer (MW-Diff.=0,27)
- **Variable STRE88 „Strat. Ziele zu Nachhaltigkeit“ und ALLG19neu „Dauer Bestehen des Clusters“:** Mittelwerte unterscheiden sich bei Clustern mit mehr bzw. weniger als 10 Jahren Bestandsdauer (MW-Diff.=0,22)
- **Variable STRE86 „Strat. Ziele zu Kooperationen des Clusters“ und ALLG18neu „Anzahl Mitglieder im Cluster“:** Mittelwerte unterscheiden sich bei Clustern mit mehr bzw. weniger als 100 Mitgliedern (MW-Diff.=0,21)
- **Variable PMC53 „Bedeutung Personalentwicklung“ und ALLG21neu „Lebenszyklusphase d. Clusters“:** Mittelwerte unterscheiden sich für Entstehungs- bis Wachstumsphase und Reife- bis Rückgangsphase; Entstehungs- bis Wachstumsphase beurteilt die Bedeutung von Personalentwicklung mit 4,35 („wichtig“) im Mittel; Reife- bis Rückgangsphase mit 3,76 („neutral“ bis „wichtig“) im Mittel
- **Variable STRE95 „Beitrag PM zu Fachkräftebedarf der CA decken“ und ALLG21neu „Lebenszyklusphase d. Clusters“:** Mittelwerte unterscheiden sich für Entstehungs- bis Wachstumsphase und Reife- bis Rückgangsphase; Entstehungs- bis Wachstumsphase antwortet im Mittel mit 4,16 („wichtig“); Reife- bis Rückgangsphase antwortet im Mittel mit 3,58 („neutral“ bis „wichtig“)
- **Variable STRE96 „Beitrag PM zu Kompetenzen der CA erhöhen“ und ALLG21neu „Lebenszyklusphase d. Clusters“:** Mittelwerte unterscheiden sich für Entstehungs- bis Wachstumsphase und Reife- bis Rückgangsphase; Entstehungs- bis Wachstumsphase antwortet im Mittel mit 4,26 („wichtig“); Reife-bis Rückgangsphase antwortet im Mittel mit 3,86 („neutral“ bis „wichtig“)
- **Variable STRE81 „Strat. Ziele zu Kommunikation/ Marketing“ und ALLG15 „Geschlecht“:** Mittelwerte unterscheiden sich für unterschiedliche Geschlechter; „Männlich“ antwortet im Mittel mit 0,79 (eher „liegen vor“); „weiblich“ antwortet im Mittel mit 0,53 (eher „liegen nicht vor“)
- **Variable STRE87 „Strat. Ziele zu DL-Angebot des CM“ und ALLG15 „Geschlecht“:** Mittelwerte unterscheiden sich für unterschiedliche Geschlechter; „Männlich“ antwortet im

Mittel mit 0,79 (eher „liegen vor"); „weiblich" antwortet im Mittel mit 0,49 (eher „liegen nicht vor")

5.4.7 Ergebnisse zu „Beitrag eines systematischen Personalmanagements zur Erreichung der strategischen Clusterziele in Zusammenhang mit der Lebenszyklusphase des Clusters" (Bereich 9)

Cluster-PM trägt für die Teilnehmer hauptsächlich zu den folgenden strategischen Zielen des Clusters bei: Kompetenzen der CA weiterentwickeln, Bekanntheitsgrad des Clusters erhöhen und Innovationsfähigkeit des Clusters steigern (siehe Abbildung 81).

Korrelationen:

Wie bereits in Abschnitt 5.4.1 erläutert zeigt sich eine höchst signfikante Korrelation zwischen der Variablen PMC13 „Bedeutung des PM" als Aufgabe des CM und der „Lebenszyklusphase des Clusters." Die Korrelationsanalyse ergab für Untersuchungsbereich 9 zudem höchst signifikante Zusammenhänge für die Variablen STRE95 „Beitrag PM zu Fachkräftebedarf d. CA decken" und PMC13 „Bedeutung PM" (moderate bis starke Ausprägung) sowie STRE96 „Beitrag PM zu Kompetenzen d. CA erhöhen" und ALLG18 „Anzahl Mitglieder im Cluster" (moderate Ausprägung). Zudem weisen die Variablen STRE97 „Beitrag PM zu Wissen und Erfahrungsaustausch erhöhen" und ALLG22neu „Branche des Clusters" bzw. ALLG23neu „Rechtsform des Clusters" hohe bzw. höchst signifikante Zusammenhänge auf (stark ausgeprägte Korrelationen) (siehe Tabelle in Anhang 8.6).

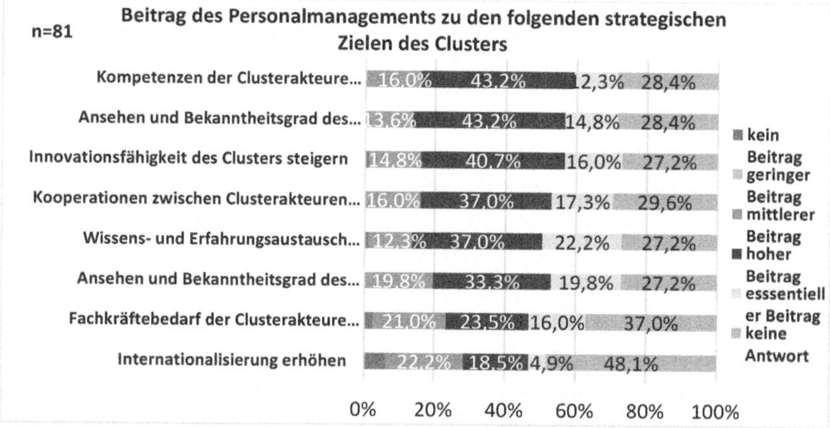

Abbildung 81 Beitrag des Personalmanagements zu strategischen Clusterzielen

T-Test:

Es ergaben sich Mittelwertunterschiede bei vier Variablenkombinationen (siehe Anhang 8.6).

- **Variable PMC42 „Ein clusterweites PM ist an die Entwicklungsphase des Clusters anzupassen" und ALLG24 neu „Anzahl MA im CM":** D. h., unterschiedliche Anzahl an

MA im CM führt zu einer unterschiedlichen Zustimmung zu „Ein clusterweites PM ist an die Entwicklungsphase des Clusters anzupassen"; CM mit weniger als 10 Mitarbeitern stimmen eher mit neutral bis „stimme eher zu"; CM mit mehr als 10 Mitarbeitern stimmen eher mit „stimme eher zu"

- **Variable STRE96 „Beitrag PM zu Kompetenzen d. CA erhöhen" und ALLG24 neu „Anzahl MA im CM":** Die Mittelwerte unterscheiden sich bei CM mit mehr als 10 Mitarbeitern und CM mit weniger als 10 Mitarbeitern Bedeutung Personalstrategieentwicklung; CM mit mehr als 10 Mitarbeitern beurteilen es mit „hoher Beitrag" bis „essentieller Beitrag"; CM mit weniger als 10 Mitarbeitern beurteilen es mit eher „hoher Beitrag"
- **Variable STRE95 „Beitrag PM zu Fachkräftebedarf d. CA decken" und ALLG21neu „Lebenszyklusphase d. Clusters":** Mittelwerte unterscheiden sich für Entstehungs- bis Wachstumsphase und Reife- bis Rückgangsphase; Entstehungs- bis Wachstumsphase antwortet im Mittel mit 4,16 („wichtig"); Reife- bis Rückgangsphase antwortet im Mittel mit 3,58 („neutral" bis „wichtig")
- **Variable STRE96 „Beitrag PM zu Kompetenzen d. CA erhöhen" und ALLG21neu „Lebenszyklusphase d. Clusters":** Mittelwerte unterscheiden sich für Entstehungs- bis Wachstumsphase und Reife- bis Rückgangsphase; Entstehungs- bis Wachstumsphase antwortet im Mittel mit 4,26 („wichtig"); Reife- bis Rückgangsphase antwortet im Mittel mit 3,86 („neutral" bis eher „wichtig")

5.4.8 Ordinale Regressionsmodelle

Die Ergebnisse der ordinalen Regression sind in Anhang 8.6 im Überblick gezeigt. Basierend auf der Korrelation zwischen PMC13 „Bedeutung PM" und ALLG21 „Lebenszyklusphase des Clusters" wird eine ordinale Regression berechnet. Der Pseudo-R^2-Wert dieses Modells weist darauf hin, dass 10,9 % der Varianz von PMC13 durch die Lebenszyklusphase erklärt werden. Die Annahme der „*proportional odds*" bzw. der Parallelitätstest ist eher als hinreichende Bedingungen für die Modellgültigkeit zu verstehen und wird fast immer verworfen.[1187] Es ergibt sich ein signifikanter Parameterschätzer β für ALLG21neu. Als Faktor für das Wahrscheinlichkeitsverhältnis von PMC13 ergibt sich mit diesem Schätzer für ALLG21neu[1188]:

$$\exp(-\beta) = \exp(-1{,}285) \cong 0{,}28$$

Das bedeutet, dass das Wahrscheinlichkeitsverhältnis $P(PMC13 \leq 1) / P(PMC13 > 1)$ für ALLG21neu „Lebenszyklusphase des Clusters" Kategorie „Entstehungs- bis Wachstumsphase" um 0,28 kleiner eingeschätzt wird. D. h., dass die geschätzte Wahscheinlichkeit der niedrigen Kategorien von PMC 13 (geringere Bedeutung des PM) geringer ist für diese Kategorie von ALLG21neu. Das heißt eine höhere Kategorie von PMC 13 „Bedeutung PM" wird eher gewählt, wenn für Variable ALLG21neu „Lebenszyklusphase des Clusters" die Kategorie „Entstehungs- bis Wachstumsphase" gewählt wird im Vergleich zur Kategorie „Reife- bis Rückgangsphase". Dies kann dahingehend interpretiert werden, dass PM in den frühen Phasen des Clusterlebenszyklus für die Cluster-

1187 Vgl. O'Connell (2006): Logistic regression models for ordinal response variables. Thousand Oaks, S. 29.
1188 Vgl. Bühl (2016), S. 484f.

manager von größerer Bedeutung ist als in späteren Phasen. Aufbauend auf diesem Modell ergeben sich unter Berücksichtigung weiterer unabhängiger Variablen mit hoher Korrelation zu PMC13 die Modelle M1 a und M1b. Das ordinale Regressionsmodell 1a (M1a; siehe Abbildung 82 und die Tabelle zu den Ergebnissen der Regressionsanalyse in Anhang 8.6) weist einen Pseudo-R^2-Wert nach Nagelkerke des Modells (R^2= 0,668) zeigt, dass 66 % der Varianz der Bedeutung des Personalmanagements als Aufgabe des Clustermanagements durch die hier berücksichtigten unabhängigen Variablen bzw. Kovariate erklärt werden. Die Passung des Modells konnte damit durch die Berücksichtigung der weiteren unabhängigen Variablen deutlich verbessert werden. Als unabhängige Variablen wurden in diesem Modell neben der Größe des Clusters, dem Alter des CM und der Dauer der Tätigkeit des Clustermanagers/ Befragten im Cluster (ALLG17neu) außerdem die Lebenszyklusphase und Aspekte der Strategie-, Clusterakteurs-, und Stakeholderorientierung (PMC41, 44, 45) des PM, sowie die Berücksichtigung von Ergebnissen aus der Trendforschung des Clusters (PMC47). Negative signifikante Schätzer zeigen sich für die Variablen Lebenszyklusphase des Clusters, Strategieorientierung des PM und die Berücksichtigung von Trendforschungsergebnissen. Aus diesen Schätzern lässt sich ableiten, dass die Beurteilung der Bedeutung des PM geringer beurteilt wird, je weiter die Lebenszyklusphase vorangeschritten ist. Die Bedeutung wird niedriger eingeschätzt, wenn die Berücksichtigung der CA-Anforderungen mit „stimme eher nicht zu" beurteilt wird. Die Bedeutung des Personalmanagements wird zudem geringer eingeschätzt, wenn die Zustimmung zur „Personalmanagement muss Trendforschungsergebnisse berücksichtigen" mit „stimme eher nicht zu" eingeordnet wird.

Modell M1b berücksichtigt die unabhängigen Variablen PMC43 „Beitrag des PM zur Stabilisierung des Clusters" und Beitrag zur Strategieumsetzung (PMC49). Das Modell erklärt ca. 49 % der Varianz von PMC13 „Bedeutung des PM". Als signifikante Zusammenhänge zeigen sich die Dauer der Tätigkeit der Befragten im CM, die Lebenszyklusphase des Clusters (negativer Schätzer) sowie negative, signifikante Schätzer für PMC43 und 49. D.h., dass die Bedeutung des PM geringer eingeordnet wird, je weiter die Lebenszyklusphase ansteigt. Die Bedeutung des PM wird geringer eingeschätzt, wenn die Zustimmung zu „PM leistet einen Beitrag zur Strategieumsetzung" mit „stimme eher nicht zu" beurteilt wird bzw. die Zustimmung zu „PM-Aktivitäten sind für die Stabilisierung eines Clusters besonders wirkungsvoll" mit „neutral" beurteilt wird.

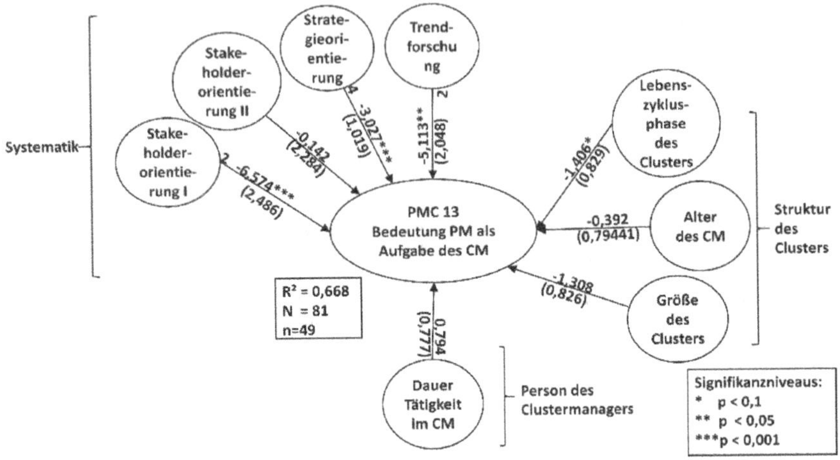

Abbildung 82 Ordinales Regressionsmodell 1a

Aufbauend auf den weiteren Korrelationen (zu Untersuchungsbereichen 2 und 3) konnte ein akzeptables Modell ermittelt werden: STRE73 abhängig von ALLG21 „Lebenszyklusphase des Clusters" und ALLG20 „Dauer des Bestehens des CM". Dieses Modell weist einen signifikanten Parameterschätzer für ALLG21=2 (Wachstumsphase) auf mit dem Wert 2,058. Das Wahrscheinlichkeitsverhältnis für die niedrigeren Kategorien zu den höheren Kategorien von STRE73 wird damit um den Faktor 0,13 für die Wachstumsphase kleiner eingeschätzt. D. h., dass die Variable STRE73 „Systematisches PM sichert die Zukunftsfähigkeit des Clusters" eher in eine höhere Kategorie eingeordnet wird, wenn für Variable ALLG21 Kategorie 2 (Wachstumsphase) gewählt wird. Weiterführend konnte ein umfassenderes ordinales Regressionsmodell 2 (M2; siehe Tabellen in Anhang 8.6) basierend auf dieser ersten Berechnung und weiteren Korrelationen aufgestellt werden, das die Varianz von STRE73 genauer erklärt. Der Pseudo-R^2-Wert nach Nagelkerke von M2 ergibt sich zu R^2=0,734, d. h., dass ca. 73 % der Varianz von STRE73 durch das Modell und die darin erfassten unabhängigen Variablen bzw. Kovariate erklärt werden. Das Modell weist signifikante Schätzer zu den Variablen „Umsetzung betriebliches PM im CM" und der Beurteilung der Bedeutung des PM auf beiden Ebenen (im CM und als Aktivitäten des CM für die CA) sowie der Lebenszyklusphase des Clusters auf. Für die Beurteilung des Beitrags des PM zur Sicherung der Zukunftsfähigkeit bedeutet dies, dass dieser geringer eingeordnet wird, wenn die Bedeutung des PM auf beiden Ebenen geringer gewertet wird. Es wird zudem deutlich, dass die Befragten, die eine Umsetzung von PM-Aktivitäten im CM als neutral bewerten, dem Beitrag des PM zur Zukunftsfähigkeit eher geringer einordnen. Der negative signifikante Schätzer für die Lebenszyklusphase deutet, daraufhin, dass Cluster in späten Phasen die Bedeutung des Beitrags geringer einschätzen. Die Regressionsanalyse ergab mehrere akzeptable Modelle für Untersuchungsbereich 4 basierend auf den Korrelationsanalysen (siehe M3 bis M6 in Anhang 8.6). Im Rahmen von Modell 3 (M3) zeigen signifikante Zusammenhänge zwischen der Beurteilung der Bedeutung des betrieblichen PM im Clustermanagement (PMC221a), der Größe und Branche (insbesondere für die Branchen Digitale Systeme/ IT [=2] und Immunologie [=22]) des Clusters und der Dauer der Tätigkeit der Befragten im Cluster. Das Modell erklärt die Varianz von PMC221a zu 48 %. In Modell 4 (M4) wird PMC222b „Umsetzung Clusterweite PM-Aktivitäten" durch die signifikanten Schätzer der Variablen Dauer der Tätigkeit der Befragten im Cluster, Branche des Clusters (v. a. IT- und Umwelt-/Energietechnikbranche), die Lebenszyklusphase und Größe des CM erklärt. Modell 5 (M5) bezieht sich auf die Zusammenhänge zwischen der Bedeutung des PM allgemein (PMC13) sowie der Bedeutung und Umsetzung des PM auf den Ebenen des CM sowie clusterweit. Das Modell erklärt basierend auf dem Pseudo-R^2-Wert ca. 70% der Varianz von PMC13. Es werden einige signifikante Zusammenhänge mit negativen Schätzern deutlich, wie bspw. bzgl. der Größe des Clusters oder der Bedeutung des PM im CM. Ein positiver signifikanter Schätzer ergibt sich bzgl. der Umsetzung von clusterweiten PM-Aktivitäten (PMC222b), d. h., dass die Bedeutung umso höher eingeschätzt wird, je eher es zutrifft, dass clusterweite PM-Aktivitäten umgesetzt werden. In M6 werden Einflussfaktoren zu PMC43 „PM-Aktivitäten sind für die Stabilisierung eines Clusters besonders wirkungsvoll" aufgezeigt, insbesondere die signifikanten Zusammenhänge der Bedeutung clusterweiter PM-Aktivitäten (PMC221b) und der Umsetzung clusterweiter PM-Aktivitäten (PMC222b). Es finden sich zudem hoch signifikante Zusammenhänge zwischen PMC43 und der Umsetzung von betrieblichen PM-Aktivitäten im CM (PMC2221a). Die Dauer der Tätigkeit der Befragten weist ebenfalls einen negativen, signifikanten Schätzer auf. Insgesamt werden ca. 64 % der Varianz von PMC 43 durch das ordinale Regressionsmodell erklärt. Für die Untersuchungsbereiche 7a und 7b ergaben sich mehrere akzeptable Regressionsmodelle mit signifikanten Parameterschätzern. Zu Untersuchungsbereich 7a weist Modell 7 (M7) einen signifikanten Schätzer für ALLG21neu „Lebenszyklusphase" auf. 17,8 % der Varianz von PMC53 „Bedeutung Personalentwicklung" werden durch das M7 erklärt. D. h., dass PMC53 eher in eine höhere Kategorie eingeordnet wird, wenn die Lebenszyklusphase des Clusters weiter fortgeschritten ist und der Cluster eine größere Anzahl an Mitgliedern umfasst. In Modell 9 (M9) werden ca. 25 % der Varianz von PMC71 „Umsetzung von Personalmarketingaktivitäten" durch die unabhängigen Variablen erklärt. Für das Alter des CM (ALLG20 neu) zeigt sich ein signifikanter, positiver Parameterschätzer. Ein weiteres gültiges Modell ergibt sich zu Untersuchungsbereich 7a: 65,6 % der Varianz von PMC72 „Umsetzung Personalbeschaffung" ist durch das Modell 8 (M8) erklärt. Das Modell weist einen signifikanten, negativen Schätzer für ALLG17neu und einen hochsignifikanten Schätzer für ALLG22neu „Branche des Clusters" auf. Das bedeutet, dass Personalbeschaffungsaktivitäten eher als nicht-umgesetzt beurteilt werden, wenn die Befragten länger im Cluster tätig waren. Für einige Clusterbranchen (Kunststoffbranche, Erneuerbare Energien/Windenergie, Luft- und Raumfahrt und Elektronik/Mechatronik) werden Personalbeschaffungsaktivitäten eher als umgesetzt gewertet als in anderen Branchen. Für Untersuchungsbereich 7b ergibt sich ein weiteres Modell (M10): 53,9 % der Varianz von STRE95 „Beitrag des PM zu `Fachkräftebedarf der Clusterakteure decken`“ werden durch das Modell 10 (M10) erklärt. Das Regressionsmodell beinhaltet einen signifikanten Schätzer für ALLG21neu „Lebenszyklusphase des Clusters“ und für die Branche des Clusters: d. h., dass STRE95 eher in eine höhere Stufe eingeordnet wird, wenn die Lebenszyklusphase Start- bis Wachstum gewählt wird. Mit Hilfe der ordinalen Regression konnte ein relevantes Modell für Untersuchungsbereich 9 ermittelt werden (Modell 11, M11). 50,1 % der Varianz von STRE96 „Beitrag des PM zur Kompetenzentwicklung der Clusterakteure“ werden durch M11 erklärt. Das Modell zeigt insgesamt drei signifikante Schätzer auf: ein hoch signifikanter, positiver Parameterschätzer bei ALLG24neu „Anzahl der Mitarbeiter im CM“; ein signifikanter, positiver Parameterschätzer bei ALLG21neu „Lebenszyklusphase des Clusters“ und ein negativer signifikanter Schätzer für ALLG20neu „Alter des CM“. Das bedeutet, dass der Beitrag des PM höher bewertet wird, je größer der Cluster ist und für frühe Lebenszyklusphasen sowie niedriger je älter das CM ist. Für die Regressionmodelle muss einschränkend festgehalten werden, dass nur geringe gültige Fallzahlen in die Modelle einbezogen werden konnten, was die Aussagekraft der Modelle beschränkt.

5.5 Anforderungskatalog an ein Personalmanagement in Unternehmensclustern

In diesem Abschnitt des Kapitels werden die Ergebnisse der quantitativen Studie zusammenfassend diskutiert. Im Anschluss werden diese Ergebnisse mit den Erkenntnissen aus der qualitativen Studie in Verbindung gesetzt, daraus zentrale Ansatzpunkte für die Ausgestaltung eines Cluster-PM abgeleitet und als Anforderungskatalog zusammengestellt.

5.5.1 Zusammenfassung der Ergebnisse der Primäranalyse

Die Beurteilung des Themas Personalmanagement im Cluster durch die befragten Clustermanager und -experten machte deutlich, dass PM als eine wichtige Aufgabe des CM betrachtet werden kann, die aber ggü. anderen Aufgaben wie Strategieentwicklung, Marketing und Repräsentation des Clusters, Anregung von Kooperationen, Wissenstransfer im Cluster und Unterstützung von Technologieentwicklung weniger im Fokus steht. Es zeigt sich eine unterschiedliche Beurteilung der Bedeutung des PM als Aufgabe des CM für verschiedene Lebenszyklusphasen eines Clusters. Die Bedeutung wurde geringer eingeschätzt, je weiter vorangeschritten die Lebenszyklusphase des Clusters war. Mit Hilfe der Regressionsanalyse zu **Bereich 1 „Personalmanagement als zentrale Aufgabe des Clustermanagements“** kann dieser Zusammenhang folgendermaßen festgehalten werden: Die Bedeutung wird für die Entstehungs- bis Wachstumsphase höher eingeschätzt als für die späteren Phasen des Lebenszyklus. Weitere Angaben der Teilnehmer der Onlinebefragung deuten darauf hin, dass Projekte im Bereich PM als zeit- und personalintensiv eingeschätzt werden und daher oft nur dann als Option für Aktivitäten des CM in Betracht gezogen werden, wenn Finanzierung und Mitarbeiterstellen des CM abgesichert und die Mitarbeiter eingearbeitet sind. Es wurde ein Wunsch nach stärkerer Zusammenarbeit im Cluster zum Thema Personalgewinnung deutlich, insbesondere in Form von Erfahrungsaustausch zwischen Unternehmen. In diesem Zusammenhang muss allerdings auch Konkurrenz zwischen Clusterunternehmen als Arbeitgeber Berücksichtigung finden.

In Bezug auf **Bereich 2 „Personalmanagement im Cluster und Orientierung an der Clusterstrategie“** stellte sich für das Item „Ein systematisches Personalmanagement muss sich an Anforderungen der Clusterstrategie orientieren“ heraus, dass 19,8 % der Teilnehmer der Befragung völlig zustimmen und weitere 30,9 % eher zu stimmen. Das Regressionsmodell M1a weist einen signifikanten Zusammenhang zwischen der Bewertung der Bedeutung der Strategieorientierung im Cluster und der Bedeutung des Personalmanagements im Cluster auf.

Im Hinblick auf die Systematik eines PM in Clustern können folgende Anforderungen an ein PM in Clustern, anhand der Beurteilung der Teilnehmer der Onlinebefragung, als relevant betrachtet werden:

- PM soll Interessen und Anforderungen der Clusterakteure und weiterer Stakeholder berücksichtigen
- Personalmanagement soll nachhaltige Entwicklung im Cluster unterstützen
- Personalmanagement ist an die Entwicklungsphase des Clusters anzupassen
- Personalmanagement kann/ soll einen Beitrag zur Umsetzung der Clusterstrategie leisten
- Personalmanagement muss Trendforschungsergebnisse berücksichtigen

Eine weitere Anforderung an die Ausgestaltung des Personalmanagements kann die Anpassung an die jeweilige Lebenszyklusphase des Clusters sein. Die Beurteilung der Anpassung der PM-Aktivitäten an die Lebenszyklusphase wird unterschiedlich beurteilt für unterschiedlich große Clustermanagements: Clustermanagements mit mehr Mitarbeitern stimmen eher zu bei der Anpassung des PM an die Lebenszyklusphase. Zu den o. g. Anforderungen konnten mit Hilfe der Analysen der quantitativen Ergebnisse einige Konkretisierungen aufgezeigt werden. Bspw. zeigt sich ein moderater Zusammenhang zwischen der Aussage „Ein Personalmanagement in Clustern muss eine nachhaltige Clusterentwicklung unterstützen“ und der Einschätzung der Bedeutung des Personalmanagements als Aufgabe des Clustermanagements. D. h., dass bzgl. der Unterstützung einer nachhaltigen Clusterentwicklung durch das PM eher zugestimmt wird, je wichtiger die Bedeutung des PM als CM-Aufgabe eingeschätzt wird. Weiterhin wird bzgl. der Berücksichtigung von Trendforschungsergebnissen ein Zusammenhang mit der Cluster-Lebenszyklusphase klar: Je weiter die Lebenszyklusphase vorangeschritten ist, desto geringer ist die Zustimmung zu der Aussage „Trends und externe Entwicklungen werden bei der Planung von PM-Aktivitäten berücksichtigt“. Zudem wird die Berücksichtigung der Stakeholderinteressen bei der Ausgestaltung des Personalmanagements im Cluster unterschiedlich beurteilt für unterschiedlich große Clustermanagements: CM mit einer größeren Anzahl an Mitarbeitern schätzen die Berücksichtigung der Anforderungen der CA etwas relevanter ein als Clustermanagements mit einer geringeren Mitarbeiterzahl. Die Zustimmung zur Aussage „Die Anforderungen der CA sind bei der Ausgestaltung von PM-Aktivitäten zu berücksichtigen“ hängt zusammen mit der Dauer der Tätigkeit der Teilnehmer im Cluster sowie deren

Position im Cluster und der Branche des Clusters. Es zeigt sich zudem ein Zusammenhang zwischen der Beurteilung der Aussage „Ein clusterweites PM liefert einen zentralen Beitrag zur Umsetzung der Clusterstrategie" mit der Einschätzung der Bedeutung des Personalmanagements als Aufgabe des Clustermanagements. D. h., wenn die Bedeutung des Personalmanagements wichtiger eingeschätzt wird, dann wird dieser Aussage eher zugestimmt. Im Hinblick auf die systematische und strategische Planung der Personalmanagementaktivitäten wurde deutlich, dass in Clustern nur in seltenen Fällen strategische Ziele für das Personalmanagement vorliegen und wenn, dann nur für einzelne Funktionen wie bspw. Personalentwicklung.

Im Hinblick auf **Bereich 3 „Cluster-Personalmanagement und Beitrag zur nachhaltigen Clusterentwicklung"** zeigte sich im Rahmen der Onlinebefragung, dass die Teilnehmer überwiegend der Ansicht sind, dass ein Cluster-PM einen mittleren Beitrag zu einem langfristig ausgerichteten Abgleich ökonomischer, ökologischer und sozialer Interessen bzgl. der Clusterentwicklung liefern kann. Für die Befragungsteilnehmer liegt der Fokus im Bereich Nachhaltigkeit auf dem Aspekt der ökonomischen Nachhaltigkeit bzw. der finanziellen Absicherung des Clusters. In diesem Kontext zeigen sich Zusammenhänge zwischen der Zustimmung zu dieser Aussage und der Branche, Rechtsform des Clusters und Alter des Clusters. Außerdem lassen sich Zusammenhänge zwischen der Einschätzung der Bedeutung eines clusterweiten Personalmanagements im Cluster, also von PM-Aktivitäten für die CA, und der Beurteilung der Bedeutung der nachhaltigen Entwicklung für den Cluster erkennen. Je geringer die Bedeutung eines clusterweiten Personalmanagements eingeschätzt wird, desto höher wurde die Bedeutung nachhaltiger Entwicklung für den Cluster beurteilt. Gleichzeitig wurde ein Zusammenhang zwischen dem clusterweiten PM und der Aussage „Ein PM in Clustern muss eine nachhaltige Clusterentwicklung unterstützen" deutlich, d. h., je wichtiger ein clusterweites PM eingeschätzt wird, desto eher wurde der o. g. Aussage zugestimmt. Ähnliche Zusammenhänge zeigen sich für die Beurteilung der Aussage „Systematisches PM sichert Zukunftsfähigkeit des Clusters" und für den Beitrag eines systematischen, betrieblichen Personalmanagements im CM zur Sicherung des langfristigen Bestands des Clustermanagements. Außerdem fällt die Beurteilung der „Bedeutung nachhaltiger Entwicklung für Cluster" unterschiedlich aus für unterschiedlich große Cluster und Clustermanagements: Kleinere Cluster bzw. Clustermanagements schätzen die Bedeutung geringer ein als größerer Cluster bzw. Clustermanagements. Das Regressionsmodell (M2, siehe Anhang 8.6) zu Untersuchungsbereich 3 zeigt einen signifikanten Zusammenhang zwischen der Zustimmung zu der Aussage „Systematisches Personalmanagement sichert die Zukunftsfähigkeit des Clusters" und der Lebenszyklusphase des Clusters auf: Der Aussage wird eher zugestimmt, wenn sich Cluster in der Wachstums- oder der Reifephase befinden. Der Beitrag von PM-Aktivitäten für den Clustererfolg generell wird v. a. auf der Ebene der Clusterregion gesehen. Cluster wollen mit ihren PM-Aktivitäten dazu beitragen, die Attraktivität der Clusterregion bzw. -branche, insbesondere für Fachkräfte, zu erhöhen, die Kompetenzen der ansässigen Fachkräfte zu verbessern und die Region zukunftsfähig sowie wettbewerbsfähig zu halten.

Die Frage, auf welcher Ebene PM-Aktivitäten im Cluster besonders relevant werden, d. h. auf der Ebene des Clustermanagements oder auf der des Gesamtclusters (**„Zwei Ebenen eines PM im Cluster: im Sinne von Aktivitäten für die CA und als PM-Aktivitäten im CM"; Bereich 4**), lässt sich aufgrund der Onlinebefragungsergebnisse nur eingeschränkt beantworten. Ein Personalmanagement im Clustermanagement wird etwas relevanter beurteilt als ein clusterweites PM für die Clusterakteure (28,4 % der Teilnehmer antworten mit „sehr relevant" bzw. „relevant" auf die Frage nach der Bedeutung eines auf das CM bezogenen Personalmanagements im Vergleich zu 24 % für clusterweites PM). Vergleicht man jeweils den Median zu den beiden Fragen, zeigt sich allerdings statistisch kein Unterschied in der Beurteilung der beiden Ebenen. Es wird ein Zusammenhang zwischen der Beurteilung, inwiefern clusterweite PM-Aktivitäten tatsächlich im Cluster vorhanden sind, und der Dauer, mit der die Befragten ihre Position im Cluster bisher eingenommen haben, deutlich. Die Bedeutung des „betrieblichen Personalmanagements im CM" wird für die Rechtsform der GmbH als relevanter beurteilt als bei anderen Rechtsformen; ähnliches gilt für die Größe des Clustermanagements: Größere Clustermanagements schätzen die Bedeutung höher ein. Dagegen zeigt sich bzgl. der Dauer der Tätigkeit der Teilnehmer im Cluster bzw. CM: Befragte, die kürzer im Cluster tätig sind, schätzen die Bedeutung höher ein als solche, die länger im Cluster tätig sind. Die Bedeutung eines clusterweiten Personalmanagements wird durch Befragungsteilnehmer, die länger im Cluster tätig sind, unterschiedlich beurteilt. Diese schätzen die Bedeutung etwas höher ein als solche, die weniger Zeit auf ihrer Position im Cluster verbracht haben. Das Regressionsmodell (M4, siehe Anhang 8.6) macht diesbezüglich einen signifikanten Zusammenhang zwischen der Zustimmung dazu, dass clusterweite PM-Aktivitäten vorhanden sind und der Branche des Clusters sowie der Dauer der Tätigkeit der Befragten im Cluster und der Anzahl der Mitarbeiter im Clustermanagement deutlich. Clustermanagements mit weniger als zehn Mitarbeitern wählen hier eher eine höhere Zustimmung als Teilnehmer aus größeren Clustermanagements. Die Zustimmung zum tatsächlichen Auftreten von betrieblichen und clusterweiten PM-Aktivitäten korreliert mit der Beurteilung der Bedeutung des Personalmanagements als Aufgabe des Clustermanagements.

Für **Bereich 5 „Ein PM in Clustern orientiert sich an Anforderungen der Clusterakteure/ Interessengruppen"** zeigte sich ein signifikanter Zusammenhang zwischen Berücksichtigung von CA-Anforderungen bei der Ausgestaltung von Cluster-PM und der Bedeutung des PM als CM-Aufgabe, der auch in Regressionsmodell 1a gefunden werden konnte. Zu **Bereich 6 „Im Cluster-PM werden Excellence-Anforderungen an Cluster/ Anforderungen aus Clusterbewertungsansätzen berücksichtigt"** lässt sich festhalten, dass ähnlich große Anteile der Befragten die Bedeutung von Bewertungsansätzen für Cluster als negativ bis neutral bzw. positiv beurteilen (35,8 % der Teilnehmer mit „nicht wichtig" bis „neutral"; weitere 37 % antworten mit „wichtig" oder „sehr wichtig“). Es zeigen sich Zusammenhänge zwischen den Beurteilungen und dem Alter des Clusters. In der Regressionsanlayse finden sich für diesen Aspekt keine Hinweise als einen Einflussfaktor auf die Bedeutung des Personalmanagements in Clustern.

In Bezug auf **Bereich 7a „Systematische Personalmanagementaktivitäten im Cluster betreffen hauptsächlich die Bereiche Personalentwicklung/ Kompetenzentwicklung und Personalbeschaffung bzw.-marketing“** konnte festgestellt werden, dass als zentrale PM-Prozesse aufgrund der Beurteilung durch die Befragungsteilnehmer, insbesondere PE, Personalmarketing, -bindung und Personalbeschaffung/ Recruiting hervorzuheben sind. Die Bedeutung der Funktion PE wird für Cluster in unterschiedlichen Lebenszyklusphasen verschieden beurteilt. D. h., dass Cluster in früheren Lebenszyklusphasen die Bedeutung höher beurteilen. Die Regressionsanalyse konnte einen Zusammenhang der Bedeutung der Funktion Personalentwicklung von der Lebenszyklusphase des Clusters aufzeigen: Das entsprechende Modell (M7, siehe Anhang 8.6) erklärt 21 % der Varianz zur Einschätzung der Bedeutung der PE. Inwiefern Aktivitäten in den vier o. g. Funktionsbereichen des Personalmanagements in Clustern tatsächlich bereits Umsetzung finden, hängt für die Funktionen Personalbeschaffung und -marketing mit dem Alter des Clustermanagements und der Dauer der Tätigkeit der Befragten im Cluster zusammen. Die Umsetzung in der Funktion Personalmarketing wird für Teilgruppen bzgl. der Dauer des Bestehens des Clustermanagements unterschiedlich beurteilt: Bei älteren Clustermanagements ist die Umsetzung weiter vorangeschritten. Umsetzungsaktivitäten im Bereich Personalbeschaffung können mit Hilfe eines Regressionsmodells (M8, s. Anhang 8.6) unter Berücksichtigung der Dauer der Tätigkeit der Befragten im Cluster und der Branche des Clusters erklärt werden. Das Modell zeigt auf, dass die Umsetzungsaktivitäten als weniger vorangeschritten bewertet werden, je länger die Befragten im Cluster tätig sind. Zudem sind Personalbeschaffungsmaßnahmen in unterschiedlichen Branchen unterschiedlich weit umgesetzt (z. B. in der Luft- und Raumfahrtindustrie weiter als in anderen Branchen).

Für **Bereich 7b „Ein systematisches Personalmanagement im Cluster erbringt einen Beitrag zu Kompetenzentwicklung und Personalmarketing bzw. -beschaffung als strategische Ziele eines Clusters“** lässt sich zusammenfassen, dass ein Cluster-PM laut der Einschätzungen der Befragungsteilnehmer v. a. dazu beiträgt, die Kompetenzen der Clusterakteure zu entwickeln und das Ansehen der Clusterregion bei Fachkräften zu erhöhen. Bzgl. des Beitrags des Personalmanagements zur Entwicklung der Kompetenzen der CA zeigen sich Zusammenhänge mit der Größe des Clusters und des Clustermanagements, der Lebenszyklusphase und der Bedeutung des Personalmanagements. Der Beitrag wird zudem für Teilgruppen bzgl. der Lebenszyklusphase unterschiedlich beurteilt: Frühe Phasen schätzen den Beitrag höher ein. Bzgl. des Beitrags des Personalmanagements zur Steigerung des Ansehens und Bekanntheitsgrades des Clusters und der Region bei Fachkräften zeigen sich Zusammenhänge mit dem Alter des Clusters und der Anzahl der Mitarbeiter im Clustermanagement. Auch der Beitrag des PM im Cluster zur Deckung des Fachkräftebedarfs der

Clusterakteure nimmt laut Regressionsmodell M10 (Anhang 8.6) mit fortgeschrittener Lebenszyklusphase des Clusters ab.

Im Hinblick auf **Bereich 8 „Im Cluster-PM werden Ergebnisse der Trendforschung berücksichtigt"** zeigten die Ergebnisse der quantitativen, empirischen Studie, dass ca. 33% der Befragten zustimmen, dass Trends und Entwicklungen im Cluster berücksichtigt werden sollten. Ca. 28% der Befragten stimmten der Aussage zu, dass Trends und Entwicklungen systematisch mit Hilfe von Methoden der Trendforschung erfasst werden. 33,3 % der Teilnehmer antworten mit „trifft eher zu", 12,3 % mit „trifft völlig zu" bzgl. der Aussage „Trends und Entwicklungen werden bei der Planung der Personalmanagementaktivitäten berücksichtigt. In diesem Kontext zeigt sich eine Korrelation zum Alter des Clusters: Je älter der Cluster ist, desto eher wird eine höhere Zustimmung gewählt. Ebenfalls wird ein Zusammenhang deutlich zwischen der Zustimmung zu „Ein systematisches, clusterweites PM muss Ergebnisse der Trendforschung im Cluster berücksichtigen" und der Bedeutung des Personalmanagements als CM-Aufgabe (moderater Zusammenhang). Das Regressionsmodell M1a weist hierzu einen negativen signifikanten Schätzer auf, der darauf hindeutet, dass wenn der Aussage „Ein systematisches PM muss Ergebnisse der Trendforschung berücksichtigen" eher nicht zugestimmt wird, die Beurteilung der Bedeutung des Personalmanagements eher weniger wichtig ausfällt.

Bereich 9 „Der Beitrag des Personalmanagement im Cluster zu den strategischen Clusterzielen hängt mit der Entwicklungsphase des Clusters zusammen" kann bedingt mit Hilfe der Erkenntnisse der quantitativen Analyse bestätigt werden. Personalmanagement in Clustern trägt für die Teilnehmer hauptsächlich zu den folgenden strategischen Zielen des Clusters bei: Kompetenzen der CA weiterentwickeln, Bekanntheitsgrad des Clusters erhöhen und Innovationsfähigkeit des Clusters steigern. U. a. der Beitrag des Personalmanagements zur Deckung des Fachkräftebedarfs der CA wird für Teilgruppen bzgl. der Lebenszyklusphase unterschiedlich beurteilt: Frühe Phasen schätzen den Beitrag höher ein als weiter vorangeschrittene Phasen. Hier zeigt sich eine Diskrepanz zu den Ergebnissen der qualitativen Analyse, die eher auf eine höhere Bedeutung von PM-Aktivitäten in fortgeschrittenen Phasen des Cluster-Lebenszyklus hinweisen (siehe Kapitel 5.4). Teilnehmer aus Clustermanagements mit einer geringeren Anzahl an Mitarbeitern stimmen zudem der Aussage „Ein clusterweites PM ist an die Entwicklungsphase des Clusters anzupassen" weniger zu als Teilnehmer aus größeren Clustermanagements. Auch der Beitrag des Personalmanagements zur Weiterentwicklung der Kompetenzen der CA wird unterschiedlich bewertet für verschiedene Lebenszyklusphasen des Clusters (siehe Regressionsmodell M11, Anhang 8.6): Frühe Phasen schätzen den Beitrag höher ein. Der Beitrag ist zudem abhängig von der Anzahl der Mitarbeiter im CM: Je mehr Mitarbeiter im CM, desto höher wird der Beitrag des PM zur Kompetenzentwicklung eingeschätzt. Mit Hilfe der Korrelationsanalysen sowie der ordinalen Regressionsmodelle konnten weiterführende Hinweise für die meisten Untersuchungsbereiche auf Variablenzusammenhänge gefunden werden. Die folgende Tabelle fasst zusammen, welche vorab definierten Untersuchungszusammenhänge durch die Analysen unterstützt werden. Damit können weite Teile des theoretischen Anforderungskataloges an ein Personalmanagement in Clustern weiter berücksichtigt werden.

Tabelle 44 Überblick über quantitative Untersuchungszusammenhänge

Quantitative Untersuchungszusammenhänge (Z)	Korrelationsanalyse	Regressionsanalyse
Z1: Es gibt einen Zusammenhang zwischen der Bedeutung des PM im Cluster und der Lebenszyklusphase des Clusters.	OK	OK
Z2a: Es gibt einen Zusammenhang zwischen der Strategieorientierung des PM und der Bedeutung des PM.	(OK)	OK
Z2b: Es gibt einen Zusammenhang zwischen der Beurteilung der Bedeutung des PM als CM-Aufgabe und der Einschätzung des Beitrags eines clusterweiten PM zur Umsetzung der Clusterstrategie.	OK	OK
Z3: Es gibt einen Zusammenhang zwischen der Beurteilung der Unterstützung des Cluster-PM zu einer nachhaltigen Clusterentwicklung und der Bedeutung des PM als Aufgabe des CM.	OK	X
Z4: Es gibt einen Zusammenhang zwischen der Bedeutung eines PM im Sinne von Aktivitäten für die CA und der Bedeutung des PM.	OK	OK
Z5: Es gibt einen Zusammenhang zwischen der Berücksichtigung von CA-Anforderungen im PM und der Beurteilung der Bedeutung des PM in Clustern.	OK	OK
Z6: Es gibt einen Zusammenhang zwischen der Bedeutung von Cluster-Bewertungsansätzen und der Bedeutung des PM im Cluster.	X	-
Z7: Es gibt einen Zusammenhang zwischen der Bedeutung des PE und der Lebenszyklusphase des Clusters	OK	OK
Z8: Es gibt einen Zusammenhang zwischen der Zustimmung zu „Cluster-PM muss Ergebnisse der Trendforschung berücksichtigen" und der Bedeutung des PM als CM-Aufgabe.	OK	OK
Z9: Es gibt einen Zusammenhang zwischen der Beurteilung des Beitrags des PM dazu, den Fachkräftebedarf der CA zu decken und der Lebenszyklusphase des Clusters.	X	OK

5.5.2 Ableitung zentraler Ansatzpunkte des Anforderungskataloges an ein Personalmanagement in Clustern

Die zentralen Ergebnisse aus der quantitativen Befragung lassen sich mit den Erkenntnissen aus der qualitativen Studie in Verbindung setzen. Es werden einige zentrale Ansatzpunkte für ein Cluster-PM deutlich, die in Form eines Anforderungskataloges in diesem Abschnitt gesammelt vorgestellt werden. Eine Vielzahl der ursprünglichen Forschungsannahmen konnte bestätigt werden. Einige Annahmen bzgl. Anforderungen, die ein Cluster-PM erfüllen sollte, konnten sich mit Hilfe der Befragung unter den Clusterexperten nicht bestätigen (bspw. die Berücksichtigung von Anforderungen aus Cluster-Bewertungsansätzen). PM ist v. a. in den frühen Phasen eines Clusters sinnvoll, um dessen Weiterentwicklung zu unterstützen. Ebenfalls sind die PM-Aktivitäten durch das CM an die jeweilige Lebenszyklusphase anzupassen bzw. die Phase ist bei der Ausgestaltung der PM-

Aktivitäten zu berücksichtigen. Es werden zudem v. a. systematische Kooperationen im Bereich PM (z. B. mit der Arbeitsagentur im Bereich der Personalgewinnung und -entwicklung oder mit Weiterbildungsanbietern) als sehr hilfreich für einen Beitrag zum Erfolg der Clusterentwicklung und als Mehrwert für die CA beurteilt. Ähnlich lassen sich Kooperationen mit Partnerunternehmen, regionalen Behörden, Hochschulen, Aus- und Weiterbildungsanbietern sowie andern Clustern im Themenbereich Personalmanagement einschätzen. Ein CM sollte die CA bei einer systematischen Planung im Themenfeld PM unterstützen und einen Austausch zwischen den Personalverantwortlichen ermöglichen. Bei Kooperationen und Austauschmöglichkeiten sind auch überregionale und internationale Partner für die Zusammenarbeit im Bereich PM zu integrieren. Auf diese Weise lässt sich der Austausch zu erfolgreichen PM-Lösungsansätzen unterstützen. Eine weitere Anforderung an ein Cluster-PM kann darin gesehen werden, dass sich die Themenschwerpunkte an den Schwerpunkten der Clusterstrategie und den daraus resultierenden Anforderungen und Zielsetzungen orientieren müssen. Nur dann kann das Cluster-PM einen Beitrag zur Umsetzung der Clusterstrategie leisten. Diesbezüglich wurde im Rahmen der Sekundäranalyse ein Nachholbedarf bzgl. der Definition von klaren strategischen Zielen für die PM-Aktivitäten des Clusters deutlich. Es mangelte in den betrachteten Clustern häufig an klar definierten Personalstrategien und einer systematischen Einbindung von Personalaspekten in den Strategieentwicklungsprozess.

Zentrale Anforderung an ein PM in Clustern ist die Berücksichtigung von Interessen und Anforderungen der Clusterakteure und weiterer Interessengruppen. Dies kann bspw. durch die Einbindung der CA, v. a. der Unternehmensvertreter, bei der Ausgestaltung von Personalentwicklungsangeboten des Clusters erreicht werden. Bei der Einbindung der Anforderungen sind v. a. der Bedarf nach qualifizierten Fachkräften und die Stärkung von Schlüsselkompetenzen als Anforderungen zu beachten. Auch weitere Rahmenbedingungen, die sich aus der jeweiligen Clustersituation ergeben, sollten bei der Planung der PM-Aktivitäten Beachtung finden. Rahmenbedingungen, die es zu berücksichtigen gilt, sind z. B. clusterspezifischen Besonderheiten in Bezug auf Finanzierung des Clustermanagements, die Attraktivität und der Fachkräftebedarf der Clusterregion sowie branchenspezifische Anforderungen des Clusters. Obwohl das Thema nachhaltige Clusterentwicklung eine eher geringe Bedeutung in der Clusterpraxis aufweist, sollte ein PM im Cluster die langfristige bzw. nachhaltige Entwicklung im Cluster unterstützen. Hierbei ist Wert auf eine ausgeglichene Betrachtung der drei Dimensionen der Nachhaltigkeit zu legen. Einige langfristig und nachhaltig orientierte Lösungen, die mit Hilfe von PM im Cluster erreicht werden können, sind z. B. der Einfluss des Clusters auf soziale Herausforderungen, Kompetenzentwicklungsmaßnahmen sowie Unterstützung der Clusterakteure im Themenfeld Demografie. Neben der Berücksichtigung der Anforderungen der CA, weiterer Stakeholder sowie der Rahmenbedingungen des Clusters, gilt es bei der Festlegung von PM-Themenfeldern auch Trendforschungsergebnisse zu externen Veränderungen und Entwicklungen zu integrieren. Hier zeigt sich eine hohe Bedeutung für Cluster in frühen Lebenszyklusphasen. Trendforschungsergebnisse können u. a. im Hinblick auf zukünftige technologische Kompetenzanforderungen spezifisch für das Themenfeld Personalentwicklung genutzt werden. Denkbar ist zudem die Ableitung von zukünftigen Fachkräftebedarfen und der entsprechenden Ausrichtung der Maßnahmen im Bereich Personalmarketing und -rekrutierung. Ein PM im Cluster sollte sich v. a. an der Clusterstrategie orientieren und auf die Themenbereiche Personalentwicklung, -marketing sowie Personalbeschaffung/ Recruiting fokussieren. Generell ist hier eine Integration der Aktivitäten in das Dienstleistungsangebot des Clustermanagements denkbar. Die Realisierung von Akademien und Kompetenzzentren kann bspw. zur dauerhaften Verankerung der PE-Aktivitäten im Cluster beitragen. Bzgl. der Umsetzung von Personalbeschaffungsaktivitäten sind die Branchenanforderungen des Clusters zu berücksichtigen. Im Hinblick auf die Ebene, für die das PM im Cluster relevant wird, zeigt sich ein Unterschied zwischen Sekundär- und Primäranalyse Studie. In der Sekundäranalyse steht die Ebene der Unterstützung der CA koordiniert durch das CM im Fokus. Auf das CM bezogene Aktivitäten finden kaum Erwähnung außer in Bezug auf Besetzungsprobleme der Stellen im CM und Finanzierungsmöglichkeiten/ Entgelte. Basierend auf der statistischen Analyse kann keine eindeutige Aussage bzgl. der Bedeutung der beiden Ebenen getroffen werden. Es kann festgehalten werden, dass für ein PM im Clustermanagement besonders die Sicherstellung und Weiterentwicklung der benötigten Kompetenen der CM-Mitarbeiter im Vordergrund steht sowie die Gewinnung geeigneter Mitarbeiter. Diesbezüglich gilt es, die Fluktuation der CM-Mitarbeiter möglichst gering zu halten und diese in Clusteraktivitäten einzubinden. Die Kernanforderungen, die die empirischen Studien bzgl. eines PM in Clustern aufzeigen konnten, sind in der folgenden Übersicht nochmals zusammengestellt:

Tabelle 45 Überblick über den Anforderungskatalog „Personalmanagement in Unternehmensclustern"

Anforderung	Erläuterung
1. PM sollte (bereits) in den frühen Phasen eines Clusterlebenszyklus eingesetzt werden	• bereits in der Entstehungs- u. Wachstumsphase eines Clusters sind PM-Aktivitäten zu planen und umzusetzen • v.a. in den Themenbereichen Trendermittlung, Bedarfserfassung und Personalmarketing bzw. Rekrutierung
2. PM-Aktivitäten sind an Lebenszyklusphase anzupassen	• um geeignete Aktivitäten für Clusterakteure zu identifizieren, die sich durch das CM erfolgreich realisieren lassen
3. CM sollte Kooperationen im Bereich Personalmanagement eingehen	• (überregionale/ internationale) Kooperationen mit Partnerunternehmen, regionalen Behörden, Hochschulen, Aus- u. Weiterbildungsanbietern sowie anderen Clustern oder der Agentur für Arbeit z.B. im Themenfeld Personalentwicklung
4. CM sollte Austausch zu PM zwischen Clusterunternehmen fördern	• Austausch von Lösungsansätzen
5. CM sollte die CA im Hinblick auf eine systematische Planung im Themenfeld PM unterstützen	• leitet sich aus den generellen Anforderungen an Cluster ab, Mehrwerte für ihre Akteure bzw. Mitglieder zu schaffen
6. PM im Cluster sollte sich an der Clusterstrategie und den daraus resultierenden Zielsetzungen orientieren	• PM kann Beitrag zur Umsetzung der Clusterstrategie leisten • Definition von klaren strategischen Zielen für die PM-Aktivitäten des Clusters • Berücksichtigung von Personalaspekten bei Strategieentwicklung
7. PM im Cluster sollte Interessen und Anforderungen der Clusterakteure und weiterer Interessensgruppen des Clusters berücksichtigen	• z. B. Fachkräftebedarf und Weiterentwicklungsbedarf von Schlüsselkompetenzen • z. B. Anforderungen der Unternehmensvertreter bei der Ausgestaltung von Personalentwicklungsangeboten
8. Bei der Ausgestaltung bzw. Planung der PM-Aktivitäten sind die Rahmenbedingungen des Clusters zu berücksichtigen	• relevante Rahmenbedingungen sind u. a.: Finanzierung des CM, Fachkräftebedarf der Clusterregion sowie branchenspezifische Anforderungen
9. PM soll nachhaltige Entwicklung im Cluster unterstützen	• ausgeglichene Betrachtung der drei Nachhaltigkeitsdimensionen • z.B. soziale Herausforderungen der Clusterregion beachten, Kompetenzentwicklung sowie Unterstützung zu Demografie für CA ermöglichen • Zukunftsfähigkeit/ Wettbewerbsfähigkeit der Clusterregion erhalten
10. PM soll Trendforschungsergebnisse berücksichtigen	• um zukünftige Kompetenzbedarfe und Weiterentwicklungsbedarfe frühzeitig zu erkennen und zu berücksichtigen • v.a. im Hinblick auf zukünftige technologische Kompetenzanforderungen spezifisch für das Thema Personalentwicklung
11. PM im Cluster fokussiert sich auf die Themenbereiche Personalentwicklung, -marketing sowie -beschaffung	• um Beitrag zur Clusterentwicklung zu leisten und Bedarfe der CA abzudecken • auch als (kostenpflichtige) Dienstleistungen des CM für die CA denkbar
12. PM im Cluster ist v. a. auf der Ebene der Unterstützung der CA relevant	• abgeleitet aus der Anforderung an Cluster, Mehrwerte für ihre Akteure bzw. Mitglieder zu schaffen • PM im CM kann indirekt dazu beitragen, diese Mehrwerte zu erhöhen, indem geeignete Mitarbeiter zur Unterstützung der strategischen Clusterziele eingestellt werden

6 Handlungsempfehlungen, kritische Betrachtung, Fazit und Ausblick

6.1 Empfehlungen zur praktischen Umsetzung für ausgewählte Interessengruppen

Das folgende Kapitel verdichtet die Ergebnisse der empirischen Studien zu Handlungsempfehlungen im Hinblick auf die Realisierung eines systematischen Personalmanagements in Clustern. Dazu werden als zentrale Interessengruppen Clustermanager sowie zwei weitere Interessensgruppen eines Clusters ausgewählt und Handlungsempfehlungen an diese adressiert: cluster- und wirtschaftspolitische Akteure sowie Clusterakteure, d. h. v. a. Unternehmen der Clusterbranche, aber auch weitere Organisationen wie bspw. Verbände, Hochschulen oder Forschungseinrichtungen. Im Anschluss werden die Vorgehensweise und Ergebnisse der Studie kritisch diskutiert sowie abschließend ein Gesamtfazit gezogen und Ansatzpunkte für weitere Forschung aufgezeigt.

6.1.1 Handlungsempfehlungen für Clustermanager

Die empirischen Ergebnisse zeigen den bisherigen Mangel an einer strategischen Verankerung von Personalmanagementthemen in Clustern auf. Zudem konnte mit Hilfe der Ergebnisse die Relevanz des Themas bzw. bestimmter Teilprozesse des PM in Clustern bestätigt werden. Für Clustermanager ergeben sich aus den Ergebnissen einige klare Verbesserungspotenziale bzgl. Planung und Ausgestaltung von Personalmanagementhemen im Cluster. Zunächst gilt es für Clustermanager, eine klare Fokussierung der PM-Themen aus der Clusterstrategie abzuleiten sowie strategische Konzepte und Ziele für die identifizierten Schwerpunkte zu bestimmen. Beispielhafte Schwerpunkte eines PM im Cluster können u. a. sein:

- Personalentwicklungs-Strategie und Ziele bzgl. Aus-/ Weiterbildung, z. B. Aufbau einer Akademie
- Personalmarketing-Konzept zur Stärkung der Sichtbarkeit/ Attraktivität der Clusterbranche und -region bei Fachkräften
- Rekrutierungsstrategie inkl. Ziele zur Erreichung bestimmter Vermittlungen für offene Stellen der Clusterunternehmen, bspw. über ein Cluster-Jobportal

In diesem Kontext müssen Clustermanager zunächst die Bedarfe der CA, insbesondere der Clusterunternehmen, bzgl. der Unterstützung im Bereich Personalmanagement erfassen und ggf. divergierende, personalbezogene Ziele der CA miteinander abgleichen. Es bedarf einer Unterscheidung zwischen den Bedarfen verschiedener Stakeholdergruppen, bspw. KMU im Cluster, und einer gezielten Entwicklung spezifischer Maßnahmen, die jeweils an diese Stakeholder adressiert sind. Alternativ ist bzgl. der PM-Aktivitäten eine eindeutige Fokussierung auf eine Teilgruppe der Clusterstakeholder zu legen. Die spezifischen Anforderungen und Bedarfe weiterer Stakeholder des Clusters neben Clusterunternehmen, z. B. politische Akteure auf regionaler und nationaler Ebene, sind bei der Ausgestaltung nicht unberücksichtigt zu lassen. Ebenfalls müssen Clustermanager die externen Umfeld- bzw. Rahmenbedingungen des Clusters im Hinblick auf Personalmanagementthemen systematisch erfassen bzw. analysieren, z. B. Branchen- und Fachkräfteentwicklung, Marktentwicklung, sich ändernde Gesetzgebungen etc. Auch clusterinterne Rahmenbedingungen dürfen nicht

V. Hellge, *Personalmanagement in Unternehmensclustern*,
https://doi.org/10.1007/978-3-658-26690-5_6

außer Acht gelassen werden, vor allem bei der Planung von Maßnahmen über mehrere Lebenszyklusphasen des Clusters hinweg.

Als ein Teilbereich der strategischen Planung der PM-Aktivitäten sind durch das Clustermanagement zudem Trends im Bereich PM und Fachkräfteentwicklung sowie Personalmarketing und bzgl. zukünftiger technologischer Entwicklungen, die Einfluss auf Personalmanagementaktivitäten haben können, für die Clusterbranche aufzuarbeiten. Diese können auch im Strategieprozess des Clusters bzw. Clustermanagements Verwendung für die Aktualisierung der strategischen Planung im Hinblick auf den Gesamtcluster finden. In diesem Zusammenhang sollten Clustermanagements ebenfalls prüfen, inwiefern bestehende strategische Kooperationen das Potenzial bieten, auf die ausgewählten Themenschwerpunkte des Personalmanagements erweitert zu werden. Dies kann sowohl für Kooperationen gelten, die mit anderen Clustern bestehen, als auch für Kooperationen mit Verbänden, Kammern etc. Zudem sind neue Kooperationspotenziale im Hinblick auf die Schwerpunktthemen im Bereich Personalmanagement aufzudecken und zu analysieren. Gemeinsam mit potenziellen Partnern lassen sich Bereiche und Maßnahmen einer Zusammenarbeit ausloten und ggf. neue Kooperationsvereinbarungen schließen, die diese Schwerpunkte der Zusammenarbeit festhalten. Hierbei sind aufgrund der eingeschränkten Mitarbeiter- und zeitlichen Ressourcen in Clustermanagements v. a. sog. „*quick wins*" zu verfolgen, d. h. Maßnahmen, die vergleichsweise zeitnah und mit geringem Aufwand zu Erfolgen für alle Partner einer Kooperation führen.

Es ist für Clustermanagements weiterhin zu empfehlen, sich über die aktuelle Lebenszyklusphase des Clusters bewusst zu werden, z. B. mit Hilfe der in Kapitel 4.3 vorgestellten Kriterien bzw. Systematik. Unter Berücksichtigung von Informationen zu Bedarfen, externen Entwicklungen und Rahmenbedingungen des Clusters und der Clusterakteure gilt es, geeignete Personalmanagementaktivitäten zu definieren und zur Umsetzung auszuwählen. Je nach Lebenszyklusphase geeignete Aktivitäten im Bereich Personalmanagement wurden bereits in Abbildung 54 aufgezeigt. Bspw. lassen sich Personalmarketing- und -entwicklungsmaßnahmen auch bereits in frühen Phasen eines Clusterlebenszyklus erfolgreich realisieren und können einen Beitrag zur Deckung des Fachkräftebedarfs der CA leisten. Zudem kann die Planung der PM-Aktivitäten und -ziele die Entwicklung eines Clusters über mehrere Lebenszyklusphasen hinweg mitbetrachten und für jede Phase mögliche Maßnahmen identifizieren, um die Clusterentwicklung optimal zu fördern.

Bzgl. der Ableitung von geeigneten Umsetzungsmaßnahmen ist zwischen der Ebene des Clusters und der Ebene des Clustermanagements zu unterscheiden. Denkbar sind auf der Ebene des clusterweiten Personalmanagements bspw. im Bereich Personalmarketing bzw. -rekrutierung/ Personalbeschaffung über reine Fachkräftepools hinaus die Themenfelder Personalleasing bzw. eine Expertenvermittlung. Clustermanagements können als kostenpflichtige Personalvermittler auftreten, auch für clusterexterne Unternehmen.[1189] Im Bereich Personalentwicklung sind neben clusterspezifischen, fachlichen Weiterbildungsangeboten auch soziale und methodische Kompetenzen sowie Digitalisierungskompetenzen durch das CM zu entwickeln, um Aspekte eines Lebenslangen Lernens im Cluster und im Aus- und Weiterbildungsverständnis der Clusterakteure zu etablieren.[1190]

Voraussetzung für Aktivitäten des PM im CM sind, dass zentrale Aufgabenbereiche und Kompetenzen, die im CM erforderlich sind, zunächst mit entsprechend qualifizierten Mitarbeitern besetzt sein müssen, um eine kontinuierliche und erfolgreiche Arbeit des Clustermanagements zur Unterstützung der Clusterakteure sicherzustellen. Auf dieser Ebene sollten vor dem Hintergrund begrenzter Kapazitäten der Clustermanagements bewährte PM-Instrumente und Vorgehensweisen genutzt werden, um Unterstützung für konkrete Bedarfe der CM-Mitarbeiter zu schaffen. Es gilt zudem neue Potenziale, die bspw. digitale Lösungen im HR-Bereich bieten, ebenfalls für den Einsatz im Clustermanagement zu prüfen. In Anlehnung an Voß gilt es für das PM im CM ebenfalls, dass die Interessen der CM-Mitarbeiter bei der Ausgestaltung der PM-Maßnahmen zu berücksichtigen sind.[1191] Wenn PM-Aktivitäten als strategisches Thema des Clusters bzw. CM geplant werden, sollten entsprechende Kompetenzen im CM aufgebaut bzw. durch Zusammenarbeit mit Partnern, wie bspw. Kammern oder Weiterbildungseinrichtungen, oder die Einstellung neuer Mitarbeiter integriert werden.

Die strategische Ausrichtung auf PM-Aktivitäten kann mit Hilfe von (Förder-)Projekten, die bestimmte Personalmanagementthemen zum Fokus haben, kontinuierlich aufgebaut und unterstützt werden. Eine Verankerung über Projekte ermöglicht den Aufbau von Aktivitäten bspw. im Bereich Personalentwicklung/ Aus-/ Weiterbildung oder Personalmarketing. Eine Überführung der Aktivitäten in CM-Dienstleistungen nach Ablauf der Förderung ist sinnvoll, um eine kontinuierliche Unterstützung der CA zu ermöglichen. Die Einbeziehung der CA in die Projekte ist hierbei zur Sicherstellung der Bedarfsorientierung erforderlich. Im Rahmen der strategischen Planung der PM-Themenfelder ist zudem zu empfehlen, dass Clustermanagements auch weitere Nachhaltigkeitsdimensionen neben der ökonomischen betrachten und Maßnahmen des Personalmanagements identifizieren, die in diesen Dimensionen zu einer erfolgreichen Entwicklung der Clusterregion beitragen können. Als Beispiele in der sozialen Nachhaltigkeitsdimension lassen sich u. a. die Themenfelder Demografischer Wandel, Wertewandel oder die Gestaltung guter Arbeit im Kontext von Digitalisierung nennen, in denen Cluster und CM potenziell mit Hilfe von PM-Aktivitäten einen Beitrag für die Clusterakteure leisten können.

[1189] Vgl. Buhl, Meier zu Köcker (2009b), S. 22f.

[1190] Vgl. Kaczmarek, Sonnek, Stüllenberg (2004), S. 12.; Picot, Reichwald, Wigand (2003): Die grenzenlose Unternehmung - Information, Organisation u. Management. 5. Aufl. Wiesbaden, S. 496; Neweling (2004), S. 51.; Freitag (1998), S. 56.

[1191] Vgl. Voß (2001), S. 473 u. 475.

Insbesondere Instrumente der Personalbeschaffung und des -marketings lassen sich als Clusterservices stärker in strategische Aktivitäten einbinden. So können clusterspezifische Job-Portale, Kontakte zur Agentur für Arbeit, Auftritte auf Jobmessen/ -börsen und weitere in Clustern entwickelte Instrumente zum Einsatz kommen. Ebenfalls ist die Übernahme der Organisation des gesamten Bewerbungsprozesses (vom Schalten von Anzeigen bis zu begründeten Absagen) denkbar. In dieser Form wurde der Bewerbungsprozess für die Clusterunternehmen z. B. beim „Competence Center Automotive Region Aachen (car e.V.)“ realisiert. Die Leistung des Clustermanagements finanziert sich über die Mitgliedsbeiträge der CA und bietet einen geringeren Aufwand sowie geringere Kosten für die Abwicklung von Bewerbungen sowohl für diese Unternehmen als auch die Bewerber. Für die Sicherung der Qualität und des regionalen Fokus der Bewerbungen ist in diesem Beispiel das CM zuständig. Das CM von car e.V. sichtet die eingegangenen Bewerbungen im Hinblick auf eine Vorauswahl und informiert interessierte Kandidaten über Anforderungen einer Stelle.[1192] Als ein Schwerpunkt für Unterstützungsangebote durch das CM lässt sich auch die Unterstützung von KMU bzgl. der strategischen Planung und Ausrichtung von PM-Aktivitäten nennen, da diese in vielen Fällen nicht über umfangreiche Ressourcen bzw. Kapazitäten in diesem Themenbereich verfügen. Zudem bietet es sich an, PM-bezogene Dienstleistungen des Clustermanagements in Form eines sog. HR-Service-Centers zentral für die Clusterakteure, v.a. für KMU, anzubieten.[1193]

Neben clusterspezifischen PM-Aktivitäten bietet es sich für Clustermanagements auch an, reine Austauschsmöglichkeiten für die CA untereinander zum Themenbereich PM zu schaffen sowie den Austausch mit Experten zu ermöglichen. Auf diese Weise kann v. a. Unternehmen, die in diesem Feld Weiterentwicklungsbedarfe sehen oder keine umfassenden Personalmanagementfunktionsbereiche aufweisen, wie z. B. die oben erwähnten kleinen und mittelständischen Unternehmen, ein Zugang zu erfolgreichen Lösungsansätzen im Bereich PM ermöglicht werden. Hierbei kann die Etablierung von Arbeitsgruppen zu Schwerpunktthemen des Personalmanagements im Cluster, in denen Unternehmen, Hochschulen, Weiterbildungseinrichtungen und weiterer Clusterstakeholder zusammenarbeiten, um das Themenfeld für den Cluster gemeinsam weiterzuentwickeln, eine Möglichkeit sein, diesen Austausch zu unterstützen. In solchen Arbeitsgruppen erhält auch das CM die Gelegenheit, Informationen zu Trends und aktuellen Entwicklungen im Themenfeld ggü. den CA zu kommunizieren. Über eine Arbeitsgruppe „Personalmanagement“ kann zudem ein klar definierter Verantwortlicher im CM und unter den Clusterakteuren etabliert werden, der die Weiterentwicklung und Zusammenarbeit im Themenbereich koordiniert.

Clustermanagements sind zudem aufgefordert, ihren Willen zur Unterstützung im Themenbereich PM bzw. einigen Teilthemenfeldern deutlich ggü. den CA zu kommunizieren, damit diese sich der Unterstützungsmöglichkeiten im Rahmen des Clusters bewusst werden. Nur auf diese Weise kann

[1192] Vgl. Buhl, Meier zu Köcker (2009b).
[1193] Vgl. Zaugg (2009), S. 393-396.

eine Erweiterung der Unterstützungsleistungen des Clusters über eine reine Innovationsförderung hinaus etabliert werden. Dabei sind (geplante) PM-Aktivitäten und -schwerpunkte ggü. den CA zu kommunizieren und zu bewerben, damit diese ausführliche Informationen erhalten und Entscheidungen über eine Beteiligung fällen können. Zudem müssen Vorteile und Nutzen der Aktivitäten durch das CM klar hervorgehoben werden, ggf. differenziert nach bestimmten Adressatengruppen, z. B. KMU. Dazu gehört die Ausgestaltung von Kommunikationskanälen im Hinblick auf die Personalmanagementangebote, d. h. bspw. eine Unterseite der Clusterwebsite zu den Schwerpunkthemen des Cluster-Personalmanagements oder die Kommunikation von Aktivitäten und Maßnahmen sowie Kooperationen über Newsletter, Twitter-Kanäle und weitere (soziale) Medien, ähnlich wie für andere Schwerpunkte des Clusters ebenfalls.[1194] Zu empfehlen ist außerdem eine systematische Evaluation bzw. ein Controlling der Personalmanagementaktivitäten und die Erfassung von „Lessons Learned“ sowie die gezielte Ableitung von Verbesserungsmaßnahmen zur Steigerung des Mehrwertes, den PM-Aktivitäten für CA bewirken können. Der Bereich des Controllings von PM-Aktivitäten kann ebenfalls als ein Dienstleistungsangebot des CM für die CA, v. a. für KMU, realisiert werden.[1195] Die Handlungsempfehlungen, die für Clustermanager und Mitarbeiter in Clustermanagements abgeleitet wurden, lassen sich als ein beispielhafter Prozess zur Einführung systematischer PM-Aktivitäten, die einen Beitrag zur Clusterentwicklung und dem Erfolg leisten, zusammenfassen. Dieser Prozess ist in Abbildung 83 im Überblick gezeigt. Die Grafik zeigt, dass bei der Definition der PM-Schwerpunkte im Cluster neben der Clusterstrategie generell weiterhin die Trends im Bereich der Clusterbranche sowie des Personalmanagements und die Anforderungen der CA und weiterer Stakeholder sowie interne und externe Rahmenbedingungen zu berücksichtigen sind.

Darauf aufbauend lassen sich Maßnahmen auf Ebene eines clusterweiten Personalmanagements und eines Personalmanagements im CM definieren. Auf der Ebene der PM-Aktivitäten für die Unterstützung der CA - insbesondere für Unternehmen - lassen sich Arbeitsgruppen für die PM-Schwerpunkte definieren sowie (Förder-) Projekte realisieren. Alle Aktivitäten können durch Kooperationen weiter unterstützt und ausgebaut werden, d. h., bestehende Kooperationen des Clusters bzw. Clustermanagements können auf die PM-Themen ausgeweitet werden oder es können neue Kooperationsmöglichkeiten in diesen Themenfeldern identifiziert und gestartet werden. Bei diesen Maßnahmen sind neben ökonomischen Aspekten auch weitere Dimensionen der Nachhaltigkeit mitzudenken, um mit Hilfe von PM-Themen auch einen Beitrag zur sozialen und ökologischen Nachhaltigkeit im Cluster und der Clusterregion zu leisten. Alle ausgewählten Maßnahmen bzw. PM-Aktivitäten sollten ggü. Interessengruppen und Clusterakteuren deutlich kommuniziert werden, um deren Interesse und Beteiligung zu gewinnen. Darauf aufbauend kann eine Umsetzung der Aktivitäten starten. Hierbei sollten die eingangs definierten Zielwerte Beachtung finden. Die Umset-

[1194] Vgl. European Cluster Collaboration Platform; inno TSD (2014), S. 27f. für Implementierungsbausteine einer Cluster-Internationalisierungsstrategie.
[1195] Vgl. Neweling, Sonnek (2006), S. 2, 4.

zung der Aktivitäten sollte mit Hilfe dieser Werte gesteuert werden. So kann während und im Anschluss an die Umsetzung eine Evaluation der Maßnahmen und ihrer Zielerreichung umgesetzt werden, um erfolgreiche Lösungsansätze sowie „Lessons Learned" zu identifizieren und bei der Definition von Verbesserungen zu berücksichtigen.

6.1.2 Handlungsempfehlungen für clusterpolitische Akteure

Unter clusterpolitischen Akteuren sollen im Folgenden in Anlehnung an Kapitel 2 politische Akteure auf nationaler, regionaler und kommunaler Ebene verstanden werden, die eine Förderung von Clustern, bspw. über eine Grundförderung bzw. ausgewählte Förderprogramme, als Element der Wirtschaftspolitik nutzen, um die regionale wirtschaftliche Entwicklung zu stärken. Für diese Akteure stellt sich die Herausforderung, die Potenziale der Clusterpolitik optimal zu nutzen, um eine ausgewogene Förderung der Region zu erreichen und nicht nur ökonomische Faktoren in der Clusterregion weiterzuentwickeln.

Als zentrale Handlungsempfehlung kann bzgl. des PM in Clustern festgehalten werden, dass es auf Seite der politischen Akteure v. a. die politische Erwünschtheit der Unterstützung in ausgewählten Themenbereichen des Personalmanagements durch den Cluster stärker zu verdeutlichen gilt. Auf diese Weise können bei Clustern Anreize für die Umsetzung konkreter Maßnahmen geschaffen werden, ggf. auch über Fördermittel, die sich auf dieses Thema fokussieren. Mit Hilfe gezielter Fördermaßnahmen können auch Cluster, die noch einen geringen Reifegrad bzw. eine frühe Lebensphase aufweisen, bei der Entwicklung und Konzeption geeigneter Maßnahmen im Bereich Personalmanagement zur Unterstützung ihrer Clusterakteure beitragen. Clusterpolitische Akteure sind zudem aufgefordert, Informationen zu den Bedarfen der CA bzgl. PM, die diese ggü. der Politik geäußert haben, sozusagen „Top-down" in die Cluster einfließen zu lassen. Desweiteren können spezifische Kooperationen zu PM-Themen ggf. durch Fördermittel unterstützt werden. Generell gilt es, die öffentliche Diskussion bzgl. des Beitrags eines PM in Clustern stärker in den Vordergrund zu rücken, um auf diese Weise Synergien und Potenziale dieses Schwerpunkts für Cluster, Unternehmen und weitere Akteure stärker zu hervorzuheben.

Clusterpolitische Akteure können zudem einen Beitrag zur Verbreitung erfolgreicher Lösungsansätze und Best Practices im Bereich PM in Clustern über öffentliche Kommunikationskanäle, Organisationen zur Förderung von Clustern (bspw. nationale bzw. regionale Clusteragenturen und Unterstützungsprogramme) leisten. Über diese Akteure kann auch eine Aufnahme des Themas in Angebote und Seminarprogramme von Organisationen zur Clusterunterstützung (z. B. Clusteragenturen) ermöglicht werden, um so Clustermanagements im Themenfeld Unterstützung sowie Austauschmöglichkeiten anzubieten. Ein weiterer Handlungsbereich für Akteure der öffentlichen Hand kann in der Anregung eines internationalen Austausch zu den Möglichkeiten des PM in Clustern liegen, um auch auf der Ebene der internationalen Clusterkooperationen weitere Synergien in diesem und verwandten Themenbereichen, wie bspw. Demografie, zu eröffnen. Generell gilt es, das Thema PM in Clustern mit der der Entwicklung und Förderung von Cross-Cluster-Kooperationen zu verknüpfen. Weiterhin können clusterpolitische Maßnahmen und Einflussmöglichkeiten über eine vertiefende Diskussion des Themenfeldes PM in Clustern auch Nachhaltigkeitsaspekte in Clustern stärker in den Betrachtungsfokus rücken, um mit den Clusteraktivitäten neben rein wirtschaftlicher Entwicklung auch nachhaltige Entwicklungen in sozialen und ökologischen Themenfeldern zu unterstützen. Es lässt sich festhalten, dass der Ausbau der Clusterinitiativen über eine Fokussierung und Förderungen weiterer Themenfelder wie bspw. Personalmanagement sinnvoll erscheint. Auf diese Weise lassen sich Innovationen und Wettbewerbsfähigkeit sowie Kompetenzniveau der Clusterregion stärken.

6.1.3 Handlungsempfehlungen für Clusterakteure in Wirtschaft und Wissenschaft

Neben Clustermanagern sowie clusterpolitischen Akteuren lassen sich auch Empfehlungen für CA, insbesondere aus Wirtschaft und Wissenschaft, basierend auf den Erkenntnissen der vorliegenden Studie ableiten. Um eine systematische Ausgestaltung von PM-Aktivitäten in einem Cluster durch ein CM zu ermöglichen und Unterstützung in diesem Themenfeld für die CA zu erreichen, ist eine proaktive Beteiligung der Clusterakteure, v. a. Unternehmen, an der Planung und Umsetzung der Aktivitäten erforderlich. Clustermitgliedsunternehmen sind aufgefordert, ihre Bedarfe bzgl. Personalmanagement bzw. bzgl. der Funktionen des Personalmanagements klar ggü. dem CM zu kommunizieren. Bedarfe der CA können sich in diesem Zusammenhang sowohl auf konkrete Bereiche für eine Unterstützung durch das CM als auch auf Interesse an Austauschmöglichkeiten zu erfolgreichen Strategien und Lösungsansätzen beziehen, die andere Clusterunternehmen mit ähnlichen Voraussetzungen und Herausforderungen realisiert haben.

Clusterunternehmen sollten aktiv nach Möglichkeiten suchen, auch im Themenschwerpunkt PM Agglomerationsvorteile und Synergien zwischen Clusterunternehmen zu schaffen, bspw. durch den Einsatz von Job-Rotation der Mitarbeiter in Clusterprojekten. Dies setzt eine aktive Mitarbeit an Aktivitäten und/ oder Projekten im Bereich PM im Cluster und eine Beteiligung an Diskussion und strategischer Planung der PM-Aktivitäten des Clustermanagements voraus. Für die CA aus der Wissenschaft werden in Kapitel 6.3.2 weitere Vertiefungsbereiche zum Thema der Arbeit aufgezeigt. Es lässt sich darüber hinaus generell festhalten, dass Vorhaben im Rahmen der Clusterforschung CM-Tätigkeiten und deren Erfolgsfaktoren fokussiert behandeln sollten. Bisher wird diesem Themenbereich im Rahmen der Clustertheorie noch zu wenig Beachtung gewidmet. Es fehlen v. a. empirische Analysen zu Ansätzen, die aus Praxissicht als Best Practices gesehen und kommuniziert werden. Gleiches gilt für vertiefende Analysen von Personalmanagementaktivitäten, v. a. in den im Rahmen dieser Arbeit identifizierten Schwerpunktfeldern Personalentwicklung, -marketing und -rekrutierung. Als beispielhafte Best Practices lassen sich die folgenden Cluster nennen: erstens das Projekt „Democlust" des Clusters Strategische Partnerschaft Sensorik e.V., in dem ein Cluster-

Demografiemanagement inkl. Demografieberatung für KMU durch das CM realisiert wurde.[1196] Zweitens kann die Unterstützung der Personalbeschaffungsprozesse für CA durch das CM des „Competence Center Automotive Region Aachen (car e.V.)" als Beispiel für PM-Maßnahmen des CM für KMU in der Start- sowie Reifephase eines Clusters genannt werden (vgl. Abbildung 54).[1197] Als weiteres Beispiel, insbesondere für die strategische Ausrichtung der PM-Aktivitäten unter Partizipation der CA, v. a. im Bereich PE, lässt sich Eco World Styria festhalten. Der Cluster unterstützt die CA beim Aufbau von strategisch abgeleiteten Mitarbeiterkompetenzen, um Wettbewerbsvorteile zu sichern, und greift dazu u. a. auf eine Karriereplattform inkl. der Rubriken Abschlussarbeiten und Praktikumsstellen sowie die Organisation von Netzwerktreffen mit Bildungsanbietern zurück und bietet als Beratungsleistung eine strategisch-orientierte Qualifizierungsplanung für die CA an. Das CM organisiert zudem in Zusammenarbeit mit regionalen öffentlichen Stellen eine Förderung von Qualifizierungsprogrammen der CA und leitet ein national gefördertes Aus- und Weiterbildungsnetzwerk zu einem Kerntechnologiethema.[1198] In Deutschland gilt außerdem die 2009 gestartete Ausbildungsinitiative des Kunststoff-Netzwerks Franken (KNF) e.V. als Best Practice im Bereich der Nachwuchsförderung, da Schüler über Berufe und Ausbildungs- bzw. Studienmöglichkeiten in der Branche u. a. mit Hilfe einer Ausbildungslandkarte sowie der Cluster-Website zu Berufen und Stellen bei über 190 Unternehmen der Region informiert werden. Die CM-Mitarbeiter führen zudem Informationsveranstaltungen zur Kunststoffbranche in Schulen und Jobmessen durch.[1199]

6.2 Zusammenfassung und Fazit

Im Zentrum der Betrachtung der hier erläuterten Studie steht die explorative Untersuchung des Themenfeldes Personalmanagement als Bereich für Aktivitäten eines Clustermanagements, zum einen zur Unterstützung der Clusterakteure, zum anderen als Bereich der internen CM-Prozesse. Das Kernziel der Arbeit lag darin, aufbauend auf einer theoretischen Fundierung mit Hilfe empirischer Analysen eine Antwort auf die Frage nach der Relevanz des Themas PM in Clustern zu finden, einem Themenbereich, der bisher im Kontext der Clustertheorie nur eine geringe Rolle gespielt hat. Die Forschungsfragen konnten über eine Sekundäranalyse von Clusterberichten und Veröffentlichungen einer repräsentativen Gruppe von Clustern konkretisiert werden. Durch die Befragung mit Bewertungen durch die Zielgruppe Clustermanager und -experten konnten die auf diesen Fragen aufbauenden Untersuchungsbereiche bzw. Aussagen untersucht und ausgewälte Detail-Zusammenhänge aufgezeigt werden. Diese können allerdings aufgrund des vorliegenden Datensat-

[1196] Vgl. Fuchs, Luger (2015): Demografieberatung im Cluster Sensorik - ein neuer Service für die Entwicklung nachhaltiger Personalstrategien in einem Hightech-Netzwerk. In: Jeschke, Richert, Hees (Hrsg.): Exploring Demographics - Transdisziplinäre Perspektiven zur Innovationsfähigkeit im demografischen Wandel. Wiesbaden, 2015, S. 593-606, S. 593f. Anmerkung: Der Cluster wurde als C18 in der Clusterberichtsanalyse in Kapitel 4.4 berücksichtigt.

[1197] Vgl. Buhl, Meier zu Köcker (2009b).

[1198] Anmerkung: Der Cluster wurde als C23 in der Clusterberichtsanalyse in Kapitel 4.4 berücksichtigt.

[1199] Vgl. BMWi; Go-Cluster; VDI/VDE-IT (2018): Clusterservice Aus- und Weiterbildung. Wie Innovationscluster Fachkräfte sichern und qualifizieren, Berlin, S. 12.

zes nicht als repräsentativ eingeordnet werden. Basierend auf den Ergebnissen der empirischen Studien konnten - im Rahmen der Möglichkeiten der Studie - zufriedenstellende Antworten auf die ursprünglichen Forschungsfragen gefunden werden, teilweise ließ sich eine Quantifizierung der Zusammenhänge aufzeigen. Anhand der empirischen Ergebnisse wurde deutlich, dass die Ausgestaltung von PM-Aktivitäten eine relevante Teilaufgabe von Clustermanagements ist, die bisher allerdings in vielen Fällen keine systematische oder strategisch-orientierte Ausrichtung erhält. Es konnte eine unterschiedliche Beurteilung der Relevanz für Cluster in verschiedenen Lebenszyklusphasen festgestellt werden. Es hat sich gezeigt, dass eine stärkere strategische Orientierung und eine Ableitung der personalmanagementbezogenen Maßnahmen aus der Clusterstrategie heraus, einen Beitrag zur Sicherung und Weiterentwicklung des Clusters liefern können. Zudem konnten Anforderungen an die systematische Ausgestaltung der PM-Aktivitäten identifiziert bzw. bestätigt werden, bspw. die Orientierung an Anforderungen der Clusterakteure und weiterer Interessengruppen sowie an Ergebnissen von Trendanalysen und Trendforschung. Als Kernaspekte der Umsetzung von PM-Aktivitäten in Clustern lassen sich die Bereiche Personalentwicklung, -marketing, -bindung sowie -beschaffung/ Recruiting feststellen. Diesbezüglich ist eine Orientierung des Einsatzes dieser Aktivitäten an der Lebenszyklusphase des Clusters zu berücksichtigen. Die Ergebnisse machen weiterhin deutlich, dass der Aspekt der nachhaltigen Entwicklung in Clustern bisher stark auf die Sicherung der Langlebigkeit der Clusterorganisation ausgerichtet ist und nur in Clustern, die sich aufgrund ihrer Branchenorientierung bereits mit bspw. ökologischen Themen beschäftigen, der Nachhaltigkeitsgedanke deutlicher vertreten ist. Hier lässt sich ein Nachholbedarf bzgl. der Nachhaltigkeitsorientierung von Clustern identifizieren, der auch über die wissenschaftlichen Diskussionen zum Thema „nachhaltiger Cluster“ bisher kaum Eintritt in die Clusterpraxis gefunden hat und auch durch politische Akteure nicht in den Fokus gestellt wird.

Allerdings können PM-Aktivitäten, v. a. auf der clusterweiten Ebene der Unterstützung der CA, basierend auf den Einschätzungen der befragten Experten durchaus einen Beitrag für die langfristige Absicherung des Clusters und eine ausgewogene Betrachtung der drei Nachhaltigkeitsdimensionen erbringen. Ein weiterer zentraler Beitrag eines systematischen Personalmanagements liegt in der Entwicklung der Kompetenzen und des Ansehens einer Clusterregion bei Fachkräften. Für die Frage, auf welcher Ebene des Clusters PM eine höhere Relevanz aufweist konnte keine eindeutige Antwort ermittelt werden. Berücksichtigt man die nutzenstiftende grundlegende Aufgabe des Clustermanagements ggü. den Clusterakteuren, lässt sich argumentieren, dass diese Ebene relevanter sein müsste. PM-Maßnahmen auf CM-Ebene können zudem indirekt zur Steigerung des Nutzens für die CA beitragen, wenn Clustermanager und Mitarbeiter erforderliche Kompetenzen besitzen bzw. entwickeln können.

Ebenfalls nicht eindeutig geklärt bleibt die Frage, inwiefern sich Cluster und ein PM in Clustern an PM-Anforderungen aus Bewertungsansätzen für Cluster oder Ansätzen, die eine konsequente strategische Ausrichtung und Umsetzung von Personalstrategien fördern, wie z.B. der „Inverstors in People"-Ansatz orientieren müssen. Möglicherweise lässt sich mit Hilfe dieser Anforderungen die systematische Ausgestaltung von PM-Aktivitäten und weiteren Aktivitäten des Clustermanagements verbessern. Gleichzeitig scheint sich die Nutzung von Clusterbewertungsansätzen zur Steuerung und Optimierung von Aktivitäten und strategischen Konzepten über die reine Gewinnung eines Labels hinaus bisher noch nicht vollständig in der Clusterpraxis etabliert zu haben. Mit Hilfe der Ergebnisse ließen sich theoretisch fundiert und empirisch-geprüfte Anforderungen an ein PM in Clustern formulieren, die von Clustermanagern und weiteren Interessengruppen genutzt werden können, um sich Herausforderungen eines Clusters im Bereich eines systematischen und strategisch-ausgerichteten Personalmanagements zu stellen und auf diese Weise zusätzliche Mehrwerte für CA und die Region des Clusters zu generieren. Aufbauend auf diesen Ergebnissen konnte ein Konzept für einen praxisorientierten Implementierungsprozess für ein systematisches PM in Clustern zusammengestellt werden.

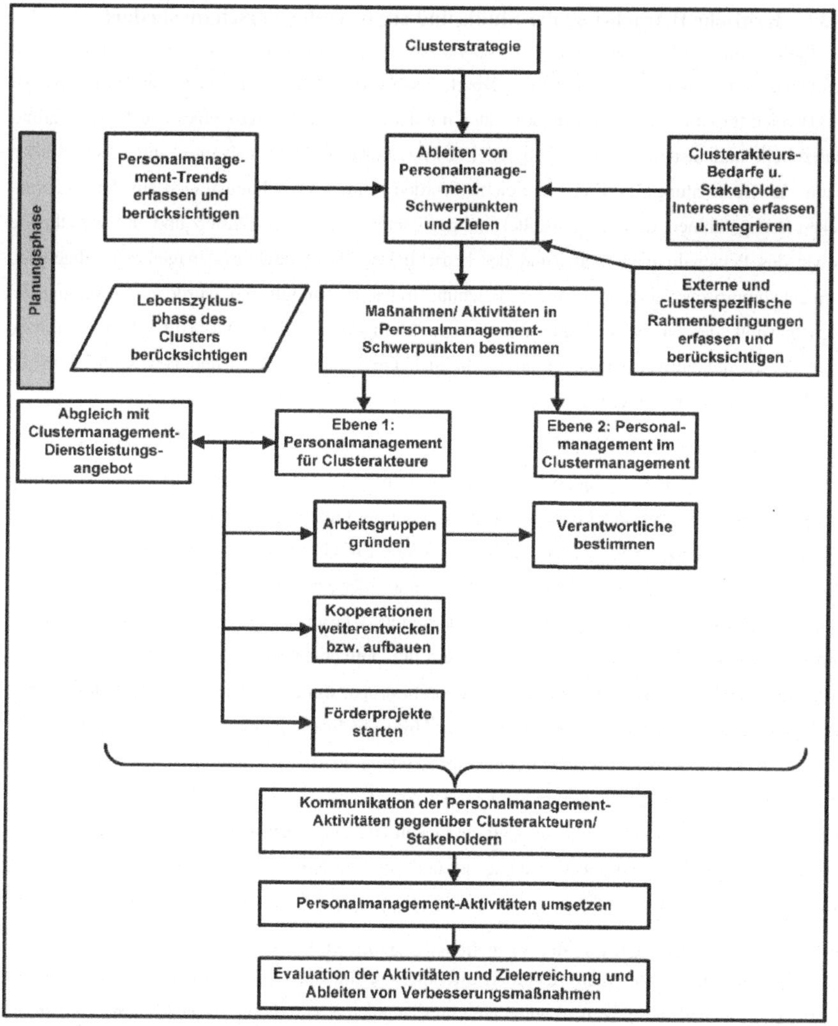

Abbildung 83 Beispielhafter Prozess zur Einführung systematischer PM-Aktivitäten für Cluster

6.3 Kritische Betrachtung der Studie und ergänzender Forschungsbedarf

Im Rahmen der vorliegenden Arbeit wurde ein bisher kaum betrachtetes Themenfeld im Kontext der Clustertheorie untersucht. Es wurde gezeigt, dass die Beurteilung der Bedeutung des Themas als ein Bereich für Clustermanagementaktivitäten mit der Lebenszyklusphase eines Clusters in Verbindung steht und insbesondere in früheren Lebenszyklusphasen als relevanter angesehen werden kann. Zur Bearbeitung des Themenbereiches wurden zentrale Forschungsfragen aus dem theoretischen Bezugsrahmen, d. h. ausgewählter und geeigneter Ansätze der Cluster- und Netzwerktheorie sowie des Personalmanagements und des betrieblichen Nachhaltigkeitsmanagements, abgeleitet. Um eine empirische Untersuchung der Forschungsfragen zu ermöglichen, wurde ein Forschungsdesign gewählt, das einem qualitativ-quantitativen Methodenmix folgt. Mit Hilfe dieses Ansatzes konnten sowohl fallweise Betrachtungen als auch Expertenmeinungen und Bewertungen in die Analyse miteinbezogen werden.

Als Beitrag zur Empirie liefert die vorliegende Arbeit Aussagen zu zentralen Anforderungen an ein PM in Clustern sowie (z. T. quantifizierbare) Zusammenhänge zu Kriterien zur Charakterisierung eines Clusters wie bspw. der Lebenszyklusphase oder der Größe bzw. dem Alter des Clusters bzw. Clustermanagements. Diese Zusammenhänge liefern Einschätzungen zur Beurteilung von PM-Themen einerseits, andererseits aber auch Beurteilung der Strategie- und Nachhaltigkeitsorientierung eines Clusters sowie Kern-Aufgabenfeldern eines Clustermanagements. Vor allem in Bezug auf die Aufgaben des Clustermanagements kann die Onlinebefragung bisherige Forschungsergebnisse für Cluster, insbesondere in Deutschland und Europa, weiter bestätigen und bzgl. des Themas Personalmanagement konkretisieren. Auch mit Hilfe der Sekundäranalyse konnten bisherige Erkenntnisse zu PM in Netzwerken auf den Clusterkontext übertragen und konkretisiert werden. Neben diesen Erkenntnissen konnte im Rahmen der Arbeit eine Systematik zur Einordnung von Clustern in ein statisches Lebenszyklusmodell entwickelt und eingesetzt werden, die für den Einsatz in qualitativen Forschungsvorhaben geeignet ist und zur Beurteilung von Clusterfallstudien genutzt werden kann.

6.3.1 Kritische Betrachtung der Vorgehensweise und Methode

Im Rahmen der Sekundäranalysewurden öffentlich verfügbare Clusterberichte als Datenmaterial herangezogen. Auf diese Weise konnte eine breit angelegte Verteilung der Daten erreicht werden, die sowohl Cluster aus Deutschland als auch anderen europäischen Ländern mitberücksichtigt. Im Umkehrschluss wurde allerdings keine Vorauswahl im Hinblick auf Branchen- oder Technologieschwerpunkte oder die Größe und Herkunftsregion der Cluster getroffen. Diese Charakterisierungsmerkmale bieten weitere Möglichkeiten, die Analyse im Hinblick auf die Relevanz und geeignete Schwerpunktthemen sowie Anforderungen an ein PM weiter zu vertiefen und bspw. in ausgewählten Cluster-Einzelfallbetrachtungen oder branchenbezogenen Studien zu untersuchen. Kritisch zu betrachten sind Clusterberichte als Eigenveröffentlichungen eines Clusters insofern, dass es sich um Medien handelt, die neben einer Rechenschaftsflicht ggü. Fördermittelgebern und Clusterstakeholdern auch immer ein gewisses Maß an Außendarstellung bzw. eine positive Darstellung der Clusteraktivitäten beinhalten. Im Hinblick auf einige PM-Funktionen, wie bspw. die Personalentwicklung, lässt sich eine solche Tendenz zur Positivdarstellung der Clusteraktivitäten feststellen.

Die historische Entwicklung der ausgewählten Cluster wurde in der vorliegenden Studie nicht betrachtet. In dieses Feld lassen sich bisher nur wenige empirische Studien der Clusterforschung einordnen. Ein Grund liegt u. a. darin, dass die Sammlung von clusterbezogenen Daten, die einen längeren Zeitraum abdecken, häufig mit Schwierigkeiten verbunden ist, da Cluster nicht immer und nicht in jeder Lebenszyklusphase ihre Aktivitäten dokumentieren.[1200] Auch für die im Rahmen der qualitativen Datenanalyse betrachteten Cluster lagen unterschiedlich umfangreiche Datenquellen vor. Für Cluster, die bspw. nur anhand eines Berichts analysiert wurden, stand nicht die gleiche Dichte an Informationen zur Verfügung wie für andere Cluster.

Im Hinblick auf die Befragung musste aufgrund der Stichprobengröße, die zwar für die Anzahl der angeschriebenen Cluster als angemessen gewertet werden kann, auf vertiefende Multivariate-Analysen wie bspw. eine Faktorenanalyse verzichtet werden. Es muss zudem angemerkt werden, dass die Aussagekraft der quantitativen Studie aufgrund einer vergleichsweise hohen Anzahl fehlender Werte nur eingeschränkt ist. Die fehlenden Werte an sich können als mangelndes Interesse an den Themenfeldern der Fragestellungen interpretiert werden, aber dies lässt sich nicht statistisch aufzeigen. Weiterhin bleibt auf die Eingrenzung des Betrachtungshorizontes für die Onlinebefragung im Vergleich zur Clusterberichtanalyse hinzuweisen, aus Gründen der operativen Umsetzbarkeit und der begrenzten Ressourcenverfügbarkeit im Rahmen der Studie. Bei der Clusterberichtanalyse wurde ein europaweiter Betrachtungshorizont im Hinblick auf die Clusterorganisationen gewählt. Für die Onlinebefragung wurde dieser auf Cluster in Deutschland, Österreich und der Schweiz eingegrenzt. Auf diese Weise wurde die Notwendigkeit einer Übersetzung in andere Sprachen, wie bspw. Englisch, bei der Onlinebefragung sowie bei den Ergebnissen vermieden. Die Rückmeldungen kamen zudem fast vollständig aus Deutschland, sodass auch eine Differenzierung zwischen den drei Ländern nicht weiter möglich war.

6.3.2 Weiterer Forschungsbedarf

Das hier genutzte Forschungsdesign ist auf die explorativ-deskriptive Ermittlung der Relevanz des Themenfeldes Personalmanagement für Unternehmenscluster, die Ableitung erster Schwerpunktbereiche sowie Anforderungen ausgerichtet. In methodischer Hinsicht wäre eine vertiefende Untersuchung einer umfassenderen Stichprobe wünschenswert. Ein quantitativer Test von Hypothesen war kein primärer Gegenstand der Arbeit. Es erscheint daher sinnvoll, die im Rahmen der exporativen Vorgehensweise aufgezeigten Zusammenhänge in weiteren quantitativen Folgeuntersuchungen - nach Möglichkeit mit umfassenderen Datensamplen – zu analysieren. In diesem Zusammenhang

[1200] Vgl. Elola, Valdaliso, Lopez u. a. (2012); Boschma, Fornahl (2011), S. 1296.

wäre eine Faktorenanalyse denkbar, mit deren Hilfe der Beitrag spezifischer PM-Aktivitäten bzw. -prozesse auf einen zentralen Faktor - wie bspw. den Erfolg des Clusters oder CM oder dessen Innovationsfähigkeit - leisten können, oder die testtheoretische Untersuchung von ausgewählten Hypothesen. Eine Fortführung der bisherigen Forschungsaktivitäten kann bspw. in der Ermittlung von zentralen Erfolgsfaktoren sowie beispielhaften Zielwerten für PM-Aktivitäten liegen. Weiterhin kann der Zusammenhang zwischen ausgewählten PM-Aktivitäten und der Lebenszyklusphase vertiefend analysiert werden, insbesondere unter Einbeziehung von dynamischen Lebenszyklusmodellen, die im Design der vorliegenden Arbeit ausgeklammert wurden oder durch vertiefende Fallstudien zu Clustern in ausgewählten Lebenszyklusphasen. Es gilt zudem zu untersuchen, inwiefern sich eine gezielte Förderung der öffentlichen Hand auf den Einsatz und die Wirkungen von PM-Aktivitäten in Clustern und für die Clusterregion auswirken. In diesem Zusammenhang ist ebenfalls vertiefend zu untersuchen, inwiefern ein PM in Clustern vor allem für KMU in Clustern bzw. Clustern, die sich primär oder zu einem Großteil aus KMU zusammensetzen, einen Beitrag für diese Akteure liefern kann, die ggf. weniger Kapazitäten für die Umsetzung systematischer PM-Aktivitäten besitzen als Großunternehmen. Weitere ergänzende Forschungsarbeiten können die Wirkungen einzelner PM-Schwerpunkte und Aktivitäten in Clustern vertiefend untersuchen, bspw. unter Berücksichtigung der Lebenszyklusphase, des Alters und der Größe des Clusters bzw. CM, des Clustertyps (Branchen- oder Technologiecluster) oder unterschiedlicher Clusterbranchen (bspw. produktionsorientierte, kapitalintensive Industrie). Insbesondere die beiden letztgenannten Betrachtungen wurden im Rahmen der vorliegenden Arbeit für die Ermittlung der generellen Relevanz des PM für Unternehmenscluster nicht weiter vertieft. Weiterführende Forschungsvorhaben können eine Bewertung der vorgeschlagenen Handlungsempfehlungen sowie des exemplarischen Einführungsprozesses und der abgeleiteten Anforderungen durch Praxisvertreter, wie z. B. Clustermanager, anstreben. Es kann ebenfalls vertiefend untersucht werden, inwiefern sich die Anforderungen an ein PM in Clustern auf nicht-unternehmerisch-fokussierte Netzwerkformen, wie z. B. „Policy“-Netzwerke (die Zusammenhänge und Interdependenzen zwischen politischen Akteuren und öffentlichen Institutionen beschreiben), Fachkräfte- oder Gewerkschaftsnetzwerke, übertragen lassen.[1201]

Offene Fragen, die im Rahmen der Arbeit nicht beantwortet werden konnten, können ebenfalls die Grundlage für weitere Forschungsvorhaben bilden. Dazu zählt bspw., wie genau das Thema PM im Kontext von Cross-Cluster-Kooperationen erfolgreich ausgestaltet werden kann oder inwieweit eine PM-Aktivität auf CM-Ebene oder für die CA priorisiert werden sollten. Ebenfalls kann der Einfluss weiterer Faktoren wie z. B. die Kooperationsstruktur eines Clusters (vgl. Abbildung 19 oder z. B. die „Snowflake“-Struktur), der Partizipationsgrad oder die Zusammensetzung der Clusterakteure (z. B. Verhältnis von Großunternehmen zu KMU) auf die Schwerpunktsetzung der PM-Aktivitäten

[1201] Vgl. Sydow, Schüßler, Müller-Seitz (2016), S. 305 u. Bundesministerium für Arbeit und Soziales, DIHK Service GmbH (2018): Digitalisierung weiterdenken. Qualifizierungsbedarfe von KMU erkennen und im Netzwerk Fachkräfte für die Region sichern. VDI-Technologiezentrum, Berlin, S. 6f.

untersucht werden.[1202] Auch die Ausgestaltung von PM-Aktivitäten im CM und potenzielle Wirkungen auf die Leistungen des CM können vertiefend weiter analysiert werden. Eine Weiterentwicklung der Forschungsarbeiten kann zudem darin liegen, die Übertragbarkeit der Ergebnisse, insbesondere der empirischen Studie, auf andere europäische Regionen zu prüfen bzw. die Ergebnisse für Cluster auf internationaler Ebene (EU oder USA) anzuwenden und für deren spezifische Rahmenbedingungen und Anforderungen ggf. anzupassen. Ebenfalls ist eine vertiefende Nutzung der Systematik zur Bestimmung der Cluster-Lebenszyklusphase und Anwendung auf weitere empirische Cluster-Fallstudien denkbar. Auch die Ergebnisse, die in der vorliegenden Arbeit nicht genauer untersucht wurden, wie z. B. die weiteren strategischen Schwerpunkte, die sich identifizieren lassen oder ein Vergleich der Aussagen zu Schwerpunkten der europäischen Cluster mit den deutschen Clustern, und Unterschiede, die sich in den beiden Gruppen der Cluster mit Gold- bzw. Silber-Label gezeigt haben, bieten Ansatzpunkte für Forschung. Zudem scheint eine vertiefende Untersuchung sinnvoll, inwiefern das Konzept des „nachhaltigen Clusters" durch PM-Aktivitäten und weitere Schwerpunktbereiche und Aufgaben eines Clusters gestärkt werden kann und welche Relevanz dem Begriff generell durch Clustermanager und -experten beigemessen wird. In diesem Zusammenhang ist zu klären, ob eine intensivere Auseinandersetzung mit Nachhaltigkeitsaspekten Cluster als Konzepte der Wirtschaftsförderung und Wirtschaftspolitik weiterentwickeln und aufwerten kann. Es lassen sich in diesem Kontext Zusammenhänge mit der Lebenszyklusphase, der Branche oder dem Alter einer Clusterorganisation genauer betrachten, um ggf. weiterführende Gestaltungsempfehlungen für Clustermanager oder politische Akteure abzuleiten. Neben dem Thema PM lassen sich Nachhaltigkeitsanalysen für Cluster auch in Verbindung bringen mit clusterübergreifenden Kooperationen. Es lassen sich Fragen formulieren wie bspw.: Welchen Beitrag können PM-Aktivitäten unter Berücksichtigung von Nachhaltigkeitsaspekten auf der Ebene von clusterübergreifenden Kooperationen für überregionale wirtschaftliche Entwicklungen und den Erfolg einer Cross-Cluster-Kooperation leisten? Abschließend kann als weiterer Bereich für vertiefende Forschung die Relevanz und Nutzung von Bewertungsansätzen an Cluster in der Clusterpraxis genannt werden. Diesbezüglich gilt es zu prüfen, inwiefern Anforderungen aus Cluster-Bewertungsansätzen für eine praxistaugliche Nutzung im Hinblick auf eine systematische Clustersteuerung konkreter gestaltet werden müssen bzw. wie bestehende Ansätze von Clustermanagern eingesetzt werden oder nicht für die Praxis geeignet sind. Eine weitere Forschungsfrage kann die Integration von Anforderungen an die Ausgestaltung von PM-Themen in die Bewertungsansätze für Cluster betrachten bzw. untersuchen, inwiefern sich bspw. der IIP-Ansatz auf den Clusterkontext übertragen lässt.

[1202] Vgl. Gedai, Koczy, Meier zu Köcker, Zombori (2015): Cluster Games II, iit, Berlin, S. 27 u. 31-33.

6.4 Ausblick

Mit Hilfe der vorliegenden Arbeit konnte gezeigt werden, dass PM und v. a. die Teilfunktionen Personalentwicklung, -marketing und -rekrutierung relevante Teilaufgaben eines Clusters für seine CA aber auch Mitarbeiter im CM sind. Es wird deutlich, dass es bereits einige Clusterorganisationen in Deutschland und in weiteren europäischen Staaten gibt, die erfolgreiche PM-Konzepte und -aktivitäten realisieren und auf diese Weise ihre CA unterstützen. Es fällt allerdings ebenfalls auf, dass gerade viele deutsche Cluster einen Nachholbedarf bzgl. der systematischen Planung und strategischen Ausrichtung der PM-Aktivitäten besitzen. Der Themenkomplex Personalmanagement sowie auch eine Nachhaltigkeitsorientierung, insbesondere auch der PM-Aktivitäten, finden bisher zu wenig Beachtung in der Clusterforschung, -praxis und -politik. PM in Clustern kann einen deutlichen Beitrag für die erfolgreiche Unterstützung einer Clusterregion und der Akteure liefern, vor allem vor dem Hintergrund des demografischen Wandels und neuer Kompetenzanforderungen durch bspw. Digitalisierung von Produktionsprozessen und Geschäftsmodellen. Auch KMU können von einer Unterstützung durch Cluster bzw. CM und einem Austausch bzw. einer clustergeleiteten Kooperation in den Themenbereichen des PM profitieren. Insbesondere die Clusterpolitik ist gefragt, mit Hilfe geeigneter Maßnahmen eine stärkere Betrachtung von PM-Themen in Clustern zu fördern, um diese bisher in vielen Fällen noch eher ungenutzten Potenziale von Clusterorganisationen zur systematischen Stärkung der CA und der gesamten Clusterregion nicht zu vernachlässigen. Aber auch Clustermanager sollten prüfen, inwiefern PM-Themen dazu beitragen können, Bedarfe der Clusterakteure zu decken und wie ein Personalmanagement systematisch und strategisch ausgestaltet werden kann vor dem Hintergrund der weiteren Rahmenbedingungen und strategischen Ziele des Clusters.

7 Literaturverzeichnis

acatech (2016): Kompetenzentwicklungsstudie Industrie 4.0. Erste Ergebnisse und Schlussfolgerungen. Berlin. URL: https://www.acatech.de/Publikation/kompetenzentwicklungsstudie-industrie-4-0-erste-ergebnisse-und-schlussfolgerungen/, Stand: 03.10.2018.

acatech- Deutsche Akademie der Technikwissenschaften; Forschungsunion Wirtschaft und Wissenschaft (2013): Umsetzungsempfehlungen für das Zukunftsprojekt Industrie 4.0 - Abschlussbericht des Arbeitskreises Industrie 4.0. Frankfurt a. Main.

Ackermann, K.-F. (2011): Netzwerkbasierte Kooperationen. Ein neues Rahmenkonzept für das Personalmanagement? Leibniz-Informationszentrum Wirtschaft. URL: http://hdl.handle.net/10419/48549, Stand: 09.05.2018.

Adams, J. S. (1963): Toward an Understanding of Inequity. In: *Journal of Abnormal Social Psychology*, Jg. 67, 1963, S. 422-436.

Aiginger, K. (2014): Industrial policy for a sustainable growth path. www for europe policy paper, Nr. 13. Wien. URL: https://www.oecd.org/eco/Industrial-Policy-for-a-sustainable-growth-path.pdf, Stand: 15.05.2018.

Aiginger, K. (2013): The "greening" of industrial policy, headwinds and a possible symbiosis. www for europe policy paper, Nr. 3. Wien. URL: https://www.econstor.eu/bitstream/10419/125630/1/WWWforEurope_Policy_Paper_003.pdf, Stand: 15.05.2018.

Akremi, L.; Baur, N.; Fromm, S. (Hrsg.) (2011): Datenanalyse mit SPSS für Fortgeschrittene. 3., völlig überarb. und erw. Aufl. Wiesbaden.

Alberti, F. (2001): The governance of industrial districts: a theoretical footing proposal. Serie Piccola e Media Impresa 5, Nr. 82.

Alchian, A. A. (1965): Some Economics of Property Rights. In: *Il Politico*, Jg. 30, 1965, S. 816-829.

Alecke, B.; Alsleben, C.; Scharr, F. u. a. (2006): Are there really high-tech clusters? The geographic concentration of German manufacturing industries and its determinants. In: *Annals of Regional Science*, Jg. 40(1), 2006, S. 19-42.

Al-Laham, A. (2008): Strategische Aspekte von Nachhaltigkeit am Beispiel des Managements von Unternehmungsnetzwerken. In: Hauff, M. von; Lingnau, V.; Zink, K. J. (Hrsg.): Nachhaltiges Wirtschaften: Integrierte Konzepte. Baden-Baden, 2008, S. 183-213.

Al-Laham, A. (2003): Organisationales Wissensmanagement - Eine strategische Perspektive. München.

Amit, R.; Belcourt, M. (1999): Human Resources Management Processes: A Value-Creating Source of Competitive Advantage. In: *European Management Journal*, Jg. 17(2), 1999, S. 174-181.

Andersen, T.; Bjerre, M.; Hannson, E. W. (2006): Norden: Nordic Innovation Centre - The Cluster Benchmarking Project. URL: https://www.diva-portal.org/smash/get/diva2:707125/FULLTEXT01.pdf, Stand: 15.05.2018.

Andersson, T.; Serger, S. S.; Sörvik, J. u. a. (2004): The Cluster Policies Whitebook. Malmö. URL: https://lucris.lub.lu.se/ws/files/5954460/1304064.pdf, Stand: 15.05.2018.

Ansoff, I. (1979): Strategic Management. London-Basingstoke.

Ariño, A.; Ragozzino, R.; Reuer, J. J. (2008): Alliance dynamics for entrepreneurial firms. In: *Journal of Management Studies*, Jg. 45(1), 2008, S. 147-168.

Armutat, S. (2014): Steuerungsimpulse für die Personalarbeit - Personalcontrolling und HR-Kennzahlen. In: *Personalführung*(5), 2014, S. 18-24.

Armutat, S.; Richthofen, A. v. (2012): Prozessmodell für das HR-Trendmanagement. In: DGFP e. V. (Hrsg.): Megatrends: Zukunftsthemen im Personalmanagement analysieren und bewerten. Bielefeld, 2012, S. 19-37.

Arrow, K. J. (1985): The Economics of Agency. In: Pratt, J. W. (Hrsg.): Principals and agents - The structure of business. Boston, MA, 1985, S. 37-51.

Arthur, J. B.; Boyles, T. (2007): Validating the Human Resource System Structure - A level based strategic HRM approach. In: *Human Resource Management Review*, Jg. 17(1), 2007, S. 77-92.

Asheim, B.; Boschma, R.; Cooke, P. (2011): Constructing Regional Advantage: Platform Policies Based on Related Variety and Differentiated Knowledge Bases. In: *Regional Studies*, Jg. 45(7), 2011, S. 893-904.

Asheim, B. J.; Cooke, P.; Martin, R. (Hrsg.) (2006): Clusters and regional development. London.

Asheim, B. T.; Coenen, L. (2004): The Role of Regional Innovation System in a Globalising Economy: Comparing Knowledge Bases and Institutional Frameworks of Nordic Clusters.

V. Hellge, *Personalmanagement in Unternehmensclustern*,
https://doi.org/10.1007/978-3-658-26690-5

Audretsch, D. B.; Feldmann, M. P. (1996a): Innovative clusters and the industry life cycle. In: *Review of Industrial Organization*, Jg. 11(2), 1996, S. 253-273.

Audretsch, D. B.; Feldman, M. P. (1996b): R&D spillovers and the geography of innovation and production. In: *The American Economic Review*, Jg. 83(3), 1996, S. 630-640.

Auer, B.; Rottmann, H. (2012): Statistik und Ökonometrie für Wirtschaftswissenschaftler. Eine anwendungsorientierte Einführung. 2. Aufl. Wiesbaden.

Aulinger, A. (Hrsg.) (2008): Netzwerkevaluation - Herausforderungen und Praktiken für Verbundnetzwerke. Stuttgart.

Aydalot, P. (Hrsg.) (1986): Millieux innovateurs en Europe. Paris.

Aydalot, P.; Keeble, D. (1988): High-technology and innovative environments in Europe: an overview. In: Aydalot, P.; Keeble, D. (Hrsg.): High Technology Industry and Innovative Environments - The European Experience. London, New York, 1988, S. 1-21.

Babkin, A.; Vertakova, Y.; Plotnikov, V. u. a. (2017): Study and assessment of clusters activity effect on regional economy. In: *SHS Web of Conferences*, Jg. 35, 2017.

Backes-Gellner, U. (1996): Betriebliche Bildungs- und Wettbewerbsstrategien im deutsch-britischen Vergleich - Ein Beitrag der Personalökonomie zur internationalen Betriebswirtschaftslehre. München, Mering.

Bahlmann, M. D.; Huysman, M. H. (2008): The emergence of a knowledge-based view of clusters and its implications for cluster governance. In: *The Information Society*, Jg. 24(5), 2008, S. 304-318.

Baldrige Performance Excellence Program (2011): Baldrige 20/20 - An Executives's Guide to the Criteria for Performance Excellence. Gaithersburg, MD.

Balke, N.; Küpper, H.-U. (2005): Controlling in Netzwerken: Struktur und Systeme. In: Zentes, J.; Swoboda, B.; Morschett, D. u. a. (Hrsg.): Kooperationen, Allianzen und Netzwerke - Grundlagen - Ansätze - Perspektiven. 2. Aufl. Wiesbaden, 2005, S. 1033-1056.

Baltes-Götz, B. (2012): Logistische Regressionsanalyse mit SPSS. Universität Trier. URL: https://www.uni-trier.de/fileadmin/urt/doku/logist/logist.pdf, Stand: 18.10.2018.

Bamberger, P. A.; Biron, M.; Meshoulam, I. (2014): Human Resource Strategy - Formulation, Implementation, and Impact. 2nd ed. New York.

Baptista, R. (2000): Do innovations diffuse faster within geographical clusters? In: *International Journal of Industrial Organization*, Jg. 18(3), 2000, S. 515-535.

Baptista, R.; Swann, P. (1998): Do firms in clusters innovate more. In: *Research Policy*(27), 1998, S. 525-540.

Barjak, F. (2004): Analyse der Innovations- und Wettbewerbsfähigkeit von Branchenclustern in der Schweiz - State of the Art. Olten.

Barney, J. B. (1997): Gaining and sustaining competitive advantage. New York.

Barney, J. B. (1991): Firm resource and sustained competitive advantage. In: *Journal of Management*, Jg. 17(1), 1991, S. 99-120.

Baron, N. J.; Kreps, D. M. (1999): Strategic human resources - Frameworks for general managers. Hoboken, NJ.

Bartscher, T.; Stöckel, J.; Träger, T. (2012): Grundlagen Personalmanagement - Theoretische Konzepte und praktische Anwendung. München.

Bass, B. M. (1990a): Bass and Stogdill's handbook of leadership: theory, research and managerial applications. New York.

Bass, B. M. (1990b): From Transactional to transformational Leadership: Learning to Share the Vision. In: *Organizational Dynamics*, Jg. 18(3), 1990, S. 19-31.

Bathelt, H. (2004): Vom „Rauschen“ und „Pfeifen“ in Clustern: reflexive Informations- und Kommunikationsstrukturen im Unternehmensumfeld. In: *Geographica Helvetica*, Jg. 59(2), 2004, S. 93-105.

Bathelt, H.; Glückler, J. (2002): Wirtschaftsgeographie: Ökonomische Beziehungen in räumlicher Perspektive. 2. Aufl. Stuttgart.

Bathelt, H.; Malmberg, A.; Maskell, P. (2004): Clusters and knowledge: Local Buzz, Global Pipelines and the process of knowledge creation. In: *Progress in Human Gepgraphy*, Jg. 28(1), 2004, S. 31-56. URL: https://
tspace.library.utoronto.ca/bitstream/1807/71250/1/31_Bathelt%20et%20al%202004_PIHG.pdf, Stand: 15.05.2018.

Bathelt, H.; Malmberg, A.; Maskell, P. (2002): Clusters and knowledge - Local buzz, global pipelines and the process of knowledge creation. Aalborg, Göttingen. DRUID Working Paper, Nr. 02-12. URL: http://www3.druid.dk/wp/20020012.pdf, Stand: 15.05.2018

Bathelt, H.; Taylor, M. (2002): Clusters, power and place: inequality and local growth in time-space. In: *Geografiska Annaler Series B*, Jg. 84(2), 2002, S. 93-109.

Battaglia, M.; Bianchi, L.; Frey, M. u. a. (2010): An innovative model to promote CSR among SMEs operating in industrial clusters: Evidence from an EU project. In: *Corporate Social Responsibility and Environmental Management*, Jg. 17(3), 2010, S. 133-141.

Baum, M.; Gsell, L.; Kabst, R. (2012): Determinanten des Employer Branding in deutschen Unternehmen. Ein neoinstituionalistischer Erklärungsansatz. In: DBW, Jg. 72, H.3, S. 235-253.

Baumast, A.; Pick, E. (2013): Nachhaltigkeit und Kapitalbeschaffung von Unternehmen. In: Baumast, A.; Pape, J. (Hrsg.): Betriebliches Nachhaltigkeitsmanagement. Stuttgart, 2013, S. 102-122.

Baumgärtner, S.; Heinrichs, H.; Hofmeister, S. (2014): Öffentliche Nachhaltigkeitssteuerung. In: Heinrichs, H.; Michelsen, G. (Hrsg.): Nachhaltigkeitswissenschaften. Berlin, Heidelberg, 2014, S. 259-320.

Becattini, G. (1991): Italian Industrial Districts: Problems and Perspectives. In: *International Studies of Management & Organization*, Jg. 21(1), 1991, S. 83-90.

Becattini, G. (1990): The Marshallian industrial district as a socio-economic notion. In: Pyke, F.; Becattini, G.; Sengenberger, W. (Hrsg.): Industrial Districts and Inter-Firm Co-operation in Italy. Geneva, 1990, S. 37-51.

Becattini, G. (1989): Sectors and/or districts: some remarks on the conceptual foundations of industrial economics. In: Goodman, E.; Bamford, J. (Hrsg.): Small Firms and Industrial Districts in Italy. London, 1989, S. 123-135.

Beck, T. (2005): Die Cluster-Organisation: Willkommen in der Realität! In: Stahl, H.-K.; Friedrich von den Eichen, S. A. (Hrsg.): Vernetzte Unternehmen - Wirkungsvolles Agieren in Zeiten des Wandels. Berlin, 2005, S. 159-180.

Becker, B.; Gerhart, B. (1996): The impact of human resources management on organizational performance: progress and prospects. In: *Academy of Management Journal*, Jg. 39(4), 1996, S. 779-801.

Becker, B. E.; Huselid, M. A. (1998): High Performance Work Systems and Firm Performance - A Synthesis of Research and Managerial Implications. In: *Research in Personnel and Human Resource Management*, Jg. 16, 1998, S. 53-101.

Becker, B. E.; Huselid, M. A. (2006): Strategic Human Resources Management - Where Do We Go From Here? In: *Journal of Management*, Jg. 32(6), 2006, S. 898-925.

Becker, B. E.; Huselid, M. A.; Pickus, P. S. (1997): HR as a source of shareholder value: Research and recommendations. In: *Human Resource Management*, Jg. 36(1), 1997, S. 39-47.

Becker, J.; Kahn, D. (2012): Der Prozess im Fokus. In: Becker, J.; Kugeler, M.; Rosemann, M. (Hrsg.): Prozessmanagement - Ein Leitfaden zur prozessorientierten Organisationsgestaltung. 7. Aufl. Berlin, Heidelberg, 2012, S. 3-16.

Becker, L. (2001): Personalabteilung im Unternehmungswandel: Anforderungen, Aufgaben und Rollen im Change Management. Wiesbaden.

Becker, L.; Janz, A. (2010): Personalmanagement in Netzwerken. In: Bach, N.; Buchholz, W.; Eichler, B. (Hrsg.): Geschäftsmodelle für Wertschöpfungsnetzwerke. 2. Aufl. Wiesbaden, 2010, S. 225-238.

Beckord, C. (2008): Clustermanagement als Instrument der Wirtschaftsförderung - Konzeptionelle Grundlagen, Clusterpolitik und operative Umsetzung clusterorientierter Entwicklungsstrategien in Sachsen. Saarbrücken.

Beer, C.; Terstriep, J. (2010): Clusterinitiativen unter Druck? - Finanzierungsmodelle helfen Nachhaltigkeit sichern. Forschung Aktuell, Nr. 07/2010.

Beer, M.; Spector, B. (1985): Corporate-wide transformation in human resource management. In: Walton, R. E.; Lawrence, P. R. (H.) (Hrsg.): Human Resource Management and Trends and Challenges. Boston, 1985, S. 219-253.

Beer, M.; Spector, B.; Lawrence, P. R. u. a. (1984): Managing Human Assets - The Ground-breaking Harvard Business Programm. New York, London.

Bell, S.; Tracey, P.; Heide, J. B. (2009): The Organization of Regional Clusters. In: *Academy of Management Review*, Jg. 34(4), 2009, S. 623-642.

Bellandi, M. (1989): The industrial district in Marshall. In: Goodman, E.; Bamford, J. (Hrsg.): Small Firms and Industrial Districts in Italy. London, 1989, S. 136-152.

Belussi, F.; Sedita, S. R. (2009): Life cycle vs. multiple path dependency in industrial districts. In: *European Planning Studies*, Jg. 17(4), 2009, S. 505-528.

Benes, G.; Groh, P. E. (2012): Grundlagen des Qualitätsmanagements. 2., aktual. Aufl. München.

Benner, M. (2012): Clusterpolitik - Wege zur Verknüpfung von Theorie und politischer Umsetzung. Berlin.

Benz, A.; Fürst, D. (2003): Region - Regional Governance - Regionalentwicklung. Regionen erfolgreich steuern. In: Adamaschek, B.; Pröhl, M. (Hrsg.): Regionen erfolgreich steuern - Regional Governance - von der kommunalen zur regionalen Strategie. Gütersloh, 2003, S. 11-66.

Berg, C.; Milmeister, M. (2011): Im Dialog mit den Daten das eigene Erzählen der Geschichte finden: Über die Kodierverfahren der Grounded-Theory-Methodologie. In: Mey, G. N.; Mruck, K. (Hrsg.): Grounded Theory Reader. Wiesbaden, 2011, S. 303-332.

Bergeron, S.; Lallich, S.; La Bas, C. (1998): Location of Innovation Activities, Industrial Structure and Techno-Industrial Clusters in the French Economy 1985-1990 - Evidence from US Patenting. In: *Research Policy*, Jg. 26(7-8), 1998, S. 733-752.

Bergmann, E. M. (2008): Cluster life-cycles: An emerging synthesis. In: Karlsson, C. (Hrsg.): Handbook of Research in Cluster Theory. Cheltenham, U.K., 2008, S. 114-132.

Bergmann, E. (2000): Nachhaltige Entwicklung im föderalen Kontext: Die Region als politische Handlungsebene. In: Kilian, B.; Linscheidt, B.; Truger, A. (Hrsg.): Staatshandeln im Umweltschutz - Perspektiven einer institutionellen Umweltökonomik. Berlin, 2000, S. 215-239.

Bergman, E. M.; Charles, D.; den Hertog, P. (2001): In Pursuit of Innovative Clusters. In: OECD (Hrsg.): Innovative Clusters - Drivers of National Innovation Systems. Paris, 2001, S. 7-15. URL: http://www.urenio.org/e-innovation/stratinc/files/library/17.pdf, Stand:15.05.2018.

Bergman, E. M.; Feser, E. (1999): Industrial and Regional Clusters: Concepts and Comparative Applications. The Web Book of Regional Science. URL: www.rri.wvu.edu/WebBook/Bergman-Feser/contents.htm, Stand: 09.05.2018.

Berg-Peer, J. (2003): Outplacement in der Praxis - Trennungsprozesse sozialverträglich gestalten. Wiesbaden.

Bertelsmann Stiftung (2010): Verantwortungspartner. Unternehmen. Gestalten. Region - Ein Leitfaden zur Förderung und Vernetzung des gesellschaftlichen Engagements von Unternehmen in der Region. Gütersloh. URL: https://www.bertelsmann-stiftung.de/fileadmin/files/user_upload/Leitfaden_Unternehmen__Gestalten__Region.pdf, Stand: 15.05.2018.

Berthel, J.; Becker, F. G. (2010): Personal-Management - Grundzüge für Konzeptionen betrieblicher Personalarbeit. 9., vollst. überarb. Stuttgart.

Berthel, J.; Groenewald, H. (Hrsg.) (1990): Personalmanagement - Zukunftsorientierte Personalarbeit. Landsberg/Lech.

Berthinier-Poncet, A. (2013): Cluster governance and institutional dynamics. A comparative analysis of French regional clusters of innovation. Agadir, Morocco. URL: https://emnet.univie.ac.at/uploads/media/Berthinier_Poncet.pdf, Stand: 15.05.2018.

Beyer, K. (2015): DGFP-Studie Megatrends 2015. DGFP-Praxispapiere, Nr. 04/2015. URL: https://www.dgfp.de/fileadmin/user_upload/DGFP_e.V/Medien/Publikationen/Studien/2015-09-09-StudieMegatrend.pdf, Stand:15.05.2018.

Bieger, T.; Scherer, R. (2003): Clustering und integratives Standortmanagement - von einem theoretischen Konzept zu konkreten Handlungsstrategien. In: Scherer, R.; Bieger, T. (Hrsg.): Clustering - das Zauberwort der Wirtschaftsförderung. Bern, 2003, S. 9-26.

Biemann, T.; Weckmüller, H. (Hrsg.) (2013): Exzellenz im Personalmanagement - Neue Ergebnisse der Personalforschung für Unternehmen nutzbar machen. Freiburg im Breisgau, München.

Blackman, A. (2006): Small firms and the environment in developing countries - Collective action and collective impacts. Washington, D. C.

Blum, A. (1999): Integriertes Arbeitszeitmanagement - Ausgewählte personalwirtschaftliche Maßnahmen zur Entwicklung und Umsetzung flexibler Arbeitszeitsysteme. Bern, Stuttgart, Wien.

BMW Group (2016): Sustainable Value Report 2016. München. URL: https://www.bmwgroup.com/content/dam/bmw-group-websites/bmwgroup_com/ir/downloads/de/2016/BMW-Group-Nachhaltigkeitsbericht-2016--DE.pdf, Stand: 05.12.2017.

Böchner, M. (2009): Faktoren für den Erfolg einer nachhaltigen und integrierten ländlichen Regionalentwicklung. In: Friedel R.; Spindler, E. A. (Hrsg.): Nachhaltige Entwicklung ländlicher Räume. Chancenverbesserung durch Innovation und Traditionspflege. Wiesbaden, 2009, S. 127-138.

Bode, A.; Alig, S.; Hill, J. u. a. (2012): Cluster im Personalbereich - Wie Clusterstrukturen zur Personalgewinnung genutzt werden können. In: *Zeitschrift Führung + Organisation*, Jg. 81(6), 2012, S. 403-409.

Boschma, R.; Fornahl, D. (2011): Cluster Evolution and a Roadmap for Future Research. In: *Regional Studies*, Jg. 45(10), 2011, S. 1295-1298.

Boudreau, J. W.; Ramstad, P. M. (2005): Talentship, Talent segmentation and sustainabilitiy: A new HR decision science paradigm for a new strategy Definition. In: *Human Resource Management*, Jg. 44(2), 2005, S. 129-136.

Boxall, P. F. (1996): The Strategic HRM Debate and the Resource-based View of the Firm. In: *Human Resource Management Journal*, Jg. 6(3), 1996, S. 59-75.

Boxall, P. F. (2007): The goals of HRM. In: Boxall, P. F.; Purcell, J.; Wright, P. M. (Hrsg.): The Oxford handbook of human resource management. Oxford, New York, 2007, S. 48-67.

Boxall, P. F.; Purcell, J. (2011): Strategy and Human Resource Management. 3rd ed. Houndmills, Basingstoke, Hampshire, New York.

Boxall, P. F.; Purcell, J.; Wright, P. M. (2007): Human resource management: scope, analysis and significance. In: Boxall, P. F.; Purcell, J.; Wright, P. M. (Hrsg.): The Oxford handbook of human resource management. Oxford, New York, 2007, S. 1-16.

Bratton, A.; Bratton, J. (2015): Human resource management approaches. In: Robertson, J.; Barling, J.; Robertson, J. L. u. a. (Hrsg.): The Psychology of Green Organizations. Oxford, New York, 2015, S. 275-295.

Bratton, J.; Gold, J. (2017): Human resource management - Theory and practice. 6th edition. New York.

Brenner, T. (2017): Identification of Clusters - An Actor-based Approach. Working Papers on Innovation and Space. Marburg Geography. Philipps-Universität Marburg.

Brenner, T. (2004): Local industrial clusters - Existence, emergence, and evolution. London, New York.

Brenner, T.; Fornahl, D. (2003): Theoretische Erkenntnisse zur Entstehung und Erzeugung branchenspezifischer Cluster. In: Dopfer, K. (Hrsg.): Studien zur evolutorischen Ökonomik VII. Berlin, 2003, S. 133-162.

Breuer, F.; Muckel, P.; Dieris, B. (2017): Reflexive Grounded Theory - Eine Einführung für die Forschungspraxis. 3. Aufl. Wiesbaden.

Brewster, C. (1999): SHRM: The Value of Different Paradigms. In: *Management International Review*, Jg. 39(3), 1999, S. 45-64.

Brewster, C.; Larsen, H. H.; Mayrhofer, W. (2000): Human Resource Management - a strategic approach. In: Brewster, C.; Larsen, H. H. (Hrsg.): Human resource management in Northern Europe - Trends, dilemmas and strategy. Oxford, 2000, S. 39-65.

Bröckermann, R. (2016): Personalwirtschaft - Lehr- und Übungsbuch für Human Resource Management. 7., überarb. Aufl. Stuttgart.

Brosnan, S.; Doyle, E.; O'Connor, S. (2016): From Marshall's Triad to Porter's Diamond: added value? In: *Competitiveness Review*, Jg. 26(5), 2016, S. 500-516.

Brown, K.; Burgess, K. J.; Festing, M. u. a. (Hrsg.) (2010): Value adding webs and clusters - Concepts and cases. München, Mering.

Bruch, H.; Schuler, A. (2016): Strategisches Personalmanagement für die Arbeitswelt von morgen. In: Schwuchow, K.; Gutmann, J. (Hrsg.): Personalentwicklung - Themen, Trends, Best Practices 2017. Freiburg, München, Stuttgart, 2016, S. 21-33.

Bruhn, M. (2013): Qualitätsmanagement für Nonprofit-Organisationen - Grundlagen - Planung - Umsetzung - Kontrolle. Wiesbaden.

Brusco, S. (1990): The idea of the Industrial District: Its genesis. In: Pyke, F.; Becattini, G.; Sengenberger, W. (Hrsg.): Industrial Districts and interfirm co-operation in Italy. Genf: International Institute for Labour Studies S. 10-19.

Brusco, S. (1982): The Emilian model: productive decentralisation and social integration. In: *Cambridge Journal of Economics*, Jg. 6(2), 1982, S. 167-184.

Brussig, M.; Böhm-Ott, S.; Drinkuth, A. u. a. (2001): Leitfaden Regionale Netzwerke erfolgreich gestalten und betreiben. Frankfurt a. Main. URL: www.wiwi.tu-dortmund.de/wiwi/de/forschung/gebiete/fp-hirschkreinsen/forschung/projekte/abgeschlossene_forschungsprojekte/Publikationen_Leitfaden.pdf, Stand: 15.5.2018.

Büdenbender, U.; Strutz, H. (2011): Gabler Kompaktlexikon Personal. Dordrecht.

Buhl, C. M. (2010a): Nachhaltigkeit von Netzwerken zwischen Theorie und Praxis. In: Bundesministerium für Wirtschaft und Technologie (BMWi) (Hrsg.): Kontinuität, Stabilität und Effektivität - Wie Netzwerke und Cluster nachhaltig erfolgreich sein können! Kompetenznetze Deutschland, S. 13-28.

Buhl, C. M. (2010b): Netzwerke und Cluster: Kontinuierlich erfolgreich und nachhaltig! In: BMWi (Hrsg.): Kontinuität, Stabilität und Effektivität - Wie Netzwerke und Cluster nachhaltig erfolgreich sein können! Kompetenznetze Deutschland, S. 9-12.

Buhl, C. M.; Meier zu Köcker, G. (2009a): Cluster Management Excellence - Vol. 1: Network Services, Competence Networks Germany. Berlin. URL: https://www.iit-berlin.de/de/ publikationen/cluster-management-excellence-in-germany, Stand: 15.05.2018.

Buhl, C. M.; Meier zu Köcker, G. (2009b): Innovative Netzwerkservices - Netzwerk- und Clusterentwicklung durch maßgeschneiderte Dienstleistungen. Berlin.

Buhl, C. M.; Meier zu Köcker, G. (2010): Cluster Management Excellence - Volume II: Sustainability and Effectiveness of Clusters and Networks. BMWi.

Bühl, A. (2016): SPSS 23. 15., aktual. Aufl. Hallbergmoos.

Bühnemann, J. (2013): Transparenz von Clustern -nötig oder unmöglich? Working Paper, Nr. 15/2013. URL: http://www.fww.ovgu.de/fww_media/femm/femm_2013/2013_15-EGOTECihogt42qqpqamkuqvl95b 2vgn3g7qm6b.pdf, Stand: 15.05.2018.

Bühner, M. (2011): Einführung in die Test- und Fragebogenkonstruktion. 3., aktual. u. erw. München, Boston u. a.

Bühner, M.; Bernd, M. (2012): Grundlagen der Testkonstruktion. Hagen.

Bühner, R. (1994): Personalmanagement. Landsberg/Lech.

Bühner, R. (1997): Personalmanagement. 2. Aufl. Landsberg/Lech.

Bührer, S.; Kroll, H.; Stahlecker, T. u. a. (2008): Zwischen-Evaluation der Cluster-Offensive Bayern: Abschlussbericht.

Bumbacher, U. (1995): The Swiss watch industry. In: Enright, M. J.; Weder, R. (Hrsg.): Studies in Swiss Competitive Advantage. Bern, Berlin, Frankfurt a. Main u. a., 1995, S. 113-151.

Bundesministerium für Arbeit und Soziales, DIHK Service GmbH (2018): Digitalisierung weiterdenken. Qualifizierungsbedarfe von KMU erkennen und im Netzwerk Fachkräfte für die Region sichern. VDI-Technologiezentrum, Berlin. URL: https://www.fachkraeftebuero.de/fileadmin/user_upload/Wissensdatenbank/IB_2._Themenstudie_2017_Langfassung_final.pdf, Stand: 20.07.2018.

Bundesministerium für Bildung und Forschung (BMBF) (2004): Forschung für Nachhaltigkeit; Rahmenprogramm des BMBF für eine zukunftsfähige innovative Gesellschaft. Bonn, Berlin. URL: https://www.bmbf.de/pub/Rahmenprogramm_FONA.pdf, Stand: 15.05.2018.

BMBF (2007a): Bekanntmachung von Richtlinien für den Spitzencluster-Wettbewerb des BMBF. Berlin. URL: https://www.bmbf.de/foerderungen/bekanntmachung-275.html, Stand: 15.05.2018.

BMBF (2007b): Deutschlands Spitzencluster. Mehr Innovation. Mehr Wachstum. Mehr Beschäftigung. Berlin.

BMBF (2012): Deutschlands Spitzencluster Germany's Leading-Edge Clusters. Berlin. URL: https://www.bmbf.de /pub/Deutschlands_Spitzencluster.pdf, Stand: 15.05.2018.

Bundesministerium für Wirtschaft und Technologie (BMWi); Go-Cluster; VDI/VDE-IT (2018): Clusterservice Aus- und Weiterbildung. Wie Innovationscluster Fachkräfte sichern und qualifizieren, Berlin. URL: https://www.clusterplattform.de/CLUSTER/Redaktion/DE/Downloads/Publikationen/clusterservice_aus_und_weiterbildung.pdf;jsessionid=C10E06D017F5FCC3A9D9E696023F966F?__blob =publicationFile&v=5, Stand: 26.07.2018.

Bundesministerium für Wirtschaft und Technologie (BMWi) (2010): Kontinuität, Stabilität und Effektivität - Wie Netzwerke und Cluster nachhaltig erfolgreich sein können! Berlin.

BMWi (2015): Ausgewählte Clustererfolge - Ergebnisse aus der Förderung innovativer Services. Berlin. URL: https://www.bmwi.de/Redaktion/DE/Publikationen/Technologie/ausgewaehlte-clustererfolge.pdf?__blob =publicationFile&v=5, Stand: 15.05.2018.

BMWi; BMBF (Hrsg.): go-cluster: Clusterplattform Deutschland. URL: http://www.clusterplattform.de/CLUSTER/Navigation/DE/Bund/go-cluster/go-cluster.html., Stand: 09.05.2018.

Bundesregierung (2012): 10 Jahre Nachhaltigkeit „made in Germany". Nationale Strategie für eine nachhaltige Entwicklung, Kurzpapier zum Fortschrittsbericht 2012. URL: https://www.bmel.de/SharedDocs/Downloads/Ministerium/Nachhaltigkeit/Fortschrittsbericht-Nachhaltigkeitsstrategie-2012-Kurzpapier.pdf?__blob=publicationFile, Stand: 09.05.2018.

Burns, A. F. (1934): Production Trends in the United States Since 1870. New York.

Cachelin, J. L. (2014): HR-Kompetenzen in einer digitalen Welt. In: *Personalmanager*, H. 02, 2014, S. 22-24.

Cakar, F.; Bititci, U. S.; MacBryde, J. (2003): A business process approach to human resource management. In: *Business Process Management Journal*, Jg. 9(2), 2003, S. 190-207.

Camagni, R. (1991): Innovation networks: spatial perspectives. London, New York.

Camagni, R.; Capello, R. (2002): Milieux innovateurs and collective learning: From concepts to measurement. In: Acs, Z. J.; de Groot, H. L. F.; Nijkamp, P. (Hrsg.): The Emergence of the Knowledge Economy. Berlin, 2002, S. 15-46.

Camagni, R.; Maillat, D. (1995): Milieux innovateurs - Théorie et politiques. Paris.

Carpinetti, L. C. R.; Gerolamo, M. C.; Galdamez, E. V. C. (2007): Continuous Innovation and Performance Management of SME Clusters. In: *Creativity and Innovation Management*, Jg. 16(4), 2007, S. 376-385.

Cassidy, E.; Davis, C.; Arthurs, D. u. a. (2005): Measuring Technology Clusters - The National Research Council's Approach. In: *Journal of New Business Ideas and Trends*, Jg. 3(2), 2005, S. 30-39.

Casson, M. C. (2003): An economic approach to regional business networks. In: Wilson, J. F.; Popp, A. (Hrsg.): Industrial clusters and regional business networks in England, 1750-1970. Aldershot, 2003, S. 19-43.

Centre for Regional and Innovation Economics (CRIE); Technopolis Group; Institut für Weltwirtschaft Kiel (IFW) (Hrsg.) (o.J.): Begleitforschung: Internationalisierung von Spitzenclustern, Zukunftsprojekten und vergleichbaren Netzwerken (InterSpiN): BMBF. URL: http://interspin.de/, Stand: 24.03.2018.

Chandler, G. N.; McEvoy, G. M. (2000): Human Resource Management, TQM, and Firm Performance in Small and Medium-Size Enterprises. In: *Entrepreneurship: Theory &Practise*(3/Fall), 2000, S. 43-57.

Charmaz, K. (2006): Constructing Grounded Theory - A Practical Guide Through Qualitative Analysis. London.

Christensen, J. L.; Stoerring, D. (2012): Facilitating cluster evolution in peripheral regions: The role of clusterpreneurs. In: Asheim, B. T.; Parrilli, M. D. (Hrsg.): Interactive learning for innovation - A key driver within clusters and innovation systems. Basingstoke, New York, 2012, S. 137-160.

Christensen, T. A.; Meier zu Köcker, G. (2011): The NGPExcellence Project Cluster Excellence in the Nordic Countries, Germany and Poland. URL: http://www.pi.gov.pl/PARPFiles/file/klastry/Leaflet_NGPE.pdf, Stand: 8.10.2015.

Christiansen, L. C.; Higgs, M. (2008): How the Alignment of Business Strategy and HR Strategy Can Impact Performance. In: *Journal of General Management*, Jg. 33(4), 2008, S. 13-33.

Chrobok, R. (1998): Netzwerk. In: *Zeitschrift Fürhung und Organisation*, Jg. 67(4), 1998, S. 242-243.

Ciccone, A.; Hall, R. (1996): Productivity and the density of economic activity. In: *American Economic Review*, Jg. 86(1), 1996, S. 54-70.

Clarke, A. E. (Hrsg.) (2012): Situationsanalyse - Grounded Theory nach dem Postmodern Turn. Wiesbaden.

Clarke, A. E. (2016): From Grounded Theory to Situational Analysis - What's new? Why? How? In: Clarke, A. E.; Friese, C.; Washburn, R. (Hrsg.): Situational Analysis in Practice: Mapping Research with Grounded Theory. New York, 2016.

Clarke, A. E. (2009): Situational analysis - Grounded theory after the postmodern turn. Thousand Oaks, CA.

Clarke, A. E.; Friese, C.; Washburn, R. (Hrsg.) (2016): Situational Analysis in Practice: Mapping Research with Grounded Theory. New York.

Clarke, A. E.; Keller, R. (2011): Für mich ist die Darstellung der Komplexität der entscheidende Punkt." Zur Begründung der Situationsanalyse - Adele E. Clarke im Gespräch mit Reiner Keller. In: Mey, G. N.; Mruck, K. (Hrsg.): Grounded Theory Reader. Wiesbaden, 2011, S. 109-131.

cloe - Clusters Linked over Europe (2006): Cluster Management Guide - Guidelines for the Development and Management of Cluster Initiatives. Karlsruhe, Linz, Lyon, u. a. URL: http://www.interreg4c.eu/uploads/media/pdf/2_Cluster_Management_Guide_CLOE.pdf, Stand:15.5.2018.

Coase, R. H. (1937): The Nature of the Firm. In: *Economica*, Jg. 4(16), 1937, S. 386-405.

Cohen E., Taylor S., Müller-Camen M. (2012): HRM's role in corporate social and environmental sustainability. SHRM Foundation, Alexandria.

Colbert, B. A. (2004): The complex resource based view: Implications for theory and practice in strategic Human resource management. In: *Academy of Management Review*, Jg. 29(3), 2004, S. 341-358.

Colbert, B. A. (2007): The complex resource-based view: implications for theory and practice in strategic human resource management. In: Schuler, R. S.; Jackson, S. E. (Hrsg.): Strategic human resource management. 2nd ed. Malden, MA, 2007, S. 98-123.

Coleman, J. S. (1988): Social Capital in the creation of human capital. In: *American Journal of Sociology*, Jg. 94(1), 1988, S. 94-120.

Coletti, M. (2010): Technology and industrial clusters: How different are they to manage? In: *Science and Public Policy*, Jg. 37(9), 2010, S. 679-688.

Collins, E.; Lawrence, S.; Pavlovich, K. u. a. (2007): Business networks and the uptake of sustainability practices: the case of New Zealand. In: *Journal of Cleaner Production*, Jg. 15(8-9), 2007, S. 729-740.

Combs, J.; Yongmei, L.; Hall, A. u. a. (2006): How much do high-performance work practices matter? A meta-analysis of their effects on organizational Performance. In: *Personnel Psychology*, Jg. 59(3), 2006, S. 501-528.

Commission of the European Communities (2008): Towards world-class clusters in the European Union - Implementing the broad-based innovation strategy. Brüssel. URL: https://eur-lex.europa.eu/legal-content/EN/TXT/PDF/?uri=CELEX:52008DC0652R(01)&from=EN, Stand: 15.05.2018.

Competitiveness (o.J.): Scooters clustering efforts in Europe. URL: www.competitiveness.com, Stand: 09.05.2018.

Conti, T. A. (2007): A history and review of the European Quality Award Model. In: *The TQM Magazine*, Jg. 19(2), 2007, S. 112-128.

Cook, G.; Pandit, N. R.; Lööf, H. u. a. (2013): Clustering, MNEs, and Innovation: Who Benefits and How? In: *International Journal of the Economics of Business*, Jg. 20(2), 2013, S. 203-227.

Cooke, P. (2009): Technology clusters, industrial districts and regional innovation systems. In: Becattini, G.; Propris, L. de; Bellandi, M. (Hrsg.): A handbook of industrial districts. Cheltenham, 2009, S. 295-306.

Cooke, P.; Morgan, K. (2002): The associational economy - Firms, regions, and innovation. Reprint. Oxford.

Corbin, J. M.; Strauss, A. L. (2014): Basics of qualitative research - Techniques and procedures for developing grounded theory. Fourth edition. Thousand Oaks, CA.

Corsten, H. (2001): Grundlagen der Koordination in Unternehmensnetzwerken. In: Corsten, H. (Hrsg.): Unternehmungsnetzwerke - Formen unternehmungsübergreifender Zusammenarbeit. München, 2001, S. 1-58.

Cortina, J. M. (1993): What is Coefficient Alpha? Examination of Theory and Applications. In: *Journal of Applied Psychology*, Jg. 78(1), 1993, S. 98-104.

Cplus - Implementing world class clusters. URL: www.projects-plus.eu.

Crampton, S.; Wagner, J. (1994): Percept-Percept Inflation in Microorganizational Research: An Investigation of Prevalence and Effect, Journal of Applied Psychology, Vol. 79, S. 67-76.

Cuhls, K.; Dönitz, E.; Schirrmeister, E. u. a. (2013): FraunhoferZukunftsforschung für die Fraunhofer-Gesellschaft. In: Popp, R.; Zweck, A.; Urbanek, D. (Hrsg.): Zukunftsforschung im Praxistest. Wiesbaden, 2013, S. 143-170.

Cumming, G. S.; Collier, J. (2005): Change and identity in complex systems. In: *Ecology and Society*, Jg. 10(1), 2005, S. 1-13.

Curth, M. A.; Lang, B. (1990): Management der Personalbeurteilung. 2. Aufl. München, Wien.

Dachrodt, H.-G. (Hrsg.) (2014): Praxishandbuch Human Resources - Management - Arbeitsrecht - Betriebsverfassung. Berlin.

Dahl, M. S. (2001): What is the essence of geographic clustering. Dänemark.

Dahmén, E. (1950): Entrepreneurial Activity and the Development of Swedish Industry 1919-1939. Homewood.

Dalluege, C.-A. (2012): Exzellenz durch nachhaltige Unternehmensstrategien - EFQM im Mittelstand. Heidelberg.

Dalum, B.; Petersen, C. O. R.; Villumsen, G. (2005): Technological life-cycles - Lessons from a cluster facing disruption. In: *European Urban and Regional Studies*, Jg. 12(3), 2005, S. 229-246.

Danaraj, C.; Parke, A. (2006): Orchestrating innovation networks. In: *Academy of Management Review*, Jg. 31(3), 2006, S. 659-669.

Dautzenberg, N.; Dennerlein, B.; Leymann, F. u. a. (o.J.): Definition „Nachhaltigkeit". Gabler Wirtschaftslexikon. URL: http://wirtschaftslexikon.gabler.de/Definition/nachhaltigkeit.html, Stand: 13.03.2018.

Davis, C. H.; Arthurs, D.; Cassidy, E. u. a. (2006): What Indicators for Cluster Policies in the 21st century? Paper prepared for Blue Sky II 2006, Ottawa, September 2006.

Delaney, J. T.; Huselid, M. A. (1996): The Impact of Human Resource Management Practices on Perceptions of Organizational Performance. In: *The Academy of Management Journal*, Jg. 39(4), 1996, S. 949-969.

De Langen, P. W. (2005): Improving Training and Education in Clusters - Lessons from Three Port Clusters. URL: http://www-sre.wu.ac.at/ersa/ersaconfs/ersa05/papers/61.pdf, Stand: 09.05.2018.

De Langen, P. W. (2003): The Performance of Seaport Clusters - A Framework to Analyze Cluster Performance and an Application to the Seaport Clusters in Durban, Rotterdam and the Lower Mississippi. Erasmus Research Institute of Management (ERIM), Erasmus University Rotterdam, ERIM Ph.D. Series Research in Management No. 34, Rotterdam.

Delery, J. E.; Doty, D. H. (1996): Modes of Theorizing in Strategic Human Resource Management - Tests of Universalistic, Contingency and Configurational Performance Predicitions. In: *Academy of Management Journal*, Jg. 39(4), 1996, S. 802-835.

Delgado, M.; Ketels, C.; Porter, M. E., Stern, S. (2012): The Determinations of National Competitiveness. In: *NBER Working Paper,* No. 18249, 2012.

Delgado, M.; Porter, M. E.; Stern, S. (2016): Defining clusters of related industries. In: *Journal of Economic Geography*, Jg. 16(1), 2016, S. 1-38.

Delgado, M.; Porter, M. E.; Stern, S. (2010): Clusters, Convergence, and Economic Performance. URL: http://www.nber.org/papers/w18250.pdf, Stand: 09.05.2018.

Demsetz, H. (1967): Toward a Theory of Property Rights. In: *American Economic Review*, Jg. 57(2), 1967, S. 347-359.

Den Hartog, D. N.; Verburg, R. M. (2004): High-performance work systems, organizational culture and firm effectiveness. In: *Human Resource Management Journal*, Jg. 14(1), 2004, S. 55-78.

Deutsche Gesellschaft für Personalführung e.V. (DGFP) (2016): Design Thinking bringt HR und IT zusammen. In: *Personalführung - Das Fachmagazin für Personalverantwortliche* (Ausgabe 3), 2016, S. 34-39.

Deutsche Gesellschaft für Qualität (DGQ) (2009): Managementsysteme - Begriffe. Ihr Weg zu klarer Kommunikation. Berlin u. a.

Devanna, M. A.; Fombrun, C.; Tichy, N. (1984): A Framework for Strategic Human Resource management. In: Fombrun, C. J.; Tichy, N. M.; Devanna, M. A. (Hrsg.): Strategic human resource management. New York, 1984, S. 33-51.

Diez, M. A. (2001): The Evaluation of Regional Innovation and Cluster Policies: Towards a Participatory Approach. In: *European Planning Studies*, Jg. 9(7), 2001, S. 907-923.

DIN e. V. (Hrsg.) (2002): DIN 33430 - Anforderungen an Verfahren und deren Einsatz bei berufsbezogenen Eignungsbeurteilungen. Beuth und ISO. Berlin.

Dincher, R.; Mosters, M. (2009): Personalauswahl und Personalbindung. Neuhofen/Pf.

Dorozalla, F. (2013): Strategisches Personalmanagement und demografischer Wandel - Integration der Forschungsfelder und Erfolgsauswirkungen altersorientierter Konzepte. Wiesbaden.

Doz, Y. L.; Baburoglu, O. (2000): From competition to collaboration: the emergence and evolution of R&D cooperatives. In: Faulkner, D.; De Rond (Hrsg.): Cooperative Strategy: Economic, Business and Organizational Issues. New York, 2000, S. 173-192.

Doz, Y. L.; Olk, P.; Ring, P. (2000): Formation processes of R&D consortia: which path to take? Where does it lead? In: *Strategic Management Journal*, Jg. 21(3), 2000, S. 239-266.

Drumm, H. (1976): Arbeitsstudien. In: Albers, W.; Born, K. E.; Dürr, E. u. a. (Hrsg.): Handwörterbuch der Witschaftswissenschaften - Band 1. Stuttgart u. a., 1976, S. 311-318.

Drumm, H. J. (2008): Personalwirtschaft. 6., überarb. Aufl. Berlin, Heidelberg.

Duranton, G. (2011): California Dreamin': The feeble case for cluster policies. In: *Review of Economic Analysis*, Jg. 3(1), 2011, S. 3-45.

Duranton, G.; Puga, D. (2005): From sectoral to functional urban specialization. In: *Journal of Urban Economics*, Jg. 57(2), 2005, S. 343-370.

Duschek, S.; Ortmann, G.; Sydow, J. (2001): Grenzmanagement in Unternehmungsnetzwerken: Theoretische Zugänge und der Fall eines strategischen Dienstleistungsnetzwerks. In: Ortmann, G.; Sydow, J. (Hrsg.): Strategie und Strukturation - Strategisches Management von Unternehmen, Netzwerken und Konzernen. Wiesbaden, 2001, S. 191-233.

Dybe, G.; Kujath, H. J. (2000): Hoffnungsträger Wirtschaftscluster. Unternehmensnetzwerke und regionale Innovationssysteme: Das Beispiel der deutschen Schienenfahrzeugindustrie. Berlin.

Dyer, J.; Nobeoka, K. (2000): Creating and managing a high-performance knowledge-sharing network: the Toyota case. In: *Strategic Management Journal*, Jg. 21(3), 2000, S. 345-367.

Dyer, L.; Holder, G. W. (1988): Toward a Strategic Perspective of Human Resource Management. CAHRS Working Paper Series, Paper 451.

Dyllick, T.; Hockerts, K. (2002): Beyond the business case for corporate sustainability. In: *Business Strategy and the Environment*, Jg. 11(2), 2002, S. 130-141.

Eberhardt, D. (2007): Nachhaltiges Human Capital Management. In: Haas, B.; Oetinger, R.; Ritter, A. u. a. (Hrsg.): Nachhaltige Unternehmensführung - Excellence durch Verknüpfung wirtschaftlicher, sozialer und gesellschaftlicher Forderungen. München, 2007, S. 97-115.

Eckstein, P. P. (2010): Statistik für Wirtschaftswissenschaftler - Eine realdatenbasierte Einführung mit SPSS. 2., aktual. und erw. Aufl. Wiesbaden.

Edquist, C. (Hrsg.) (1997): Systems of Innovation - Technologies, Institutions and Organization. Pinter, London, Washington.

Edquist, C.; Johnson, B. (1997): Institutions and organizations in systems of innovation. In: Edquist, C. (Hrsg.): Systems of Innovation - Technologies, Institutions and Organization, Pinter, London, Washington, 1997, S. 41-63.

Ehnert, I. (2009): Sustainable human resource management - A conceptual and exploratory analysis from a paradox perspective. Dordrecht, New York.

Ehnert, I.; Harry, W.; Brewster, C. J. (2014): Sustainable HRM in Europe - Diverse Contexts and Multiple Bottom Lines. In: Ehnert, I.; Harry, W.; Zink, K. J. (Hrsg.): Sustainability and human resource management - Developing sustainable business organizations. Berlin, New York, 2014, S. 339-355.

Ehnert, I.; Harry, W.; Zink, K. J. (2014): Sustainability and HRM. In: Ehnert, I.; Harry, W.; Zink, K. J. (Hrsg.): Sustainability and human resource management - Developing sustainable business organizations. Berlin, New York, 2014, S. 3-32.

Eigler, J. (1997): "Grenzenlose" Unternehmung - "Grenzenlose" Personalwirtschaft? In: Schreyögg, G.; Sydow, J. (Hrsg.): Gestaltung von Organisationsgrenzen. Berlin, New York, 1997, S. 159-197.

Eigler, J. (1996): Transaktionskosten als Steuerungsinstrument für die Personalwirtschaft. Frankfurt am Main.

Eisenhardt, K. M.; Graebner, M. E. (2007): Theory Building From Cases: Opportunities And Challenges. In: *Academy of Management Journal*, Jg. 50(1), 2007, S. 25-32.

Ekert, S.; Schüren, V.; Bode, A. (2016): Abschlussbericht Evaluation des Programms go-cluster des BMWi. Unter Mitarbeit von INTERVAL GmbH und CONABO UG. Berlin. URL: http://www.clusterplattform.de/CLUSTER/Redaktion/DE/Downloads/Publikationen/evaluation_des_programms_go_cluster.pdf?__blob=publicationFile&v=5, Stand: 17.07.2017.

Elias-Linde, S. (2013): Personalknappheit und nachhaltiges Humanressourcenmanagement - Analyse, Lösungsansätze und Gestaltungsmöglichkeiten. Wiesbaden.

Elola, A.; Valdaliso, J. M.; Lopez, S. M. u. a. (2012): Cluster Life Cycles, Path Dependency and Regional Economic Development: Insights from a Meta-Study on Basque Clusters. In: *European Planning Studies*, Jg. 20(2), 2012, S. 257-279.

Engelmann, T.; Merten, T. (o.J.): Sustainable Excellence für strategische Allianzen - Instrumente zum Management zentral gesteuerter Netzwerke. URL: http://www.strategische-allianzen.net/toolbox_analyse.php, Stand: 15.05.2018.

Enright, M. J. (2003): Regional Clusters: What We Know and What We Should Know. In: Bröcker, J.; Dohse, D.; Soltwedel, R. (Hrsg.): Innovation clusters and interregional competition. Berlin, New York, 2003, S. 99-129.

Enright, M. J. (1999): The Globalization of Competion and the Localization of Competitive Advantage: Policies towards regional Clustering. In: Hood, N.; Young, S. (Hrsg.): The Globalization of Multinational Enterprise Activity and Economic Development. London, 1999, S. 304-331.

Enright, M. (1998): Regional Clusters and Firm Strategy. In: Chandler, A. D.; Hagström, P.; Sölvell, Ö. (Hrsg.): The Dynamic Firm - The Role of Technology, Strategy, Organizations and Regions. Oxford, 1998.

Ernst, H. (2001): Erfolgsfaktoren neuer Produkte: Grundlagen für eine valide empirische Forschung, Wiesbaden.

Ernst, H. (2003): Ursachen eines Informant Bias und dessen Auswirkung auf die Validität empirischer betriebswirtschaftlicher Forschung, Zeitschrift für Betriebswirtschaft, Jg. 73, H. 12, S. 1249-1275

Etzkowitz, H. (2008): The triple helix - University-industry-government innovation in action. New York.

Etzkowitz, H.; Lydesdorff, L. (2000): The dynamics of innovation: from National Systems and "Mode 2" to a Triple Helix of university-industry-government relations. In: *Research Policy*, Jg. 29(2), 2000, S. 109-123.

Europa InterCluster (2010): The Emerging of European World-Class Clusters - White Paper. URL: http://de.calameo.com/read/000247397ad80d9a0b27a?authid=Qpz1lGMJQnjC, Stand: 09.05.2018.

Europäische Kommission (2011): Mitteilung der Kommission an das Europäische Parlament, den Rat, den Europäischen Wirtschafts- und Sozialausschuss und den Ausschuss der Regionen - Eine neue EU-Strategie (2011-14) für die soziale Verantwortung der Unternehmen (CSR). Brüssel.

Europäische Kommission (2002): Regionale Cluster in Europa. Beobachtungsnetz der europäischen KMU 2002, Nr.3. Luxemburg. URL: http://www.pedz.uni-mannheim.de/daten/edz-h/gdb/02/smes_observatory_2002_report3_de.pdf, Stand: 28.08.2017.

Europäisches Kompetenz- und Forschungszentrum Clustermanagement (Hrsg.) (2015): Das Berufsbild des Clustermanagers - Eine Berufsfeldanalyse für ein neues Berufsbild in der Schweiz, in Frankreich und in Deutschland. URL: http://www.research-clustermanagement.org/uploads/media/2-2015_Clusters_DE_Berufsbild_web.pdf, Stand: 09.05.2018.

European Cluster Alliance (ECA) Secretariat; Pro Inno Europe - InnoNets Tactics; European Commission-Enterprise and Industry (2010): TACTICS and the European Cluster Alliance (ECA) - Final survey results. URL: http://www.eca-tactics.eu/sites/default/files/page/10/04/ECA%20survey%20results_0.pdf, Stand: 9.5.2018.

European Cluster Collaboration Platform; inno TSD (2014): Research paper on cluster manager internationalisation skills and keys for success in managing and promoting pan-European Strategic Cluster Partnerships - Final Report. URL: http://www.sgg.si/wp-content/uploads/2016/06/Research-paper-on-cluster-manager-internationalisation-skills.pdf, Stand: 09.05.2018.

European Cluster Excellence Initiative (ECEI) (2012): The quality label for cluster organisations - criteria, processes, framework of implementation. URL: http://www.cluster-excellence.eu/quality.html, Stand: 09.05.2018.

European Cluster Observatory (ECO) (2012): Scoreboard Methodology - Version 1.3. URL: http://www.clusterobservatory.eu/eco/uploaded/pdf/1368191396040.pdf, Stand: 09.05.2018.

European Cluster Observatory (ECO) (2010): Benchmarking Regional Competitiveness in the European Cluster Observatory. Methodology Background Paper, Nr. 1. URL: http://www.clusterpolisees3.eu/ClusterpoliSEEPortal/protected/2005/0/def/ref/DOC2006/, Stand: 09.05.2018.

European Commission- Enterprise and Industry (2012): Impact evaluation of cluster-based policies. tactics - better cluster policies and tools for implementation. Pro Inno Europe - InnoNets Tactics. tactics - better cluster policies and tools for implementation. URL: http://abclusters.org/wp-content/uploads/2013/12/Impact-evaluation-of-cluster-based-policies_0.pdf, Stand: 09.05.2018.

European Commission- Enterprise and Industry (o.J.): Cluster Managers Club EU - The European Club of Cluster and Network Managers. URL: http://giqs.org/fileadmin/web_giqs/content/bilder/Bilder_zu_texten/Flyer_European_Cluster_Managers_Club.pdf, Stand: 21.04.2018.

European Foundation for Quality Management (EFQM) (2017a): Our mission, vision, values. EFQM Homepage. URL: http://www.efqm.org/about-us/our-mission-vision-values, Stand: 28.08.2017.

EFQM (2017b): EFQM Award History. URL: http://www.efqm.org/what-we-do/recognition/efqm-award-history, Stand: 13.09.2017.

EFQM (2015): EFQM Framework for Corporate Social Responsibility. Brüssel.

EFQM (2012): EFQM Excellence Modell 2013. Brüssel.

EFQM (2011a): EFQM Leitfaden für Anwender - EFQM Management Dokument. Brüssel.

European Secretariat for Cluster Analysis (ESCA) (2012): Benchmarking as a Tool for Cluster Analysis - Cluster Excellence Makes the Difference. URL: https://www.cluster-analysis.org/downloads/ESCA_leaflet_March2012.pdf, Stand: 09.05.2018.

ESCA (o.J.a): Overview of cluster benchmarking indicators. URL: https://www.cluster-analysis.org/benchmarked-clusters/benchmarking-in-a-nutshell/Overviewofclusterbenchmarkingindicators.pdf, Stand: 09.05.2018.

ESCA (o.J.c): Processes of application, assessment and award. URL: https://www.cluster-analysis.org/gold-label-new/processes-of-application-assessment-and-award, Stand: 21.09.2017.

ESCA (o.J.d): Quality audit: Gold Label of the European Cluster Excellence Initiative (ECEI). URL: https://www.cluster-analysis.org/gold-label-new, Stand: 21.09.2017.

ESCA (o.J.e): Quality audit: Silver Label of the European Cluster Excellence Initiative. URL: https://www.cluster-analysis.org/silver-label, Stand: 21.09.2017.

Evers, M. (1998): Strategische Führung Mittelständischer Unternehmensnetzwerke. München, Mering.

Falck, O.; Heblich, S.; Kipar, S. (2010): Industrial innovation: Direct evidence from a cluster-oriented policy. In: *Regional Science and Urban Economics*, Jg. 40(6), 2010, S. 574-582.

Fama, E. (1980): Agency-problems and the theory of the firm. In: *Journal of Political Economy*, Jg. 88(2), 1980, S. 288-307.

Farhauer, O.; Kröll, A. (2014a): Das Cluster- und Netzwerkkonzept. In: Farhauer, O.; Kröll, A. (Hrsg.): Standorttheorien - Regional- und Stadtökonomik in Theorie und Praxis. 2., durchgeseh. u. korr. Aufl. 2014. Wiesbaden, 2014, S. 145-190.

Farhauer, O.; Kröll, A. (2014b): Kritik am Clusterkonzept und Clusterpolitik. In: Farhauer, O.; Kröll, A. (Hrsg.): Standorttheorien - Regional- und Stadtökonomik in Theorie und Praxis. 2., durchgeseh. u. korr. Aufl. 2014. Wiesbaden, 2014, S. 191-208.

Faulbaum, F.; Prüfer, P.; Rexroth, M. (2009): Was ist eine gute Frage? - Die systematische Evaluation der Fragenqualität. Wiesbaden.

Felzensztein, C.; Brodt, S. E.; Gimmon, E. (2014): Do strategic marketing and social capital really matter in regional clusters? - Lessons from an emerging economy of Latin America. In: *Journal of business research*, Jg. 67(4), 2014, S. 498-507.

Fernandez, E.; Junquera, B.; Ordiz, M. (2003): Organizational culture and human resources in the environmental issue. In: *International Journal of Human Resource Management*, Jg. 14(4), 2003, S. 634-656.

Ferretti, M.; Parmentola, A. (2012): Leading Firms in Technology Clusters: The Role of Alenia Aeronautica in the Campania Aircraft Cluster. In: *International Journal of Business & Management*, Jg. 7(21), 2012, S. 65-77.

Feser, E. J.; Bergman, E. M. (2000): National industry cluster templates: A framework for applied regional cluster analysis. In: *Regional Studies*, Jg. 34(1), 2000, S. 1-19.

Festing, M.; Martin, A.; Mayrhofer, W. u. a. (Hrsg.) (2004): Personaltheorie als Beitrag zur Theorie der Unternehmung - Festschrift für Prof. Dr. Wolfgang Weber zum 65. Geburtstag. Mering.

Festing, M.; Royer, S.; Steffen, C. (2010): Können Unternehmen durch Cluster Wettbewerbsvorteile realisieren? - Eine ressourcenbasierte Analyse des Uhrenclusters Glashütte. In: *Zeitschrift für Management (ZfM)*, Jg. 5(2), 2010, S. 165-185.

Fischer, K.; Jentsch, M.; Zink, K. J. (2018): Nachhaltigkeit in globalen Lieferketten - Ausgewählte Forschungsarbeiten zu Einflussmechanismen und aktuellen Fragestellungen. In: Hauff, M. v.; Nguyen, T. (Hrsg.): Fortschritte in der Nachhaltigkeitsforschung. Baden-Baden, 2018.

Fischer, D. (2008): Leistungsgerechte Zuteilung von Erlösen in Netzwerkorganisationen. Baden-Baden.

Fischer, S.; Zimmermann, A. (o.J.): Netzwerke für Personaler - eine empirische Untersuchung der Netzwerke von HR-Profis in Deutschland, Österreich und der Schweiz. Pforzheim. URL: https://www.hs-pforzheim.de/fileadmin/user_upload/uploads_redakteur/Forschung/HRCC/Bilder/Institut_fuer_Personalforschung/Institut_Logo/Dokumente/Studie_HR-Netzwerke.pdf, Stand: 12.06.2017.

Flato, E.; Reinbold-Scheible, S. (2009): Zukunftsweisendes Personalmanagement - Herausforderung demografischer Wandel - Fachkräfte gewinnen, Talente halten und Erfahrung nutzen - Talente halten - Erfahrung nutzen. München.

Fleisch, E. (2001): Das Netzwerkunternehmen - Strategien und Prozesse zur Steigerung der Wettbewerbsfähigkeit in der Networked economy. Berlin.

Flick, U. (2014): Introduction to Qualitative Research. London.

Flick, U. (2007): Managing quality in qualitative research. Los Angeles, London.

Flick, U. (Hrsg.) (2015): Qualitative Forschung - Ein Handbuch. 11. Aufl. Reinbek bei Hamburg.

Flippo, E. B. (1984): Personnel management. 6th ed., 2nd print. New York.

Floeting, H. (2008): Darf's ein bisschen mehr sein? Clusterstrategien und kommunale Wirtschaftsförderung. In: Schrenk, M.; Popovich, V. V.; Engelke, D.; Elisei, P.: REAL CORP 008 Proceedings - Tagungsband "Verkehrsknoten als Wissensdrehscheiben - Beiträge zur 13. internationalen Konferenz zu Stadtplanung, Regionalentwicklung und Informationsgesellschaft". Vienna, 2008, S. 227–233. URL: http://corp.at/fileadmin/proceedings/CORP2008_proceedings.pdf, Stand: 17.03.2018.

Floeting, H.; Zwicker-Schwarm, D. (2008): Clusterinitiativen und Netzwerke - handlungsfelder lokaler und regionaler Wirtschaftspolitik. In: Floeting, H. (Hrsg.): Cluster in der kommunalen und regionalen Wirtschaftspolitik - Vom Marketingbegriff zum Prozessmanagement. Berlin, 2008, S. 15-40.

Florida, R. (1995): Toward the learning region. In: *Futures - the journal of policy, planning and futures studies*, Jg. 27(5), 1995, S. 527-536.

Formica, P. (2003): Corporate Governance of Cluster Development Agencies: The Case for Market Orientation. In: Bröcker, J.; Dohse, D.; Soltwedel, R. (Hrsg.): Innovation clusters and interregional competition. Berlin, New York, 2003, S. 241-271.

Fornahl, D.; Menzel, M.-P.; Henn, S. (2010): Emerging clusters - Theoretical, empirical and political perspectives on the initial stage of cluster evolution. Northampton, MA.

Foulkes, F. K.; Livernash, E. R. (1982): Human resource management - Text and cases. Englewood Cliffs, NJ.

Fox, T. (2004): Corporate Social Responsibility and Development: In Quest of an Agenda. In: *Development*, Jg. 47(3), 2004, S. 29-36.

Freier, I. (2013): Nachhaltigkeit und Strategie. In: Baumast, A.; Pape, J. (Hrsg.): Betriebliches Nachhaltigkeitsmanagement. Stuttgart, 2013, S. 139-152.

Freitag, M. (1998): Personalentwicklung in Netzwerken. In: Enderlein, H.; Lang, R.; Schöne, R. (Hrsg.): Humanpotentiale, Arbeitsorganisation, Führung und Kultur in Netzwerken kleiner und mittlerer Unternehmen. Chemnitz, 1998.

Freytag, U. (2017): Cluster: Rechtliche Rahmenbedingungen. In: Hauser, E. (Hrsg.): Clustermanagement - Wie Cluster die Innovation und die Wettbewerbsfähigkeit unterstützen. Wiesbaden, 2017, S. 81-96.

Fromhold-Eisebith, M.; Eisebith, G. (2005): How to institutionalize innovative clusters? Comparing explicit top-down and implicit bottom-up approaches. In: *Research Policy*, Jg. 34(1), 2005, S. 1250-1268.

Früh, W. (2011): Inhaltsanalyse - Theorie und Praxis. 7., überarb. Aufl. Konstanz.

Fuchs, S.; Luger, B. (2015): Demografieberatung im Cluster Sensorik - ein neuer Service für die Entwicklung nachhaltiger Personalstrategien in einem Hightech-Netzwerk. In: Jeschke, S.; Richert, A.; Hees, F. (Hrsg.): Exploring Demographics - Transdisziplinäre Perspektiven zur Innovationsfähigkeit im demografischen Wandel. Wiesbaden, 2015, S. 593-606.

Fujita, M.; Krugman, P. (2003): The new economic geography - Past, present and the future. In: *Papers in Regional Science*, Jg. 83(1), 2003, S. 139-164.

Fürst, D.; Schubert, H. (2001): Regionale Akteursnetzwerke zwischen Bindungen und Optionen. Über die informelle Infrastruktur des Handlungssystems bei der Selbstorganisation von Regionen. In: *Geographische Zeitschrift*, Jg. 89(1), 2001, S. 32-51.

Furubotn, E. G.; Pejovič, S. (Hrsg.) (1974): The economics of property rights. Cambridge, MA.

Gabler Wirtschaftslexikon: Definition Sunk Costs. URL: https://wirtschaftslexikon.gabler.de/definition/sunk-costs-48834/version-272081, Stand: 16.07.2018).

Gagné, M.; Townsend, S. H.; Bourgeois, I. u. a. (2010): Technology cluster evaluation and growth factors: Literature review. In: *Research Evaluation*, Jg. 19(2), 2010, S. 82-90.

Galbraith, J. R. (1998): Designing the networked organization. In: Mohrman, S. A.; Galbraith, J. R.; Lawler, E. E. (Hrsg.): Tomorrow's organization - Crafting winning capabilities in a dynamic world. San Francisco, CA., 1998, S. 76-102.

Garcia-Vicente, F.; Garcia-Swartz, D.; Campbell-Kelly, M. (2017): Information technology clusters and regional growth in America, 1970-1980. In: *Small Business Economics*, Jg. 48(4), 2017, S. 1021-1046.

Gaugler, E. (2003): Historische Entwicklung des betrieblichen Personalwesens. Mannheim.

Gaugler, E. (1988): HR Management: An International Comparison. In: *Personnel*(August), 1988, S. 24-30.

Gaugler, E.; Huber, K.-H.; Rummel, C. (1974): Betriebliche Personalplanung - Eine Literaturanalyse. Göttingen.

Gaugler, E.; Oechsler, W.; Weber, W. (2004): Personalwesen. In: Gaugler, E.; Oechsler, W.A.; Kammlott, J. (Hrsg.): Handwörterbuch des Personalwesens. 3. überarb. und erg. Aufl. Stuttgart, 2004, S. 1826-1836.

Gedai, E.; Koczy, L. A.; Meier zu Köcker, G.; Zombori, Z. (2015): Cluster Games II, iit, Berlin.

George, D.; Mallery, P. (2011): SPSS for Windows step by step - A simple guide and reference, 18.0 update. 11th ed. Boston, MA.

Gerpott, T. J.; Böhm, S. (2000): Strategisches Management in virtuellen Unternehmen. In: Albach, H.; Specht, D.; Wildemann, H. (Hrsg.): Virtuelle Unternehmen. ZfB-Ergänzungsheft Nr. 2/2000, S. 13-34.

Gerpott, T.; Mahmudova, I. (2007): Ordinale Regression– Eine anwendungsorientierte Einführung. ZfTM-Work in Progress Nr. 75, Universität Duisburg.

Gibbert, M.; Ruigrok, W. (2010): The "What" and "How" of Case Study Rigor: Three Strategies Based on Published Work. In: *Organizational Research Methods*, Jg. 13(4), 2010, S. 710-737.

Gilsing, V. (2000): Cluster governance: How Clusters Can Adapt and Renew over Time - Paper presented at the DRUID PhD conference, Copenhagen. Erasmus University Rotterdam.

Giuliani, E. (2016): Human Rights and Corporate Social Responsibility in Developing Countries' Industrial Clusters. In: *Journal of Business Ethics*, Jg. 133(1), 2016, S. 39-54.

Giuliani, E.; Maffioli, A.; Pacheco, M. u. a. (2013): Evaluating the Impact of Cluster Development Programs. Technical Note, Nr. IDB-TN_551. Inter-American Development Bank. URL: https://publications.iadb.org/bitstream/handle/11319/5960/Evaluating%20the%20Impact%20of%20Cluster%20Development%20Programs.pdf?sequence=1&isAllowed=y, Stand: 09.05.2018.

Giuliani, E.; Pietrobelli, C.; Rabellotti, R. (2005): Upgrading in Global Value Chains: Lessons from Latin American Clusters. In: *World Development*, Jg. 33(4), 2005, S. 549-573.

Gladwin, T. N.; Kennelly, J. J.; Krause, T.-S. (1995): Shifting Paradigms for Sustainable Development: Implications for Management Theory and Research. In: *Academy of Management Review*, Jg. 20(4), 1995, S. 874-907.

Glaeser, E.; Kallal, H.; Scheinkman, J. A. u. a. (1992): Growth in Cities. In: *Journal of Political Economy*, Jg. 100(6), 1992, S. 1126-1152.

Glaser, B. G. (1978): Theoretical sensitivity: advances in the methodology of grounded theory Advances in the methodology of grounded theory. Mill Valley, CA.

Glaser, B. G. (2001): The grounded theory perspective. Conceptualization contrasted with description. Mill Valley, CA.

Glaser, B. G.; Strauss, A. L. (1998): Grounded theory - Strategien qualitativer Forschung. Bern, Göttingen, Toronto, Seattle.

Glaser, B. G.; Strauss, A. L. (2012): The discovery of grounded theory - Strategies for qualitative research. 7. Aufl. New Brunswick u. a.

Gläser, J.; Laudel, G. (2010): Experteninterviews und qualitative Inhaltsanalyse - Als Instrumente rekonstruierender Untersuchungen. 4. Aufl. Wiesbaden.

Globisch, S.; Hartmann, E. A.; Loroff, C. u. a. (2012): Innovative und durchlässige Bildungsformate in Clustern - ein vorläufiges Fazit. In: Globisch, S.; Hartmann, E. A.; Loroff, C. u. a. (Hrsg.): Bildung für Innovationen - Innovationen in der Bildung - Die Rolle durchlässiger Bildungsangebote in Clusterstrukturen. Münster, New York, München u. a., 2012, S. 156-163.

Gmür, M.; Schwerdt, B. (2005): Der Beitrag des Personalmanagements zum Unternehmenserfolg. Eine Metaanalyse nach 20 Jahren Erfolgsfaktorenforschung. In: *ZfP*, Jg. 19(3), 2005, S. 221-251.

Gmür, M.; Thommen, J.-P. (2011): Human Resource Management - Strategien und Instrumente für Führungskräfte und das Personalmanagement in 13 Bausteinen. 3., überarb. und erw. Aufl. Zürich.

Go-Cluster: Exzellent vernetzt!; BMWi (2016): Cross-Cluster-Erfolge - Servicekonzepte für clusterübergreifende Kooperationen. URL: https://www.clusterplattform.de/CLUSTER/Redaktion/DE/Downloads/Publikationen/cross_cluster_erfolge.pdf?__blob=publicationFile&v=7, Stand: 09.05.2018.

Gordon, I.; McCann, P. (2000): Industrial Clusters: Complexes, Agglomeration and/or Social Networks? In: *Urban Studies*, Jg. 37(3), 2000, S. 513-532.

Gotz, M.; Jankowska, B. (2017): Clusters and Industry 4.0-do they fit together? In: *European Planning Studies*, Jg. 25(9), 2017, S. 1633-1653.

Grabher, G. (1993): The weakness of Strong Ties: The lock-in of regional development in the Ruhr area. In: Grabher, G. (Hrsg.): The embedded firm: On the socioeconomics of industrial networks. London, 1993, S. 255-277.

Grabher, G. (2002): The project ecology of advertising: tasks, talents and teams. In: *Regional Studies*, Jg. 36(3), 2002, S. 245-262.

Grames, P. P.; Redlich, T.; Wulfsberg, J. P. (2012): Handlungsleitfaden für das Management erfolgreicher Wertschöpfungskooperationen - Quantitative Studie zu den bestimmenden Erfolgsfaktoren von Kooperationen, Netzwerken und Clustern. In: *Zeitschrift für wirtschaftlichen Fabrikbetrieb*, Jg. 107(2), 2012, S. 920-926.

Greenhalgh, B.; European Commission (2012): Cluster internationalisation. tactics - better cluster policies and tools for implementation. Pro Inno Europe - InnoNets Tactics. tactics - better cluster policies and tools for implementation. URL: http://abclusters.org/wp-content/uploads/2013/12/Cluster-internationalisation1.pdf, Stand: 21.04.2018.

Grossman, S. J.; Hart, O. D. (1983): An analysis of the principal-agent problem. In: *Econometrica*, Jg. 51(1), 1983, S. 7-45.

Grugulis, I.; Bevitt, S. (2002): The impact of Investors in People on employees: a case study of a hospital trust. In: *Human Resource Management Journal*, Jg. 12(3), 2002, S. 44-60.

Grugulis, I.; Vincent, S.; Hebson, G. (2003): The rise of the "network organisation" and the decline of discretion. In: *Human Resource Management Journal*, Jg. 13(2), 2003, S. 45-59.

Guerci, M.; Shani, A. B.; Solari, L. (2014): A Stakeholder Perspective for Sustainable HRM. In: Ehnert, I.; Harry, W.; Zink, K. J. (Hrsg.): Sustainability and human resource management - Developing sustainable business organizations. Berlin, New York, 2014, S. 205-223.

Guest, D. E. (1987): Human resource management and industrial relations. In: *Journal of Management Studies*, Jg. 24(5), 1987, S. 503-521.

Gulati, R. (1998): Alliances and Networks. In: *Strategic Management Journal*, Jg. 19(4), 1998, S. 293-317.

Gulati, R.; Nohria, N.; Zaheer, A. (2000): Strategic Networks. In: *SMJ*, Jg. 21(3 (Special Issue)), 2000, S. 203-215.

Gull, I. (2015): Das Management von Innovationsclustern: Ergebnisse einer empirischen Analyse. Arbeitspapiere des Instituts für Genossenschaftswesen der Westfälischen Wilhelms-Universität Münster, Nr. 147. URL: https://www.econstor.eu/bitstream/10419/106948/1/817703551.pdf, Stand: 15.05.2018.

Hackl, B.; Gerpott, F. (2015): HR 2020 - Personalmanagement der Zukunft: Strategien umsetzen, Individualität unterstützen, Agilität ermöglichen. München.

Hagen, K. (2006): Beschäftigungsfähigkeit. In: Nuissl, E.; Dobischat, R.; Hagen, K. u. a. (Hrsg.): Regionale Bildungsnetze. Ergebnisse zur Halbzeit des Programms "Lernende Regionen - Förderung von Netzwerken". Bielefeld, 2006, S. 202-233.

Hagenauer, S.; Kergel, H.; Stürzebecher, D. (2011): European Cluster Excellence BASELINE. Minimum Requirements for Cluster Organisations. ECEI. URL: https://www.cluster-analysis.org/downloads/20111128_European_Cluster_Excellence_BASELINE_web.pdf, Stand: 21.09.2017.

Hallencreutz, D.; Lundequist, P. (2003): Spatial clustering and the potential for policy practice: Experiences from cluster-building processes in Sweden. In: *European Planning Studies*, Jg. 11(5), 2003, S. 72-90.

Halsberger, A. (2012): Werte- und strategieorientiertes Personalmanagement. In: Heimerl, P. (Hrsg.): Strategie, Organisation, Personal, Führung. Wien, 2012, S. 303-371.

Hanna, V.; Walsh, K. (2002): Small firm networks: A successful approach to innovation? In: *R&D management*, Jg. 32(3), 2002, S. 201-207.

Hantsch, S.; Kergel, H.; Lämmer-Gamp, T. u. a. (2013): Cluster management excellence in Germany - German clusters in comparison with European peers. Institut für Innovation und Technik (iit). BMWi. Berlin. URL: https://www.iit-berlin.de/de/publikationen/cluster-management-excellence-in-germany, Stand: 09.05.2018.

Hantsch, S.; Kergel, H.; Munoz, M. E. u. a. (2015): Cluster Management Excellence in Mexiko - Mexican Information Technology Clusters in Comparison with European Peers. ESCA. URL: https://www.cluster-analysis.org/downloads/country-report-mexico-en-public, Stand: 28.08.2017.

Hantsch, S.; Kergel, H.; Nerger, M. u. a. (2011): Benchmarking Report. ESCA. Berlin.

Haritz, J.; Haritz, A. (2003): Ansätze für ein Personalmanagement in Unternehmensnetzwerken. In: Holtbrügge, D. (Hrsg.): Management Multinationaler Unternehmungen - Festschrift zum 60. Geburtstag von Martin K. Welge. Heidelberg, 2003, S. 217-232.

Harrison, B. (1992): Industrial Districts: Old Wine in New Bottles? In: *Regional Studies*, Jg. 26(5), 1992), S. 469-483.

Harrison, D. (2004): Is a long-term business relationship an implied contract? Two views of relationship disengagement. In: *Journal of Management Studies*, Jg. 41(1), 2004, S. 107-125.

Hassink, R. (1997): Die Bedeutung der Lernenden Region für die regionale Innovationsförderung. In: Geographische Zeitschrift, H. 85, S. 159-173.

Haubrock, A.; Öhlschlegel-Haubrock, S. (2009): Personalmanagement. 2., aktual. u. überarb. Aufl. Stuttgart.

Hauff, V. (1987): Unsere gemeinsame Zukunft. Greven.

Hauser, E. (2017a): Debatte rund um Cluster. In: Hauser, E. (Hrsg.): Clustermanagement - Wie Cluster die Innovation und die Wettbewerbsfähigkeit unterstützen. Wiesbaden, 2017, S. 1-10.

Hauser, E. (2017c): Clusterstrategien. In: Hauser, E. (Hrsg.): Clustermanagement - Wie Cluster die Innovation und die Wettbewerbsfähigkeit unterstützen. Wiesbaden, 2017, S. 11-20.

Hauser, E. (2017d): Human Resources als Clustertreiber. In: Hauser, E. (Hrsg.): Clustermanagement - Wie Cluster die Innovation und die Wettbewerbsfähigkeit unterstützen. Wiesbaden, 2017, S. 121-130.

Hauser, E. (2017e): Wirtschaftspolitik und Cluster als Treiber. In: Hauser, E. (Hrsg.): Clustermanagement - Wie Cluster die Innovation und die Wettbewerbsfähigkeit unterstützen. Wiesbaden, 2017, S. 21-26.

Häusler, J.; Hahn, H.-W.; Lutz, S. (1994): Contingencies of innovative networks: a case study of successful interfirm R&D network. In: *Research Policy*, Jg. 23(1), 1994, S. 47-66.

Hawking, P.; Stein, A.; Foster, S. (o.J.): e-HR and Employee Self Service: A Case Study ofa Victorian Public Sector Organisation. In: *Issues in Informing Science and Information Technology*, S. 1017-1026.

Hax, H. (1991): Theorie der Unternehmung - Information, Anreize und Vertragsgestaltung. In: Ordelheide, D. (Hrsg.): Betriebswirtschaftslehre und ökonomische Theorie. Stuttgart, 1991, S. 51-72.

Hays; Pierre Audoin Consultants (PAC) (2014): Personalbedarfsplanung und -beschaffung. Eine Studie von PAC und Hays. Mannheim, Zürich, Wien.

Heidling, E. (2008): Strategische Netzwerke - Kooperation und Interaktion in asymmetrisch strukturierten Unternehmensnetzwerken. In: Weyer, J. (Hrsg.): Soziale Netzwerke - Konzepte und Methoden der sozialwissenschaftlichen Netzwerkforschung. 2. Aufl. München, 2008, S. 135-165.

Heikkinen, M. T.; Tahtinen, J. (2006): Managed formation process of R&D networks. In: *International Journal of Innovation Management*, Jg. 10(3), 2006, S. 271-298.

Helfer, M.; Drewello, H.; Kiehlmann, F. u. a. (2015): Qualitätsmanagement in Cluster- und Netzwerkinitiativen - Der Einsatz von Qualitätsstandards in kleinen und jungen Netzwerken in der Praxis. Europäisches Kompetenz- und Forschungszentrum Clustermanagement. URL: https://irf.fhnw.ch/bitstream/handle/11654/ 8231/Clustermanagement%20in%20Clusterinitiativen.pdf?sequence=1, Stand: 28.08.2017.

Hellge, V.; Hoffmann, J. (2017): Kompetenzprofile erfolgreicher Clustermanager - Ergebnisse aus einer Studie zu Kompetenzbedarfen von Clustermanagern im Rahmen des Projekts "Die Virtuelle Clusterakademie". Institut für Technologie und Arbeit (ITA), Kaiserslautern.

Hellge, V.; Hoffmann, J. (2018): Kompetenzprofile und Karrierepfade erfolgreicher Clustermanager in Deutschland - Ergebnisse einer empirischen Studie im Rahmen des Projektes „Die Virtuelle Clusterakademie". In: *Zeitschrift für Organisationsentwicklung (ZOE)* H. 3/2018.

Hellge, V.; Thul, M. J. (2014): Unterschiede zwischen Unternehmensclustern und Einzelunternehmen. ITA, Kaiserslautern. Internes Arbeitspapier.

Hendry, C.; Pettigrew, A. (1992): Patterns of strategic change in the development of human resources Management. In: *British Journal of Management*, Jg. 3(2), 1992, S. 137-156.

Henn, S. (2006): Evolution of regional clusters in nanotechnology, Empirical findings from Germany H. 2816, 2006, S. 1-23.

Hentze, J.; Kammel, A.; Graf, A. (2001): Personalwirtschaftslehre. 7., überarb. Aufl. Bern.

Hervas-Oliver, J.-L. (2011): When and why companies benefit from collaboration in clusters? Paper presented at the DRUID Conference 2011 on Innovation, strategy and structure -Organizations, Institutions, Systems and regions, Copenhagen.

Hervas-Oliver, J.-L.; Albors-Garrigos, J. (2014): Are technology gatekeepers renewing clusters? Understanding gatekeepers and their dynamics across cluster life cycles. In: *Entrepreneurship & Regional Development*, Jg. 26(5/6), 2014, S. 431-452.

Herzberg, F. (1966): Work and the nature of man. Clevland, OH.

Hesch, G. (1997): Das Menschenbild neuer Organisationsformen - Mitarbeiter und Manager im Unternehmen der Zukunft. Gabler Edition Wissenschaft. Aachen.

Hickson, D. J.; McMillan, C. J. (1981): Organization and Nation: the Aston Programme IV. Westmead, Farnb.

Hilb, M. (2011): Integriertes Personal-Management - Ziele, Strategien, Instrumente. 20., Aufl. Köln.

Hildebrandt, A.; Landhäußer, W. (Hrsg.) (2017): CSR und Digitalisierung - Der digitale Wandel als Chance und Herausforderung für Wirtschaft und Gesellschaft. Berlin, Heidelberg.

Hill, C. W.; Jones, G.; Schilling, M. (2014): Strategic Management Theory: An integrated approach. 11. Aufl. Boston, MA.

Hippe, A. (1997): Interdependenzen von Strategie und Controlling in Unternehmensnetzwerken. Wiesbaden.

Hirschhausen, N. v. (2017): Einfluss der Digitalisierung auf die Mode und warum daraus eine Frage der Verantwortung entsteht. In: Hildebrandt, A.; Landhäußer, W. (Hrsg.): CSR und Digitalisierung - Der digitale Wandel als Chance und Herausforderung für Wirtschaft und Gesellschaft. Berlin, Heidelberg, 2017, S. 537-554.

Hippe, A. (1996): Betrachtungsebenen und Erkenntnisziele in strategischen Unternehmensnetzwerken. In: Bellmann, K.; Hippe, A. (Hrsg.): Management von Unternehmensnetzwerken. Wiesbaden, 1996, S. 21-53.

hkp group; DHBW Lörrach (2016): HR goes digital - Vor Vielen liegt noch ein weiter Weg. Amsterdam u. a.

Hochschule Kehl; Université Strasbourg (o.J.): Deutsch-französischer Master Management von Clustern und regionalen Netzwerken. URL: http://www.master-clustermanager.eu/de/, Stand: 21.04.2018.

Hoeppe, J. C. (2014): Practitioner's view on Sustainability and HRM - The Case of a German Bank. In: Ehnert, I.; Harry, W.; Zink, K. J. (Hrsg.): Sustainability and human resource management - Developing sustainable business organizations. Berlin, New York, 2014, S. 273-294.

Hoffmann, J.; Hellge, V.; Riquartz, A. (2017): Karrierepfade erfolgreicher Clustermanager. ITA, Kaiserslautern.

Hoffmann, R.; Bogedan, C. (Hrsg.) (2015): Arbeit der Zukunft - Möglichkeiten nutzen - Grenzen setzen. Frankfurt a. Main.

Höflehner, T.; Meyer, J. (2016): Nachhaltigkeit und Regionen – die Renaissance ländlicher Räume? In: Zimmermann, F. M. (Hrsg.): Nachhaltigkeit wofür? - Von Chancen und Herausforderungen für eine nachhaltige Zukunft. Berlin, Heidelberg, 2016, S. 147-170.

Hoivik, H. W.; Shankar, D. (2011): How can SMEs in a cluster respond to global demands for corporate responsibility? In: *Journal of Business Ethics*, Jg. 101(2), 2011, S. 175-195.

Holtbrügge, D. (2013): Personalmanagement. 5. Aufl. 2013. Berlin, Heidelberg.

Holub-Iwan, J. (2012): Cluster Benchmarking in Poland - 2012. General Report. Warsaw. URL: https://en.parp.gov.pl/images/PARP_publications/pdf/2012_cluster_benchmarking_en.pdf, Stand: 09.05.2018.

Hoover, E. M., Jr. (1948): The location of economic activity. New York.

Hoover, E. M., Jr. (1937): Location Theory and the Shoe and leather Industries. Cambridge, Mass.

Howels, J. (2006): Intermediation and the role of internmediaries in innovation. In: *Research Policy*, Jg. 35(5), 2006, S. 715-728.

Human, S. E.; Provan, K. G. (2000): Legitimacy Building in the Evolution of Small-Firm Multilateral Networks: A Comparative Study of Success and Demise. In: *Administrative Science Quarterly*, Jg. 45(2), 2000, S. 327-365.

Hummel, V. (2001): Management von Unternehmensnetzwerken auf dem Weg zur Business Excellence. Selbstbewertung, Gestaltung, Optimierung, Reifegrad. In: Fraunhofer IPA (Hrsg.): Business Excellence. Praxisbeispiele - Forschungsansätze - Visionen. Stuttgart, S. 177-193.

Huselid, M. A. (1995): The impact of human resource management practices on turnover, productivity, and corporate financial performance. In: *Academy of Management Journal*, Jg. 38(3), 1995, S. 635-672.

Huselid, M. A.; Becker, B. E. (2000): Comment on Measurement Error in Research on Human Resources and Firm Performance - How much error is there and how does it influence effect size estimates. In: *Personnel Psychology*, Jg. 53(4), 2000, S. 835-854.

Huxham, C.; Vangen, S. (2005): Managing to collaborate the theory and practice of collaborative advantage. London.

Huxham, C.; Vangen, S. (2000): Leadership in the shaping and implementation of collaboration agendas: How things happen in a (not quite) joined up world. In: *Academy of Management Journal*, Jg. 43(6), 2000, S. 1159-1175.

IBM (2007): The IBM Global Human Capital Study 2008. In: *IBM Global Services,* 2007.

Ingstrup, M. B. (2013): Facilitating different types of clusters. In: *Management Review*, Jg. 24(2), 2013, S. 133-150.

Ingstrup, M. B.; Damgaard, T. (2013): Cluster Facilitation from a Cluster Life Cycle Perspective. In: *European Planning Studies*, Jg. 21(4), 2013, S. 556-574.

Ingstrup, M. B.; Jensen, S.; Christensen, P. R. (2017): Cluster evolution and the change of knowledge bases: The development of a design cluster. In: *European Planning Studies*, Jg. 25(2), 2017, S. 202-220.

Institut für Arbeitsmarkt und Berufsforschung (IAB); Zentrum für Europäische Wirtschaftsforschung GmbH (ZEW); Universität zu Köln (2013): Arbeitsqualität und wirtschaftlicher Erfolg - Längsschnittstudie in deutschen Betrieben. Forschungskooperation des Bundesministeriums für Arbeit und Soziales (BMAS). URL: http://www.inqa.de/SharedDocs/PDFs/DE/Meldungen/Personalfuehrung/Zwischenbericht_Arbeitsqualitaet-wirtschaftlicher-Erfolg.pdf?__blob=publicationFile&v=1, Stand: 07.11.2017.

Institute for Innovation and Technology (iit) (2013): Cluster: Zwischen hard facts und soft facts. Jahresbericht 2012. Berlin.

International Organization for Standardization (ISO) (2010a): ISO/DIS/10667-1 - Assessment service delivery - Procedures and methods to assess people in work and organizational settings - Part 1: Requirements for service providers. Beuth und ISO. Genf.

International Organization for Standardization (ISO) (2010b): ISO/DIS 10667-2 - Assessment service delivery - Procedures and methods to assess people in work and organizational settings - Part 2: Requirements for the client. Beuth und ISO. Genf.

International Organization for Standardization (ISO) (2011): ISO 26000, (2011-01): Leitfaden zur gesellschaftlichen Verantwortung. Genf.

Investors in People (IIP) (Hrsg.): Investors in People -About Us. URL: https://www.investorsinpeople.com/about-us/ (Stand: 24.09.2018).

Investors in People (IIP) (Hrsg.): Investors in People- Solutions. URL: https://www.investorsinpeople.com/solutions-accreditation/ (Stand: 24.09.2018).

Investors in People (IIP) (2006): Moving your organisation forward - The investors people standard. 2nd ed. Norwich.

Investors in People (IIP) (2015): People Management Benchmark - The impact of investing in people. London.

Iristay, C. K. (2007): Das Management von Unternehmenskooperationen - eine institutionenökonomische Analyse. Aachen.

Isaksen, A. (2016): Cluster emergence - Combining pre-existing conditions and triggering factors. In: *Entrepreneurship & Regional Development*, Jg. 28(9-10), 2016, S. 704-723.

Isard, W. (1960): Methods of Regional Science. Cambridge.

Isard, W. (1956): Location and Space-Economy. Cambridge.

Iszak, K.; Markianidou, P.; Rivera Leon, L. u. a. (2015): European Cluster Trends – Report (2015)2389408 - 08/06/2015.

Ivancevich, J. M. (2010): Human Resource Management. 11. Aufl. Boston, MA.

Jackson, S. E.; Schuler, R. S. (2007): Understanding Human Resource Management in the Context of Organizations and Their Environments. In: Schuler, R. S.; Jackson, S. E. (Hrsg.): Strategic human resource management. 2nd ed. Malden, MA, 2007, S. 23-48.

Jackson, S. E.; Schuler, R. S.; Rivero, J. C. (1989): Organizational Characteristics as Predictors of Personnel Practices. In: *Personnel Psychology*, Jg. 42(4), 1989, S. 727-786.

Jacobs, D.; Man, A.-P. de (1996): Clusters, industrial policy and firm strategy - A menu approach. In: *Technology Analysis & Strategic Management*, Jg. 8(4), 1996, S. 425-437.

Jacobsen, L. R. (2015): On Robinson, Robertson, and the industrial organization view. In: *History of Political Economy*, Jg. 47(1), 2015, S. 41-89.

Jappe-Heinze, A.; Baier, E.; Kroll, H. (2008): Clusterpolitik: Kriterien für die Evaluation von regionalen Clusterinitiativen. Arbeitspapiere Unternehmen und Region, Nr. 3/2008. Karlsruhe.

Jarillo, J. C. (1988): On Strategic Networks. In: *Strategic Management Journal*, Jg. 9(1), 1988, S. 31-41.

Jasch, C.; Lavicka, A.; Schniter, H. u. a. (2005): Was bedeutet Nachhaltigkeit für einen Industriecluster? - Methode zur Nachhaltigkeitskostenrechnung am Beispiel eines fiktiven Pilotbetriebs des Automobilclusters ACstyria. Berichte aus Energie- und Umweltforschung, Nr. 23/2005. Wien.

Jensen, M. C.; Meckling, W. H. (1976): Theory of the firm: Managerial behaviour, agency costs and ownership structure. In: *Journal of Financial Economics*, Jg. 3(4), 1976, S. 305-360.

Jessop, B. (1998): The rise of governance and the risks of failure: the case of economic development. In: *International Social Science Journal*, Jg. 50(155), 1998, S. 29-45.

Jimenez-Jimenez, D.; Sanz-Valle, R. (2005): The Flexible Company: Innovation, Work Organization and Human Resource Management. In: *International Journal of Manpower*, Jg. 26(4), 2005, S. 364-381.

Jircikova, E.; Pavelkova, D.; Bialic Davendra, M. u. a. (2013): The age of clusters and its influence on their activity preferences. In: *Technological and Economic Development of Economy*, Jg. 19(4), 2013, S. 621-637.

Jochmann, W. (2009): Status quo der Personalentwicklung - eine Bestandsaufnahme. In: Meifert, M. T. (Hrsg.): Strategische Personalentwicklung - Ein Programm in acht Etappen. 2., überarb. u. aktual. Aufl. Heidelberg, 2009, S. 29-44.

Jochmann, W. (1997): Arbeitsformen für ein modernes Personalmanagement. In: Siegwart, H. v. (Hrsg.): Human Resource Management. Stuttgart, 1997, S. 212-238.

Jochmann, W.; Faltin, T. (2014): Strategische Akzeptanz von HR. Spürbarer „Skill-Upgrade“ ist gefordert. In: *Personalführung*(8), 2014, S. 20-27.

Jones, C.; Hesterly, W. S.; Borgatti, S. P. (1997): A General Theory of Network Governance: Exchange Conditions and Social Mechanisms. In: *Academy of Management Review*, Jg. 22(4), 1997, S. 911-945.

Jungwirth, C.; Grundgreif, D.; Müller, E. (2011): How to turn public networks into clubs? The challenge of being a cluster manager. In: *International journal of entrepreneurial venturing*, Jg. 3(2), 2011, S. 262-280.

Jungwirth, C.; Ruckdäschel, S. (2013): Influence of culture and governance structure on leadership behaviour of cluster managers and implications for cluster management effectiveness. In: *International journal of entrepreneurship and small business*, Jg. 18(4), 2013, S. 470-492.

Justus, A. (1999): Wissenstransfer in Strategischen Allianzen: eine verhaltenstheoretische Analyse. Frankfurt a. M. u. a.

Kaczmarek, M.; Sonnek, A.; Stüllenberg, F. (2004): Das Management von Unternehmensnetzwerken - Aufgabenfelder und instrumentelle Unterstützung. In: Gericke, J.; Kaczmarek, M.; Neweling, S. u. a. (Hrsg.): Management von Unternehmensnetzwerken. Beiträge aus Forschung und Praxis, Hamburg, 2004, S. 1-24.

Kamiske, G. F.; Brauer, J.-P. (2011): Qualitätsmanagement von A - Z. Wichtige Begriffe des Qualitätsmanagements und ihre Bedeutung. Hanser.

Kane, G. C.; Palmer, D.; Nguyen Philips, A. u. a. (2015): Strategy, not Technology, Drives Digital Transformation - Becoming a digitally mature enterprise. URL: http://marketing.mitsmr.com/DL2015/57181-MIT-Deloitte-Digital2015.pdf?cid=1, Stand: 15.5.2018.

Kanning, H. (2013): Nachhaltige Entwicklung -Die gesellschaftliche Herausforderung für das 21. Jahrhundert. In: Baumast, A.; Pape, J. (Hrsg.): Betriebliches Nachhaltigkeitsmanagement. Stuttgart, 2013, S. 21-43.

Karlsson, C. (2010): Clusters, Networks and Creativity. CESIS Electronic Working Paper Series, Nr. 235. Stockholm. URL: https://static.sys.kth.se/itm/wp/cesis/cesiswp235.pdf, Stand: 15.5.2018.

Kenis, P.; Provan, K.G. (2009): Towards an Exogenous Theory of Public network Performance. In: *Public Administration*, Jg. 83(3), 2009, S. 440-456.

Kern, H. (1996): Vertrauensverlust und blindes Vertrauen: Integrationsprobleme im ökonomischen Handeln. In: *SOFI-Mittelungen*(24), 1996, S. 7-14.

Ketels, C. (2015): Competitiveness and Clusters: Implications for a New European Growth Strategy. WWW for Europe, Working Paper No. 84. Center for Strategy and Competitiveness, Europe INNOVA European Cluster Alliance.

Ketels, C. (2013): Recent research on competitiveness and clusters: What are the implications for regional policy? In: *Cambridge Journal of Regions, Economy and Society*(6), 2013, S. 269-284.

Ketels, C. (2009): Clusters, Cluster Policy and Swedish Competitiveness in the Global economy - Expert report no. 30 to Sweden’s Globalisation Council. Stockholm.

Ketels, C. (2008): Clusterinitiativen und Netzwerke - Handlungsfelder lokaler und regionaler Wirtschaftspolitik. In: Floeting, H. (Hrsg.): Cluster in der kommunalen und regionalen Wirtschaftspolitik - Vom Marketingbegriff zum Prozessmanagement. Berlin, 2008, S. 41-54.

Ketels, C. (2007): Was sind Cluster? Antworten aus der Wissenschaft. Treibhäuser der Innovation. Clusterpotenziale für Wirtschaft und Wissenschaft. Essen.

Ketels, C. (2003): The development of the cluster concept - Present experiences and further developments. Harvard Business School.

Ketels, C.; Lindqvist, G.; Sölvell, Ö. (2006): Cluster Initiatives in Developing and Transition Economies. Stockholm.

Ketels, C.; Lindquist, G.; Sölvell, Ö. (2007): Clusters and Cluster Organisations. Center for Strategy and Competitiveness. Stockholm School of Economics. Stockholm.

Ketels, C.; Lindqvist, G.; Sölvell, Ö. (2012): Strengthening Clusters and Competitiveness in Europe - The Role of Cluster Organisations. Center for Strategy and Competitiveness. Stockholm School of Economics. The European Cluster Observatory. Stockholm.

Ketels, C.; Protsiv, S. (2013): Clusters and the New Growth Path for Europe. WWW for Europe, Nr. Working Paper No. 14. URL: http://www.wifo.ac.at/jart/prj3/wifo/resources/person_dokument/person_dokument.jart?publikationsid=46866&mime_type=application/pdf, Stand: 12.06.2017.

Kiener, S. (1989): Die Principal-Agent-Theorie aus informationsökonomischer Sicht. Heidelberg.

Kiese, M. (2017): Regional cluster policies in Germany: challenges, impacts and evaluation practices. In: *The journal of technology transfer*, 2017, S. 1-22.

Kiese, M. (2013): Regional Cluster Policies in Germany - A Multi-Level Governance Perspective on Policy Learning. In: *European Review of Industrial Economics and Policy*(5), 2013.

Kiese, M. (2012a): Corporate regional responsibility: Ruhr-Universität Bochum. URL: https://www.geographie.ruhr-uni-bochum.de/fileadmin/sroe/GfS-Stammtisch_Kiese_2012-07-04.pdf, Stand: 28.02.2018.

Kiese, M. (2012b): Regionale Clusterpolitik in Deutschland - Bestandsaufnahme und interregionaler Vergleich im Spannungsfeld von Theorie und Praxis. Marburg.

Kiese, M. (2008a): Clusterkonzepte zwischen Theorie und Praxis. In: Floeting, H. (Hrsg.): Cluster in der kommunalen u. regionalen Wirtschaftspolitik. Vom Marketingbegriff zum Prozessmanagement. Berlin, 2008, S. 55-81.

Kiese, M. (2008b): Clusterpolitik in Deutschland: Ein wirtschaftsgeographischer Vergleich aus institutioneller und politisch-ökonomischer Perspektive. Professorial dissertation. Hannover: Leibniz-Universität.

Kiese, M. (2008c): Mind the Gap: Regionale Clusterpolitik im Spannungsfeld von Wissenschaft, Politik und Praxis aus der Perspektive der Neuen Politischen Ökonomie. In: *Zeitschrift für Wirtschaftsgeographie*, Jg. 52(2-3), 2008, S. 129-145.

Kiese, M. (2008d): Stand und Perspektiven der regionalen Clusterforschung. In: Schätzl, L.; Kiese, M. (Hrsg.): Cluster und Regionalentwicklung - Theorie, Beratung und praktische Umsetzung. Dortmund, 2008, S. 9-50.

Kiese, M. (2008e): Regionale Clusterpolitk in Deutschland: Eine vergleichende Perspektive. Fachtagung zu den Chance und Risiken von Clusterpolitiken. Dortmund, 08.02.2008.

Kieser, A. (2006): Der situative Ansatz. In: Kieser, A.; Ebers, M. (Hrsg.): Organisationstheorien. 6., erw. Aufl. Stuttgart, 2006, S. 215-245.

Kind, S.; Meier zu Köcker, G. (2013): Cluster Impact Analysis - The real cluster case. iit, Berlin.

Kind, S.; Meier zu Köcker, G. (2012): Developing Successful Creative & Cultural Clusters - Measuring their outcomes and impacts with new framework tools. Institute for Innovation and Technology, Berlin.

Kind, S.; Meier zu Köcker, G. (2011): Evaluation concept for clusters and networks - Prerequisites of a common and joint evaluation system. iit perspektive- Working Paper des iit, VDI/VDE-IT, Nr. 07. Berlin.

Kinnie, N.; Swart, J.; Purcell, J. (2005): Influences on the choice of HR system: the network organization perspective. In: *International Journal of Human Resource Management*, Jg. 16(6), 2005, S. 1004-1028.

Kirchgeorg, M.; Müller, J. (2013): Personalmarketing als Schlüssel zur Gewinnung, Bindung und Wiedergewinnung von Mitarbeitern. In: Stock-Homburg, R. (Hrsg.): Handbuch Strategisches Personalmanagement. 2., überarb. u. erw. Aufl. 2013, Wiesbaden, 2013, S. 73-90.

Kirkels, Y.; Duysters, G. (2010): Brokerage in SME networks. In: *Research Policy*, Jg. 39(3), 2010, S. 375-385.

Kirschten, U. (2006): Nachhaltige Innovationsnetzwerke in Theorie und Praxis: Ausgewählte Forschungsergebnisse. In: Pfriem, R. (Hrsg.): Innovationen für eine nachhaltige Entwicklung. Wiesbaden, 2006, S. 269-286.

Kirschten, U. (2003): Unternehmensnetzwerke für nachhaltiges Wirtschaften. In: Linne, G.; Schwarz, M. (Hrsg.): Handbuch nachhaltige Entwicklung - Wie ist nachhaltiges Wirtschaften machbar? Opladen, 2003, S. 171-182.

Klein, S. (1995): Die Konfiguration von Unternehmungsnetzwerken - ein Parsons'scher Bezugsrahmen. In: Bühner, R.; Haase, K. D.; Wilhelm, J. (Hrsg.): Dimensionierung des Unternehmens. Stuttgart, 1995, S. 323-357.

Klimecki, R.; Gmür, M. (2005): Personalmanagement - Strategien, Erfolgsbeiträge, Entwicklungsperspektiven. 3., erw. Aufl. Stuttgart.

Knapp, K.; Zschunke, M. (2009): Regional educational strategies – methods to promote human resource development in small businesses. In: *European Journal of Vocational Training*, Jg. 48(3), 2009, S. 184-203.

Knop, R. (2009): Erfolgsfaktoren strategischer Netzwerke kleiner und mittlerer Unternehmen - Ein IT-gestützter Wegweiser zum Kooperationserfolg. Wiesbaden.

Kobi, J.-M. (2002): Personalrisikomanagement - Strategien zur Steigerung des People Value. 2. Aufl. Wiesbaden.

Kogut, B. (2000): The network as knowledge: Generative rules and the emergence of structure. In: *Strategic Management Journal*, Jg. 21(3), 2000, S. 405-425.

Köhler, S.; Otto, A. (2006): The role of new firms for the development of clusters in Germany. Saarbrücken.

Konstantynova, A.; Lehmann, T. (2017): Cluster Activities in Different Institutional Environments. Case Studies of ICT-Clusters from Austria, Germany, Ukraine and Serbia. In: *Administrative Sciences*, Jg. 7(11), 2017.

Kortum, C. (2013): Corporate Social Responsibility in industriellen Clustern: Akteure, Aktionen, Institutionen und Ergebnisse im lokalen Raum - Eine Fallstudie zum Schuhproduktionscluster in Jinjiang, Provinz Fujian, VR China. Dissertation. Kiel: Christian-Albrechts-Universität.

Kosel, M.; Weißenrieder, J. (2010): Das NPM-Konzept - engagierte Mitarbeiter sind kein Zufall. In: Weißenrieder, J.; Kosel, M. (Hrsg.): Nachhaltiges Personalmanagement in der Praxis - Mit Erfolgsbeispielen mittelständischer Unternehmen. Wiesbaden, 2010, S. 11-24.

Kotler, P.; Bliemel, F. (2006): Marketing-Management - Analyse, Planung und Verwirklichung. 10., überarb. und aktual. Aufl., Nachdruck. München.

Krugman, P. (2009): Where in the World is the New Economic Geography? In: Clark, G.L.; Feldman, M. P.; Gertler, M. S. (Hrsg.): The Oxford handbook of economic geography. Reprinted. Oxford, 2009, S. 49-60.

Krugman, P. (1993): First Nature, Second Nature, and Metropolitan Location. In: *Journal of Regional Science*, Jg. 33), 1993, S. 129-144.

Krugman, P. (1991): Geography and Trade. London.

Krulis-Randa, J. S. (1995): Strategisches Denken im Personalbereich. In: Scholz, C. (Hrsg.): Strategisches Personalmanagement - Konzeptionen und Realisationen. Stuttgart, 1995, S. 19-34.

Kuckartz, U. (2016): Qualitative Inhaltsanalyse. Methoden, Praxis, Computerunterstützung.

Kuckartz, U. (2010): Einführung in die computergestützte Analyse qualitativer Daten. 3. Aufl. Wiesbaden.

Küpper, U. I.; Roellinghoff, S. (2005): Clustermanagement: Anforderungen an Staedte und regionale Netzwerke. In: *Deutsche Zeitschrift fuer Kommunalwissenschaften*, Jg. 44(I), 2005, S. 60-93.

Kuznets, S. (1930): Secular movements in production and prices; their nature and their bearing upon cyclical fluctuations. Boston.

Lagendijk, A. (1999): Innovative forms of regional structural policy in Europe: The role of dominant concepts and knowledge flows. In: Fischer, M. M.; Suarez-Villa, L.; Steiner, M. (Hrsg.): Innovation, Networks and Localities. Berlin, 1999, S. 272-299.

Lahner, J. (2017): Modul Regionalökonomik und Entwicklung. In: Lahner, J. (Hrsg.): Entwicklung und Regionalökonomie in der Wirtschaftsförderung - Grundlagen für die Praxis. Wiesbaden, 2017, S. 7-94.

Lämmer-Gamp, T. (2014): Creative Industries - Policy Recommendations - Promotion of cross-innovation from creative industries. URL: http://www.cross-innovation.eu/wp-content/uploads/2014/04/Report_cross-innovation-creative-industries_final_140315.pdf, Stand: 15.05.2018.

Lämmer-Gamp, T.; Kergel, H.; Nerger, M. (2014): Cluster organisations in Europe - insights from Bronze and Gold Label assessments - Input paper for the workshop "Moving forward the EU policy agenda on cluster excellence", Brussels, September 23rd, 2014. Berlin. URL: https://www.cluster-analysis.org/downloads/copy_of_InputPaper_COMWorkshopSeptember_published_140918.pdf, Stand: 28.08.2017.

Lämmer-Gamp, T.; Meier zu Köcker, G.; Christensen, T. A. (2011): Clusters are Individuals - Creating Economic Growth through Cluster Policies for Cluster Management Excellence. Danish Ministry of Science, Technology and Innovation; VDI/VDE Innovation+Technik GmbH. URL: https://ufm.dk/en/publications/2011/files-2011/clusters_indhold_web_v2.pdf, Stand: 09.05.2018.

Lämmer-Gamp, T.; Meier zu Köcker, G.; Nerger, M. (2014): Cluster Collaboration and Business Support Tools to Facilitate Entrepreneurship - Cross-sectoral Collaboration and Growth. Brüssel.

Lange, C.; Schaefer, S.; Daldrup, H. (2001): Integriertes Controlling in Strategischen Unternehmensnetzwerken. In: *Controlling*, Jg. 13(2), 2001, S. 75-83.

Larsen, H. H.; Brewster, C. (2000): Human Resource Management in Northern Europe. In: Brewster, C.; Larsen, H. H. (Hrsg.): Human resource management in Northern Europe - Trends, dilemmas and strategy. Oxford, 2000, S. 1-23.

Launhardt, W. (1882): Die Bestimmung des Zweckmässigsten Standortes einer Gewerblichen Anlage. Berlin.

Laux, H. (1990): Risiko, Anreiz und Kontrolle - Principal-Agent-Theorie Einführung und Verbindung mit dem Delegationswert-Konzept. Berlin, Heidelberg.

Lawler, E. E. (2004): Human resources business process outsourcing - Transforming how HR gets its work done. San Francisco, CA.

Lawler, E. E. (1986): High-Involvement Management. San Francisco.

Lazerson, M. H.; Lorenzoni, G. (2008): Transforming industrial districts - How leading firms are excaping the manufacturing cage. In: Cropper, S.; Ebers, M.; Huxham, C. (Hrsg.): The Oxford handbook of inter-organizational relations. New York, 2008, S. 31-60.

Lazerson, M. H.; Lorenzoni, G. (1999): The firms that feed industrial districts: a return to the Italian source. In: *Industrial and Corporate Change*, Jg. 8(2), 1999, S. 235-266.

Lee, M. (2015): The history, status and future of HRD. In: Poell, R. F.; Rocco, T. S.; Roth, G. L. (Hrsg.): The Routledge Companion to Human Resource Development. London, 2015, S. 3-12.

Legge, K. (2007): Networked organizations and the negation of HRM? In: Storey, J. (Hrsg.): Human resource management - A critical text. 3rd ed. London, 2007, S. 39-56.

Legge, K. (1995): Human Resources Management - Rhetorics and Realities. London.

Legge, K. (1978): Power, Innovation and Problemsolving. London.

Leingang, M. (2014): Erarbeitung eines Konzepts zur Nutzung von Foresight-Ergebnissen bei der Entwicklung von Strategien des Personalmanagements. Masterarbeit. Kaiserslautern: Technische Universität Kaiserslautern.

Leipold, H. (1978): Theorie der Property Rights - Forschungsziele und Anwendungsbereiche. In: *Wirtschaftswissenschaftliches Studium*, Jg. 70, 1978, S. 518-525.

Lengnick-Hall, M. L.; Lengnick-Hall, C. A.; Andrade, L. S. u. a. (2009): Strategic human resource management: The evolution of the field. In: *Human Resource Management Review*, Jg. 19(2), 2009, S. 64-85.

Lepak, D.; Snell, S. (2007): Employment sub-systems and the „HR architecture“. In: Boxall, P. F.; Purcell, J.; Wright, P. M. (Hrsg.): The Oxford handbook of human resource management. Oxford, New York, 2007, S. 517-543.

Lerch, F.; Sydow, J.; Provan, K. G. (2006): Cliques within clusters - Multi-dimensional network integration and innovation activities. URL: https://www.researchgate.net/profile/Joerg_Sydow2/publication/237565372_Cliques_within_Clusters_-_Multidimensional_Network_Integration_and_Innovation_Activities/links/02e7e52a08f358601e000000/Cliques-within-Clusters-Multidimensional-Network-Integration-and-Innovation-activities.pdf?origin=publication_detail, Stand: 15.05.2018.

Liebel, H.; Oechsler, W. A.; Holstegge, C. u. a. (1994): Handbuch Human Resource Management. Wiesbaden.

Liebeskind, J. P.; Oliver, A. L.; Zucker, L. u. a. (1996): Social Networks, Learning, and Flexibility: Sourcing Scientific Knowledge in New Biotechnology Firms. In: *Organization Science*, Jg. 7(4), 1996, S. 428-443.

Lindemann, S.; Jänicke, M. (2008): Nachhaltigkeitsstrategien in Deutschland und der EU - Eine Zwischenbilanz aus umweltpolitischer Sicht. FFU-rep, Nr. 02-2008. URL: http://www.diss.fu-berlin.de/docs/servlets/MCRFileNodeServlet/FUDOCS_derivate_000000001520/FFU_Report_02_2008.pdf, Stand: 15.05.2018.

Lindqvist, G. (2009): Disentangling Clusters: Agglomeration and Proximity Effects. Dissertation. Stockholm.

Lindqvist, G.; Ketels, C.; Sölvell, Ö. (2013): The Cluster Initiative Greenbook 2.0. Stockholm.

Lindqvist, G.; Sölvell, Ö. (2011): Organising Clusters for Innovation: Lessons from City Regions in Europe. Clusnet Final Report. URL: https://www.hhs.se/contentassets/f51b706e1d644e9fa6c4d232abd09e63/clusnet_final_report_v1.pdf, Stand: 11.04.2018.

Longhi, C. (2015): Clusters and collective learning networks - The case of the competitiveness cluster "Secure Communicating Solutions" in the french Provence-Alpes-Cote D'Azur region, 2015. URL: https://halshs.archives-ouvertes.fr/halshs-01248304/document, Stand: 09.05.2018.

Lorenzen, M. (2005): Why do clusters change? In: *European Urban and Regional Studies*, Jg. 12(3), 2005, S. 203-208.

Lorenzen, M.; Frederisken, L. (2008): Why do cultural industries cluster? Localization, urbanization, products and projects. In: Lazzeretti, L.; Cooke, P. N. (Hrsg.): Creative cities, cultural clusters and local economic development. Cheltenham, UK; Northampton, MA, 2008, S. 155-179.

Lorenzoni, G.; Baden-Fuller, C. (1995): Creating a strategic center to manage a web of partners. In: *California Management Review*, Jg. 37(3), 1995, S. 146-163.

Lorleberg, W. (2010): Standortsicherung durch Clustermanagement und Netzwerkentwicklung - Eine Perspektive für die Agrarwirtschaft in NRW. Fachhochsch. Südwestfalen, Fachbereich Agrarwirtschaft. Soest.

Luhmann, N. (1984): Soziale Systeme. Grundriss einer allgemeinen Theorie. Frankfurt a. Main.

Lundequist, P.; Power, D. (2002): Putting porter into practice - Practices of regional cluster building: Evidence from Sweden. In: *European Planning Studies*, Jg. 10(6), 2002, S. 685-704.

Lund-Thomsen, P.; Lindgreen, A.; Vanhamme, J. (2016a): Industrial Clusters and Corporate Social Responsibility in Developing Countries - What We Know, What We do not Know, and What We Need to Know. In: *Journal of Business Ethics*, Jg. 133(1), 2016, S. 9-24.

Lund-Thomsen, P.; Lindgreen, A.; Vanhamme, J. (2016b): Special Issue on Industrial Clusters and Corporate Social Responsibility in Developing Countries. In: *Journal of Business Ethics*, Jg. 133(1), 2016, S. 5-8.

Lund-Thomsen, P.; Nadvi, K. (2010): Clusters, chains, and compliance: Corporate social responsibility and governance in football manufacturing in South Asia. In: *Journal of Business Ethics*, Jg. 93(Suppl 1), 2010, S. 201-222.

Lundvall, B.-A. (1992): National Systems of Innovation: Towards a Theory of Innovation and Interactive Learning. London.

Lundy, O. (1994): From personnel management to strategic human resource management. In: *International Journal of Human Resource Management*, Jg. 5(3), 1994, S. 687-720.

Maier, H. (1991): Personalentwicklung, Konzept, Leitfaden und Checklisten für Klein- und Mittelbetriebe. Wiesbaden.

Maillat, D. (1991): Local dynamism, millieu and innovative enterprises. In: Brotchie, J., Batty, M.; Hall, P.; Newton, P. (Hrsg.): Cities of the 21st century - New technologies and spatial systems. Melbourne, 1991, S. 265-274.

Maillat, D. (1995): Territorial dynamic, innovative milieus and regional policy. In: *Entrepreneurship and Regional Development*, Jg. 7(2), 1995, S. 157-165.

Maillat, D. (1998): Vom 'Industrial District' zum innovativen Milieu - Ein Beitrag zur Analyse der lokalen Produktionssysteme. In: *Geographische Zeitschrift*, Jg. 86(1), 1998, S. 1-15.

Majer, H. (2003): Regionale Netzwerkarbeit für Nachhaltigkeit mit Industrieunternehmen. Neun Thesen. In: Elsner, W.; Biesecker, A. (Hrsg.): Neuartige Netzwerke und nachhaltige Entwicklung - Komplexität und Koordination in Industrie, Stadt und Region. Frankfurt a. Main, New York, 2003, S. 151-176.

Malmberg, A.; Maskell, P. (2006): Localized learning revisited. In: *Growth and Change*, Jg. 37(1), 2006, S. 1-18.

Malmberg, A.; Maskell, P. (2002): The elusive concept of localization economies: towards a knowledge-based theory of spatial clustering. In: *Environment and Planning*, Jg. 34(3), 2002, S. 429-449.

Malmberg, A.; Power, D. (2006): True clusters. A severe case of conceptual headache. In: Asheim, B. J.; Cooke, P.; Martin, R. (Hrsg.): Clusters and regional development. London, 2006, S. 50-68.

Malmberg, A.; Sölvell, Ö.; Zander, I. (1996): Spatial Clustering, Local Accumulation of Knowledge and Firm Competitiveness. In: *Geografiska Annaler Series B*, Jg. 78B(2), 1996, S. 85-97.

Mandell, M.; Keast, R. (2008): Evaluating the Effectiveness of Interorganizational relations through networks. In: *Public Management Review*, Jg. 10(6), 2008, S. 715-731.

Mandell, M.; Keast R. (2007): Evaluating network arrangements: Towards revised performance measures. In: *Public Performance and Management Review*, Jg. 30(4), 2007, S. 574-597.

March, J. G.; Simon, H. A. (1976): Organisation und Individuum - Menschliches Verhalten in Organisationen. Wiesbaden.

March, J. G.; Simon, H. A.; Guetzkow, H. (1958): Organizations. New York, London, Sydney.

Mariappanadar, S. (2003): Sustainable human resource strategy: The sustainable and unsustainable dilemmas of retrenchment. In: *Journal of Social Economics*, Jg. 30(8), 2003, S. 906-923.

Markusen, A. (1996): Sticky places in slippery space: A typology of industrial districts. In: *Economic Geography*, Jg. 72(3), 1996, S. 293-313.

Markusen, A. (1999): Fuzzy Concepts, Scanty Evidence, Policy Distance: The Case for Rigour and Policy Relevance in Critical Regional Studies. In: *Regional Studies*, Jg. 33(9), 1999, S. 869-884.

Marr, R.; Stitzel, M. (1976): Personalwirtschaft: Ein konfliktorientierter Ansatz. München.

Marr, R.; Stitzel, M.; Friedel-Howe, H. (1979): Personalwirtschaft - Ein konfliktorientierter Ansatz. München.

Marshall, A. (1927): Industry and Trade - A study of industrial technique and business organization and of their influences on the condition of various classes and nations. 5th edition London.

Marshall, A. (1920): Principles of economics. London.

Marshall, A. (1890): The Principles of Economics. London.
Martin, A. (1989): Die strategische Bedeutung der Personalführung. In: Weber, W.; Weinmann (Hrsg.): Strategisches Personalmanagement. Stuttgart, 1989, S. 17-47.
Martin, A. (Hrsg.) (2003): Personal als Ressource. München.
Martin, H.; Coenen, L. (2015): Institutional context and cluster emergence: The biogas industry in Southern Sweden. In: *European Planning Studies*, Jg. 23(10), 2015, S. 2009-2027.
Martin, R.; Sunley, P. (1996): Paul Krugman's Geographical Economics and Its Implications for Regional Development Theory: A Critical Assessment. In: *Economic Geography*, Jg. 72(2), 1996, S. 201-227.
Martin, R.; Sunley, P. (2003): Deconstructing Clusters: chaotic concept or policy panacea - evised Version of a Paper Presented at the Regional Studies Association Conference on Regionalising the Knowledge Economy London, 21 November. In: *Journal of Economic Geography*, Jg. 3(1), 2003, S. 5-35.
Martin, R.; Sunley, P. (2011): Conceptualizing Cluster Evolution: Beyond the Life Cycle Model? In: *Regional Studies*, Jg. 45(10), 2011, S. 1299-1318.
Martin Alcazar, F.; Romero Fernandez, P. M.; Sanchez Gardey, G. (2005): Strategic human resource management - integrating the universalistic, contingent, configurational and contextual perspectives. In: *International Journal of Human Resource Management*, Jg. 16(5), 2005, S. 633-659.
Martínez-del-Río, J.; Céspedes-Lorente, J. (2014): Competitiveness and Legitimation - The Logic of Companies going Green in Geographical Clusters. In: *Journal of Business Ethics*, Jg. 120(1), 2014, S. 131-146.
Marz, L. (1993): Leitbild und Diskurs. Eine Fallstudie zur diskursiven Technikfolgenabschätzung von Informationstechniken. WZB Papers FS II Berlin.
Marz, L.; Dierkes, M. (1992): Leitbildprägung und Leitbildgestaltung. Zum Beitrag der Technikgenese-Forschung für eine prospektive Technikfolgen-Regulierung. WZB Papers FS II Berlin.
Maskell, P. (2001): Towards a Knowledge-based Theory of the Geographical Cluster. In: *Industrial and Corporate Change*, Jg. 10(4), 2001, S. 921-943.
Maskell, P.; Kebir, L. (2009): What qualifies as a cluster theory? Danish Research Unit for Industrial Dynamics. URL: http://webdoc.sub.gwdg.de/ebook/serien/lm/DRUIDwp/05-09.pdf, Stand: 12.06.2017.
Maskell, P.; Malmberg, A. (2007): Myopia, knowledge development and cluster evolution. In: *Journal of Economic Geography*, Jg.7(5), 2007, S. 603-618.
Maslow, A. H. (1970): Motivation and personality. 2. Aufl. New York.
Mathews, J. (1992): TCG: Sustainable economic organization through networking. Kensington.
Matys, E. (2008): Praxishandbuch Produktmanagement. Grundlagen und Instrumente. Produktentwicklung, Markteinführung, Produkt-Lebenszyklus, Markt-Positionierung, Sicherung von Marktanteilen. 4., aktual. und erw. Aufl. Frankfurt a. Main.
Maurer, I.; Müller-Camen, M. (2016): Nachhaltiges Personalmanagement. In: Doyé, T. (Hrsg.): CSR und Human Resource Management - Die Relevanz von CSR für modernes Personalmanagement. Berlin, Heidelberg, 2016, S. 17-30.
Mayerhofer, W. (1992): Individueller Lebenszyklus und Lebensplan. In: Gaugler, E. v.; Weber, W. (Hrsg.): Handwörterbuch des Personalwesens. 2. Aufl. Stuttgart, 1992, S. 1240-1254.
Mayo, E. (1946): The Human Problems of an Industrial Civilization. Boston.
Mayrhofer, W.; Brewster, C. (2005): European Human Resource Management: Researching developments over time. In: *Management Revue*, Jg. 16(1), 2005, S. 36-62.
Mayring, P. (2002): Einführung in die qualitative Sozialforschung - Eine Anleitung zu qualitativem Denken. 5. Aufl. Weinheim.
Mayring, P. (2015a): Qualitative Inhaltsanalyse. In: Flick, U. (Hrsg.): Qualitative Forschung - Ein Handbuch. 11. Aufl. Reinbek bei Hamburg, 2015, S. 468-475.
Mayring, P. (2015b): Qualitative Inhaltsanalyse - Grundlagen und Techniken. 12., aktual. und überarb. Aufl. Weinheim u. a.
McCann, B. T.; Folta, T. B. (2011): Performance Differentials within Geographic Clusters. In: *Journal of Business Venturing*, Jg. 26(1), 2011, S. 104-123.
McEvily, B.; Zaheer, A. (2004): Architects of trust: The role of network facilitators in geographical clusters. In: Kramer, M. S.; Cook, K. S. (Hrsg.): Trust and distrust in organizations: Dilemmas and approaches. New York, 2004, S. 189-213.
McGregor, D. (1970): Der Mensch im Unternehmen. Düsseldorf.
Meadows, D. L.; Meadows, D. H.; Zahn, E. u. a. (1972): Die Grenzen des Wachstums. Bericht des Club of Rome zur Lage der Menschheit. Stuttgart.

Meffert, H.; Burmann, C.; Kirchgeorg, M. (2015): Marketing - Grundlagen marktorientierter Unternehmensführung; Konzepte - Instrumente - Praxisbeispiele. 12., überarb. u. aktual. Aufl. Wiesbaden.

Meier, C.; Seufert, S. (2016): Digitale Transformation: Implikationen für die Personalentwicklung. In: Schwuchow, K.; Gutmann, J. (Hrsg.): Personalentwicklung - Themen, Trends, Best Practices 2017. Freiburg, München, Stuttgart, 2016, S. 227-240.

Meier zu Köcker, G. (2011): Cluster Management Excellence Makes the Difference. Vortrag. VDI/VDE-IT. URL: https://de.slideshare.net/meierzukoecker/cluster-management-makes-the-difference, Stand: 09.05.2018.

Meier zu Köcker, G. (2009a): Neue Instrumente zum nachhaltigen Clustermanagement. Kompetenznetze Deutschland: Bundesministerium für Wirtschaft und Technologie. Vortrag. URL: http://spectronet.de/story_docs/vortraege_2009/090217_jahrestagung_knd/090217_07_meier_zu_koecker_knd.pdf, Stand: 09.05.2018.

Meier zu Köcker, G. (2009b): Clusters in Germany - An Empirical Based Insight View on Emergence, Financing, Management and Competitiveness of the Most Innovative Clusters in Germany. iit. Berlin. URL: https://www.iit-berlin.de/de/publikationen/clusters-in-germany, Stand: 09.05.2018.

Meier zu Köcker, G.; Buhl, C. M. (2008): Kompetenznetze initiieren und weiterentwickeln - Netzwerke als Instrument der Innovationsförderung, des Wirtschaftswachstums und Standortmarketings. BMWi. Kompetenznetze Deutschland. 2. Aufl. Berlin. URL: https://www.clusterportal-bw.de/downloads/publikation/Publikationen/download/dokument/kompetenznetze-initiieren-und-weiterentwickeln/, Stand: 09.05.2018.

Meier zu Köcker, G.; Buhl, C. M. (2007): Internationalization of Networks - Barriers and Enablers. BMWi. Kompetenznetze Deutschland. Berlin. URL: http://www.clusterobservatory.eu/system/modules/com.gridnine.opencms.modules.eco/providers/getpdf.jsp?uid=40a1a2c6-9c12-47ee-b017-5c18b2e1b46f, Stand: 9.5.2018.

Meier zu Köcker, G.; Hahn, P.; Buchholz, B. (2008): Quality Enhanced Cluster Management - A New Indicator Based Peer Review Approach for the Mutual Development of Cluster Organisational Excellence. iit. Berlin. URL: https://www.iit-berlin.de/de/publikationen/quality-enhanced-cluster-management/at_download/download, Stand: 09.05.2018.

Meier zu Köcker, G.; Lämmer-Gamp, T.; Zombori, Z. (2009): Clusters in Emerging Industries. Working Paper of the Institute for Innovation and Technology, Nr. 9. Berlin. URL: https://www.iit-berlin.de/en/publications/clusters-in-emerging-industries/at_download/download, Stand: 09.05.2018.

Meier zu Köcker, G.; Rosted, J. (2010): Promoting Cluster Excellence - Measuring and Benchmarking the Quality of Cluster Organisations and Performance of Clusters. VDI/VDE-IT. Pro InnoEurope, BMWi. European Commission- Enterprise and Industry.

Meier zu Köcker, G.; Svensson, K.; Szechenyi, N. (o.J.): World Class Clusters - An Attempt to Formulate the Main Criteria of World Class Clusters. Discussion paper. URL: http://www.tci-network.org/media/download/1076, Stand: 09.05.2018.

Meng, R. (2012): Räumliche Aspekte der Innovationsförderung - Hintergründe, Perspektiven und Kritik. In: Grow, A.; Heider, K.; Lamker, C. u. a. (Hrsg.): Polyzentrale Stadtregionen - Die Region als planerischer Handlungsraum. Arbeitsbericht. 2012, Hannover, S. 241-254.

Menzel, M. P.; Fornahl, D. (2010): Cluster life cycles - dimensions and rationales of cluster evolution. In: *Industrial and Corporate Change*, Jg. 19(1), 2010, S. 205-238.

Menzel, M. P.; Fornahl, D. (2007): Cluster life cycles - dimensions and rationales of cluster development. In: *Jena Economic Research Papers*(2007-076), 2007, S. 1-46.

Menzel, M. P.; Fornahl, D. (2005): Unternehmensgründungen und regionale Cluster: ein Stufenmodell mit quantitativen, qualitativen und systematischen Faktoren. In: *Zeitschrift für Wirtschaftsgeographie*, Jg. 49(3-4), 2005, S. 131-149.

Mesquita, L. F. (2007): Starting over when the bickering never ends: rebuilding aggregate trust among clustered firms through trust facilitators. In: *Academy of Management Review*, Jg. 32(1), 2007, S. 72-91.

Mey, G.; Mruck, K. (2011): Grounded-Theory-Methodologie: Entwicklung, Stand, Perspektiven. In: Mey, G. N.; Mruck, K. (Hrsg.): Grounded Theory Reader. Wiesbaden, 2011, S. 11-48.

Michelsen, G.; Adomßent, M. (2014): Nachhaltige Entwicklung: Hintergründe und Zusammenhänge. In: Heinrichs, H.; Michelsen, G. (Hrsg.): Nachhaltigkeitswissenschaften. Berlin, Heidelberg, 2014, S. 3-59.

Miebach, B. (2017): Handbuch Human Resource Management - Das Individuum und seine Potentiale für die Organisation. Wiesbaden.

Miles, R. E.; Snow, C. C. (1984): Designing strategic human resources systems. In: *Organizational Dynamics*(Summer), 1984, S. 36-52.

Miles, R. E.; Snow, C. C. (1986): Organizations: New concepts for new forms. In: *California Management Review*, Jg. 28(3), 1986, S. 62-73.

Miles, R. E.; Snow, C. C. (1994): Fit, Failure and the Hall of Fame: How Companies Succeed or Fail. New York u. a.

Miner, J. B. (1969): An Input-Output Model for Personnel Strategies. In: *Business Horizons*, Jg. 6(12), 1969, S. 71-78.

Mintzberg, H. (1994): The Rise and Fall of Strategic Planning - Reconceiving Roles for Planning, Plans, Planners. New York.

Mintzberg, H.; Waters, J. (1985): Of strategies, deliberate and emergent. In: *Strategic Management Journal*, Jg. 6), 1985, S. 257-272.

Mitchell, J. C. (1972): Social networks in urban situations. Manchester.

Molina-Morales, F. X. (2005): The territorial agglomerations of firms: A social capital perspective from the Spanish tile industry. In: *Growth and Change*, Jg. 36(1), 2005, S. 74-99.

Moll, A. (2013c): Excellence - die Entwicklung in Deutschand seit 1995. In: Moll, A.; Kohler, G. (Hrsg.): Excellence-Handbuch - Grundlagen und Anwendung des EFQM Excellence Modells. Düsseldorf, 2013, S. 29-35.

Moll, A.; Kohler, G. (2013a): Das Kriterienmodell 2013. In: Moll, A.; Kohler, G. (Hrsg.): Excellence-Handbuch - Grundlagen und Anwendung des EFQM Excellence Modells. Düsseldorf, 2013, S. 47-58.

Mommaas, H. (2004): Cultural Clusters and the Post-industrial City: Towards the Remapping of Urban Cultural Policy. In: *Urban Studies*, Jg. 41(3), 2004, S. 507-532.

Moosbrugger, H.; Kelava, A. (2012): Testtheorie und Fragebogenkonstruktion. 2., aktual. und überarb. Auf. Berlin, Heidelberg.

Morath, F. A. 1996): Interorganisationale Netzwerke: Dimensions- Determinants- Dynamics. In: Klimecki, R. (Hrsg.): Management Forschung und Praxis. Konstanz, 1996.

Morgan, K. (1997): The learning region: institutions, innovation and regional renewal. In: *Regional Studies*, Jg. 31(5), 1997, S. 491-503.

Morrison, A. (2008): Gatekeepers of knowledge within industrial districts: who they are, how they interact. In: *Regional Studies*, Jg. 42(6), 2008, S. 817-836.

Morschett, D. (2005): Formen von Kooperationen, Allianzen und Netzwerken. In: Zentes, J.; Swoboda, B.; Morschett, D. u. a. (Hrsg.): Kooperationen, Allianzen und Netzwerke - Grundlagen - Ansätze - Perspektiven. 2. Aufl. Wiesbaden, 2005, S. 377-403.

Motoyama, Y. (2008): What was new about the Cluster theory? What could it answer and what could it not answer? In: *Economic Development Quarterly*, Jg. 22, 2008, S. 353-363.

Muckel, P. (2011): Die Entwicklung von Kategorien mit der Methode der Grounded Theory. In: Mey, G. N.; Mruck, K. (Hrsg.): Grounded Theory Reader. Wiesbaden, 2011, S. 333-352.

Mueller, E. F.; Jungwirth, C. (2016): What drives the effectiveness of industrial clusters? - Exploring the impact of contextual, structural and functioning determinants. In: *Entrepreneurship & Regional Development*, Jg. 28(5-6), 2016, S. 424-447.

Müller, A. W. (2008): Strategic Foresight - Prozesse strategischer Trend- und Zukunftsforschung in Unternehmen. St. Gallen.

Müller, A. W.; Müller-Stewens, G. (2009): Strategic Foresight. Trend- und Zukunftsforschung in Unternehmen – Instrumente, Prozesse, Fallstudien. Stuttgart.

Müller, E.; Riedel, R. (2007): Stabilisierung und Nachhaltigkeit in Netzwerken. In: Initiative für Beschäftigung OWL/Universität Bielefeld/Survey GmbH/Bertelsmann Stiftung (Hrsg.): Netzwerkwelt 2006. Bielefeld, 2007, S. 19-29.

Müller, F. (1996): Human Resources as Strategic Assests: An Evolutionary Resource-Based Theory. In: *Journal of Management Studies*, Jg. 33(6), 1996, S. 757-785.

Müller, L.; Lämmer-Gamp, T.; Meier zu Köcker, G. u. a. (2012): Clusters are individuals - Updated Report. The Danish Ministry of Science, Innovation and Higher Education; VDI/VDE-IT. URL: https://www.cluster-analysis.org/downloads/ClustersareIndividualsVolumeIIAnnex.pdf, Stand: 15.05.2018.

Müller-Christ, G. (2001): Nachhaltiges Ressourcenmanagement. Eine wirtschaftsökologische Fundierung. Marburg.

Müller-Christ, G.; Remer, A. (2013): Umweltwirtschaft oder Wirtschaftsökologie? Vorüberlegungen zu einer Theorie des Ressourcenmanagements. In: Seidel, E. (Hrsg.): Betriebliches Umweltmanagement im 21. Jahrhundert - Aspekte, Aufgaben, Perspektiven. Softcover reprint of the original 1st ed. 1999. Berlin, 2013, S. 69-87.

Munari, F.; Sobrero, M.; Malipiero, A. (2012): Absorptive capacity and localized spillover: focal firms as technological gatekepeers in industrial districts. In: *Industrial and Corporate Change*, Jg. 21(2), 2012, S. 429-462.

National Institute of Standards and Technology (NIST) (Hrsg.) (2016): About the Baldrige Excellence Framework. URL: https://www.nist.gov/baldrige/about-baldrige-excellence-framework, Stand: 02.10.2017.

Neffke, F. (2009): Productive places - The influence of technological change and relatedness on agglomeration externalities. Utrecht.

Nerré, B. (2001): Die Bedeutung regionaler Netzwerkstrukturen in High-Tech Industrien - Eine einführende Studie am Beispiel der Biotechnologie. Aachen.

Nestle, V. (2011): Open Innovation im Cluster - Eine Wirkungsanalyse zu Clusterinitiativen in forschungsintensiven Industrien. Wiesbaden.

Neweling, S. (2004): Reorganisationsmöglichkeiten des Personalmanagements in Unternehmensnetzwerken. In: Gericke, J.; Kaczmarek, M.; Neweling, S. u. a. (Hrsg.): Management von Unternehmensnetzwerken. Beiträge aus Forschung und Praxis. Hamburg, 2004, S. 45-58.

Neweling, S.; Sonnek, A. (2006): Ansätze des Personalmanagements in Unternehmensnetzwerken. Dortmund. Dortmunder Beiträge zur Ökonomischen Bildung, Diskussionsbeitrag Nr. 9. Mai 2006.

Nicolai, C. (2014): Personalmanagement. 3., überarb. und erw. Aufl. Konstanz.

Niedlich, F.; Christ, F.; Korte, I. u. a. (2007): Bestandsaufnahme in der Bildungs-, Berufs- und Beschäftigungsberatung und Entwicklung grundlegender Qualitätsstandards - Abschlussbericht. Hamburg.

Nitschke, U. (2012): Herausforderung Strategisches Human Resource Management - HR Consulting Review 1. URL: http://macs2.psychologie.hu-berlin.de/vqp/uploads/HR%20Consulting%20 Review_Nitschke_2012_Strategisches%20HR%20Management.pdf, Stand: 22.11.2017.

NPG Cluster Excellence; Christensen, A. T.; Thomsen, S. M. u. a. (Hrsg.) (2011): 24 proofs of cluster excellence - successful stories from clusters in Nothern Europe. Danish Agency for Science, Technology and Innovation. URL: https://ufm.dk/en/publications/2011/files-2011/24-proofs-of-cluster-excellence_webedition.pdf, Stand: 09.05.2018.

Nuissl, E.; Dobischat, R.; Hagen, K.u. a. (Hrsg.) (2006): Regionale Bildungsnetze. Ergebnisse zur Halbzeit des Programms "Lernende Regionen - Förderung von Netzwerken". Bielefeld.

O'Connell, A. (2006): Logistic regression models for ordinal response variables. Thousand Oaks, CA.

Oechsler, W. (2005): Human Resource Management in strategischen Allianzen. In: Zentes, J.; Swoboda, B.; Morschett, D. u. a. (Hrsg.): Kooperationen, Allianzen und Netzwerke. 2. Aufl. Wiesbaden, 2005, S. 1057-1076.

Oerlemans, L.; Gössling, T.; Jansen, R. (2007): Tie failure: A literature review. In: Gössling, T.; Oerlemans, L.; Jansen, R. (Hrsg.): Inside networks. Cheltenham, 2007, S. 195-221.

Ohler, F. (2011): Evaluierung der österreichischen Clusterinitiativen. Wien.

Ohlin, B. G. (1933): Interregional and International Trade. Cambridge, MA.

Organisation for Economic Co-operation and Development (OECD) (2007): Competitive regional clusters: national policy approaches. oecd policy brief. URL: http://www.oecd.org/gov/regionaldevelopment/38653705.pdf, Stand: 04.01.2013.

OECD (2002): Dynamising national innovation systems. Paris. URL: http://ecsocman.hse.ru/data/857/662/1219/dynamising.pdf, Stand: 09.05.2018.

OECD (1999): Boosting Innovation: The Cluster Approach. Paris. URL: http://www.msmetfc.in/images/ 05_03_2014_Boosting_Inovations_Cluster_Approach.pdf, Stand: 09.05.2018.

Orsenigo, L. (2001): The (failed) development of a biotechnology cluster: The case of Lombardy. In: *Small Business Economics*, Jg. 17(1-2), 2001, S. 77-92.

Osranek, R.; Zink, K. J. (2014): Corporate Human Capital and Social Sustainability of Human Resources. In: Ehnert, I.; Harry, W.; Zink, K. J. (Hrsg.): Sustainability and human resource management - Developing sustainable business organizations. Berlin, New York, 2014, S. 105-126.

Owen-Smith, J. Powell, W. W. (2002): Knowledge networks in the Boston biotechnology community - Paper presented at the Conference on 'Science as an Institution and the Institutions of Science'. Siena.

Paauwe, J. (2004): HRM and performance - Achieving long-term viability. New York.

Pandit, N. R.; Cook, G. (2003): The benefits of industrial clustering: Insights from the British financial services industry at three locations. In: *Journal of Financial Services Marketing*, Jg. 7(3), 2003, S. 230-245.

Pandit, N. R.; Cook, G.; Swann, P. (1999): The Dynamics of Industrial Clustering in UK Financial Services, Working Paper Nr. 399.

Penrose, E. T. (1959): The Theory of the Growth of the Firm. Oxford.

Perroux, F. (1950): Economic space: theory and applications. In: *Quarterly Journal of Economics*, Jg. 64(1), 1950, S. 89-104.

Perry, M. (1999): Clusters' last stand. In: *Planning Practice & Research*, Jg. 14(2), 1999, S. 149-152.

Petry, T. (2006): Netzwerkstrategie - Kern eines integrierten Managements von Unternehmungsnetzwerken. Wiesbaden.

Petry, T.; Vaßen, M. (2014): Personalmarketing 2.0 -State of the Art, Praxisbeispiele und Erfolgsfaktoren. In: Rosenberger, B.; Wegerich, C. (Hrsg.): Modernes Personalmanagement - Strategisch - operativ - systemisch. Wiesbaden, 2014, S. 292-305.

Pfähler, W.; Lublinski, A. E. (2003): Luftfahrt-Cluster Hamburg, Norddeutschland: Bestandsaufnahme, Perspektiven und Vision für die Zulieferindustrie. Frankfurt a. Main.

Pfeffer, J. (1998a): Seven practices of successful organizations. In: *California Management Review*, Jg. 40(2), 1998, S. 96-124.

Pfeffer, J. (1998b): The Human Equation: Building Profits by Putting People first. Boston, MA.

Pfeffer, J.; Cohen, Y. (1984): Determinants of internal labor markets in organizations. In: *Adminstrative Science Quaterly*, Jg. 29(4), 1984, S. 550-572.

Pfeffer, J.; Langton, N. (1988): Wage inequality and the organization of work: The case of academic departures. In: *Administrative Science Quaterly*, Jg. 33(4), 1988, S. 588-606.

Pfeffer, J.; Salanczik, G. (1978): The external control of organizations: A resource dependence perspective. In: *Science Quaterly*, Jg. 25, 1978, S. 637-653.

Pfeiffer, C. (2004): Integrierte Kommunikation von Sustainability-Netzwerken. Frankfurt am Main.

Pfohl, H.-C.; Bode, A.; Alig, S. (2010): Netzwerkspezifische Wettbewerbsvorteile durch Cluster Eine Betrachtung aus Perspektive des Relational View. In: *Wirtschaftswissenschaftliches Studium*, Jg. 39(11), 2010, S. 531-538.

Pfohl, H.-C.; Buse, H. P. (1999): Organisationale Beziehungsfähigkeiten in komplexen kooperativen Beziehungen. In: Engelhard, J.; Sinz, E. (Hrsg.): Kooperation im Wettbewerb. Wiesbaden, 1999, S. 269-300.

Picot, A. (1982): Transaktionskostenansatz in der Organisationstheorie - Stand der Diskussion und Aussagewert. In: *DBW*, Jg. 42, 1982, S. 267-284.

Picot, A.; Reichwald, R.; Wigand, R.T. (2003): Die grenzenlose Unternehmung - Information, Organisation und Management Lehrbuch zur Unternehmensführung im Informationszeitalter. 5. Aufl. Wiesbaden.

Pietrobelli, C.; Rabellotti, R. (2004): Upgrading in Clusters and Value Chains in Latin America - The Role of Policies. Sustainable Development Department Best Practices Series. Washington, D.C.

Pietrobelli, C.; Stevenson, C. (2011): Cluster development programs in Latin America and the caribbean - Lessons from the experience of the Interamerican Development Bank. Washington, D.C.

Pinnington, A.; Edwards, T. (2000): Introduction to Human Resource Management. Oxford.

Pitschke, C. (2012): Warum Personalmanager sich mit Megatrends auseinandersetzen sollten. In: DGFP e.V. (Hrsg.): Megatrends: Zukunftsthemen im Personalmanagement analysieren und bewerten. Bielefeld, 2012, S. 11-17.

Ployhart, R. E. (2006): Staffing in the 21st Century: New Challenges and Strategic Opportunities. In: *Journal of Management*, Jg. 32(6), 2006, S. 868-897.

Podolny, J. M.; Page, K. L. (1998): Network forms of organization. In: *Annual Review of Sociology*, Jg. 24, 1998, S. 57-76.

Podsakoff, P. M.; MacKenzie, S. B.; Bommer, W. H. (1996): Transformational Leader Behaviors and Substitutes for Leadership as Determinants of Employee Satisfaction, Commitment, Trust, and Organizational Citizenship Behaviors. In: *Journal of Management*, Jg. 22(2), 1996, S. 259-298.

Podsakoff, P. M., MacKenzie, S. B., Lee, J. Y.; Podsakoff, N. P. (2003). Common method biases in behavioral research: A critical review of the literature and recommended remedies. *Journal of Applied Psychology, 88*(5), S. 879-903.

Podsakoff, P. M.; Organ, D. W (1986): Self-reports in organizational research: Problems and prospects. Journal of Management, Vol. 12, S. 69-82.

Pohl, A. (2015): Eco-Clusters as Driving Force for Greening Regional Economic Policy. Vienna University of Economics and Business. URL: http://www.euroframe.org/files/user_upload/euroframe/docs/2015/conference/Session%206/EUROF15_Pohl.pdf, Stand: 28.08.2017.

Popkova, E. G.; Romanova, M. K.; Akopova, E. S. (2012): Development of SME within the regional cluster. In: *Advances in management & applied economics*, Jg. 2(4), 2012, S. 209-221.

Porter, M. E. (2003): Building the Microeconomic Foundations of Competitiveness. In: Cornelius, P.; Schwab, K.; Porter, M. E. (Hrsg.): The Global Competitiveness Report 2002-2003. New York, 2003, S. 23-46.

Porter, M. E. (2001a): Clusters of innovation - Regional Foundations of U.S. Competitiveness. Clusters of Innovation Initiative. Council on Competitiveness. Washington, D.C. URL: http://www.hbs.edu/faculty/Publication%20Files/COI_National_05202014_ad0fe06c-674c-494b-96f6-6882db4e6aaf.pdf, Stand: 09.05.2018.

Porter, M. E. (2001b): Clusters of Innovation Initiative - Research Triangle. Washington, D.C.

Porter, M. E. (2000a): Locations, Clusters and Company Strategy. In: Clark, G. L.; Feldmann, M. P.; Gertler, M. S. (Hrsg.): The Oxford Handbook of Economic Geography. Oxford, 2000, S. 253-274.

Porter, M. E. (2000b): Wettbewerbsvorteile. Spitzenleistungen erreichen und behaupten. 6. Aufl. Frankfurt.

Porter, M. E. (2000c): Location, Competition, and Economic Development - Local Clusters in a Global Economy, Jg. 14(1), 2000, S. 15-34.

Porter, M. E. (1998a): Clusters and the New Economics of Competition. In: *Harvard Business Review*, Jg. 76(6), 1998, S. 76-90.

Porter, M. E. (1998b): On Competition. Boston, MA.

Porter, M. E. (1998c): The Adam Smith Address: Location, Clusters, and the New Microeconomics of Competition. URL: http://citeseerx.ist.psu.edu/viewdoc/download?doi=10.1.1.475.3083&rep=rep1&type=pdf, Stand: 21.12.2017.

Porter, M. E. (1998d): The microeconomic foundations of economic development. In: Schwab, K.; Sachs, J. D. (Hrsg.): The global competitiveness report 1998. Geneva, 1998, S. 38-63.

Porter, M. E. (1991): Nationale Wettbewerbsvorteile - Erfolgreich konkurrieren auf dem Weltmarkt. München.

Porter, M. E. (1990): The Competitive Advantage of Nations. In: Harvard Business Review, Jg. 68, H. 2, S. 73-93.

Porter, M. E. (1989): Wettbewerbsvorteile. Frankfurt a. Main.

Porter, M. E. (1983): Wettbewerbsstrategie. Frankfurt, New York.

Porter, M. E. (1980): Competitive Strategy - Techniques for Analyzing Industries and Competitors. New York.

Porter, M. E.; Ketels, C. (2009): Clusters and Industrial Districts - Common Roots, Different Perspectives. In: Becattini, G.; Propris, L. de; Bellandi, M. (Hrsg.): A handbook of industrial districts. Cheltenham, 2009, S. 172-183.

Portes, A. (1998): Social capital: its origins and applications in modern sociology. In: *Annual Review of Sociology*, Jg. 24(1), 1998, S. 1-24.

Porth, W.; Roitzheim, R.-D. (2012): HR-Strategien für die Zukunft. In: Schwuchow, K.; Gutmann, J. (Hrsg.): Trendbuch Personalentwicklung 2012. Köln, 2012, S. 11-18.

Potter, A.; Watts, H. D. (2008): Evolutionary agglomeration theory: increasing returns, diminishing returns, and the industry life cycle. In: *Journal of Econmic Geography*, Jg. 8(4) 2008, S. 417-455.

Pouder, R. W.; St. John, C. H. (1996): Hot spots and blind spots: Geographical clusters of firms and innovation. In: *Academy of Management Review*, Jg. 21(4), 1996, S. 1192-1225.

Preissl, B.; Solimene, L. (2003): The dynamics of clusters and innovation - Beyond systems and networks. Heidelberg, New York.

Press, K. (2006): A Life Cycle for Clusters? New York.

Pro Inno Europe; INNO Nets CEE Cluster Network (2009): CMQ - Cluster Manager Qualification. Results of a comprehensive survey on tasks, skills & training needs of European cluster managers. URL: http://www.clusterobservatory.eu/system/modules/com.gridnine.opencms.moduleseco/providers/getpdf.jsp?uid=15fd9e92-1118-4f97-9678-a6e9edc2113b, Stand: 09.05.2018.

Probst, G. J. B.; Büchel, B. S. T. (1994): Organisationales Lernen - Wettbewerbsvorteil der Zukunft. Wiesbaden.

Prognos AG; ISW Consult (2009): Analytische und konzeptionelle Grundlagen zur Clusterpolitik in Baden-Württemberg - Im Auftrag des Wirtschaftsministeriums des Landes Baden-Württemberg. URL: https://www.prognos.com/uploads/tx_atwpubdb/090427_Prognos_ISW_Bericht_Grundlagen_Clusterpolitik_BW.pdf, Stand: 15.05.2018.

Propris, L. de; Wei, P. (2007): Governance and Competitiveness in the Birmingham Jewellery District. In: *Urban Studies*, Jg. 44(12), 2007, S. 2465-2486.

Provan, K. G.; Fish, A.; Sydow, J. (2016): Interorganizational Networks at the Network Level - A Review of the Empirical Literature on Whole Networks. In: *Journal of Management*, Jg. 33(3), 2016, S. 479-516.

Provan, K. G.; Kenis, P. (2006): Modes of network governance: Structure, management and effectiveness. Working Paper. Eller College of Management, University of Arizona, Tucson. Working Paper.

Provan, K. G.; Kenis, P. (2007): Modes of Network Governance: Structure, Management and effectiveness. In: *Journal of Public Administration Research & Theory*, Jg. 18(2), 2007, S. 229-252.

Provan, K. G.; Sydow, J. (2008): Evaluating interorganizational relationships. In: Cropper, S.; Ebers, M.; Huxham, C.; Ring, P. S.; (Hrsg.): The Oxford handbook for inter-organizational relations. Oxford, 2008.

Prüfer, P.; Vazansky, L.; Wystup, D. (2003): Antwortskalen im ALLBUS und ISSP. Eine Sammlung. ZUMA-Methodenbericht, Nr. 2003/11. GESIS. URL: http://www.gesis.org/fileadmin/upload/forschung/publikationen/gesis_reihen/gesis_methodenberichte/2003/03_11_pruefer.pdf, Stand: 12.06.2017.

Pugh, D. S.; Payne, R. L. (1977): Organizational Behaviour in Its Context - The Aston Programme III. Westmead.

PWC (2011): Uncovering excellence in cluster management. URL: https://www.pwc.com/gx/en/psrc/pdf/cluster_management.pdf, Stand: 09.05.2018.

Qualitätslabel "Cluster-Exzellenz Baden-Württemberg" - Beschreibung der Indikatoren. URL: www.cluster-exzellenz-bw.de, Stand: 09.05.2018.

Raines, P. (2000): Developing cluster policies in seven European regions. Regional and industrial policy research paper, No. 42. University of Strathclyde, European Policies Research Centre.

Raines, P. (2002): The Challenge of Evaluating Cluster Behaviour. Glasgow.

Rammer, C.; Gassler, H. (1999): Alles Cluster? Über den Boom einer neuen wirtschaftspolitischen Strategie. Wien.

Rammstedt, B. (2010): Reliabilität, Validität, Objektivität. In: Wolf, C.; Best, H. (Hrsg.): Handbuch der sozialwissenschaftlichen Datenanalyse. Wiesbaden, 2010, S. 239-258.

Raschke, F. W. (2009): Regionale Wettbewerbsvorteile - Identifikation, Analyse und Management von Clustern am Beispiel der Logistik im Rhein-Main-Gebiet. Wiesbaden.

Rehfeld, D. (2012): Cluster als Standortfaktor. In: *Wirtschaftspolitische Blätter*, Jg. 59(4), 2012, S. 609-621.

Rehfeld, D. (2009): Was kann Clustermanagement leisten? Erwartungen, Zwischenergebnisse und offene Fragen. In: Schmid, J. (Hrsg.): Strategische Wirtschaftsförderung und die Gestaltung von High-Tech-Clustern - Beiträge zu den Chancen und Restriktionen von Clusterpolitik. Baden-Baden, 2009, S. 173-194.

Rehfeld, D. (2006): Wirtschaftsförderung -Steuerungsinstrument, Dienstleistung und immer wieder: Die Hoffnung auf den Jackpot. Überlegungen am Beispiel des Clustermanagements. In: Gärtner, S.; Terstriep, J.; Widmaier, B. (Hrsg.): Wirtschaftsförderung im Umbruch. München; 2006, S. 53-76.

Rehfeld, D. (2005): Alles Cluster. In: *RAUM*, Ausgabe 59, 2005, S. 24-26.

Rehfeld, D. (2004): Zur Steuerbarkeit der regionalen und lokalen Ökonomie - Überlegungen am Beispiel von Clustermanagement. In: Hanesch, W.; Krüger-Conrad, K. (Hrsg.): Lokale Beschäftigung und Ökonomie - Herausforderung für die "Soziale Stadt". Wiesbaden, 2004, S. 118-133.

Rehfeld, D. (2003): Clusterentwicklung und Clustermanagement im Vergleich. In: Elsner, W.; Biesecker, A. (Hrsg.): Neuartige Netzwerke und nachhaltige Entwicklung - Komplexität und Koordination in Industrie, Stadt und Region. Frankfurt am Main, New York, 2003, S. 177-196.

Reiß, M. (1998): Die "Erosion" konventioneller Unternehmensstrukturen als Herausforderung an die Personal- und Organisationsarbeit. In: Reiß, M. (Hrsg.): Der neue Mittelstand - Start up-Unternehmer in agilen Netzwerken. Frankfurt a. Main, 1998, S. 145-184.

Remdisch, S. (2016): Toolbox für die Führung in der digitalisierten Welt. Lüneburg. URL: http://www.leuphana.

de/fileadmin/user_upload/Forschungseinrichtungen/ipm/files/LeadershipGarageToolbox.pdf, Stand: 15.5.2018.

Remer, A. (1978): Personalmanagement: Mitarbeiterorientierte Organisation und Führung von Unternehmungen. Berlin, New York.

Ren, H.; Gray, B.; Kim, K. (2009): Performance of International Joint Ventures: What Factors Really Make a Difference and How? In: *Journal of Management*, Jg. 35(3), 2009, S. 805-832.

Rheinberg, F. (2002): Motivation. Stuttgart.

Rheinisch-Westfälisches Institut für Wirtschaftsforschung (RWI) (2014): Begleitende Evaluierung des Förderinstruments „Spitzencluster-Wettbewerb" des BMBF - Abschlussbericht. Essen. URL: http://www.rwi-essen.de/media/content/pages/publikationen/rwi-materialien/rwi-materialien_83_spitzencluster.pdf, Stand: 15.05.2018.

Richardson, H. A.; Simmering, M. J.; Sturman, M. C. (2009): A tale of three perspectives: Examining post hoc statistical techniques for detection and correction of common method variance. Organizational Research Methods, Vol. 12, S. 762-800.

Ridder, H.-G. (2015): Personalwirtschaftslehre. 5. Aufl.; unveränd. Nachdr. der 4. Aufl. Stuttgart.

Ridder, H.-G. (2009): Personalwirtschaftslehre. 3., überarb. und aktual. Aufl. Stuttgart.

Ridder, H.-G. (2001): Strategisches Personalmanagement - Mitarbeiterführung, Integration und Wandel aus ressourcenorientierter Perspektive. Landsberg/Lech.

Riess, B.; Schmidpeter, R. (2010): Verantwortungspartnerschaften als Investition in die Region. In: Wieland, J. (Hrsg.): Die Praxis gesellschaftlicher Verantwortung im Mittelstand. Regionale CSR-Strategien und Praxis der Vernetzung in KMU. Marburg, 2010, S. 27-44.

Ritter, T. (1998): Innovationserfolg durch Netzwerk-Kompetenz - Effektives Management von Unternehmensnetzwerken. Wiesbaden.

Roeland, T.; den Hertog, P. (1999): Cluster Analysis and Cluster-based Policy Making in OECD Countries: An Introduction to the Theme. In: OECD (Hrsg.): Boosting Innovation: The Cluster Approach. Paris, S. 9-23.

Roelandt, T. J. A.; den Hertog, P. (1997): Mapping Innovative Clusters - Research Proposal and Discussion Note.

Roethlisberger, F. W.; Dickson, W. J. (1970): Management and the worker. 5. Aufl. Cambridge.

Rohde, S. (2016): Industry clusters across national borders - Literature review and research deficits. In: *International Journal of Entrepreneurship and Small Business*, Jg. 29(2), 2016, S. 338-358.

Rosenberger, B. (2014): Einleitung: Personalmanagement – ein Zukunftsprojekt. In: Rosenberger, B.; Wegerich, C. (Hrsg.): Modernes Personalmanagement - Strategisch - operativ - systemisch. Wiesbaden, 2014, S. 9-28.

Rosenfeld, S. A. (2003): Expanding Opportunities - Cluster Strategies that reach more people and more places. In: *European Planning Studies*, Jg. 11(4), 2003, S. 360-377.

Rosenfeld, S. (1997): Bringing business clusters into the mainstream of economic development. In: *European Planning Studies*, Jg. 5(1), 1997, S. 3-23.

Rosenstiel, L.v. (2009): Motivation im Betrieb. 11. Aufl. Leonberg.

Rosenstiel, L.v. (2006): Entwicklung von Werthaltungen und interpersonaler Kompetenz - Beiträge der Sozialpsychologie. In: Sonntag, K. (Hrsg.): Personalentwicklung in Organisationen - Psychologische Grundlagen, Methoden und Strategien. 3. Aufl. Göttingen, 2006, S. 108-137.

Rosenthal, S. S.; Strange, W. C. (2003): Geography, industrial agglomeration, and agglomeration. In: *The review of economics and statistics*, Jg. 85(2), 2003, S. 377-393.

Ross, S. A. (1973): The Economic Theory of Agency - The Principal's Problem. In: *American Economic Review*, Jg. 63(2), 1973, S. 134-139.

Rößler, I.; Ungerer, A. (2011): Statistik für Wirtschaftswissenschaftler - Eine anwendungsorientierte Darstellung. Heidelberg.

Rothgang, M.; Catner, U.; Dehio, J. u. a. (2014): Begleitende Evaluierung des Förderinstruments „Spitzencluster-Wettbewerb" des BMBF. rwi Materialien, Heft 83. Essen.

Rousseau, D. M.; Arthur, M. B. (1999): The Boundaryless Human Resource Function - Building Agency and Community in the New Economic Era. In: *Organizational Dynamics*, Jg. 27(4), 1999, S. 7-18.

Sadowski, D. (2002): Personalökonomie und Arbeitspolitik. Stuttgart.

Salkind, N. J. (Ed.) (2010): Encyclopedia of research design (Vol. 1). Sage.

Sattelberger, T. (1995): Lebenszyklusorientierte Personalentwicklung. In: Sattelberger, T. v. (Hrsg.): Innovative Personalentwicklung. 3. Aufl. Wiesbaden, 1995, S. 287-305.

Sautter, B. (2012): Strategische Clusterentwicklung zur nachhaltigen Sicherung der Wettbewerbsfähigkeit im internationalen Kontext. In: Koschatzky, K.; Stahlecker, T. (Hrsg.): Clusterpolitik quo vadis? - Perspektiven der Clusterförderung. Stuttgart, 2012, S. 149-176.

Sautter, B. (2004): Regionale Cluster. In: *Standort - Zeitschrift für Angewandte Geographie*(2), 2004, S. 66-72.

Saxenian, A. L. (2006): The new argonauts - Regional advantage in a global economy. Cambridge.

Saxenian, A. L. (1994): Regional Advantage. Culture and Competition in Silicon Valley and Route 128. Cambridge.

Scheer, G.; Zallinger, L. v. (2007): Cluster management: a practical guide - Part A: Overview. Eschborn.

Schendera, C. F. G. (2014): Regressionsanalyse mit SPSS. Berlin, Boston.

Schmidt, C. (2015): Analyse von Leitfadeninterviews. In: Flick, U. (Hrsg.): Qualitative Forschung - Ein Handbuch. 11. Aufl. Reinbek bei Hamburg, 2015, S. 447-456.

Schmitt, R.; Pfeifer, T. (2015): Qualitätsmanagement - Strategien - Methoden - Techniken. 5., aktual. Aufl., Hanser.

Schmitz, H.; Nadvi, K. (1999): Clustering and Industrialization: Introduction, World Development. In: *World Development*, Jg. 27(9), 1999, S. 1503-1514.

Scholz, C. (2014): Personalmanagement - Informationsorientierte und verhaltenstheoretische Grundlagen. 6. Aufl. München.

Scholz, C. (2000): Personalmanagement. Informationsorientierte und verhaltenstheoretische Grundlagen. 5. Aufl. München.

Scholz, C. (1995a): Ein Denkmodell für das Jahr 2000? Die virtuelle Personalabteilung. In: *Personalführung*, Jg. 28(5), 1995, S. 398-403.

Scholz, C. (1995b): Personalmarketing. In: Tietz, B. (Hrsg.): Handwörterbuch des Marketing. Stuttgart, 1995, S. 2004-2019.

Scholz, C. (1995c): Strategisches Personalmanagement als Konzept zwischen Fata Morgana und aufkommender Morgenröte. In: Scholz, C. (Hrsg.): Strategisches Personalmanagement - Konzeptionen und Realisationen. Stuttgart, 1995, S. 3-18.

Scholz, C.; Müller, S. (2014): The HR-Department as Driver for Sustainability. In: Scholz, C.; Zentes, J. (Hrsg.): Beyond Sustainability. Baden-Baden, 2014, S. 52-68.

Scholz, M.; Czuray, M. (Hrsg.) (2016): Die Normierung der gesellschaftlichen Verantwortung von Organisationen - ISO 26000 und ONR 192500. Wiesbaden.

Schönenberg, U. (2010): Prozessexzellenz im HR-Management - Professionelle Prozesse mit dem HR-Management Maturity Model. Berlin, New York.

Schramm-Klein, H. (2005): Wettbewerb und Kooperation in regionalen Branchenclustern. In: Zentes, J.; Swoboda, B.; Morschett, D. u. a. (Hrsg.): Kooperationen, Allianzen u. Netzwerke. 2. Aufl. Wiesbaden, 2005, S. 531-556.

Schreier, M. (2014): Varianten qualitativer Inhaltsanalyse: Ein Wegweiser im Dickicht der Begrifflichkeiten. In: *Forum Qualitative Sozialforschung*, Jg. 15(1), 2014.

Schuh, G.; Dierkes, M.; Friedelli, T. (1998): Das EFQM-Modell in virtuellen Strukturen - Ein Ansatz zur kontinuierlichen Verbesserung der unternehmerischen Wandlungsfähigkeit? In: Boutellier, R.; Seghezzi, H. D. (Hrsg.): Qualitätsmanagement an der Schwelle zum 21. Jahrhundert. München u. a., 1998, S. 347-376.

Schuh, G.; Güthenke, G. (1999): Das modifizierte EFQM-Modell zur Anwendung bei Virtuellen Fabriken. Ein systematischer Ansatz zur Weiterentwicklung und Leistungssteigerung. In: *Industrie Management*, Jg. 15(3), 1999.

Schuler, H. (2013): Personalauswahl. In: Stock-Homburg, R. (Hrsg.): Handbuch Strategisches Personalmanagement. 2., überarb. u. erw. Aufl. Wiesbaden, 2013, S. 29-58.

Schuler, H. (1996): Psychologische Personalauswahl. Einführung in die Berufseignungsdiagnostik. 3., unveränd. Aufl. Göttingen.

Schuler, H.; Hell, B.; Trapmann, S. u. a. (2007): Die Nutzung psychologischer Verfahren der externen Personalauswahl in deutschen Unternehmen - Ein Vergleich über 20 Jahre. In: *Zeitschrift für Personalpsychologie*, Jg. 6(2), 2007, S. 60-70.

Schuler, J. (2008): Clustermanagement - Aufbau und Gestaltung von regionalen Netzwerken. Sternenfels.

Schuler, R. S. (1981): Personnel and Human Resource Management. St. Paul, MN.

Schuler, R. S.; Jackson, S. E. (2006): Human resource management - International perspectives. Internat. student ed. Mason, OH.

Schuler, R. S.; Jackson, S. E. (2005): A Quarter-Century Review of Human Resource Management in the U.S.: The Growth in Importance of the International Perspective. In: *Management Revue*, Jg. 16(1), 2005, S. 11-35.

Schuler, R. S.; Jackson, S. E. (1987): Linking Competitive Strategies with Human Resource Management Practices. In: *Academy of Management Executive*, Jg. 1(3), 1987, S. 207-219.

Schüller, A. (1983): Property Rights, Theorie der Firma und wettbewerbliches Marktsystem. In: Schüller, A.; Meyer, W. (Hrsg.): Property rights und ökonomische Theorie. München, 1983, S. 145-183.

Schulz, Y. (2007): Trendforschung. Innovative Methoden in Europa. Saarbrücken.

Schweier, H.; Stüllenberg, F. (2000): Netzwerk-Controlling. In: *Controlling*, Jg. 12(4/5), 2000.

Scott, A. J. (1990): Regions and the World Economy - The Coming Shape of Global Production, Competition, and Political Order. New York.

Scott, A. J. (1988): New Industrial Spaces: Flexible Production Organization and regional Development in North America and Western Europe. London.

Scott, A. J. (1986): High technology and territorial development: the rise of the Orange County complex. In: *Urban Geography*, Jg. 7(1), 1986, S. 3-45.

Scott, A. J. (1983): Industrial Organization and the Logic of Intra-Metropolitan Location: I. theoretical Considerations. In: *Economic Geography*, Jg. 59(3), 1983, S. 233-250.

Seger, J.-P. (2016): Regional systems of innovation: lessons from the biotechnology clusters in Belgium and Germany. In: *Journal of small business and entrepreneurship; Journal of the Canadian Council for Small Business and Entrepreneurship*, Jg. 28(2), 2016, S. 133-149.

Selznick, P. (1957): Leadership and Administration. New York.

Siebert, H. (1991): Ökonomische Analyse von Netzwerken. In: Staehle, W. H.; Sydow, J. (Hrsg.): Managementsforschung 1. Berlin, 1991, S. 291-311.

Sinz, M. (2005): Region. In: Akademie für Raumforschung und Landesplanung (Hrsg.): Handwörterbuch der Raumordnung. Hannover, 2005, S. 919-923.

Smith, S. M. (2011): The relevance and sustainability of IIP. University of Central Lancashire.

Snell, S. A.; Youndt, M. A.; Wright, P. M. (1996): Establishing a framework for research in strategic human resource management - Merging source theory and organizational learning. In: *Research in Personnel and Human Resource Management*, Jg. 14, 1996, S. 61-90.

Snow, C. C.; Miles, R. E.; Coleman, Jr., H. J. (1992): Managing 21st century network organizations. In: *Organizational Dynamics*, Jg. 20(3), 1992, S. 5-20.

Söhnchen, F. (2007): Common Method Variance und Single Source Bias. In: Albers, S.; Walter, A.; Konradt, U. u. a (Hrsg.): Methodik der empirischen Forschung, 2007, 2., überarb. und erw. Aufl., Wiesbaden, S. 135–150, S. 148.

Sölvell, Ö. (2009): Clusters - Balancing evolutionary and constructive forces. 2. Aufl. Stockholm.

Sölvell, Ö.; Ketels, C.; Lindqvist, G. (2009): EU Cluster Mapping and Strengthening Clusters in Europe. The European Cluster Observatory. Center for Strategy and Competitiveness. URL: http://publications.europa.eu/resource/cellar/6f14c45f-7d6a-49c7-9bbf-785b313657d4.0001.02/DOC_1, Stand: 09.05.2018.

Sölvell, Ö.; Lindqvist, G.; Ketels, C. (2003): The Cluster Initiative Greenbook. Stockholm School of Economics. Stockholm. URL: https://www.hhs.se/contentassets/f51b706e1d644e9fa6c4d232abd09e63/greenbook sep03.pdf, Stand: 09.05.2018.

Sonnek, A. (2005): Verhaltensorientierte Steuerung logistischer Netzwerke. Hamburg.

Sonnek, A. (2004): Konflikte, Konfliktmanagement und Koordination in Unternehmensnetzwerken. In: Gericke, J.; Kaczmarek, M.; Neweling, S. u. a. (Hrsg.): Management von Unternehmensnetzwerken. Beiträge aus Forschung und Praxis. Hamburg, 2004, S. 25-44.

Sonnek, A.; Stüllenberg, F. (2000): Kooperations- und Konfliktmanagement in Logistiknetzwerken. Der Beitrag des Controllings. In: *io Management*, Jg. 69(11), 2000, S. 32-39.

Spallek, R. (2014): Unternehmen verschenken Potenziale - DGFP-Studien zum Personalcontrolling. In: *Personalführung*(5), 2014, S. 36-39.

Spath, D.; Ganschar, O.; Gerlach, S. u. a. (2013): Produktionsarbeit der Zukunft - Industrie 4.0. Stuttgart.

Spath, D.; Schlund, S.; Gerlach, S. u. a. (2012): Produktionsprozesse im Jahr 2030. In: *IM: die Fachzeitschrift für Information Management und Consulting*, Jg. 27(3), 2012, S. 50-56.

Spector, P. E. (2006): Method variance in organizational research: Truth or urban legend? Organizational Research Methods, Vol. 9, S. 221-232, S. 221-225.

Spence, A. M. (1974): Market signaling - Informational transfer in hiring and related screening processes. Cambridge, Mass.

Sroufe, R.; Liebowitz, J.; Sivasubramaniam, N. (2010): Are you a leader or a laggard? HR's role in creating a sustainability culture. In: *People &Strategy*, Jg. 33(1), 2010, S. 34-42.

Staber, U. (2000): Steuerung von Unternehmensnetzwerken: Organisationstheoretische perspektiven und soziale Mechanismen. In: Sydow, J.; Windeler, A. (Hrsg.): Steuerung von Netzwerken - Konzepte und Praktiken. Opladen u. a., 2000, S. 58-87.

Staber, U.; Sautter, B. (2011): Who Are We, and Do We Need to Change? Cluster Identity and Life Cycle. In: *Regional Studies*, Jg. 45(10), 2011, S. 1349-1361.

Staehle, W. H. (1973): Organisation und Führung sozio-technischer Systeme. Grundlagen einer Situationsorientierung. Stuttgart.

Staehle, W. H.; Conrad, P.; Sydow, J. (1999): Management - Eine verhaltenswissenschaftliche Perspektive. 8. Aufl. München.

Staffelbach, B. (1995): Bausteine und Funktionen einer Personalökonomik. In: *Die Unternehmung*, Jg. 49), 1995, S. 179-191.

Staffelbach, B. (1987): Skizzen strategischer Personalpolitik. In: Lattman, C. v. (Hrsg.): Personalmanagement und Strategische Unternehmensführung. Heidelberg, 1987, S. 4-63.

Stahl-Rolf, S.; Haman, O.; Hausberg, B. (2004): Kompetenz mobilisieren - Ein Leitfaden für Initiatoren und Manager von Kompetenznetzen. Berlin.

Stake, R. E. (1995): The art of case study research. Thousand Oaks, CA.

Steimle, U.; Zink, K. J. (2006): Sustainable Development and Human Factors. In: Karwowski, W. (Hrsg.): International Encyclopedia of Ergonomics and Human Factors. 2nd Edition. London, 2006, S. 2355-2360.

Steiner, M. (2003): Warum Cluster? Motive, Voraussetzungen und Erfolgsbedingungen von Netzwerkbildung. In: Scherer, R.; Bieger, T. (Hrsg.): Clustering - das Zauberwort der Wirtschaftsförderung. Bern, 2003, S. 27-40.

Steiner, M. (1998): The discrete charm of clusters: An introduction. In: Steiner, M. (Hrsg.): Clusters and regional specialisation - On geography, technology and networks. London, 1998, S. 1-17.

Steinke, I. (2015): Gütekriterien qualitativer Forschung. In: Flick, U. (Hrsg.): Qualitative Forschung - Ein Handbuch. 11. Aufl. Reinbek bei Hamburg, 2015, S. 319-331.

Steinke, I. (1999): Kriterien qualitativer Forschung - Ansätze zur Bewertung qualitativ-empirischer Sozialforschung. Weinheim.

Steinle, C.; Bruch, H.; Nasner, N. (1997): Kernkompetenzen - Konzepte, Ermittlung und Einsatz zur Strategieevaluation. In: *Zeitschrift für Planung*, Jg. 8(1), 1997, S. 1-23.

Steinle, C.; Schiele, H. (2003): Die räumliche Dimension im Strategischen Management von Wertschöpfungsketten: Operationalisierung des Cluster-Ansatzes für die strategische Analyse. In: Bach, N.; Buchholz, W.; Eichler, B. (Hrsg.): Geschäftsmodelle für Wertschöpfungsnetzwerke. Wiesbaden, 2003, S. 21-39.

Steinle, C.; Schiele, H. (2002): When do industries cluster? A proposal on how to assess an industry's propensity to concentrate at a single region or nation. In: *Research Policy*, Jg. 31(6), 2002, S. 849-858.

Steinmann, H.; Koch, J.; Schreyögg, G. (2013): Management - Grundlagen der Unternehmensführung Konzepte - Funktionen - Fallstudien. 7., vollst. überarb. Aufl. Wiesbaden.

Stern, P. N. (2007): On solid ground: Essential properties for growing grounded theory. In: Bryant, A.; Charmaz, K. (Hrsg.): The Sage handbook of grounded theory. London, 2007, S. 114-126.

Sternberg, R. (2005): Clusterbasierte Regionalentwicklung der Zukunft - Kriterien für die Gestaltung. In: Cernavin et al. (Hrsg.): Cluster und Wettbewerbsfähigkeit von Regionen - Erfolgsfaktoren regionaler Wirtschaftsentwicklung. Berlin, 2005, S. 119-138.

Stewart, T. A. (1997): Intellectual capital. New York.

Stierl, M.; Lüth, A. (2014): Nachhaltige Regionalentwicklung: Unternehmen als Verantwortungspartner. URL: http://www.good-response.de/fileadmin/response/Texte_fuer_Publikationen/Stierl_Lueth_10-06-2014_Nachhaltige_Regionalentwicklung.pdf, Stand: 10.02.2018.

Stock-Homburg, R. (2013a): Strategisches Personalmanagement. In: Stock-Homburg, R. (Hrsg.): Handbuch Strategisches Personalmanagement. 2., überarb. u. erw. Aufl. Wiesbaden, 2013, S. 3-8.

Stock-Homburg, R. (2013b): Zukunft der Arbeitswelt 2030 als Herausforderung des Personalmanagements. In: Stock-Homburg, R. (Hrsg.): Handbuch Strategisches Personalmanagement. 2., überarb. u. erw. Aufl. Wiesbaden, 2013, S. 603-629.

Stock-Homburg, R. (2010): Personalmanagement - Theorien - Konzepte - Instrumente. 2. Aufl. Wiesbaden.

Storey, J. (2007a): Human resource management today: an assessment. In: Storey, J. (Hrsg.): Human resource management - A critical text. 3rd ed. London, 2007, S. 3-20.

Storey, J. (2007b): What is strategic HRM? In: Storey, J. (Hrsg.): Human resource management - A critical text. 3rd ed. London, 2007, S. 59-78.

Storey, J. (1994): Developments in the Management of Human Resources. Oxford.

Storper, M.; Walker, R. (1989): The capitalist imperative - Territory, technology, and industrial growth. New York, Oxford.

Strauss, A. L. (1991 (1987)): Grundlagen qualitativer Sozialforschung. München.

Strauss, A. L.; Corbin, J. (1996): Grounded Theory: Grundlagen Qualitativer Sozialforschung. Weinheim.

Strübing, J. (2014): Grounded Theory - Zur sozialtheoretischen und epistemologischen Fundierung des Verfahrens der empirisch begründeten Theoriebildung 3., überarb. und erw. Aufl. Wiesbaden.

Stüllenberg, F.; Schulze im Hove, A. (2004): Die Netzwerk-Balanced-Scorecard als Instrument des Netzwerk-Controlling - Technical Report Nr. 03002 des SFB 559 „Modellierung großer Netze in der Logistik". Dortmund.

Stüllenberg, F.; Schulze im Hove, A.; Weidt, S. (2004): Inhaltliche Ausgestaltung der Netzwerk-Balanced Scorecard für Beschaffungsketten. Universität Dortmund; Fraunhofer IML Dortmund. URL: https://eldorado.tu-dortmund.de/bitstream/2003/5508/1/03024.pdf, Stand: 11.06.2017.

Suire, R.; Vicente, J. (2014): Clusters for life or life cycles of clusters: in search of the critical factors of clusters' resilience. In: *Entrepreneurship & Regional Development*, Jg. 26(1/2), 2014, S. 142-164.

Sustainable Excellence Group; Deutsche Bundesstiftung Umwelt (2006): Sustainable Excellence - Exzellent führen - nachhaltig handeln. Nürnberg, Osnabrück.

Swann, G. M. P. (1998): Towards a model of clustering in high technology industries. In: Swann, M.; Prevezer, M.; Stout, D. (Hrsg.): The Dynamics of Industrial Clustering - International Comparisons in Computing and Biotechnology. Oxford, 1998, S. 52-76.

Swart, J.; Kinnie, N.; Purcell, J. (2004): Human Resource Advantage in the networked organisation. In: *Management Revue*, Jg. 15(3), 2004, S. 288-304.

Sydow, J. (2010a): Führung in Netzwerkorganisationen- Fragen an die Führungsforschung. In: Sydow, J. (Hrsg.): Management von Netzwerkorganisationen. Wiesbaden, 2010, S. 359-372.

Sydow, J. (2010b): Management von Netzwerkorganisationen - Zum Stand der Forschung. In: Sydow, J. (Hrsg.): Management von Netzwerkorganisationen. Wiesbaden, 2010, S. 373-470.

Sydow, J. (2008): Die Evaluationsperspektive in der Netzwerkforschung. In: Aulinger, A. (Hrsg.): Netzwerkevaluation - Herausforderungen und Praktiken für Verbundnetzwerke: Stuttgart, 2008, S. 55-71.

Sydow, J. (2005a): Management von Unternehmungsnetzwerken: auf dem Weg zu einer reflexiven Netzwerkentwicklung? In: Welter, F. (Hrsg.): Der Mittelstand an der Schwelle zur Informationsgesellschaft. Berlin, 2005, S. 123-145.

Sydow, J. (2005b): Strategische Netzwerke - Evolution und Organisation. 6. Nachdruck. Wiesbaden.

Sydow, J. (2004): Network development by means of network evaluation? Explorative insights from a case in the financial services industry. In: *Human Relations*, Jg. 57(2), 2004, S. 201-220.

Sydow, J. (1997): Mitbestimmung und neue Unternehmensnetzwerke - Expertise für das Projekt „Mitbestimmung und neue Unternehmenskulturen" der Bertelsmann Stiftung und der Hans-Böckler-Stiftung. Gütersloh.

Sydow, J.; Lerch, F. (2013): Netzwerkzeuge – Zum reflexiven Umgang mit Methoden und Instrumenten des Netzwerkmanagements. In: Sydow, J.; Duschek, S. (Hrsg.): Netzwerkzeuge - Tools für das Netzwerkmanagement. Wiesbaden, 2013, S. 9-18.

Sydow, J.; Lerch, F. (2007): Developing photonics clusters: commonalities, constrasts and contradictions. London.

Sydow, J.; Lerch, F.; Huxham, C. u. a. (2011): A silent cry for leadership: Organizing for leading (in) clusters. In: *Leadership Quarterly*, Jg. 22(2), 2011, S. 328-343.

Sydow, J.; Schüßler, E.; Müller-Seitz, G. (2016): Managing inter-organizational relations. Debates and cases, New York.

Sydow, J.; Windeler A. (2008): Netzwerke im Cluster - Innovation und Evaluation. In: Kaddatz, B. (Hrsg.): Netzwerke - Businessinnovationen und Kooperationskultur im Spannungsbogen zwischen Forschung und Praxis. Bielefeld, 2008, S. 95-103.

Sydow, J.; Windeler A. (2000): Steuerung von und in Netzwerken -Perspektiven, Konzepte, vor allem aber offene Fragen. In: Sydow, J.; Windeler, A. (Hrsg.): Steuerung von Netzwerken - Konzepte und Praktiken. Opladen u. a., 2000, S. 1-24.

Sydow, J.; Windeler, A. (1998): Organizing and evaluating interfirm networks. A structurationist perspective on network processes and effectiveness. In: *Organization Science (Special Issue: Managing Partnerships and Strategic Alliances)*, Jg. 9(3), 1998, S. 265-284.

Sydow, J.; Windeler, A.; Loose, A. u. a. (1995): Organisation von Netzwerken. Opladen.

Sydow, J.; Wirth, C. (1999a): Arbeit, Personal, Mitbestimmung - Probleme und Problemlösungen durch Unternehmungsvernetzung. In: Sydow, J.; Wirth, C. (Hrsg.): Arbeit, Personal und Mitbestimmung in Unternehmungsnetzwerken. München, 1999, S. 9-29.

Sydow, J.; Wirth, C. (1999b): Von der Unternehmung zum Unternehmungsnetzwerk – Interessenvertretungsfreie Zonen statt Mitbestimmung? In: Müller-Jentsch, W. (Hrsg.): Konfliktpartnerschaft - Akteure und Institutionen der industriellen Beziehungen. 3., überarb. und erw. Aufl. München, 1999, S. 157-184.

Sydow, J.; Zeichhardt, R. (2013): Netzwerkservices als Netzwerkzeuge – Maßgeschneiderte Unterstützung für das Netzwerk- und Clustermanagement. In: Sydow, J.; Duschek, S. (Hrsg.): Netzwerkzeuge - Tools für das Netzwerkmanagement. Wiesbaden, 2013, S. 97-114.

Tallmann, S.; Jenkins, M. (2002): Alliances, Knowledge Flows and Performance in Regional Clusters. In: Contractor, F. J.; Lorange, P. (Hrsg.): Co-operative Strategies and Alliances. Amsterdam, 2002, S. 163-187.

Tamkin, P.; Cowling, M.; Hunt, W. (2008): People and the Bottom Line. Research Report 448. Brighton.

Tappi, D. (2005): Clusters, adaption and extroversion - A cognitive and entrepreneurial analysis of the Marche music cluster. In: *European Urban and Regional Studies*, Jg. 12(3), 2005, S. 289-307.

Taylor, S.; Lewis, C. (2014): Sustainable HRM in the US - The Influence of National Context. In: Ehnert, I.; Harry, W.; Zink, K. J. (Hrsg.): Sustainability and human resource management - Developing sustainable business organizations. Berlin, New York, 2014, S. 297-314.

Teece, D. (2007): Explicating dynamic capabilities - The nature and microfoundations of (sustainable) enterprise performance. In: *Strategic Management Journal*, Jg. 18(7), 2007, S. 509-533.

Telekom (2016): Corporate Responsibility Bericht 2016.

Teller, M. (2005): Projekt BeNN - Wissenschaftliche Begleitforschung, Moderation und Coaching regionaler Netzwerke auf dem Gebiet neuer Nutzungsstrategien. Abschlussbericht. Hannover, Berlin, Großziehten.

Temouri, Y. (2012): The Cluster Scoreboard: Measuring the Performance of Local Business Clusters in the Knowledge Economy. OECD Local Economic and Employment Development (LEED) Working Papers. URL: http://www.oecd.org/leed-forum/publications/WP%20-%20The%20Cluster%20Scoreboard.pdf, Stand: 20.09.2017.

Ter Wal, A. L. J. (2013): Cluster Emergence and Network Evolution - A Longitudinal Analysis of the Inventor Network in Sophia-Antipolis. In: *Regional Studies,* Jg. 47(5), 2013, S. 651-668.

Ter Wal, A. L. J.; Boschma, R. (2009): Co-evolution of firms, industries and networks in space. In: *Regional Studies*, Jg. 43(7), 2009, S. 1-15.

Terstriep, J. (2008): Clustermanagement: Standards einer neuen Profession. In: *Forschung Aktuell*(3), 2008.

Terstriep, J. (2007): Cluster Management - Status Quo & Perspektiven. In: *Institut Arbeit und Technik Jahrbuch 2007,* 2007, S. 60-70. URL: http://www.iat.eu/aktuell/veroeff/jahrbuch/jahrb07/09-terstriep.pdf, Stand: 09.05.2018.

Terstriep, J. (2006): Comparative Cluster Analysis - Five ICT Regions in Europe. Europe Innova. URL: http://www.iatge.de/files/d9_comparative_analysis_final.pdf, Stand: 09.05.2018.

Testa, G.; Battaglia, M.; Bianchi, L. (2012): The diffusion of CSR initiatives in industrial clusters: Some findings from Italian experiences. In: *International Journal of Technology Management*, Jg. 58(1-2), 2012, S. 152-170.

Tewari, M.; Pillai, P. (2005): Global standards and the dynamics of compliance in the Indian leather industry. In: *Oxford Development Studies*, Jg. 33(2), 2005, S. 245-267.

Theurl, T. (2005): From Corporate to Cooperative Governance. In: Theurl, T. (Hrsg.): Economics of Interfirm Networks. Tübingen, 2005, S. 149-192.

Theurl, T. (2010): Die Kooperation von Unternehmen: Facetten und Dynamik. In: Ahlert, D. (Hrsg.): Handbuch Franchising & Cooperation - Das Management kooperativer Unternehmensnetzwerke. Frankfurt a. Main, 2010, S. 314-343.

Thiagarajan, T.; Zairi, M. (1998): An empirical analysis of critical factors of TQM: a proposed tool for self-assessment and benchmarking purposes. In: *Benchmarking for Quality Management and Technology*, Jg. 5(4), 1998, S. 291-303.

Thiel, A.; Joel, K. (2016): Wirtschaftsförderung und nachhaltiges Wirtschaften am Beispiel der Region Augsburg. In: Buchenau, P.; Geßner, M.; Geßner, C. (Hrsg.): Chefsache Nachhaltigkeit - Praxisbeispiele aus Unternehmen: Wiesbaden, 2016, S. 187-210.

Thom, N. (1987): Personalentwicklung als Instrument der Unternehmensführung. Stuttgart.

Thom, N.; Zaugg, R. J. (2013): Nachhaltiges und innovatives Personalmanagement: Spitzengruppenbefragung in europäischen Unternehmungen und Institutionen. In: Schwarz, E. J. (Hrsg.): Nachhaltiges Innovationsmanagement. Wiesbaden, 2013, S. 215-245.

Thom, N.; Zaugg, R. J. (2002): Das Prinzip Nachhaltigkeit im Personalmanagement - Ausgewählte Ergebnisse einer Befragung in europäischen Unternehmen und Institutionen. In: *Personalführung*(7), 2002, S. 52-55.

Thomi, W.; Sternberg, R. (2008): Cluster - Zur Dynamik von Begrifflichkeiten und Konzeptionen. In: *Zeitschrift für Wirtschaftsgeographie*, Jg. 52(2-3), 200, S. 73-78.

Thul, M. J.; Hellge, V. (2015a): Das Cluster-Excellence-Modell. Modellbroschüre. ITA. Kaiserslautern.

Thul, M. J.; Hellge, V. (2015b): Pro-Excellence – Professionalisierung der Clusterexcellence: Teilvorhaben „Cluster-Excellence". Abschlussbericht. Institut für Technologie und Arbeit. Kaiserslautern.

Tichy, G. (2001): Regionale Kompetenzzyklen - Zur Bedeutung von Produktlebenszykus- und Clusteransätzen im regionalen Kontext. In: *Zeitschrift für Wirtschaftsgeographie*, Jg. 45(3-4), 2001, S. 181-201.

Tichy, G. (1998): Clusters: Less dispensable and more risky than ever. In: Steiner, M. (Hrsg.): Clusters and Regional Specialisation: On Geography Technology and Networks. London, 1998, S. 226-237.

Tielfel, S. (2005): Kodierung nach der Grounded Theory lern- und bildungstheoretisch modifiziert: Kodierungsleitlinien für die Analyse biographischen Lernens. In: *ZBBS*, Jg. 6(1), 2005, S. 65-84.

Torre, A.; Gilly, J.-P. (2000): On the Analytical Dimension of Proximity Dynamics. In: *Regional Studies*, Jg. 34(2), 2000, S. 169-180.

Trinczek, R. (1999): „Es gibt sie, es gibt sie nicht, es gibt sie, es …" - Die Globalisierung der Wirtschaft im aktuellen sozialwissenschaftlichen Diskurs. In: Schmid, G.; Trinczek, R. (Hrsg.): Globalisierung. Ökonomische und soziale Herausforderungen am Ende des zwanzigsten Jahrhunderts. Baden-Baden, 1999, S. 55-75.

Trippl, M.; Grillitsch, M.; Isaksen, A. u. a. (2015a): Perspectives on Cluster Evolution: Critical Review and Future Research Issues. In: *European Planning Studies*, Jg. 23(10), 2015, S. 2028-2044.

Trippl, M.; Grillitsch, M.; Isaksen, A. u. a. (2015b): Understanding Cluster Evolution. Papers in Innovation Studies, Nr. 2015/46. Lund, Schweden.

Tyson, S. (1997): Human resource strategy: a process for managing the contribution of HRM to organizational performance. In: *International Journal of Human Resource Management*, Jg. 8(3), 1997, S. 277-290.

Tyson, S. (1995): Human Resource Strategy - Towards a General Theory of Human Resource Management. London.

Uhl-Bien, M. (2006): Relational leadership theory: exploring the social processes of leadership and organizing. In: *Leadership Quaterly*, Jg. 17(6), 2006, S. 654-676.

Ulrich, D. (1997): Human Resource Champions - The next Agenda for adding value and delivering results. Boston, MA.

Ulrich, D.; Brockbank, W. (2005): The HR value proposition. Boston, MA.

Ulrich, D.; Schiemann, B.; Sartain, L. (Hrsg.) (2015): The rise of HR. - Wisdom from 73 thought leaders. Alexandria.

Ulrich, S., Walker, F. (2016): Die Digitalisierung bringt die lokale Produktion zurück. URL: https://www.hwzdigital.ch/die-digitalisierung-bringt-die-lokale-produktion-zurueck/ (Stand: 11.02.2018).

United Nations (UN) (2014): World Urbanization Prospects: The 2014 Revision. URL: https://esa.un.org/unpd/wup/publications/files/wup2014-highlights.pdf, Stand: 14.03.2018.

Uzzi, B. (1997): Social structure and competition in interfirm networks: the paradox of embeddedness. In: *Administrative Science Quarterly*, Jg. 42(1), 1997, S. 35-67.

Vagias, W. (o.J.): Likert-type scale response anchors. Clemson University.

Valdaliso Gago, J. M.; Elola, A.; Franco-Rodriguez, S. (2016): Do clusters follow the industry life cycle? Diversity of cluster evolution in old industrial regions. In: *Competitiveness review: an international business journal incorporating/ Journal of global competitiveness*, Jg. 26(1), 2016, S. 66-86.

van Dennerg, L.; Braun, E.; van Winden, W. (2001): Growth clusters in European cities: An integral approach. In: *Urabn Studies*, Jg. 38(1), 2001, S. 186-206.

van der Linde, C. (2005): Cluster und regionale Wettbewerbsfähigkeit, Wie Cluster entstehen, wirken und aufgewertet werden. In: Cernavin et al (Hrsg.): Cluster und Wettbewerbsfähigkeit von Regionen - Erfolgsfaktoren regionaler Wirtschaftsentwicklung. Berlin, 2005, S. 15-34.

van der Linde, C. (2003): The Demography of Clusters - Findings from the Cluster Meta Study. In: Bröcker, J.; Dohse, D.; Soltwedel, R. (Hrsg.): Innovation clusters and interregional competition. Berlin, New York, 2003, S. 130-149.

van der Wiele, T.; Dale, B. G.; Williams, A. R. T. u. a. (1995): Self-assessment: a study of progress in Europe's leading organisations in quality management practices. In: *International Journal of Quality & Reliability Management*, Jg. 13(1), 1995, S. 84-104.

van Klink, A.; de Langen, P. (2001): Cycles in industrial clusters: The case of the shipbuilding industry in the Northern Netherlands. In: *Tijdschrift Voor Economische En Sociale Geografie*, Jg. 92(4), 2001, S. 449-463.

van Oosterhout, J.; Heugens, P. (2008): Much ado about nothing: A conceptual critique of corporate social responsibility. In: Crane, A.; Mc Williams, A.; Matten, D. u. a. (Hrsg.): The Oxford Handbook of Corporate Social Responsibility. Oxford, 2008, S. 432-451.

Vernon, R. F. (1979): The product cycle hypothesis in a new International Environment. In: *Oxford Bulletin of economics and Statistics*, Jg. 41(4), 1979, S. 255-267.

Vernon, R. (1966): International Investment and International Trade in the Product Cycle. In: *The Quarterly Journal of Economics*, Jg. 80(2), 1966, S. 190-207.

Von Thunen, J. (1826): Der isolierte Staat in Beziehung auf Landwirtschaft und Nationalokonomie. Teil 1. Hamburg.

Voß, W. (2001): Ganzheitliche Bewertung von Unternehmensnetzwerken - Konzeption eines Bewertungsmodells. Dissertation. Kaiserslautern.

Vroom, V. H. (1964): Work and motivation. New York u. a.

Wächter, H. (1992): Vom Personalwesen zum Strategie Resource Management - Ein Zustandsbericht anhand der neueren Literatur. In: Staehle, W. H.; Conrad, P. (Hrsg.): Managementforschung 2 - Thema: Flache Hierarchien und organisatorisches Lernen. Berlin, 1992, S. 313-340.

Wagner, D. (1992): Personalabbau/-freisetzung. In: Gaugler, E. v.; Weber, W. (Hrsg.): Handwörterbuch des Personalwesens. 2. Aufl. Stuttgart, 1992, S. 1545-1556.

Walton, R. (1985): From control to commitment in the workplace. In: *Harvard Business Review*, Jg. 63(2), 1985, S. 77-84.

Wartenburg, C. (1966): Von Thunen's Isolated State. Oxford.

Weber, A. (1909): Uber den Standort der Industrien [On the Location of Industries]. Tübingen.

Weber, B. (1996): Die Fluide Organisation: konzeptionelle Überlegungen für die Gestaltung und das Management von Unternehmen in hochdynamischen Umfeldern. Bern, Stuttgart, Wien.

Weber, S. M. (2005): Netzwerkmonitoring und Evaluation. In: Aderhold, J.; Meyer, M.; Wetzel, R. (Hrsg.): Modernes Netzwerkmanagement - Anforderungen - Methoden - Anwendungsfelder. Wiesbaden, 2005, S. 277-301.

Weber, W.; Kabst, R. (2004): Human resource management: the need for theory and diversity. In: *Management Review*, Jg. 15(2), 2004, S. 171-177.

Wegge, M. (1996): Qualifizierungsnetzwerke - Netze oder lose Fäden? Ansätze regionaler Organisation beruflicher Wei-terbildung. Opladen.

Wehrmeyer, W. (1996): Greening People - Human Resources and Environmental Management. Saltaire.

Wessels, J. (2009): Cluster- und Netzwerkevaluation - Aktuelle Beispiele aus der Praxis. Berlin.

Weuster, A. (2008): Personalauswahl - Anforderunsprofil, Bewerbersuche, Vorauswahl und Vorstellungsgespräch. 2., aktualisierte und überarb. Aufl. Wiesbaden.

Weyer, J. (2008): Zum Stand der Netzwerkforschung in den Sozialwissenschaften. In: Weyer, J. (Hrsg.): Soziale Netzwerke - Konzepte und Methoden der sozialwissenschaftlichen Netzwerkforschung. 2. Aufl. München, 2008, S. 39-69.

Widuckel, W. (2014): Nachhaltige Regionalentwicklung in der Region Ingolstadt. In: Pechlaner, H.; Reuter, C. (Hrsg.): Pionier-Regionen der Zukunft - Innovation, Qualität und Kooperation. Wiesbaden, 2014, S. 173-186.

Wiedenegger, A.; Walder, F.-P. (2013): Für Hartnäckige attraktiv. Der Weg zu Unternehmensqualität und Business Excellence. In: *Qualität und Zuverlässigkeit*, Jg. 58(7), 2013, S. 23-27.

Wien, A.; Franzke, N. (2013): Systematische Personalentwicklung - 17 Strategien zur Implementierung eines erfolgreichen Personalentwicklungskonzepts. Wiesbaden. 2013.

Wilkesmann, U. (2000): Lernen in interorganisationalen Netzwerken. In: Widmaier, U. (Hrsg.): Der deutsche Maschinenbau in den neunziger Jahren - Kontinuität und Wandel einer Branche. Frankfurt a. Main, New York, 2000, S. 479-494.

Williamson, O. E.; Streissler, M. (1990): Die ökonomischen Institutionen des Kapitalismus - Unternehmen, Märkte, Kooperationen. Tübingen.

Williamson, O. E. (1975): Markets and hierarchies: Analysis and antitrust implications. New York: Free Press.

Winkler, I. (2002): Steuerung von Netzwerken kleiner und mittlerer Unternehmen im Spannungsverhältnis individueller und kollektiver Interessen - Sechs kooperative Netzwerke in Sachsen. In: Fischer, J.; Gensior, S. (Hrsg.): Sprungbrett Region? Strukturen und Voraussetzungen vernetzter Geschäftsbeziehungen. Berlin, 2002, S. 253-281.

Wirth, C. (1999): Unternehmungsvernetzung, Externalisierung von Arbeit und industrielle Beziehungen - Die negotiation of order von ausgewählten Netzwerkbeziehungen einer Warenhausunternehmung. München, Mering.

Witte, E. (1972): Das Informationsverhalten in Entscheidungsprozessen. Tübingen.

Wohlgemuth, O. (2002): Management netzwerkartiger Kooperationen - Institutionalisierung, Aufgaben und Instrumente. Wiesbaden.

Wöllert, K.; Jutzi, K. (2005): Regionale Netzwerke - Zur besonderen Rolle von Intermediären. In: Aderhold, J.; Meyer, M.; Wetzel, R. (Hrsg.): Modernes Netzwerkmanagement - Anforderungen - Methoden - Anwendungsfelder. Wiesbaden, 2005, S. 53-71.

World Bank (2009): Clusters for Competitiveness. A Practical Guide and Policy Implications for Developing Cluster Initiatives. Washington, D.C.

Wright, P. M. (1998): Introduction: Strategic human resource management research in the 21st century. In: *Human Resource Management*, Jg. 8(3), 1998, S. 247-276.

Wright, P. M.; Dunford, B. B.; Snell, S. A. (2007): Human resources and the Resource-based view of the firm. In: Schuler, R. S.; Jackson, S. E. (Hrsg.): Strategic human resource management. 2nd ed. Malden, MA, 2007, S. 76-97.

Wright, P. M.; MacMahon, G. C. (1992): Theoretical perspectives for strategic human resource management. In: *Journal of Management*, Jg. 18(2), 1992, S. 295-320.

Wright, P. M.; MacMahon, G. C.; McWilliams, A. (1994): Human resources and sustained competitive advantage: a resource based perspective. In: *International Journal of Human Resource Management*, Jg. 5(2), 1994, S. 301-326.

Wunderer, R. (1984): Strategische Personalarbeit - arbeitslos? In: *Zeitschrift Führung + Organisation*, Jg. 53(8), 1984, S. 506-510.

Wunderer, R.; Arx, S. v. (2002): Personalmanagement als Wertschöpfungs-Center - Unternehmerische Organisationskonzepte für interne Dienstleister. 3., aktual. Aufl. Wiesbaden.

Wunderer, R.; Dick, P.; Jäger, U. (2007): Personalmanagement - Quo Vadis? - Analysen und Prognosen zu Entwicklungstrends. 5., aktual. Aufl. Köln.

Yin, R. K. (2014): Case study research - Design and methods. 5th edition. Sage.

Zagorsek, H.; Svetina, A. C.; Jaklic, M. (2008): Leadership in clusters: Attributes of effective cluster leader in Slovenia. In: *Transformations in Business and Economics*, Jg. 7(2), 2008, S. 98-113.

Zahra, S. A.; Pearce, J. A. (1989): Board of directors and corporate financial performance: a review and integrative model. In: *Journal of Management*, Jg. 15(2), 1989, S. 291-334.

Zarlenga, M. I.; Ulldemolins, J. R.; Morató, A. R. (2016): Cultural clusters and social interaction dynamics. In: *European Urban and Regional Studies*, Jg. 23(3), 2016, S. 422-440.

Zaugg, R. J. (2009): Nachhaltiges Personalmanagement - Eine neue Perspektive und empirische Exploration des Human Resource Management. Wiesbaden.

Zaugg, R. J. (1996): Integrierte Personalbedarfsdeckung - Ausgewählte Gestaltungsempfehlungen zur Gewinnung ganzheitlicher Personalpotentiale. Bern, Stuttgart, Wien.

Ziegler, M.; Bühner, M. (2012): Grundlagen der Psychologischen Diagnostik. Wiesbaden.

Zimmermann, F. M. (Hrsg.) (2016): Nachhaltigkeit wofür? - Von Chancen und Herausforderungen für eine nachhaltige Zukunft. Berlin, Heidelberg, 2016.

Zink, K. J. (2014): Social Sustainability and Quality of Working Life - A Human Factors Perspective on Sustainable HRM. In: Ehnert, I.; Harry, W.; Zink, K. J. (Hrsg.): Sustainability and human resource management - Developing sustainable business organizations. Berlin, New York, 2014, S. 35-55.

Zink, K. J. (2011): Personalwirtschaft und Arbeitswissenschaft: Möglichkeiten eines integrativen Ansatzes? In: *Zeitschrift für Arbeitswissenschaft*, Jg. 65(1), 2011, S. 50-53.

Zink, K. J. (2008a): Human Factors and Comprehensive Management Concepts: A Need for Integration Based on Corporate Sustainability. In: Zink, K. J. (Hrsg.): Corporate Sustainability as a Challenge for Comprehensive Management. Heidelberg, 2008, S. 231-253.

Zink, K. J. (2008b): Human resources and organisational excellence. In: *Total Quality Management & Business Excellence*, Jg. 19(7-8), 2008, S. 793-805.

Zink, K. J. (2008c): Nachhaltigkeitsstrategien und Human Resource Management. In: Hauff, M. von; Lingnau, V.; Zink, K. J. (Hrsg.): Nachhaltiges Wirtschaften: Integrierte Konzepte. Baden-Baden, 2008, S. 123-154.

Zink, K. J. (2005a): From participation as useful add on to participation as precondition for survival. In: Carayon, P.; Robertson, M.; Kleiner, B. u. a. (Hrsg.): Human Factors in Organizational Design and Management VIII. Santa Monica, 2005, S. 449-452.

Zink, K. J. (2005b): Personalwirtschaft und Arbeitswissenschaft: Notwendigkeit integrativer Konzepte. In: *Personalmanagement und Arbeitsgestaltung,* 51. Kongress der Gesellschaft für Arbeitswissenschaft e. V., Dortmund, 2005, S. 27-30.

Zink, K. J. (2004): TQM als integratives Managementkonzept - Das EFQM Excellence Modell und seine Umsetzung: mit Selbstbewertungsprozess; berücksichtigt Reviews des EFQM-Modells von 2000 und 2002. 2., vollst. überarb. und erw. Aufl. München u. a.

Zink, K. J. (1999): Human Factors and Business Excellence. In: Axelsson, J.; Bergmann, B.; Eklund, J. (Hrsg.): TQM and Human Factors - towards successful integration. Linköping, 1999, S. 9-27.

Zink, K. J. (1998): Bewertung ganzheitlicher Unternehmensführung - Am Beispiel des Ludwig-Erhard-Preises für Spitzenleistungen im Wettbewerb. München, Wien.

Zink, K. J. (Hrsg.) (1994): Business Excellence durch TQM - Erfahrungen europäischer Unternehmen. München, Wien.

Zink, K. J. (1994): Total Quality als europäische Herausforderung. In: Zink, K. J. (Hrsg.): Business Excellence durch TQM - Erfahrungen europäischer Unternehmen. München, Wien, 1994, S. 1-29.

Zink, K. J.; Fischer, K.; Steimle, U. (2008): Research Perspectives on Sustainable Global Supply Chain. Kaiserslautern.

Zink, K. J.; Hellge, V.; Schröder, D. (2016): Führung und Organisation im digitalen Wandel. In: Schwuchow, K.; Gutmann, J. (Hrsg.): Personalentwicklung. Themen, Trends, Best Practices 2017. Freiburg u. a., 2016, S. 159-170.

Zink, K. J.; Schmidt, A. (1998): Practice and implementation of self-assessment. In: *International Journal of Quality Science*, Jg. 3(2), 1998, S. 147-170.

Zink, K. J.; Steimle, U. (2008): Corporate Social Responsibility and Organizational Excellence - Linking the Stakeholder Approach and Resource-Based Views. In: Foley K. J.; Hermel J. (Hrsg.): The Theories and Practices of Organization Excellence: New Perspectives. Sydney, 2008, S. 147-176.

Zink, K. J.; Steimle, U.; Fischer, K. (2008): Human Factors, Business Excellence and Corporate Sustainability - Differing Perspectives, Joint Objectives. In: Zink, K. J. (Hrsg.): Corporate Sustainability as a Challenge for Comprehensive Management. Heidelberg, 2008, S. 3-18.

8 Anhang

8.1 Kategoriensystem der qualitativen Analyse ausgewählter Clusterberichte

Codesystem [4787 Codierungen][1203]

- Nutzung von Excellence Ansätzen bzw. Bewertungsmodellen für [3]
- Trendforschung im Cluster [32]
  - Nutzung für PM-Strategieentwicklung [2]
  - thematische Schwerpunkte der Trendforschung [14]
  - Nutzung der Trendforschungsergebnisse [31]
  - Vorgehen Trendforschung [30]
- Lebenszyklusphase des Clusters [0]
  - Lebenszyklus des Clusters [4]
    - Kriterien zur Bestimmung der Lebenszyklusphase [2]
      - Außendarstellung und Marketing [471]
      - Arbeitsgruppen des Clusters [169]
      - Dienstleistungen des CM [245]
        - Themenschwerpunkte der DL [361]
        - Zufriedenheit der CA mit DL [50]
        - Nachfrage [17]
        - Anzahl [2]
      - Strategieumsetzung und Monitoring [57]
      - Finanzierung des Clusters bzw. Clustermanagements [78]
        - Sicherung der Finanzierungsquellen [15]
        - Anzahl der Finanzierungsquellen [14]
      - Kooperationen/Projekte im Cluster [498]
      - Auszeichnungen [69]
        - Auszeichnung mit Cluster Label [20]
        - Auszeichnung als Spitzencluster [40]
      - Organisation des Clustermanagements [92]
        - Anzahl der Mitarbeiter [15]
        - Organisationsform [85]
      - Mitgliederfluktuation im Cluster [1]
      - Größe des Clusters [146]
        - Anzahl neuer Mitglieder des Clusters [33]
        - Anzahl der Mitglieder des Clusters [94]
      - Dauer des Bestands des Clusters bzw. Clustermanagements [29]
        - Alter des Clustermanagements [11]
- Personalmanagement und Strategie [13]
  - Thematische Schwerpunkte der Personalmanagementaktivitäten [56]
  - Kernprozesse des Personalmanagements in Clustern [12]
    - P-Bindung [16]
    - P-Marketing/Rekruiting [45]
    - P-Entwicklung [52]
      - Weiterbildung/Qualifizierung [185]
      - Ausbildung [103]
        - Hochschulbildung [33]
        - berufliche Erstausbildung [16]
  - Entwicklung der Personalmanagementaktivitäten in Berichtszeit [5]
    - Reduzierung [0]
    - strategische Ausrichtung [1]
    - Systematisierung [10]

[1203] Anmerkung: Anzahl der Codierungen jeweils in eckigen Klammern vermerkt.

V. Hellge, *Personalmanagement in Unternehmensclustern*,
https://doi.org/10.1007/978-3-658-26690-5

Punktuelle Einzelmaßnahmen [6]
Erweiterung [1]
Ausblick [0]
geplante PMaktivitäten [7]
Strategie allgemein/ Clusterstrategie [179]
Zusammenhang Strategieprozess und Personalmanagement bzw. Per [1]
Schwerpunkte der Clusterstrategie [975]
Strategieprozess [117]
Personalstrategie [4]
Schwerpunkte der Personalstrategie [22]
Prozess der Entwicklung der Personalstrategie [0]
Personalmanagementkonzept [13]
Personalmanagement als Dienstleistung des Clustermanagements [128]
Gründe für Fokus oder fehlenden Fokus auf Personalmanagement [3]
Berücksichtigung von Nachhaltigkeitsaspekten im Cluster [11]
Nachhaltigkeitsaspekte in der Personalstrategie [2]
Nachhaltigkeitsaspekte im Personalmanagement [3]
Nachhaltigkeitsaspekte im Cluster [38]
Nachhaltiger Cluster [0]

8.2 Einordnung der analysierten Cluster in Cluster-Lebenszyklusphasen

Cluster	Kürzel	Clustertyp	Clusterlebenszyklusphase	Erläuterung
Biotechnologie-Cluster Rhein-Neckar (BioRN)	C1	Spitzencluster; ECEI Gold Label	Reifephase	• Systematisches Controlling und Strategieumsetzung • Eigenständiges Clustermanagement • Mehrere Dienstleistungen vorhanden (z. B. Controlling/ Projektmanagement-Software) • Mehrere nationale und internationale Auszeichnungen • Stabile Mitgliederzahlen
Medical Valley EMN	C2	Spitzencluster	Wachstums-phase	• Eigenständiges Clustermanagement • Auszeichnung als Spitzencluster
MicroTEC Südwest	C3	Spitzencluster; ECEI Gold Label	Reifephase	• Besteht seit 2005 • Auszeichnung als Spitzencluster und mit ECEI Gold Label • Eigenständiges Clustermanagement • (internationale) Sichtbarkeit ist hoch • Sieben regelmäßige Arbeitsgruppen • Systematisches Monitoring der Strategieumsetzung (Balanced Scorecard), Reviews, Audits • Einige Dienstleistungen (Fachgruppen, Fördermittelakquise) • Finanzierung über Mitgliedsbeiträge und nationale und regionale Fördermittel • Initiierung nationaler und internationaler Kooperationsprojekte (technologische und strukturelle Projekte) • Kontinuierliches Wachstum der Clustermitglieder seit 2005

Forum Organic Electronics	C4	Spitzencluster	Wachstums-phase	• Auszeichnung als Spitzencluster • zahlreiche Maßnahmen zur Außendarstellung • Dienstleistungen wie z.B. Auftragsforschung • Unternehmensberatung und Schulungen, Wissensmanagement, Netzwerkveranstaltungen • Projektcontrolling vorhanden • Eigenständiges Clustermanagement • 26 Clustermitglieder
Elektromobilität Südwest	C6	Spitzencluster	Wachstums-phase	• Eigenständiges Clustermanagement • Auszeichnung als Spitzencluster • Initiierung von Technologieprojekten
BioM Biotech Cluster Development GmbH	C7	ECEI Gold Label; Spitzencluster	Reifephase	• Auszeichnung als Spitzencluster und ECEI Gold Label • Eigenständiges Clustermanagement, angegliederte Dienstleistungs-GmbH (Wirtschaftsförderung, internationale Beratung), Landesregierungen in Vorstand • Umfassende Außendarstellung und Marketingaktivitäten, auch international hohe Sichtbarkeit • Jährliche Berichterstattung • Dienstleistungen u. a. Jobbörse, Wissensmanagement, Beratung • Besteht seit 1995 • Nationale u. regionale Fördermittel • 270 Clusterakteure
Luftfahrtcluster Metropolregion Hamburg	C8	Spitzencluster; ECEI Gold Label	Reifephase	• Marketing- u. Kommunikationsstrategie (u.a. Cluster-Imagefilm) • Besteht seit 2008 • Auszeichnung als Spitzencluster u. mit ECEI Gold Label • Qualifizierungsoffensive als Best Practice der EU-Kommission ausgezeichnet • Eigenständiges Clustermanagement • Initiierung nat. u. internat. Projekte u. Kooperationen • Dienstleistungen u. a.: Spitzenclusterprojekte, Internationalisierung, Durchführung v. Veranstaltungen, Wissensmanagement, Fördermittelberatung, • Hohe Nachfrage nach CM-Dienstleistungsangeboten • Erfolgsmonitoring vorhanden, Evaluierungssystem zur strategischen Weiterentwicklung genutzt • Finanzierung aus Mitgliedsbeiträgen, Drittmitteln, Dienstleistungen u. institutioneller Förderung durch Bundesland u. Dienstleistungsangeboten
Allianz Faserbasierte Werkstoffe Baden-Württemberg e. V.	C9	ECEI Gold Label	Reifephase	• Initiierung neuer Verbundprojekte über Arbeitsgruppen • Auszeichnung mit ECEI Gold Label • Eigenständiges Clustermanagement • PR-Portfolio beinhaltet Corporate Design u. Kommunikation von „Best Practices" der Clusterakteure; Kompetenzatlas, Pressearbeit u. Fachmessen stark im Fokus • vier regelmäßige Arbeitsgruppen vorhanden

				• Cluster sei „erwachsen geworden“ • Dienstleistungen u. a.: Fördermittelakquise, Gründerförderung, Aufbau v. Kooperationen
Bayrischer Biotechnologie Cluster u.a. mit BioM	C10	ECEI Gold Label	Reifephase	• Eigenständiges Clustermanagement • Zwei Teilcluster sind im Spitzenclusterwettbewerb ausgezeichnet (z.B. C7) • Auszeichnung mit ECEI Gold Label • Finanzierung v. a. durch Landes- u. Bundesmittel • Ca. 170 Clustermitglieder • Besteht seit ca. 1997
Chemie-Cluster Bayern GmbH	C11	ECEI Gold Label	Reifephase	• Eigenständiges Clustermanagement • Internationale Sichtbarkeit im Fokus d. Außendarstellung • Auszeichnung mit ECEI Gold Label • Dienstleistungen u. a.: Informationsbeschaffung/ Wissensmanagement, Fördermittel- u. Partnerakquise, Projektmanagement, Gründungsförderung • Nat. u. internat. Vernetzung u. Kooperationen im Fokus • Finanzierung d. CM nur über Dienstleistungen, keine Mitgliedsgebühren • Besteht seit 2005
Silicon Saxony e. V.	C12	ECEI Gold Label	Wachs-tums-phase	• Ausrichtung v. Jahreskonferenzen, Symposium, Innovationsforum, Themenstammtische, Dialogveranstaltungen • Auszeichnung mit ECEI Gold Label • Initiator der Silicon-Europe-Clusterallianz u. d. Clusters „Silicon Germany“ u. Förderung regionaler Themencluster • Website u. Newsletter; Jahresbericht, Social Media • Ausarbeitung v. Teilstrategien in Arbeitsgruppen • Dienstleistungsangebot umfasst u. a. Fördermittelberatung, Lobbyarbeit, „Nanoscout“ zur Vermittlung v. Berufsperspektiven, Betreuung v. Aus- u. Weiterbildungsinitiativen, Ausarbeitung v. Zukunfts- u. Thesenpapieren, Kompetenzatlas, Innovationsmanagement • Kooperationen mit nat. u. internat. Clustern o. ä. u. Technologieregionen • Eigenständiges Clustermanagement, ca. 7 Mitarbeiter • Besteht seit 2011
VDC Fellbach	C13	ECEI Gold Label	Reifephase	• Ausarbeitung v. Whitepapern, Fachartikeln • Ausrichtung v. Dialogveranstaltungen, Workshops, Industriearbeitskreisen • Dienstleistungen: Kommunikationsunterstützung (Website, Pressearbeit, Social Media), Unterstützung bei Fördermittelakquise, Kontaktvermittlung, Marketing, Informationsverteilung, Technologietransfer, Ausrichtung v. Fachseminaren, Online “FitnessCheck“ zur Bedarfs- u. Potenzialanalyse, Projektmanagement, Lobbyarbeit, Unterstützung v. Aus-/ Weiterbildung, Wissensdatenbank (inkl. Marktstudien, Positionspapiere), Fachkräftever-

				mittlung • Strategie zur Weiterentwicklung des Clusters liegt vor • Gegründet im Jahr 2002 • Mehrere branchen- u. technologiebez. Arbeitsgruppen • Mehrere Auszeichnungen, u. a. „Best Innovation Award" für den 3D-FitnessCheck bei bwcon InnovationFair, „Exzellente Netzwerkarbeit" durch Kompetenznetze Deutschland, Gewinner Reg. Clusterwettbewerb 2010 Baden-Württemberg, „Club der besten Innovationsnetzwerke", • Auszeichnung mit ECEI Gold Label • Stabile Mitgliederzahl, über 70 Mitglieder u. 30 Partner
IT Security - Bavarian IT Security & Safety Cluster	C14	ECEI Silber Label	Wachs-tums-phase	• Veranstaltungsorganisation: Workshops, Foren, Roadshows • Kooperation mit Verbänden, Verlagen, Hochschulen, Weiterbildungseinrichtungen • Mehrere Arbeitskreise bzw. Projektgruppen bestehen; u. a. eine Arbeitsgruppe Weiterbildung • Kooperation mit Bundesamt für Sicherheit in d. Informationstechnik: Ausrichtung des „BSI IT-Grundschutztags" • Ausrichtung v. Fachkongressen u. Konferenzen • Initiierung v. Vertriebskooperationen durch Workshops • Veröffentlichungen v. Presseberichten u. Jahresberichten • Dienstleistungsangebot umfasst u. a.: Newsletter, Soziale Netzwerke, Lobbyarbeit, Beteiligung an Gremien/ Veranstaltungen, kostenfreie Ausstellungsmöglichkeiten, Presse-Service, Firmenporträits, gezielte Kontaktvermittlung, die Präsentation d. Kompetenzen u. Informationen d. Clustermitglieder, Angebot v. Weiterbildungsmöglichkeiten (z. B. ein Zertifikatslehrgang), Gründerberatung • Eigenständiges CM, eine Zweitstelle in Augsburg; CM ist ein Tochterunternehmen d. Stadt Regensburg; ca. 6 Mitarbeiter im CM; • Auszeichnung mit ECEI Silber Label
PhotonicNet	C15	ECEI Silber Label	Keine Einordnung mgl.	• Ausreichende Informationen zur Bestimmung d. Lebenszyklusphase fehlen in den vorliegenden Clusterberichten
Umweltcluster Bayern	C16	ECEI Silber Label	Wachs-tums-phase	• Presse-/ Öffentlichkeitsarbeit • Auszeichnung mit ECEI Silber Label • 6 regelmäßige Arbeitsgruppen vorhanden • Dienstleistungen: Beratung, Netzwerkförderung, Aus-/ Weiterbildung, Fachveranstaltungen, Stellenbörse, Fachinformationsvermittlung, Kontakt-/ Kooperationsvermittlung • Vermittlung (auch internationaler) Kooperationen u. Cluster-Partnerschaften • Ca. 200 Clustermitglieder • Eigenständiges Clustermanagement

				• Finanzierung primär durch Landesförderung
Food-Processing Initiative e.V.	C17	ECEI Silber Label	Wachs-tums-phase	• Veranstaltungen zum Marketing der Clustertechnologie • Auszeichnung mit ECEI Silber Label • Clusterübergreifende Kooperationen vorantreiben • Dienstleistungen des CM: Messen/ Seminare, Internet-Plattform, Fördermittelakquise, Delegationsreisen, Kooperationsvermittlung • Besteht seit ca. 2005 • Primär durch Landesmittel gefördert
Sensorik Bayern	C18	ECEI Silber Label	Wachs-tums-phase	• Ausrichtung v. Tagungen, Praxis-Treff für erfolgreiche Personalstrategien, Veranstaltungsreihen • Dienstleistungsangebot umfasst u. a. Demografieberatung im Cluster, Fort- und Weiterbildungsangebote, Innovationsberatung, Vermittlung von Fach- und Führungskräften, Beratung zu Förder- und Finanzierungsmöglichkeiten, individuelle Beratung, Marktrecherchen & Zielmarktanalysen, Erstellung von Businessplänen, Physikalische Modellbildung & Simulation, Entwicklung innovativer Sensorkonzepte & -system, Projektmanagement • Kooperation mit Hochschulen/Clustern/ Verbänden • Eigenständiges Clustermanagement • Finanzierung über Mitgliedsbeiträge • Netzwerk Optische Technologien in der Photodynamik (OTPD) als bundesweit agierendes Unternetzwerk • Durch Freistaat Bayern offizielle Übertragung der Clusterkompetenz für den Bereich Sensorik (seit 2006) • Ca. 70 Mitglieder u. 150 Partner; ECEI Silber Label
CC NanoBio-Net	C19	ECEI Silber Label	Startphase	• Veranstaltungen zum Marketing d. Clustertechnologie • Clusterübergreifende Kooperationen vorantreiben • Dienstleistungen des CM: Messen/ Seminare, Internet-Plattform, Fördermittelakquise, Delegationsreisen, Kooperationsvermittlung • Besteht seit ca. 2005; ECEI Silber Label • Primär durch Landesmittel gefördert
Axelera	C20	ECEI Gold Label	Reifephase	• Ausrichtung regionaler und internationaler Konferenzen, Paneldiskussionen, Projekttage, Konferenzteilnahmen, Jahrestagung, Treffen zum Thema Innovationsstrategien • Nationale und internationale Kooperationen mit u. a. Verbänden, Clustern, Hochschulen, Forschungslaboren • Dienstleistungsschwerpunkte liegen auf Innovationsstrategien, Wertschöpfung, Markteinführung, Dienstleistungen u. Trainings, Unterstützung bei Akquise v. Fördermitteln, gesellschaftliche Herausforderungen, Aus-/ Weiterbildung/ Kompetenzentwicklung, regionales Wachstum • Mehrere Arbeitsgruppen zu Schwerpunktthemen,

				u. a. Aus-/ Weiterbildung • Unterstützung d. Entwicklung d. regionalen, themenspezifischen Innovationsstrategie • Leistungsvertrag für den Zeitraum 2013-2018 mit frz. Nationalregierung geschlossen u. Ziele bestimmt • Finanzierung durch acht Partner, u. a. Regional-, Landes- u. Nationalregierung, BNP Paribas (in 2013) • 22 Forschungsprojekte in 2013 wurden gefördert • Cluster bietet eigenen Standort für kollaborative Zusammenarbeit der Clusterakteure an Innovationsprojekten • Eigenständiges CM mit ca. 12 Mitarbeitern • 39 neue Mitglieder in 2013, insgesamt ca. 280 Mitglieder • 2012 ausgezeichnet als einer der besten Cluster d. frz. Clusterförderprogramms; ECEI Gold Label
Biopeople	C21	ECEI Gold Label	Wachs-tums-phase	• Kooperationsvermittlung, auch international • Außendarstellung: Konferenzen/ Fachveranstaltungen • KMU-Förderung für Innovation („Innovationsgutscheine") • Nationale u. EU-Finanzierung • Ca. 135 Clustermitglieder; ECEI Gold Label • Konstantes Wachstum der Clustermitglieder seit 2010
CLEAN - Connecting Danish Clean-tech	C22	ECEI Gold Label	Startphase	• Neuartiges Innovationskonzept ("Competitiveness Amplification Model"): Fokus auf Kommunikation der Ergebnisse des sog. „Co-Creation-Prozesses" durch Pressemitteilungen, Fachartikel, Newsletter • Marktanalysen, Network-Building, innovative Kooperationen fördern, Kooperationspartner vermitteln, • Eigenständiges Clustermanagement • Besteht in aktueller Form seit 2014, ging aus Innovationsprojekt als innovatives Modell hervor • Auszeichnung mit ECEI Gold Label, trotzdem Einordnung in Startphase aufgrund der geringen Laufzeit des Clusters
Eco World Styria	C23	ECEI Gold Label	Reifephase	• Eigenständiges CM; ca. 170 Clustermitglieder • Individuelles Dienstleistungsangebot für CA u. externe Kunden: u. a.: Magazin, Strategie-, Innovations-, Internationalisierung- u. Förderungsunterstützung, Technologie Radar, Karriereplattform, Newsletter; Qualifizierungsförderung, individuelle Beratungen, Technologierecherchen u. Roundtable, Machbarkeitsanalysen, jährliche Evaluation der Angebote, hohe Zufriedenheit • über 20 unternehmerischen Innovationsprojekten im Wert v. ca. 30 Mio. € in 2014 • Clustermanagementprozesse werden nach dem internationalen Qualitätsmanagement ISO 9001 weiterentwickelt • Hohe Zielerreichung der 5-Jahres-Ziele bzw. Über-

				erfüllung, frühzeitige Erreichung • Eigentümer: öffentl. Institutionen/Verbände/ Unternehmen • Finanzierung durch Beiträge, Förderungen u. Aufträge • hohes internationales Ansehen als „Green Tech Valley" • Weiterhin Wachstum, ca. fünf neue Mitglieder pro Jahr • Ausgezeichnet mit RegioStars Award der Europäischen Kommission in 2013 und ECEI Gold Label • Vorsitz der Europäischen „CM Excellence Experts Group" • Leitung des europäischen „Green Energy Committee" • Betreuung des österreichischen Aus-/ Weiterbildungsnetzwerks für Green Tech Skills • Kooperationen für Innovation, nat. u. internat.
LUTB Transport & Mobility System – Rhône-Alpes Automotive Cluster	C24	ECEI Gold Label	Wachstumsphase (Anmerkung: im Übergang zur Reifephase)	• Auszeichnung mit ECEI Gold Label • Ausrichtung internationale Konferenz (2-jährig) • Clusterübergreifende Kooperationen, internat.; Kooperationen mit regionalen Verbänden • Unternehmensbesuche u. Forschungsthementage • Leistungsvertrag mit National u. -Landesregierung, Innovationsstrategie für 2014-2020 liegt vor • Unter Förderung durch Landes- und Nationalregierung • Ca. 180 Clusterakteure, in 8 Jahren v. 48 auf 180 Mitglieder angestiegen • Über 20 geförderte Forschungsprojekte in 2013, 156 Förderprojekte zwischen 2006 u. 2013;
Pôle Mov'eo	C25	ECEI Gold Label	Reifephase	• Gegründet in 2006; Auszeichnung mit Gold Label • Kooperationen mit Verbänden/ Clustern (nat. u. internat.)/ Forschungseinrichtungen/ öff. Einrichtungen, • Dienstleistungsangebot umfasst, u. a.: Pressemitteilungen (ca. 300 in 2012), Informationsverteilung, Außendarstellung, Veröffentlichung v. „Success Stories" u. Innovationen d. CA, Unterstützung bei Forschungskooperationen, Regionalentwicklung, Fördermittelakquise, Intellectual property, Geschäftsmodellentwicklung, • Arbeitsgruppen für alle Clusterschwerpunkte • Fokus auf Strategieentwicklung u. kontinuierlicher Weiterentwicklung des Clusters; regelmäßige Aktualisierung und Fortschreibung d. Clusterstrategie • Strategie für alle Clusterschwerpunkte definiert • Förderung: Landes- / Nationalregierung/ Unternehmen • Konferenzen, Runde Tische, Workshops, Seminare • Veröffentlichung ausführlicher Jahresberichte • Eigenständiges Clustermanagement mit ca. 14 Mitarbeitern u. Clustergremien, Regionalkomitees • Cluster ist nach ISO 9001 zertifiziert

				• Leistungsvertrag mit National-/Landesregierung sowie Innovationsstrategie für 2013-2018 • Ca. 362 Clusterakteure in 2013, Wachstum p.a. um 29% • Ca. 36 geförderte Forschungsprojekte in 2013

8.3 Literaturverzeichnis der analysierten Clusterberichte

Allianz Faserbasierte Werkstoffe Baden-Württemberg AFBW e.V. (2013): highlights 2012 AFBW – MEHRWERT DURCH NETZWERK. Ostfildern.

Allianz Faserbasierte Werkstoffe Baden-Württemberg AFBW e.V. (2014): highlights 2013 AFBW – MEHRWERT DURCH NETZWERK. Ostfildern.

Association LUTB-RAAC (2013): Meeting the challenges of urban mobility - Annual Report 2013. Lyon.

Biopeople (2013): Biopeople - Denmark's Innovation Network for Health and Life Sciences. Kopenhagen.

Chemical and Environmental Industry Association Serving Lyon and Rhône-Alpes (2012): Excellence in innovation, the key to a smarter future - 2012 Activity Report. Lyon.

Chemie Cluster Bayern GmbH (o.J.): Gemeinsam Ziele erreichen! - Imagebroschüre. München.

Cluster Biotechnology Bavaria; Bio M (2013): Biotech in Bavaria- Rollercoaster to Innovation - Report 2012/13. Martinsried.

Cluster Biotechnology Bavaria; Bio M (2014): Biotech in Bavaria- Your hub for innovation - Report 2013/14. Martinsried.

Cool Silicon (2011): Jahresbericht Cool Silicon 2011.

Der Bayerische IT-Sicherheitscluster e.V. (2013): Der bayerische IT-Sicherheitscluster e.V. - Jahresbericht 2013. Regensburg.

Der Bayerische IT-Sicherheitscluster e.V. (2014): Der bayerische IT-Sicherheitscluster e.V. - Jahresbericht 2014. Regensburg.

Eco World Styria Umwelttechnik Cluster GmbH (2012): Greentech Valley: Ein- & Ausblick - Jahresbericht 2012 & Ausblick 2013. Graz.

Eco World Styria Umwelttechnik Cluster GmbH (2013): 2013 Greentech Annual - ECO World Styria Ein- & Ausblick. Graz.

Eco World Styria Umwelttechnik Cluster GmbH (2014): Greentech Valley - Ein- & Ausblick 2014/15. Graz.

e-mobil BW GmbH –State Agency for Electric Mobility and Fuel Cell Technology (2013): START NOW IN THE FUTURE OF ELECTRIC MOBILITY - e-mobil BW. Stuttgart.

Food-processing Initiative; Ministerium für Wirtschaft, Mittelstand und Energie des Landes Nordrhein-Westfalen (2005): Erfolg durch Transparenz - 10 Jahre Landesinitiative Food-Processing NRW.

Forum Organic Electronics (2012): Schlussbericht Clustermanagement Forum Organic Electronics.

Gretz, N. (2013): Schlussbericht I und II- Nachwuchsförderung Organic Electronics. Mannheim.

Hamburg Aviation (2013): Visionen und Jobperspektiven rund um die Hamburger Luftfahrttechnik. Hamburg Metropolitan Region. Hamburg.

Industriens Fond-The Danish Industry Foundation; clean-Innovation green solutions (2014): Complex cleantech solutions amplifying the competitiveness of Danish business.

Initiative Luftfahrtstandort Hamburg (o.J.): Engagement und Kooperation: Initiative Luftfahrtstandort Hamburg. Hamburg.

Innovation Cluster for the Chemical and Environmental Sectors (2013): Growing a world of value-driven projects - 2013 Activity Report. Lyon.

Luftfahrtcluster Metropolregion Hamburg (2010): Luftfahrtcluster Metropolregion Hamburg: Zweiter Fortschrittsbericht im Spitzencluster-Wettbewerb des BMBF. Hamburg.

Medical Valley-Europäische Metropolregion Nürnberg (2011): Logbuch Medical Valley EMN - Das Tagebuch zum Spitzencluster Medizintechnik. Nürnberg.

Meditcon (2013): Schlussbericht - Zum Verbundprojekt "Entwicklung und erstmalige Erprobung innovativer Prozesse, Methoden und Werkzeuge für die Vernetzung und strategische Entwicklung des Biotechnologie-Clusters in der Metropolregion Rhein-Neckar". Heidelberg.
Meditcon (2014): Schlussbericht - Zum Verbundprojekt "Entwicklung und erstmalige Erprobung innovativer Prozesse, Methoden und Werkzeuge für die Vernetzung und strategische Entwicklung des Biotechnologie-Clusters in der Metropolregion Rhein-Neckar". Heidelberg.
Mikrosystemtechnik Baden-Württemberg e.V. (2011): Jahresbericht Spitzencluster MicroTEC Südwest - umfasst den Zeitraum vom Gewinn des Wettbewerbs im Januar 2010 bis März 2011. Freiburg.
Mikrosystemtechnik Baden-Württemberg e.V. (2014): Spitzencluster MicroTEC Südwest Jahresbericht 2014 - Öffentliche Version . Freiburg.
Mikrosystemtechnik Baden-Württemberg e.V. (2015): Abschlussbericht MicroTEC Südwest - Zeitraum 2010-2015.
Mikrosystemtechnik Baden-Württemberg e.V. (2015): MicroTEC Südwest Jubiläum 2015. Freiburg.
Mobilitätsagentur Hamburg; Arbeit und Leben Hamburg e.V. (o.J.): Kompetent für Europa: Luftfahrtstandort Hamburg - Internationale Qualifizierung für Auszubildende & Fachkräfte. Hamburg.
Mov'eo (o.J.): Mov'eo- Imagine mobility - Build your network. Transform your future.
Mov'eo (2013): Imagine mobility - Contrat de performance 2013-2018.
NanoBioNet e.V. (o.J.): Kompetenznetzwerk NanoBioNet –Deutschlands Netzwerk für Nano- und Biotechnologie. Saarbrücken.
Optecnet Deutschland (2003): Kompetenznetze Optische Technologien - Eine erste Zwischenbilanz. Hannover.
Prof. Graf & Associate GmbH (2012): Schlussbericht zum Verbundprojekt BioRN Academy. Mannheim.
Sensorik Bayern (2015): Homepage Sensorik Bayern. URL: https://www.sensorik-bayern.de (abgerufen am 7.8.2015).
Silicon Saxony e. V. (2013): Next 2013 – Silicon Saxony Network News. Dresden.
Silicon Saxony e. V. (2014): Next 2014 - Silicon Saxony's Network News. Dresden.
Technopôle du Madrillet (2009): Rapport d'activité 2009 - Mov'eo. Saint-Étienne-du-Rouvray.
Technopôle du Madrillet (2010): Mov'eo - Rapport d'activité 2010. Saint-Étienne-du-Rouvray.
Technopôle du Madrillet (2011): Mov'eo - Rapport d'activité 2011. Saint-Étienne-du-Rouvray.
Technopôle du Madrillet (2012): Mov'eo - Rapport d'activité 2012. Saint-Étienne-du-Rouvray.
Technopôle du Madrillet (2013): Mov'eo- Imagine mobility - Rapport d'activité 2013. Saint-Étienne-du-Rouvray.
Umwelttechnik-Netzwerkbetriebs GmbH (2010): ECO 2010/2011 - Jahresbericht 2010, Jahresplan 2011. Graz.
Umwelttechnik-Netzwerkbetriebs GmbH (2011): ECO World Styria - Jahresbericht 2011, Jahresplan 2012. Graz.
Umwelttechnologie-Cluster Bayern e.V. (o.J.): Umweltcluster Bayern - Netzwerk der bayerischen Umweltwirtschaft, Wissenschaft, Kommunen und kommunalen Betriebe. Augsburg.
Virtual Dimension Center (VDC) (2010): VDC -Geschäftsbericht 2010 - Leistung | Kompetenz | Netzwerk. Fellbach.
VDC (2011): VDC: Geschäftsbericht 2011 - Leistung | Kompetenz | Netzwerk. Fellbach.
VDC (2012): VDC: Geschäftsbericht 2012 - Leistung | Kompetenz | Netzwerk. Fellbach.
VDC (2013): VDC: Jahresbericht 2013 - KompetenzNetzwerk für Virtuelles Engineering. Fellbach.
VDC (2014): VDC: Jahresbericht 2014 - KompetenzNetzwerk für Virtuelles Engineering. Fellbach.

8.4 Quantitatives Befragungsinstrument

Themenfelder:

- Relevanz des Personalmanagements für Cluster
- Strategieentwicklung im Cluster
- Nachhaltigkeit im Cluster
- Angaben zur Person und zum Cluster

Relevanz des Personalmanagements für Cluster

1. Bitte bewerten Sie die Bedeutung folgender Aufgaben Ihres Clustermanagements: (PMC11-22)
   - Skala: *nicht wichtig, weniger wichtig, neutral, wichtig, sehr wichtig, keine Angabe möglich*
   - Marketing und Repräsentation des Clusters (PMC11)
   - Strategieentwicklung des Clusters (PMC12)
   - Personalmanagement (Angebote zur Unterstützung der Clusterakteure, z.B. Fachkräftegewinnung, Kompetenzentwicklung) (PMC13)
   - Lobbying (PMC14)
   - Unterstützung von Technologieentwicklung (z.B. über die Ermittlung technologischer Trends oder Bedarfe oder die Vernetzung von Technologiepartnern) (PMC15)
   - Dienstleistungen für Clusterakteure (z.B. individuelle Beratungen für Clustermitglieder) (PMC16)
   - Anregung und Begleitung von Internationalisierungsinitiativen (PMC17)
   - Bereitstellung einer Kontaktplattform (PMC18)
   - Anregung von Kooperationen (PMC19)
   - Unterstützung von Existenzgründern (PMC20)
   - Veranstaltungsorganisation und –moderation (PMC21) sowie
   - Informations- und Wissenstransfer zwischen Clustermitgliedern (PMC22)
2. Bitte beurteilen Sie die Bedeutung folgender Aktivitäten für Ihren Cluster:
   Skala: *absolut nicht relevant, weniger relevant, neutral, relevant, sehr relevant, keine Angabe möglich*
   - Betriebliches Personalmanagement in Ihrem Clustermanagement, d.h., bezogen auf die Mitarbeiter des Clustermanagements (PMC221a)
   - Clusterweites Personalmanagement, d.h. Unterstützung der Clusterakteure im Bereich Personalmanagement (z.B. Fachkräftegewinnung) durch Ihr Clustermanagement (PMC221b)
3. Inwiefern führen Sie folgende Aktivitäten in ihrem Cluster durch?
   - Skala: *trifft nicht zu, trifft eher nicht zu, neutral, trifft eher zu, trifft völlig zu, keine Angabe möglich*
   - Personalmanagement im Clustermanagement Ihres Clusters, d.h., bezogen auf die Mitarbeiter des Clustermanagements (PMC222a)
   - Unterstützung der Clusterakteure im Bereich Personalmanagement (z.B. Rekrutierung, Fachkräftegewinnung, Personalentwicklung) durch Ihren Cluster) (PMC222b)
4. Inwiefern stimmen Sie folgenden Aussagen über ein clusterweites Personalmanagement zur Unterstützung der Clusterakteure zu? (PMC41-48)

- Skala: *stimme nicht zu, stimme eher nicht zu, neutral, stimme eher zu, stimme völlig zu, keine Angabe möglich*
- Ein clusterweites Personalmanagement muss sich an der Clusterstrategie orientieren (PMC41)
- Ein clusterweites Personalmanagement liefert einen zentralen Beitrag zur Umsetzung der Clusterstrategie (PMC49)
- Ein clusterweites Personalmanagement ist an die Entwicklungsphase des Clusters anzupassen (PMC42)
- Clusterweite Personalmanagementaktivitäten sind für die Stabilisierung eines Clusters besonders wirkungsvoll (PMC43)
- Die Anforderungen der Clusterakteure des Clusters sind bei der Ausgestaltung von clusterweiten Personalmanagementaktivitäten zu berücksichtigen (PMC44)
- Die Anforderungen weiterer Interessengruppen des Clusters (z.B. Politikvertreter, öffentliche Einrichtungen, Verbände) sind bei der Ausgestaltung von clusterweiten Personalmanagementaktivitäten zu berücksichtigen (PMC45)
- Ein clusterweites Personalmanagement in Clustern muss eine nachhaltige Clusterentwicklung unterstützen (PMC46)
- Ein systematisches, clusterweites Personalmanagement muss Ergebnisse einer Ermittlung von zukünftigen Entwicklung und Trends in den Bereichen Technologie, Gesellschaft etc. (Trendforschung) berücksichtigen (PMC47)
- Ein systematisches, clusterweites Personalmanagement in Clustern muss sich an Excellence-Anforderungen an Cluster orientieren (PMC48)

5. Bitte beurteilen Sie die Bedeutung folgender clusterweiten Personalmanagementaktivitäten im Rahmen der Arbeit des Clustermanagements: (PMC51-56)
   - Skala: *nicht wichtig, weniger wichtig, neutral, wichtig, sehr wichtig, keine Angabe möglich*
   - Personalmarketing (z.B. Messestände auf Jobmessen, Botschafter für Talentwerbung) (PMC51)
   - Personalbeschaffung und Recruiting (z.B. Bewerbungsplattformen, Newsletter mit Stellenangeboten) (PMC52)
   - Personalentwicklung (z.B. Seminarangebote zu clusterspezifischen Themen, Studiengänge, Weiterbildungsangebote) (PMC53)
   - Personalstrategieentwicklung (z.B. Coaching durch Berater) (PMC54)
   - Personalbindung (z.B. gemeinsame Anreizsysteme für Fachkräfte im Cluster) (PMC55)
   - Personaleinsatz (PMC56)
6. Welche konkreten Personalmanagementaktivitäten setzen Sie clusterweit in Ihrem Cluster um? (PMC71-76)
   - *Skala alternativ: keine Planung hierzu vorhanden, Maßnahmen sind in Planung, Maßnahmen sind geplant, Umsetzung von Maßnahmen angestoßen, Maßnahmen umgesetzt, keine Angabe möglich*
   - Personalmarketing (z.B. Messestände auf Jobmessen, Botschafter für Talentwerbung) (PMC71)

- Personalbeschaffung und Recruiting (z.B. Bewerbungsplattformen, Newsletter mit Stellenangeboten) (PMC72)
- Personalentwicklung (z.B. Seminarangebote zu clusterspezifischen Themen, Studiengänge, Weiterbildungsangebote) (PMC73)
- Personalstrategieentwicklung (z.B. Coaching durch Berater) (PMC74)
- Personalbindung (z.B. gemeinsame Anreizsysteme für Fachkräfte im Cluster) (PMC75)
- Personaleinsatz (PMC76)

7. Welche Handlungsbedarfe sehen Sie in Bezug auf Personalmanagement in Ihrem Cluster? (PMC6)

Strategieentwicklung im Cluster

8. Bitte beurteilen Sie folgende Aussagen für Ihren Cluster: (STRE71-75)
   - Skala: *trifft nicht zu, trifft eher nicht zu, neutral, trifft eher zu, trifft völlig zu, keine Angabe möglich*
   - Personalmanagement im Cluster beruht auf einem systematischen Konzept (STRE71)
   - Systematisches Personalmanagement im Cluster leitet sich aus der Clusterstrategie ab (STRE72)
   - Systematisches Personalmanagement sichert die Zukunftsfähigkeit des Clusters (STRE73)
   - Trends und externe Entwicklungen werden im Cluster systematisch erfasst (STRE74)
   - Trends und externe Entwicklungen werden bei der Planung der Personalmanagementaktivitäten im Cluster berücksichtigt (STRE75)
9. Für welche Teilbereiche liegen in Ihrem Cluster strategische Ziele vor? (Mehrfachauswahl) (STRE81-90)
   - Kommunikation und Marketing (STRE81)
   - Personalmanagement (STRE82)
   - Betriebliches Personalmanagement im Clustermanagement (STRE89)
   - Internationalisierung (STRE83)
   - Technologieentwicklung (STRE84)
   - Kooperationen zwischen Clusterakteuren (STRE85)
   - Kooperationen des Clusters (z.B. mit andern Clustern, Verbänden etc.) (STRE86)
   - Dienstleistungsangebot des Clustermanagements (STRE87)
   - Nachhaltigkeit (STRE88)
   - Sonstige: offene Antwortmöglichkeit (STRE89)
10. Bitte beurteilen Sie den Beitrag den ein clusterweites Personalmanagements zu den folgenden strategischen Zielen Ihres Clusters leisten kann: (STRE91-98)
    - Skala: *Kein Beitrag, geringer Beitrag, mittlerer Beitrag, hoher Beitrag, essentieller Beitrag, keine Angabe möglich*
    - Internationalisierung erhöhen (STRE91)
    - Innovationsfähigkeit des Clusters steigern (STRE92)
    - Ansehen und Bekanntheitsgrad des Clusters und der Clusterregion erhöhen (STRE93)
    - Ansehen und Bekanntheitsgrad des Clusters und der Clusterregion bei Fachkräften erhöhen (STRE94)
    - Fachkräftebedarf der Clusterakteure decken (STRE95)

- Kompetenzen der Clusterakteure weiterentwickeln (STRE96)
- Wissens- und Erfahrungsaustausch zwischen Clusterakteuren erhöhen (STRE97)
- Kooperationen zwischen Clusterakteuren unterstützen (STRE98)

11. Welche Bedeutung haben Excellence-Bewertungsansätze für die strategische Weiterentwicklung Ihres Clusters, z.B. das ECEI Cluster Excellence Label? (STRE101)

- Skala: *nicht wichtig, weniger wichtig, neutral, wichtig, sehr wichtig, keine Angabe möglich*

Nachhaltigkeit im Cluster

12. Inwiefern treffen folgende Aussagen auf Ihren Cluster zu: (N111-115)
    a. Skala: *trifft nicht zu, trifft eher nicht zu, neutral, trifft eher zu, trifft völlig zu, keine Angabe möglich*
    b. Die Finanzierung des Clusters ist durch mehrere Finanzierungsquellen gesichert (N111)
    c. Die Finanzierung des Clusters ist über mehrere Jahre gesichert (N112)
    d. Das Clustermanagement berücksichtigt ökologische Aspekte bei strategischer Planung, Kooperationen, Projektanträgen etc. (N113)
    e. Das Clustermanagement berücksichtigt soziale Aspekte bei strategischer Planung, Kooperationen, Projektanträgen etc. (N114)
    f. Das Clustermanagement berücksichtigt gleichermaßen soziale, ökologische und ökonomische Zielsetzungen bei der strategischen Planung (N115)
13. Bitte beurteilen Sie die Bedeutung folgender Aspekte für Ihren Cluster: (N121-125)
    a. Skala: *nicht wichtig, weniger wichtig, neutral, wichtig, sehr wichtig, keine Angabe möglich*
    b. Die Finanzierung des Clusters ist durch mehrere Finanzierungsquellen gesichert (N121)
    c. Die Finanzierung des Clusters ist über mehrere Jahre gesichert (N122)
    d. Das Clustermanagement berücksichtigt ökologische Aspekte bei der strategischen Planung (N123)
    e. Das Clustermanagement berücksichtigt soziale Aspekte bei der strategischen Planung (N124)
    f. Das Clustermanagement berücksichtigt gleichermaßen soziale, ökologische und ökonomische Zielsetzungen bei der strategischen Planung (N125)
14. Wie beurteilen Sie die Bedeutung nachhaltiger Entwicklung für Ihren Cluster? (N131)
    - Skala: *nicht wichtig, weniger wichtig, neutral, wichtig, sehr wichtig, keine Angabe möglich*
15. Welchen Beitrag kann Ihrer Meinung nach ein systematisches, clusterweites Personalmanagement liefern für…? (N141-142)
    a. Skala: *Kein Beitrag, geringer Beitrag, mittlerer Beitrag, hoher Beitrag, essentieller Beitrag, keine Angabe möglich*
    b. die Sicherung des langfristigen Bestands des Clusters (N141)
    c. die Sicherung des Abgleichs ökonomischer, ökologischer und sozialer Interessen im Rahmen der Clusterentwicklung (N142)
16. Welchen Beitrag kann Ihrer Meinung nach ein systematisches, betriebliches Personalmanagement im Clustermanagement zur Sicherung des langfristigen Bestands des Clustermanagements liefern? (N15)

a. Skala: *Kein Beitrag, geringer Beitrag, mittlerer Beitrag, hoher Beitrag, essentieller Beitrag, keine Angabe möglich*

Angaben zur Person und zum Cluster

17. Sind Sie männlich oder weiblich (Auswahlitem)? (ALLG15)
18. Welche Position haben Sie in Ihrem Cluster? (Mehrfachauswahl) (ALLG161-167)
    - Clustermanager
    - Geschäftsführer des Clusters
    - Cluster-Vorstandsmitglied
    - Mitarbeiter eines Clusterakteurs (Unternehmen, Forschungsinstitut etc.)
    - Mitarbeiter im Clustermanagement
    - Clusterexperte
    - Sonstige: (offene Antwortmöglichkeit)
19. Wie lange sind Sie im Cluster tätig? (ALLG17)
    a. < 1 Jahr
    b. < 3 Jahre
    c. < 5 Jahre
    d. ≥ 5 Jahre
20. Wie viele Mitglieder umfasst Ihr Cluster? (ALLG18)
    - 5-20
    - 21-50
    - 51-100
    - 101-200
    - 200-300
    - >300
21. Wie lange besteht Ihr Cluster bereits? (ALLG19)
    - ≤ 5 Jahre
    - 5-10 Jahre
    - 10-15 Jahre
    - 15-20 Jahre
    - > 20 Jahre
22. In welcher Branche ist Ihr Cluster angesiedelt? Offenes Item (ALLG22)
23. Unter welcher Rechtsform agiert ihr Clustermanagement? Offenes Item (ALLG23)
24. Wie lange besteht Ihr Clustermanagement bereits? Offenes Item in Jahren (ALLG20)
25. Wie viele Mitarbeiter sind in Ihrem Clustermanagement tätig? (ALLG24)
26. Bitte ordnen Sie Ihren Cluster in seine aktuelle Lebenszyklusphase ein: (ALLG21)
    - Entstehungsphase
    - Wachstumsphase
    - Reifephase
    - Rückgangsphase

Glossar

- Nachhaltige Entwicklung/ Nachhaltigkeit: Eine Form des sozialen, ökologischen und ökonomischen Handelns, die gegenwärtigen und zukünftigen Generationen vergleichbare oder bessere Lebensbedingungen sichern soll

- Betriebliches Personalmanagement: alle Aufgaben zusammengefasst, die im Zusammenhang mit der Personalplanung, -entwicklung, -führung und -verwaltung eines Unternehmens stehen
- Clusterweites Personalmanagement: Unterstützung der Clusterakteure im Bereich Personalmanagement (z.B. Fachkräftegewinnung, Kompetenzentwicklung) durch ein Clustermanagement
- Trendforschung: Trendforschung befasst sich mit der Beobachtung und Bestimmung von Trends im Sinne von Veränderungen auf allen gesellschaftlichen Ebenen
- Strategie: Eine Strategie eines Unternehmens definiert dessen langfristig geplanten Handlungsfelder zur Erreichung seiner Ziele
- Strategische Planung: beschreibt den Prozess der Entwicklung einer Strategie
- Clustermitglieder/ Clusterakteure
- Excellence-Anforderungen bzw. Ansätze: liefern Hinweise für den Aufbau und die kontinuierliche Weiterentwicklung von Organisationen
    - Entwicklungsphase des Clusters: Die folgende Abbildung beschreibt den idealtypischen Lebenszyklus eines Clusters in den vier Entwicklungsphasen Entstehung („Emergence"), Wachstum („Growth"), Reife („Sustainment") und Rückgang („Decline")

8.5 Ausgewählte Screenshots der Onlinebefragung

Institut für Technologie und Arbeit - ITA

Personalmanagement in Clustern

Vielen Dank,

dass Sie an der Befragung zur **Bedeutung des Personalmanagements in Clustern** teilnehmen möchten.

Im Rahmen eines Forschungsvorhabens soll mit Hilfe dieser Befragung die Bedeutung des Themenfeldes Personalmanagement für Cluster ermittelt werden.

Unternehmenscluster haben in den letzten Jahren in Wissenschaft, Wirtschaft und Politik zunehmend an Bedeutung gewonnen. Bisher gibt es kaum Erkenntnisse dazu, welche Möglichkeiten sich Clustern durch Personalmanagementmaßnahmen für die Weiterentwicklung der wirtschaftlichen Strukturen und Innovationsprozesse bieten.

Die Befragungsdauer wird **ca. 15 Minuten** betragen und richtet sich an **Clustermanager und Clusterexperten**.

Zur **Sicherung der Anonymität** wird bei der Auswertung der Befragung darauf geachtet, dass eine Rückverfolgung der Antworten nicht möglich ist. Bei der Onlineversion der Befragung werden keine IP-Nummern oder andere personenbezogenen Daten gespeichert. Personenmerkmale wie Geschlecht und Alter werden nicht kombiniert. So ist Ihre Anonymität gesichert. Die Befragung wird ausschließlich im Rahmen des o.g. Forschungsvorhabens ausgewertet und aufbereitet.

Vielen Dank für Ihre Unterstützung!

Bei Fragen wenden Sie sich gerne an:

Viola Hellge

Dipl.-Wirtsch.-Ing.

Tel. 0631-20583-17

E-Mail: viola.hellge@ita-kl.de

Personalmanagement in Clustern

Bitte bewerten Sie die Bedeutung folgender Aufgaben des Clustermanagements:

	nicht wichtig	weniger wichtig	neutral	wichtig	sehr wichtig	keine Antwort
Marketing und Repräsentation des Clusters	○	○	○	○	○	◉
Strategieentwicklung	○	○	○	○	○	◉
Personalmanagement (Angebote zur Unterstützung der Clusterakteure, z.B. Fachkräftegewinnung, Kompetenzentwicklung)	○	○	○	○	○	◉
Lobbying	○	○	○	○	○	◉
Technologieentwicklung	○	○	○	○	○	◉
Dienstleistungen für Clusterakteure	○	○	○	○	○	◉
Internationalisierung	○	○	○	○	○	◉
Kontaktplattform	○	○	○	○	○	◉
Anregung von Kooperationen	○	○	○	○	○	◉
Unterstützung von Existenzgründern	○	○	○	○	○	◉
Veranstaltungsorganisation und -moderation	○	○	○	○	○	◉
Informations- und Wissenstransfer	○	○	○	○	○	◉

Inwiefern führen Sie folgende Aktivitäten in Ihrem Cluster durch?

	trifft nicht zu	trifft eher nicht zu	neutral	trifft eher zu	trifft völlig zu	keine Antwort
Personalmanagement im Clustermanagement Ihres Clusters, d.h., bezogen auf die Mitarbeiter des Clustermanagements	○	○	○	○	○	◉
Unterstützung der Clusterakteure im Bereich Personalmanagement (z.B. Fachkräftegewinnung, Kompetenzentwicklung) durch Ihren Cluster	○	○	○	○	○	◉

Inwiefern stimmen Sie folgenden Aussagen über ein Personalmanagement in Clustern zu?

	stimme nicht zu	stimme eher nicht zu	neutral	stimme eher zu	stimme völlig zu	keine Antwort
Das Personalmanagement im Cluster muss sich an der Clusterstrategie orientieren	○	○	○	○	○	◉
Das Personalmanagement ist an die Entwicklungsphase des Clusters anzupassen	○	○	○	○	○	◉
Personalmanagementaktivitäten sind für die Stabilisierung eines Clusters besonders wirkungsvoll	○	○	○	○	○	◉
Die Anforderungen der Clusterakteure des Clusters sind bei der Ausgestaltung von Personalmanagement-aktivitäten zu berücksichtigen	○	○	○	○	○	◉
Die Anforderungen weiterer Interessengruppen des Clusters sind bei der Ausgestaltung von Personalmanagement-aktivitäten zu berücksichtigen	○	○	○	○	○	◉
Ein Personalmanagement in Clustern muss eine nachhaltige Clusterentwicklung unterstützen	○	○	○	○	○	◉
Ein systematisches Personalmanagement in Clustern muss Ergebnisse von Cluster-Trendforschung (externe Trends und Entwicklungen) berücksichtigen	○	○	○	○	○	◉

8.6 Statistische Analyseergebnisse

Tabelle 46 Übersicht zu Korrelationen der Variablen zu Bereich 1

PMC11	**Pearson-Chi²-Wert**	**Asymp. Signifikanz (2-seitig, 95%)**	**Kendalls Tau-c**	**Gamma**	**Cramers V**	**Somers d**
ALLG24 neu	4,56	0,033	0,21	-	0,30	-
PMC15	**Chi²**	**Signifikanz**	**Tau-c**	**Gamma**	**Cramers V**	**Somers d**
ALLG17	29,04	0,001	0,06	-	0,40	-
ALLG21	17,31	0,044	-0,07	-0,15	0,32	-0,09
PMC13	**Chi²**	**Signifikanz**	**Tau-c**	**Gamma**	**Cramers V**	**Somers d**
ALLG21	14,85	0,005	-0,33	-0,05	0,36	-0,03
PMC18	**Chi²**	**Signifikanz**	**Tau-c**	**Gamma**	**Cramers V**	**Somers d**
ALLG17	23,70	0,022	-0,03	-0,05	0,36	-0,03
ALLG21	22,56	0,032	-0,04	0,07	0,36	-
ALLG22neu	130,78	0,002	-	-	0,73	-
PMC19	**Chi²**	**Signifikanz**	**Tau-c**	**Gamma**	**Cramers V**	**Somers d**
ALLG17	28,14	0,001	0,03	0,07	0,39	0,04
ALLG22neu	91,02	0,022	-	-	0,71	-
PMC22	**Chi²**	**Signifikanz**	**Tau-c**	**Gamma**	**Cramers V**	**Somers d**
ALLG15	9,30	0,026	-	--	0,41	-
PMC222b	**Chi²**	**Signifikanz**	**Tau-c**	**Gamma**	**Cramers V**	**Somers d**
ALLG17	30,40	0,002	-	0,30	0,41	0,22
ALLG22neu	122,29	0,004	-	-	0,72	-
PMC53	**Chi²**	**Signifikanz**	**Tau-c**	**Gamma**	**Cramers V**	**Somers d**
ALLG17	23,48	0,024	-0,01	-0,03	0,36	-0,02
ALLG22neu	116,82	0,022	-	-	0,70	-
PMC54	**Chi²**	**Signifikanz**	**Tau-c**	**Gamma**	**Cramers V**	**Somers d**
ALLG17	21,47	0,044	0,00	0,00	0,35	0,00
PMC13	44,36	0,000	0,21	0,31	0,44	0,23

Tabelle 47 Überblick zu T-Test-Ergebnissen zu Bereich 1

Unabhängige Variable	**Abh. Variable**	**Ausprägung**	**Levene-Test der Varianzgleichheit (Sig.)**	**t**	**t-Test für Mittelwert-gleichheit: Sig., 2-seitig (1-seitig)**	**Mittlere Differenz**
ALLG23 neu Rechtsform des Clusters	PMC221a	Varianzen gleich	0,007	-3,05	0,004	-0,95
		Varianzen ungleich	-	-3,58	**0,001**	**-0,95**
	PMC221b	Varianzen gleich	0,107	-2,49	**0,016**	-1,00
ALLG24 neu Anzahl MA im CM	PMC11	Varianzen sind gleich	0,000	-2,19	0,033	-0,33
		Varianzen ungleich	-	-4,53	**0,000**	-0,33
	PMC22	Varianzen sind gleich	0,009	-1,85	0,070	-0,50

		Varianzen ungleich	-	-2,68	**0,012**	-0,50
	PMC221a	Varianzen sind gleich	0,050	-1,47	0,148	-0,63
		Varianzen ungleich	-	-1,95	**0,064 (0,032)**	-0,63
	PMC221b	Varianzen sind gleich	0,007	-1,50	0,140	-0,75
		Varianzen ungleich	-	-2,05	**0,051 (0,026)**	-0,75
	PMC54	Varianzen sind gleich	0,544	-1,85	**0,070 (0,035)**	-0,68
ALLG18 neu Anzahl Mitglieder im Cluster	PMC18	Varianzen sind gleich	0,216	-2,24	**0,012**	-0,69
	PMC19	Varianzen sind gleich	0,274	-0,82	**0,029**	-0,52
ALLG17 neu Dauer Tätigkeit im Cluster	PMC12	Varianzen sind gleich	0,001	2,26	0,27	0,34
		Varianzen ungleich	-	2,41	**0,020**	0,34
	PMC221a	Varianzen sind gleich	0,118	2,11	**0,039**	0,64
	PMC222a	Varianzen sind gleich	0,254	-1,84	**0,070 (0,035)**	-0,45
ALLG21 neu	PMC13	Varianzen sind gleich	0,390	2,37	**0,021**	0,57
	PMC21	Varianzen sind gleich	0,025	1,56	0,124	0,29
		Varianzen ungleich	-	1,70	**0,095 (0,048)**	0,29
	PMC53	Varianzen sind gleich	0,671	2,32	**0,024**	0,59
ALLG15	PMC22	Varianzen sind gleich	0,299	-1,76	**0,083 (0,042)**	-0,36

Tabelle 48 Übersicht zu Korrelationen der Variablen zu Bereich 2

PMC42	**Pearson-Chi²-Wert**	**Asymp. Signifikanz (2-seitig, 95%)**	**Kendall's Tau-c**	**Gamma**	**Cramers V**	**Somers d**
ALLG23	4,56	0,033	0,21	-	0,30	-
PMC44	**Chi²**	**Sig. (95%)**	**Tau-c**	**Gamma**	**Cramers V**	**Somers d**
ALLG17	26,86	0,008	-0,09	-0,17	0,39	-0,11
ALLG16 neu	33,93	0,027	-	-	0,37	-
ALLG22 neu	12,83	0,004	-	-	0,73	-
PMC45	**Chi²**	**Sig. (95%)**	**Tau-c**	**Gamma**	**Cramers V**	**Somers d**
ALLG24	95,94	0,014	0,0	0,012	-	-
PMC71	**Chi²**	**Sig. (95%)**	**Tau-c**	**Gamma**	**Cramers V**	**Somers d**
ALLG20	35,91	0,016	0,15	0,24	0,40	0,17
ALLG24	109,5	0,038	0,14	0,20	0,54	0,14
PMC72	**Chi²**	**Sig. (95%)**	**Tau-c**	**Gamma**	**Cramers V**	**Somers d**

ALLG17	25,17	0,048	0,05	0,09	0,61	0,07
ALLG 24	140,80	0,000	0,10	0,13	0,61	0,10
ALLG21	26,13	0,037	-	-	0,40	-
ALLG21 neu	11,57	0,041	-	-	0,46	-
PMC73	**Chi²**	**Sig. (95%)**	**Tau-c**	**Gamma**	**Cramers V**	**Somers d**
PMC13	28,61	0,027	0,28	0,40		0,29
PMC75	**Chi²**	**Sig. (95%)**	**Tau-c**	**Gamma**	**Cramers V**	**Somers d**
ALLG18	41,87	0,019	-0,16	-0,23	0,38	-0,16
STRE73	**Chi²**	**Sig. (95%)**	**Tau-c**	**Gamma**	**Cramers V**	**Somers d**
ALLG17	16,95	0,049	-0,03	-0,05	0,33	-0,03
PMC13	22,49	0,032	0,24	0,37	0,35	0,27
PMC222a	29,53	0,003	0,40	0,56	0,41	0,42
PMC222b	26,07	0,011	0,37	0,48	0,39	0,35
STRE75	**Chi²**	**Sig. (95%)**	**Tau-c**	**Gamma**	**Cramers V**	**Somers d**
ALLG19	17,27	0,045	0,14	0,22	0,34	-0,16
ALLG21	18,30	0,032	-0,14	-0,22	0,34	-0,16
PMC47	37,99	0,006	0,34	0,50	0,40	0,38
PMC46	**Chi²**	**Sig. (95%)**	**Tau-c**	**Gamma**	**Cramers V**	**Somers d**
PMC13 *	46,49	0,000	0,30	0,47	0,45	0,33
PMC221a *	33,18	0,007	0,21	0,33	0,33	0,23
PMC222a	46,05	0,000	0,33	0,52	0,39	0,37
PMC222b	29,54	0,021	0,27	0,39	0,32	0,27
PMC49	**Chi²**	**Sig. (95%)**	**Tau-c**	**Gamma**	**Cramers V**	**Somers d**
PMC13 *	41,77	0,000	0,20	0,30	0,43	0,23
PMC221b	59,32	0,000	0,36	0,54	0,46	0,40
PMC222b	30,70	0,015	0,21	0,29	0,33	0,21
PMC43	**Chi²**	**Sig. (95%)**	**Tau-c**	**Gamma**	**Cramers V**	**Somers d**
PMC13	28,37	0,005	0,35	0,51	0,36	-
PMC41	**Chi²**	**Sig. (95%)**	**Tau-c**	**Gamma**	**Cramers V**	**Somers d**
PMC13	20,52	0,058	0,13	0,20	0,30	0,14
*Ein Teil der erwarteten Werte liegt unter Wert 5, d. h., die Aussage ist nicht vollständig zuverlässig.						

Tabelle 49 Überblick zu T-Test-Ergebnissen zu Bereichen 2 und 3

Unabhängige Variable	**Abh. Variable**	**Ausprägung**	**Levene-Test (Sig.)**	**t**	**T-Test für Mittelwert-gleichheit: Sig., 2-seitig (1-seitig)**	**Mittlere Differenz**
ALLG24 neu Anzahl MA im CM	PMC42	Varianzen sind gleich	0,017	-1,47	0,149	-0,50
		Varianzen sind un-gleich	-	-2,26	0,030	-0,50
	PMC44	Varianzen sind gleich	0,056	-1,86	0,069 (=0,035)	-0,63
	N131	Varianzen sind gleich	0,056	-2,10	0,041	-0,75
		Varianzen ungleich	-	-3,27	0,003	-0,75
ALLG18 neu	N131	Varianzen sind gleich	0,802	-2,52	0,014	-0,62

Tabelle 50 Übersicht zu Korrelationen der Variablen zu Bereich 3

STRE73	**Pearson-Chi²-Wert**	**Asymp. Signifikanz (95%)**	**Kendall's Tau-c**	**Gamma**	**Cramers V**	**Somers d**
ALLG20	16,95	0,049	-0,03	-0,05	0,33	-0,03
PMC 13	22,49	0,032	0,24	0,37	0,35	0,27
PMC222a	29,53	0,003	0,40	0,56	0,41	0,42
PMC222b	26,07	0,011	0,37	0,48	0,39	0,35
STRE91	**Chi²**	**Sig. (95%)**	**Tau-c**	**Gamma**	**Cramers V**	**Somers d**
PMC222a	21,09	0,049	0,07	0,11	0,41	0,07
STRE92	**Chi²**	**Sig. (95%)**	**Tau-c**	**Gamma**	**Cramers V**	**Somers d**
ALLG15 Geschlecht	8,42	0,038	-	-	0,41	-
ALLG24 Anzahl MA im CM	94,03	0,009	-0,03	-0,04	-	-
PMC222b	22,76	0,030	0,00	0,01	0,36	0,00
STRE96	**Chi²**	**Sig. (95%)**	**Tau-c**	**Gamma**	**Cramers V**	**Somers d**
STRE82 *	7,33	0,026	-	-	0,36	-
STRE97	**Chi²**	**Sig. (95%)**	**Tau-c**	**Gamma**	**Cramers V**	**Somers d**
ALLG22 neu *	100,94	0,002	-	-	0,80	-
ALLG23 neu	62,44	0,000	-	-	0,67	-
N131	**Chi²**	**Sig. (95%)**	**Tau-c**	**Gamma**	**Cramers V**	**Somers d**
ALLG17	22,23	0,035	-0,03	-0,06	0,35	-0,04
ALLG22 neu *	147,32	0,000	-	-	0,78	-
ALLG18 neu	11,76	0,019	0,42	0,58	0,44	0,42
PMC 13	86,17	0,000	0,20	0,34	0,58	0,24
PMC 222a	41,72	0,000	-0,02	-0,04	0,41	-0,03
PMC222b	28,19	0,030	0,06	0,09	0,34	0,06
N141	**Chi²**	**Sig. (95%)**	**Tau-c**	**Gamma**	**Cramers V**	**Somers d**
PMC221a	21,89	0,039	0,05	0,08	0,38	0,06
PMC222a	27,74	0,006	0,15	0,24	0,43	0,16
N142	**Chi²**	**Sig. (95%)**	**Tau-c**	**Gamma**	**Cramers V**	**Somers d**
ALLG22 neu *	90,50	0,024	-	-	0,81	-
ALLG23 neu *	28,54	0,018	-	-	0,48	-
ALLG20 neu	9,46	0,024	-0,37	-0,55	0,47	-0,37
PMC221b	26,09	0,010	0,03	0,05	0,43	0,03
N15	**Chi²**	**Sig. (95%)**	**Tau-c**	**Gamma**	**Cramers V**	**Somers d**
PMC221a	39,36	0,006	0,18	0,26	0,41	0,20
PMC222a	36,62	0,013	0,07	0,10	0,39	0,08
PMC46	**Chi²**	**Sig. (95%)**	**Tau-c**	**Gamma**	**Cramers V**	**Somers d**
PMC 13	46,49	0,000	0,30	0,47	0,45	0,33
PMC221a *	33,18	0,007	0,21	0,33	0,33	0,23
PMC222a	46,05	0,000	0,33	0,52	0,39	0,37
PMC222b	29,54	0,019	0,27	0,39	0,32	0,27
PMC49	**Chi²**	**Sig. (95%)**	**Tau-c**	**Gamma**	**Cramers V**	**Somers d**
PMC13*	41,77	0,000	0,20	0,30	0,43	0,23

PMC221b *	59,32	0,000	0,36	0,54	0,46	0,40
PMC222b	30,70	0,015	0,21	0,29	0,33	0,21
PMC43	**Chi²**	**Sig. (95%)**	**Tau-c**	**Gamma**	**Cramers V**	**Somers d**
PMC13	28,37	0,005	0,35	0,51	0,36	-

Tabelle 51 Übersicht zu Korrelationen der Variablen zu Bereich 4

PMC 13	**Pearson-Chi²-Wert**	**Asymp. Signifikanz (95%)**	**Kendalls Tau-c**	**Gamma**	**Cramers V**	**Somers d**
ALLG21 neu	14,85	0,005	-0,33	-0,45	0,51	-0,35
PMC221a	33,74	0,006	0,18	0,27	0,33	0,20
PMC222a	62,084	0,000	0,41	0,60	0,45	0,44
PMC222b	**Chi²**	**Sig. (95%)**	**Tau-c**	**Gamma**	**Cramers V**	**Somers d**
ALLG17	30,40	0,002	-	0,30	0,41	0,22
ALLG22 neu	122,29	0,004	-	-	0,72	-
N141	**Chi²**	**Sig. (95%)**	**Tau-c**	**Gamma**	**Cramers V**	**Somers d**
PMC221a	21,84	0,039	0,05	0,08	0,38	0,06
PMC222a	27,74	0,006	0,15	0,24	0,43	0,16
N142	**Chi²**	**Sig. (95%)**	**Tau-c**	**Gamma**	**Cramers V**	**Somers d**
ALLG22 neu*	90,50	0,024	-	-	0,81	-
ALLG23*	28,54	0,018	-	-	0,48	-
ALLG20 neu	9,46	0,024	-0,37	-0,55	0,47	-0,37
PMC221b	26,09	0,010	0,03	0,05	0,43	0,03
N15	**Chi²**	**Sig. (95%)**	**Tau-c**	**Gamma**	**Cramers V**	**Somers d**
PMC221a	39,36	0,006	0,18	0,26	0,41	0,20
PMC 222a	36,62	0,013	0,07	0,10	0,39	0,08
PMC43	**Chi²**	**Sig. (95%)**	**Tau-c**	**Gamma**	**Cramers V**	**Somers d**
PMC221a	26,83	0,043	0,25	0,36	0,30	0,28
PMC221b*	29,84	0,019	0,36	0,48	0,32	-
PMC222a *	76,49	0,000	0,45	0,64	0,51	-

Tabelle 52 Überblick zu T-Test-Ergebnissen zu Bereichen 4 und 5

Unabhängige Variable	**Abh. Variable**	**Ausprägung**	**Levene-Test (Sig.)**	**t**	**Test für Mittelwertgleichheit: Sig., 2-seitig (1-seitig)**	**Mittlere Differenz**
ALLG24 neu	PMC221a	Varianzen sind gleich	0,050	-1,47	0,148	-0,63
		Varianzen ungleich	-	-1,95	**0,064 (0,032)**	-0,63
	PMC221b	Varianzen sind gleich	0,007	-1,50	0,140	-0,75
		Varianzen ungleich	-	-2,05	**0,051 (0,026)**	-0,75
	PMC44	Varianzen sind gleich	0,056	-1,86	0,069 **(0,035)**	-0,63
ALLG17 neu	PMC 221a	Varianzen sind gleich	0,118	2,11	**0,039**	0,64
	PMC 222a	Varianzen sind gleich	0,254	-1,84	**0,070 (0,035)**	-0,45

ALLG21 neu	PMC13	Varianzen sind gleich	0,390	2,37	**0,021**	0,57

Tabelle 53 Übersicht zu Korrelationen der Variablen zu Bereichen 5, 6 und 8

Zu Aussage 5:						
PMC44	**Chi²**	**Sig. (95%)**	**Tau-c**	**Gamma**	**Cramer's V**	**Somers' d**
ALLG17	26,86	0,008	-0,09	-0,11	0,39	-0,17
ALLG16 neu	3,93	0,027	-	-	0,37	-
ALLG22	127,83	0,004	-	-	0,73	-
PMC13	55,94	0,000	0,15	0,24	-	0,17
PMC45	**Chi²**	**Sig. (95%)**	**Tau-c**	**Gamma**	**Cramer's V**	**Somers' d**
ALLG24 neu	95,94	0,004	0,10	0,12	-	-
PMC47	**Chi²**	**Sig. (95%)**	**Tau-c**	**Gamma**	**Cramer's V**	**Somers' d**
PMC13	47,18	0,000	0,27	0,30	0,46	0,30
Zu Aussage 6						
STRE101	**Chi²**	**Sig. (95%)**	**Tau-c**	**Gamma**	**Cramer's V**	**Somers' d**
ALLG19 neu	11,36	0,023	0,17	0,21	0,46	0,17
Zu Aussage 8						
STRE75	**Chi²**	**Sig. (95%)**	**Tau-c**	**Gamma**	**Cramer's V**	**Somers' d**
ALLG19	17,27	0,045	0,10	0,11	0,32	0,16
PMC 47	37,99	0,006	0,34	0,50	0,40	0,38

Tabelle 54 Übersicht zu Korrelationen der Variablen zu Bereichen 7a und b

PMC53 Bedeutung Personalentwicklung	**Pearson-Chi²-Wert**	**Asymp. Signifikanz (95%)**	**Kendalls Tau-c**	**Gamma**	**Cramers V**	**Somers d**
ALLG17	23,48	0,024	-0,01	-0,03	0,36	-0,02
ALLG21neu	9,993	0,041	-0,36	-0,49	0,42	-0,37
ALLG22neu	116,82	0,022	-	-	0,70	-
PMC13	63,49	0,000	0,23	0,36	0,53	0,26
PMC51	**Chi²**	**Sig. (95%)**	**Tau-c**	**Gamma**	**Cramers V**	**Somers d**
PMC13	44,792	0,000	0,36	0,49	0,44	0,37
PMC52	**Chi²**	**Sig. (95%)**	**Tau-c**	**Gamma**	**Cramers V**	**Somers d**
PMC13	31,15	0,002	0,10	0,16	0,37	0,10
PMC53	**Chi²**	**Sig. (95%)**	**Tau-c**	**Gamma**	**Cramers V**	**Somers d**
PMC13	33,08	0,001	0,93	0,14	-	0,10
PMC71	**Chi²**	**Sig. (95%)**	**Tau-c**	**Gamma**	**Cramers V**	**Somers d**
ALLG20 Dauer Bestehen CM	35,91	0,016	0,15	0,24	0,40	0,17
ALLG24 Anzahl MA im CM	109,5	0,038	0,14	0,20	0,54	0,14
PMC72	**Chi²**	**Sig. (95%)**	**Tau-c**	**Gamma**	**Cramers V**	**Somers d**
ALLG17	25,17	0,048	0,05	0,09	0,38	0,07
ALLG24 Anzahl MA im	140,80	0,000	0,10	0,13	0,61	0,10

CM						
ALLG21	26,13	0,037	-	-	0,40	-
ALLG21 neu	11,57	0,041	-	-	0,46	-
PMC75	**Chi²**	**Sig. (95%)**	**Tau-c**	**Gamma**	**Cramers V**	**Somers d**
ALLG18	41,87	0,019	-0,16	-0,23	0,38	-0,16
PMC76	**Chi²**	**Sig. (95%)**	**Tau-c**	**Gamma**	**Cramers V**	**Somers d**
ALLG21 neu	12,5	0,014	-	-	0,49	-
STRE94	**Chi²**	**Sig. (95%)**	**Tau-c**	**Gamma**	**Cramers V**	**Somers d**
ALLG17	16,53	0,011	0,15	0,31	0,39	0,17
ALLG24 neu *	6,83	0,033	0,02	0,06	0,39	0,03
PMC13	17,47	0,026	0,28	0,50	0,39	0,29
STRE95	**Chi²**	**Sig. (95%)**	**Tau-c**	**Gamma**	**Cramers V**	**Somers d**
PMC13	24,61	0,000	0,48	0,65	0,49	0,49
STRE82	**Chi²**	**Sig. (95%)**	**Tau-c**	**Gamma**	**Cramers V**	**Somers d**
ALLG18	11,80	0,038	-	-	0,44	-
STRE84	**Chi²**	**Sig. (95%)**	**Tau-c**	**Gamma**	**Cramers V**	**Somers d**
ALLG19neu	4,41	0,036	-	-	0,27	-
ALLG20neu Dauer Bestehen CM	4,31	0,038	-	-	0,28	-
STRE96	**Chi²**	**Sig. (95%)**	**Tau-c**	**Gamma**	**Cramers V**	**Somers d**
ALLG18	23,32	0,010	0,22	0,40	0,65	0,23
ALLG24 Anzahl MA im CM	48,77	0,029	0,31	0,40	0,65	0,23
ALLG24 neu *	7,83	0,020	0,33	0,80	0,42	0,51
ALLG21 neu	7,27	0,026	-0,31	-0,56	0,39	-0,32
PMC13	18,56	0,017	0,39	0,69	0,40	0,40
PMC221b	18,36	0,019	0,19	0,28	0,40	0,16
STRE82 *	7,33	0,026	-	-	0,36	-
STRE81	**Chi²**	**Sig. (95%)**	**Tau-c**	**Gamma**	**Cramers V**	**Somers d**
ALLG15 Geschlecht	4,19	0,042 (1-seitig)	-	-	0,27	-
STRE86	**Chi²**	**Sig. (95%)**	**Tau-c**	**Gamma**	**Cramers V**	**Somers d**
ALLG18neu	3,96	0,046	-	-	0,25	-
STRE87	**Chi²**	**Sig. (95%)**	**Tau-c**	**Gamma**	**Cramers V**	**Somers d**
ALLG15 Geschlecht	7,74	0,005	-	-	0,37	-
ALLG19	13,61	0,009	-	-	0,48	-
ALLG19neu	4,85	0,028	-	-	0,28	-
STRE88	**Chi²**	**Sig. (95%)**	**Tau-c**	**Gamma**	**Cramers V**	**Somers d**
ALLG20neu Dauer Bestehen CM	5,36	0,021	-	-	0,31	-

Tabelle 55 Überblick zu T-Test-Ergebnissen zu Bereichen 7a und b

Unabhängige Variable	**Abh. Variable**	**Ausprägung**	**Levene-Test (Sig.)**	**t**	**t-Test für Mittelwertgleichheit: Sig., 2-seitig (1-seitig)**	**Mittlere Differenz**
ALLG23neu Rechtsform des Clusters	PMC72	Varianzen sind gleich	0,360	1,74	0,088 **(0,044)**	0,87
	PMC74	Varianzen sind gleich	0,005	-3,05	0,004	-1,38
		Varianzen sind ungleich	-	-2,80	**0,009**	-1,38
ALLG24neu Anzahl MA im CM	STRE85	Varianzen sind gleich	0,004	-1,27	0,211	-0,14
		Varianzen sind ungleich	-	-2,61	**0,012**	-0,14
	STRE96	Varianzen sind gleich	0,613	-2,87	**0,006**	-0,64
ALLG20neu Dauer Bestehen CM	PMC71	Varianzen sind gleich	0,128	-2,12	**0,038**	-1,07
	STRE84	Varianzen sind gleich	0,003	2,12	0,038	0,27
		Varianzen sind ungleich	-	2,10	**0,041**	0,27
	STRE86	Varianzen sind gleich	0,000	1,91	0,062	0,21
		Varianzen sind ungleich	-	1,86	0,069 **(0,035)**	0,21
	STRE87	Varianzen sind gleich	0,001	-1,70	0,095	-0,21
		Varianzen sind ungleich	-	-1,73	0,090 **(0,045)**	-0,21
	STRE88	Varianzen sind gleich	0,002	2,39	0,021	0,30
		Varianzen sind ungleich	-	2,42	**0,019**	0,30
ALLG19neu Dauer Bestehen des Clusters	PMC71	Varianzen sind gleich	0,055	-2,37	**0,021**	-1,17
	STRE84	Varianzen sind gleich	0,000	2,15	0,036	0,26
		Varianzen sind ungleich	-	2,18	**0,033**	0,26
	STRE87	Varianzen sind gleich	0,001	-2,26	0,028	-0,27
		Varianzen sind ungleich	-	-2,21	**0,032**	-0,27
ALLG19neu	STRE88	Varianzen sind gleich	0,035	1,71	0,093	0,22
		Varianzen sind ungleich	-	1,69	0,096 **(0,048)**	0,22
ALLG18neu	STRE86	Varianzen sind gleich	0,000	-2,03	0,047	-0,21
		Varianzen sind ungleich	-	-2,07	**0,044**	-0,21
ALLG21neu	PMC53	Varianzen sind gleich	0,671	2,32	**0,024**	0,59
	STRE95	Varianzen sind gleich	0,957	2,17	**0,036**	0,57
	STRE96	Varianzen sind gleich	0,173	2,23	**0,031**	0,40
ALLG15 Geschlecht	STRE81	Varianzen sind gleich	0,004	2,09	0,041	0,26
		Varianzen sind ungleich	-	1,94	0,061**(0,030)**	0,26
	STRE87	Varianzen sind gleich	0,008	2,94	0,005	0,37
		Varianzen sind ungleich	-	2,74	**0,010**	0,37

Tabelle 56 Übersicht zu Korrelationen der Variablen zu Bereich 9

PMC42	**Pearson-Chi²-Wert**	**Asymp. Signifikanz**	**Kendalls Tau-c**	**Gamma**	**Cramers V**	**Somers d**

		(95%)				
ALLG23	10,80	0,029	-	-	0,46	-
STRE91	**Chi²**	**Sig. (95%)**	**Tau-c**	**Gamma**	**Cramers V**	**Somers d**
PMC222a	21,09	0,049	0,07	0,11	0,41	0,07
STRE92	**Chi²**	**Sig. (95%)**	**Tau-c**	**Gamma**	**Cramers V**	**Somers d**
ALLG15	8,42	0,038	-	-	0,41	-
ALLG24 neu	94,03	0,009	-0,03	-0,04	-	-
PMC222b	22,76	0,030	0,00	0,01	0,36	0,00
STRE94	**Chi²**	**Sig. (95%)**	**Tau-c**	**Gamma**	**Cramers V**	**Somers d**
ALLG 17	16,53	0,011	0,15	0,31	0,39	0,17
ALLG24 neu *	6,83	0,033	0,02	0,06	0,39	0,03
PMC13	17,47	0,026	0,28	0,50	0,39	0,29
STRE95	**Chi²**	**Sig. (95%)**	**Tau-c**	**Gamma**	**Cramers V**	**Somers d**
PMC13	24,61	0,000	0,48	0,65	0,49	0,49
STRE96	**Chi²**	**Sig. (95%)**	**Tau-c**	**Gamma**	**Cramers V**	**Somers d**
ALLG18	23,32	0,000	0,22	0,30	0,47	0,18
ALLG24	48,77	0,029	0,31	0,40	0,65	0,23
ALLG21neu	7,27	0,026	-0,31	-0,56	0,39	-0,32
ALLG24 neu*	7,83	0,020	0,33	0,80	0,42	0,51
PMC13	18,56	0,017	0,39	0,69	0,40	0,40
PMC221b	18,36	0,019	0,19	0,28	0,40	0,16
STRE82 *	7,33	0,026	-	-	0,36	-
STRE97	**Chi²**	**Sig. (95%)**	**Tau-c**	**Gamma**	**Cramers V**	**Somers d**
ALLG22neu *	100,94	0,002	-	-	0,80	-
ALLG23neu *	62,44	0,000	-	-	0,67	-
ALLG21	**Chi²**	**Sig. (95%)**	**Tau-c**	**Gamma**	**Cramers V**	**Somers d**
ALLG17	22,27	0,008	0,01	0,03	0,37	0,02
ALLG19	24,44	0,018	-0,14	-0,25	0,39	-0,16

Tabelle 57 Überblick zu T-Test-Ergebnissen zu Bereich 9

Unabhängige Variable	**Abh. Variable**	**Ausprägung**	**Levene-Test der Varianzgleichheit (Sig.)**	**t**	**t-Test für Mittelwert-gleichheit: Sig., 2-seitig (1-seitig)**	**Mittlere Differenz**
ALLG24 neu	PMC42	Varianzen gleich	0,017	-1,47	0,148	-0,53
		Varianzen ungleich	-	-2,26	0,030	0,53
	STRE96	Varianzen gleich	0,613	-2,87	0,006	-0,64
ALLG21neu	STRE95	Varianzen gleich	0,957	2,17	0,036	0,57
	STRE96	Varianzen gleich	0,173	2,23	0,031	0,40

Tabelle 58 Ergebnisse der ordinalen Regressionsanalysen

	PMC 13	PMC 13	PMC221a	PMC222b	PMC53	PMC72	PMC71

	M1a zu B1 und B2, B5, B6; (n=49)	**M1b** zu B1 und B2 (n=50)	**M3** zu B4 (n=45)	**M4** zu B4 (n=48)	**M7** zu B7a (n=49)	**M8** zu B7a (n= 49)	**M9** zu B7a (n=47)
	Beta (Std.abw.)	Beta (Std.abw.)	Beta (Std.abw.)	Beta (Std.abw.)	Beta (Std.abw.)	Beta (Std.abw.)	Beta (Std.abw.)
PMC41 [=4]	-3,027*** (1,019)						
PMC43 [=1]		0,108 (2,715					
PMC43 [=2]		-0,350 (1,494)					
PMC43 [=3]		-2,247* (1,278)					
PMC43 [=4]		-0,416 (2,393)					
PMC44 [=2]	-6,574*** (2,486)						
PMC44 [=3]	-0,551 (1,191)						
PMC44 [=4]	-1,074 (0,925)						
PMC45 [=1]	-0,142 (2,284)						
PMC45 [=2]	1,520 (1,457)						
PMC45 [=3]	0,096 (1,168)						
PMC45 [=4]	0,808 (1,191)						
PMC47 [=2]	-5,113** (2,048)						
PMC49 [=2]		-3,525** (1,611)					
PMC49 [=3]		-0,459 (1,251)					
PMC49 [=4]		-1,671 (1,094)					
ALLG17neu Dauer Tätigkeit im CM	0,794 (0,777)	1,151* (0,675)	-3,039*** (1,043)	2,332*** (0,846)		-1,709* (0,918)	-0,207 (0,624)
ALLG18neu Größe des Clusters	-1,308 (0,826)	-0,512 (0,617)	1,958* (1,137)		0,908 (0,635)		0,197 (0,698)
ALLG19neu Alter des Clusters			-1,171 (1,464)				0,486 (0,939)
ALLG20	-0,392	-0,192	2,566		-0,221	-0,766	-1,720*

neu Alter des CM	(0,794)	(0,615)	(1,918)		(0,548)	(1,018)	(0,978)
ALLG21neu Lebenszyklusphase Cluster	-1,406* (0,829)	-1,651** (0,666)	1,201 (0,760)	-1,510 (0,731)	1,448** (0,584)		
ALLG22neu Branche des Clusters			[=2] -3,919** (1,767) [=22] -4,403* (2,508)	[=2] -3,634** (1, 675) [=6] -2,822* (1,639)		[=3]4,277** (2,072) [=11] 3,876** (1,953) [=15] 8,473*** (2,646) [=17]5,256 (2,603)	
ALLG24neu Anzahl MA im CM			-0,871 (0,974)	3,343*** (1,008)	0,355 (0,832)	3,011** (1,439)	-0,443 (0,956)
Anpassungsgüte	1,000	0,993	0,999	0,995	0,950	1,000	0,982
Pseudo-R² (Nagelkerke)	0,668	0,492	0,486	0,637	0,178	0,656	0,251
Parallelitätstest für Linien	0,136	0,107	0,382	0,185	0,509	0,677	0,215

***/**/* markiert (zweiseitige) Signifikanz für p<0,01/p<0,05/p<0,1-Niveaus

Fortsetzung Tabelle 58

	STRE 73: **M2** zu B2, B3, (n=48)	PMC 13: **M5** zu B4, (n=44)	PMC43: **M6** zu B4, (n=43)	STRE95: **M10** zu B7b, B9, (n=40)	STRE96: **M11** zu B7b, B9, (n=40)
	Beta (Std.abw.)	Beta (Std.abw.)	Beta (Std.abw.)	Beta (Std.abw.)	Beta (Std.abw.)
PMC221a [=1]	-8,283** (3,393)	-8,249** (3,397)	-0,829 (0,953)		
PMC221a [=2]	-5,063* (2,720)	-7,581** (3,223)	-0,829 (2,544)		
PMC221a [=3]	4,115** (1,974)				
PMC221a [=4]	0,214 (1,219)	-5,206** (2,391)	-0,810 (2,053)		
PMC221b [=1]	2,257 (2,599)	6,691** (3,073)	1,338 (2,162)		
PMC221b [=2]	-3,842* (2,061)				
PMC221b [=3]	0,839 (1,890)	2,574 (2,193)	5,179** (2,548)		

PMC221b [=4]	-0,404 (1,274)				
PMC222a [=1]	-0,552 (3,656)				
PMC222a [=2]	0,641 (2,678)	-7,833** (3,667)	-9,531*** (3,315)		
PMC222a [=3]	-7,733** (3,127)	-7,835*** (2,803)	-9,848*** (3,079)		
PMC222a [=4]	-4,221 (2,648)	-3,710* (1,999)	-6,026*** (2,392)		
PMC222b [=1]	-0,603 (2,938)				
PMC222b [=2]	3,419 (3,149)				
PMC222b [=3]	1,966 (3,095)	4,813* (2,870)	7,339** (3,223)		
PMC222b [=4]	3,786 (3,052)	3,186 (2,748)	6,484** (2,995)		
ALLG17neu		-1,061 (1,027)	-2,609** (1,275)		0,191 (0,818)
ALLG18neu		-2,519* (1,385)	-1,764 (1,226)		-1,253 (0,940)
ALLG19neu		-0,535 (14,543)	0,084 (1,613)		2,057 (1,615)
ALLG20neu	0,728 (0,751)	-0,606 (1,445)	-0,966 (1,571)		-3,223** (1,634)
ALLG21neu	-1,575* (0,876)	-0,203 (1,041)	-0,810 (2,053)	1,412* (0,826)	1,702** (0,818)
ALLG22neu		-0,221** (0,108)	-0,248** (0,108)	[=16] 3,387* (1,986)	
ALLG24neu		1,746 (1,701)	-1,691 (1,595)	-0,530 (0,966)	4,633*** (1,499)
Anpassungsgüte	1,000	1,000	1,000	0,960	0,861
Pseudo-R^2 (Nagelkerke)	0,734	0,705	0,647	0,539	0,501
Parallelitätstest für Linien	0,938	1,000	0,253	0,772	0,524

***/**/* markiert (zweiseitige) Signifikanz für p<0,01/p<0,05/p<0,1-Niveaus

The manufacturer's authorised representative in the EU is Springer Nature Customer Service Centre GmbH, Europaplatz 3, 69115 Heidelberg, Germany. If you have any concerns regarding our products, please contact ProductSafety@springernature.com

Printed and bound by CPI Group (UK) Ltd, Croydon, CR0 4YY
21/10/2026
02237156-0010